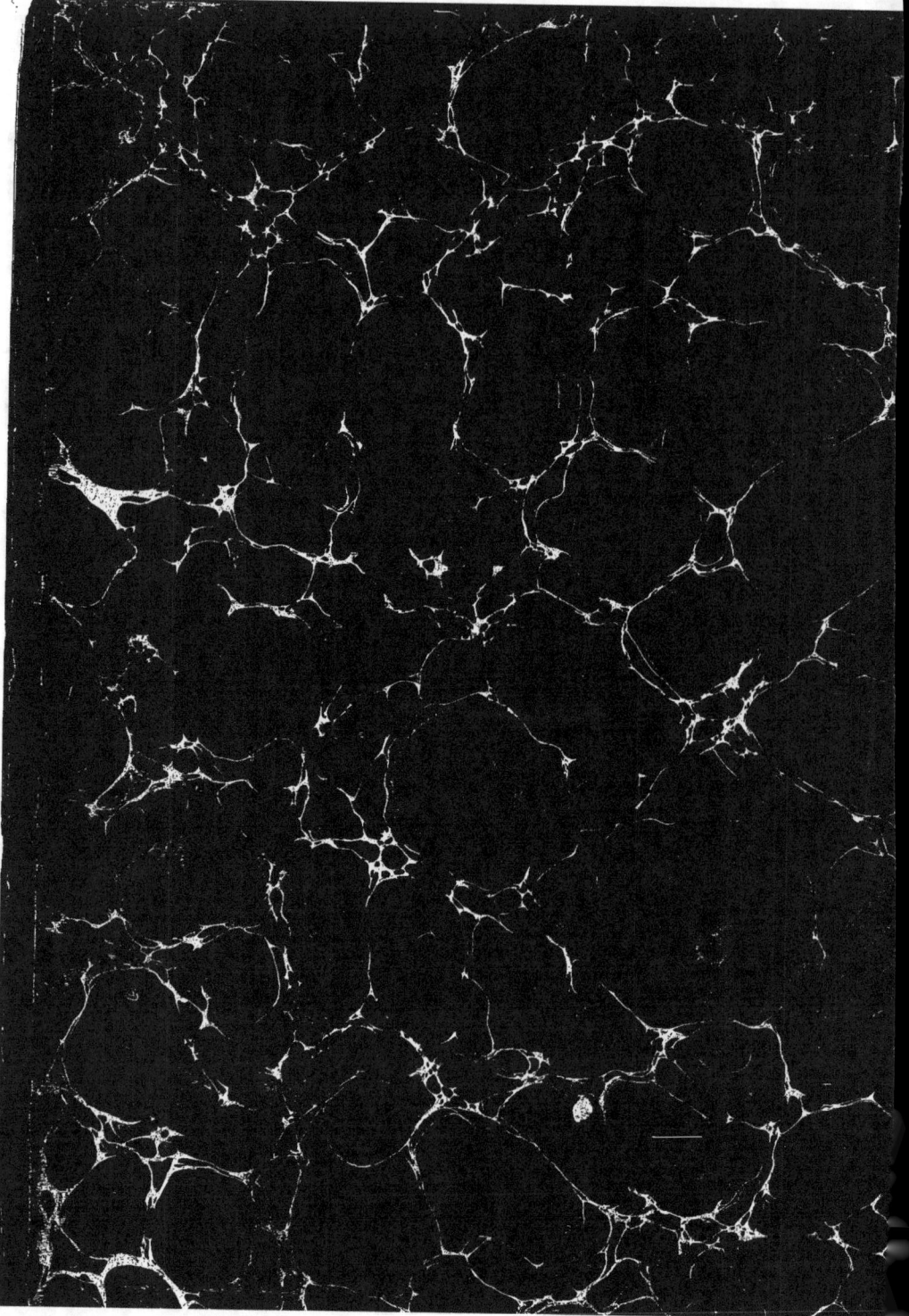

LA PERSE

LA CHALDÉE ET LA SUSIANE

Les gravures contenues dans ce volume ont été dessinées sur bois

d'après les photographies de l'auteur par MM.

A. de Bar, — Barclay, — É. Bayard, — Eug. Burnand, — H. Catenacci, — Il. Chapuis,

A. Clément, — Hubert Clerget, — Th. Deyrolle, — M. Dieulafoy,

Dosso, — Ferdinandus, — P. Fritel, — J. Jacquemart,

D. Lancelot, — J. Laurens, — A. Marie, — Pranishnikoff — P. Renouard, — E. Ronjat,

Saint-Elme Gautier, — P. Sellier, — A. Sirouy, — A. Slom,

F. Sorrieu, — Taylor, — É. Thérond, — L. Thuillier, — Tofani, — Thiriat,

H. Toussaint, — G. Vuillier, — Th. Weber, — E. Zier.

et Mlle M. Lancelot.

MADAME DIEULAFOY

LA PERSE

LA CHALDÉE ET LA SUSIANE

PAR

Mme JANE DIEULAFOY

CHEVALIER DE LA LÉGION D'HONNEUR, OFFICIER D'ACADÉMIE

RELATION DE VOYAGE

CONTENANT

336 GRAVURES SUR BOIS D'APRÈS LES PHOTOGRAPHIES DE L'AUTEUR

ET DEUX CARTES

PARIS

LIBRAIRIE HACHETTE ET Cie

79, BOULEVARD SAINT-GERMAIN, 79

1887

Droits de propriété et de traduction réservés

A MA MÈRE
BIEN-AIMÉE

A M. LOUIS DE RONCHAUD
DIRECTEUR DES MUSÉES NATIONAUX

Hommage d'une amie profondément reconnaissante.

VUE DE MARSEILLE. (Voyez p. 5.)

LA PERSE

LA CHALDÉE ET LA SUSIANE

La vieille thèse si souvent reprise et cependant peu éclairée des influences de l'art oriental sur l'architecture gothique, l'apport artistique et industriel des Croisades dans les créations du Moyen Age avaient toujours excité la curiosité de mon mari.

Le Maroc, l'Algérie, l'Espagne, encore riches en souvenirs de la domination mauresque; Venise, ses coupoles et ses arcs en accolade; le Caire, avec ses admirables tombeaux de la plaine de Mokattam et sa triomphante mosquée d'Hassan interrogés tour à tour, avaient donné leur contingent de renseignements et d'informations, mais la filiation orientale de l'art du Moyen Age restait encore à démontrer. Marcel était intimement persuadé que la Perse Sassanide avait eu une influence prépondérante sur la genèse de l'architecture musulmane, et que c'était par l'étude des monuments des Kosroès et des Chapour qu'il faudrait débuter le jour où l'on voudrait substituer à des théories ingénieuses des raisonnements appuyés sur des bases solides.

Néanmoins les causeries banales d'érudits de province ou la fréquentation d'une bibliothèque de cent mille volumes dans laquelle on ne trouve même pas une bonne édition d'Hérodote ne l'eussent pas déterminé à persévérer dans la voie qui, peu à peu, s'était ouverte devant lui et à abandonner momentanément des occupations fort attrayantes pour courir en Orient. Par bonheur, il était entré depuis quelques années en relation de service avec Viollet-le-Duc et n'avait pas manqué d'entretenir le savant archéologue du résultat de ses études.

Les encouragements du maître mirent un terme à toute hésitation. Mon mari demanda à quitter un important service de construction de chemin de fer dont il était chargé à titre d'ingénieur des ponts et chaussées. Cette autorisation obtenue, nous nous mîmes en mesure de prendre au plus vite la route de l'empire des grands rois.

Tout chemin ne conduit pas en Perse. Les augures consultés furent d'avis différents. Deux voies étaient ouvertes ou, pour mieux dire, fermées. L'une traversait le Caucase, passait au pied de l'Ararat et desservait la grande ville de Tauris; nos agents diplomatiques la parcouraient assez souvent pour qu'elle fût bien connue au ministère des Affaires étrangères. Mais le pays était en pleine insurrection, les Kurdes sauvages mettaient tout à feu et à sang et dépouillaient ou massacraient impitoyablement les voyageurs.

Le second itinéraire, par Port-Saïd, la mer Rouge, l'océan Indien, conduisait, après une traversée de plus de quarante jours, à Bender-Bouchyr, petit port du golfe Persique. Là, paraît-il, on tombait aux mains d'un valy sauvage, à peu près indépendant de l'autorité du chah de Perse. Dans le sud comme dans le nord nous courions au-devant d'un désastre; le moins qu'il pût nous arriver était d'être hachés en menus morceaux.

L'exagération évidente de ces prédictions fut cause que nous leur accordâmes médiocre créance.

Mon mari ne s'occupait point d'anthropologie; il ne se sentait même pas appelé à aller dénicher dans des cimetières quelconques des crânes ou des ossements tout aussi quelconques dont les légitimes propriétaires n'avaient jamais sollicité la faveur de venir figurer dans nos musées sous de pompeuses étiquettes. Dans ces conditions il n'avait point droit à émarger au budget des Missions et devait se contenter, pour tout viatique, d'une belle feuille de papier blanc sur laquelle un calligraphe de troisième ordre le recommandait aux bons soins de nos agents diplomatiques en Orient et priait les représentants du ministère des Affaires étrangères de lui faciliter une mission aussi intéressante que gratuite.

Encore eut-il l'heureuse fortune d'inspirer confiance à M. de Ronchaud, alors secrétaire général au ministère des Beaux-Arts. Grâce à l'intervention et aux démarches bienveillantes de ce haut fonctionnaire, le fil à la patte qui retenait mon mari en France fut dénoué, et nous nous trouvâmes enfin libres, libres comme l'air, avec toute une année de liberté devant nous.

Ces premières difficultés vaincues, quelques amis bien intentionnés tentèrent de me détourner d'une expédition, au demeurant fort hasardeuse, et m'engagèrent vivement à rester au logis. On fit miroiter à mes yeux les plaisirs les plus attrayants. Un jour je rangerais dans des armoires des lessives embaumées, j'inventerais des marmelades et des coulis nouveaux; le lendemain je dirigerais en souveraine la bataille contre les mouches, la chasse aux mites, le raccommodage des chaussettes. Deux fois par semaine j'irais me pavaner à la musique municipale. L'après-midi serait consacré aux sermons du prédicateur à la mode, aux offices de la cathédrale et à ces délicates conversations entre femmes où, après avoir égorgeaillé son prochain, on se délasse en causant toilettes, grossesses et nourrissages. Je sus résister à toutes ces tentations. A cette nouvelle on me traita d'*originale*, accusation bien grave en province; mes amis les meilleurs et les plus indulgents se contentèrent de douter du parfait équilibre de mon esprit.

L'heure approchait. De pieuses mains suspendirent à notre cou des scapulaires, des

LE PARTHÉNON. (Voyez p. 5.)

médailles les mieux bénies, des prières contre la mort; je fermai les malles et nous partîmes.

Nous nous embarquâmes à Marseille et montâmes sur l'*Ava*, grand navire des Messageries maritimes habituellement affecté au service de Chine, mais envoyé par exception à Constantinople. Cinq passagers de première classe composaient tout l'ornement du bord, mais le bâtiment coulait en revanche sous le poids des marchandises dont ses cales étaient bondées.

On était en février. Un vent glacial soufflait à travers les ouvertures mal closes ; cependant le capitaine se refusait, sous prétexte de dégradations imaginaires, à faire allumer le poêle de l'immense salon au fond duquel nous nous égarions comme des âmes en peine. A dîner nos cinq voix grelottantes s'unirent dans un unisson lamentable. L'excellent homme répondit à nos gémissements par la menace de faire mettre en mouvement le *panka*, cet immense éventail si précieux pendant les brûlantes traversées de la mer Rouge et de l'océan Indien. Nous nous le tînmes pour dit : chacun releva le col de son pardessus, et le repas s'acheva sans qu'on eût aperçu d'ours blanc. Le soir, autre vexation. A huit heures tous les feux (j'entends les lumières) furent éteints ; il ne fut même pas laissé aux prisonniers le droit de disposer d'une bougie et de posséder des allumettes.

Que signifiaient ces mesures rigoureuses ?

Les énormes cales du navire, les chambres des passagers, les magasins ménagés sous le grand salon étaient bondés jusqu'à la gueule de poudre, de munitions, d'armes que le gouvernement français envoyait fraternellement à la Grèce afin de l'aider à affranchir la Macédoine de la domination turque.

L'immixtion de la France dans cette tentative d'indépendance et le concours qu'elle prêtait aux Hellènes n'avaient rien de surprenant. Le ministère, interpellé à ce sujet par un membre de l'extrême gauche, ne venait-il pas de le prendre de très haut avec la Chambre : tous les bruits qui couraient étaient mensongers ; jamais on n'avait expédié ou l'on n'expédierait d'armes en Grèce ; la France garderait, en cas de conflit, la plus stricte neutralité ?

En vertu de cette déclaration de principes, l'*Ava*, chance inespérée, stationna deux jours au Pirée, afin de décharger toute sa cargaison de poudres neutres et d'obus conciliateurs.

Je ne connaissais les monuments grecs que par des gravures ou des photographies. Je laisse à penser quelle fut mon émotion en apercevant les colonnes dorées du Parthénon dominant du haut de l'Acropole la mer bleue de Salamine et se détachant sur le fond de montagnes dont les teintes irisées vont se perdre dans l'azur d'un ciel radieux.

Mon enthousiasme fut mis à une dure épreuve en débarquant au Pirée, vilain bourg bâti à l'italienne et peuplé de marins cosmopolites; il s'évanouit quand je me trouvai en présence d'un train de chemin de fer. Je refusai tout d'abord de monter dans ces affreux wagons si déplacés en semblable pays, je m'entêtai à faire le trajet à cheval ou en litière. Il me semblait criminel d'arriver à Athènes à la remorque d'une locomotive, j'avais scrupule de ternir par la fumée du charbon les maigres oliviers que produit encore la plaine étendue au pied de la ville de Périclès. Bon gré mal gré, je dus commettre ce sacrilège.

Les temples de Thésée, de Jupiter, le théâtre de Bacchus, l'ascension de l'Acropole eurent vite raison de ce premier désenchantement.

Je gravis les Propylées, laissant sur ma gauche le joyau précieux connu sous le nom de Temple de la Victoire Aptère, je parcourus le Parthénon, l'Érechthéion, je maudis lord Elgin, je cherchai la place de l'olivier sacré, je suivis le trajet de ce misérable chien qui, sans respect pour le dieu des mers, pénétra dans la demeure de Poseidon et d'Athéna. Placée sur les escarpements qui dominent le théâtre, je crus revoir Xerxès assis sur son trône d'or, s'enthousiasmant aux exploits d'Arthémise qui coulait un vaisseau perse afin de donner le change aux Grecs et de se dégager des étreintes ennemies; je vis les deux flottes aux prises, les efforts des combattants, le désespoir, l'étonnement des vaincus, la mer teinte de sang, couverte d'agrès et de cadavres; je m'enorgueillis de la valeur des Hellènes, je me lamentai avec le grand roi. Comment n'eus-je pas oublié mes premiers griefs?

L'*Ava* entrait dans le détroit des Dardanelles que j'étais encore bouleversée par la splendeur d'un art et d'une nature dont jusque-là il ne m'avait pas été possible de soupçonner la magnificence.

Dès le début de mon voyage j'étais gâtée. Constantinople acheva de me tourner la tête. Ici point de chemins de fer apparents, pas de fumée, pas de charbon, mais de minces caïques filant comme des flèches sur les eaux tranquilles. A droite, à gauche de la Corne d'Or, des

TEMPLE DE LA VICTOIRE APTÈRE. (Voyez p. 5.)

collines blanches de neige, tachées d'innombrables maisons rouges, bleues, jaunes; la tour génoise de Galata, la flèche aiguë du Séraskiéra, les dômes élancés ou aplatis, de nombreuses mosquées, les aiguilles des minarets; au fond, derrière des ponts de bateaux ployant sous une avalanche de passants, les sombres cyprès des nécropoles d'Eyoub. Partout une population pleine de vie, grouillant au milieu de ce désordre particulier aux ports de mer; dans toutes les rues, des cavaliers chargés d'armes apparentes, des femmes peu voilées courant joyeusement vers les cimetières.

Quinze jours ne furent pas trop longs pour bien voir les monuments de la vieille Byzance, les édifices de la moderne Constantinople, assister à la prière que le sultan dit tous les vendredis à la mosquée construite auprès de son palais, hurler avec les derviches hurleurs, tourner avec les tourneurs, parcourir les bazars et les caravansérails malgré la neige et la boue, goûter aux kebabs de toutes les rôtisseries en plein vent, me régaler de ces pâtisseries au fromage confectionnées par les Turcs avec un art sans pareil,

CONSTANTINOPLE. — LA FONTAINE DU SÉRAIL. (Voyez p. 9.)

me désaltérer à l'eau pure de la fontaine du sérail et, enfin, apprendre des nombreux négociants persans installés au bazar de Stamboul que le chemin le plus court et le plus sûr pour entrer en Perse était encore celui de Tiflis.

Nouvel embarquement sur un bateau russe. Les matelots étaient en général aussi gris la nuit que le jour, les officiers ne se tenaient guère mieux, et les tempêtes ou les brouillards de la mer Noire eussent eu vite raison d'un bateau aussi bien commandé, si la Providence, au courant de notre situation, ne nous eût octroyé un ciel limpide et une mer superbe. Peu ou point d'incident, n'était l'entrée en scène du gouverneur de Trébizonde. Il venait lui-même réclamer une jeune femme envolée, paraît-il, d'un harem de Stamboul et réfugiée à bord en compagnie d'un Arménien. La dépêche de l'époux outragé était une vraie merveille de concision : « Prenez femme ; tuez-la ».

CONSTANTINOPLE — LA CORNE D'OR, VUE PRISE DES HAUTEURS D'EYOUB.

On retrouva sans peine les fugitifs dans la cabine où ils s'étaient blottis depuis le départ. Pâris et Hélène se valaient bien. Dieu, les vilains moineaux ! La coupable n'avait pas la moindre envie de se laisser coudre dans un sac et jeter au fond de la mer. Le séducteur se plaça avec sa belle sous la protection du pavillon russe, et force fut au capitaine d'invoquer le même motif pour garder ses passagers. On donna l'ordre de lever l'ancre : Vénus avait vaincu Thémis.

Le lendemain nous eûmes la chance de passer la barre de Poti. Le ciel nous continuait ses faveurs : pendant les trois quarts de l'année l'accès du port est si difficile que les bateaux de la compagnie russe débarquent habituellement leurs passagers à Batoum, rade conquise sur les Turcs au cours de la dernière guerre. Libre alors aux nouveaux arrivés de gagner Poti à la nage, ou tout au moins *par leurs propres moyens*.

Poti est une petite ville composée de quelques maisons en bois et de nombreuses cabanes de roseaux, habitées par une population pauvre et souffreteuse. Le pays est bas, noyé tout l'hiver par des eaux stagnantes, au total malsain et fiévreux. La France entretient à Poti un vice-consul. Miracle renversant, cet agent était à son poste. Il nous rendit le très grand service de faire passer, sans les soumettre à l'inspection des douanes russes, les glaces de photographie préparées au gélatino-bromure. Cette délicate affaire terminée, nous nous installâmes dans les wagons confortables du chemin de fer de Tiflis.

La voie s'allonge d'abord dans la plaine entrecoupée de forêts et de marécages qui s'étend en arrière de Poti. A part les gares et quelques villages de misérable apparence, la contrée est à peu près déserte; seuls d'innombrables troupeaux de porcs encore à demi

POTI ET L'EMBOUCHURE DU PHASE.

sangliers pataugent dans les roseaux et obéissent à grand'peine aux cris de pâtres tout à fait sauvages. Les marais traversés, on pénètre dans une montagne abrupte coupée de vallées étroites et torrentueuses. Les rampes sont raides, les tunnels nombreux; aussi bien la marche du train est-elle par moments assez lente pour nous permettre d'admirer les cavaliers géorgiens qui voyagent bardés de poignards, de fusils et de sabres sur une route côtoyant fréquemment la voie.

« Les Géorgiens sont tous princes, mais tous princes pauvres, me dit un négociant grec, notre compagnon de voyage; ils se mettent à dix quand il leur échoit un poulet maigre, et dévorent avec le même entrain les os et la chair. »

Au sortir de la montagne la machine s'égosille en conscience : elle entre à Tiflis.

La vieille capitale de la Géorgie persane a perdu, au moins en apparence, son caractère original.

Devenue la résidence officielle du gouverneur général des provinces méridionales de l'empire, occupée par une nombreuse garnison, elle s'est russifiée de force si ce n'est de gré. Des rues larges et bien percées, des maisons bâties avec luxe, des jardins à peu près bien tenus, les palais du grand-duc Constantin et de ses généraux, un musée d'aspect monumental, de nombreuses casernes, lui donnent l'aspect officiel d'une capitale.

Seuls les bazars et les quartiers populaires renferment encore des échantillons de la race autochtone, dont la finesse et l'élégance n'infirment pas la juste réputation de beauté des femmes géorgiennes.

Le lendemain de notre arrivée, une dépêche de Pétersbourg jetait le trouble et la confusion dans la ville : le tsar Alexandre venait d'être assassiné. Des groupes d'officiers, des fonctionnaires bouleversés stationnaient dans les rues, dans les cafés, narraient de vingt manières les détails du crime, tandis que le peuple, indifférent, vaquait à ses affaires quotidiennes.

Le premier émoi passé, on songea à découvrir les coupables; l'ordre de surveiller tous les voyageurs étrangers fut télégraphié d'un bout à l'autre de l'empire; défense fut faite de sortir de la ville à tout inconnu considéré de prime abord comme un assassin ou, au moins, comme un conspirateur. Arrivés à Tiflis la veille du crime, nous dûmes exhiber nos passeports et nous réclamer du consul de France. Nous n'en reçûmes pas moins l'ordre de rester à la disposition des autorités pendant huit jours.

Je fus dédommagée de ce contretemps par le spectacle des cérémonies funèbres célébrées en mémoire du tsar défunt et des fêtes données en l'honneur de la proclamation solennelle du nouveau souverain.

TUNNEL SUR LE CHEMIN DE FER DE POTI A TIFLIS.

Comme elle était imposante cette interminable procession de popes, aux longs cheveux tombant sur les épaules, aux tiares et aux chapes d'or, s'avançant la croix en main au milieu des troupes massées sur la place d'armes! Les généraux baisèrent les premiers l'Évangile après avoir prêté serment; puis les rangs s'ouvrirent, et les membres du clergé reçurent des soldats la promesse de fidélité, pendant que des chœurs faisaient entendre ces chants harmonieux dont l'Église russe a seule le secret.

Le tsar est mort, vive le tsar !

Huit jours après la cérémonie, les portes de la ville furent ouvertes aux voyageurs; trains et diligences reprirent leur marche habituelle.

Nous avions de nouveau le choix entre deux routes. L'une se dirigeait vers la Caspienne; elle était facile à parcourir, pourvue de relais de poste munis de nombreux chevaux, mais elle n'offrait aucun intérêt à l'archéologue. La seconde s'engageait dans le Caucase, passait au pied de l'Ararat et conduisait jusqu'à Tauris, la capitale de l'Azerbéidjan (l'Atropatène des Grecs). Elle traversait d'anciennes cités persanes annexées depuis peu à la Russie et était encore semée de vieux monuments en assez bon état de conservation. Il n'y avait pas à hésiter : bien que la fonte des neiges fermât à peu près l'accès de la montagne et que l'abandon de cette voie par les étrangers rendît les maisons de poste inhospitalières, nous choisîmes la route du Caucase.

J'avais conservé de mes stations prolongées dans les boues neigeuses de Stamboul un rhume suffocant; pour le couver tout à l'aise, nous louâmes avec enthousiasme une berline à huit chevaux, au lieu de nous contenter des télégas vulgaires. On empila six jours de vivres au fond des caissons, et nous nous mîmes en route munis d'un *padarojna* impérial, sorte de passeport qui donne le droit de requérir les chevaux de chaque station après que les courriers et les fonctionnaires munis du padarojna général ont été pourvus. A en croire le maître de poste, nous devions atteindre en quatre jours la frontière persane.

PRINCE GÉORGIEN. (Voyez p. 10.)

Au début, tout alla à souhait. La lourde berline roulait comme un ouragan de coteaux en vallées. Au son de la trompe retentissante du courrier tous les convois se garaient et laissaient la voie libre; nous dépassâmes notamment, en les regardant d'un œil et d'un cœur dédaigneux, des charrettes légères portées sur quatre roues solides, surmontées d'un capotage de toile posant sur des arcs de bois. Dans le fond de ces véhicules rustiques s'empilaient des officiers allongés sur des piles de coussins et de matelas. Combien je regrettai plus tard mon orgueil déplacé!

Le lendemain du départ le décor changea : au lieu de nous donner des chevaux, les valets d'écurie remisèrent la voiture dans la cour de la maison. Le courrier nous avait été fortement recommandé, sous prétexte qu'il parlait l'italien et le persan. Je lui adressai tour à tour la parole dans la langue de Fénelon, de Dante et de Saadi; il me répondit un invariable *sitchas* (tout de suite) et un non moins invariable *niet* (il n'y a rien). A ces gestes je finis néanmoins par comprendre que la poste avait à notre disposition trois chevaux fourbus. Il fallait attendre le retour de plusieurs convois et laisser aux animaux fatigués le temps de se reposer. Engourdis par une immobilité de plus de vingt-quatre heures passées au fond d'une berline fort mal suspendue et plus mal rembourrée s'il est possible, nous ne nous fîmes pas demander à deux genoux de mettre pied à terre.

On déchargea les menus bagages, les provisions de ménage, et l'on porta le tout dans une grande pièce badigeonnée à la chaux aux temps fabuleux d'Ivan le Terrible. Le mobilier se

VUE DE TIFLIS.

composait d'un poêle chauffé à blanc, d'une table sur laquelle flambait une lampe au pétrole et de deux lits de camp. A part l'écurie et un réduit enfumé où dormaient les postillons, c'était l'unique salle de la maison de poste. Je m'évertuai à faire entendre au sieur *Niet* que je désirais des matelas et des draps. Il partit vivement, revint bientôt chargé des coussins de la voiture, les posa sur les lits de camp et me regarda de l'air victorieux d'un homme qui a reçu le souffle d'en haut.

Je songeai alors au dîner. Le panier aux vivres fut ouvert ; un poulet et des œufs crus en furent extraits et, après avoir attiré l'attention de Niet, je fis gentiment tourner ces vivres devant la flamme rouge du poêle. Niet avait le génie des langues : il me répondit sur un mode aussi silencieux qu'il n'avait ni broche ni marmite. Je restai stupéfiée : qui m'eût dit, en quittant la France, que je devais emporter mon lit et ma batterie de cuisine ! Dès les premières étapes s'ouvrait tout un horizon de difficultés et de privations. Par bonheur il se trouva dans nos bagages un nécessaire de chasse, contenant des boîtes de fer-blanc capables de supporter le feu, une gamelle, des couverts et des assiettes.

Vers le soir nous vîmes arriver l'une des télégas que nous avions devancées le matin ; elle avait besoin de deux chevaux et les trouva sur-le-champ. La comparaison entre notre sort et celui de ces heureux propriétaires n'était pas de nature à me réjouir. L'écurie s'étant enfin regarnie, on attela à notre guimbarde douze bêtes vigoureuses, car, à partir de ce point, la route, couverte de neige, devenait mauvaise, et Niet reprit triomphalement sa trompe retentissante.

Le chemin, tracé en pleine montagne, s'allongeait sur des croupes escarpées couvertes de sapins gigantesques. On montait ; la température devenait de plus en plus fraîche, et le vent glacé s'engouffrait dans la voiture au point de couper la respiration. Avant d'arriver au col, nous atteignîmes la région des neiges, et dès lors les chevaux, essoufflés, fatigués par des efforts incessants, eurent grand'peine à déraciner le lourd véhicule et à le traîner à la prochaine station. Les bêtes furent changées, et à trois heures du soir la trompe donna le signal du départ. Le ciel était gris plombé ; la neige couvrait d'un manteau sans tache montagnes et vallées. La symphonie du blanc majeur nous envahissait. Seules les eaux sombres du Sewanga se détachaient sur le fond de montagnes neigeuses qui formaient autour du lac une ceinture virginale.

Comme Niet s'évertuait à me conter en pure perte une légende où revenaient sans cesse les noms de Noé et de ses fils, la neige se mit à tomber. Les postillons, aveuglés par ses tourbillons, ne tardèrent pas à perdre la piste et à lancer chevaux et voiture au fond d'un cloaque. Je me sentis osciller à droite et à gauche, puis je me trouvai sur le sol ou plutôt sur mon mari : la voiture venait de chavirer. Aucun de nos os ne craqua. Les postillons déchargèrent d'abord le véhicule, et tentèrent de le remettre sur ses quatre roues, en invoquant et en insultant tour à tour les saints les plus puissants du paradis. Prières perdues. Alors, sous prétexte d'aller chercher du renfort, ils sautèrent sur les chevaux et disparurent au galop.

Niet ne nous avait pas faussé compagnie ; il empila piteusement les bagages les uns sur les autres et se mit, j'imagine, à composer une élégie sur la triste aventure de gens perdus au mois de mars au milieu d'une tourmente de neige.

De fait, nous eussions attendu le jour, morfondus au fond de notre carrosse, si des ouvriers employés au déblayement de la route n'étaient venus à passer. Leur village était voisin, mais nous l'avions traversé sans l'apercevoir. Des cavernes creusées sous terre jusques à quatre mètres de profondeur et auxquelles conduisaient des rampes rapides, perdues derrière des buissons chargés de givre, s'étendaient, paraît-il, sur un vaste espace. Il eût été aussi difficile d'apprécier l'importance de cette fourmilière humaine qu'il était malaisé de la découvrir pendant la nuit.

Nos sauveteurs nous guidèrent vers la maison la mieux tenue.

Une jeune femme couronnée d'un diadème de pièces d'argent prépara du thé brûlant ; les enfants, empilés sous le tandour, nous firent place à leurs côtés, et, quand enfin nos membres furent un peu dégelés, on mit à notre disposition un feutre épais, tandis que deux paysans allaient au plus vite monter la garde auprès de la berline naufragée.

Je fus réveillée par un cri strident et un jet de lumière qui éclaira subitement le centre de la toiture. Le cri avait été poussé par un veilleur de nuit chargé de déboucher au matin l'ouverture circulaire ménagée au faîte de chaque maison et d'annoncer aux villageois le retour de l'aurore. La journée s'annonçait radieuse. Nous courûmes vers la berline. Bagages et provisions étaient intacts. Bientôt arrivèrent des postillons et des chevaux ; mais, comme la veille, leurs efforts pour relever le carrosse demeurèrent infructueux. Ce fut à un attelage de bœufs que revint l'honneur d'avoir raison de la neige et des ornières. Dès lors il fallut renoncer à traîner la voiture pleine et nous empiler avec nos bagages sur un de ces traîneaux considérés naguère avec tant de mépris, tandis que Niet s'acharnait à faire marcher derrière nous la pompeuse guimbarde.

Jusqu'à Erivan le voyage fut une longue suite de stations douloureuses. Étapes faites en traîneaux, étapes exécutées dans une berline toujours prête à verser, interminables arrêts dans des maisons de poste aussi dépourvues de chevaux que de vivres, se succédèrent dix jours durant.

Il serait monotone de narrer en détail nos déceptions et nos souffrances. J'ouvrirai donc mes notes en face du premier monument iranien. Je n'ai pas encore franchi la frontière politique de l'empire du Chah in Chah, puisque le Dieu des combats a fait russe la Transcaucasie, mais je suis certainement en Perse, si j'en juge au costume, au langage des habitants, au bazar et aux édifices qui m'entourent.

JEUNE FILLE GÉORGIENNE. (Voyez p. 11.)

PAYSANS RUSSES ET TARTARES

CHAPITRE PREMIER

Érivan. — Groupe de paysans. — Enfant arménien. — Ancienne mosquée d'Érivan. — Menu d'un dîner au Caucase. — Palais des Serdars. — Vue de l'Ararat. — Cultures aux environs d'Érivan. — Narchivan. — Masdjed Djouma. — Atabeg Koumbaz.

29 mars 1881. — La ville d'Érivan est gaie d'aspect : ses maisons, recouvertes en terrasses, sont entourées de jardins. Les coupoles des mosquées chiites, les murs blanchis à la chaux de quelques habitations à demi européennes, les fleurs épanouies des arbres fruitiers, tranchent joyeusement sur la masse grisâtre des constructions. Sans le dôme de tôle peinte en vert de l'église russe, on se croirait déjà en Perse.

Notre calèche traverse la ville au grand galop des chevaux de poste, et nous faisons une entrée triomphale dans l'hôtellerie, suivis des habitants accourus en foule derrière la voiture pour assister à l'arrivée des étrangers.

Jeunes ou vieux, ces curieux sont également laids. Les uns portent la casquette plate des « Petits-Russiens » et cette longue lévite boutonnée connue en Europe sous le nom de *polonaise*; les autres sont coiffés du *papach* cylindrique en peau de mouton et affublés du vêtement fourré des anciens habitants du pays. Tous ont les cheveux collés en longues mèches plates, le teint blafard. Leur figure, fortement déprimée, ne respire ni intelligence ni vivacité, et rien dans leurs allures ne vient démentir l'expression de leur physionomie.

Dans un coin de la cour j'aperçois un jeune garçon dont la mine éveillée contraste avec l'air pesant des gens qui nous entourent. Ses traits réguliers rappellent les beaux types de la Grèce; des cheveux noirs et bouclés encadrent gracieusement une figure éclairée par deux beaux yeux pleins de malice ; un vieux fez rouge, à moitié noyé dans les broussailles de la chevelure, se détache sur le fond des murs de terre et attire tout d'abord mon attention. C'est un Arménien de Trébizonde, abandonné par une caravane de marchands persans. Le gamin, dès qu'il nous voit, se précipite vers la voiture, s'empare des bagages et nous guide vers la porte, encombrée d'officiers russes venus à leur pension, prendre, après la manœuvre, le *zakouski* national.

L'installation de l'hôtellerie est supérieure à celle des maisons de poste; néanmoins elle laisse fort à désirer. L'éternel samovar et une table chargée des éponges et des peignes communs à tous les voyageurs constituent le mobilier d'une chambre, dont les croisées, vissées, ont leurs plus petits joints recouverts de papier. Le lit se compose d'un mince matelas posé sur des sangles et d'une couverture; les draps font défaut. Ils seraient superflus, les Russes, au moins dans le Caucase, n'enlevant jamais leurs vêtements avant de se coucher.

ENFANT ARMÉNIEN.

Mon cœur se soulève en entrant dans cette chambre où l'air n'est jamais renouvelé. Mais à quoi servirait de se montrer délicate? Il s'agit d'abord de conquérir le déjeuner. Selon mon habitude, je remplace le discours éloquent que je ne manquerais pas de placer à cette occasion, si je savais la langue russe, par des gestes expressifs et animés. Je rapproche à plusieurs reprises les doigts de ma bouche ouverte, pendant que de l'autre main je serre ma poitrine afin d'exprimer les angoisses d'un estomac délabré. Cette demande muette, comprise du Spitzberg à l'Équateur, reste ici sans réponse. Décidément le moscovite est une langue bien difficile.

Seul mon petit Arménien paraît frappé d'une idée lumineuse; supposant que le conducteur de la calèche doit nous comprendre après nous avoir accompagnés pendant dix jours, il part et me le ramène aussitôt.

Cet honnête Moscovite prend ma montre et, posant son doigt sur la douzième heure, hurle son *niet* habituel tout en heurtant ses mâchoires l'une contre l'autre; puis, faisant parcourir à l'aiguille le quart du cadran, il se place à table d'un air réjoui. Tout cela veut dire, si je ne me trompe, que pour le moment on ne trouve rien à manger à l'hôtellerie, mais qu'à trois heures nous dînerons chez Lucullus.

Alors, également ravis du restaurant et du logis, mais l'estomac creusé par dix jours de jeûne ou d'oie fumée, nous sortons, espérant trouver, comme dans les bazars de Stamboul, des cuisines en plein vent toujours ouvertes aux affamés.

Les bazars d'Érivan sont bruyants et animés; d'étroites boutiques, placées de chaque côté d'un passage couvert, sont encombrées d'objets hétéroclites; les négociants, assis sur leurs talons, causent avec leurs clients, ou roulent mélancoliquement entre leurs doigts les grains d'un chapelet d'ambre, destiné plutôt à faire des calculs commerciaux qu'à compter des prières. Changeurs et marchands ambulants parcourent les rues en poussant des cris stridents; le peuple circule, se pousse, s'injurie et se faufile au milieu des caravanes de chameaux, de mulets et d'ânes, animaux trop honnêtes pour écraser quelqu'un dans cette bagarre.

ANCIENNE MOSQUÉE A ÉRIVAN. (Voyez p. 21.)

La foule eût-elle été plus compacte, qu'elle ne nous aurait point empêchés de distinguer une boutique dont l'aspect est des plus réjouissants : on y confectionne le *loulé kébab* (rôti en tuyaux), dont nous avons pu apprécier les mérites sérieux dans les bazars de Constantinople.

Sur l'étal apparaît un grand bassin rempli de viande de mouton hachée menu ; un fourneau garni d'une braise ardente est disposé à côté, prêt à cuire rapidement les brochettes. Nous passons derrière l'*achpaz* (cuisinier), qui nous invite à nous asseoir sur une banquette de bois, et nous assistons à la confection du kébab. Le Vatel a saisi une poignée de hachis, qu'il presse en l'allongeant tout autour d'une plate brochette de fer, puis il humecte sa main avec de l'eau et la promène lentement sur la viande : à un moment donné, je crois m'apercevoir que l'artiste s'aide du bout de sa langue afin de fixer quelque morceau rebelle. Il est inutile de chercher à approfondir une question aussi dépourvue d'intérêt. En tout cas, cette manœuvre culinaire ne nuit en rien à la perfection des brochettes qu'on nous sert au bout de quelques minutes, emmaillotées dans une mince couche de pain. Nous nous empressons de les dévorer et, ce devoir accompli, poussons une première reconnaissance dans la ville.

On nous conduit d'abord à une ancienne mosquée en partie détruite : la coupole, dégradée extérieurement, est revêtue de briques émaillées de couleur bleue, tandis que les murs de l'édifice sont habillés de plaques de faïence sur lesquelles le décorateur a peint des fleurs et des oiseaux ; une grande partie des frises, ornées d'écritures jaunes sur fond bleu, gisent à terre, détachées par la pluie et l'humidité. Perpendiculairement à la façade principale s'étendent, de chaque côté, des arcatures disposées autour d'une cour au milieu de laquelle on voit encore les ruines d'un bassin à ablutions. Ces galeries, sur lesquelles s'ouvrent les entrées d'un nombre de chambres égal à celui des arceaux extérieurs, forment le portique de la *médressé*, où l'on apprend aux enfants à lire le Koran et aux étudiants les principes de la loi musulmane. Tous les édifices religieux sont élevés aux frais des particuliers, et la générosité des fondateurs va quelquefois jusqu'à joindre à ces monuments non seulement des écoles, mais encore un bain et un caravansérail destinés aux voyageurs. La mosquée a subi plusieurs restaurations ; les faïences ne remontent pas à une époque éloignée ; la coupole, au contraire, paraît avoir été construite à la fin du dix-septième siècle. Elle est soigneusement décorée à l'intérieur d'une jolie mosaïque de briques, entremêlée de petits carreaux émaillés disposés en spirale.

Trois heures sonnent à l'église russe voisine de la mosquée : on dîne sans doute, hâtons-nous de rentrer au logis. Enfin nous voici à table ; on apporte à chaque convive un grand saladier dans lequel sont réunis les éléments les plus divers. J'attaque avec hésitation ce mélange de choux fermentés, de mouton et de lait aigre ; le palais, d'abord surpris de ce bizarre amalgame, s'y habitue cependant, et le *chit* (je ne garantis pas l'orthographe) est encore le meilleur de tous les plats russes servis au Caucase. Le mets national persan, du riz mêlé de raisins secs, fait ensuite son apparition, et le menu se termine par des pieds de porc sucrés et cuits dans la confiture de prunes.

Le vin est bien fabriqué ; sa couleur dorée, son bouquet agréable rappellent les vins légers du sud de l'Espagne : on est très porté, après l'avoir goûté, à rendre grâce au patriarche Noé, qui planta, dit-on, dans les environs d'Érivan les premiers ceps de vigne. Comme aux temps bibliques, le raisin provient d'immenses champs s'étendant des portes de la ville jusqu'au pied de l'Ararat.

Dès que la nuit est tombée, des fusées partent des terrasses ou des cours de toutes les ...sons ; les gens les plus graves prennent un plaisir extrême à courir au milieu des pièces d'artifice qu'ils enflamment eux-mêmes, sans s'inquiéter des robes brûlées, des barbes et des cheveux roussis; la joie la plus bruyante éclate de tous côtés. C'est aujourd'hui le *Norouz*, ou nouvel an persan. L'origine de cette fête remonterait à une haute antiquité si quelques-uns des bas-reliefs de Persépolis représentent, comme on le croit, l'arrivée des offrandes envoyées par les satrapes aux rois achéménides à l'occasion de cette solennité. A l'exemple de ses aïeux, le chah de Perse accepte les présents de tous les grands personnages de la cour et des gouverneurs de province qui ont soin de se rappeler à la bienveillance royale par la richesse de leurs cadeaux. Les fonds, j'allais dire les impôts, perçus de ce chef sont très considérables et constituent une importante partie du budget; aussi, bien que les Sunnites reprochent aux Chiites d'avoir conservé ce dernier souvenir d'un passé idolâtre, j'imagine que cette fête ne sera pas de longtemps abolie. Sa Majesté, à son tour, fait frapper à son effigie une menue monnaie d'or et d'argent, qu'elle distribue à ses ministres, à ses femmes et aux ambassadeurs.

30 mars. — Le jour est déjà levé quand nous arrivons au palais des Serdars. Ce charmant édifice, situé, comme la mosquée, à l'intérieur de la citadelle, était affecté jadis à la résidence des gouverneurs persans de la province.

La pièce principale, dont la vue se présente dès qu'on entre dans la cour, est un *talar*, salon ouvert au grand air sur un de ses côtés et orné de légères colonnes en bois recouvertes de petits miroirs triangulaires qui se reflètent les uns dans les autres. Le plafond de cette salle est traité dans le même goût. Du centre partent des rameaux verts chargés de fleurs et d'oiseaux aux couleurs vives se détachant sur un fond de glaces. L'ancienne décoration de la salle est aujourd'hui détruite; les murs pourtant ont conservé les encadrements de vieilles peintures; quelques lambeaux de toile accrochés à des clous me permettent de constater que ces tableaux représentaient des chasses royales. Les *kolahs* (bonnets) des princes et des officiers appartiennent par leur forme à la fin du siècle dernier.

Quelques salles bien conservées entourent le talar, elles sont fermées au moyen de grands et beaux vitraux : les verres rouges, bleus, jaunes et verts, enchâssés dans de minces plaquettes de bois dur, se mélangent et forment des combinaisons géométriques qui ont généralement pour base l'étoile à douze pointes.

Des larges baies du salon intérieur, les regards embrassent un magnifique panorama. Au pied du palais, bâti sur un rocher escarpé, coule, en décrivant de nombreux circuits, un cours d'eau torrentueux; un vieux pont de pierre, encombré de caravanes se dirigeant vers la Perse ou se rendant en Russie, réunit ses deux berges.

Au delà de la rivière s'étend une vallée verdoyante coupée de canaux et de bouquets d'arbres; au dernier plan, le grand Ararat[1] élève majestueusement sa tête couverte de neiges éternelles.

Le sommet de la montagne, formé de deux pics de hauteurs inégales séparés par un col, domine la ligne de faîte. L'arche de Noé, suivant les traditions, s'arrêta après le déluge sur la cime de droite.

Il doit être pénible de gravir les flancs glacés de l'Ararat, mais les membres du club Alpin qui tenteraient cette ascension seraient bien dédommagés de leurs fatigues s'ils trouvaient dans les anfractuosités des rochers la quille de l'arche biblique, que montrent très sérieusement au bout d'une lunette les bons moines du monastère du lac Sewanga.

31 mars. — Deux journées de repos passées à Érivan m'ont rendu courage, et je me décide à reprendre notre vie de misère, c'est-à-dire la diligence chargée de nous conduire, aux termes du traité, jusqu'à Djoulfa, village situé à la frontière de la Russie et de la Perse.

---

1. Le sommet de l'Ararat est à 5650 mètres environ au-dessus du niveau de la mer.

A sept ou huit kilomètres d'Érivan, le postillon trouve encore le moyen d'engager sa voiture dans une profonde ornière. Mais, comme le soleil est beau et que nous n'avons plus de neige sous les pieds, notre philosophie se trouve à la hauteur des circonstances; assis sur un tertre, nous attendons pendant deux grandes heures qu'Allah donne aux chevaux de poste et à deux paires de vaches réquisitionnées dans un champ voisin la force et la bonne volonté nécessaires pour dégager le carrosse du cloaque dans lequel il est embourbé.

Tout autour de moi le pays est riche et bien cultivé; on voyage au milieu de plaines irriguées plantées en vigne ou semées en blé, riz ou coton. Les villages, très voisins les uns des autres, sont entourés de bouquets de verdure et d'arbres fruitiers en pleine floraison. Le

PONT D'ÉRIVAN.

printemps sonne le branle-bas aux champs; les paysans profitent d'une belle journée de soleil pour donner les dernières façons aux terres; les femmes, uniformément revêtues de chemises courtes et de pantalons en cotonnade rouge, réparent les conduits d'arrosage, sarclent et binent les récoltes déjà nées ou déchaussent la vigne enterrée pendant l'hiver.

1ᵉʳ avril. — Le paysage change; toute trace de végétation disparaît, et la route naguère si riante s'élève dans une vallée caillouteuse conduisant à un col déchiré; les secousses données par les rochers en saillie sur le chemin sont des plus violentes. Allons-nous encore voyager sur la tête? Vers trois heures, douze fortes bêtes montées par six postillons remplacent l'attelage de quatre chevaux. Je demande des renseignements : nous allons, m'apprend le conducteur, traverser une rivière; on n'ignore pas ici l'art de naviguer, mais c'est toujours en voiture ou à cheval qu'on met à la voile.

Entraînée avec la vitesse du vent par son superbe équipage, la voiture bondit en tous sens à la rencontre des pierres et des affleurements de rochers, et nous porte, déjà tout étourdis, sur les bords de la rivière, grossie par la fonte des neiges. Les postillons, debout sur leurs étriers, fouettent à tour de bras les chevaux et les lancent sans hésitation dans le fleuve ; le conducteur jure avec furie ; l'eau, blanche d'écume, jaillit de toutes parts et pénètre dans la voiture jusqu'à la hauteur des coussins ; enfin, la lourde calèche gagne l'autre rive et se dirige vers un relais situé à quelques minutes du gué.

Chevaux et postillons se sont bien conduits ; ces derniers, fiers d'avoir franchi un obstacle bien fait dans cette saison pour arrêter les voyageurs pendant plusieurs jours, reçoivent néanmoins, avec la modestie seyant au vrai mérite, les félicitations de leurs camarades. Nous-mêmes sommes très heureux de trouver ici un bon feu, car un bain de rivière, au mois de mars, est dépourvu de charme.

Il est nuit close quand nous arrivons au relais de poste de Narchivan ; les chevaux sont dételés, les bagages déchargés, puis on nous conduit dans une petite salle basse où sept ou huit palefreniers enveloppés dans des peaux de bique dorment sur des lits de camp. Le maître de poste leur ordonne de se lever et d'aller se loger ailleurs ; mais tous ronflent à qui mieux mieux, et nul ne paraît avoir entendu cette injonction désagréable. Un grand fouet ceint les reins de notre introducteur ; il en défait doucement les nœuds et n'a pas encore le manche à la main, que déjà tous les dormeurs réveillés courent à droite et à gauche, saisissent armes et bagages et disparaissent.

3 avril. — Narchivan, comme Érivan, conserve de superbes souvenirs de son passé.

Sur la principale place se trouve un des plus beaux spécimens de l'architecture mogole au quatorzième siècle. C'est une grande tour octogonale haute de vingt et un mètres ; elle faisait autrefois partie de la masdjed Djouma, aujourd'hui détruite ; chacune de ses faces est ornée d'une ravissante mosaïque de briques et de bandes d'émail bleu turquoise s'enchevêtrant les unes dans les autres pour composer des dessins variés d'une extrême élégance.

Cette construction est précédée de deux minarets flanquant une porte ogivale d'un bon style ; les frises qui entourent la baie sont décorées d'une large inscription coufique dont les lettres en émail bleu se détachent sur le fond rosé de la maçonnerie.

Sur le seuil de la porte j'entends pour la première fois parler persan. J'ai douté jusqu'ici de moi-même et du dictionnaire de Bergé ; aussi j'éprouve un vrai bonheur à reconnaître plusieurs mots péniblement gravés dans ma mémoire et à pouvoir enfin échanger quelques paroles. Depuis Tiflis je me suis toujours exprimée par signes ou par dessins, et il m'est permis de trouver ce langage muet de jour en jour plus monotone.

Mon premier Persan est le propriétaire de la tour. En apprenant l'arrivée de deux étrangers, il est sorti de sa maison, bâtie tout au bout de la mosquée. Surprise de le voir revêtu de l'uniforme des généraux russes, je m'informe du motif qui l'a engagé à adopter le costume des conquérants de son pays.

« Mes ancêtres, me répond-il, étaient de père en fils gouverneurs de cette province, où ma famille possédait d'immenses terres ; aujourd'hui il me reste comme patrimoine la tour objet de votre admiration, les minarets de l'antique mosquée et le titre de général russe, que le tsar distribue généreusement à ses victimes infortunées. »

Narchivan fut une ville prospère au Moyen Age. Hors des murs nous visitons une vaste mosquée couverte d'une coupole en partie ruinée et, à quelque distance de là, l'Atabeg Koumbaz, charmant petit édifice, où dort de son dernier sommeil un grand personnage musulman.

La construction repose sur une crypte voûtée ; le toit, de forme pyramidale, est couvert en briques ; les frises et les faces du monument sont, comme celles de la masdjed Djouma,

RUINES DE LA MASDJED JDOUMA ET MINARET A NARCHIVAN.

ornées d'inscriptions coufiques; mais les dessins sont exécutés plus simplement en mosaïque de briques de couleur uniforme, posées sur fond de mortier.

Au sommet du toit est un nid de cigognes, où tous les ans, paraît-il, ces beaux oiseaux viennent pondre et couver leurs œufs. Les petits mettent quatre à cinq mois à naître ou à grandir et abandonnent ensuite le nid paternel, tandis que les parents, constants comme les hirondelles, reviennent chaque année renouveler leur bail avec le faîte du même monument.

ATABEG KOUMBAZ A NARCHIVAN.

Hadji laïlag (le pèlerin aux longues jambes) est très aimé par les habitants des villages; sa présence porte bonheur. Cet oiseau respecté est domestiqué comme les poules de basse-cour; il se promène dans les rues sans être inquiété par les gamins, sort paisiblement de la ville pour faire la chasse aux serpents, divise ces reptiles en menus fragments, mange la tête et la queue, et réserve les parties les plus tendres à sa couvée, qu'il soigne avec amour et défend avec courage contre les attaques des aigles et des vautours.

A l'approche de l'ennemi, hadji laïlag se dresse sur ses longues jambes, agite avec fureur ses ailes et fait entendre, en frappant l'une contre l'autre les deux parties de son bec, un bruit de battoir si discordant qu'il suffit à mettre en fuite les assaillants.

Le propriétaire de l'Atabeg Koumbaz, après m'avoir donné ces détails sur les mœurs des cigognes, m'invite à entrer dans sa maison et à prendre le thé; j'accepte avec reconnaissance, heureuse d'entendre parler une langue que j'ai le plus vif désir d'apprendre. Comme je me dispose à me retirer, mon hôte me fait plusieurs fois une proposition, que je crois mal comprendre, tant elle me paraît extravagante : il veut me céder l'Atabeg Koumbaz et compte bâtir avec le produit de la vente une maison à la russe en harmonie avec son bel uniforme. Je le remercie, tout en lui laissant entendre qu'au début d'un long voyage il serait imprudent de me charger d'un colis aussi volumineux et aussi pesant que son immeuble.

MOSQUÉE RUINÉE A NAKCHIVAN. (Voyez p. 24.)

CAVALIERS KURDES. (Voyez p. 31.)

CHAPITRE II

L'Azerbeïdjan. — La douane de Djoulfa. — Le télégraphe anglais. — Les Kurdes. — Les bagages d'un voyageur persan. — Maraude. — Un vieux mendiant kurde. — Intérieur persan. — Un des neuf cent quatre-vingt-dix-neuf caravansérails de chah Abbas. — Le préfet de police de Tauris. — Les souhaits d'un derviche. — Arrivée à Sofia.

4 avril. — La réparation de la voiture brisée au passage de la rivière a nécessité deux jours. Grâce à l'habileté combinée des forgerons russes et persans, nous avons enfin gagné Djoulfa, pauvre village bâti sur les bords de l'Araxe, qui forme la frontière de la Russie et de la Perse.

L'Araxe, le fleuve le plus renommé de l'ancienne Médie, prend sa source dans les montagnes situées entre Kars et Erzeroum; il traverse l'Arménie à la latitude de l'Ararat et tombe dans la mer Caspienne après s'être réuni au Kour. Je parcours ses rives et l'ancien cimetière de Djoulfa, puis je rentre à la maison de poste, où m'attend un délicieux pilau accompagné d'une volaille et arrosé de lait aigre. Après le repas, nous traversons le fleuve sur un bac et nous nous dirigeons vers la demeure du percepteur de la douane, afin de remettre à ce fonctionnaire une lettre de recommandation donnée par le consul de Perse à Tiflis. De nombreux serviteurs fument ou dorment devant la porte; l'un d'eux prend le pli et nous invite à nous asseoir sur un banc de terre adossé au mur extérieur. Il revient au bout d'un quart d'heure : « L'aga repose, dit-il, et vous recevra à son réveil. »

L'habitation de l'agent persan est construite sur une place sablonneuse autour de laquelle s'entassent en grand nombre les ballots apportés par les caravanes; les marchandises séjournent dans la cour jusqu'à ce que les droits de douane aient été acquittés. Derrière cet amoncellement de colis j'aperçois une maison entourée d'une enceinte de terre et surmontée de fils télégraphiques. C'est la station de la ligne anglaise qui relie les Indes à la métropole, passe à travers la Prusse, la Russie, la Perse, et se termine par le câble sous-marin dont la tête est à Bender-Bouchyr, dans le golfe Persique. Les fils, fixés sur des poteaux de fonte semblables à ceux que nous avons déjà rencontrés dans le Caucase, paraissent soigneusement établis.

Le directeur du bureau anglais de Djoulfa, un Russe, M. Ovnatamof, est la providence qui va nous permettre d'entrer en Perse. Il parle bien le français et se met à notre disposition avec la plus extrême complaisance. Après avoir changé nos *pauls* russes en monnaie d'argent, il loue les chevaux de transport, engage des serviteurs, fait accepter aux muletiers, en payement du premier acompte, les pièces qu'on vient de nous remettre, et, comme recommandation dernière, engage Marcel à résister aux instances dont les tcharvadars ne manqueront pas de l'assaillir afin d'obtenir en route quelques *tomans* : la moindre complaisance à ce sujet pourrait nous exposer à être abandonnés avant d'arriver à Tauris.

M. Ovnatamof me donne aussi des renseignements sur la vie que je vais mener désormais. J'ai eu tort de me plaindre des maisons de poste russes et de leurs lits de bois ; je dois renoncer à ce dernier confortable. « Vous trouverez comme abri, me dit-il, des caravansérails ouverts à tous les vents ; le sol nu vous servira de matelas, la selle de votre monture d'oreiller ; vous n'aurez même pas la ressource de coucher sur la paille : il n'en reste plus pour les chevaux, obligés de se nourrir depuis un mois des herbes vertes qui commencent à couvrir la terre. »

Au moment où tous les préparatifs sont terminés et le départ fixé au lendemain, la porte s'ouvre ; l'agent persan, accompagné de tous ses serviteurs, entre avec gravité et, la main placée sur le cœur, nous fait ses offres de service. Je suis polie, et, prenant aussitôt la même pose : « Votre Excellence a-t-elle bien dormi ? » Il hésite un instant, interrogeant mon regard afin de savoir si je me moque de lui ; puis, reprenant son aplomb, il se met de nouveau à notre disposition. Voilà mon début avec les fonctionnaires de l'Iran. Ce lourd personnage n'a pas d'ailleurs la portée que je lui ai généreusement prêtée tout d'abord : il perçoit à la fois les revenus de la douane et achète au gouverneur de l'Azerbeïdjan la faveur d'exploiter le bac de Djoulfa.

A tous les degrés de la hiérarchie, les emplois se donnent au plus offrant dans le royaume du roi des rois. Le bac est affermé quarante mille francs, mais le concessionnaire est libre de percevoir les droits de péage à son gré et sans aucun contrôle. Comme de son côté le gouverneur de l'Azerbeïdjan reçoit à titre de traitement les revenus de la douane, il laisse pressurer les contribuables, afin d'élever au maximum le rendement du fermage. Aussi, avant d'obtenir de lui le poste de Djoulfa, faut-il avancer une somme plus forte qu'aucun autre prétendant, et présenter en garantie une solide réputation de friponnerie, nécessaire pour exercer convenablement ces délicates fonctions.

7 avril. — Me voici au terme de la première étape de caravane. Elle a duré huit heures. Le plaisir de me retrouver à cheval et le bonheur d'être débarrassée de cette affreuse diligence russe, toujours prête à verser, me font oublier toute fatigue.

En quittant les bords de l'Araxe, les guides ont fait un long détour, dans l'unique dessein d'aller dans un village changer les vigoureuses bêtes de charge louées par M. Ovnatamof contre de mauvaises rosses incapables de mettre un pied devant l'autre ; la substitution a été habilement faite, et les bons chevaux sont retournés à Djoulfa.

Nous avons marché cinq heures dans un sauvage défilé de montagne, auquel a succédé une plaine coupée de hautes collines dont les teintes varient depuis le vert céladon, bien qu'aucune végétation ne se développe sur ces mamelons pierreux, jusqu'au rouge le plus intense. A la tombée de la nuit, nos guides se sont demandé s'ils attendraient le jour dans un campement kurde établi sur la droite, ou s'il valait mieux se diriger vers un village situé au pied de la montagne.

Pendant ces pourparlers, les nomades, accourus sur la route, nous ont regardés avec un air trop peu engageant pour nous encourager à leur demander l'hospitalité; la caravane a continué sa marche, et, quittant bientôt le sentier battu, s'est lancée à travers champs dans la direction du village.

Comment l'avons-nous atteint avec une nuit sans lune et sans étoiles? Je ne saurais le dire. Le caravansérail est composé d'une cour assez spacieuse, clôturée par un mur de pisé autour duquel sont construites une série de loges voûtées recouvertes en terrasses. Chacun de ces arceaux est attribué à un voyageur : dès son arrivée il y dépose ses bagages et ses approvisionnements; seulement, comme le mois de mars est froid dans ce pays montagneux, les muletiers abandonnent des campements trop aérés et se retirent dans les écuries, où les chevaux entretiennent une douce chaleur.

Le gardien nous offre comme domicile une petite pièce humide, sans fenêtre, dont la porte est fermée par une ficelle en guise de serrure; cet honneur ne me touche guère et je réclame au contraire la faveur de partager l'écurie avec les rares voyageurs arrivés avant nous. La place ne manque pas, car les Persans, redoutant par-dessus tout les morsures de l'hiver, ne se mettent pas volontiers en route par cette saison rigoureuse. Le froid n'est pas le seul motif qui ralentisse le mouvement des caravanes : l'année dernière, l'invasion des Kurdes a été désastreuse; des hordes sauvages ont pillé les villages frontières, massacré leurs habitants et répandu la terreur dans toute la province. Il n'a pas été possible aux paysans échappés à ce désastre de cultiver la terre; poussés par la famine, ils infestent les chemins et dépouillent les caravanes trop faibles pour se défendre.

En traversant un défilé sauvage, nous avons été rejoints par cinq ou six Persans bien montés; au lieu de prendre les devants, ces cavaliers ont suivi nos pas, nous laissant toujours l'honneur de marcher en tête du convoi : ce soir je les entends se féliciter d'avoir fait l'étape avec de braves Faranguis, rarement attaqués par les voleurs, qui connaissent la portée des armes européennes et savent que les Occidentaux ne se laissent jamais dévaliser sans se défendre.

Je me considère avec orgueil. Se peut-il qu'un gamin de ma taille et de ma tournure épouvante les Kurdes, ces farouches nomades? Cette pensée m'égaye et me tranquillise tout à la fois.

Après avoir rassuré nos compagnons de route et leur avoir promis notre vaillante protection, chacun de nous se met à déballer ses bagages. En admirant le matériel de nos compagnons si confortable et si bien approprié au voyage en caravane, je puis apprécier tout ce qui va nous manquer jusqu'à notre arrivée à Tauris, la première ville où nous trouverons à monter notre ménage.

Dans de grandes *mafrechs*, sacoches confectionnées avec des tapis et fermées par des courroies de cuir, se trouvent les *lahafs*, épais couvre-pieds de cotonnade fortement ouatés. Quand on veut s'en servir, il suffit de les plier en quatre doubles, de rouler une des extrémités en forme de traversin et de les étendre à terre pour pouvoir se reposer immédiatement; ce lit pratique est adopté dans la Perse tout entière. L'hiver, un pan du lahaf est ramené sur le corps; mais il devient inutile de se couvrir durant la belle saison, car ici comme au Caucase il est dans les habitudes du pays de ne point enlever ses vêtements pendant la nuit. Les mafrechs contiennent encore les habits de rechange et les tapis destinés à être jetés sur le sol quand le voyageur arrive à l'étape.

D'autres poches plus petites, les *khourdjines*, renferment les ustensiles de ménage, marmites à pilau, plat à cuire les œufs *nimrou* (au plat), aiguières à ablutions, samovar, et enfin toutes les provisions de pain, riz, viande, légumes, sucre et bougies nécessaires à emporter avec soi dans un voyage où il est impossible de s'approvisionner à chaque étape.

et où l'on ne trouve, en arrivant au gîte, que la paille nécessaire aux chevaux et l'abri si utile aux cavaliers. Les *khourdjines* sont connues en France et utilisées à recouvrir des meubles depuis que les tapis persans ont envahi nos mobiliers.

Ma première soirée sur la terre de l'Iran se passe à regarder du coin d'un œil jaloux les préparatifs de nos voisins ; un mince plaid nous servira de matelas, les sacs de nuit d'oreiller, une couverture de fourrure recouvrira le tout. Le nécessaire de chasse est tout à fait insuffisant, et nos nouveaux serviteurs, un cuisinier et un maître d'hôtel déguenillés, gémissent d'être privés de récipients dont ils ont l'habitude de se servir et réduits à présenter les mets l'un après l'autre : c'est, paraît-il, une infraction grave aux règles les plus vulgaires du service de table, l'étiquette persane exigeant que les divers plats d'un repas soient tous apportés en même temps. Je calme de mon mieux le souci de ces braves gens en leur assurant qu'à Tauris j'acquerrai une batterie de cuisine modèle. Cette déférence respectueuse pour les coutumes du pays fait renaître le calme au fond de ces âmes troublées. Vers dix heures tout s'endort dans le caravansérail, les lumières s'éteignent, et dans les profondeurs obscures de l'écurie vibre seule la braise du foyer, auprès duquel apparaît de temps à autre la silhouette d'un homme à demi endormi, venant prendre du bout des doigts les charbons ardents destinés à allumer le kalyan, cette longue pipe qui ne reste jamais inactive, même pendant le repos de la nuit.

8 avril. — A l'aurore, le *tcharvadar bachy* (muletier en chef) réveille ses voyageurs par un vigoureux « *Ya Allah !* » La terre est bien dure et je suis ravie de voir le jour, car j'espère secouer en chemin la courbature que je ressens depuis les pieds jusqu'à la tête. Nous sommes bientôt debout et prêts à partir ; les mafrechs de nos compagnons de route sont bouclées ; chaque muletier reprend la charge de ses chevaux, fixée sur les bâts avec des cordes de poil de chèvre, et nous sortons du caravansérail, laissant quelques pièces de monnaie au gardien, dont les remerciements et les vœux nous accompagnent au loin. Le témoignage de sa reconnaissance me surprend, les Persans m'ayant paru estimer à un très haut prix les services rendus. Un des voyageurs que je me suis chargée de défendre contre les Kurdes... s'ils nous attaquent, m'explique alors que le plus grand nombre des caravansérails sont, comme les mosquées, des fondations pieuses entretenues par la libéralité des descendants du donateur. Un homme de confiance payé sur des fonds affectés à cet usage reçoit les caravanes, ouvre et ferme les portes matin et soir ; les étrangers, s'ils ne lui demandent aucun service personnel, ne lui doivent aucune rémunération, quelle que soit la durée de leur séjour. Le gardien se contente d'un modique bénéfice sur les maigres approvisionnements de paille, de bois et de lait aigre vendus aux muletiers.

La plupart des travaux d'utilité publique sont édifiés en Perse dans les mêmes conditions, et c'est le plus souvent à la générosité ou aux remords de quelques particuliers que piétons et cavaliers sont redevables des ponts sur lesquels ils traversent les rivières.

Les caravansérails, nombreux autrefois sur les voies importantes, rendaient les plus grands services au commerce. Construits avec soin, entourés de murailles flanquées de tours, ils étaient assez bien fortifiés pour être à l'abri d'un coup de main. Les souverains, jaloux de la prospérité de la Perse, les avaient multipliés dans toute l'étendue de leur royaume. Chah Abbas en fit construire neuf cent quatre-vingt-dix-neuf, disent les chroniques, et assura ainsi des communications faciles et rapides entre les différentes parties de son vaste empire. La plupart de ces caravansérails royaux, aujourd'hui ruinés, ne peuvent plus offrir d'abri aux honnêtes gens et servent exclusivement aux voleurs de grands chemins, dont ils sont devenus les quartiers généraux. Le temps n'est pas la seule cause qui ait amené la destruction de ces édifices : les successeurs de chah Abbas, n'ayant point hérité avec le trône de ses idées

DERVICHE ET VIEUX MENDIANT A MARANDE. (Voyez p. 35.)

généreuses, eurent le tort de les louer à des prix trop onéreux et réduisirent ainsi les fermiers à exploiter les caravanes. Les conséquences de cette détestable administration ne se firent pas attendre : le trafic se ralentit de jour en jour, les bâtiments royaux demeurèrent déserts et furent en définitive abandonnés, au profit des caravansérails particuliers, où les voyageurs trouvèrent un accueil bienveillant et une hospitalité économique.

Nous traversons des vallées fertiles et bien cultivées; les cheptels sont nombreux; on voit à la suite de tous les troupeaux des juments suivies de leurs poulains. D'ailleurs l'élevage est de tradition dans le pays. Déjà, au temps de Darius et de ses successeurs, l'Azerbeïdjan devait fournir aux écuries royales un tribut de vingt mille étalons et les chevaux niséens attelés au char du grand roi.

Les arbres font seuls défaut dans ces paysages un peu monotones, se déroulant uniformément de colline en colline : pas une tige élancée, pas même un buisson touffu où l'on puisse espérer s'abriter des rayons du soleil. Tout aussi rares que les arbres sont les hameaux et les maisons isolées. Depuis mon entrée sur le territoire persan j'ai vu les habitants groupés dans les bourgs plus ou moins importants, les nomades campés sous la tente, mais nulle part le paysan vivant dans sa ferme au milieu des champs et des cultures. Aussi le nord de l'Azerbeïdjan a-t-il, malgré la fertilité bien connue du sol, un aspect triste et vide, dont les plus pauvres campagnes de France ne sauraient donner une idée. Les villages eux-mêmes sont très clairsemés, et le voyageur doit se déclarer fort heureux d'en rencontrer un à chaque étape.

9 avril. — Marande est une petite ville de trois ou quatre mille habitants. C'est l'ancienne Mandagarana de Ptolémée. D'après les traditions arméniennes, les plaines environnantes partagent avec celles d'Érivan l'honneur d'avoir été repeuplées les premières après le déluge. C'est même à Marande que Noé aurait été enterré après la longue existence que lui assigne la Bible.

Il est à peine midi quand nous franchissons, grâce à un temps de galop qui nous vaut les malédictions des tcharvadars, les murs d'enceinte de la ville. « *Yavach, madian por ast!* » crient derrière moi les muletiers en levant avec désespoir les bras au ciel. Je ne comprends pas et cours de plus belle afin de me reposer de l'allure monotone à laquelle me condamne la marche si lente de la caravane. Mais, quand nos hommes nous ont rejoints, je suis bien obligée de reconnaître mes torts : *Madian por ast* veut dire « la jument est pleine ». Si l' « enfant » meurt, ma coupable folie aura causé cet irréparable malheur. J'interroge ma conscience; elle me paraît d'autant plus calme que j'ignorais le sexe et l'état physiologique de ma monture. Je n'ai pas compris non plus la signification de *yavach* (doucement). Dans mon dictionnaire, cet adverbe se traduit par *aesta*. J'apprends alors que cette dernière expression, usitée dans un sens poétique, ne sert jamais dans le langage vulgaire. Turcs, Arabes et Persans emploient tous le mot de *yavach*.

La ville s'étend sur les bords d'une jolie rivière au milieu de laquelle croissent des peupliers argentés et des saules d'un vert sombre; les eaux, divisées en une multitude de petits ruisseaux, coulent en suivant une rigole rapide ménagée au milieu de la grand'rue. Les maisons, à un seul étage, sont bâties en briques séchées au soleil et recouvertes de terrasses entourées d'un crénelage formant garde-fou. Une porte masquée ferme l'entrée des habitations, dépourvues de fenêtres extérieures, les appartements s'éclairant toujours sur des cours centrales. Cependant quelques maisons luxueuses prennent vue sur la rivière. Une grande baie carrée, clôturée par un grillage en bois, permet aux femmes de voir sans être vues; de là elles peuvent suivre des yeux les caravanes piétinant dans les ruisseaux, et apercevoir au loin, quand le temps est clair, la pointe aiguë de l'Ararat.

En entrant dans le caravansérail, je me suis presque heurtée contre un vieux mendiant à barbe blanche : sans avoir l'âge du patriarche Noé, il doit être depuis bien des années sur la terre. Son costume est des plus pittoresques; sa coiffure se compose d'un papach conique, supporté par une légère carcasse d'osier; dans des temps meilleurs le vieillard était revêtu de deux *koledjas* (redingotes persanes), l'une bleue, l'autre rouge. Mais aujourd'hui le vêtement supérieur est tellement déchiré et l'autre si effiloché, que les lambeaux rouges passent à travers

FEMMES PERSANES A MARANDE. (Voyez p. 37.)

les trous de la robe bleue, se confondant en un tout si intime, qu'il est difficile de distinguer à première vue la composition de cette bizarre étoffe.

Quel ravissant sujet d'aquarelle, et comme ces haillons s'harmonisent avec la tête de ce vieux bandit, rendue vénérable par les ans !

Notre gîte est bien supérieur à celui du village dans lequel nous avons passé la nuit dernière; et, si la langue persane était aussi riche dans ses expressions que la langue espagnole, elle aurait classé notre campement de la veille au rang des plus modestes *ventanas*, et réservé le titre pompeux de *posada* au nouveau caravansérail. La cour est spacieuse; on nous a

MARANDE.   37

logés dans une chambre blanchie à la chaux, munie de châssis garnis de papier huilé en guise de carreaux ; une petite cheminée dans laquelle pétille un bon feu de broussailles achève de rendre cette demeure des plus confortables ; au coin de la pièce s'ouvre la porte d'un étroit escalier ; je le gravis et parviens à la terrasse, d'où l'œil plonge tout à l'aise dans les maisons voisines.

CARAVANSÉRAIL RUINÉ SUR LA ROUTE DE MARANDE A TAURIS. (Voyez p. 38.)

Au milieu d'une cour, deux jeunes femmes causent avec le maître du logis ce sont sans doute des parentes, qui, ne se sachant pas observées, laissent leur visage à découvert. Une servante agenouillée sur le sol prépare, avec de la bouse de vache, de la paille hachée et de la terre, l'enduit destiné à réparer les murailles. Un gros chat noir s'avance prudemment et seul paraît flairer la présence d'un étranger : je me dissimule derrière un pan de mur, demande à mon mari les appareils photographiques et les dispose au plus vite, ravie de dérober à la jalousie persane une aussi jolie scène d'intérieur.

Le larcin commis et les châssis enveloppés, nous allons courir la ville. Le bazar, fort bien approvisionné, est tout auprès de notre campement. Les vivres y sont à si bon marché, que les tcharvadars ne résistent pas à la tentation de faire un festin. L'un d'eux, le beau parleur de la troupe, demande à nous présenter une requête, et, tout en dérangeant avec le bout de ses doigts quelques petites bêtes occupées à se promener entre sa chevelure et son bonnet d'astrakan, il réclame, au nom de tous, deux *tomans* destinés à acheter un mouton et du riz pour se nourrir jusqu'à Tauris. Les bons conseils de M. Ovnatamof reviennent à ma mémoire : je refuse d'abord, puis je demande à mon interlocuteur ce qu'est devenue la somme donnée en acompte à Djoulfa.

« Ne fallait-il pas la laisser à nos femmes et à nos enfants? » répond le bon apôtre.

Cette réponse me touche et j'engage mon mari à avancer les tomans nécessaires à l'acquisition de l'animal.

10 avril. — Je n'ai pas tardé à me repentir de ma condescendance. Ce matin, nos tcharvadars, enhardis par leur succès, réclament une nouvelle avance. Deux heures se perdent en discussions. De guerre lasse, Marcel lève son fouet. Les tcharvadars, se sentant en nombre, font blanc de leurs poignards. Affolée, j'accours, le revolver au poing, et passe à Marcel un second pistolet. Nos ennemis reculent ; nous sommes vainqueurs !

A moitié de l'étape, la caravane fait une halte de plusieurs heures devant les ruines de l'un des neuf cent quatre-vingt-dix-neuf caravansérails construits sous chah Abbas. L'édifice est de forme quadrangulaire ; ses murs, bâtis en belle pierre rouge et flanqués de tours défensives, permettaient de l'utiliser comme forteresse en temps d'invasion. La porte, en partie écroulée, est ornée d'une charmante mosaïque de faïence bleue et de briques rosées. Ce caravansérail, comme ses pareils, a servi longtemps de repaire à des bandits, et nos valeureux tcharvadars hésitent et tremblent comme la feuille quand Marcel donne l'ordre d'arrêter les chevaux et de décharger l'appareil photographique.

Dès que, reprenant notre marche, nous nous sommes éloignés de ce lieu redouté, l'un des guides s'approche de moi et me dit en confidence :

« Il y a un mois, nous aurions été dévalisés à cette place maudite. Depuis que le prince gouverneur de la province a fait donner quarante coups de gaule sur la plante des pieds du chef de la police de Tauris, les brigands sont moins entreprenants.

— Quel rapport peut-il exister entre ce personnage et des coupe-jarrets? Je ne suppose pas qu'un si haut dignitaire soit tour à tour directeur de la sûreté et capitaine de voleurs?

— Vous vous trompez. Bandits et magistrats vivent dans une bonne intelligence entretenue à nos dépens ; cependant, depuis sa dernière bastonnade, le directeur de la sûreté pourchasse ses meilleurs amis.

— Comment pourrait-il s'y prendre, après avoir été dépouillé de son autorité ?

— Mais son autorité est toujours la même, réplique mon initiateur aux rouages administratifs de la Perse : quelques jours après lui avoir infligé la juste punition de ses fautes, le prince, n'ayant plus sujet de lui garder rancune, lui a envoyé un *khalat* ou robe d'honneur pour le consoler de l'endolorissement de ses pieds, et, la semaine dernière, il l'a rétabli dans l'exercice de ses fonctions.

— Cela n'est pas possible ; le gouverneur ne peut rendre sa confiance à un homme avili.

— La bastonnade n'a rien de déshonorant. En outre, quel homme serait mieux à même de réprimer le brigandage que le préfet? Il a été en relation avec tous les malandrins de la province et connaît le châtiment auquel il s'expose s'il s'intéresse trop vivement à leurs affaires. Aussi, *inchâ Allah* (s'il plaît à Dieu), arriverons-nous à Tauris sans encombre, grâce à la sensibilité des pieds de Son Excellence. »

SOUHAITS D'UN DERVICHE. 39

Quel danger d'ailleurs aurions-nous à redouter? Un saint derviche assis sur le chemin de Marande à Sofia, qui appelait à haute voix la bénédiction des saints imams de Mechhed et de Kerbéla sur les passants, ne s'est-il point souvenu fort à propos que le Koran place au rang des plus vénérés prophètes le fondateur de notre religion, et ne nous a-t-il pas souhaité un heureux voyage au nom du Seigneur Jésus et de Madame Marie?

DERVICHE.

DERVICHE RÉCITANT DES POÉSIES HÉROÏQUES. (Voyez p. 43.)

CHAPITRE III

Les premières étapes. — Abaissement de la température. — Les kanats. — Constitution géologique de la Perse. — Un derviche récitant des poésies héroïques. — Le pont de Tauris. — Misère dans les faubourgs. — Arrivée au consulat de France. — Visite au gouverneur. — Le biroun persan.

12 avril. — Hier, en arrivant à l'étape, je suis tombée comme une masse inerte sur un tapis étendu à la hâte dans une chambre de caravansérail. Depuis longtemps je n'étais montée à cheval, et ces dix heures de marche au pas m'avaient fatiguée au point de m'enlever presque conscience de moi-même. L'odeur du pilau, le kébab lui-même m'ont laissée insensible. Marcel ne s'est guère mieux comporté que moi.

Ce matin notre état est moins pitoyable, l'appétit a repris ses droits, et, tous deux, nous dévorons, en essayant de nous réchauffer au coin d'un maigre feu, les reliefs échappés à la voracité des serviteurs. Nous nous sommes élevés de plus de cinq cents mètres depuis notre départ de Djoulfa ; le printemps n'a pas atteint ces hauts plateaux. Le ciel, en harmonie avec le paysage, roule des nuages plombés de couleur bien inquiétante pour des cavaliers. Il faut partir quand même ; nous en avons vu bien d'autres au Caucase !

La neige, poussée par un violent vent d'est, fouette notre visage et nous couvre de ses flocons serrés. A la première éclaircie j'aperçois dans la vallée une gigantesque taupinière partant de la base de la montagne que nous venons de gravir et descendant dans la plaine. J'avais été déjà fort intriguée en quittant Djoulfa par de profondes excavations circulaires rencontrées deçà et delà le long du chemin. J'aurais bien demandé des explications aux tcharvadars, mais depuis Marande nous étions en délicatesse. En approchant de Tauris, l'espoir du prochain bakchich engage les muletiers à nous faire des avances, et l'un d'eux, désireux de rentrer en grâce, vient m'offrir son manteau de peau de mouton, excellent, assure-t-il, contre le froid et la neige. Je refuse les fourrures, mais je profite de la démarche pour satisfaire ma curiosité.

Les hauts plateaux de la Perse, naturellement secs et arides, ne seraient propres à aucune culture si les habitants n'allaient chercher dans le voisinage des chaînes de montagnes des eaux souterraines, et ne les amenaient au niveau du sol au moyen de longues galeries creusées en tunnel. Ces conduits, nommés *kanots*, ne sont ni maçonnés ni blindés ; leur pente est ménagée avec le plus grand soin, et cependant leur longueur atteint souvent de trente à quarante kilomètres, et leur profondeur à l'origine plus de cent mètres.

La prospérité, la vie même de la Perse dépend du nombre et du bon entretien des galeries souterraines. La construction d'un nouveau kanot assure la fertilité des terres irrigables, au centre desquelles s'élève aussitôt un village. L'oblitération d'un conduit entraîne au contraire l'abandon immédiat des plaines desséchées. Aussi les Persans, quoique nonchalants et portés à laisser périr faute d'entretien les travaux d'utilité publique, apportent-ils un soin extrême à conserver leurs kanots en bon état.

Pour faciliter la construction et le curage des aqueducs, on les met en communication avec le sol au moyen de puits verticaux distants les uns des autres de vingt à trente mètres. Les terres d'extraction accumulées autour de l'orifice forment ces longues files de tumulus coniques dont je n'avais pu comprendre la destination.

On s'explique, en étudiant la constitution géologique du sol, la nécessité de ces immenses travaux.

La Perse est comprise entre les deux hautes chaînes de montagnes l'Indo-Kouch et les monts Zagros ; un déluge venu du nord a comblé l'immense bassin limité par les deux soulèvements et formé une vallée étagée en gradins depuis le golfe Persique jusqu'aux plaines centrales. Les terres entraînées avec les eaux ont seulement laissé à découvert des sommets ou des lignes de crêtes se dégageant des alluvions tout comme un rocher émerge au-dessus de la mer : de sorte que l'on passe sans transition de plaines s'étendant jusqu'au désert au cœur des montagnes. Les flancs inclinés et les cimes déchirées, incapables de retenir des terres végétales et par conséquent aussi de porter des arbres ou même des mousses, laissent écouler les eaux pluviales qui filtrent en totalité entre le rocher et le sol pour aller s'emmagasiner dans de profondes vallées souterraines, immenses réservoirs étendus au-dessous de la Perse. Le grand massif de l'Ararat lui-même, malgré ses immenses glaciers, ne donne naissance à aucune rivière.

Ce sont ces nappes d'eaux sous-jacentes que les premiers habitants du pays furent forcés de capter quand ils voulurent fertiliser leur nouvelle patrie. Strabon fait remonter la date de la construction des premiers kanots au règne fabuleux de Sémiramis. D'après Polybe, Ecbatane était alimentée par des galeries souterraines si longues et si antiques, que les Perses eux-mêmes en avaient oublié l'origine. Ces conduits, d'après les auteurs anciens, avaient été exécutés sur l'ordre des fondateurs de la dynastie médique, qui donnèrent pendant cinq générations les produits des terres irriguées aux ouvriers employés à creuser les galeries. Leur tracé était naturellement inconnu des étrangers, et cette ignorance faillit être fatale à l'armée d'Antiochus lancée à la poursuite d'Arsace.

Aujourd'hui les kanots sont généralement des propriétés particulières affermées à des prix très élevés ; certains d'entre eux, dans le voisinage de Téhéran, valent de deux à trois millions et rapportent jusqu'à quatre cent mille francs de revenu brut. On estime l'eau fournie d'après une mesure appelée « pierre », équivalant au volume de liquide suffisant pour faire tourner la meule d'un moulin. La pierre d'eau donne un débit de quinze à vingt litres par seconde.

Le vent, qui n'a cessé de souffler en tempête depuis notre départ de Sofia, dissipe enfin les nuages; l'horizon s'éclaircit peu à peu, et les rayons d'un pâle soleil promènent sur la plaine des taches brillantes.

Tout à coup des minarets percent la brume, les faïences bleues des coupoles s'illuminent, et Tauris apparaît à nos yeux surpris, se déroulant magnifique le long d'une rivière qui lui sert sur plus de trois lieues de défense naturelle. Poussée par le froid, la caravane a marché bien meilleur pas que je ne l'avais espéré. Déjà nous apercevons le pont jeté sur l'Adjisou et les premières maisons du faubourg, quand nos gens s'arrêtent, déchargent un mulet, jettent de petits tapis à terre, et, après s'être orientés vers la Mecque, commencent leur prière. Cet accès de religiosité est d'autant moins compréhensible que ces honnêtes musulmans ont apporté jusqu'à présent une médiocre régularité dans leurs exercices de piété.

Je descends de cheval et regarde patiemment voler les corneilles et les geais bleus. Bientôt je comprends la véritable cause de l'arrêt de la caravane. A l'entrée du pont, au milieu de quelques rares auditeurs, un derviche, brandissant une hache, raconte les exploits de Roustem.

Le drôle a grand air et belle tournure; ses gestes sont majestueux, et sa pantomime est si expressive qu'on peut suivre le développement de l'épopée sans comprendre le patois turc dans lequel il s'exprime.

Les citadins ne prêtent guère l'oreille à ces spectacles vulgaires, mais les paysans se délectent au récit des combats du héros contre les dives et les enchanteurs. Les tcharvadars se lèvent enfin et nous invitent à remonter au plus vite à cheval.

Nous franchissons la rivière sur un pont de briques d'une longueur de cent soixante mètres environ, formant en plan une ligne brisée. La largeur du tablier entre les parapets est de cinq mètres. De grosses pierres usées par les pieds des chevaux forment une chaussée à peu près impraticable; aussi bien, quand les eaux sont basses, les voyageurs aiment-ils mieux traverser à gué que de s'aventurer sur le pont. On peut constater alors la singulière construction des avant-becs, tous bâtis fort économiquement avec des pierres tombales chargées d'inscriptions.

Au delà du fleuve commence une longue avenue bordée de jardins fruitiers, dont les singulières portes méritent d'être décrites; elles sont faites d'une épaisse dalle de pierre qui tourne sans effort dans deux crapaudines creusées sur les faces horizontales du seuil et des linteaux; les serrures, tout aussi bizarres, se composent d'un mécanisme auquel on atteint à travers un large trou pratiqué dans la pierre: on manœuvre le pêne avec une clef de bois longue au moins de quarante centimètres. Ces fermetures primitives, d'une solidité à toute épreuve, seraient parfaites s'il ne fallait s'armer, avant de les ouvrir, d'une patience tout orientale. Le propriétaire d'un jardin passe toujours un gros quart d'heure à tourner sa clef dans tous les sens avant de faire mouvoir le pêne, et, quand il a hâte de pénétrer chez lui, il en est réduit le plus souvent à escalader les murs de clôture.

De nombreuses caravanes se croisent à l'entrée de Tauris, dont les faubourgs semblent être le lieu d'élection des mendiants de toute la ville. Routes et carrefours soutiendraient une honorable comparaison avec la cour des Miracles. Des malheureux hâves et décharnés, des vieillards décrépits, gisent le long du chemin. L'instinct de la conservation ne persiste que chez de pauvres enfants, ils implorent à grands cris notre pitié, et, saisissant avec désespoir la bride de nos chevaux, espèrent ralentir notre marche et obtenir une aumône. Le spectacle est navrant, et, quand j'ai épuisé ma monnaie, je suis obligée de presser le pas afin d'échapper à la vue et au contact de ces cadavres vivants.

Cette désolante impression m'aurait longtemps poursuivie si mon regard n'eût été attiré par le drapeau de la France flottant au sommet du mât consulaire. En revoyant ces trois couleurs, emblème de la patrie, j'oublie un instant les misères qui m'environnent, pour reporter mon esprit vers le pays perdu. Absorbée dans mes pensées, je parcours sans le voir un dédale inextricable de rues étroites et tortueuses, et j'atteins enfin, après une heure de voyage dans ce labyrinthe, l'Arménistan ou quartier chrétien de la ville, au centre duquel se trouve le consulat, gardé par une troupe nombreuse de soldats déguenillés.

Les intérêts de nos nationaux sont confiés à M. Bernay, consul d'une remarquable intelligence. Il habite la Perse depuis plusieurs années, parle avec facilité la langue du pays et connaît les replis les plus intimes du caractère persan. Ses instances pressantes nous décident à accepter un petit appartement situé à l'entrée de l'hôtel.

De vrais lits sont dressés, les bagages mis en ordre, les muletiers réglés; des chaises, des tables, des cuvettes garnissent nos chambres; nous allons pendant quelques jours encore vivre à l'européenne.

14 avril. — Tauris est, après Téhéran, la ville la plus peuplée de Perse. Son diamètre ne mesure pas moins de douze kilomètres, et comme étendue elle ne le cède qu'à Ispahan. Elle fut fondée, d'après Hamdoulla Kaswini, en 791, par la sultane Zobéide, femme du khalife Haroun al-Raschid, en souvenir d'un médecin qui l'avait guérie d'une maladie grave.

Au dixième siècle, Soliman en fit le siège, et, la trouvant belle, racheta à ses soldats le droit aux trois jours de pillage auxquels étaient condamnées toutes les villes prises d'assaut.

Depuis cette époque, la capitale de l'Azerbeïdjan appartint tour à tour aux Abbassides, aux Bouïdes, aux Seljoucides, aux Turcs et aux Russes. Elle fut enfin restituée à la Perse en 1828 à la conclusion du traité de Turkmen-chaï. Les tremblements de terre, très fréquents dans le voisinage du massif de l'Ararat, l'ont durement éprouvée. En 1721 elle perdit soixante-dix mille habitants, et en 1780 environ quarante mille. En 1831 elle fut décimée par le choléra; enfin, l'invasion kurde a amené au cours de ces dernières années une famine telle, qu'au printemps la population pauvre de la ville sortait par bandes et se répandait dans la campagne, où elle mangeait le blé encore vert et disputait aux troupeaux les premières luzernes.

M. BERNAY.

Le gouvernement de l'Azerbeïdjan, dont Tauris est la capitale, appartient de droit au prince héritier. Le dauphin de Perse n'est pas toujours le fils aîné du chah, les droits au trône étant exclusivement réservés aux garçons issus de princesses choisies dans la tribu Kadjar, afin que, suivant les traditions tartares, les enfants de grande famille ne soient pas supérieurs en naissance à leurs oncles maternels. Le cas se présente actuellement à la cour de Téhéran. L'aîné des fils de Nasr ed-Din ayant pour mère une femme de basse condition, il ne peut, à moins que la nation n'abroge en sa faveur les lois de l'hérédité, aspirer à la couronne, bien que son intelligence et son habileté administrative le rendent plus apte que son frère cadet à gouverner un État agrandi et pacifié par ses soins et ses talents.

Le valyat (héritier du trône) est le second fils du roi. Son précepteur, Mirza Nizam,

VISITE AU GOUVERNEUR DE TAURIS.

brillant élève de l'école Polytechnique, a dirigé avec intelligence les études et l'éducation de son pupille. A la suite de plaintes adressées au chah par le clergé de Tauris au sujet de vêtements de coupe européenne portés par le prince, contrairement à certaines prescriptions du Koran, Mirza Nizam a été mis en disgrâce.

Le précepteur, qui apprenait à son élève l'histoire de Louis XIV, du Grand Frédéric et de Napoléon Ier, a été tout d'abord condamné à périr, en punition de sa soi-disant impiété. Gracié sur la prière du valyat, il a été envoyé en exil aux environs de Kachan. Après le départ de Mirza Nizam, l'héritier du trône, bon, mais faible de caractère, est tombé entre les mains du parti religieux, fanatique et arriéré, et a été abandonné sans défense à l'influence des mollahs et de sa mère, véritable sectaire musulmane. Cette fâcheuse révolution de palais a porté des fruits hâtifs : le prince a perdu toute autorité, et ses serviteurs en sont venus à lui voler même ses repas. C'est, prétend-on, à la suite de larcins de ce genre qu'il s'est permis, sans prendre conseil de son entourage, de faire bâtonner le préfet de police. « L'estomac est la source de la joie; si son état est satisfaisant, il n'existe point d'affliction », dit un célèbre poète persan. Le chef de la sûreté avait oublié ses classiques.

Prévenu de la situation faite à son fils et du désordre qui régnait dans la province, le chah a rappelé le valyat à Téhéran, où il vit très retiré, entouré de prêtres et de religieux. Puis, afin de purger la province de l'Azerbeïdjan des brigands et des voleurs, le roi a chargé son oncle de rétablir l'ordre dans l'administration et sur les grands chemins. Ce fonctionnaire, à peine arrivé depuis trois semaines, a fait administrer la bastonnade sans relâche; des mains et des têtes ont été coupées; grâce à l'énergie du prince, le calme, comme l'assuraient nos tcharvadars, renaît dans le pays, naguère encore dangereux à parcourir, et dans la ville elle-même, où de multiples assassinats étaient commis toutes les nuits.

Nous allons faire bientôt la connaissance de ce sévère justicier, car, avant de visiter la ville, il est de bon goût de nous présenter chez le gouverneur de la province, spécialement chargé de protéger les étrangers.

Le consul, fort au courant des règles du cérémonial, a fait prévenir Son Excellence de notre présence à Tauris, et a demandé, selon l'usage persan, le jour et l'heure auxquels il pourra se rendre au palais avec mon mari. L'habitude d'offrir une collation en rapport avec la qualité des visiteurs entraîne chez les musulmans cette complication des relations sociales adoptée aussi par les Européens, tenus de rendre strictement les politesses reçues.

Le gouverneur ayant consulté son devin ordinaire, le calendrier officiel des jours fastes et néfastes, a fait répondre avec une extrême politesse à la demande du consul.

En conséquence, après le déjeuner, M. Bernay et Marcel, personnages trop importants pour sortir à pied, se sont dirigés à cheval vers le palais, précédés d'une nombreuse escorte de soldats armés de fusils et de domestiques chargés de préparer à coups de bâton le passage du cortège à travers les rues étroites du bazar.

Le *hakem* (gouverneur) a été fort aimable; une collation, composée de pâtisseries douceâtres, a précédé le café et le thé, servis par de nombreux serviteurs; puis les kalyans ont circulé de main en main, offerts d'abord au gouverneur et à son entourage, et livrés ensuite à la foule qui grouillait aux portes et aux fenêtres du *talar* (salon) afin de jouir du spectacle gratuit de la réception.

Chez les grands fonctionnaires, le *biroun* ou appartement des hommes étant tout à fait distinct de l'*andéroun*, réservé aux femmes, cette partie extérieure de l'habitation peut être sans inconvénient ouverte à tout venant. Le plus pauvre hère entre dans le palais d'un gouverneur de province sans timidité ni fausse honte, pénètre dans le vestibule, salue l'assistance, s'accroupit sur les talons après avoir ramené les pans de sa robe sur ses genoux, joint les mains, se tait ou cause s'il en trouve l'occasion, accepte le thé si on le lui offre, et, quand il se retire, nul ne pense à l'interroger. En raison de cet usage, la foule afflue toujours dans les cours, certaine de prendre sa part des distractions gratuites et variées que lui procure la vie du palais. Tantôt ce sont les dernières bouffées d'un kalyan que le plus pauvre gamin est admis au bonheur d'aspirer, ou bien c'est une tasse de café volée au détour d'une porte. C'est encore là la bastonnade qu'on voit administrer au voleur maladroit pris la veille au bazar, ou au général chargé de passer la prochaine revue. Les jours de *grandes fonctions*, comme disent les Espagnols, on distribue les présents du *Norouz* (nouvel an), on reçoit un noble Farangui, on prive d'un nez ou d'une oreille quelque bandit pris les armes à la main. La vue d'un supplice est une fête pour un Oriental. Ne crions pas à la barbarie : la Perse est aujourd'hui plus civilisée que l'Espagne du dix-huitième siècle offrant en spectacle à la foule, aux jours de réjouissance, un bel autodafé où brûlaient par douzaines juifs et mécréants.

La coutume commune à tous les grands personnages de s'entourer d'une foule nombreuse comparable à la clientèle romaine les rend d'un abord facile. Il n'est besoin d'aucune formalité pour s'approcher des gouverneurs, des ministres. Le roi lui-même est aisément accessible, et on peut lui demander justice ou protection, lui faire sa cour en toute occasion, admirer la sagesse de ses paroles, l'élégance de ses discours, suivant en cela le précepte de Saadi, qui pourrait servir de préface au manuel du parfait courtisan : Chercher un avis contraire à celui du sultan, c'est se laver les mains avec son propre sang. S'il dit en plein jour : « Ceci est la nuit », il faut répondre : « Voici la lune et les Pléiades ».

Cette facilité de voir de près et de causer sans crainte avec des hommes élevés par leur intelligence ou la faveur royale au-dessus du vulgaire contribue à donner aux gens du peuple une aisance de manières et une forme polie dans le langage, qui les rend, à ce point de vue, très supérieurs aux hommes des classes inférieures de nos pays. Grâce à cette bonne éducation, les Persans sont de relations agréables et d'un commerce facile jusqu'à ce qu'une occasion se présente de traiter avec eux quelque affaire d'intérêt. Alors se révèlent subitement leur instinct d'intrigue, leur âpreté au gain, et se refroidissent en même temps les bons sentiments que leur esprit et leur amabilité inspirent tout d'abord.

Ce raffinement de politesse rend les formes de la langue persane « élégante » très difficiles à apprendre. Marcel commence à se faire comprendre, mais il s'exprime comme un grossier personnage ; en outre, son accent est détestable. Il va prendre quelques leçons avec le mirza du consulat, un vrai lettré, afin de corriger ou tout au moins d'améliorer la prononciation des mots les plus usuels.

TASSE A CAFÉ PERSANE.

LES JARDINS PRÈS DE TAURIS. (Voyez p. 55.)

CHAPITRE IV

Visite aux consuls. — Histoire d'un consul turc. — La mosquée Bleue. — La citadelle. — Déplacement constant des villes d'Orient. — Les glacières. — La mort du mouchteïd de Tauris. — Les mollahs. — Excursion à la mosquée de Gazan Khan. — Visite du gouverneur de Tauris. — Visite à l'archevêque arménien. — Couvent d'Echmyazin. —. Orfèvreries précieuses et manuscrits. — Notions de dessin d'une femme chaldéenne. — Le calendrier persan. — Départ de Tauris. — Une caravane de pèlerins se rendant à Mechhed, dans le Khorassan. — Un page féminin. — Mianeh — Légende du château de la Pucelle. — Dokhtaré-pol.

15 avril. — Nous nous sommes rendus aujourd'hui chez les rares Européens forcés par leur triste destinée d'habiter Tauris.

S'il y avait en Perse, comme en Amérique, des expositions de gens gras, le consul de Turquie remporterait à l'unanimité des suffrages la médaille d'honneur; quel que soit son module, elle serait encore au-dessous du mérite de ce fin diplomate, plus apte à lutter de prestance avec les animaux des races les plus perfectionnées du comté d'York qu'à se comparer aux représentants de la race humaine.

L'effendi, trop rond pour pouvoir prendre ses repas à terre, est obligé de faire transporter à l'avance, dans les maisons où il est invité à dîner, une table largement entaillée, dans laquelle il incruste son majestueux abdomen, après s'être excusé auprès des convives de cette infraction aux usages. L'Excellence, disent les uns, n'a jamais trouvé un coursier de force à la charrier en une seule fois; elle a perdu de vue ses pieds depuis de si longues années, prétendent les autres, qu'elle est heureuse de s'assurer, en se regardant de temps en temps devant un grand miroir, qu'un chameau ne les lui a pas volés.

Ce même consul fut, l'année dernière, le héros d'une glorieuse aventure, dont on rit encore dans les bazars de Tauris.

Il avait voulu se rendre à Constantinople par la voie de Trébizonde, plus facile à parcourir en hiver que celle du Caucase.

Ses collègues avaient tenté de l'en dissuader, lui représentant combien il était dangereux de traverser le Kurdistan.

« Les Kurdes, avait-il répondu, sont sujets turcs et trembleront devant le représentant du commandeur des croyants. »

Aucune crainte n'ayant pu pénétrer dans ce cœur valeureux, le consul partit avec une quarantaine de serviteurs montés sur de magnifiques chevaux destinés au service du sérail.

A peine la petite troupe eut-elle franchi la frontière persane, qu'elle fut assaillie par une douzaine de brigands; toute résistance fut inutile, et les Kurdes s'approprièrent chevaux, bagages, armes et vêtements. Au moment où ils arrachaient la chemise de l'Excellence, ils furent pris d'un tel effroi à la vue des charmes surabondants du diplomate, qu'ils se sauvèrent à toutes jambes, lui abandonnant ce dernier voile : faiblesse impardonnable chez des hommes de tribu, certains de tailler dans ce large vêtement une tente capable d'abriter une nombreuse famille.

Quant à l'effendi, il prit la chose par le bon côté :

« J'avais bien dit à mes collègues que la majesté du représentant de Sa Hautesse frapperait d'une respectueuse terreur les cœurs les plus endurcis. »

Nous avons été présentés également aux consuls de Russie et d'Angleterre. Mrs. Abbott me vante avec enthousiasme les charmes de la vie à Tauris. Enfermée dans l'étroit quartier arménien, elle ne peut franchir les portes de la ville à visage découvert sans provoquer l'attroupement d'une foule avide de regarder une femme non voilée. Le seul moyen, paraît-il, de passer inaperçue et de circuler librement est d'adopter le costume musulman, sacrifice des plus répugnants à une chrétienne.

16 avril. — La ville renferme peu de monuments anciens, mais ceux qu'elle possède sont très remarquables. Le plus intéressant est sans contredit la mosquée Bleue, construite au quinzième siècle, sous Djehan Chah, sultan mogol de la dynastie des Moutons-Noirs.

Ce bel édifice mérite d'être étudié au point de vue de ses dispositions générales, de la grandeur imposante de sa façade principale, de l'élégance de ses formes, du fini et de la coloration des magnifiques mosaïques de faïence dont il est revêtu. Combien il est regrettable que les coupoles, ébranlées par un tremblement de terre, se soient écroulées, entraînant dans leur chute les murs lézardés, et couvrant d'un amoncellement de matériaux le sol des cours intérieures! Les habitants ont puisé sans scrupule dans ces ruines pour construire leurs maisons; personne n'a songé à arrêter cet acte de vandalisme, car, la mosquée ayant été élevée par la secte sunnite, les Persans chiites voyaient avec bonheur disparaître les derniers débris d'un monument qui leur rappelait une hérésie odieuse. L'exécration des deux sectes musulmanes est d'ailleurs bien réciproque. « Il y a plus de mérite à tuer un Persan chiite qu'à détruire soixante-dix chrétiens », assurent les oulémas ottomans.

La mosquée était précédée d'une grande cour entourée d'arcades et ornée au centre d'un vaste bassin à ablutions. Aujourd'hui tout cela est détruit, des maisons se sont élevées sur l'ancien emplacement des cours, et une route de caravanes passe au pied des gradins conduisant à la porte principale. Cette baie se dresse sur une plate-forme et se résume dans un grand arc de forme ogivale, entouré d'un tore de faïence bleu turquoise s'allongeant en spirale jusqu'au sommet de l'ogive.

Les faces intérieures du portique sont ornées de ravissantes mosaïques de faïence taillées au

VUE INTÉRIEURE DE LA MOSQUÉE BLEUE DE TAURIS.

ciseau et juxtaposées avec une telle précision qu'elles paraissent former un seul et même corps. Leurs dessins, d'un goût délicat, représentant des enroulements et des guirlandes de fleurs, ne rappellent en rien les combinaisons géométriques caractéristiques des arts seljoucides mogols. Enfin une harmonie parfaite s'établit entre les tons bleu clair, vert foncé, blanc, jaune feuille morte et noir des sujets et la couleur bleu foncé des fonds, dont ils rompent la mono-

PORTE EXTÉRIEURE DE LA MOSQUÉE BLEUE DE TAURIS.

tonie sans enlever à l'ensemble l'éclat particulier qui a valu à ce monument le nom de mosquée Bleue.

Une porte de peu d'élévation, percée dans la façade intérieure du portique, donne accès dans le temple. Il est composé de deux vastes salles bien distinctes, autrefois recouvertes de coupoles et entourées par des galeries de communication. La première est ornée de mosaïques de couleurs variées, rappelant comme style celles de l'entrée ; leurs dessins acquièrent, grâce à un sertissage de briques gris rosé, une valeur et un relief qui manquent aux panneaux recouverts en entier de faïence émaillée. La seconde, où se trouve le mihrab, est revêtue de plaques bleues taillées en petits hexagones. Leur émail *ladjverdi* (bleu foncé), réchauffé par des arabesques d'or, fait valoir la blancheur éburnéenne des lambris d'agate rubanée que termine à leur partie supérieure une large inscription en caractères arabes entrelacés de légères guirlandes de fleurs et de feuillages. Ces magnifiques dalles, extraites des carrières voisines du lac Ourmiah, sont encore intactes aujourd'hui : leur poids et leur dureté les ont préservées de toute détérioration. La partie sacrée de l'édifice respire dans sa magnificence un calme et une sévérité imposants, qui contrastent avec l'ornementation plus claire et plus brillante du vaisseau précédent.

Tout autour de la mosquée s'étend jusqu'au mur d'enceinte un vaste cimetière sunnite, aujourd'hui abandonné.

17 avril. — M. Audibert, chancelier du consulat, est venu se mettre à notre disposition de la manière la plus obligeante et nous a offert de nous piloter à travers le dédale des bazars et des faubourgs. En chemin s'est présentée la citadelle.

Cette imposante masse de maçonnerie, haute de vingt-cinq mètres, qu'on aperçoit longtemps avant d'arriver à Tauris, occupe le centre d'une vaste esplanade défendue par une enceinte polygonale flanquée de tours et entourée de fossés larges et profonds, aujourd'hui en partie comblés. Les parements des murs sont dressés avec une telle habileté que les joints verticaux des briques se projettent, quand on les regarde obliquement, suivant des lignes parallèles toutes équidistantes entre elles. Autour de cette grande ruine se groupent des bâtiments militaires de construction récente, occupés par le casernement de la garnison de Tauris, et une fonderie de canons aujourd'hui inactive. Un escalier délabré conduit à la plate-forme, recouverte de deux loggias servant d'abri aux vigies chargées de signaler les incendies.

De ce poste d'observation la vue est très belle. Au loin, les plaines déjà vertes s'étendent jusqu'aux premiers contreforts des montagnes neigeuses ; à nos pieds, les maisons de terre de la ville se cachent sous les fleurs blanches et roses des arbres fruitiers ; seules les coupoles des bazars, des caravansérails et des mosquées émergent d'un fouillis de feuilles naissantes.

Dans le lointain j'aperçois un tumulus étendu entouré de quelques villages. Les ruines de la mosquée de Gazan khan, élevée au centre de l'ancienne Tauris, se cachent sous cet amoncellement de terre. Depuis six cents ans la cité s'est avancée de plus de douze kilomètres et tend tous les jours à se rapprocher de la rivière. Les faubourgs abandonnés, les tumulus, les anciens cimetières, sont autant de témoins qui jalonnent le déplacement progressif de Tauris.

Ces mouvements particuliers à toutes les villes d'Orient sont la conséquence forcée des mœurs du pays : l'usage de voiler les femmes quand elles sortent et de les cacher à tous les yeux, même chez elles, oblige les musulmans à construire des habitations doubles, s'éclairant sur de vastes cours et comprenant dans leur enceinte des jardins destinés à laisser respirer à l'aise les compagnes ou les filles du maître du logis. Dans ces conditions, les dépendances absorbant toute la place disponible, les pièces dont se compose l'habitation sont peu nombreuses et à peine suffisantes pour une seule famille et ses serviteurs. Au moment de leur mariage, les fils quittent la maison paternelle et font construire dans le quartier à la mode une demeure nouvelle ; à la mort de leurs parents ils louent, s'ils le peuvent, l'ancienne habitation de famille ; dans le cas contraire, ils se contentent d'enlever les boiseries. Les terrasses et les murs de terre, abandonnés, ne tardent pas à subir les influences climatologiques ; peu à peu les quartiers écroulés sont nivelés par la charrue, tandis que

FORTERESSE DE TAURIS.

des faubourgs nouveaux s'élèvent sur l'emplacement des jardins naguère en culture. Avant de retourner au consulat, nous passons auprès d'un grand nombre de glacières dans lesquelles se congèle pendant la saison froide la glace vendue l'été au bazar.

La fabrication est simple et peu coûteuse. Dans un bassin exposé au nord et abrité des vents du sud par un mur de terre, on amène le soir l'eau d'un ruisseau voisin. Elle se congèle pendant la nuit, et, le matin venu, la couche de glace, brisée, est emmagasinée dans des caves ou *yakhtchal*, recouvertes de coupoles de briques crues, dans lesquelles elle se conserve jusqu'à la fin de l'été. Bien que le prix de cette glace soit très modique, chaque yakhtchal rapporte à son propriétaire de cent à cent vingt tomans [1].

En quittant les glacières, nous entrons de nouveau dans le bazar ; il est presque désert, les marchands plient en toute hâte leur étalage et ferment leur boutique. Cependant ce n'est aujourd'hui ni le vendredi des musulmans, le dimanche des Arméniens, le samedi des juifs ou l'une des nombreuses fêtes du calendrier persan. Quelle est donc la cause de ce brusque arrêt dans la vie commerciale d'un bazar aussi important et animé que celui de Tauris? Un pasteur révéré, le *mouchteïd*, vient, dit-on, de rendre son âme à Dieu.

C'était un beau vieillard, d'une figure intelligente et distinguée. Comme tous les grands prêtres, il portait la double robe et le manteau de laine blanche, et se coiffait de l'immense turban gros bleu réservé en Perse aux descendants du Prophète. Ce costume d'une majestueuse simplicité s'harmonisait avec la noblesse de sa démarche et mettait en relief une physionomie d'ascète bien faite pour inspirer le respect.

Marcel avait voulu, il y a quelques jours, reproduire les traits intéressants de ce religieux, et lui avait offert de faire sa photographie, mais le mouchteïd avait exprimé sans fausse honte la crainte de poser devant l'objectif. « Je suis avancé en âge, avait-il répondu, et, sans être superstitieux comme les infidèles sunnites, je redoute, en laissant trop fidèlement reproduire mes traits, de signer le dernier paragraphe de mon testament ; d'ailleurs j'ignore par quel procédé Dieu ou le diable vous permet de fixer les images, et, dans le doute, je ne veux pas m'exposer à donner un mauvais exemple aux musulmans. Cependant, puisque vous désirez conserver un souvenir de moi, je prierai mes vicaires de se grouper à mes côtés, et vous dessinerez nos portraits, à condition que nous puissions suivre tous vos mouvements. » Aujourd'hui la résistance du vieillard à laisser faire sa photographie assure notre sécurité ; car sa personne est si vénérée et le fanatisme des habitants de l'Azerbeïdjan si ardent, qu'on aurait sans doute attribué sa mort subite à quelque maléfice.

Les chefs religieux désignés sous le nom de *mouchteïds* (ce nom dérive d'un mot arabe et désigne l'ensemble des connaissances nécessaires pour obtenir le plus haut grade dans la hiérarchie ecclésiastique des Chiites) ont toujours eu en Perse une situation prépondérante. Ils ne remplissent aucune fonction officielle, ne reçoivent pas de traitement et sont élevés à cette haute dignité par le suffrage muet, mais unanime, des habitants d'un pays qu'ils sont chargés d'instruire dans leur religion et de défendre contre l'oppression ou l'injustice des grands. Le gouvernement persan ne saurait conférer ce titre, toujours décerné à la vertu, au mérite et à l'érudition.

Il y a rarement en Perse plus de trois ou quatre mouchteïds reconnus par le peuple, l'opinion publique exigeant tout d'abord, avant d'élever un mollah à cette haute dignité, qu'il ait acquis pendant un stage de vingt ans, fait à Kerbéla ou à Nedjef, plus de soixante-dix sciences et enrichi le pays d'une nombreuse postérité. Ces saints personnages, afin de capter la confiance du peuple, affectent une grande pureté de mœurs, la plus extrême sobriété, vivent

---

[1]. Le toman vaut en ce moment 9 fr. 60 de notre monnaie ; son cours est variable.

en général fort retirés, fuient les honneurs et préfèrent aux faveurs royales la confiance populaire. Leurs discours édifiants sont pleins d'onction ; leurs prières, plus longues que celles des fidèles, se terminent par des exhortations à la vertu adressées à la foule avide de les écouter ; leurs interprétations de la loi du Chariat sont recherchées ; les juges ont recours à leur haute science dans les questions les plus graves, et acceptent sans discussion des arrêts considérés comme irrévocables, à moins qu'un mouchteïd plus en renom de sainteté n'en décide autrement.

Du reste, ces chefs religieux ne s'écartent guère de la ligne de conduite sévère qui leur vaut leur élévation. S'ils faillaient à leurs devoirs, le charme serait vite rompu : ils perdraient le fruit des longues années de travail passées à conquérir le pontificat suprême et à s'assurer, de la part de tous les musulmans, une obéissance passive à laquelle les souverains de l'Iran sont obligés de se soumettre.

Depuis quelques années cependant, le pouvoir civil tend à s'affranchir de la tutelle religieuse, et le temps est passé où l'illustre mouchteïd d'Ispahan, Hadji Seïd Mohammet Boguir, exerçait dans la province de l'Irak un pouvoir illimité. Les criminels condamnés par lui à la mort subissaient en sa présence le dernier supplice, et plusieurs même sollicitaient la faveur suprême d'être exécutés de sa main. Leur corps était, en ce cas, enterré dans la cour du palais, et les coupables mouraient persuadés qu'ils obtenaient ainsi la rémission de leurs fautes et l'entrée en paradis.

Si l'on peut vanter en général la sagesse et la modération du haut clergé persan, on n'en saurait dire autant de l'ordre subalterne des mollahs. Leur rapacité, leur fourberie, leur bêtise font le sujet de mille contes.

Voici le dernier :

Tandis que le mollah Nasr ed-Din prêchait vendredi à la mosquée du Chah, Houssein, le savetier de la dernière boutique du bazar au cuir, agenouillé dans le sanctuaire, pleurait à chaudes larmes ; ses voisins, édifiés et le croyant ému par les exhortations touchantes du prédicateur, s'informèrent avec intérêt du motif de sa douleur. « Hélas ! hélas ! Mon bouc est mort, répondit-il entre deux sanglots, et le mollah en prêchant a fait mouvoir sa barbe comme mon pauvre ami ! C'est l'évocation de cette chère image qui m'a fait pleurer. »

Le fanatisme des mollahs égale leur ignorance et leur avarice ; ils abhorrent les chrétiens ; et, si les Kurdes étaient entrés l'année dernière à Tauris, comme on l'a redouté un instant, les Persans, à l'instigation du clergé musulman subalterne, se seraient unis aux envahisseurs et auraient pillé le quartier arménien, quitte à se partager ensuite les dépouilles à coups de sabre.

La majeure partie des prêtres, avide d'acquérir les biens de la terre et peu soucieuse de partager ses richesses avec les déshérités de la fortune, néglige même l'accomplissement du devoir de la charité, si rigoureusement recommandé par le Koran. Quant à moi, je n'ai jamais vu un mollah faire l'aumône, bien que la pitié s'exalte au spectacle affreux de la misère actuelle ; mais, en revanche, j'ai été témoin des reproches amers adressés par l'un d'eux à un aveugle au moment où il implorait la compassion d'un infidèle. « Faites donc la charité vous-mêmes, hypocrites et faux musulmans, au lieu de nous laisser mourir de faim ! » répondit l'infirme exaspéré.

D'après la coutume, l'enterrement du mouchteïd doit avoir lieu deux heures après sa mort. La foule se précipite en masse vers la maison mortuaire afin de se joindre au cortège ; je veux, moi aussi, prendre part à la cérémonie. J'emboîte le pas derrière les retardataires, mais je suis bientôt arrêtée par le guide : il a compris mon intention, tente d'abord de me détourner de mon chemin sous de mauvais prétextes, et m'avoue enfin qu'il ne peut laisser stationner

LE MOUCHTEÏD DE TAURIS ET SES VICAIRES. (Voyez p. 55.)

des chrétiens sur la voie suivie par le cortège. Afin de ne point désoler ce brave serviteur et ne pas créer de difficultés au consul, j'accepte l'offre d'un soldat d'escorte et je monte sur la terrasse d'une maison, d'où je pourrai voir sans être vue le défilé de la procession funèbre. A peine y suis-je arrivée, qu'un bruit confus et des lamentations se font entendre au loin, annonçant l'approche du convoi.

En tête marche une troupe innombrable de gamins criant, hurlant et sautant comme tous les petits drôles de leur âge; derrière eux, le corps, placé sur un brancard, est porté par quatre hommes s'avançant d'un pas rapide. Le cadavre est recouvert d'un beau cachemire; à la tête on a posé le large turban bleu; une foule énorme, composée d'hommes de tout âge et de toute condition, marche ensuite dans un désordre confus, se foulant, se pressant autour du mort, afin de baiser ou de toucher au moins de la main le cachemire étendu sur la dépouille du saint prêtre.

En arrière du cortège arrivent des femmes voilées, faisant retentir l'air de leurs glapissements aigus et de leurs *you, you, you* funèbres. Je cherche en vain le gouverneur, les gros fonctionnaires, les soldats chargés de donner à la cérémonie un caractère officiel : aucun uniforme ne se montre; c'est une démonstration spontanée de la foule, qui suit les derniers restes d'un homme dont elle respectait et vénérait les vertus.

Ce système d'enterrement rapide n'est pas seulement réservé aux grands dignitaires du clergé persan, il est d'un usage général, et son principal inconvénient est de favoriser le crime.

Dès qu'une famille a perdu un de ses membres, elle le fait enterrer, mort ou vif, dans les deux heures, sans qu'aucun médecin contrôleur soit appelé à vérifier le décès ou à constater le genre de mort. La crainte d'inhumer des gens vivants préoccupe, il faut l'avouer, assez médiocrement les Persans : les pauvres considèrent ceux qui les quittent comme délivrés d'une lourde chaîne inutile à renouer; les riches expédient leurs morts à Kerbéla ou Nedjef, et le dernier voyage en caravane est d'assez longue durée pour donner aux cataleptiques le temps de se réveiller en chemin.

Les précautions hygiéniques sont en harmonie avec la rapidité des funérailles; le corps, sans bière, est déposé dans une fosse peu profonde, creusée dans un champ servant de cimetière, sur une place ou dans un carrefour, et les parents considèrent qu'ils se sont acquittés de tous leurs devoirs envers le défunt quand ils ont tourné sa tête dans la direction de la Mecque, et placé sous ses aisselles deux petites béquilles de bois, sur lesquelles il se lèvera à la voix de l'ange Azraël.

S'il s'agit d'une femme, l'instinct jaloux des maris complique la cérémonie. Dans ce cas les plus proches parents étendent tout autour de la fosse, au moment de déposer le cadavre, un voile épais destiné à dissimuler les formes féminines.

18 avril. — La mort du mouchteïd est considérée dans la ville comme un grand malheur; la vie publique est suspendue. En signe de deuil, toutes les boutiques du bazar restent closes, les bouchers ne tuent pas, les boulangers ne cuisent pas, et la population est condamnée à se nourrir de larmes, aliment des moins substantiels. Le meilleur moyen de nous distraire de la tristesse générale est d'aller avec quelques Européens faire un tour hors de la ville.

Une nombreuse cavalcade est bientôt organisée, et nous franchissons la porte de la cité après avoir traversé les bazars et un long faubourg peuplé de gamins occupés à jouer à la marelle, pendant que d'autres chantent à tue-tête les exploits de Moukhtar pacha au cours de la guerre turco-russe.

Les guides nous conduisent aux ruines de la mosquée de Gazan khan, ce roi mogol si célèbre dans l'histoire de la Perse par ses exploits et ses conquêtes.

Ce prince, tout à la fois forgeron, menuisier, tourneur, fondeur, astronome, médecin, alchimiste, « connaissait même l'histoire de son peuple », ajoute naïvement son historien. Dans sa guerre contre l'Égypte il rechercha l'appui du Saint-Siège. Le pape Boniface VIII fit connaître l'alliance qu'il avait contractée avec le souverain persan et détermina ainsi les princes chrétiens à embrasser une nouvelle croisade en leur laissant entrevoir la position critique des Sarrasins, attaqués à la fois par les soldats du Christ et les musulmans. Les relations de Gazan khan avec le chef de l'Église permettent de supposer que ce roi, converti en apparence à la religion musulmane avant son avènement au trône, n'avait jamais abandonné les croyances de ses pères; il protégea toute sa vie ses sujets chrétiens au détriment des musulmans et vécut en compagnie d'un moine installé à sa cour. Malgré cela, les historiens persans le considèrent comme un des plus grands rois qui aient régné sur l'Iran.

Gazan khan n'était pas un Apollon. « On s'étonne de voir tant de vertus habiter dans un si laid et si petit personnage », nous dit son conseiller intime. En revanche, son intelligence était extraordinaire ; il se plaisait à lire la vie des grands hommes dans les écrits fabuleux et dramatiques de Firdouzi et de Nizamé, et s'était donné comme modèles Cyrus et Alexandre le Grand.

L'édifice construit sous son règne n'est plus aujourd'hui qu'un vaste tumulus fouillé et exploité en tous sens; les débris gisant sur le sol indiquent seuls les plus frappantes analogies entre cette ruine et la mosquée de Narchivan. Cependant le procédé des mosaïstes diffère : les faïences bleu turquoise sont disposées en grandes plaques ; le dessin est tracé au burin de façon à enlever par parties l'émail bleu et à laisser apparaître la brique même. C'est un véritable travail de gravure fini avec un art et une patience admirables.

Un paysan, qui cherche dans les ruines des matériaux destinés à réparer sa maison, m'apporte une étoile à huit pointes ornée d'un dessin en creux. Les briques estampées se mêlaient donc à l'émail dans la décoration de cet édifice d'un goût exquis, si l'on en juge d'après les fragments épars sur le sol.

Après avoir parcouru tous les tumulus de l'ancienne Tauris, la cavalcade s'engage au milieu de jardins embaumés séparés les uns des autres par des rigoles où circule une eau courante d'une admirable limpidité ; les pêchers, les pommiers, les amandiers et les cognassiers à fruits doux ombragent de leurs branches couvertes de fleurs des plantations de melons, de concombres, de pastèques et d'aubergines, semées sans art ni symétrie, mais rachetant par une vigueur extraordinaire cet apparent désordre. Quelques échappées à travers la verdure naissante découvrent de charmants paysages. Là c'est une caravane de petits ânes chargés de bois, passant à la file sur un pont des plus rustiques ; ici, des femmes enveloppées de leurs voiles bleus se sauvant à l'approche des Farangis. Il n'a pas été possible de faire la photographie de la mosquée de Gazan khan, l'édifice ne conservant même plus de forme ; c'est le cas de prendre ma revanche ; je descends de cheval, et, malgré un vent violent et des nuages noirs amoncelés du côté de la montagne, j'obtiens une bonne épreuve du jardin et du convoi de baudets. « En selle, en selle ! » s'écrie mon mari. Il est déjà trop tard : le tonnerre gronde, les éclairs éblouissants déchirent la nue, et la pluie devient bientôt diluvienne. Nous cherchons en vain un abri sous les arbres, leur feuillage ne peut plus nous garantir. Sauve qui peut ! Chacun prend son parti en brave et se dirige vers la ville de toute la vitesse de sa monture.

A notre arrivée dans la cour du consulat, nous sommes mouillés jusqu'aux os ; nos chevaux ruissellent de sueur. Le mal n'est pas grave : Dieu merci, le logis est hospitalier ; des habits secs et un bon feu auront vite raison de notre mésaventure.

Il m'a semblé, en passant auprès du corps de garde, voir les soldats occupés à décrasser leurs armes : un bruit insolite remplit l'hôtel ; du salon à la cuisine tout est mouvement. Je m'informe. Pendant notre absence le gouverneur a fait annoncer sa visite pour demain. Ce n'est pas une petite affaire que la réception d'un si grand personnage ; le Vatel du consulat n'a pas seul la tête à l'envers, son trouble respectueux n'est rien auprès de l'émoi du *mirza* (secrétaire indigène), notre professeur de persan, auquel incombe la tâche glorieuse de fabriquer d'ici demain une superbe poésie célébrant l'heureuse conjonction des astres qui a amené le gouverneur à Tauris d'abord, et puis au consulat de France. Nous serions mal venus de réclamer aujourd'hui notre leçon quotidienne.

19 avril. — Il est sept heures du matin. Je monte sur la terrasse afin d'assister à l'arrivée du hakem et de son cortège. Des soldats armés de bâtons font évacuer la rue et distribuent sans modération des coups proportionnés en nombre à la haute dignité du personnage attendu. J'aperçois enfin l'oncle du roi ; il est vêtu d'une ample redingote noire plissée à la taille et coiffé d'un *kolah* (bonnet) de drap noir adopté à la cour depuis quelques années, tandis que le kolah d'astrakan est réservé aujourd'hui aux provinciaux peu au courant de la mode ou aux gens âgés. L'origine et la puissance du gouverneur de Tauris sont indiquées par la dignité d'une démarche lente seyant à un homme de *kheïle ostoran*, « de gros os ». Ses traits durs et accentués, sa peau brune rappellent, paraît-il, le type de la tribu Kadjar, dont il descend.

Mes regards se portent ensuite sur un magnifique cheval turcoman mené en main par l'écuyer chargé de jeter sur l'animal un superbe tapis de Recht dès que l'Excellence aura pénétré dans le consulat. Cette monture pleine de vigueur et d'élégance est couverte d'un magnifique harnachement d'or ciselé, dont je ne puis m'empêcher d'admirer la beauté, tout en regrettant de perdre ainsi de vue les formes de la belle bête qui en est parée. Les jambes sont fines, la tête bien proportionnée, et la robe alezan brûlé brille comme de la soie.

Immédiatement après le cheval du gouverneur marche le bourreau, tout de rouge habillé. Ce personnage, traité avec égard, vu la gravité de ses importantes fonctions, n'est jamais invité à entrer à la suite de son maître dans l'intérieur d'une maison amie et doit se contenter de rester assis à la porte, où lui sont offerts avec empressement le thé, le café et le kalyan. Derrière l'exécuteur des hautes œuvres s'avancent les officiers subalternes, les ferachs et une foule de cavaliers d'escorte vêtus d'habits en lambeaux et coiffés du large papach du Caucase, gris, marron ou noir, suivant la fantaisie du propriétaire. Ce sont les cosaques de la garde royale. De quelles guenilles peut-on bien couvrir les soldats de la ligne ?

A peine entré dans le salon, le gouverneur s'est assis et a paru écouter avec une satisfaction évidente la composition du mirza vantant les vertus civiles et militaires du noble visiteur dans des termes poétiques empruntés aux plus beaux passages de Saadi et de Firdouzi. Cette poésie, débitée sur un ton chantant, paraît très goûtée par l'assistance, qui, en signe d'approbation, incline la tête aux bons endroits. Quant à moi, je ne comprends pas un traître mot de ce langage fleuri, mais je juge opportun d'opiner du bonnet et de faire ainsi preuve d'un esprit délicat. Les rafraîchissements sont ensuite apportés, et la conversation traîne pendant plus de deux heures, entrecoupée, suivant la mode persane, de bâillements et de temps de silence pendant lesquels chacun paraît se recueillir.

Après un long échange de compliments et de politesses, on se sépare enfin fort contents les uns des autres. Le cortège se remet en ordre, le bourreau reprend sa place de bataille, et la rue, tout à l'heure si animée, redevient silencieuse.

Il était temps. L'archevêque arménien de Tauris a témoigné le désir de faire faire sa photographie : je craignais d'arriver trop tard au rendez-vous. Notre appareil nous ouvre toutes les portes. L'archevêché, bien modeste résidence de Sa Grandeur, est bâti en briques crues, mais éclairé de tous côtés sur de beaux jardins, au fond desquels s'élèvent les bâtiments d'une école pour les enfants arméniens. Nous sommes attendus avec impatience et reçus avec une amabilité parfaite. La physionomie du prélat respire la bonté; ses traits, largement modelés, sont éclairés par des yeux intelligents et vifs; sa barbe et ses cheveux grisonnants indiquent un âge en désaccord avec sa taille droite et fière. Cette belle tête est mise en relief par un capuchon de moire antique noire s'appuyant tout droit sur la calotte dure et retombant presque sur les yeux. Une ample robe de satin noir descend jusqu'aux pieds; autour du cou s'enroule une longue chaîne d'or soutenant un christ peint sur émail et encadré de perles et de rubis.

ARCHEVÊQUE ARMÉNIEN.

Les Arméniens qui entourent Sa Grandeur ont tout l'aspect de sacristains français, mais savent offrir à l'étranger le café et la pipe avec une bonne grâce qui ne manquerait pas de scandaliser les serviteurs de notre clergé national.

« Je suis heureux de vous voir, nous dit le prélat; j'aime les Français. Puisque vous êtes venus à Tauris par la route du Caucase, vous m'apportez sans doute des nouvelles du Catholicos.

— Je suis désolé, Monseigneur, répond Marcel, de ne pouvoir satisfaire votre désir; j'ai honte de l'avouer, mais j'étais déjà à quatre étapes d'Érivan quand j'ai entendu parler du couvent d'Echmyazin; j'ai donc été privé de l'honneur de saluer l'archevêque.

— Je le regrette vivement, réplique le prélat. Le Catholicos, chef suprême de la religion grégorienne, qui s'étend non seulement en Perse, mais dans la Turquie d'Asie et aux Indes, aurait été heureux de vous recevoir. C'est un homme de grand talent, il connaît la valeur intellectuelle des Européens et vous aurait montré avec bonheur les reliques précieuses du monastère, telles que la lance qui a percé le côté du Christ, le bras droit de saint Grégoire l'Illuminateur, enfermées dans des reliquaires véritables chefs-d'œuvre d'orfèvrerie, et les inappréciables richesses de la bibliothèque, où depuis quinze siècles se sont entassés les manuscrits les plus précieux. Le couvent d'Echmyazin, dont le nom signifie « les trois églises », vous aurait lui-même fort intéressé ; il fut bâti en 360 de notre ère, et nos moines vous auraient fait voir des constructions encore en bon état remontant à cette date éloignée. A la suite d'invasions

COUVENT D'ECHMYAZIN.

successives, les chapelles de sainte Cayanne et de sainte Cisiphe ont été détruites, il est vrai, mais le trésor et la bibliothèque ont été sauvegardés et renfermés, depuis quelques années, dans un bâtiment en pierre de taille, où ils sont désormais à l'abri de toute détérioration. »

Nous remercions l'archevêque et nous retirons après avoir fait son portrait dans plusieurs poses différentes. Quant à revenir en arrière, il n'y faut pas songer : où trouver le courage nécessaire pour affronter de nouveau la sainte Russie, ses relais de poste et les pieds de porc à la confiture de prunes ?

20 avril. — C'était grande fête aujourd'hui chez tous les consuls. Après les réceptions je suis montée sur la terrasse parée du drapeau français. Le soleil éclairait de ses derniers rayons la cité de Zobéide; la ville tout entière semblait embrasée. J'étais absorbée par la

contemplation de ce spectacle, lorsque je m'entendis appeler doucement. « *Khanoum* (Madame), me dit timidement de la maison voisine une Chaldéenne dont j'ai entendu vanter la beauté et la pureté de type, montrez-moi donc les images que vous faites tous les matins sur la terrasse. » J'étais loin de me douter de cet innocent espionnage quand je venais tirer quelques épreuves des clichés révélés pendant la nuit. Je salue mon interlocutrice et lui offre de poser devant mon objectif : elle consent ; l'appareil est bientôt préparé, mais le jour baisse et il devient impossible de faire une photographie. Je cours chercher mon mari et ses crayons, car demain peut-être la belle Rakhy ne sera pas maîtresse de témoigner autant de bonne volonté. Après avoir fait quelques façons pour abaisser le voile de mousseline qui enveloppe son menton et s'arrête sous les narines, elle prend son parti en brave, rejette les draperies sur ses épaules et garde pendant quelques instants une immobilité de statue. Ses yeux noirs sont pleins de malice ; le nez carré donne à la physionomie une fermeté qu'accentuent la forme et la couleur rouge foncé de lèvres un peu minces ; le trait caractéristique de la figure est la grande distance qui sépare la base du nez de la bouche. La Chaldéenne est coiffée d'un foulard de crêpe de Chine vermillon, serré autour du crâne par un gros nœud formant boule au-dessus du front ; les cheveux, nattés en une multitude de petites tresses, tombent sur le dos, cachés sous un voile de laine blanche qui entoure plusieurs fois la tête, la bouche et couvre les épaules.

Une robe de *kalemkar* (perse peinte à la main) apparaît au-dessous d'une ample *koledja* (redingote) de drap bleu ornée d'une fine passementerie de soie noire. Ce vêtement dissimule entièrement les formes féminines.

Le portrait achevé à la lumière, Rakhy s'empresse de le regarder en mettant tout d'abord la tête en bas, indice de notions de dessin assez élémentaires, et, après nous avoir remerciés avec effusion, elle s'éloigne tout heureuse en voilant son visage.

21 avril. — Un hadji[1], chef d'une caravane qui doit prochainement se mettre en route pour Méchhed, est venu hier contempler nos bagages et apprécier d'un coup d'œil d'aigle le nombre de mulets nécessaires au transport des colis.

Avant de fixer le moment du départ, il faut faire concorder les prescriptions du calendrier avec les convenances des voyageurs. L'almanach est un oracle toujours consulté, dans les affaires les plus graves comme les plus futiles, et jamais on n'accomplit une action sans s'informer auparavant si les constellations sont favorables. Tel jour est propice au début d'une entreprise, tel autre est néfaste, souvent l'heure même est indiquée ; jamais un tailleur n'oserait prendre mesure d'un habit en dehors du temps prescrit : sûrement la coupe serait manquée.

Les conjonctions sont sans doute heureuses aujourd'hui, car dès la pointe du jour les tcharvadars viennent demander si nous sommes prêts à partir. Sur notre affirmation, ils annoncent que les chevaux vont arriver sans retard, *hala*. Pleine de crédulité, je descends dans la cour du consulat, mon fusil sur l'épaule, ma cravache à la main, croyant me mettre en selle dans quelques instants. Il est six heures du matin ; j'attends patiemment jusqu'à sept ; puis, ne voyant rien venir, j'entre dans le salon.

« Que faites-vous casque en tête et fusil sur l'épaule de si grand matin ? me dit le consul.

— Les chevaux devaient venir tout de suite. « *Hala* », ont dit les tcharvadars, et je pensais partir de bonne heure.

— Ne vous pressez pas tant, reprend M. Bernay. *Hala* peut s'étendre d'ici à ce soir ; préparez-vous au moins à déjeuner avec nous. Quand on veut voyager agréablement en caravane, il faut s'armer de patience jusqu'au jour où l'on a pris l'habitude de se faire attendre. Afin d'acquérir ici le respect et la considération générale, il est sage de ne point se montrer avare de son temps.

---

1. On donne le nom de *hadji* aux musulmans qui ont accompli le pèlerinage de la Mecque.

Les gens dépourvus de mérite ont seuls leurs heures comptées, tandis que les puissants et les savants traitent leurs affaires avec une intelligence si sûre qu'ils ont toujours mille loisirs. »

Vers une heure de l'après-midi, la rue, si calme, retentit d'un bruit inaccoutumé. *Alhamdouallah!* (grâces soient rendues à Dieu!) ce sont les dix chevaux de charge nécessaires au transport de nos bagages et de nos serviteurs. La race turcomane, si vantée dans le pays,

FEMME CHALDÉENNE.

est piteusement représentée par ces pauvres bêtes efflanquées. Dix-huit étapes nous séparent de Téhéran. Arriverons-nous avec de pareilles montures? Enfin nous voilà partis.

Surprise à la porte de la ville de me trouver seule avec les serviteurs et nos bagages, je cherche des yeux nos compagnons de route, les pèlerins se rendant au tombeau de l'imam Rezza de Mechhed.

« Je compte passer la nuit à un village situé à deux farsakhs de la ville, me dit le hadji qui nous a fait l'honneur de nous accompagner : c'est le rendez-vous général de la caravane, elle doit s'y trouver réunie ce soir, et demain, dès l'aurore, j'entreprendrai le voyage de vingt-deux jours au bout duquel nous apercevrons, s'il plaît à Dieu, la coupole d'or de chah Abdoul-Azim.

— Combien d'heures durent vos étapes?

— Une caravane bien organisée et bien conduite comme la mienne parcourt trois quarts de farsakh à l'heure et fait dans la journée de six à huit farsakhs. »

Le farsakh, désigné par les auteurs grecs sous le nom de *parasange* (pierre de Perse), équivaut à près de six kilomètres. D'après la traduction de ce mot, il semblerait qu'en Orient comme à Rome les routes étaient, dans l'antiquité, pourvues de pierres indiquant au voyageur la distance parcourue. Ces bornes n'existent plus aujourd'hui; néanmoins, les caravanes suivant toujours le même itinéraire à la même allure, les tcharvadars connaissent exactement la distance d'une station à la suivante et la divisent en prenant comme repères les accidents de terrain. Sur les voies de grande communication les erreurs sont insensibles, et, si l'étape s'allonge quelquefois hors de proportion avec le chemin parcouru, il faut s'en prendre aux difficultés des sentiers rendus impraticables par les intempéries de l'hiver. Le moindre ruisseau torrentueux descendant des montagnes oblige parfois à faire de longs détours avant de rencontrer un passage guéable.

Arrivés au village de Basmidj, nos guides nous conduisent au *tchaparkhanè* (maison de poste), où se trouvent les chevaux destinés au service des courriers établis sur la route de Tauris à Téhéran. Cette construction carrée se compose d'une enceinte contre laquelle s'appuient à l'intérieur les écuries, recouvertes de terrasses. En été les bêtes sont attachées autour de la cour, devant des mangeoires creusées dans l'épaisseur des murs. Au-dessus de la porte d'entrée s'élève une petite chambre, éclairée par des fenêtres ou par des portes ouvertes dans la direction des quatre points cardinaux. Les carreaux sont absents; à leur place on a disposé des grillages de bois assez larges pour permettre à l'air de circuler, de quelque côté que souffle la bise, mais assez serrés néanmoins pour arrêter les regards indiscrets. Cette pièce ventilée, dont nous prenons possession faute de mieux, porte le nom de *balakhanè* (maison haute).

Pendant le déballage des mafrechs je vais faire une promenade dans le bazar du village; il est assez bien approvisionné. Il y a là de belles bougies russes enveloppées de papier doré, du sucre de Marseille, des dattes et du lait aigre à profusion. La fille du gardien du tchaparkhanè me sert de guide; elle a six à sept ans et prend déjà des airs de petite femme; l'année prochaine on la voilera; on la mariera peu après, et à douze ans elle se promènera avec un bébé dans les bras.

Au retour de la promenade, la nuit est tombée; mais peu importe désormais! Depuis notre séjour à Tauris notre mobilier n'est-il pas complet? Au milieu de la pièce se dresse une table de bois blanc; des sacs remplis de paille servent de fauteuils, en attendant qu'ils deviennent des lits; sur les *takhtchès* (niches creusées dans le mur) s'étalent une théière, un samovar, un chandelier; et enfin devant un bon feu chantent des marmites fumantes. Ma fierté est sans égale; mais rien n'est durable en ce monde, et mon légitime orgueil est bientôt mis à une rude épreuve. Le vent fraîchit vers le soir, la cheminée rejette des torrents de fumée, la lumière s'éteint. Borée est maître céans. A tâtons je finis cependant par étendre devant les grillages de bois des manteaux, des caoutchoucs et des châles, que l'on fixe avec un marteau et des clous, achetés sur les conseils du consul de Tauris. Béni soit-il pour cette bonne pensée.

L'ordre est enfin rétabli dans le balakhanè quand le pilau fait son apparition. Les cuisiniers préparent très bien cet aliment national. Ils ont pour le faire cuire, disent les gourmets, autant de recettes que de jours dans l'année. Le riz, rendu très craquant après avoir été additionné d'un mélange de beurre et de graisse de mouton appelé *roougan*, est servi à part. On l'accompagne en général d'un plat de viande de mouton coupée en menus morceaux, ou d'une volaille baignant dans une sauce relevée. Certains pilaus sont cuits en une heure, et c'est là un de leurs principaux mérites.

22 avril. — Je dormais cette nuit du sommeil du juste quand la voix du hadji retentit.

« Levez-vous, dit-il, nous sommes tous prêts; l'étape est très longue, et, en quittant de grand matin le tchaparkhanè, c'est tout juste si nous arriverons au *manzel* (logis) avant la nuit. »

Il est une heure du matin, et me voilà procédant à une toilette des plus sommaires. Campés à peu près en plein air, nous avons jugé prudent de reprendre nos habitudes du Caucase et de coucher tout vêtus, le corps, la tête et surtout les yeux recouverts de l'immense couvre-pied à la mode persane fabriqué à Tauris.

Étonnée de la sage lenteur avec laquelle nos domestiques préparent les charges, je les gourmande de leur paresse.

« Que voulez-vous donc faire pendant les trois ou quatre heures qui nous restent à passer ici? » répondent-ils.

Les conseils de M. Bernay et la signification de *hala* reviennent alors à ma mémoire. J'achève néanmoins de me convaincre de ma sottise, en sortant du tchaparkhanè et en me rendant dans le caravansérail, où presque tous les voyageurs sont réunis. A la lueur de chandelles fumeuses, disposées sous les arcades établies autour de la cour, j'aperçois des femmes voilées, habillant des enfants en pleurs, tandis que les serviteurs allument du feu afin de préparer le thé et les aliments nécessaires pour la journée. Tout ce monde est parti tard de Tauris, a voyagé une partie de la nuit et ne paraît nullement pressé de se remettre en route. Les chevaux mangent paisiblement leur orge, et les muletiers, roulés dans leurs manteaux de peau de mouton, font autant de bruit en ronflant que les enfants effrayés par ce réveil matinal. Je regagne mon logis, où il m'est loisible de méditer tout à mon aise sur les avantages de l'inexactitude.

A la pointe du jour, des appels nombreux se font entendre, et les tcharvadars viennent enfin prendre nos mafrechs.

Nous sommes environ quatre-vingts

LA FILLE DU GARDIEN DU TCHAPARKHANÈ.

voyageurs, hommes, femmes, enfants, mollahs et serviteurs, suivis de plus de cent cinquante bêtes de somme.

En tête marchent les chevaux les plus vigoureux, pomponnés comme les mulets d'Andalousie et porteurs de cloches de cuivre de toutes grosseurs; les unes, accrochées au collier, sont petites comme des grelots et rendent un son argentin; les autres, longues de cinquante centimètres, pendent sur les flancs des animaux et donnent des notes graves comme celles des bourdons de cathédrale; souvent encore elles sont enfilées par rang de taille, chaque cloche formant le battant de celle qui l'enveloppe. D'une extrémité à l'autre de la caravane on entend leurs tintements, destinés à régler la vitesse de la marche. Ce bruyant orchestre devient harmonieux lorsqu'on s'en éloigne, et sa musique, d'une douceur extrême, rappelle alors le son des orgues ou le bruit plaintif des vents d'automne dans les bois. Vient ensuite le conducteur spirituel du pèlerinage. C'est un grand mollah au visage bronzé, coiffé du turban bleu foncé des seïds et vêtu d'une robe de kalemkar; sur les flancs de sa monture, jadis blanche, aujourd'hui badigeonnée en bleu de la tête aux pieds (descend-elle aussi du Prophète?), s'étalent tous les ustensiles de ménage du saint homme : aiguières à ablutions, poches à kalyan, samovar, marmites; quant à lui, juché sur une énorme pile de couvertures et de tapis, il paraît, du haut de sa bête azurée, traiter avec le même dédain les gens et les animaux. Je m'attendais à le voir, au départ, déployer l'étendard du pèlerinage et chanter les miracles de l'imam Rezza de Mechhed, au tombeau duquel il conduit ses ouailles, mais la présence de deux infidèles a troublé sa ferveur et lui a fait absolument négliger cette action dévote. Il se venge en me regardant d'un air faux et sournois, et détourne la tête toutes les fois que les hasards du chemin me rapprochent de lui.

Nous marchons sur ses pas, suivis d'une troupe d'enfants de quinze à seize ans, tout heureux de faire leur premier grand voyage. Ils dégringolent à chaque instant des montagnes de bagages au sommet desquelles ils sont perchés, mais nul ne s'en inquiète : en pèlerinage peut-on jamais se faire mal?

Voici enfin la partie la plus calme de la caravane, jamais en tête, jamais en queue.

Sur les mulets destinés à porter les femmes sont assujetties, de chaque côté du bât, deux caisses longues de quatre-vingts centimètres, sur une largeur de cinquante-cinq, désignées en persan sous le nom de *kadjavehs*.

Ces boîtes sont surmontées de cerceaux de bois supportant une couverture de lustrine verte et fermées par des portières destinées à mettre les voyageuses à l'abri de la pluie, du soleil et surtout des regards indiscrets. L'ascension de ces singuliers véhicules n'est pas aisée; elle se pratique au moyen d'une échelle étroite appuyée contre la caisse. Quand les femmes sont montées, l'échelle est attachée au-dessous du kadjaveh jusqu'au manzel suivant, car il n'est pas dans les usages que les Persanes mettent pied à terre pendant une étape, quelle que soit sa durée. Assises ou plutôt accroupies sur une pile de couvertures, elles amoncellent autour d'elles le kalyan, les provisions de bouche, les enfants trop petits pour monter à cheval et les bébés à la mamelle.

Les kadjavehs des *khanoums* (dames) sont entourés des plus vieux serviteurs et des maris jaloux. L'un de ces derniers s'est offert au moins huit femmes à surveiller, et il paraît s'acquitter de ces délicates fonctions avec une conscience sans égale. Si j'en juge d'après le nombre de ses domestiques et le luxe de ses équipages, ce doit être un grand personnage. Le cheval portant la favorite et sa progéniture est conduit par un jeune garçon dont le teint rose et les yeux intelligents attirent mon regard; sa tête rasée est recouverte d'un bonnet rond, doublé d'une fourrure de peau de mouton noir; il est vêtu d'une koledja rembourrée de coton, soigneusement piquée et serrée à la taille par une ceinture accentuant des lignes arrondies. Ce bel enfant paraît dans la plus grande intimité avec les femmes, auxquelles personne n'adresse la parole; il va et vient, toujours gai et souriant, fait des commissions d'un kadjaveh à l'autre, excite de la voix les chevaux retardataires, allume les kalyans... et les fume, prend les enfants en pleurs, à moitié étouffés au milieu des voiles maternels, porte ces pauvres petits sur son épaule pour les consoler, et fait presque toute la route à pied comme les tcharvadars les plus vigoureux.

Je laisse défiler la caravane et retrouve nos serviteurs à l'arrière-garde.

« Quel est donc le jeune garçon qui conduit le premier kadjaveh? dis-je à l'un d'eux.

— C'est un *pichkhedmet* (valet de chambre), me répond-il; l'*aga* (le maître), jugeant, dans sa sagesse, que les servantes de ses femmes ne peuvent, sans inconvénient, faire à chaque étape le service extérieur, a choisi une vigoureuse et vaillante paysanne kurde, lui a fait raser la tête et revêtir un costume masculin afin de lui permettre de sortir sans scandale à visage découvert. Ali — c'est le nom qu'on lui a donné — fait tout le service des khanoums, dont aucun homme n'oserait approcher. »

LES ENVIRONS DE TURKMENCHAÏ.

J'ai tenté d'apercevoir au passage les traits de ces beautés si bien gardées. Peine perdue : au-dessus de grandes draperies bleues, des têtes couvertes d'un voile de calicot blanc agrafé derrière le crâne se balançaient désagréablement, secouées à chaque mouvement du cheval ; devant les yeux, l'étoffe, bien qu'amincie par un jour à l'aiguille, dissimulait encore la forme des paupières et de l'arcade sourcilière.

23 avril. — Avant d'atteindre le village de Turkmenchaï, nous avons traversé des

LE PICHKHEDMET DE L'AGA.

plaines irriguées et bien cultivées ; partout nous avons vu les paysans occupés à faire leurs semences de printemps. La terre, labourée déjà deux fois, est retournée maintenant sur la graine, lancée à pleine main par un semeur marchant à pas cadencés. La charrue persane est des plus primitives : elle se compose d'un simple soc de bois dur emmanché sur un timon, que tient à sa partie supérieure la main du bouvier. La traction se fait au moyen d'un collier formé de deux pièces de bois réunies à leur extrémité, et passé autour du cou des bœufs ; les animaux, au lieu de tirer la charrue par le joug lié à leurs cornes, ont la tête libre et reconnaissent cette faveur en se montrant très indociles. Quand ils reculent, le laboureur serait impuissant à les diriger si un enfant, assis sur le milieu du collier, le dos tourné au chemin à parcourir, ne les guidait en les piquant avec un aiguillon, ou ne les excitait en leur jetant de droite et de gauche une grêle de petits cailloux rassemblés dans un coin de sa blouse. Dans la campagne les femmes aident leur mari et prennent part aux travaux agricoles. Par conséquent elles ne sont pas voilées, mais à l'approche d'un étranger elles s'éloignent au plus vite si elles sont jeunes; les plus vieilles se contentent de tourner le dos en maugréant lorsque le sentier de caravane se rapproche des champs où elles travaillent.

La richesse, ou du moins l'aisance des villageois de Turkmenchaï se trahit par le soin apporté à la construction des maisons, dont les murs sont bien dressés et les portes ornées d'élégantes décorations de plâtre.

Turkmenchaï a joué un rôle important dans l'histoire de la diplomatie iranienne. En 1828 y fut signé le traité qui termina la guerre entre la Russie et la Perse. La première de ces puissances s'attribua la Géorgie, l'Arménie persane et la ville d'Érivan, place frontière importante, dont le siège avait illustré le général Paskéwitch, surnommé depuis l'Érivansky.

Des clauses secondaires relatives aux réceptions des ambassadeurs ou aux questions de préséance, difficiles à régler dans un pays où le peuple est si chatouilleux sur l'étiquette, trouvèrent place dans ce traité. Désormais les plénipotentiaires furent autorisés à se présenter devant le souverain sans avoir revêtu au préalable les grands bas de drap rouge montant jusqu'à mi-cuisse, que chaussèrent encore au commencement du siècle les ambassadeurs extraordinaires envoyés à Fattaly chah par la France et l'Angleterre. Cette singulière prétention de régenter le costume des ministres des puissances étrangères n'était pas seulement dans les traditions persanes : on peut voir encore à Constantinople, au musée des Janissaires, où sont réunis en grande quantité des mannequins revêtus des anciens costumes du pays, l'étonnant Mamamouchi inscrit dans le catalogue sous le nom de premier drogman de l'ambassade de France, et le non moins grotesque interprète de la fière Albion. Les Turcs du *Bourgeois Gentilhomme* sont insipides à leurs côtés.

25 avril. — Hier, à quatre heures du soir, après avoir parcouru un pays désert, nous avons fait notre entrée solennelle à Mianeh, petite ville d'origine fort ancienne.

Mianeh est le pays originaire d'énormes punaises, dont la piqûre donne la fièvre pendant deux ou trois jours, et tue quelquefois des enfants en bas âge : les plaies consécutives à la morsure de ces insectes, très facilement envenimées par la fatigue de longues étapes, ont souvent amené des maladies très graves chez les étrangers descendus, sans se douter du péril, dans les caravansérails.

L'hospitalité des habitants ne nous a pas paru rassurante, aussi avons-nous préféré aller demander asile, pour cause de punaises, à la station du télégraphe anglais, placée sous la direction de deux jeunes gens arméniens.

A peine les bagages sont-ils déballés, qu'on nous annonce la visite du *ketkhoda* (image de Dieu), fonctionnaire à tout faire, chargé de rendre la justice, de percevoir les impôts et d'envoyer aux gouverneurs de province le contingent annuel de l'armée royale. Il entre dans la cour, entouré, selon l'habitude, d'un nombreux personnel de serviteurs porteurs de kalyans tout allumés.

Nous l'invitons à s'asseoir sur un tapis étendu à son intention, et toute l'assistance s'accroupit à ses côtés, chacun d'après le rang qu'il occupe dans la hiérarchie sociale.

« Le salut soit sur vous! La santé de Votre Honneur est-elle bonne? dit le ketkhoda en posant la main sur son cœur.

— Grâces soient rendues à Dieu, elle est bonne, répond mon mari.
— La santé de Votre Honneur est-elle très bonne?
— Par votre puissance, elle est très bonne. Et la santé de Votre Honneur est-elle bonne?
— Depuis la venue de Votre Honneur dans ce pays, elle est excellente. Il y a longtemps que votre esclave aspirait à présenter ses hommages à Votre Honneur.
— Dieu soit loué, c'est votre serviteur qui aurait dû se rendre chez vous.
— Je remercie infiniment Votre Honneur : votre esclave est toujours prêt à le devancer. »

Ces salutations, interrompues par de légères pauses, étant terminées, le ketkhoda

LE KETKHODA DE MIANEH ET SES SERVITEURS.

s'informe de notre nationalité, du but de notre voyage, et se retire en priant Dieu de veiller sur nos précieuses existences.

Le vêtement du magistrat municipal se compose d'un pantalon de coton blanc, d'une redingote de même étoffe, plissée tout autour de la taille et garnie de boutons dorés, sur lesquels se détache le lion surmonté du soleil des armes royales. La petitesse du kolah indique chez ce personnage une tendance à suivre les modes de la cour, tandis que les habitants du village sont encore coiffés du papach arrondi des Turcomans.

A la nuit, le hadji, après avoir tant bien que mal logé ses pèlerins, est venu nous prévenir que la lassitude des femmes, et surtout la fatigue des chevaux, occasionnée par la boue du chemin, l'obligeaient à demeurer un jour à Mianeh.

« Tant mieux, je prendrai les devants afin de m'arrêter plus longtemps au Dokhtarè-pol, a répondu mon mari.

— C'est impossible, Çaheb (maître), le pays n'est pas sûr : on vous volerait mes chevaux.

— Hadji, dis-je à mon tour, je remarque avec chagrin que dans tous tes discours tes bêtes prennent toujours le pas sur tes voyageurs : cependant les uns et les autres devraient avoir une égale part à ta sollicitude. Envoie-nous demain, à l'aube, trois chevaux ; si on les vole, nous te les payerons.

— Dieu est grand ! » murmure en s'en allant le brave homme.

26 avril. — A la pointe du jour nous quittons Mianeh, suivis d'un seul serviteur arménien, dont la mine s'est singulièrement allongée depuis la veille ; les couvertures sont en paquetage, les sacoches contiennent les appareils photographiques et deux jours de vivres ; nos fusils, posés en travers sur l'arçon de la selle, sont chargés à balles, ainsi que deux paires de revolvers attachés à notre ceinture. Ce déploiement d'artillerie effrayera, je l'espère, les voleurs assez téméraires pour convoiter les chevaux du hadji.

Sur la gauche du sentier s'élèvent les murs ruinés d'une antique *kalè* (forteresse) ; des vautours au col déplumé sont campés immobiles sur les pans délabrés de la maçonnerie de terre. A droite s'étendent des jardins plantés d'arbres fruitiers en pleine floraison. Dans de grands peupliers s'ébattent avec mille cris des oiseaux au plumage coloré ; les uns ont la tête, la queue et l'extrémité des ailes d'un noir de jais, le dos et le ventre jaune d'or ; les autres, connus dans le pays sous le nom de *geais bleus*, ont les ailes azurées, le corps et les pattes rose de Chine.

Un marécage dans lequel les chevaux enfoncent jusqu'aux genoux s'étend jusqu'au pont de Mianeh. Après avoir remercié de leur bonne volonté cinq ou six hommes à mauvaise mine qui s'offrent à nous escorter, nous commençons à gravir le Kaflankou (montagne du Tigre), accompagnés d'un honnête derviche, dont il est impossible de se débarrasser. Le chemin, assez soigneusement tracé, paraît avoir été ouvert de main d'homme ; il s'élève par des pentes très raides côtoyant des gorges escarpées au fond desquelles coulent de petits torrents ; la montagne devient de plus en plus sauvage ; enfin, après quatre heures d'ascension, on atteint un col si difficile à franchir en hiver, que, pour faciliter le passage de leurs troupes, les Turcs, pendant le temps où ils furent maîtres du pays, firent paver sur une longueur d'un kilomètre une chaussée de dix mètres de large. Nos bêtes s'arrêtent, soufflent, et je puis pendant ce temps-là jouir d'un point de vue magnifique.

Au-dessous du Kaflankou, limite de l'Azerbeïdjan et de l'Irak, s'étend la plaine verdoyante de Mianeh, dominée par les cimes neigeuses de l'Elbrouz.

Un beau soleil de printemps, remplaçant les frimas laissés de l'autre côté du col, projette ses rayons sur les blancheurs éblouissantes des sommets et sur les roches calcinées des derniers contreforts de la montagne. A moitié chemin de la descente apparaît, dans la vallée de Kisilousou, un pic isolé, couronné par une plate-forme étroite servant de base à un édifice connu dans le pays sous le nom de château de la Pucelle (Dokhtarè-kalè).

La construction de cette sauvage demeure remonte à une antiquité très reculée ; elle fut, dit-on, élevée sous le règne d'Artakhchatbra Ier, l'Ardechir Derazdast des auteurs pehlvis, l'Artaxerxès Longue-Main des Grecs, et servit de prison à une princesse rebelle.

Le derviche, notre nouveau compagnon de route, homme à la face épanouie, mais au caractère sentimental, me conte une autre légende :

« Un roi avait une fille de belle figure, d'un caractère aimable ; elle avait une taille de cyprès, des joues de lune, des lèvres de rubis, un cou d'argent, la démarche d'un faisan, la voix d'un rossignol. Sa beauté exhalait une odeur de musc, ravissait les yeux, augmentait la vie et séduisait le cœur. L'horreur de l'humanité détermina la princesse à fuir le monde et à venir cacher ses charmes dans cette profonde solitude. Nul chemin, nul sentier ne permettait de

LE PONT DE LA PUCELLE (Dokhtar-pol). (Voyez p. 75.)

s'élever jusqu'au nid d'aigle où elle avait fait construire son château. Quel mortel eût été assez audacieux pour tenter de gravir ces roches inaccessibles? Un jour cependant, un jeune pâtre, beau comme Joseph, ayant aperçu la vierge, osa s'aventurer à la suite de ses chèvres sur les flancs escarpés de la montagne, et il chanta :

« Un ange du ciel s'est présenté à mes regards; sur la terre ne saurait être splendeur « comparable à la sienne; sa figure est devenue la Kèbla (direction de la Mecque) de mes yeux. « Je n'exhalerai pas mes plaintes devant les heureux de ce monde, mais je dirai ma peine à ceux « qui partagent mes tourments; si les fauves colombes entendaient mes soupirs, elles pleure- « raient avec moi; toi seule es insensible. N'auras-tu pas pitié de ma douleur? »

« Le pâtre revint souvent au pied de la forteresse; la princesse, d'abord cruelle, sentit son cœur s'attendrir en écoutant la voix du chanteur, suave comme celle de David.

« Le raisin nouvellement produit est acerbe de goût.

« Prends patience deux ou trois jours, il deviendra agréable.

« Veux-tu ne donner ton cœur à personne? ferme les yeux. »

« Quand les eaux du torrent grossirent et empêchèrent le pâtre de venir chanter aux pieds de sa belle, la jeune fille fit construire le pont que l'on voit au milieu de la vallée et qui porte encore le nom de Dokhtarè-pol (pont de la Pucelle).

« Quelle séparation peut-il exister entre l'amoureux et l'amante? La muraille même élevée par Alexandre ne saurait leur opposer ni obstacles ni entraves.

— Dans quel monde enchanteur, derviche, as-tu envoyé le « plongeur de ton imagination »? dis-je au conteur. Le parfum des roses du Gulistan s'exhale de tes lèvres, tu parles comme tes patrons Saadi et Hafiz. »

Le château de la Pucelle ne jouit pas dans le pays d'une bonne réputation ; il fut longtemps un des repaires de la célèbre tribu des Assassins. Pour expulser définitivement ces brigands, Abbas le Grand fut forcé de démanteler ses hautes murailles; au temps du voyage de Chardin, en 1672, il était déjà fort délabré. Les descendants des anciens propriétaires du castel vivent aujourd'hui en bons paysans dans l'Irak Adjémi et paraissent avoir renoncé à la noble profession de leurs ancêtres. Tout irait donc au mieux dans la meilleure des Perse si les Assassins n'avaient eu de successeurs. Ce n'est pas sans raison que M. Bernay nous a recommandé de redoubler de prudence en traversant le Kaflankou ; un officier anglais, trois courriers du roi, quelques négociants persans ont été assassinés dans ces deux dernières années entre les ponts du Mianeh et de la Pucelle.

Afin d'éviter un sort aussi misérable, nous déballons les appareils de photographie et examinons l'ouvrage nos armes à la main.

Une grande arche ogivale de vingt-quatre mètres de portée, flanquée symétriquement de deux arches latérales de dix-sept mètres, livre passage aux eaux de la rivière, fort profonde et infranchissable à gué pendant six mois de l'année. L'arche centrale est ornée sur la tête amont d'une inscription tracée en lettres d'or, se détachant en relief sur un fond d'émail bleu foncé. Cette brillante décoration s'harmonise merveilleusement avec les teintes des vieilles briques du pont et donne à tout l'ensemble un caractère de grandeur encore rehaussé par le cadre de montagnes sauvages sur lesquelles il se détache.

Le plan de l'ouvrage est des plus réguliers et les abords sont heureusement raccordés avec la route. Mais, de toutes les dispositions adoptées dans le Dokhtarè-pol, la plus ingénieuse et la plus pratique est celle qui a été imaginée pour supporter les voûtes d'évidement : elles sont appuyées sur une nervure formant une sorte d'arc-doubleau supérieur, dont la fonction est de proportionner en chaque point de la voûte la résistance aux efforts supportés, et de soumettre par conséquent tous les matériaux à des pressions à peu près uniformes.

Les inscriptions ornant ce pont pourraient fournir des renseignements précis sur la date de sa construction; mais, la rivière étant grosse, il est impossible de se rapprocher de l'ouvrage et de lire le texte persan, même à l'aide d'une bonne lorgnette. A défaut de ce document, on peut, en comparant le Dokhtarè-pol à des monuments similaires, faire remonter son origine à la moitié du douzième siècle.

La nuit nous chasse et nous oblige à gagner un misérable bourg situé à un farsakh du pont. Les caravanes ne s'arrêtent jamais dans ce village; aussi ne possède-t-il aucun caravansérail habitable, et avons-nous beaucoup de peine à trouver un asile chez de pauvres paysans, les gens aisés ne se souciant pas de loger des « impurs ». La famille vit pêle-mêle avec ses poules et ses pigeons. Il serait outrecuidant de réclamer une autre place que celle occupée par ces intéressants volatiles; nous avons à choisir entre ce taudis et l'auberge de la belle étoile; le froid est trop vif en cette saison, après le coucher du soleil surtout, pour qu'il soit permis d'hésiter.

28 avril. — Les deux dernières étapes ont été très rudes; aujourd'hui la caravane est restée treize heures en marche, mais elle sera demain à Zendjan. Malgré la fatigue, l'idée d'arriver bientôt dans une grande ville répand un air de béatitude sur les visages les plus moroses. Les tcharvadars se réjouissent de toucher la seconde partie du prix de la location de leurs chevaux; les voyageurs, de leur côté, vont pouvoir se reposer une journée entière et s'approvisionner dans de beaux bazars.

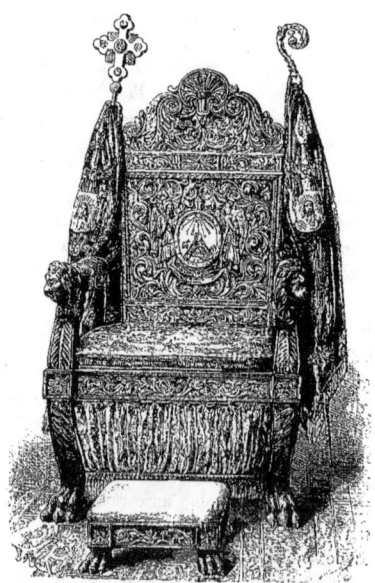

TRONE DU CATHOLICOS D'ECHMYAZIN. (Voyez p. 63.)

PANORAMA DE SULTANIEH. (Voyez p. 81.)

CHAPITRE V

Arrivée à Zendjan. — Les Babys. — Le camp de Tébersy. — Révolte religieuse. — Siège de Zendjan. — Supplice des révoltés. — Une famille baby. — L'armée persane. — Sultanieh. — Tombeau de chah Khoda Bendeh. — Les tcharvadars. — Exercice illégal de la médecine.

29 avril. — Zendjan, capitale de la province de Khamseh, est situé sur un plateau dominant une belle plaine qu'arrose un affluent du Kisilousou, et doit à son altitude élevée une température très agréable en été, mais par cela même rigoureuse en hiver. Cette ville, qui se glorifie, peut-être à tort, d'avoir donné naissance à Ardechir-Babegan, le premier prince de la dynastie sassanide, fut en partie détruite par Tamerlan, peu après la ruine de Sultanieh, et perdit pendant cette période un de ses monuments les plus remarquables, le tombeau du cheikh Abou Féridje. Des désastres plus récents, conséquence de la révolte des *Babys*, ont fait oublier l'invasion tartare, mais ont illustré à jamais la vaillante population de la cité.

En 1843 arrivait à Chiraz un homme d'une grande valeur intellectuelle, Mirza Ali Mohammed; le nouveau venu prétendait descendre du Prophète par Houssein, fils d'Ali, bien qu'il n'appartînt pas aux quatre grandes familles qui, seules, peuvent se targuer, sur des preuves même discutables, d'une si sainte origine. Il revenait dans sa ville natale, après avoir accompli le pèlerinage de la Mecque et visité la mosquée de Koufa, « où le diable l'avait tenté et où il s'était détaché de la loi orthodoxe ». Il se mit immédiatement à parler en public; comme tous les réformateurs, il s'éleva avec violence contre la dépravation générale, le relâchement des mœurs, la rapacité des fonctionnaires, l'ignorance des mollahs, et montra dans ses premiers discours une tendance à ramener la Perse à une morale empruntée aux religions guèbre, juive et chrétienne. Dès le début de son apostolat, Mirza Ali Mohammed abandonna son nom pour adopter le titre de *Bab* (« porte » par laquelle on arrive à la connaissance de Dieu) et fut bientôt entouré de prosélytes nombreux, les *Babys*, qu'enthousiasmait sa chaude éloquence. Le nouveau prophète accordait à ses disciples une liberté d'action et une indépendance inconnues aux musulmans : « Il n'avait pas reçu mission, disait-il, de modifier la science de la nature divine, mais il était envoyé afin de donner à la loi de Mahomet un développement semblable à celui que ce dernier avait déjà apporté à la loi du Christ. »

Il n'engageait point les fidèles à se lancer dans la recherche stérile de la vérité, et leur conseillait d'aimer Dieu, de lui obéir, sans s'inquiéter de rien autre au monde. Afin de compléter l'effet de ses premières prédications, le Bab publia bientôt deux livres célèbres écrits en langue arabe : le *Journal du pèlerinage à la Mecque*, et un *Commentaire de la sourat du Koran intitulée : Joseph*. Ces ouvrages se faisaient remarquer par la hardiesse de l'interprétation des textes sacrés et la beauté du style.

Cependant les attaques violentes dirigées par le Bab contre les vices du clergé ne tardèrent pas à ameuter contre lui tous les prêtres du Fars. Ceux-ci se plaignirent amèrement au roi et, entre-temps, engagèrent une discussion avec un adversaire qui les eut bientôt réduits au silence.

Mohammed chah montra peu d'émotion en apprenant les événements survenus dans le Fars. Doué d'un caractère mou et d'un esprit sceptique, il vivait en outre sous la tutelle d'un premier ministre plus porté à approuver en secret les attaques dirigées contre le clergé qu'à augmenter l'autorité des prêtres en prenant chaudement leur défense. Le roi se contenta d'interdire aux deux parties de disputer en public sur les nouvelles doctrines, et ordonna au Bab de s'enfermer dans sa demeure et de n'en jamais sortir.

Cette tolérance inattendue enhardit les Babys : ils s'assemblèrent dans la maison de leur chef et assistèrent en nombre toujours croissant à ses prédications. Celui-ci leur déclara alors qu'il n'était point le Bab, c'est-à-dire la « porte de la connaissance de Dieu », comme on l'avait cru jusqu'alors, comme il l'avait supposé lui-même, mais une sorte de précurseur, un envoyé d'Allah. En conséquence, il prit le titre d'« Altesse Sublime » et transmit celui de « Bab » à un de ses disciples les plus fervents, Mollah Houssein, qui devint, à partir de ce moment, le grand missionnaire de la foi nouvelle.

Muni des œuvres de son maître, le *Journal du pèlerinage à la Mecque* et le *Commentaire sur la sourat du Koran*, ouvrages qui résumaient alors les théories religieuses du réformateur, le nouveau Bab partit pour Ispahan et annonça au peuple enthousiasmé que l'Altesse Sublime était le douzième imam, l'imam *Meddy*. Après avoir réussi, au delà de toute espérance, à convertir non seulement les gens du peuple, mais même un grand nombre de mollahs et d'étudiants des médressès célèbres de la capitale de l'Irak, il se dirigea sur Téhéran, demanda une audience à Mohammed chah, et fut autorisé à lui soumettre ses doctrines et à lui présenter les livres babys. C'était un triomphe moral d'une portée considérable.

Pendant que le Bab prêchait dans la capitale et déterminait de très nombreux adeptes à s'enrôler sous sa bannière, l'agitation gagnait les andérouns. Dès son apparition, la nouvelle religion avait su intéresser à son succès les femmes, si annihilées par le Koran, en leur promettant l'abolition de la polygamie, considérée à juste titre par l'Altesse Sublime comme une source de vice et d'immoralité, en les engageant à rejeter le voile, et en leur attribuant auprès de leur mari la place honorée et respectée que l'épouse et la mère doivent occuper dans la famille. Toutes les Persanes intelligentes apprécièrent les incontestables avantages de cette révolution sociale, embrassèrent avec ardeur les croyances du réformateur et se chargèrent de propager le babysme dans les andérouns, inaccessibles aux hommes.

L'une d'elles, douée d'une éloquence entraînante et d'une surprenante beauté, devait soulever la Perse entière. Elle se nommait Zerrin Tadj (Couronne d'or), mais dès le commencement de son apostolat elle adopta le nom de Gourret el-Ayn (Consolation des yeux).

Gourret el-Ayn était née à Kazbin et appartenait à une famille sacerdotale. Son père, jurisconsulte célèbre, l'avait mariée, fort jeune encore, à son cousin, Mollah Mohammed. Admise chaque jour à entendre discuter des questions religieuses et morales, elle s'intéressa aux entretiens en honneur dans sa famille, apprit l'arabe pour les suivre plus aisément et s'appliqua même à interpréter le Koran. Les prédications du Bab furent trop retentissantes pour que Gourret el-Ayn pût en ignorer l'esprit; elle fut frappée des grands côtés de la nouvelle doctrine, se mit en correspondance suivie avec l'Altesse Sublime, qu'elle ne connut jamais, paraît-il, et embrassa bientôt toutes ses idées réformatrices. Peu après, elle reçut du chef de la religion la mission de propager le babysme, rejeta fièrement le voile, se mit à prêcher à visage découvert sur les places publiques de Kazbin, au grand scandale de sa famille, et conquit à la nouvelle foi d'innombrables adeptes; mais, bientôt fatiguée de lutter sans succès contre tous ses parents, elle les quitta sans esprit de retour, sortit de Kazbin, et à partir de cette époque se consacra à l'apostolat dont l'Altesse Sublime l'avait chargée.

Mollah Houssein et Gourret el-Ayn, tels furent en réalité les grands propagateurs du babysme, car Mirza Ali Mohammed, toujours enfermé à Chiraz, s'employait tout entier à coordonner les préceptes de la religion.

En quittant Téhéran, Mollah Houssein, suivi d'une nombreuse troupe de fidèles, s'était dirigé vers le Khorassan et n'avait pas tardé à arriver à Mechhed, où il espérait établir un centre important de prédications. Contre son attente, il y fut mal accueilli, maltraité même par le mouchteïd, qui osa lever son bâton sur lui; une sorte d'émeute s'ensuivit, et Mollah Houssein allait être chassé de la ville quand on apprit tout à coup la mort de Mohammed chah. A cette nouvelle, les Babys sortirent de la ville sainte et se dirigèrent vers le Mazenderan, dans l'espoir de faire leur jonction avec des enthousiastes conduits par Gourret el-Ayn. Le clergé du Khorassan, plus épouvanté des succès des Babys que ne l'avaient été les prêtres du Fars, ne s'en rapporta pas, pour détruire l'hérésie naissante, au zèle religieux du nouveau chah, Nasr ed-din, qui n'avait point encore eu le temps de procéder aux fêtes de son couronnement; il prit sur lui de diriger des émissaires sur les traces du Bab. Ceux-ci surexcitèrent violemment les populations des campagnes contre les réformés; des insultes on en vint aux coups, enfin on prit les armes. Mollah Houssein, inquiet du sort des convertis attachés à ses pas, songea à s'abriter derrière une place forte. Le tombeau de cheikh Tébersy lui parut favorablement situé; il le fit entourer de fossés et de murailles, y enferma des approvisionnements considérables, achetés ou réquisitionnés dans les campagnes, et donna dès ce moment à ses prédications un caractère plus politique que religieux : avant un an, à l'entendre, l'Altesse Sublime aurait conquis les « sept climats de la terre », les Babys posséderaient le monde et se feraient servir par les gens encore attachés aux vieilles doctrines; on ne parlait de rien moins, à Tébersy, que de se partager le butin de l'Inde et du Roum (Turquie).

Les fêtes du couronnement étaient enfin terminées; le nouveau ministre, l'émir Nizam, sentant que les querelles religieuses ne tarderaient pas à dégénérer en agitations politiques, envoya des troupes pour disperser les insurgés du camp de Tébersy. Elles furent d'abord battues à plusieurs reprises. Cependant de nouveaux renforts arrivèrent, et la place fut investie. Durant plus de quatre mois, les assiégés supportèrent de terribles combats et ne se déterminèrent à demander la capitulation qu'après avoir été réduits à la plus épouvantable famine. Maigres, hâves, décharnés comme des gens nourris depuis plusieurs jours de farine d'ossements et du cuir bouilli des ceinturons et des harnais, les Babys défilèrent semblables à des spectres devant leurs vainqueurs étonnés que, sur un millier d'hommes réfugiés dans

Tébersy, il en restât à peine deux cents. On profita de l'état de faiblesse des vaincus pour les griser et, au milieu de la nuit, on les égorgea. Bien peu échappèrent au massacre, ordonné au mépris des articles de la capitulation.

A la nouvelle de cette terrible exécution, les Babys jurèrent de venger leurs martyrs. Mollah Houssein avait été tué pendant le siège ; on lui donna comme successeur Mohammed Ali le *Zendjani* (natif de Zendjan). Le nouveau chef prit à son tour le titre de Bab, convertit par ses éloquentes prédications la population presque tout entière de sa ville natale, où il jouissait d'une grande influence, et groupa autour de lui les rares fugitifs du camp de Tébersy.

Une émeute, fomentée directement cette fois contre l'autorité royale et les prêtres, ne tarda pas à éclater. A la suite d'un différend survenu entre un Baby et les collecteurs d'impôts, les réformés parcoururent les bazars de Zendjan, appelant leurs coreligionnaires à la révolte ; plus de la moitié de la population se souleva, prit les armes, pénétra dans les maisons des mollahs, incendiant et pillant des quartiers entiers, tandis que Mohammed Ali, chef reconnu de l'insurrection, s'emparait de la forteresse Ali Merdan khan, dans laquelle se trouvaient des fusils et des munitions. Telle fut l'origine d'une lutte qui dura plus d'une année et à la fin de laquelle devaient sombrer les espérances les plus chères des réformateurs.

Le gouverneur, effrayé de l'enthousiasme et du courage des Babys, demanda des troupes à Téhéran. Plusieurs mois se passèrent sans que l'armée royale, forte de dix-huit mille hommes et presque égale en nombre aux insurgés, osât les attaquer de front. Pendant ce temps ceux-ci s'étaient barricadés dans les quartiers voisins de la citadelle, avaient construit des ouvrages de défense appuyés sur les coupoles des mosquées et des caravansérails, et s'étaient exercés à manier les armes trouvées dans la forteresse. L'artillerie leur faisait à peu près défaut : ils ne pouvaient opposer aux huit canons et aux quatre mortiers de l'armée royale que deux pièces sans portée, qu'ils avaient fondues à grand'peine.

Le siège des retranchements babys fut enfin commencé ; pendant plus de vingt jours les assiégés soutinrent avec succès les assauts des troupes royales, mais, obligés bientôt de ménager leurs munitions, ils ne tardèrent pas à perdre du terrain. Le cinquième jour du Ramazan, malgré d'incroyables efforts, les insurgés durent abandonner une partie de leurs positions, et, quelques jours après cet engagement, comme Mohammed Ali donnait l'ordre d'incendier le grand bazar, dans l'espoir de produire une diversion, il tomba mortellement frappé. On l'emporta afin de cacher sa blessure aux combattants, et à partir de ce moment la maison où il avait été déposé devint le centre d'une résistance si opiniâtre que les chefs de l'armée royale donnèrent l'ordre de la canonner. Une construction de terre ne devait pas résister longtemps aux boulets ; elle s'écroula, ensevelissant sous les décombres tous ses défenseurs. Cependant on retira des ruines Mohammed Ali, mais il ne survécut pas à ses blessures : huit jours après il expirait, encourageant les siens à combattre jusqu'au dernier soupir et leur promettant la vie éternelle en récompense de leur dévouement et de leur courage.

La mort du Bab mit un terme à la lutte ; la démoralisation ne tarda pas à pénétrer dans le cœur des assiégés, et ces hommes, si courageux tant qu'ils avaient considéré leurs chefs comme des saints les menant à la victoire, se déterminèrent à se rendre, à condition qu'ils auraient la vie sauve.

Malgré cette promesse, ils ne furent pas mieux traités que les insurgés du camp de Tébersy : les plus connus furent massacrés immédiatement ; les autres, amenés à Téhéran à coups de fouet, témoignèrent par leurs supplices du triomphe de l'armée royale. La prise de Zendjan avait été aussi meurtrière pour les assiégeants que pour les assiégés. Les troupes régulières, exaspérées de la résistance des révoltés, rasèrent les quelques quartiers encore debout et assouvirent leur rage sur tous ceux qui furent accusés d'avoir favorisé la réforme. Les morts eux-mêmes n'eurent point la paix. Comme on interrogeait les vaincus sur le sort de Mohammed Ali, ils assurèrent qu'il avait été tué. On refusa de les croire ; ils désignèrent l'emplacement où le corps était déposé; le cadavre fut déterré, attaché à la queue d'un cheval et traîné durant trois jours à travers la ville; les derniers lambeaux du Bab furent finalement jetés aux chiens. Seules les femmes, qui avaient en grand nombre pris part à la lutte, obtinrent grâce.

JEUNE FILLE BABY.

La passion que subit à Tauris l'Altesse Sublime, les tortures infligées aux captifs conduits à Téhéran, leur courage inébranlable, la persévérance avec laquelle ils protestèrent de la sainteté de leur mission, produisirent sur l'esprit public une impression bien différente de celle qu'on avait attendue de leur supplice. Un grand nombre de musulmans, attribuant l'étonnante force d'âme des Babys à un pouvoir surnaturel, se convertirent en secret à la nouvelle religion.

Les principaux d'entre les réformés, profitant de ce retour de fortune, proclamèrent la déchéance des Kadjars, rompirent tous les liens qui les rattachaient encore à la dynastie et se donnèrent pour chef un enfant à peine âgé de seize ans, nommé Mirza Yaya, qui, à l'exemple du fondateur de la nouvelle religion, prit le titre d'*Altesse Sublime*. Le premier soin de Mirza Yaya fut de quitter Téhéran et de parcourir toutes les villes de la Perse. Il sentait combien il était nécessaire de raffermir le courage des Babys, de soutenir leur constance et de défendre en même temps toute tentative de soulèvement à main armée. Puis il quitta la Perse, où sa vie était en péril, et se retira à Bagdad, de manière à se mettre en relations faciles avec les Chiites qui venaient à Nedjef et à Kerbéla visiter les tombeaux des imams.

Malgré la tranquillité apparente du pays, l'insurrection n'avait point désarmé et projetait, faute impardonnable, de s'attaquer à la personne même du roi.

Au retour de la chasse, Nasr ed-din chah regagnait un jour son palais de Niavarand, et, afin d'éviter la poussière soulevée par les chevaux de l'escorte, il marchait seul en avant de ses officiers, quand trois hommes, sortant inopinément d'une touffe de buissons, se précipitèrent vers lui. Pendant que l'un d'eux tendait une pétition, que l'autre se jetait à la tête du cheval et déchargeait un pistolet sur le monarque, le troisième cherchait à le désarçonner en le tirant violemment par la jambe. Quelques chevrotines emportèrent le gland de perles attaché au cou du cheval, les autres criblèrent le bras du roi et effleurèrent ses reins. Nasr ed-din chah, qui ne le cède en sang-froid et en courage à aucun de ses légendaires devanciers, ne fut pas troublé de cette agression : il prit le temps d'assener plusieurs coups de poing sur la figure de ses adversaires, puis enleva au galop sa monture déjà épouvantée et put échapper aux mains de ses agresseurs.

Saisis et interrogés sur l'heure, les assassins affirmèrent qu'ils n'avaient point de complices en Perse et qu'ils étaient innocents, car ils avaient simplement accompli les ordres émanant d'une autorité sacrée.

A la suite de cet attentat, plusieurs arrestations eurent lieu à Téhéran, entre autres celle de la célèbre Gourret el-Ayn, dont on avait perdu les traces depuis quelque temps. Les captifs, au nombre de quarante, furent jugés d'une manière sommaire et livrés aux grands officiers, au corps des mirzas et aux divers fonctionnaires ou employés des services publics. Avec une cruauté dont on retrouverait difficilement un second exemple, le premier ministre avait décidé que les supplices inventés jusqu'à ce jour étaient insuffisants pour punir les prisonniers : « Le roi, avait-il dit, jugera de l'attachement de ses serviteurs à la qualité des tortures qu'ils infligeront aux plus détestables des criminels. »

Les bourreaux se piquèrent d'ingéniosité.

Les uns firent taillader les patients à coups de canif et aidèrent eux-mêmes à prolonger leurs souffrances; les autres leur firent attacher les pieds et les mains à des arbres dont on avait rapproché les cimes et qui, en reprenant leur position naturelle, arrachaient les membres du condamné. Bon nombre de Babys furent déchirés à coups de fouet; enfin on vit traîner à travers les bazars de Téhéran des hommes transformés en torchère ambulante. Sur leur poitrine, couverte de profondes incisions, on avait planté des bougies allumées, qu'éteignaient, lorsqu'elles arrivaient au niveau des chairs, les caillots de sang accumulés autour des plaies. Presque tous ces malheureux montrèrent au milieu des tortures un courage d'illuminés : les pères marchaient sur les corps de leurs enfants; les enfants demandaient avec rage à avoir la tête coupée sur le cadavre de leur père.

Les supplices finirent faute de gens à supplicier.

Restait Gourret el-Ayn. Dès son arrestation elle avait été confiée au premier ministre, Mahmoud khan, qui l'avait enfermée dans son andéroun et avait chargé sa femme du soin de la garder. Celle-ci désirait sauver la vie de la prisonnière et fit dans ce but les plus grands efforts. Elle lui représenta qu'elle n'avait plus rien à espérer des siens, qu'en reniant ses

SUPPLICE DE GOURRET EL-AYN.

doctrines ou en promettant tout au moins de ne plus prêcher et de vivre retirée, elle obtiendrait certainement sa grâce. Mahmoud khan lui-même, touché de la beauté de Gourret el-Ayn et émerveillé de son intelligence, tenta de la convaincre.

« Gourret el-Ayn, lui dit-il un jour, je vous apporte une bonne nouvelle : demain vous comparaîtrez devant vos juges; ils vous demanderont si vous êtes Baby, répondez : « non », et vous serez immédiatement mise en liberté.

— Mahmoud khan, demain vous donnerez l'ordre de me brûler vive. »

Gourret el-Ayn comparut en effet devant le conseil ; on lui demanda simplement si elle était Baby, elle répondit avec fermeté, confessant sa foi comme l'avaient fait ses coreligionnaires : ce fut son arrêt de mort. Ses juges, après l'avoir obligée à reprendre le voile, lui commandèrent de s'asseoir sur un monceau de ces nattes de paille que les Persans posent au-dessous des tapis, et ordonnèrent de mettre le feu à ce bûcher improvisé. On eut cependant pitié de la martyre et on l'étouffa en lui enfonçant un paquet de chiffons dans la bouche avant qu'elle eût été atteinte par les flammes. Les cendres de la grande apôtre furent jetées au vent.

Depuis la mort de Gourret el-Ayn, le babysme n'est plus ouvertement pratiqué en Perse. Les réformés renient leur religion et ne se font aucun scrupule de convenir en public que les Babs étaient de misérables imposteurs; néanmoins ils écrivent beaucoup, font circuler leurs ouvrages en secret et constituent une armée puissante, avec laquelle les Kadjars auront un jour à compter s'ils n'abaissent point l'autorité du clergé et n'établissent pas dans l'administration du pays une probité au moins relative. Depuis ces derniers événements l'Altesse Sublime s'est réfugiée à Akka (Saint-Jean-d'Acre), afin d'échapper aux persécutions et peut-être à la mort. Les fidèles désireux d'entendre sa parole sont tous les jours de plus en plus nombreux, et l'on assure que le pèlerinage de Saint-Jean-d'Acre a fait abandonner celui de la Mecque par un grand nombre de Chiites.

L'année dernière, Nasr ed-din chah, épouvanté de l'influence toujours croissante du chef des Babys, voulut tenter de se rapprocher de Mirza Yaya et lui envoya secrètement un de ses imams djoumas les plus renommés pour la force de ses arguments théologiques et la fermeté de ses croyances, avec mission de ramener au bercail la brebis égarée. Je laisse à penser quelles furent la surprise et l'indignation du souverain quand, au retour, le vénérable imam djouma avoua à son maître que les arguments de Mirza Yaya l'avaient convaincu et entraîné dans la voie de la vérité. A la suite d'un pareil succès, le roi, on le comprend sans peine, n'a pas été tenté d'expédier à Saint-Jean-d'Acre une seconde ambassade. Il ne faut pas souhaiter à la Perse le retour d'une ère sanglante, mais il est à désirer cependant que le sage triomphe des doctrines nouvelles permette aux musulmans d'abandonner sans secousse les principes d'une religion néfaste dans ses conséquences, et de se débarrasser des entraves apportées par le Koran et le clergé à la réalisation de réformes politiques et sociales des plus urgentes.

Les livres de l'Altesse Sublime renferment un singulier amalgame de préceptes libéraux et d'idées les plus rétrogrades. Contrairement aux prescriptions du Koran, Mirza Ali Mohammed abolit la peine de mort en matière religieuse, recommande le mariage comme le meilleur des états, condamne la polygamie et le concubinat, et n'autorise le fidèle à prendre une seconde femme que dans quelques cas très exceptionnels. Il réprouve le divorce, abroge l'usage du voile, ordonne aux hommes de vivre dans une douce sociabilité, de se recevoir les uns les autres en présence des femmes ; il n'exige pas les cinq prières réglementaires, déclare que Dieu se contente d'une seule invocation matinale, s'autorise d'un passage du Koran dans lequel Mahomet annonce la venue d'un dernier prophète pour changer à volonté le temps et la durée des jeûnes, permettre le commerce et même les relations d'amitié avec les infidèles, et renverser l'impureté légale, cette éternelle barrière jetée entre l'Islam et l'univers non musulman. Le réformateur, ne jugeant pas que les ablutions soient particulièrement agréables à Dieu, n'en fait pas une obligation religieuse. Il interdit la mendicité et la flétrit, bien qu'à l'exemple de Mahomet il ordonne de répandre autour de soi de nombreuses aumônes; enfin il défend aux chefs civils d'exiger les impôts par la force, de donner la mort, d'infliger la torture ou la bastonnade.

En opposition avec ces idées grandes et généreuses, les ouvrages babys contiennent des prescriptions futiles et un singulier mélange de superstitions ridicules et d'idées incohérentes. Le Bab, par exemple, ordonne de croire à la vertu des talismans, de porter des amulettes dont les formes, minutieusement décrites, sont appropriées au sexe du fidèle, de se munir de cachets de cornaline, d'orner les temples, d'avoir des oratoires privés dans les maisons particulières, de célébrer pompeusement les offices par des chants et de la musique, de faire asseoir les prêtres sur des trônes; il conseille à ses disciples de se parer de beaux habits, de raser leur barbe, mais leur défend de fumer le kalyan, de quitter leur pays, de voyager, et enfin, question bien autrement grave, de s'adonner à l'étude des sciences humaines qui n'ont point trait aux affaires de la foi, ou à la lecture de tout livre qui ne concerne pas la religion.

En résumé, quoique les origines du babysme aient été sanglantes, Mirza Ali Mohammed ne surexcita jamais l'humeur batailleuse des réformés. Son caractère paraît d'ailleurs avoir toujours été doux et paisible : s'il accepta la responsabilité des actes et des violences de ses partisans et en subit toutes les conséquences, il ne prit jamais une part active et directe dans la lutte contre le pouvoir royal et consacra sa très courte existence à l'exposition de la foi.

30 avril. — Nous sommes descendus à la maison de poste. Le gardien du tchaparkhanè, m'ayant proposé de sortir de la ville, me guide vers de superbes jardins situés sur les rives d'un cours d'eau légèrement encaissé. Des arbres fruitiers en plein vent mélangent leurs fleurs de couleurs différentes et forment des tonnelles sous lesquelles le jour peut à peine pénétrer. Aucun obstacle ne vient entraver le développement naturel des branches, que n'ont jamais torturées des piquets ou des fils de fer. « C'est le paradis terrestre sans la pomme », me dit, en me montrant ses vergers, Mohammed Aga khan, un des Babys les plus puissants de Zendjan.

Au retour, cet excellent homme m'engage à entrer dans sa maison et à venir saluer sa femme. J'accepte avec plaisir, heureuse de pénétrer dans une famille de réformés. Tout d'abord je suis surprise de l'ordre qui paraît régner dans cette demeure; je n'aperçois pas ces innombrables servantes accroupies, inactives, leur kalyan à la main.

L'unique femme et la fille du khan viennent me souhaiter la bienvenue; aidées de leurs servantes, elles sont occupées à préparer le repas du soir.

La mère abandonne ce soin à sa fille et m'introduit dans une chambre élevée de quelques marches au-dessus du sol, où elle m'invite à m'asseoir sur un superbe tapis kurde ras et fin comme du velours. On apporte le thé, le café; mais, tout en appréciant la perfection avec laquelle les femmes persanes préparent ces deux boissons, je ne perds pas de vue la jolie fille chargée de présider à la confection du pilau de famille. Des traits largement modelés, des yeux noirs agrandis par une teinte bistre qui entoure les paupières et accentue les sourcils donnent à la physionomie une animation toute particulière. La tête est enveloppée d'un léger voile de laine rouge dont la couleur intense fait ressortir les tons bronzés de la peau du visage. Deux grosses mèches brunes se jouent sur les tempes, tandis que la masse des cheveux est

JEUNE FILLE BABY DE ZENDJAN.

rejetée sur le dos; autour du cou s'enroule un collier formé de plaques de cornaline mêlées à des morceaux d'ambre jaune d'une beauté parfaite. La déesse du pilau porte une chemisette de gaze rose dont les minces plis dessinent avec fidélité un buste développé qui ne connut jamais la tutelle du corset; sa petite jupe de cachemire de l'Inde, à palmes, est attachée très bas au-dessous de la chemisette et laisse au moindre mouvement le ventre nu. C'est la toilette d'hiver. J'aurais bien voulu prolonger ma visite et faire connaissance avec les ajustements d'été, mais les heures des voyageurs sont fugitives.

À part ses jardins et les ruines de ses anciens remparts, Zendjan n'a rien de particulièrement intéressant; aussi Marcel accepte-t-il volontiers la proposition du hadji de prendre les devants, afin de s'arrêter à Sultanieh un jour de plus qu'il n'a été convenu avant le départ de Tauris. Grâce au passage des troupes dirigées sur les frontières du Kurdistan afin de s'opposer à une nouvelle invasion des hordes sauvages qui, au printemps dernier, ont dévasté l'Azerbeïdjan, l'étape entre Zendjan et Sultanieh est d'une sécurité absolue.

1er mai. — En sortant de la ville, j'aperçois sur la droite un campement composé de tentes de forme européenne, disposées le long d'un front de bandière. Tout auprès, dans un parc, sont rassemblés en grand nombre des chevaux appartenant à un corps d'armée arrivé pendant la nuit.

Un officier autrichien commande les troupes, mais il est assisté d'un général persan chargé de transmettre ses ordres, car tout bon Chiite refuserait d'obéir à un « chien de chrétien ». L'organisation des régiments paraît assez régulière; les soldats marchent en bataille et en colonne, font l'exercice avec précision, et sont armés d'excellents chassepots achetés après nos désastres dans les arsenaux prussiens.

Une courte jaquette gros bleu, un étroit pantalon de même couleur, orné d'une bande écarlate, ont fait donner à cette collection de héros, d'ailleurs très fière de ce titre, le nom d'armée *farangui* (européenne). La coiffure est toute persane : c'est le kolah d'astrakan. Un pompon et une plaque de cuivre ornée du lion et du soleil maintiennent une petite queue de crins rouges qui vient passer derrière l'oreille du soldat et se mêler avec les trois ou quatre mèches de cheveux réservées de chaque côté du crâne. En dehors des exercices, la mauvaise tenue des troupes d'élite dépasse tout ce qu'on peut imaginer. Les officiers indigènes ne portent pas même de chaussettes, et leur uniforme est d'un débraillé et d'une saleté à défier toute comparaison.

Le système de ravitaillement est un grand élément de désordre dans l'armée persane; le service de l'intendance étant inconnu, la solde, très minime, est payée de la manière la plus irrégulière, bien que les fonds sortent exactement de la caisse royale. Le militaire, habitué à vivre sans argent, ne s'en rapporte qu'à lui-même du soin de son entretien et se nourrit à son gré aux dépens du pays où il passe. La charge d'approvisionner les troupes, mal répartie sur les provinces, devient ainsi très onéreuse et fait considérer comme un malheur public le passage d'un corps d'armée. Réglée avec aussi peu de justice que le service des subsistances, la conscription pèse sur les paysans, à l'exception des citadins, exemptés de plein droit. Cet immense avantage fait aux grandes cités contribue au dépeuplement des campagnes, les prive de l'élément le plus vivant de la nation, et amène dans les villes des gens sans état, sans moyen régulier d'existence, qui végètent misérablement jusqu'au jour où leur âge les met à l'abri d'un appel sous les drapeaux.

Chaque village doit fournir un contingent proportionnel à sa population, mais le ketkhoda chargé du recrutement exempte du service tout paysan assez riche pour lui faire un beau présent.

Les hommes sont placés sous les ordres d'un *sultan* (capitaine), chef de la compagnie et de l'unité militaire persane. Tous les ordres sont donnés à ce dernier, exclusivement responsable de sa troupe ; il la dirige comme bon lui semble, sans qu'on puisse, à moins de motifs très graves, le changer ou le renvoyer. Entre le capitaine et le général il y a bien les commandants, les lieutenants-colonels et les colonels, mais leur autorité est nominale.

Les punitions infligées au soldat ne s'appliquent pas à sa personne seule ; en cas de désertion, par exemple, elles atteignent ses parents eux-mêmes. Sur des ordres envoyés au ketkhoda, le magistrat municipal fait mettre en prison, après un délai fixé, la femme et les enfants du fugitif, vendre son bétail, incendier sa maison. Il est bien rare que le coupable, instruit de la situation faite à sa famille, ne rentre pas au plus vite au régiment, où, en fait de punition, on lui administre la bastonnade.

Les troupes campées à Zendjan sont dirigées sur les frontières du Kurdistan, où se prépare, à l'instigation des Turcs, le soulèvement de plusieurs tribus.

C'est au moins le but avoué de l'expédition ; mais, comme le sultan envoie à son bon frère de Perse un ambassadeur extraordinaire porteur de ses sentiments affectueux, le chah, j'imagine, a donné l'ordre de masser l'armée sur la route du pacha afin de l'intimider par ce déploiement de forces. En fait de diplomatie il est malaisé de savoir à qui l'on doit, des Arméniens, des Turcs et des Persans, décerner la palme de l'habileté, bien que ces derniers proclament leur supériorité avec un orgueil et une naïveté dépourvus d'artifice. Dans tous les cas, les communications entre les chancelleries de Téhéran et de Stamboul doivent être de curieux modèles de duplicité. Mais, j'y pense, diplomatie et duplicité ne sont-ils pas des variations linguistiques exécutées sur le mot : « double » ?

Je suis le front de bandière ; chaque soldat prépare sa soupe dans les récipients les plus hétérogènes. Nous demandons à visiter le parc d'artillerie ; l'entrée en est interdite : il est défendu de montrer les pièces à qui que ce soit ; pour plus de sûreté, on les a emmaillotées dans des housses de coutil, destinées à les cacher à tous les yeux comme de jolies femmes persanes. Le cuisinier de Sa Majesté a probablement inventé un nouveau modèle de canon : l'usine Krupp n'a qu'à se bien tenir.

Après avoir parcouru le camp, nous reprenons notre route et voyageons pendant plusieurs heures dans une plaine sauvage qui s'élève progressivement jusqu'au plateau connu sous le nom de Kongoroland (Pâturage des aigles). En continuant à avancer vers l'est, j'aperçois à l'horizon une tache lumineuse, puis, au-dessous de ce point brillant, une bande longue et étroite. Quand les formes de cet ensemble de constructions, que leur éloignement rend confuses, acquièrent de la netteté, je distingue une coupole aux contours majestueux, écrasant de toute sa masse et de tout l'éclat de son revêtement de faïence bleu turquoise le pauvre village étendu à ses pieds. Ce sont les derniers vestiges de la ville de Sultanieh, fondée vers la fin du treizième siècle par Arghoun khan, le troisième souverain de la dynastie des Djenjiskhanides, et agrandie sous le règne d'Oljaïtou Khoda Bendeh, qui transféra en ce lieu le siège de son gouvernement et fit élever pour lui servir de mausolée le seul édifice attestant encore aujourd'hui la grandeur de la ville impériale. Après la mort de chah Khoda Bendeh, Sultanieh, malgré son titre pompeux, ne tarda pas à perdre sa prospérité factice. Prise d'assaut par Timourlang en 1381, elle fut saccagée et abandonnée ; le caractère sacré du monument d'Oljaïtou lui a permis de survivre seul à ce désastre.

La nuit tombe quand, transis et grelottants, nous entrons dans le tchaparkhanè. Le climat du plateau de Kongoroland passe à bon droit pour un des plus froids de la Perse. Le tchaparchy — Dieu ait un jour son âme ! — nous introduit heureusement dans une chambre bien close, garnie d'épais tapis de feutre posés sur des nattes ; un bon feu vient réchauffer nos pieds gelés ; enfin, surcroît de bonheur, je vois bientôt tourner sur de longues baguettes un magnifique rôti de perdreaux.

TOMBEAU DE CHAH KHODA BENDEH A SULTANIEH.

2 mai. — Notre première visite est due au tombeau royal. La porte est close et la clef déposée chez le mollah. Celui-ci a été soi-disant faire un tour dans ses champs, espérant par ce subterfuge adroit empêcher notre « impureté » de pénétrer dans le sanctuaire.

Entourés de paysans très malveillants, nous nous rendons chez le ketkhoda, munis d'une lettre du gouverneur de Tauris. L' « image de Dieu » regarde nos papiers en tous sens, feint d'abord de ne point reconnaître le cachet apposé en guise de signature au bas de la pièce, mais ordonne cependant de fort mauvaise grâce de nous introduire dans l'intérieur du tombeau. Cette autorisation soulève de bruyantes protestations contre la violation des prétendus droits des vrais musulmans.

« Les ordres du gouverneur sont formels, dit en s'excusant le ketkhoda. Il m'est prescrit de donner aide et protection à ces étrangers, et de m'efforcer de leur être agréable.

— Le gouverneur est donc un infidèle? » murmure la foule mécontente.

On retrouve le mollah, et la porte s'ouvre enfin, malgré les gestes désespérés de tous les dévots.

L'édifice est encore bien conservé. S'il n'avait été restauré par un des premiers princes Séfévis, qui fit, au commencement du seizième siècle, cacher la décoration intérieure sous une épaisse couche de stuc et ajouter au monument primitif une annexe inutile, il aurait traversé victorieusement les siècles écoulés depuis la mort de son fondateur. Les modifications apportées au mausolée royal ont eu pour résultat d'accumuler autour de lui des ruines nombreuses et de dénaturer l'aspect extérieur. Aussi bien est-il nécessaire, quand on désire embrasser d'un seul regard l'ordonnance simple et majestueuse du tombeau, de franchir la porte d'entrée et de pénétrer sous la coupole. L'effet est alors saisissant. On est en présence d'une grande œuvre harmonieuse dans son ensemble et ses détails. Cette première impression ne s'analyse pas, elle se décrit plus difficilement encore.

Cependant, en étudiant avec soin le mausolée d'Oljaïtou, on reconnaît qu'il faut attribuer sa beauté et son élégance robuste au talent d'un constructeur très versé dans la connaissance de son art et fidèle observateur de formules rythmiques connues en Perse dès la plus haute antiquité.

Nous mesurons à plusieurs reprises la hauteur et la largeur de l'édifice ; la coupole s'élève à cinquante et un mètres au-dessus du dallage du parvis ; son ouverture atteint vingt-cinq mètres cinquante.

Je cite ces deux chiffres, car ils permettent d'apprécier l'importance du monument.

Une heure s'est à peine écoulée que la mosquée, où nous avions été à peu près seuls jusque-là, se remplit d'une foule nombreuse. Un parlementaire s'avance.

« Nous avons déféré à l'ordre du gouverneur, dit-il ; vous êtes entrés, au mépris de nos prescriptions religieuses, dans un tombeau vénéré, vous y êtes restés déjà trop longtemps : sortez, ou donnez dix tomans (cent francs) pour chacune des heures que vous y passerez. »

Mon mari, pâle de colère, répond qu'il ne sortira pas, et que, n'ayant point d'argent sur lui, il ne donnera pas un *chaï* (sou).

« C'est votre dernier mot? répond le parlementaire.

— Absolument. »

Alors la foule se resserre sur nous, tout en faisant entendre des éclats de rire endiablés ; cinq ou six gaillards nous saisissent aux bras et aux épaules et nous entraînent de force hors du monument, dont ils referment la porte avec soin. Par bonheur j'ai eu le temps, avant la bagarre, d'expédier l'appareil photographique au tchaparkhanè, où il est à l'abri de tout accident.

Le ketkhoda est encore notre seul appui. Escortés des femmes qui se sont jointes à leurs maris et débitent avec volubilité un vocabulaire d'injures dont je démêle mal la signification, mais dont je devine sans peine le sens, suivis d'une nuée de gamins qui lancent de petites pierres dans nos jambes, nous arrivons enfin chez le chef du village. Attiré par un bruit inusité dans sa commune, il sort de sa maison, et devant la foule assemblée Marcel lui pose, avec l'assurance qui peut seule nous tirer d'affaire, l'ultimatum suivant : « Si la porte du tombeau de chah Khoda Bendeh n'est pas ouverte sans délai, je retourne à Zendjan, où le gouverneur, sur ma demande, me donnera des porte-respect armés de sabres et de fusils. Toi, ketkhoda, qui laisses maltraiter des Faranguis, tu perdras ta place ; quant à tes administrés, ils devront nourrir et loger les soldats d'escorte, dont ils connaissent les exigences, ayant eu, ces derniers jours, le plaisir de recevoir l'armée. »

Cette argumentation *ad hominem* fait réfléchir les plus intéressés ; les protestations et les cris se calment subitement. Le ketkhoda, prenant alors son courage à deux mains, fait mettre l'instigateur de notre expulsion en prison, et donne l'ordre de nous laisser agir comme nous l'entendrons, sous peine de bastonnade.

Tout est bien qui finit bien, puisque Marcel a conquis le droit d'étudier à loisir les détails du monument. L'édifice est construit en briques carrées ; celles de l'intérieur sont couleur crème. Les habitants du pays, frappés eux-mêmes de leur beauté, prétendent, pour expliquer la blancheur et la finesse de la pâte, que la terre a été pétrie avec du lait de gazelle. Les lambris des chapelles et les faces des piliers sont recouverts de panneaux de mosaïques, dont les dessins, composés d'étoiles gravées serties d'émaux bleu de ciel, se détachent sur un fond de briques blanches. A l'extérieur, la coupole est revêtue de faïence bleu turquoise. Ce sont également des faïences de même couleur, mélangées avec des émaux blancs et gros bleu, qui composent les parements des minarets, des piliers et de la corniche extérieure.

Mais, de toutes les parties du monument, les plus soignées et les plus artistiques à mon goût sont les voûtes des galeries supérieures. Les dessins exécutés en relief sont recouverts de peintures à la détrempe dont les tons varient du gris au rouge vineux. Rien ne saurait donner une idée de la richesse de cette simple polychromie rappelant dans son ensemble les harmonieuses couleurs des vieux châles des Indes, et de la valeur que prennent, par leur juxtaposition, les faïences ensoleillées de la corniche à alvéoles et les broderies mates et sombres des voûtes extérieures.

A quelque distance du village s'élève un autre mausolée, bâti dans des proportions plus modestes que celui d'Oljaïtou, mais orné cependant avec goût. Il est de forme octogonale et recouvert d'une coupole ; chacune de ses faces est décorée d'une jolie mosaïque monochrome ; de superbes briques en forme d'étoile à douze pointes, fouillées comme une dentelle, indiquent le centre des tympans. A côté de ce tombeau s'étendent les derniers vestiges d'une mosquée, et tout autour de ces édifices les lourdes solitudes des nécropoles abandonnées.

4 mai. — La caravane est arrivée. Le hadji, fort contrarié du mauvais accueil fait par les habitants du village à ses voyageurs, veut encore une fois les faire entrer dans le tombeau en sa compagnie et prouver à ses coreligionnaires tout le respect qu'on doit leur porter. En récompense de cette bonne pensée, et en souvenir de son passage à Sultanich avec des Faranguis, nous lui offrons son portrait. Enchantée de faire d'une pierre deux coups, je le prie de laver à grande eau un élégant panneau de mosaïque entièrement caché sous une épaisse couche de poussière ; bientôt les tons bleu turquoise et ladjverdi apparaissent, et je découvre mon objectif.

Le hadji et ses serviteurs portent le costume des tcharvadars dans l'exercice de leur profession. Ils sont vêtus d'un large pantalon taillé comme un jupon de femme, d'une koledja d'indienne, serrée à la taille par une ceinture à laquelle vient s'accrocher la trousse des instruments

COSTUME DESTCHARVADARS.

nécessaires à la réparation des bâts et des licous. Pendant la saison froide, une jaquette de peau de mouton dont la laine est tournée à l'intérieur tandis que le cuir paraît au dehors, remplace la koledja. Une calotte de feutre marron, semblable à un chapeau boule sans ailes, couvre leur tête. Le chef de la caravane entoure cette calotte d'un ample foulard rouge. Cette sorte de turban est le seul indice de son autorité. L'usage de ces coiffures doit être

LES TCHARVADARS LAVANT LES MOSAÏQUES.

bien ancien en Perse, car Hérodote en parle dans un chapitre où il met en parallèle la dureté du crâne des Égyptiens, habitués à vivre nu-tête, et la mollesse de celui des Perses, toujours couvert d'un épais bonnet de feutre. Les trois tcharvadars ont mis aujourd'hui des *guivehs* (chaussures de guenilles), destinées à laisser reposer leurs pieds fatigués; mais, lorsqu'ils sont en marche, ils chaussent des espadrilles faites d'un seul morceau de cuir, et entourent leurs jambes avec des guêtres attachées par de minces lanières tournant en spirale jusqu'aux genoux. Leurs rotules restent à découvert quand ils relèvent un pan de leurs larges pantalons dans la ceinture afin de marcher plus librement.

Khoremdereh, 6 mai. — A deux étapes de Sultanieh se trouve le plus joli village que nous ayons encore rencontré sur notre route depuis Tauris. De nombreux kanots arrosent la plaine au milieu de laquelle il s'élève. Dans les champs, le blé alterne avec de grandes plantations de peupliers et de coton. La végétation luxuriante des jardins et les murs de clôture recouverts de chèvrefeuille sauvage dissimulent les maisons basses du village; la seule habitation qu'on aperçoive au bout du chemin est celle du barbier de l'endroit.

Le métier de *dallak* (barbier) n'est pas une sinécure; non seulement cet artiste rase la barbe des jeunes gens, mais encore la tête de tous les hommes, à l'exception de deux mèches de cheveux

PAYSAGE A KHOREMDEREH.

réservées comme ornement derrière les oreilles. Là ne s'arrête pas toute sa science : un bon barbier arrache les dents, pratique la circoncision et sait enfin purger et saigner selon la formule.

Le Figaro de Khoremdereh est en grande réputation dans le pays; le hadji, qui a eu recours à nos talents médicaux pendant le voyage et s'est bien trouvé d'avoir suivi nos ordonnances, est allé lui annoncer l'arrivée de deux célèbres confrères. La nouvelle s'est rapidement propagée dans le village, et, quand nous rentrons au logis après avoir abattu dans les jardins un nombre respectable de geais bleus et de tourterelles, nous trouvons notre chambre transformée en cabinet de consultation.

Les uns ont apporté leurs enfants ou amené leurs vieux parents; d'autres, les plus égoïstes, nous conduisent leur propre personne. La phtisie, les rhumatismes et l'ophtalmie sont les maladies dominantes. Joignons-y la saleté repoussante des femmes et des enfants, et j'aurai terminé cette triste énumération. Nos conseils sont aussi sages que prudents : vêtements de laine aux phtisiques, frictions aux rhumatisants, l'eau pure et le savon pour tout le monde.

Nous voici en plein délit d'exercice illégal de la médecine, mais notre conscience est en repos, car, si nous ne faisons pas de mal à l'exemple de nos confrères diplômés (ceux de France exceptés), nous n'acceptons aucune rémunération de nos peines, pas même les douze œufs ou la poule offerts d'habitude comme honoraires aux plus célèbres praticiens.

Remèdes et conseils, tout est gratuit; notre succès est étourdissant. Après avoir donné en public une vingtaine de consultations peu variées, nous sommes forcés de fermer notre... cabinet : nous avons besoin de repos avant de prendre le chemin de Kazbin.

7 mai. — Au sortir du charmant village de Khoremdereh, le sentier de caravane côtoie de longs marais vaseux formés par des accumulations d'eaux fluviales. Un chemin établi en remblai au-dessus du sol traverse ces bas-fonds, toujours noyés pendant l'hiver ; la terre s'étant écroulée en certains points, la voie se trouve réduite à un passage étroit, dangereux à traverser à cheval. Le mollah et l'aga, absorbés par une intéressante dissertation sur les miracles de l'imam Rezza de Mechhed, — la bénédiction d'Allah soit sur lui ! — au point d'oublier le mauvais état de la route, se sont lancés ensemble sur la chaussée ; les charges se sont accrochées, la monture de l'aga a glissé, et ce digne personnage est allé se piquer dans les vases du marécage, à la satisfaction de la caravane tout entière.

Ali lui-même, en voyant son maître sain et sauf, mais en tout semblable à une grosse grenouille verte, n'a pu retenir un éclat de rire bruyant et argentin ; l'aga s'est retourné et, heureux d'avoir un motif plausible de se fâcher, a appliqué sur la joue de son pichkhedmet la gifle la plus sonore que j'aie jamais entendue.

L'enfant n'est pas habituée à de semblables traitements et, bien qu'elle se reconnaisse coupable et ne dénie pas à l'aga le droit de la châtier, elle pousse des cris déchirants et vient en courant s'accrocher à l'arçon de ma selle, où elle se croit à l'abri de nouvelles représailles.

Elle est bien changée, la pauvre petite, depuis notre départ de Tauris. Ses belles joues roses ont pris une teinte grise, ses formes arrondies ont disparu, les lèvres ne sourient plus, excepté cependant quand son maître tombe de cheval ; ces seize jours de marche l'ont fatiguée au point que, renonçant à conduire le kadjaveh de ses maîtresses, elle a dû monter sur un de ces petits ânes hauts comme de gros chiens, qu'enjambent les muletiers quand ils sont las et sur lesquels ils s'endorment en étreignant de leurs bras le cou de l'animal.

« *Peder Soukhta!* (Fils de père qui brûle aux enfers), tu m'as frappée! murmure Ali; eh bien, je vais raconter aux Faranguis de quelle manière l'imam Rezza — que la bénédiction de Dieu soit sur lui! — a exaucé tes prières.

« L'aga vient d'être bien injuste à mon égard ; je lui ai cependant rendu de grands services au cours de son premier pèlerinage à Mechhed. Il ne m'a point récompensée de mes peines, cela va de soi, mais il ne se souvient même plus de mon dévouement. Ah! le vilain avaricieux. Si le soleil était sur la nappe à la place de son pain, personne dans le monde n'y verrait clair jusqu'au jour de la résurrection.

— Comment oses-tu parler avec aussi peu de respect de cet homme pieux qui entreprend avec sa nombreuse smala le long pèlerinage de Mechhed?

— Il ferait beau voir qu'il se dispensât d'aller remercier l'imam auquel il doit les nombreux petits *batchas* (enfants) que vous voyez dans les kadjavehs des khanoums!

« Mon maître possède un gros village dans les environs d'Ourmiah, c'est là que nous habitons. De nombreux kanots fertilisaient une terre produisant en abondance du blé et du coton, les troupeaux se multipliaient, les vœux de cet homme étaient comblés, et l'ingrat, qui eût dû consacrer sa vie à chanter un éternel cantique de remerciements, n'était point heureux. Marié depuis l'âge de seize ans, il avait vu passer de nombreuses épouses dans son andéroun sans que les maigres pas plus que les grasses, les grandes pas plus que les petites, aient pu parvenir à le rendre père.

« Arrivé à l'âge de quarante-six ans, il commençait à désespérer de la bonté divine, quand une ancienne esclave, aujourd'hui sa favorite, lui persuada de se rendre en pèlerinage au tombeau de l'imam Rezza, où s'accomplissaient, disait-elle, les plus étonnants miracles. Nous partîmes en caravane et, après un voyage de plus de cinquante jours, nous arrivâmes enfin dans la capitale du Khorassan. L'aga loua une belle maison, et bientôt ses femmes nouèrent des relations très intimes avec de charmantes amies d'un commerce fort agréable, il faut le croire, car elles passaient ensemble des journées entières.

« Pendant les nombreuses visites que faisaient à l'andéroun les nouvelles connaissances des khanoums, et que des babouches déposées à la porte interdisaient à mon maître lui-même l'entrée de sa maison, le digne homme trouvait parfois les heures bien longues; mais il redoublait de ferveur et ne s'éloignait du tombeau de l'imam que pour aller fumer le kalyan ou boire du thé avec de vieux mollahs qui, d'un accord unanime, lui promettaient une nombreuse postérité en récompense de sa dévotion. En revanche, les jeunes prêtres goûtaient peu sa compagnie et s'éclipsaient à son approche, après l'avoir assuré néanmoins de la ferveur des prières que du matin au soir ils adressaient aux cieux à son intention.

« Bientôt l'aga n'eut plus à douter de son bonheur, et les grâces de l'imam furent tellement surabondantes que, non seulement mes maîtresses, mais encore toutes les servantes, lui annoncèrent bientôt l'heureux succès du pèlerinage.

« Aussi, après avoir remercié Allah, offert des présents considérables au tombeau de l'imam, et récompensé les pieux services de ses amis les mollahs, mon maître se décida, au grand désespoir de ses femmes, à reprendre le chemin de l'Azerbeïdjan. Sept mois après notre départ de Mechhed, il eut enfin le bonheur de devenir huit fois père.

« Son orgueil et sa joie étaient sans pareils lorsque les khanoums, et en particulier la favorite, lui représentèrent qu'il devait, en témoignage du miracle, conduire à Mechhed sa nombreuse progéniture. Ce désir et ce conseil partaient d'un sentiment trop pieux pour n'être pas écoutés; aussi sommes-nous repartis après avoir pendant plusieurs mois fait nos préparatifs. Cette fois, je l'espère, nous compterons les naissances par couples de jumeaux.

— Douterais-tu de la puissance de l'imam Rezza? dis-je à Ali : ce serait mal à toi, le témoin de ses bienfaits.

— J'aurais garde de douter de sa bonté, réplique le pichkhedmet en souriant; mais, ajoute-t-il après avoir jeté de tous côtés un regard prudent, ma foi serait bien plus grande si je n'avais vu trop souvent de jeunes mollahs, cachés sous des voiles épais, pénétrer auprès de mes maîtresses pendant que ce *pedersäg* (père de chien) se noyait dans les questions les plus ardues de la théologie musulmane.

— Supposez-vous que ces bons prêtres aient revêtu des costumes féminins pour exhorter les khanoums à la vertu et à la prière?

— Qu'elles soient Turques ou Persanes, les belles dames, croyez-moi, emploient toutes les mêmes stratagèmes quand elles sont décidées à rendre leur époux... *heureux.* »

Pendant qu'Ali me raconte cette histoire miraculeuse, nous descendons dans une belle vallée que fertilisent les eaux de nombreux kanots; la végétation est plantureuse, les blés et les orges, d'un vert noir, ont déjà formé de lourds épis; combien cette superbe campagne contraste dans mon souvenir avec les rives de l'Araxe et les plateaux désolés que nous avons rencontrés sur la route de Tauris à Sultanieh. Vers midi les rayons du soleil deviennent brûlants; l'aga, à peu près sec, attache une visière de cuir à son kolah et ouvre son parapluie de soie rouge. Mes regards, sollicités par la vive couleur de l'étoffe, se portent malgré moi des huit petits bébés sur leur heureux père. S'il est une excuse aux fautes maternelles, elle s'abrite sous ce parasol.

TOMBEAU PRÈS DE SULTANIEH. (Voyez p. 92.)

MAISON PERSANE A AZIMABAD.

CHAPITRE VI

Une maison à Azimabad. — Effets de mirage. — Arrivée à Kazbin. — Abambar (réservoir). — Le chahzadde de Kazbin. — Superstitions. — Masdjed djouma de Kazbin. — Mystères de Houssein. — Imamzaddè Houssein. — Départ de Kazbin. — Arrivée à Téhéran.

8 mai. — L'étape de Khoremderch à Azimabad est courte. Après sept heures de marche j'aperçois un beau village bâti sur les bords du lit aplati d'une rivière ; la caravane traverse le cours d'eau à gué, au grand émoi d'une multitude de poissons bondissant sous les pieds des chevaux, et pénètre dans les rues d'Azimabad, à la suite de paysans accourus au-devant des voyageurs. Ils sont venus nous engager à descendre dans leurs maisons.

« Cette demeure vous appartient et je suis votre domestique », me dit notre hôte en s'arrêtant devant une muraille de terre et en ouvrant en même temps une porte basse et étroite.

Le nouveau gîte a bonne apparence. Au centre de l'habitation est un porche couvert. Un escalier formé de ces hautes marches auxquelles les jambes européennes ont tant de peine à s'habituer conduit à la première pièce. Puis un vestibule sépare deux grandes salles ; l'une nous servira de chambre et de salon ; l'autre, où l'on fait la cuisine, sera affectée à notre maison civile et militaire. Quant aux propriétaires de l'immeuble, ils se réfugieront dans les étables, ou, s'ils promettent de ne pas faire trop de bruit, dans le balakhanè élevé au-dessus du vestibule. Chaque pièce est éclairée par de vastes baies garnies d'un grillage en bois recouvert de papier huilé, remplaçant les vitres, qu'il serait sans doute difficile de se procurer dans les villages. Les plafonds sont formés de rondins de bois juxtaposés ; une cheminée minuscule et deux étages de larges takhtchès décorent les murs blanchis à la chaux. Passons à l'inventaire du mobilier ;

sa rédaction ne demandera pas de nombreuses vacations : des coffres garnis d'ornements de cuivre ou de fer étamé, des nattes de paille recouvertes çà et là de tapis usés qui seraient fort appréciés en France, s'ils étaient, en raison de leur vétusté, qualifiés d'*anciens*, deux ou trois kalyans, un Koran et quelques ouvrages de poésies persanes ornés de grossières enluminures. Sur le devant de la maison, des arbres fruitiers, une ébauche de jardin clôturé par de hautes murailles de terre complètent l'installation. C'est le type uniforme des habitations des riches paysans de la contrée.

9 mai. — Vers trois heures du matin la caravane s'est remise en marche. Elle arrivera aujourd'hui à Kazbin, où elle doit stationner deux jours : repos bien gagné après un trajet de six cent quarante-trois kilomètres parcouru avec le mauvais temps et sur de pitoyables sentiers.

A partir d'Azimabad la vallée s'abaisse rapidement. Entre huit et neuf heures, l'air, réchauffé par les rayons d'un beau soleil, devient étouffant. Derrière le rideau des légères brumes qui s'élèvent dans le lointain, apparaissent des coupoles bleues et des minarets élancés dominant une grande ville étendue au pied des derniers contreforts des montagnes du Ghilan. Au-dessous de ces dômes élégants j'en vois d'autres, lourds et aplatis, dépourvus des revêtements de faïence qui ornent les mosquées. Ces constructions paraissent répandues en grand nombre dans tous les quartiers et donnent au panorama de la ville un aspect monumental. Une large ceinture de jardins entoure les murs de Kazbin, dont nous serions assez rapprochés si un lac immense ne semblait devoir nous obliger à faire un long détour avant de gagner les faubourgs.

« Singulière surprise ! dis-je à mon mari ; je n'avais jamais entendu parler en Perse que des lacs salés d'Ourmiah et de Chiraz ! Quel est donc celui-ci ? »

La carte est déployée ; elle ne porte aucune indication de nature à nous éclairer. Cependant, plus on avance et plus les eaux paraissent s'étendre sur la droite. Une forêt d'abord inaperçue s'élève derrière ce rempart aquatique ; je pousse mon cheval, mais le lac semble fuir devant moi ; les arbres revêtent des formes qui paraissent se modifier suivant le caprice d'une imagination en délire ; pendant plus d'un quart d'heure cette illusion de mes sens persiste, et les miroitements des rayons brûlants du soleil sur les ondes tranquilles éblouissent mes yeux ; puis, tout à coup, lac et forêt disparaissent comme sous l'influence d'une baguette magique.

C'était un mirage.

A la place d'une nappe liquide et de frais ombrages, un chemin poudreux compris entre les clôtures de jardins plantés en vignes et en pistachiers s'ouvre devant nous.

L'eau des nombreux kanots de Kazbin est utilisée à l'arrosage de ces précieux vergers. Comme elle devient insuffisante l'été à l'alimentation de la ville, les habitants ont construit de nombreux réservoirs voûtés nommés *abambar*, dans lesquels l'hiver ils emmagasinent les eaux surabondantes.

Plusieurs de ces ouvrages se présentent sur notre route, et devant chacun d'eux la caravane fait une courte halte afin de permettre aux *pialehs* (coupes) des tcharvadars de circuler de main en main, à la grande satisfaction des voyageurs, fort altérés par les rayons de ce premier soleil de printemps.

Quelques réservoirs peuvent contenir plus de six mille mètres cubes. Ils sont établis sur un plan carré et couverts de coupoles hémisphériques posées sur pendentifs ; cette partie de la construction émerge seule au-dessus du sol et donne à la ville l'aspect étrange qui nous a frappés quand elle nous est apparue. Ainsi conservée, l'eau garde, même au cœur de l'été, une fraîcheur délicieuse. Un large escalier précédé d'une porte ornée de mosaïques de faïence d'un goût charmant conduit jusqu'aux robinets placés au bas du réservoir, à quinze ou vingt mètres de profondeur. Des bancs de pierre établis sous l'ogive principale, et des niches prises dans la largeur des pilastres permettent aux passants de s'asseoir, aux porteurs d'eau de se reposer et de décharger les lourdes cruches de terre qui viennent d'être péniblement montées. Souvent, au-dessus de l'ouverture de l'escalier, une inscription en mosaïque donne la date de l'érection de l'*abambar* et le nom du généreux fondateur de l'édifice.

La ville est bâtie sur un emplacement très plat; aussi bien est-il difficile d'apprécier tout d'abord son importance, les maisons, d'égale hauteur, se projetant les unes sur les autres. A en juger d'après le grand nombre de cavaliers qui circulent sur la route, Kazbin doit être une grande cité. Au milieu des caravanes d'ânes, de chevaux, de mulets et de chameaux se mêlent des chasseurs élégamment vêtus, montés sur de beaux chevaux turcomans harnachés avec des brides et des colliers recouverts de plaques d'argent ou d'or

ABAMBAR (RÉSERVOIR) DE KAZBIN.

ciselées et entremêlées de turquoises et de rubis. Ils portent martialement sur l'épaule de belles carabines anglaises; de leur ceinture sortent les crosses d'énormes pistolets, tandis que sur la jambe gauche s'appuient des *camas* (poignards de soixante centimètres de longueur) enfermés dans des gaines de métal ou de velours.

On retrouve en eux les descendants de cette fière population, composée d'Illiats, de Turcs et de Kurdes, qui en 1723 repoussa l'armée afghane maîtresse de la Perse depuis sept ans, et détermina par ce fait d'armes le réveil de l'esprit national et l'expulsion des envahisseurs. Les Kazbiniens sont considérés à juste titre comme les soldats les plus braves de l'armée persane. Ils ont conscience de leur valeur et accablent de quolibets leurs compatriotes au « cœur étroit ».

« Sous le règne de Mohammed chah, me dit le hadji, mon cicérone officieux, une révolte mit en feu le Khorassan; le souverain manda aussitôt aux régiments d'Ispahan de se rendre sans délai dans la capitale afin de renforcer la garde royale. Le délai de route étant expiré et aucune nouvelle de l'arrivée de ces régiments n'étant parvenue à la cour, le chah, fort inquiet, envoya un nouvel exprès dans la capitale de l'Irak, avec mandat de rechercher la cause de cet étrange retard. « Les troupes ne se sont pas mises en route, répondirent sans embarras les « officiers, parce que le désert de Koum est en ce moment infesté de pillards et qu'il serait « dangereux de le traverser sans une escorte de Kazbiniens. » Le roi, suffisamment édifié sur la valeur des soldats, se hâta de licencier les contingents d'Ispahan, et pendant longtemps l'armée ne compta plus dans ses rangs un seul habitant de l'Irak. »

Derrière les chasseurs viennent des fauconniers tenant sur le poing, couvert d'un gant épais, l'oiseau de proie encapuchonné. Enfin de beaux slouguis menés en laisse par des serviteurs bondissent au son des cornes de chasse.

Mêlées à la foule circulent des femmes chevauchant à califourchon sur des ânes blancs recouverts de larges selles de peluche blanche ou verte brodées d'argent. Elles lancent leurs montures au galop et, malgré les voiles qui leur laissent à peine la possibilité de se conduire, se jettent avec intrépidité à travers les caravanes, criant, criant et frappant de leurs longues gaules les bêtes ou les gens trop lents à se garer. Ces écuyères en babouches défieraient au milieu de pareils casse-cou nos plus habiles amazones. Iraient-elles en pèlerinage? On le croirait à voir leur entrain et leur joie.

« Chiennes, filles de chiennes! Que vont penser les Faranguis des femmes de Perse? dit à l'aga le mollah courroucé.

— N'ayez crainte, reprend l'homme au parapluie rouge, les miennes sont là; leur bonne tenue et leur décence corrigeront dans le souvenir des chrétiens la détestable impression laissée par ces démons enragés. » *Beati possidentes.*

Nous voici enfin dans les faubourgs de Kazbin. La ville doit en partie sa prospérité à sa position géographique; elle est placée à la jonction des routes qui, de Tauris à l'ouest et de la mer Caspienne au nord, se dirigent sur Téhéran. C'est ce dernier itinéraire, plus court et plus facile à parcourir en toute saison que la route d'Arménie, que suivent tous les ministres plénipotentiaires ou les fonctionnaires diplomatiques se rendant à leur poste. Il y a quelques années, on a espéré posséder un chemin de fer raccourcissant encore la durée de ce voyage, qui ne peut s'effectuer en moins de huit étapes.

Une maison anglaise commanditée par des banquiers allemands avait proposé au chah de construire cette ligne moyennant la concession gratuite des forêts et des mines de la Perse, y compris celles des particuliers, à l'exception cependant des filons d'or, d'argent et gisements de pierres précieuses. En revanche le Trésor avait la perspective de percevoir un droit de vingt pour cent sur les bénéfices de la ligne exploitée, qui devait elle-même faire retour à l'État au bout de soixante-dix ans. Grâce à une somme de deux millions adroitement distribuée aux ministres et aux femmes de l'andéroun royal, la concession avait été accordée et les travaux entrepris. La plate-forme était déjà établie sur plus de vingt-cinq kilomètres quand la lumière se fit tout à coup dans l'esprit de Nasr ed-din. Il comprit qu'il avait misérablement vendu les magnifiques forêts du Mazendéran, dont on retire les plus grosses et les plus belles loupes de noyer qui existent au monde, les bois d'orangers et de citronniers du Ghilan et que, par son imprévoyance, la Compagnie était devenue propriétaire des mines de cuivre, de manganèse et des riches houillères placées à fleur de sol dans les environs de Téhéran. Il chercha dès lors un moyen de reprendre sa parole et, sous prétexte d'un léger retard dans l'exécution des travaux, la concession fut retirée et l'ordre donné de fermer les chantiers.

Le directeur de la Compagnie, le baron Reuter, éleva des plaintes amères et voulut faire

VISITE AU CHAHZADDÈ, GOUVERNEUR DE KAZBIN.

agir diplomatiquement auprès du chah. En sa qualité d'Anglais il ne pouvait se réclamer du gouvernement allemand. De son côté le ministre de la Reine ne jugea pas à propos de s'occuper d'une affaire entreprise avec des capitaux germaniques : la ligne fut donc abandonnée, et ce désastre se solda par une perte sèche de plusieurs millions. A quelque chose malheur est bon : car, s'il n'y a pas de ligne ferrée en Perse, il y a au moins depuis cette aventure un ministre des chemins de fer.

Toutes ces circonstances ont amené à Kazbin un assez grand nombre d'Européens ; les habitants, désormais apprivoisés, ne leur témoignent aucune malveillance.

Afin de permettre aux ambassadeurs de se reposer quelques jours avant d'arriver à Téhéran, le chah a fait bâtir une grande maison portant le nom de *Mehman khanè* (maison d'hôtes), que deux anciens serviteurs de Sa Majesté mettent poliment à la disposition des voyageurs de distinction.

Le Mehman khanè est une grande construction à deux étages, entourée d'un portique aux lourdes colonnes de maçonnerie.

PLACE DU MARCHÉ A KAZBIN.

Devant la façade s'étend un petit jardin orné d'un bassin et dans lequel barbotent des canards et où de nombreux porteurs d'eau viennent remplir leurs outres de cuir. Une porte percée au centre d'une clôture en bois donne accès sur une place entourée de quelques boutiques en plein vent, abritées des rayons du soleil par le feuillage d'un platane centenaire.

Ils sont d'un art bien primitif, ces étalages disposés en cercle autour d'un fort piquet, à l'extrémité duquel sont fixées des barres soutenant des nattes plus ou moins déchirées ou des étoffes rapiécées formant toiture. Les marchands, accroupis auprès de leurs denrées, débitent aux passants des fruits secs, des oignons, des salades, des oranges, des grenades, ou présentent aux acheteurs, dans de grands vases bleu turquoise, des pistaches et du *maçt* (lait fermenté) accompagné d'un sirop de sucre de raisin destiné à être mangé avec ce laitage.

10 mai. — Nous avons essayé, mais en vain, de pénétrer dans la masdjed Chah. Les mollahs en refusant l'entrée à des chrétiens, Marcel a fait demander audience au gouverneur par l'intermédiaire du directeur du télégraphe. Quelques instants après, de

nombreux serviteurs se présentent dans le bureau et annoncent que nous sommes attendus au palais ; puis, comme le chahzaddè (prince royal), avec une prévoyance pleine de politesse, envoie chercher des chaises destinées à faire asseoir ses visiteurs, nous laissons à ces meubles le temps de prendre les devants.

On entre dans la demeure du prince en suivant une longue galerie voûtée donnant accès sur une immense cour plantée de platanes émondés. Une multitude de *golams* (gardes) et de soldats encombrent les allées ou dorment sur le sol. Il fait chaud, efforçons-nous de ne pas troubler le repos de ces vaillants serviteurs. Une seconde galerie, plus sombre que la première, conduit à une deuxième cour entourée de portiques, et par un étroit passage à la salle d'audience. La pièce de réception, assez vaste, est de forme rectangulaire. Une verrière dont la partie inférieure est ouverte au moment de notre entrée laisse passer l'air et la lumière. A travers cette baie on peut apercevoir un beau jardin au centre duquel se trouve un bassin pavé de briques recouvertes d'une couche d'émail bleu turquoise donnant une teinte charmante à la mince couche d'eau courante qui s'écoule de la vasque dans les aqueducs. Le jardin, planté sans beaucoup d'ordre, est dans toute sa splendeur printanière : les iris, les tulipes, les lilas et surtout d'énormes buissons de roses embaument l'air et envoient leurs douces émanations jusque dans le *talar* (salon). Une grande tente de coutil rouge et blanc étendue au-dessus de la verrière atténue l'ardeur des rayons du soleil. La teinte foncée de l'ombre qu'elle projette fait ressortir la vigueur des tons du jardin comme un cadre sévère met en valeur un riant tableau. La décoration du talar est fort simple ; les murs sont recouverts de stuc blanc, ornés de dessins en léger relief et coupés de plusieurs étages de takhtchès chargés de vieilles porcelaines de Chine et du Japon ; au bout de la pièce se trouve une cheminée toute plate dont l'ouverture ogivale est surmontée d'une gracieuse archivolte composée de fleurs et d'oiseaux. De beaux tapis de Farahan recouvrent d'épaisses nattes de paille posées directement sur le sol, et tout autour de la salle s'étendent de longues pièces de soie jaune paille et bleu de ciel maintenues de distance en distance par des blocs d'albâtre.

En haut du talar est accroupi le frère du roi. C'est un homme d'un certain âge ; les yeux sont noirs ; le nez crochu ; les coins de la bouche s'abaissent dédaigneusement, mais, en somme, la physionomie paraît plus douce et plus avenante que ne le comporte d'ordinaire le type kadjar.

Ce prince a été longtemps l'objet de la colère de son frère Nasr ed-din, et c'est depuis six mois seulement qu'il est rentré en grâce et a été nommé gouverneur de Kazbin. A son premier voyage en Europe, le souverain passa à Sultanieh et visita le splendide tombeau de chah Khoda Bendeh. Frappé de sa beauté et de l'état de délabrement dans lequel on l'avait laissé tomber, il écrivit une longue lettre à son frère et, tout en lui donnant ordre de faire réparer les parties ébranlées, lui fit remettre à cette intention une somme importante.

Le chahzaddè n'eut garde de refuser l'argent, mais pas un ouvrier ne fut occupé à la restauration de l'édifice. Longtemps après son retour en Perse, le roi apprit ce qui s'était passé et, fort mécontent de monsieur son frère, lui prescrivit de venir à Téhéran rendre compte de sa conduite. Le coupable, épouvanté et redoutant les effets de la juste colère du monarque, partit à franc étrier pour Recht au lieu de prendre la route de la capitale, et s'embarqua sur un navire russe avant d'avoir été rejoint par les soldats mis à sa poursuite.

A cette nouvelle le chah entra dans une violente fureur et, considérant cette fuite comme un acte de rébellion, demanda aux autorités moscovites d'arrêter le voyageur à son arrivée à Bâkou. Le gouvernement russe retint le prince prisonnier, mais en même temps il négocia une réconciliation entre les deux frères et rendit le fugitif sous la condition expresse que tous ses torts seraient pardonnés.

VISITE A UN PRINCE CIVILISÉ.

Le chahzaddè revint donc piteusement à Téhéran et obtint la permission de se fixer à Constantinople. Plus tard il se rendit à Bagdad.

Le gouverneur se lève en nous apercevant, tend la main à Marcel et nous invite à nous asseoir sur les fauteuils du télégraphe installés au milieu de la pièce. On apporte le café dans des tasses minuscules soutenues par des supports de filigrane d'argent merveilleusement travaillés ; le prince, prenant ensuite la parole en français, s'excuse d'abord de l'imperfection avec laquelle il parle une langue qu'il a oubliée (simple formule de politesse, car le frère du roi s'exprime très purement), s'informe du motif de notre visite et nous demande s'il peut nous être utile pendant notre séjour à Kazbin.

« Les mollahs, dit Marcel, font quelques difficultés à laisser visiter aux chrétiens les mosquées de la ville, et dans l'intérêt de mes études je viens prier Votre Altesse de me faciliter l'accès de ces monuments aux heures où ils sont déserts.

— Il n'est pas en mon pouvoir de vous donner une réponse favorable ; je suis, quant à moi, un homme *civilisé, je ne fais même pas ma prière*, et, depuis trois mois que je suis arrivé à Kazbin, je n'ai pas encore mis le pied dans une mosquée. Il me serait donc parfaitement indifférent de vous autoriser à entrer dans la masdjed Chah, mais l'imam djouma[1] est très rigide ; en définitive je crois que vous feriez bien de renoncer à votre projet. »

Après un assez long entretien sur le nihilisme, les épreuves des francs-maçons, les tables tournantes, nous prenons congé de Son Altesse, qui vient de bâiller deux ou trois fois (ceci, en Perse, n'est point une impolitesse) d'une façon des plus contagieuses, et nous sortons du palais, très ennuyés de l'insuccès de notre demande.

Le prince se vante de son irréligion, mais, comme tous les Iraniens, il est néanmoins très enclin à admettre la puissance des sortilèges,

LE CHAHZADDÈ, GOUVERNEUR DE KAZBIN.

des devins et du mauvais œil, et à attribuer à la magie tous les faits qu'il ne s'explique pas.

La science illusoire de l'astrologie, aujourd'hui bannie du monde occidental, s'est réfugiée en Asie. Pour calculer une nativité ou tirer un horoscope, on regarde comme essentiel de faire de longues observations astronomiques, et les devins — c'est leur seule excuse — emploient à cet usage des instruments ayant quelquefois la plus grande valeur artistique. Le chah lui-même a ses sorciers officiels ; ils assisteraient certainement à la naissance des enfants royaux, comme l'astrologue caché dans la chambre de la reine Anne à la naissance de Louis XIV, si l'andéroun royal était accessible aux simples mortels.

D'ailleurs la superstition n'est pas l'apanage des classes riches, elle règne en souveraine

---

1. Chef religieux de la masdjed Chah ou mosquée Royale.

maîtresse sur l'esprit populaire, et il est même curieux de retrouver ici certaines croyances de nos campagnes. Nul n'entreprend un voyage un vendredi ni un treize ; ce jour-là toutes les boutiques sont closes, et chacun, pour éviter de traiter une affaire, quitte sa maison et va se promener. Dans certaines provinces on s'efforce même de ne pas prononcer ce chiffre fatidique et, en comptant, au lieu de treize on dit « douze plus un ».

L'année dernière, le bruit a couru dans la Perse entière qu'une poule blanche pondrait un œuf contenant la peste ; dans l'espace de huit jours toutes les poules blanches ont été détruites, et les poussins nés de leurs œufs étouffés au sortir de la coquille.

L'œil européen est doué de forces particulièrement malfaisantes. Comme dans les villages le passage d'un Farangui est fort rare et laisse par conséquent un souvenir assez durable, on se raconte volontiers que Rezza a vu périr sa vache le lendemain du passage de l'étranger ; que, peu après, la femme d'Ali mit au monde un enfant mort. Les djins et les démons sont aussi très redoutés ; pendant qu'une femme accouche, on tire des coups de fusil afin d'écarter le diable, tandis que, pour préserver l'enfant et la mère des atteintes du mauvais esprit, de sages matrones mettent auprès d'eux un sabre nu et placent sur la terrasse de la maison une rangée de pantins habillés en soldats, qu'elles agitent en tirant des ficelles. Enfin, si l'accouchement est laborieux, on a recours aux grands moyens : le mari amène un cheval blanc et lui fait manger de l'orge sur le sein nu de sa femme. Certains quadrupèdes ont acquis de véritables renommées à la suite du succès de cette singulière médicamentation. Il est même des villages où, quand deux paysannes enfantent en même temps, leurs époux et leurs plus proches parents se disputent à coups de poing le précieux animal. Si le diable a ici une détestable réputation, il ne la doit pas à sa vive intelligence.

11 mai. — « Le gouverneur ne vous a certainement pas autorisés à entrer dans la mosquée du roi ? » nous dit hier soir d'un air victorieux le gardien du Mehman khanè. « C'est un homme pusillanime : il n'oserait affronter le mécontentement des mollahs de la ville. Si vous voulez vous en rapporter à moi, je vous montrerai qu'un *nooukar* (domestique) de Sa Majesté est quelquefois plus adroit et plus désireux d'obliger les Faranguis que ne le sont les gouverneurs et les chahzaddès. Entre la prière du point du jour et celle de midi il n'y a personne à la mosquée ; les mollahs prennent leur repas, les marchands sont occupés au bazar : si vous me promettez de sortir à mon premier signal, je me fais fort de vous introduire sans danger dans notre plus ancien sanctuaire. »

Ce matin notre protecteur s'est assuré que la masdjed Chah était à peu près déserte, et, sur un signe, nous l'avons suivi de loin, accompagnés de trois ou quatre de ses amis.

On pénètre d'abord sous une voûte sombre, puis dans une galerie découverte bordée de portiques, où gisent quelques mendiants fort occupés à examiner en silence les allants et venants. Un vestibule formant angle droit avec ce premier passage conduit à une salle voûtée. Nous sortons de cette pièce après avoir fait un dernier crochet, et atteignons enfin la cour centrale. En prenant ces dispositions compliquées, les musulmans ont eu l'intention de cacher aux regards des infidèles l'intérieur de la mosquée. La cour est immense, elle est pavée de briques mal entretenues, couvertes de mousse et d'herbes. Au centre se trouve un bassin à ablutions qu'ombragent quelques arbres irrégulièrement plantés. Sur les quatre faces de la construction règne un portique dont le milieu est signalé par une grande ouverture constituant l'entrée d'une salle couverte d'une demi-coupole analogue à celles que les Espagnols désignent sous le nom de *media naranja*. Ces ouvertures sont dissemblables, mais symétriques par rapport aux grands axes du bâtiment : les deux plus petites se trouvent sur les deux faces latérales ; la plus grande donne accès dans l'intérieur de la mosquée ; quant à la quatrième, elle est surmontée de deux minarets signalant au loin l'édifice

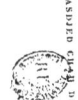

MASDJED CHAH DE KAZBIN.

religieux ; c'était autrefois la porte principale du sanctuaire ; elle a été fermée, et on lui a substitué l'entrée latérale que nous avons suivie, depuis que Kazbin est devenu le point de passage forcé des chrétiens se rendant à Téhéran.

Les fortunes diverses de Kazbin sont écrites sur les murs de briques de la masdjed Chah. La salle à plan carré du mihrab et sa lourde coupole rappellent les constructions de Haroun al-Raschid. Les frises et les rinceaux stuqués, précieuses reliques de l'art persan au douzième siècle, sont formés de fleurs traitées dans un sentiment très réaliste, entourant de leurs délicats entrelacs des caractères compliqués. Cette décoration, exécutée sous la domination des princes Seljoucides, est contemporaine de la restauration de l'édifice devenue nécessaire après les tremblements de terre qui, aux onzième et douzième siècles, dévastèrent et ruinèrent la ville.

Pendant plus d'une heure et demie nous parcourons la mosquée en tous sens jusqu'à ce que le soleil, d'aplomb sur nos têtes, vienne rappeler à notre guide que les mollahs vont bientôt annoncer du haut des minarets l'heure de la prière de midi. Le moment est venu de regagner l'hôtel. A peine sommes-nous sortis et arrivés sur la place du Marché, que la voix sonore du prêtre retentit ; les fidèles accourent de tous côtés et se précipitent dans le sanctuaire, sans se douter de la profanation qui vient de s'accomplir.

12 mai. — Je me promenais ce matin vendredi dans les faubourgs, quand le son d'un instrument de cuivre a frappé mon oreille ; au milieu d'une place éloignée des routes de caravanes, une foule nombreuse était rassemblée. Elle assistait à une tragédie religieuse ayant pour sujet la mort des descendants d'Ali, Hassan et Houssein, tués sur les ordres des khalifes. Les drames sacrés sont spéciaux à la secte chiite, et, dans ces jours de douleurs où ils entendent raconter l'histoire des martyrs de leur foi, les Iraniens s'excitent à la haine la plus violente contre les Sunnites, auteurs du massacre des descendants légitimes de Mahomet.

Il n'y a point à Kazbin, comme à Téhéran, de salle où l'on puisse déployer une brillante figuration ; les spectateurs, assis sur leurs talons, sont groupés autour d'un espace libre réservé aux acteurs : d'un côté, les femmes voilées ; de l'autre, les hommes coiffés du bonnet rond des paysans. Pour tout accessoire, un tapis jeté à terre, sur lequel reposent un sabre et une aiguière ; le bleu intense du ciel remplace la toile de fond, et un brillant soleil le pâle et fumeux éclairage de nos théâtres. Deux enfants coiffés d'immenses turbans verts jouent dans ces mystères le rôle des chœurs antiques dans les tragédies grecques et disent sur un rythme musical des lamentations qui arrachent des larmes à tous les spectateurs. Dans les moments pathétiques les acteurs joignent leurs sanglots à ceux de la foule, et le traître lui-même, dont la figure est couverte d'un capuchon, pleure et gémit sur sa scélératesse et sur ses iniquités. Les femmes laissent échapper des hoquets de douleur ou des paroles de commisération à l'adresse des victimes, frappent leur poitrine et leurs épaules ; puis, quand ces témoignages d'émotion ou de piété paraissent suffisamment prolongés, elles se calment et reprennent la conversation enjouée interrompue quelques instants auparavant. L'orchestre, composé d'un tambour et d'une trompette, se tient debout au coin du tapis et renforce par des accents discordants les hurlements pieux de l'assistance. Non loin de là, un gros homme assis sur un siège de bois trône avec la satisfaction d'un *impresario* présentant au public une troupe de choix.

En abandonnant ce spectacle, nous nous dirigeons vers une coupole émaillée qui recouvre, dit-on, le tombeau d'un enfant de deux ans, fils de l'imam Houssein. Un vaste cimetière précède la porte d'entrée du monument. Des femmes assises au pied des tombes causent avec leurs amies tout en mangeant des *chirinis* (bonbons). Sur des dalles funéraires récemment placées, des veuves ou des mères gémissent en mesure et entrecoupent leurs sanglots de psalmodies du caractère le plus lugubre sans que leurs voisines paraissent compatir à leur douleur. Elles portent toutes un costume uniforme. Riches et pauvres passent, avant de sortir, de vastes *chalvars* (pantalons à pieds) et s'enveloppent dans les immenses plis d'un *tchader* (tente) gros bleu. Ce manteau est jeté sur la tête et retenu par un *roubandi* (lien de figure blanc) fait d'étoffe épaisse et descendant jusqu'aux genoux. Un grillage à mailles serrées ferme en partie une fente fort étroite ouverte à la hauteur des yeux. Quand une femme est ainsi empaquetée, fût-elle jeune ou vieille, grasse ou maigre, imberbe comme l'enfant qui vient de naître ou barbue comme un sapeur, bien jaloux serait celui qui la reconnaîtrait.

Auprès de la porte de l'imamzaddè j'ai aperçu un escalier conduisant à une terrasse. Il faut gagner ce point culminant si je veux assister à la sortie de l'office du vendredi. D'abord nul ne fait attention à nous, mais bientôt la prière se termine, un vieux mollah aux traits durs et sévères paraît dans la cour et, sur les indications d'autres prêtres, tourne les yeux vers l'étroite retraite où nous avons casé notre « impureté ». Le vieillard grimpe le rapide escalier; quelle n'est pas ma surprise quand, au lieu d'être invités à déguerpir au plus vite, il nous offre de visiter le tombeau récemment restauré!

L'édifice est carré; au-devant de sa façade principale, décorée de mosaïques, un porche hypostyle dont les colonnes sont revêtues de losanges de glace donne accès dans le sanctuaire. Au milieu d'une salle tapissée d'ornements de glaces biseautées se détachant sur un fond de stuc blanc, se trouve un grand sarcophage doré; il repose directement sur le sol et est entouré d'une grille d'argent portant aux quatre angles de grosses boules de même métal. Cette décoration simple et brillante tout à la fois est du plus heureux effet. Des tapis étendus sur le dallage, des lampes de cuivre suspendues à la coupole, quelques versets du Koran écrits en beaux caractères et attachés à la grille du tombeau, des lambeaux de vêtements déposés sur le sarcophage comme *ex-voto* parent le sanctuaire, dans lequel se presse une foule recueillie. Les fidèles entrent après avoir déposé leurs babouches à la porte, s'agenouillent, inclinent la tête jusqu'à terre, se relèvent, posent les mains sur la grille d'argent et font trois fois le tour du sarcophage dans la même position. Aux angles ils baisent pieusement la boule après l'avoir touchée de leur front, tout en marmottant entre leurs dents des prières arabes dont la plupart d'entre eux ne comprennent pas le sens; puis ils se retirent à reculons, en faisant à chaque pas une profonde inclination. Près du tombeau, deux petites salles sont réservées aux desservants de l'imamzaddè. Les murailles sont dorées; sur le fond métallique se détachent de charmantes arabesques rouges, bleues, vertes, harmonisées par le jour discret que laisse pénétrer une verrière colorée. Dans la direction de la Mecque se trouve le mihrab, couvert d'une longue draperie dissimulant un portrait dont on ne voit que le cadre.

Sur ma demande on lève le voile, et j'aperçois une peinture d'une exécution des plus médiocres. Elle représente un homme aux traits accentués, coiffé d'un haïk retenu autour du crâne par une corde de poil de chameau et vêtu d'une robe de laine brune. L'image reproduit très exactement le type des chefs de caravanes arabes. C'est, paraît-il, un portrait de Mahomet : il est très singulier de le retrouver dans une mosquée, la religion musulmane interdisant la reproduction de la figure humaine.

On nous fait asseoir, et le bon mollah notre introducteur nous prie d'attendre quelques instants le café préparé à notre intention.

« Puisque ma bonne étoile m'a conduit chez un savant mouchteïd, je ne me déciderai pas à vous quitter sans vous demander quelques renseignements sur la doctrine que vous enseignez, a dit mon mari.

— Je serai heureux de répondre à vos demandes, répond le chef du collège de prêtres : les questions religieuses sont l'objet de nos constantes études, et les discussions théologiques forment le sujet de nos entretiens journaliers. En développant devant vous les beautés de la

MYSTÈRES D'HOUSSEIN. (Voyez p. 109.)

loi de Mahomet, je n'ai pas la prétention, quel qu'en soit mon désir, de convertir des chrétiens obstinés dans la fausse voie, mais j'accomplis un devoir en répandant autour de moi la vérité. Le poète a dit : « Si je trouve un aveugle dans le puits de l'erreur et si je reste « silencieux, je commets un crime ».

« La doctrine de Mahomet peut se diviser en deux parties : la foi et le culte. Le fondement de la religion musulmane est un déisme pur, excluant l'idée même de la représentation divine, qui conduit par une pente si rapide au paganisme. Il n'y a qu'un Dieu, et Mahomet est son dernier prophète. L'admission de ce principe implique la croyance aux anges, aux écritures, à la prophétie, à la résurrection, au jugement dernier et à la prédestination.

« Les anges sont créés de feu, ne mangent pas, ne se reproduisent pas et sont toujours

IMAMZADDÉ HOUSSEIN.

occupés à chanter les louanges de Dieu, à lui rapporter les actions des hommes et à implorer la clémence du Tout-Puissant. Azrael est l'ange de la mort ; Israfil sonnera la trompette du jugement dernier ; enfin Gabriel, qui apporta le Koran à Mahomet, est un esprit saint entre tous les saints.

« Nous croyons aussi à l'existence d'un certain nombre de bons et de mauvais génies qui mangent, se reproduisent, meurent comme l'homme et, comme lui, sont récompensés ou punis suivant leurs actions.

« Depuis la création du monde cent quatre livres sacrés ont été remis aux hommes par Dieu ; dix furent donnés à Adam, cinquante à Seth, trente à Énoch, dix à Abraham ; les Psaumes, le Pentateuque, l'Évangile et le Koran furent successivement inspirés à David, à Moïse, à Jésus-Christ et à Mahomet, « le Sceau de tous les prophètes », après la venue duquel nous ne devons plus attendre de révélation divine. Tous ces livres sont perdus aujourd'hui, à l'exception des quatre derniers, mais le Pentateuque, les Psaumes et l'Évangile sont dénaturés, et nous ne saurions avoir confiance dans les livres restés entre les mains des juifs ou des chrétiens.

« Nous croyons au jugement et à la résurrection. Après la mort deux anges noirs, Monkir et Nakir, interrogent les humains sur l'unité de Dieu et la mission de Mahomet ; s'ils répondent bien, leurs corps sont rafraîchis par l'air du paradis et laissés en repos ; dans le cas contraire les anges frappent les damnés avec de lourdes massues, et quatre-vingt-dix-neuf dragons armés de sept têtes chacun se précipitent sur eux pour les déchirer. L'époque de la résurrection est connue de Dieu seul. Après le jugement dernier les fidèles seront récompensés suivant leurs œuvres : les bons iront en paradis, les autres en enfer. Cependant Mahomet intercédera auprès de Dieu et sauvera un grand nombre de réprouvés. Ce droit de demander grâce sera réservé à Mahomet, le dernier des prophètes, et refusé à Adam, à Abraham, à Noé et à Jésus.

« Ceux qui approcheront de Dieu, nous dit le Koran, habiteront des jardins délicieux ombragés de beaux arbres et parcourus par des eaux toujours fraîches ; ils se reposeront sur des couches ornées d'or et de pierreries ; de jeunes esclaves, dont la beauté ne sera jamais altérée, verseront dans leur coupe un vin délicieux qui ne leur portera point à la tête et n'égarera pas leur raison. Ils trouveront sous leurs mains tous les fruits mûrs et les oiseaux rôtis qu'ils voudront manger, et n'entendront ni accusation ni vains discours : le mot de paix retentira partout.

— Et les femmes, ai-je demandé au mouchteïd, Mahomet les admet-il aussi parmi les élus du paradis ?

— Hélas ! il faut bien en rendre le séjour agréable aux hommes. De belles jeunes filles aux grands yeux noirs semblables à des perles cachées dans des coquilles vivront avec les élus, et leur présence sera la récompense du bien qu'ils auront fait.

— Les femmes seront-elles soumises à la polygamie ?

— Oui, et chaque fidèle croyant possédera au moins soixante-deux houris, outre les femmes qu'il aura eues sur la terre.

— Le paradis comportera-t-il des andérouns où les femmes seront sévèrement gardées ? Quand elles se promèneront dans les jardins miraculeux, seront-elles voilées ?

— Cette précaution sera inutile, me répond le bon prêtre en souriant légèrement : les bienheureux n'auront qu'un seul œil au-dessus de la tête et ne verront ainsi que leurs seules épouses.

« Nous admettons aussi la prédestination, car le Koran apprend que Dieu a dit : « Nous « avons attaché le sort de chaque homme autour de son cou ».

— Quel mérite en ce cas voyez-vous à bien vivre, et pourquoi seriez-vous responsable de vos mauvaises actions ?

— Et vous, chrétiens, comment admettez-vous en même temps la prescience divine et le libre arbitre ? Mais je ne veux pas en ce moment dénigrer le christianisme, bien que certains points me paraissent très faciles à attaquer ; je veux achever de vous instruire des formes du culte que nous rendons à Dieu. La principale de nos obligations est la prière. Cinq fois par jour, après les ablutions et avant de parler à Dieu, l'homme doit se dépouiller de tous ses vêtements de prix ou de ses bijoux, afin que sa parure ne puisse lui inspirer de sentiments d'orgueil, si contraires à l'humilité nécessaire à celui qui s'adresse à Allah. En pays sunnite les femmes ne sont pas volontiers admises dans les mosquées aux heures des cérémonies, de peur que leur présence ne détourne de Dieu la pensée des hommes. Les prêtres chiites, au contraire, leur conseillent d'assister aux prières publiques.

LE JEÛNE ET LA PRIÈRE.

« Le Koran ordonne de jeûner pendant le mois de Ramazan, où l'ange Gabriel remit à Mahomet le livre sacré. En ce saint temps nous devons nous abstenir de manger, de boire, de fumer et même, suivant quelques casuistes, de respirer des odeurs agréables, depuis le lever du soleil jusqu'à son coucher. Les femmes enceintes ou nourrices, les enfants qui n'ont pas encore atteint quatorze ans et enfin les gens qui voyagent pour leur agrément sont seuls exempts de cette obligation, mais ils doivent y suppléer par une aumône ou une œuvre pie.

« La charité est encore plus rigoureusement ordonnée aux musulmans que l'observation du jeûne : rien ne saurait dispenser de la pratique d'une vertu que Mahomet a déclarée obligatoire. Néanmoins les aumônes sont divisées en deux classes : les unes sont volontaires ; les autres peuvent être perçues de force et pèsent sur les individus avec la plus grande équité ; cette imposition, calculée à raison de deux et demi pour cent du revenu, frappe les biens des musulmans payant une taxe depuis plus de onze mois. Aux premiers temps de l'Islam elle était remise au Prophète et affectée à l'entretien de sa maison et de ses armées. Encore aujourd'hui en Perse, les seïds ses descendants, dont le nombre est très considérable, ont le droit de toucher la dîme, d'ailleurs presque toujours remise de gré à gré. Quant à l'aumône volontaire, elle est considérée comme un des plus sûrs moyens de gagner le ciel.

« Enfin le pèlerinage de la Mecque est ordonné à tout fidèle qui a un cheval et les moyens de faire le voyage. Ceux que leur santé empêche d'entreprendre une aussi longue pérégrination doivent y envoyer à leurs frais un représentant. Je dois ajouter que mes coreligionnaires ont été forcés d'abandonner le pèlerinage de la Mecque, les Sunnites gardiens de la Kaaba les obligeant, avant d'y entrer, à aller prier sur les tombeaux des trois premiers khalifes et à reconnaître comme héritiers légitimes de Mahomet les assassins des descendants d'Ali. Voilà l'exposé sommaire de notre doctrine. La loi religieuse et administrative est renfermée, vous le savez déjà, dans le Koran, livre composé dans un dialecte arabe si pur qu'il eût été impossible à un homme de l'écrire sans avoir reçu l'inspiration divine. Nous trouvons dans ses versets les préceptes nécessaires non seulement pour nous diriger dans la voie du bien, mais encore pour juger toutes nos contestations judiciaires, et n'avons jamais recours à l'autorité des premiers interprétateurs de la loi musulmane, Hannifa, Malek, Chaffi et Hambal, les quatre piliers de la foi sunnite, piliers de boue et de paille que renverserait un chien galeux du simple frôlement de son épaule.

— Le Koran est en effet un recueil de conseils sages et prudents, répond mon mari, et j'admire beaucoup les pages où le Prophète parle de la Divinité avec une éloquence et une ferveur poussées jusqu'à l'exaltation : mais d'un autre côté il est regrettable que certains versets puissent donner sujet à des interprétations opposées et qu'on retrouve dans le Koran la trace des préoccupations matérielles de Mahomet. Votre Prophète songe trop, semble-t-il, à satisfaire ses passions, ses intérêts et à assurer l'avenir de ses descendants.

— Vous êtes un égaré, et ne pouvez pénétrer les mystérieuses pensées de Dieu. D'ailleurs le Koran n'est pas l'œuvre de Mahomet, mais celle d'Allah. Comment voulez-vous donc admettre que Dieu, infaillible en son essence, se soit trompé ? Toutes vos prétendues sciences européennes vous font perdre de vue le but de notre vie et obscurcissent vos idées. Les versets que les infidèles ne peuvent entendre, dont nous entrevoyons à peine le sens après avoir passé notre vie à prier et à méditer : Mahomet, éclairé de l'esprit saint, les comprit sans peine. Instruisez-vous, passez vingt ans à Kerbéla, approfondissez les livres sacrés, et vous serez alors persuadés du néant de votre savoir et de la sublimité de notre religion. »

Marcel n'a pas le temps, avant son retour en France, de mettre à profit les sages conseils du mouchteïd, aussi abandonne-t-il la controverse.

« Quelles différences existent donc entre la secte des Sunnites et celle des Chiites? ai-je demandé à mon tour.

— Elles sont immenses, comme celles qui séparent l'erreur de la vérité. Les Sunnites ont été admis à voir la lumière, mais ils ont transgressé les volontés divines et, au lieu de suivre l'ordre de succession indiqué par le Prophète, ont élevé au khalifat des usurpateurs — que la colère de Dieu pèse sur leurs aïeux et leur postérité! — et massacré les légitimes descendants de Mahomet. Les pratiques des religions chiite et sunnite diffèrent peu en apparence, et c'est à peine si dans la prosternation et la prière les sectateurs d'Omar se sont écartés de la droite voie : mais tout en eux est imposture et fourberie. Nous, au contraire, pleins d'un saint respect pour nos martyrs, nous les prions d'intercéder auprès de Dieu, persuadés qu'ils participent, quoique à un degré inférieur, à la nature sacrée du Prophète.

— Vous professez, m'avez-vous dit, un véritable culte pour la famille de Mahomet?

— Les Chiites aiment à se désigner sous le nom d' « amis de la famille », et chacun d'eux vénère même les descendants du Prophète sous le nom d'*imam* ou d'*imamzaddè* (descendant d'imam).

« Depuis la fondation de notre religion, douze pontifes se sont succédé ; le dernier, l'imam Meddy, n'est pas mort, il a disparu, et l'on évitera de lui nommer un successeur jusqu'à ce que sa destinée et sa retraite soient enfin connues.

« De superbes tombeaux, désignés sous le nom d'*imamzaddè* comme les personnages dont ils recouvrent le corps, ont été consacrés à nos saints ; les plus beaux sont ceux d'Ali à Nedjef, d'Houssein à Kerbéla, de Jaffary à Kasemin et de Rezza à Mechhed. En outre nous élevons des monuments aux fils de ces imams, et la piété des fidèles se plaît à enrichir des sanctuaires semblables à celui que je viens de vous faire visiter.

— Le sarcophage qui se trouve dans cet imamzaddè renferme-t-il réellement les restes du fils d'Houssein?

— J'en ai la certitude, mais il n'est pas besoin de posséder les cendres d'un saint pour lui dédier un tombeau. En parcourant la Perse, vous trouverez plus de vingt imamzaddès consacrés au même imam, aussi bien dans le pays qui l'a vu naître et mourir que dans ceux où il n'a jamais vécu ; et partout vous verrez les fidèles prier autour du sarcophage avec une égale ferveur. »

Pendant la durée de cet entretien, les mollahs, ayant achevé leurs prières, rentrent peu à peu dans la salle et s'accroupissent silencieusement les uns auprès des autres tout le long de la muraille ; on apporte le kalyan au plus respectable d'entre eux, qui l'offre avec dignité à tous les autres prêtres, en suivant, dans l'accomplissement de cette politesse, leur rang hiérarchique. Il le garde enfin quand l'assistance tout entière a refusé de fumer avant lui. Après avoir aspiré quelques bouffées de tabac, il passe la pipe au prêtre auquel il l'avait offerte en premier lieu ; celui-ci la saisit, la présente à son tour à la ronde, et cette formalité se renouvelle jusqu'à ce que le kalyan, éteint, revienne entre les mains du serviteur chargé de le regarnir et de le rapporter aussitôt. La cérémonie terminée, quelques mollahs prennent des livres de théologie posés sur les takhtchès ; d'autres sortent des plis de leur ceinture leur long *galamdam* (encrier) de laque, déploient des rouleaux de cuir contenant du papier et se mettent à écrire. Il est temps de nous retirer.

Avant notre départ les mollahs nous ont engagés à visiter les ruines de l'élégante médressè Bolakhi, qui, dans ses dimensions restreintes, reproduit les délicates décorations de la masdjed Chah.

13 mai. — Nous devions partir de Kazbin hier matin, mais Marcel a été pris, pendant la nuit précédente, d'une fièvre violente, d'intolérables douleurs de tête et de vomissements. J'ai demandé au chef du télégraphe s'il y avait en ville un docteur européen ; il m'a répondu que

les Persans s'occupaient de thérapeutique, et qu'ils s'en tenaient encore aux enseignements d'Avicenne, célèbre médecin arabe qui vivait au dixième siècle. Craignant l'aggravation d'une maladie dont le début revêt une forme inquiétante, privée de ma pharmacie, que la caravane a emportée avec les gros bagages, je me suis déterminée à faire transporter sans délai mon mari à Téhéran. Une route carrossable conduit à cette ville, où l'on peut arriver dans les voitures

RUINES DE LA MÉDRESSÉ BOLAKHI.

destinées au service des ministres se rendant de Recht à la capitale de la Perse. Quelques-uns de ces véhicules sont même suspendus, mais on les enferme dans les remises royales, où ils restent à la disposition de Sa Majesté. J'ai fini par me procurer une espèce de charrette fixée sur quatre roues et recouverte d'un mauvais capotage ; mon malade s'est étendu sur des couvertures, et enfin, vers trois heures du matin, j'ai obtenu des chevaux, après avoir perdu toute une journée à préparer le départ. A cinq kilomètres de la ville, le chemin, détrempé par les pluies d'un violent orage, devient impraticable, et les bêtes refusent d'avancer. Le conducteur, descendant de son siège, les excite à sortir de l'ornière; je prends les rênes et fouette à tour de bras : tous nos efforts sont inutiles. Il faut attendre le jour. Quelques paysans, passant avec leurs vaches, nous tirent de ce mauvais pas. La chaussée est détestable jusqu'à Téhéran, assurent-ils. Et nous avons cent vingt kilomètres à faire avant de toucher au port!

Pourquoi reprocherait-on son ignorance à l'ingénieur chargé de la construction de la chaussée, vaste fossé boueux, que les Persans qualifient orgueilleusement du nom de route royale? Emin sultan, l'auteur du projet, est un ancien rôtisseur des cuisines du chah, arrivé à tous les honneurs par la volonté de son maître. Il est aujourd'hui ministre d'État, ingénieur, chef de la douane, grand trésorier, mais ne dédaigne pas, dans les grandes occasions, de

LE DÉMAVEND.

relever ses manches, de ceindre le tablier et de flatter la gourmandise du souverain en préparant un rôti cuit à point. Un kébab bien réussi a valu au Vatel persan l'entreprise de la route de Téhéran à Kazbin, dont le prix de revient s'est élevé à plus de dix mille francs le kilomètre, bien que les propriétaires des terrains n'aient pas été indemnisés, que la chaussée ne porte pas trace d'empierrement, que tous les fossés enfin aient été creusés par corvées et payés à coups de bâton.

Arrivés à la quatrième station, le maître de poste refuse de me laisser continuer le voyage, sous prétexte que la nuit tombe ; mon désappointement est cruel : j'aperçois depuis longtemps le pic neigeux du Démavend et la chaîne de l'Elbrouz, au pied de laquelle est bâti Téhéran. Je ne suis plus qu'à vingt kilomètres de la ville, et la route, qui conduit à un château royal, est, paraît-il, assez bonne. A force d'instances on me donne des chevaux; vers dix heures du soir je franchis enfin les larges fossés et l'enceinte fortifiée de la capitale de la Perse. Le postillon

ARRIVÉE A TÉHÉRAN.

qui nous a menés n'appartient pas à l'administration, c'est un paysan tenté par l'appât de la récompense promise; il parle un patois kurde auquel je ne comprends pas un mot, n'est jamais sorti de son village et ne connaît pas Téhéran. Quand je m'en aperçois, le véhicule est déjà engagé dans un labyrinthe de ruelles désertes plongées dans une obscurité profonde. Toutes les maisons sont closes, et il y a trop de boue dans la ville pour qu'on puisse y circuler à pied.

Après avoir traversé des bazars couverts, encore plus sombres que les rues, j'entrevois cependant un filet de lumière à travers la porte entr'ouverte d'une maison de misérable apparence. J'entre et trouve des soldats persans fumant le kalyan et buvant du thé; je demande le quartier chrétien; l'un des militaires se lève, vient questionner le cocher, s'assure que ce dernier est incapable de se retrouver, et consent à lui servir de guide. Nous retournons sur nos pas, et débouchons enfin sur une vaste place dont le piètre éclairage éblouit mes yeux habitués à la nuit noire. Quatre portes monumentales se présentent à chacune des extrémités de la place; l'une d'elles donne accès dans le quartier européen; mais là mon soldat m'abandonne : il ne connaît pas de *mehman khanè farangui*. J'ai de nouveau recours à un marchand de thé : à force de prières j'obtiens un nouveau guide.

Dix minutes plus tard la voiture s'arrête devant une maison blanchie à la chaux et d'assez propre apparence.

L'hôtel français n'est autre chose qu'un café tenu par un de nos compatriotes, ancien confiseur chassé du palais sur la demande du clergé, qui voyait à regret le chah manger des pâtisseries préparées par un « impur ». Au café sont jointes deux pièces que M. Prévot loue aux voyageurs de passage à Téhéran; elles vont sans délai être mises à notre disposition. Nous sommes arrivés; mais dans quel état est Marcel! il délire et n'a même pas la force de gagner la chambre où l'attend un bon lit.

FEMME PERSANE EN COSTUME DE PROMENADE.

FATTALY CHAH ET SES FILS. (Voyez p. 129.)

CHAPITRE VII

Le docteur Tholozan. — Les Sœurs de Saint-Vincent de Paul. — Palais du Négaristan. — Andéroun royal. — Portraits de Fattaly chah et de ses fils. — Audience royale. — Nasr ed-din chah.

1ᵉʳ juin. — Je suis à Téhéran depuis trois semaines et n'ai pas encore franchi la porte du jardin placé sous les fenêtres de la chambre où mon malade commence une pénible convalescence.

Le docteur Tholozan a été notre providence; sans lui que serions-nous devenus? Ce savant praticien, médecin principal de l'armée française, est auprès du roi depuis plus de vingt-deux ans. Au lieu de se laisser aller à cette vie oisive et paresseuse à laquelle les Européens s'abandonnent si facilement en Orient, il a étudié avec une rare sagacité les maladies locales; ses travaux sur la genèse du choléra aux Indes, son histoire de la peste bubonique en Mésopotamie, en Perse, au Caucase, en Arménie et en Anatolie, enfin de sérieuses recherches sur la diphtérie, maladie si fréquente dans ces pays, méritent d'être consultés par tous ceux qui s'intéressent à ces graves questions.

Le docteur Tholozan est le médecin, l'ami et le conseiller du roi. Nasr ed-din a eu l'esprit de le prendre en grande estime et d'apprécier son désintéressement et sa science; néanmoins il a été obligé, afin de satisfaire la cour, de se laisser entourer de médecins indigènes possédant la confiance de la famille royale, du clergé et surtout des femmes de l'andéroun. De cette espèce d'antagonisme médical naissent quelquefois des difficultés, toujours apaisées grâce au caractère conciliant du docteur, mais dont la santé du roi pourrait avoir gravement à souffrir.

La thérapeutique persane prescrit la phlébotomie avec une fréquence des plus imprudentes, non seulement pour guérir les maladies dites autrefois inflammatoires, mais encore en vue de les prévenir. Ainsi on saigne les enfants de trois jours de façon à leur enlever le sang impur de la mère, et tout bon Persan considérerait sa santé comme fort compromise s'il n'avait recours à son barbier deux fois par mois. Depuis de longues années le roi n'avait pas été saigné. Dans ces derniers temps cependant, l'avis de ses femmes ayant prévalu, le monarque se décida à se faire ouvrir la veine en cachette, puis il se mit au bain et s'évanouit. Je laisse à penser quels furent l'épouvante des *haakims bachys* (médecins en chef) en voyant le roi des rois dans cette piteuse situation, et l'empressement avec lequel ils envoyèrent demander les secours de leur confrère français. Le docteur Tholozan eut beaucoup de peine à faire revenir à lui Nasr ed-din. A la suite de ce bel exploit les médecins persans furent tout d'abord condamnés à recevoir la bastonnade, mais ils ne tardèrent pas à être graciés, sur la prière du docteur. Depuis cette époque Sa Majesté n'a plus aucune velléité de se remettre entre leurs mains, et a même interdit d'opérer dorénavant le prince héritier, que l'on rendait à peu près exsangue tous les quinze jours.

2 juin. — Pendant la durée de la maladie de Marcel j'ai été bien soutenue par mes voisines les Sœurs de Saint-Vincent de Paul. A la nouvelle de mon arrivée la supérieure, sœur Caroline, est venue m'offrir de faire transporter mon mari dans un pavillon situé à l'entrée du couvent, où les chrétiens isolés et souffrants trouvent des soins dévoués, qui leur seraient refusés partout ailleurs; mais, le docteur Tholozan ayant jugé ce déplacement imprudent, nous sommes restés dans la maison où nous étions descendus tout d'abord.

Dès que l'état de mon malade m'a permis de le quitter, je suis allée remercier les Sœurs de la sympathie qu'elles m'ont témoignée. Un aveugle est venu m'ouvrir la porte; il n'a pas reconnu ma voix et m'a demandé si j'étais la dame française arrivée récemment de Tauris; sur ma réponse affirmative, il m'a servi de guide et m'a conduite, en côtoyant des bassins pleins d'eau, jusqu'à la pharmacie, où la sœur Caroline faisait préparer les médicaments destinés aux pauvres de son dispensaire. C'était le jour des femmes, elles étaient nombreuses. Parmi elles j'ai remarqué une jeune musulmane dont la physionomie expressive témoignait d'une vraie douleur. Cette pauvre mendiante venait d'abandonner aux soins des Sœurs son fils à moitié étouffé par la diphtérie. Accroupie dans un coin de la cour, elle restait immobile, comme pétrifiée; se sentant impuissante à sauver la vie de son enfant, elle l'avait sans espoir remis à des mains plus expérimentées que les siennes. Ses yeux gonflés étaient sans larmes, sa bouche demeurait muette, et son chagrin la rendait insensible à tout ce qui se passait autour d'elle.

Il y a à peine quelques années que les Sœurs de charité ont fondé à Téhéran le couvent où elles élèvent les enfants des rares familles européennes en résidence en Perse. Un grand nombre d'Arméniennes fréquentent leur école; des musulmanes ont aussi été confiées à leurs soins, sous promesse formelle de ne pas chercher à les faire changer de religion. Ces jeunes filles apprennent à lire, écrire, coudre, repasser, entretenir un ménage, toutes choses ignorées par les Persanes, et joignent à cette première éducation l'étude du français, des notions d'histoire et de géographie.

Les femmes de l'andéroun royal accueillent bien les Sœurs et se montrent souvent très généreuses. Le chah, en témoignage de satisfaction, fait au couvent une rente annuelle de deux mille cinq cents francs. Au point de vue matériel, la situation de la mission est donc à peu près supportable.

Malheureusement un voyage pénible et une acclimatation difficile épuisent les forces de ces courageuses femmes; des fièvres et des maladies de langueur s'emparent d'elles, et la plupart s'éteignent sur la terre d'exil au bout de très peu d'années. A Ourmiah surtout, où elles sont privées des secours de la médecine européenne, et où l'on ne peut accéder que par la voie d'Erzeroum ou de Tauris, la mortalité est effrayante.

Sur neuf Sœurs arrivées l'année dernière, trois ont succombé à la suite de refroidissements contractés en traversant des rivières à cheval; trois autres ont péri de fièvres typhoïdes ou d'accès pernicieux.

Deux Pères lazaristes complètent à Téhéran une mission précieuse, non seulement en

LE DOCTEUR THOLOZAN ET LES SOEURS DE SAINT-VINCENT DE PAUL. 123

raison des services qu'elle rend à tous les malheureux, sans distinction de religion ou de nationalité, mais encore au point de vue de l'accroissement de l'influence française en Orient.

3 juin. — Mon mari reprend rapidement des forces. Demain nous irons à pied chez le docteur et, si cette promenade n'est pas trop fatigante, nous serons reçus après-demain par le chah, auquel notre protecteur a demandé la permission de nous présenter.

La tribu Kadjar, à laquelle appartient Nasr ed-din, est originaire de la Syrie. Elle avait déjà une réputation de bravoure incontestée quand Tamerlan l'amena en Perse. Au dix-septième siècle, chah Abbas la divisa en trois tronçons et lui confia la protection des frontières les plus difficiles à garder de son vaste empire. L'une se fixa en Géorgie pour arrêter les

LE DOCTEUR THOLOZAN.

incursions des Lesghées; la seconde s'établit à Merv dans le Khorassan, afin de défendre le pays contre les Usbegs; la troisième enfin, d'où descend la dynastie actuelle, planta ses tentes au bord de la mer Caspienne, dans le voisinage des tribus turcomanes. La tribu Kadjar d'Astérabad s'était divisée en deux parties quand elle habitait encore l'Arménie. La première, la branche haute, avait des pâturages dans les montagnes, et fut considérée comme la plus importante jusqu'au jour où Fattaly khan, de la branche basse, devint généralissime des armées de Tamasp II. Depuis cette époque les membres de la tribu basse des Kadjars occupèrent des postes militaires de la plus grande importance et, à la fin du siècle dernier, parvinrent même à élever au trône un de leurs chefs, Aga Mohammed khan, fondateur de la dynastie régnante.

La destinée de ce prince fut des plus étranges. Il était encore à la nourrice quand son père fut mis à mort par les ordres de Nadir chah; lui-même resta comme otage à la cour d'Adil chah, neveu et successeur de Nadir, qui donna l'ordre barbare d'en faire un eunuque. Le but que le roi s'était proposé en tentant de l'efféminer ne fut pas atteint ; Aga Mohammed, doué d'une vive intelligence, chercha une distraction à ses soucis dans un travail opiniâtre et plus tard, quand il fut parvenu au trône, dans l'organisation de son armée. A cette dure gymnastique son âme s'endurcit comme son corps. Malgré sa jeunesse, sa dissimulation était si profonde et son esprit si sérieux, que Kérim khan, qui avait renversé le dernier Sofi et usurpé le trône, le consultait sur les plus graves affaires, tout en le gardant prisonnier.

A la mort du roi il s'échappa, gagna le Mazendéran avec une rapidité prodigieuse et se déclara indépendant. Il pardonna au moins en apparence à ceux qui l'avaient rendu un objet de pitié pour le dernier de ses sujets, groupa autour de lui plusieurs chefs puissants du Kurdistan, de l'Azerbeïdjan et de l'Irak au moment où le pays était déchiré par les factions, et donna ainsi le trône de Perse à sa tribu.

Bien des raisons engageaient Aga Mohammed à établir le siège du gouvernement dans le voisinage des possessions héréditaires de sa famille et à rapprocher sa capitale des gras pâturages où paissaient les troupeaux des Kadjars.

Au lieu de s'installer, à l'exemple de ses prédécesseurs, dans les grandes villes de l'Irak Adjémi ou du Fars, il se décida donc à fortifier Téhéran, représenté par les voyageurs anciens comme une bourgade où les habitants, vrais troglodytes, vivaient dans des tanières creusées sous terre, et utilisa comme ligne de défense les montagnes élevées qui séparent l'Irak du Mazendéran. La réorganisation de l'armée fut le premier objet de sa sollicitude : il enrôla de nombreux cavaliers, et avec leur aide ramena à l'obéissance les provinces rebelles, conquit le Kirman, la Géorgie, entra dans Tiflis et livra la ville à un horrible carnage. Les femmes jeunes et belles furent seules épargnées et emmenées en esclavage ; plus de seize mille captives suivirent à pied les hordes victorieuses. Après cette conquête, Aga Mohammed consentit avec une feinte répugnance à se laisser couronner (1796). « Rappelez-vous, dit-il à ses soldats en ceignant la couronne, que, si vous me faites roi, vous vous condamnez aux plus durs labeurs : je ne consentirais jamais à porter cette tiare si mon pouvoir ne devait égaler celui de mes prédécesseurs les plus puissants. »

Selon ses promesses il entreprit bientôt la conquête du Khorassan et se préparait à entrer dans Bokhara, quand les armées de la grande Catherine furent dirigées vers la Géorgie. Aga Mohammed accourut aussitôt sur ses frontières, résolu à en faire un désert. La mort de l'impératrice et, à la suite de cet événement, le rappel des troupes russes interrompirent les hostilités dès le début de la campagne.

Le chah de Perse ne survécut pas longtemps à son ennemie : trois jours après son entrée dans Chechah une dispute bruyante s'éleva entre un de ses serviteurs favoris et un esclave géorgien. Aga Mohammed, impatienté par leurs cris, ordonna qu'on les fit taire en leur coupant la tête à tous deux. Plusieurs chefs puissants demandèrent en vain la grâce des domestiques : l'exécution fut seulement remise au lendemain matin parce qu'on était au soir d'un vendredi et au moment de faire la prière. A quel sentiment de témérité ou à quelle folie passagère obéit le roi en conservant à son service pendant toute la nuit ces deux hommes qui connaissaient assez le caractère impitoyable de leur maître pour ne pas douter de leur sort ? N'ayant plus rien à craindre, les condamnés s'adjoignirent un autre serviteur mécontent, pénétrèrent sans bruit dans la tente du monarque, où les appelait leur tour de service, et le tuèrent à coups de poignard. Aga Mohammed avait soixante-trois ans. Le but de la vie de ce prince avait été d'arriver au pouvoir ; quand il fut parvenu à la souveraine puissance, son unique désir fut de l'assurer à sa famille. Il avait désigné comme son héritier Fattaly khan, son neveu, auquel il avait voué une affection paternelle, et fit détruire, en vue de lui assurer la couronne, tous les princes ou tous les membres de la famille royale assez puissants pour devenir à sa mort des compétiteurs au pouvoir. Trois de ses frères s'enfuirent, un autre eut les yeux arrachés, et enfin le dernier, le brave Djaffer Kaoli khan, qui l'avait aidé à conquérir le trône et à agrandir l'empire, fut aussi sacrifié et assassiné.

Quand on lui apporta le corps de son frère, Aga Mohammed témoigna un violent désespoir : il fit approcher son neveu, l'accabla d'injures et, lui montrant le cadavre sanglant : « Baba khan, s'écria-t-il, l'âme généreuse qui animait ce corps ne vous aurait jamais laissé jouir en paix de la couronne. La Perse eût été déchirée par les guerres civiles. Afin de vous assurer le

MENDIANTE PERSANE. (Voyez p. 122.)

trône et d'éviter de pareils malheurs, j'ai détruit le meilleur et le plus dévoué des frères, j'ai commis un meurtre abominable et me suis montré d'une ingratitude criminelle. »

« Voilà mon successeur, disait souvent le roi en désignant le jeune prince ; que de sang j'ai répandu dans l'espoir de lui assurer un règne paisible ! »

Aga Mohammed joignait à une ambition immense une avarice sordide. Il avait accumulé des trésors considérables et réuni d'admirables joyaux, arrachés aux descendants de Nadir.

Un jour, un paysan condamné à avoir les oreilles coupées proposait de l'argent au bourreau s'il voulait n'en trancher qu'une seule ; le roi l'ayant entendu le fit approcher et lui offrit de lui laisser les deux oreilles intactes s'il consentait à lui donner le double de la somme promise à l'exécuteur. Le paysan, plein de reconnaissance, se jeta aux genoux du roi et le remercia, croyant que grâce lui était faite et que la demande d'argent était une simple plaisanterie, mais il fut bientôt détrompé et obligé de se plier aux exigences cupides du monarque.

Peu de temps après, Aga Mohammed s'entendit avec un derviche pour exploiter les hauts fonctionnaires de sa cour.

Comme le roi était au milieu d'eux, un mendiant s'avança et implora la charité avec la plus grande humilité. Le souverain l'interroge, s'apitoie sur ses malheurs, ordonne qu'on lui remette en son nom une somme importante et le recommande chaleureusement à la générosité de ses courtisans. Chacun s'empresse de vider sa bourse dans un pan de la robe du bonhomme, qui sort en témoignant sa reconnaissance.

Le roi se montra inquiet tout le reste de la journée; enfin, le soir venu, il demanda avec irritation à son intendant si le derviche s'était présenté et, en ce cas, pourquoi on ne l'avait pas introduit : personne ne l'avait vu. « J'ai été indignement trompé : non seulement ce misérable m'avait promis de me rendre mon aumône, mais nous devions partager celles des courtisans. » On fit vainement chercher le derviche; redoutant la colère de son puissant compère, ce hardi fripon avait pris la fuite.

Malgré sa cruauté et son avarice, Aga Mohammed fut un grand roi : il accrut la puissance de la Perse, l'administra avec sagesse, se montra aussi juste que peut l'être un conquérant oriental fondateur de dynastie, et sut être généreux toutes les fois qu'il s'agit du bien, de la prospérité du pays ou de l'entretien d'une armée qu'il adorait.

A sa mort, Baba khan monta sur le trône sous le nom de Fattaly chah. C'était un prince intelligent et initié dès son jeune âge à la pratique des affaires. Ses armées, d'abord victorieuses dans le Khorassan, prirent Hérat, mais éprouvèrent de grands revers en Géorgie et en Arménie, annexées sous son règne à la Russie.

Fattaly chah a été au commencement de ce siècle indirectement mêlé à notre histoire nationale.

Napoléon, toujours préoccupé de créer des difficultés à l'Angleterre, tenta de déterminer le roi de Perse à lever des armées et à les jeter sur les possessions anglaises des Indes. Dans ce but il envoya à Téhéran une ambassade, conduite par le général Gardanne. Le gouvernement britannique, instruit de cette manœuvre, chargea de son côté le général Malcolm d'acheter la neutralité persane moyennant une rente quotidienne de vingt-cinq mille francs. Le chah traîna en longueur les négociations avec la France, et notre ambassade se décida à quitter l'Iran au bout de plusieurs mois, sans avoir conclu de traité.

A la chute de Napoléon, les Anglais, n'ayant plus rien à redouter de la Perse, cessèrent de payer la pension promise. Fattaly chah, qui avait pris la douce habitude de recevoir ce présent, se plaignit. Les engagements furent niés d'abord, puis le cabinet de Saint-James prétendit que la rente était provisoire; comme le souverain faisait apporter le traité et en lisait les termes à l'ambassadeur d'Angleterre, celui-ci, disent les Persans, déchira les signatures et les avala.

Le roi passa dans son harem toute la fin de son existence. Il avait sept cents femmes et six cents enfants. On prétend que le nombre de ses descendants s'élève aujourd'hui à plus de cinq mille; l'état des finances ne permettant pas d'entretenir une famille royale aussi nombreuse, la pauvreté de la plupart des princes du sang est extrême. Quelques-uns même ont été obligés d'entrer comme domestiques dans les grandes familles de Téhéran.

Fattaly chah, successeur d'un souverain chétif et d'aspect féminin, tirait grande fierté de sa large carrure et d'une superbe barbe noire qui s'étalait sur sa poitrine et descendait jusqu'à sa taille; aussi fit-il reproduire ses traits en bas-reliefs sculptés sur les rochers voisins de

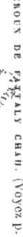

ANDÉROUN DE FATH-ALY CHAH. (Voyez p. 129.)

Téhéran et peindre son portrait dans chacun de ses palais. Sa résidence, le Négaristan, est à ce sujet des plus curieuses à visiter.

Derrière une porte monumentale flanquée de bâtiments réservés aux soldats de garde s'étend un parc superbe, planté de ces platanes émondés particuliers aux jardins persans; la taille élevée de ces arbres permet à l'air de circuler pendant la nuit et de rafraîchir la température, toujours étouffante sous les ombrages bas et épais. On suit d'abord une avenue composée de cinq allées bordées de canaux remplis d'une belle eau courante; au bout de cette avenue s'élève un vaste pavillon en forme de croix grecque, éclairé à l'extrémité de chacun de ses bras par une verrière colorée. Entre les bras de la croix sont ménagés des vestibules et deux chambres de repos. La pièce centrale est recouverte d'une coupole et de quatre berceaux symétriquement disposés, revêtus d'épaisses et lourdes décorations de plâtre peintes en vives couleurs et rehaussées d'or. Au delà de cette première construction s'étendent les jardins de l'andéroun; un grand rideau les sépare du biroun et met les promeneuses à l'abri des regards indiscrets.

Le palais réservé à la vie intime du souverain se trouve dans cette deuxième enceinte. Il est de forme rectangulaire; les murs extérieurs sont dépourvus d'ouvertures, toutes les pièces prenant jour sur une cour à laquelle on accède par une porte basse et étroite suivie d'un corridor coudé. Un vaste bassin de marbre blanc occupe le centre de l'habitation des femmes; il est entouré d'un passage dallé servant de dégagement aux chambres des favorites, toutes logées dans cette partie du palais. Leurs petits appartements se composent de deux pièces étroites éclairées par la porte, qui devait rester ouverte pour laisser entrer l'air et la lumière.

A-t-elle dû être témoin de poignantes scènes de jalousie et de désespoir! a-t-elle vu naître et grandir d'ardentes rivalités, cette retraite où l'on parquait pêle-mêle les infortunées destinées à satisfaire les passions d'un souverain dont l'indifférence paraissait encore plus redoutable que la brutalité!

Au centre de l'une des façades s'élève le pavillon royal, orné à l'intérieur d'une grande peinture murale représentant Fattaly chah entouré de ses douze fils aînés. Il est assis sur un trône d'or enrichi de pierreries et surmonté d'un baldaquin reposant sur des colonnes torses; dans l'entre-colonnement sont disposés des vases étroits contenant des fleurs d'émeraudes et de turquoises. Le roi, vêtu d'une koledja dont les pans recouvrent les jambes repliées en arrière, est coiffé d'une tiare ornée de rubis et de diamants, et s'appuie sur un coussin brodé de perles fines; il tient à la main un sabre et un chapelet. Ses douze fils, placés sur deux étages, portent des robes s'élargissant en forme d'entonnoir; toutes les coutures et les bords de ces vêtements sont garnis d'un rang de grosses perles. Les princes ne sont pas couronnés de la tiare des souverains, mais de diadèmes de pierreries, et rappellent dans leur attitude et leur costume les rois de nos plus vieux jeux de cartes.

En tête des longs panneaux peints sur les faces latérales de la pièce, l'artiste a représenté les ambassadeurs de France et d'Angleterre, le général Gardanne et sir John Malcolm, chaussés des longs bas rouges mis autrefois, suivant les lois de l'étiquette persane, avant de paraître devant le souverain. Une double procession de personnages superposés s'étend à leur suite jusqu'au fond de la pièce : ce sont leurs portraits de ministres ou de grands dignitaires. Tous sont habillés d'amples robes de cachemire ou de brocart d'or bordées de fourrures, et coiffés de larges turbans ou de bonnets surmontés d'agrafes de pierres précieuses.

Si l'on veut se faire une idée bien exacte de certains côtés de la vie des souverains orientaux, il est intéressant de visiter dans le même palais la salle souterraine, résidence d'été de Fattaly chah. On y descend en suivant une étroite galerie qui conduit d'abord dans un vestibule, puis dans une salle octogone recouverte d'une coupole et éclairée à sa partie supérieure par des verres de couleur opaline laissant arriver dans l'intérieur un jour très discret. La pièce est revêtue de marbre ; sur une de ses faces aboutit l'extrémité d'une glissière en pente très rapide formée de plaques d'agate rubanée. Les femmes nues de l'andéroun se plaçaient tour à tour au sommet de ce plan incliné et venaient tomber avec une extrême vitesse dans un bassin rempli d'eau situé au milieu de la salle octogone. Le roi, dans ses vieux jours, passait les meilleures heures de sa vie au fond de ce souterrain, où régnait une fraîcheur délicieuse, et cherchait à se distraire en faisant exécuter à ses femmes d'extravagants tours d'acrobatie.

Le fils aîné de Fattaly chah étant mort avant son père, le vieux monarque eut pour successeur son petit-fils Mohammed, prince faible et indolent.

PALAIS DU CHAH.

En 1848 le fils de ce dernier, Nasr ed-din, souverain actuel de la Perse, monta sur le trône. Malgré les secousses politiques qui au début de son règne ont agité le pays, le chah occupera dans l'histoire une place des plus honorables.

Sous son administration intelligente l'empire Iranien entre dans une ère de progrès et distance à bien des points de vue toutes les nations musulmanes. L'influence fanatique du clergé est modérée par une main pieuse mais juste ; des écoles s'ouvrent dans les grandes villes, et leur succès fait présager un brillant avenir. Enfin la Perse ne dépense pas plus qu'elle ne peut payer, ne contracte point de dettes et se garde prudemment des tripotages financiers qui déshonorent les pays turcs.

5 juin. — Marcel a reçu ce matin une lettre du docteur Tholozan. Le chah nous recevra à deux heures avant le coucher du soleil. Amenés par la voiture du premier ministre, nous pénétrons dans l'intérieur du palais après avoir franchi plusieurs corps

de garde. La demeure royale, située au centre de la ville, est composée de bâtiments peu somptueux, enfermés dans une vaste enceinte, revêtue à l'intérieur de plaques de faïence peinte où sont représentés des soldats au port d'armes. Leurs figures bouffies sont d'un rose tendre, leurs yeux entourés d'un cercle noir et leurs sourcils joints l'un à l'autre par un trait vigoureux. Une koledja rose et un pantalon ajusté jaune serin achèvent de donner à ces guerriers un aspect des plus réjouissants.

NASR ED-DIN CHAH.

De grands talars bien aérés, de beaux jardins coupés de bassins dallés de faïence bleu turquoise, des arbres d'une superbe venue font l'unique charme du palais. On nous introduit d'abord dans un pavillon construit sous le fils de Fattaly chah. Les tapisseries, vertes, jaunes, bleues, se marient de la façon la plus désagréable et recouvrent les parties supérieures des murailles, tandis que les lambris, en papier blanc et or, sont entrecoupés de ces horribles paysages dont on enlaidissait autrefois les paravents de cheminée. Plusieurs portraits de souverains européens trônent dans cette pièce en compagnie d'une peinture persane représentant Nasr ed-din chah à cheval; au-dessous de ces souvenirs diplomatiques, u nombre égal de pianos permet aux visiteurs d'inonder la salle de flots d'harmonie, s'accordant fort mal avec les sentiments que ces « frères » ont éprouvés les uns pour les autres.

Plusieurs serviteurs entrent en courant dans le salon et annoncent que le chah descend dans le jardin, où il va nous recevoir afin d'ôter à la présentation tout caractère officiel. Après avoir enfoncé solidement nos chapeaux sur nos têtes, dans la crainte de les enlever devant le souverain, ce qui serait de la dernière grossièreté, nous sortons. A l'extrémité d'une allée apparaît Sa Majesté, accompagnée de son premier interprète, qui lit à haute voix un journal français. Ce premier groupe est suivi de quelques serviteurs sans livrée. Le roi a cinquante-trois ans, mais il paraît moins âgé ; ses cheveux, qu'on aperçoit de chaque côté des oreilles, sont noirs et plats, les yeux grands et beaux, le nez crochu, les joues creuses, le teint foncé, la moustache encore bien noire, mais la barbe, très mal faite, est grise ; l'étiquette défendant de raser un chah de Perse avec un rasoir, son barbier se voit obligé de couper tous les poils aux ciseaux, opération longue, ennuyeuse et toujours mal réussie. Le costume de Nasr ed-din est des plus simples. Une redingote de cachemire de Kirman fermée par des brandebourgs dorés descend jusqu'aux genoux ; les pantalons, de coutil blanc, s'arrêtent à la cheville ; une capote militaire en drap bleu foncé avec passepoil rouge est jetée sur les épaules et maintenue autour du cou sans que les manches soient passées ; le roi porte un simple kolah de drap noir ; une mince cravate de satin bleu de ciel maintient le col de la chemise, de forme européenne ; des escarpins découverts laissent apparaître des chaussettes blanches ; les mains, très petites, sont gantées de coton blanc.

Suivant l'exemple du docteur Tholozan, nous nous sommes rangés sur le bord de l'allée. Quand le roi a été à quelques mètres de distance, chacun de nous s'est incliné et a renouvelé ce salut à deux reprises ; Nasr ed-din s'est alors approché.

TOUR DE REÏ SUR L'EMPLACEMENT DE L'ANCIENNE RAGÈS. (Voyez p. 135.)

CHAPITRE VIII

Audience royale. — Les neveux du chah. — Départ pour Véramine. — Campagne de Véramine. — La masdjed djouma de Véramine. — Une kalê (forteresse) sassanide. — Citadelle de Véramine. — Le ketkhoda rendant la justice. — Imamzaddé Yaya. — Les reflets métalliques. — La décoration en faïence. — Facéties royales. — Tour et mihrab mogols. — Imamzaddé Jaffary. — Retour à Téhéran. — Le platane de Tadjrich. — Mirza Nizam de Gaffary.

7 juin. — « Votre Majesté me permet-elle de lui présenter Madame et Monsieur Dieulafoy, deux de mes compatriotes arrivés récemment à Téhéran et auxquels elle a bien voulu accorder une audience? a dit le docteur Tholozan.

— Comment! ce jeune garçon est une femme? a répondu le roi en persan.

— Oui, Majesté; Monsieur et Madame Dieulafoy sont porteurs d'une lettre du ministre des Affaires étrangères adressée à la légation de France, et me sont vivement recommandés par des amis communs.

— Pourquoi, Madame, me dit le roi en français, n'avez-vous pas conservé les longues robes et les vêtements des dames européennes?

— Parce que je voyage ainsi plus facilement et que je passe toujours inaperçue. Votre Majesté n'ignore pas combien, dans les pays musulmans, il est difficile aux femmes de paraître en public à visage découvert : à cet égard il me semble que les coutumes et les lois religieuses sont encore plus scrupuleusement suivies en Perse que partout ailleurs.

— C'est exact. Quel chemin avez-vous pris pour venir à Téhéran?

— Celui de Tauris.

— Vous n'avez pas fait ce long trajet à cheval?

— Pardon, Sire, je ne saurais me tenir accroupie dans un kadjaveh et souffrirais beaucoup de la longue immobilité conséquence de ce genre de locomotion.

— Où allez-vous maintenant?

— A Ispahan, Chiraz, Firouzabad, et de là à Bagdad, Babylone et Suse.

— Vous mettrez des années à suivre un pareil itinéraire. Aurez-vous la force d'effectuer ce voyage? cela me paraît bien douteux. Avant de venir en Perse, avez-vous déjà parcouru l'Orient?

— J'ai visité l'Algérie, l'Égypte et le Maroc.

— Et partout vous avez voyagé sous ce costume?

— Le plus souvent, mais je l'ai adopté d'une manière définitive depuis mon départ pour la Perse.

— Vous avez très bien fait. Dans nos pays une femme ne peut sortir à visage découvert sans ameuter la population. Cela paraît vous surprendre? Croiriez-vous par hasard que, si une Persane voilée et revêtue de son costume national se rendait en Europe et se promenait sur les boulevards de Paris, la foule ne se précipiterait pas sur son passage? Les Français n'auraient cependant pas les mêmes excuses que mes sujets, car bon nombre de ceux-ci passent souvent leur existence entière sans voir d'autres femmes que leurs parentes les plus rapprochées.

« Savez-vous peindre? me demande le roi à brûle-pourpoint.

— Non, Sire.

— C'est dommage, j'aurais bien voulu me faire représenter à cheval. Tous mes portraits sont détestables; j'ai fait faire mon buste à Paris, mais les princes n'en sont pas contents. »

« Quelles sont vos occupations en France? reprend alors Nasr ed-din en s'adressant à mon mari; étiez-vous dans l'armée pendant la guerre de 1870?

— Oui, Sire, dans l'armée de la Loire.

— Vous étiez commandé par le général d'Aurelle de Paladines, continue le roi, qui paraît avoir très présents à la mémoire les détails de la campagne de France. Que venez-vous faire en Perse?

— J'ai mission d'étudier les ruines des monuments élevés par Kaï Kosro, Darab et Chapour.

— Lisez Firdouzi: vous trouverez dans le *Chah Nameh* de précieux renseignements. En quoi ces constructions peuvent-elles intéresser la France? »

Puis, changeant tout à coup d'idées :

« Connaissez-vous M. Grévy? Connaissez-vous Gambetta? Comment va M. Grévy? Je l'ai en grande amitié et désire lui faire savoir que j'ai demandé de ses nouvelles. Quel âge avez-vous?

— Trente-sept ans.

— Vous paraissez bien plus âgé », reprend le roi avec une franchise dépouillée d'artifice.

Le docteur Tholozan représente alors au chah que mon mari vient d'être malade et qu'il sort pour la seconde fois.

« En ce cas, haakim (médecin), il te faut guérir ton ami : tu t'en acquitteras à merveille. » Puis, se tournant vers nous : « Je vous reverrai avec plaisir. N'oubliez pas de faire savoir à M. Grévy que je suis son ami. »

Le roi indique alors d'un signe de main que l'audience est terminée. Nous nous reculons, faisons nos trois saluts, Nasr ed-din se dirige vers une allée transversale et continue sa promenade.

Au dire de son entourage, le chah s'est montré très affable. Les yeux du monarque regardent franchement, et ses lèvres en souriant découvrent de belles dents blanches. Il parle assez bien le français et n'a eu recours, en causant avec nous, ni à son premier interprète, Saniet Dooulet, ni au docteur Tholozan. Seulement, quand nous ne saisissions pas très vite ses demandes et la signification de ses phrases, d'une construction quelque peu bizarre, ses narines se relevaient avec vivacité et produisaient une contraction des muscles de la face qui lui donnait un aspect félin.

8 juin. — Le roi m'a fait demander de faire la photographie des enfants de sa sœur, ses neveux les plus chéris. Je me suis empressée de me rendre à ses désirs. Ils sont gentils tous deux et représentent bien le type des petits princes persans : à cinq et sept ans, déjà pleins d'orgueil et se mouvant avec cet air solennel qu'affectent les personnages puissants ou les grands seigneurs. La fillette s'appelle Massouine (Sainte) ; elle est vêtue d'une redingote de velours grenat brodé d'or, sa tête est couverte d'un *chargat* (foulard) de soie verte, une rivière de gros diamants accrochée sur les tempes encadre l'ovale de la figure, trois grosses broches en brillants forment diadème. Les yeux sont entourés d'un large cercle noir, et les

NEVEU ET NIÈCE DU CHAH.

sourcils, accentués par un trait vigoureux, se réunissent au-dessus du nez et se prolongent jusque sous le chargat. Autour des poignets, la petite princesse porte des perles d'un superbe orient, enfilées sur des cordes de chanvre ; une multitude de bagues parent ses petits doigts effilés. Son frère Houssein est vêtu, comme le chah, d'une koledja de cachemire et d'un pantalon de coutil blanc.

Les enfants ne portent pas ici, de même qu'en Europe, des costumes de forme spéciale : garçons et fillettes sont habillés comme des hommes ou des femmes ; la mode établit seulement quelque distinction entre la coiffure des vieillards et celle des jeunes gens. Dans certaines provinces les gens âgés mettent le turban de préférence au kolah, et en tout lieu se peignent la barbe avec du henné. Cette teinture donne aux poils blancs une couleur rouge du plus singulier effet.

Véramine, 14 juin. — Nous avons renoncé à aller à Damghan, où se trouvent, paraît-il, d'intéressants monuments guiznévides. Les caravanes ont apporté de graves nouvelles : la peste bubonique s'est déclarée du côté de Mechhed et a causé d'épouvantables ravages dans les villages. Forcés d'abandonner notre projet, nous nous sommes dirigés vers le pays de

136 LA PERSE, LA CHALDÉE ET LA SUSIANE.

Véramine, situé à douze farsakhs environ de Téhéran, avant de prendre d'une façon définitive la route du sud.

Au sortir de la capitale on traverse d'abord les murs de l'ancienne Reï, située au pied de la chaîne de l'Elbrouz, et, après avoir laissé sur la droite une tour seljoucide que nous avons étudiée avec intérêt, et sur la gauche un *dakhmas* (cimetière guèbre), où les cadavres des

UNE CASE DU CIMETIÈRE GUÈBRE.

sectateurs de la religion de Zoroastre sont donnés en pâture aux oiseaux de proie, afin que, selon les rites sacrés, la pourriture humaine ne souille ni la terre ni les eaux, nous atteignons une seconde tour, que couronnent les débris d'une inscription coufique. Au delà des vieilles fortifications de la ville s'étendent des jardins entourés de murailles en pisé, où se réfugient aux approches de l'été les andérouns des grands personnages de Téhéran. Ces installations sont très recherchées à cause du voisinage du tombeau de chah Abdoul-Azim, signalé au loin par sa coupole dorée, ses bois de platanes et d'ormeaux. En apercevant ce sanctuaire vénéré, les tcharvadars se mettent à causer et déplorent l'amoindrissement des privilèges

CIMETIÈRE GUÈBRE PRÈS DE TÉHÉRAN.

de la religion depuis l'arrivée des Faranguis en Perse. « Autrefois, disent-ils, le criminel avait à Chah-Abdoul-Azim un refuge inviolable, il pouvait y passer sa vie entière entretenu aux frais de la mosquée; aujourd'hui, quand le roi l'ordonne, les mollahs ne donnent aucune nourriture au coupable réfugié dans le sanctuaire, et le réduisent à mourir de faim ou à quitter de lui-même cet asile protecteur. » Pendant que nos gens se lamentent du tort fait aux assassins, nous nous rapprochons de la montagne et suivons les premiers contreforts du Démavend, dont la cime neigeuse, empourprée par les rayons du soleil couchant, se détache sur un ciel de couleur orange et sur les masses gris ardoisé de la montagne.

A trois farsakhs de Téhéran le paysage change brusquement d'aspect; de nombreux kanots, reconnaissables aux longues files de remblais coniques, descendent dans la plaine jaunie par les blés déjà mûrs.

Malgré la nuit on aperçoit de tous côtés, aux rayons brillants de la pleine lune, des villages perdus dans la verdure et des bandes d'ouvriers occupés aux travaux de la moisson. Les hommes, armés de faucilles, abattent de larges sillons, tandis que les femmes et les enfants, s'avançant en foule derrière eux, forment les javelles. La chaleur est si intense pendant le jour qu'il serait impossible aux ouvriers de faire tomber l'épi sans l'égrener; aussi les nomades, qui à la fin du printemps viennent offrir leurs services aux propriétaires, passent-ils toute la journée endormis sous de larges auvents formés de nattes de paille fixées à des perches, et commencent-ils leurs travaux lorsque le ciel s'illumine de cette profusion d'étoiles dont les profanes ne soupçonnent même pas l'existence dans nos contrées brumeuses.

Sous l'influence de la fraîcheur la campagne semble rendue à la vie, mille bruits se font entendre. Les chants des moissonneurs, les aboiements des chiens au passage des caravanes, les hennissements des chevaux, les monotones romances des cigales donnent à la plaine une animation qui contraste avec le silence des villes à cette heure avancée.

Nos muletiers, blasés sur la beauté des nuits de Perse, se sont endormis en marchant; surprise vers une heure du matin de ne pas être encore arrivée, je les interroge, et ils répondent à mes questions en m'assurant qu'ils ont pris un raccourci. En langage de tcharvadar, prendre un raccourci équivaut à perdre sa route; peu après cet entretien nous sommes effectivement arrêtés par de petits canaux à ciel ouvert s'entre-croisant comme les fils d'un écheveau; las de les côtoyer sans arriver à trouver un passage guéable, et comprenant à leurs nombreux faux pas que nos chevaux se plaignent à leur manière de cette longue marche dans des terrains détrempés, nous prenons le parti d'atteindre un hameau voisin signalé par les aboiements des chiens de garde.

Au bruit de notre caravane s'engageant dans la rue, les hommes montrent prudemment au-dessus des murs l'extrémité du bonnet d'indienne rembourré de coton dont se parent pendant la nuit les villageois, et interpellent avec inquiétude nos domestiques.

« Que vient faire à pareille heure dans le village cette petite troupe à la tête de laquelle nous apercevons des cavaliers armés?

— Nous avons perdu notre chemin, répliquent les muletiers, et nous voudrions bien, de peur des voleurs, mettre nos bêtes en sûreté, au lieu de camper dans les champs. »

Sur cette belle et tranquillisante réponse, dans laquelle il n'est même pas question des voyageurs, on nous signale la maison du ketkhoda, la plus vaste du village, où les mulets trouveront, paraît-il, une hospitalité digne d'eux. Le tcharvadar frappe à la porte indiquée; elle s'ouvre, et nous pénétrons, après avoir longtemps parlementé, dans une galerie sombre conduisant au jardin. Sous les arbres s'étend, carrelé, en briques cuites, un large parvis servant en été de chambre à coucher. Prudents ou frileux, les habitants de cette demeure ne se sont pas encore aventurés sur leurs terrasses. La nuit est si claire qu'on distingue nettement les traits de tous les dormeurs allongés les uns auprès des autres sur leurs couvre-pieds pliés en quatre doubles.

La meilleure place sur le dallage est mise à notre disposition; le ketkhoda, surpris tout d'abord de nous entendre exprimer des doutes sur la salubrité d'un aussi bel emplacement, fait ouvrir les portes du talar. Le campement est bientôt organisé, et tout rentre dans le silence et le calme, interrompus par notre arrivée.

15 juin. — A l'aurore Marcel donne l'ordre de se remettre en route, afin de profiter des heures les plus fraîches de la matinée. La caravane traverse d'abord les nombreux canaux qui, la veille, ont arrêté sa marche et se dirige vers une bande rougeâtre signalant à l'horizon le commencement du désert. La campagne présente en cette saison un aspect d'une surprenante fertilité; les champs, soigneusement cultivés sont coupés par de grands bouquets de verdure disséminés sur tous les points de la plaine; à perte de vue s'étendent des moissons

PANORAMA DE VÉRAMINE.

dorées et des plantations de pavots blancs tout en fleur. C'est le moment de la première récolte de l'opium. Les têtes déjà mûres sont légèrement incisées sur le côté avec un instrument tranchant, et la liqueur qui s'en écoule est recueillie dans une tasse attachée au doigt du paysan chargé de ce travail. Ces incisions, renouvelées trois fois de quinzaine en quinzaine, laisseront écouler tout le suc de la plante.

Au bout de quatre heures d'une marche difficile à travers des récoltes que nous sommes obligés de fouler aux pieds, à la grande colère des villageois, je distingue dans le lointain une haute tour couronnée d'un toit conique et la coupole émaillée d'une mosquée s'élevant au-dessus d'un fouillis de verdure sombre étendu sur plusieurs kilomètres de longueur. C'est le village de Véramine. Bientôt après l'avoir aperçu, nous nous engageons dans un chemin compris entre des jardins enclos de murs de terre.

Les cerisiers, les abricotiers, les pruniers et les pêchers, serrés en taillis impénétrables, mêlent leurs fruits si abondants, qu'ils dissimulent en partie le feuillage sous leurs grappes colorées. Des mûriers gigantesques sont habités par une multitude de gamins occupés à picorer les mûres blanches et rouges, grosses comme des œufs de pigeon, ou à les gauler légèrement et à les recueillir sur des nattes de paille étendues tout autour des arbres ; à l'abri de haute futaie s'étalent des touffes de grenadiers aux fruits verts et aux fleurs rouge sang.

Véramine, pays essentiellement agricole, n'a pas de caravansérail convenable ; mais le docteur Tholozan n'a rien oublié et nous a pourvus de si pressantes recommandations, que le ketkhoda s'est empressé de mettre à notre disposition une partie de sa maison. La chaleur est extrême au moment de notre arrivée ; néanmoins, les visites de politesse échangées, nous poussons une reconnaissance du côté de la masdjed djouma, superbe édifice aujourd'hui ruiné et dans lequel on ne fait plus la prière faute de trouver un emplacement où l'on puisse invoquer Allah sans risquer de recevoir un pan de mur sur la tête. Grâce à cet état de délabrement, il est permis aux infidèles d'entrer dans la mosquée et de se faire écraser tout à l'aise, si cela leur est agréable.

LA MASDJED DJOUMA DE VÉRAMINE (VUE EXTÉRIEURE).

Le monument est situé à quelque distance du village, au milieu de champs aujourd'hui couverts d'une épaisse végétation de broussailles et d'herbes piquantes.

Une façade ornée de ravissantes mosaïques de faïence de deux bleus précède la grande cour placée au-devant de l'entrée du sanctuaire ; l'éboulement de l'une des parties latérales de la construction permet d'embrasser d'un seul coup d'œil un édifice rappelant de très près dans ses grandes lignes la masdjed Chah de Kazbin. La salle du mihrab, enrichie d'admirables panneaux de fleurs en relief traités avec une hardiesse et une sûreté de main surprenantes, attire surtout notre attention. Comme à Kazbin, on retrouve dans l'intérieur de cette salle les mêmes pendentifs permettant de passer sans transition brusque du plan carré au plan octogonal et, de ce dernier, à la forme circulaire de la coupole. Les parements de maçonnerie de briques sont rejointoyés en blanc et ornés de joints verticaux larges de quatre centimètres, au milieu desquels sont sculptées en creux, avec la pointe de la truelle, des arabesques dessinant un semis à motifs multiples régulièrement disposés et du plus heureux effet. Tout cet ensemble est imposant et d'un goût très pur.

En montant sur les maçonneries éboulées, on atteint une galerie sans parapet qui fait le tour de la coupole.

De ce point le regard embrasse toute la plaine. Au sud, du côté du désert, se présente la lande sans bornes, rouge comme le soleil couchant; au nord, entre la mosquée et la montagne, on aperçoit les murs de terre d'une immense *kalè* (forteresse); autour de cette enceinte, sur un rayon de sept à huit kilomètres, s'étend une ceinture de forts détachés, comparables aux ouvrages disposés en avant de nos places de guerre. Le village lui-même est dominé par une citadelle en assez bon état de conservation et sans doute utilisée dans l'ancien système de défense. Il serait intéressant de pousser plus loin notre promenade, mais la nuit tombe et nous devons mettre notre vie en harmonie avec celle des villageois. En été chacun ici se couche et se lève avec le soleil; le soir on sort des maisons les couvre-pieds, les oreillers et les couvertures, on les étend sur les terrasses ou dans les jardins et l'on s'endort dès que la nuit est close. A l'aube, les rayons du soleil et les mouches réveillent les plus paresseux; à quatre heures toute la population du village est sur pied et vaque à ses occupations jusqu'à huit heures du matin. La chaleur devient alors si intense qu'on se retire dans les maisons, où l'on s'abandonne aux douceurs du sommeil. Ce repos est sacré, et l'après-midi on doit même s'interdire de donner des ordres aux domestiques, toujours plus mécontents d'être dérangés pendant leur sieste que durant le repos de la nuit. Vers le soir l'air se rafraîchit et la vie reprend son cours normal.

16 juin. — A l'aurore, les chevaux sont sellés; nous allons visiter la kalè centrale. C'est une vaste enceinte rectangulaire bâtie en matériaux de terre crue et flanquée de tours défensives, distantes de trente mètres les unes des autres. La forme des matériaux n'est plus apparente, et les murs de terre paraissent construits, comme ceux de Kouyoundjik ou de Khorsabad, avec des briques posées encore humides les unes au-dessus des autres et agglomérées au point de composer une masse compacte. Ce procédé

LA MASDJED DJOUMA DE VÉRAMINE (VUE INTÉRIEURE).
(Voyez p. 141.)

de construction n'ayant jamais à ma connaissance été employé par les musulmans, nous nous trouvons sans doute en présence d'un ouvrage sassanide plus ancien que les remparts de Reï. D'après les traditions locales, l'origine de cette fortification remonterait au temps de Féridoun, héros favori des anciens poètes persans dont le nom légendaire a été chanté par Firdouzi. Ces renseignements sont peu concluants; je dois cependant m'en contenter, car on ne découvre à l'intérieur de l'enceinte ni mur ni tumulus dont l'examen ou les fouilles puissent fournir des données certaines sur l'âge et l'histoire de la fortification. Marcel incline à croire que cette kalè, pourvue de kanots qui amenaient en tous points une eau fraîche et limpide, est un ancien camp retranché. Tout autour de l'enceinte nous visitons les forts isolés que nous avons aperçus hier du haut de la masdjed djouma. Situés sur des tumulus très élevés et composés

LA CITADELLE DE VÉRAMINE.

de quatre tours massives flanquant des courtines fort épaisses à leur base, ces ouvrages étaient destinés à compléter un système de défense formidable dirigé contre les invasions venues du Khorassan. Le plus grand d'entre eux et le mieux conservé se trouve dans le village; il est de forme carrée et construit en matériaux de terre; l'inclinaison considérable donnée aux parements extérieurs des tours et des courtines rappelle le front des pylônes primitivement élevés en briques crues et auxquels les Égyptiens conservèrent des formes devenues hiératiques quand ils construisirent en pierre les temples de leurs dieux.

La citadelle de Véramine était entourée d'un large fossé et d'un chemin couvert dont on ne retrouve pas de traces dans les autres ouvrages. Les murs, d'origine très ancienne, ont été revêtus d'un parement de briques crues à une époque postérieure à la construction des forts isolés. Il est donc à supposer que la citadelle ne différait en rien des autres kalès, et que les défenses accessoires furent élevées par les Seljoucides ou leurs premiers successeurs afin de rendre imprenable la résidence du gouverneur de la contrée. Le nom de *kasr* (château) donné au fort semble confirmer cette hypothèse.

17 juin. — La température est très élevée. Bien que le soleil fût près de l'horizon quand nous sommes allés tirer aux cailles et aux alouettes, si nombreuses dans les champs de blé, le vieux Phébus nous a mis en un tel état, que nous avons fait serment de ne plus affronter à l'avenir la chaleur du jour.

A peine de retour au logis, un bruit confus se fait entendre; des cris, des imprécations retentissent au dehors, et notre habitation, en général si tranquille, est envahie. C'est aujourd'hui que le ketkhoda rend la justice.

L'*ourf* ou loi coutumière est appliquée par le roi, mais le monarque délègue son autorité à ses lieutenants, aux gouverneurs de province, aux percepteurs d'impôts et aux chefs de village chargés de juger les cas de simple police. Les ketkhodas ont le droit d'infliger de légères punitions, telles que la bastonnade, ou d'imposer des amendes. Si la faute est grave, le coupable doit être conduit devant le gouverneur de la province, dont les pouvoirs sont plus étendus; toutefois ces hauts personnages ne peuvent condamner à la peine de mort, ce droit étant réservé au chah et, sous la réserve d'une délégation spéciale, aux princes de sang royal. La procédure dans les affaires sans gravité est très simple; les jugements sont rapidement rendus, mais les frais, nuls en apparence, deviennent souvent très onéreux à cause des *pichkiach* (présents) que les parties envoient aux juges dans l'espoir de les corrompre.

La cour de la maison du ketkhoda sert de prétoire; au milieu se trouve une plate-forme carrelée, flanquée à droite et à gauche de deux petits jardins, dont l'un ne forme qu'un énorme bouquet de passe-roses et l'autre une touffe de grenadiers chargés de fleurs. A cinq heures du soir on ouvre un kanot, l'eau inonde le parterre; un serviteur saisit alors une sébile de bois, arrose la plate-forme, où l'on ne pourrait s'asseoir, tant elle est brûlante, si l'on n'avait soin de prendre cette précaution préliminaire, et, dès que le carrelage est sec et bien balayé, il apporte un tapis de feutre brun et un ballot de couvertures enveloppées dans une toile de coutil. Le ketkhoda descend du talar, s'accroupit sur le feutre, appuie son dos contre les literies et invite le *mirza* (secrétaire) à s'asseoir à ses côtés. Vis-à-vis du principal juge prennent place deux conseillers, installés comme lui. Des domestiques allument les *lalès* (candélabres surmontés d'une tulipe de verre destinée à empêcher le vent d'éteindre les bougies), luxe superflu, car la lune ne va pas tarder à paraître et donnera une telle clarté, qu'il ne sera pas besoin de lumière artificielle pour lire et écrire tout à l'aise. Ces préparatifs terminés, les plaignants sont amenés à la barre. Le demandeur parle le premier, développe son affaire dans un discours modéré, entremêlé toutefois de quelques perfides insinuations à l'adresse de son adversaire; celui-ci garde tout en écoutant une parfaite indifférence et, quand son tour est venu, plaide avec un calme parfait. La cause est entendue. Le ketkhoda, après avoir consulté ses conseillers, applique la loi et rend un jugement généralement sans appel; les deux adversaires, se départant alors de leur bonne tenue, se retirent en s'injuriant, et terminent la querelle à coups de poing dès qu'ils ont franchi la porte du jardin.

Les petits procès auxquels nous assistons sont peu variés : ils roulent à peu près tous sur des vols de volailles, ou bien sur l'inexécution de contrats passés entre des propriétaires et des ouvriers engagés à l'année. Ces misérables valets, après s'être fait entretenir tout l'hiver, ont abandonné leur maître au moment de la moisson afin de gagner double paye ailleurs. Les sentences me semblent équitables. Celui qui a volé une poule est condamné à en rendre deux en échange; s'il n'a pas de poules, il remettra à la partie lésée quatorze chaïs (quatorze sous), valeur de ces intéressants volatiles. J'étais loin de me douter de ce prix modeste lorsque je réglais les comptes de notre *achpaz bachy* (cuisinier en chef).

Quant à l'ouvrier qui a manqué à ses engagements, il rentrera chez le maître qui l'a nourri toute l'année ou recevra des coups de bâton : il a le choix.

La séance devient maintenant tout à fait attachante. A l'audience précédente, une cause des plus graves a été appelée : un jardinier du village, nommé Kaoly, est allé, la semaine dernière, porter à Téhéran plusieurs charges de fruits et de concombres. Puis, ayant repris le chemin de Véramine avec plusieurs collègues, il a eu la maladresse de se laisser voler son vêtement pendant le voyage. Dès son retour au village, Kaoly s'est rendu chez le magistrat pour lui faire part de ses soupçons : « J'ai fait route avec Rezza, Ali, Houssein, Ismaïl et Yaya ; je me suis endormi pendant que les ânes se reposaient, et au réveil j'ai cherché en vain ma belle koledja; seuls mes compagnons peuvent avoir dérobé cet habit. »

Immédiatement appelés, les paysans sont arrivés fort émus et ont cherché à prouver leur innocence.

Le ketkhoda a ordonné à son mirza de couper cinq jeunes pousses de même longueur à un grenadier, arbre magique comme chacun sait, et a prescrit aux accusés de les rapporter à la prochaine audience. « La branche, a-t-il ajouté, s'allongera entre les mains du coupable. »

Ce soir, tous les assistants attendent avec un vif intérêt la solution de cette affaire. Les cinq prévenus sont introduits, remettent leur pousse de grenadier au juge; celui-ci les soumet à un examen attentif, puis, prenant la parole :

« Yaya, tu es un coquin, tu as volé la koledja.

— Grâces soient rendues à Dieu, ce n'est pas vrai !

— Tu mens, puisque tu as coupé un morceau de ta branche, espérant éviter ainsi qu'elle ne devînt plus longue que celles de tes compagnons. Kaoly, rends-toi avec un *golam* (soldat) au domicile de Yaya; le voleur te rendra ton vêtement et reviendra ensuite recevoir vingt coups de bâton. »

Sur cette juste sentence, la séance est levée, on ferme les portes, et le ketkhoda, afin de réparer ses forces, fait apporter le dîner. Après avoir vu Thémis dans tout l'appareil de sa gloire, nous allons l'admirer dépouillée de prestige et mangeant avec ses doigts.

Les serviteurs placent sur le sol un *madjmoua* (plateau circulaire de la grandeur d'une table); les plats posés au milieu sont peu nombreux, mais d'aspect réjouissant.

Au centre s'élève une volumineuse montagne de pilau mêlé d'herbes fines, de courges coupées en morceaux, et accompagné de lait aigre; des croquettes de mouton font pendant à des volailles nageant dans une sauce destinée à humecter le riz; entre ces deux plats on a disposé, d'un côté, une pile de concombres, et, de l'autre, des couches de pain minces comme des crêpes, superposées sur vingt ou trente épaisseurs. Les verres, les assiettes, les couteaux, les carafes, les fourchettes sont choses inconnues : à peine y a-t-il à Téhéran cinq ou six grands personnages sachant se servir de ces instruments civilisés.

On raconte même à ce sujet que, trois mois avant son premier voyage en Europe, le chah se fit donner des leçons de fourchette; son éducation ayant été des plus laborieuses, il eut la fantaisie d'amuser l'andéroun aux dépens de ses ministres, et les invita, dans ce but, à venir dîner au palais. L'étiquette persane exigeant que le roi mange seul, il ne pouvait présider au festin et s'était caché avec ses favorites derrière un paravent, à travers les joints duquel on pouvait suivre des yeux les péripéties du banquet.

Les convives arrivèrent à l'heure dite, tout heureux de goûter aux merveilles de la cuisine

IMAMZADDÉ YAYA. (Voyez p. 148.)

royale; mais la cigogne invitée chez le loup ne fit pas plus triste figure que les Excellences en constatant que le dîner, préparé à l'européenne, devait être mangé avec des fourchettes. Les ministres firent d'abord bonne contenance, s'assirent et mirent la meilleure volonté du monde à couper avec les couteaux et à maintenir au moyen de fourchettes les viandes placées sur leurs assiettes; ils s'encourageaient les uns les autres et enviaient le sort de leurs collègues assez habiles pour se régaler sans se piquer la langue ou les lèvres. Le roi et ses femmes se réjouissaient à la vue de l'embarras général, quand l'une d'elles, voulant prendre la place de sa compagne, heurta le paravent. Un bruit épouvantable fit retourner tous les assistants : l'écran s'était abattu. Sauve-qui-peut général : les femmes non voilées ramènent par un mouvement instinctif leurs jupes sur leur figure sans songer aux suites de cette imprudente manœuvre, tandis que les convives, désireux de prouver à leur souverain la pureté de leurs intentions, mettent d'abord leur main devant leurs yeux, puis se jettent la face contre terre et se glissent sous la table.

A Véramine on mange avec les doigts, préalablement lavés au-dessous d'une aiguière. Tous les convives, maîtres et serviteurs, s'agenouillent en rond autour du plateau, relèvent leur manche droite jusqu'au coude, appuient le bras gauche sur leur poitrine de manière à retenir les vêtements et portent la main au plat avec une égale précipitation. Chacun prend autant de pilau que la paume de sa main peut en contenir, serre le riz en le pétrissant, saisit ensuite dans tous les plats les morceaux de viande qu'il préfère, les fait glisser avec le pilau, forme de ce mélange une boule, qu'il trempe parfois dans du lait aigre, et, quand elle est à point, ouvre une large bouche et engloutit cet étrange amalgame, presque sans le diviser avec les dents. Si la boule est trop volumineuse, on voit les dîneurs allonger le cou à la manière des chiens qui s'étranglent, afin de comprimer l'œsophage et de faire glisser la pâtée au fond de l'estomac.

Il n'est pas dans les habitudes de causer ou de boire pendant les repas. Que deviendrait la part du bavard ou du paresseux?

Quand le dîner, dont la durée n'a pas dépassé dix minutes, est fini, les bassins et le plateau sont emportés, et l'on fait passer un saladier rempli de *serkadjebin* (vinaigre aromatisé avec de l'eau de roses), que l'on prend dans de profondes cuillers de bois délicatement travaillées, puis chacun lave ses mains, fume un kalyan, fait la prière, étend ses couvertures à terre, s'allonge et s'endort. Qu'un doux sommeil et des songes heureux soient le partage des juges de Véramine !

18 juin. — Ce matin nous avons visité l'imamzaddè Yaya, un des monuments les plus intéressants de la contrée, mais aussi le seul qui soit fermé et gardé.

TOUR DÉCAPITÉE A VÉRAMINE. (Voyez p. 149.)

Il est lambrissé à l'intérieur de belles faïences à reflets métalliques. Quelques parties de ce revêtement ont été dérobées et vendues à Téhéran à des prix très élevés ; à la suite de ces vols, l'entrée du petit sanctuaire a été interdite aux chrétiens, et cette défense est d'autant mieux observée que les chapelles sanctifiées par les tombeaux des imams sont, aux yeux des Persans, revêtues d'un caractère plus sacré que les mosquées elles-mêmes. Nous faisons exception à la loi commune, le chah ayant bien voulu, dans l'intérêt des études de Marcel, nous autoriser à franchir le seuil du sanctuaire. A la vue de l'ordre royal, le ketkhoda a chargé son frère de nous accompagner; sa présence n'a pas été inutile. Au moment où nous sommes arrivés, la garde de la porte était confiée à des paysans armés de bâtons, entourant un mollah coiffé du turban blanc réservé aux prêtres.

L'imamzaddè Yaya a été construit à trois époques différentes; la mosquée est seljoucide et date du douzième siècle, mais elle comprend dans son ensemble un petit pavillon très ancien à toit pointu dont les formes rappellent l'Atabeg Koumbaz de Narchivan. Cette enclave remonte sans doute au temps des Guiznévides, ainsi que l'indique le travail fait pour raccorder les diverses parties du monument et souder entre elles les maçonneries anciennes et nouvelles. Toutes les faïences à reflets métalliques du mihrab, du lambris et du tombeau ont été posées bien après la construction du deuxième imamzaddè, et l'on a dû, afin de les placer, détruire une partie de la décoration primitive. Cette constatation est du plus haut intérêt, car elle détermine d'une manière positive l'époque exacte à laquelle furent produits en Perse les plus beaux reflets métalliques. Si je m'en rapporte aux renseignements pris à Téhéran et à notre impression personnelle, il n'est pas possible d'obtenir des émaux plus purs et plus brillants que ceux de l'imamzaddè Yaya.

Les faïences à reflets métalliques peuvent se diviser en trois classes : les premières sont à peine jaunes; celles de la seconde catégorie ont la teinte du laiton; les dernières, plus foncées, ont la couleur du cuivre rouge. Pour qu'une plaque soit vraiment belle, il faut que le reflet soit de couleur uniforme et franchement métallisé; lorsque la cuisson n'est pas complète, les oxydes ne se réduisent pas et la brique reste pâle; quand, au contraire, l'intensité du feu a été trop vive, l'émail est brûlé, la brique devient brune et terne. Aussi de tous les reflets ceux qui se rapprochent des deux extrêmes, tout en restant métalliques, sont les plus estimés. La teinte la plus claire paraît même la plus prisée des Persans.

La réunion de toutes ces qualités dans les étoiles, les croix ou les membres d'architecture composant le lambris, le sarcophage et le mihrab, donne une inappréciable valeur artistique aux carreaux et aux frises de Véramine, qui l'emportent comme coloris et comme émail sur les

MIHRAB A VÉRAMINE.

faïences hispano-mauresques et sur les faïences italiennes ainsi qu'un original sur une copie. Les revêtements de la salle du tombeau ont été posés après la chute de la dynastie des Seljoucides et sont, par conséquent, contemporains de la domination des Atabegs de l'Azerbeïdjan, ou des premiers Mogols, maîtres de la Perse dès le milieu du treizième siècle.

19 juin. — L'intérêt spécial qui s'attache aux monuments de la contrée est dû aux remarquables spécimens de l'architecture persane groupés autour du village. On peut étudier ici, dans toutes ses manifestations, l'histoire de l'art monumental au Moyen Age, c'est-à-dire depuis l'avènement de la dynastie des Seljoucides jusqu'à la chute des Mogols.

Il n'est pas jusqu'à la petite tour décapitée, à laquelle est joint un délicieux modèle de mihrab encadré d'une inscription en faïence bleu turquoise gravée sur un fond de terre cuite, qui ne serve de transition toute naturelle entre les monuments mogols et ceux qui furent construits plus tard sous les dynasties des Moutons Blancs et des Moutons Noirs, spécialement représentés par la mosquée Bleue de Tauris.

Depuis longtemps Marcel est revenu de cette idée préconçue, emportée pour ainsi dire avec ses bagages, que la décoration de faïence d'un bon style était exécutée au moyen de carreaux appliqués en revêtement. Le carreau est une œuvre de décadence.

Le plus ancien monument que nous ayons visité, c'est-à-dire le petit pavillon guiznévide joint à l'imamzaddè Yaya, ne présente dans sa décoration aucune trace d'émail. Tous les ornements superficiels sont exécutés en briques entières, posées de champ.

Sous les Seljoucides, le caractère de la construction change peu ; on commence néanmoins à voir apparaître dans les parements quelques rehauts de faïence bleu turquoise appliqués directement sur la tranche des briques ; mais ces rehauts sont encore très rares et distribués avec parcimonie.

Vers 1350 les dessins se compliquent et les couleurs se multiplient ; enfin, à l'époque où nous reporte la tour de Véramine, on intercale dans les frises des briques carrées, sur lesquelles sont tracées en relief des lettres émaillées, afin de simuler, sans grande dépense, le travail très délicat exécuté jusqu'alors en mosaïque.

La construction de la mosquée Bleue de Tauris ouvre une ère nouvelle à la décoration ; les combinaisons géométriques ont perdu toute valeur artistique par la complication même de leur tracé ; les architectes, en quête de nouveauté, substituent aux lignes droites qui servaient à composer les mosaïques une ornementation plus libre, puisant surtout dans le règne végétal ses formes élémentaires ; mais, s'ils modifient les tracés, ils ne touchent point au système, c'est-à-dire que chaque pétale, chaque fleur sont découpés dans des briques épaisses juxtaposées les unes à côté des autres de manière à former une véritable marqueterie. La décadence commence sous les Séfévichs.

Pendant le règne de chah Tamasp, le restaurateur malheureux du tombeau de chah Khoda Bendeh et de la masdjed Chah à Kazbin, les briques sans émail, jugées indignes de figurer dans les édifices royaux, ne sont plus utilisées qu'à titre de matériaux ou dans les encadrements. La conséquence de cet emploi abusif des surfaces émaillées se fait bientôt sentir. A la mosaïque, trop coûteuse pour être exécutée sur de grandes superficies, on substitue des carreaux plats sur lesquels on reproduit au pinceau les dessins formés autrefois par la juxtaposition des fragments colorés ; déjà à Tauris les maîtres mosaïstes ont ajouté au bleu clair, au bleu foncé et au blanc le noir, le jaune feuille morte et le vert ; sous le règne de chah Abbas, en même temps que l'usage des carreaux de faïence se généralise, la palette du décorateur se complète ; les panneaux perdent peu à peu la sobriété de tons et de lignes qui les a distingués jusque-là, les bonnes traditions tombent en oubli, le goût s'abâtardit. De transition en transition les peintres arrivent à composer soit de grands panneaux à fond blanc avec fleurs roses et rouges, soit des tableaux de bataille où le valeureux Roustem perce de ses flèches acérées les diables et les dives, soit enfin, dans les palais du roi et de ses fils, ces abominables soldats plus grands que nature, dont le dessin et la coloration barbares attestent la chute absolue d'un art autrefois si brillant et si décoratif.

Ainsi, il faut bien en prendre son parti, ces carreaux de faïence, que beaucoup d'artistes considèrent à l'heure actuelle comme le dernier mot de la décoration persane, sont des productions de la décadence. Il suffit d'ailleurs d'examiner les merveilleux chefs-d'œuvre de l'art du Moyen Age pour n'avoir plus de doute à ce sujet.

En revenant à Véramine, nous passons sur la principale place du village ; l'animation est grande : c'est jour de marché ; les paysans des environs sont venus vendre leur blé,

BERGERS D'ASTÉRABAD. (Voyez p. 153.)

apporté à dos de mulet dans de grandes sacoches de poil de chèvre; d'autres villageois ont amené des ânes chargés de poules attachées au bât par les deux pattes; les femmes de tribu, à peu près dévoilées, mais fort sauvages, offrent aux passants des œufs ou des cucurbitacées; enfin, un peu plus loin, se trouve l'important marché aux bestiaux, où l'on vend des moutons de tout âge, des chèvres et de ravissants petits ânes gris zébrés de noir. Quelques bergers descendus des montagnes qui forment le bassin de la mer Caspienne se sont étendus à l'ombre d'un mur de terre. Leurs traits durs et leur peau noire rappellent ceux des tribus turcomanes originaires d'Astérabad; ils sont vêtus d'une koledja de coton vert pomme, coiffés d'un kolah de drap brun et tiennent à la main le bâton des pasteurs.

Chaque jour nous constatons avec surprise des analogies d'habitudes et des similitudes de caractère entre les paysans persans et les habitants de nos villages méridionaux. Ce sont, avant de traiter une affaire, les mêmes cris, le même marchandage, la même manière chez l'acheteur de relever ses manches et de soulever l'un après l'autre chaque mouton afin de connaître son poids, le même système de déprécier la valeur des animaux qui lui plaisent le plus, la même habitude du vendeur de demander le triple de la valeur de sa bête alors que l'acheteur en offre le quart, et que tous deux savent à cinq centimes près à quel prix ils s'accorderont. Enfin, toujours comme dans nos campagnes, quand l'achat est conclu, les deux parties se donnent la main et ratifient ainsi leurs conventions verbales.

L'existence est fort douce à Véramine. L'*achpaz bachy* (cuisinier en chef) tire un parti sortable de nos approvisionnements, et tous les matins, au retour de nos longues excursions, nous trouvons le logis frais et la table chargée d'abricots, de prunes et de magnifiques cerises. Le soir, quand, après le coucher du soleil nous rentrons les poches pleines de cailles et de geais bleus tués dans les champs et les vergers, il prépare de délicieux kébabs assaisonnés de verjus. Sur ses conseils nous nous sommes décidés à boire du *maçt* (lait fermenté), auquel nous avions préféré jusqu'ici l'eau, certainement malsaine par les fortes chaleurs. Depuis cette innovation très goûtée de Marcel, le maçt entre sous toutes les formes dans nos aliments : maçt à la soupe, maçt dans les verres, maçt partout, et malgré cet abus nous apprécions tous les jours davantage ce délicieux laitage.

A l'heure où le soleil s'abaisse sur l'horizon, j'ai détaché le rideau noir placé devant la porte et je suis allée me promener au jardin. Ma surprise a été extrême en me sentant brûlée par une brise de feu. Le ciel est pourpre, et sur le désert le vent va se lever. Je monte sur la terrasse; le spectacle est étrange et terrible tout à la fois : on sent qu'un trouble grave va se produire dans les éléments.

Le village, que domine la haute tour seljoucide surmontée d'un toit pointu semblable à ceux qui devaient recouvrir autrefois la tour de Narchivan, est encore dans le calme, mais la teinte sombre des feuilles paraît se décomposer; les terrasses plates ou les coupoles de terre revêtent une couleur cuivrée, l'air est lourd, étouffant; de tous côtés les troupeaux de vaches et de moutons, poussés par l'instinct de la conservation, accourent s'abriter dans le village; les bergers excitent les animaux retardataires, les chassent devant eux à grands coups de fouet, tandis que les chiens, abandonnant leurs maîtres, se précipitent vers le chenil de toute la vitesse de leurs jambes.

Bientôt la couleur du ciel se modifie; de rouge sang elle devient violette; enfin de grands nuages noirs pareils aux tourbillons de fumée d'un incendie gigantesque s'élèvent dans les airs. Véramine est à plus de quinze kilomètres de la steppe, et cependant quelques minutes suffisent pour apporter jusqu'ici un violent courant d'air. Je descends au plus vite de la terrasse afin de ne pas être renversée par le tourbillon; les serviteurs crient à tue-tête de fermer les portes; je suis leur conseil, et à peine ai-je eu le temps de barricader les ouvertures, qu'un ouragan terrible semble vouloir écraser la terrasse. Quelques instants se passent; j'entr'ouvre la porte : il fait presque nuit, et du ciel tombe une pluie de sable fin. Peu à peu le jour revient, l'ouragan est passé ; mais quel désastre a subi le pauvre jardin ! Les grenadiers, qui ont le plus vigoureusement supporté la tourmente, sont tout gris ; leurs fleurs fanées et leurs fruits gisent à terre mêlés au sable; on n'aperçoit même plus les passe-rose, renversées dès le premier coup de vent. De tous côtés les branches d'arbres cassées, les feuilles arrachées, les ustensiles de ménage oubliés sur les terrasses, jonchent le sol. Quelques paysans sortent de leurs maisons, constatent les dégâts et se lamentent en voyant les abricotiers dépouillés de leurs fruits ; d'autres se félicitent d'avoir terminé la moisson : si l'ouragan avait surpris le blé encore debout, les épis, chauffés par le soleil, se seraient égrenés en se heurtant les uns contre les autres, et la récolte eût été perdue.

Les suites de la tourmente auraient pu être désastreuses. La plaine de Véramine alimentant presque exclusivement la capitale, Téhéran sera réduit à la famine quand, après un cataclysme atmosphérique, l'eau viendra à manquer, ou lorsque les sables du désert recouvriront les champs de leur couche stérile. Dans ce pays privé de canaux, de routes et de chemins de fer, une grande ville est à la merci de la fertilité des contrées voisines.

Le ketkhoda est allé hier à la ville ; son premier domestique s'appuie ce soir sur la pile de couvertures et s'apprête à rendre la justice avec le sérieux et la dignité de Sancho Pança. Un boulanger est introduit. Il vient se plaindre de n'avoir pas été payé depuis longtemps par un de ses clients.

« Aga, ajoute-t-il en terminant, cet homme prend tous les jours sa provision de pain chez moi ; vous comprenez quelle serait ma perte si vous ne l'obligiez pas à acquitter sa dette. Sa conduite est d'autant plus scandaleuse et d'un mauvais exemple dans le village, qu'il se vante de jeter une partie de ma marchandise.

— Combien de pains achètes-tu chaque jour? a demandé le juge au paysan.

— Six.

— Qu'en fais-tu?

— J'en garde un, j'en rends deux, je prête les deux autres et je jette véritablement le dernier.

— Explique-toi et ne te joue pas de mon autorité.

— C'est bien simple ; j'ai dit : « je garde un pain », je le mange; « j'en rends deux », je les donne à mon père et à ma mère; « j'en prête deux autres », ceux-ci sont destinés à mes enfants ; « celui que je jette » est la part de ma belle-mère. »

Le juge a souri d'un air protecteur et a promis au paysan de songer à lui.

Mais voici bien une autre affaire. Quel motif amène notre tcharvadar devant le tribunal? C'est bien le garçon le plus bête qu'ait vu naître la Perse. Les serviteurs du ketkhoda lui jouent toute espèce de mauvais tours, l'envoient chercher de l'eau à l'heure de la sieste, l'expédient au bazar demander de la graisse de genou de cigogne pour frictionner un de ses mulets boiteux, et rient ensuite de sa complaisance et de sa sottise.

Hier je l'ai entendu se quereller avec des paysans ; ce soir on profite de l'absence du ketkhoda et on l'engage à se plaindre à son suppléant.

« J'ai prêté à Houssein la corde toute neuve qui me sert à attacher la paille de mes chevaux, raconte-t-il en larmoyant, et aujourd'hui, quand j'ai voulu la réclamer, il m'a répondu :

— Mon bon ami, je suis désolé de ne pouvoir te la rendre : je l'ai étendue dans mon grenier et j'ai mis de l'orge à sécher dessus. »

Là-dessus l'audience a été levée au milieu des explosions d'une folle gaieté.

Il est intéressant de constater la différence de caractère qui existe entre les Arabes, généralement sérieux et calmes, et les Persans, pleins d'humour et d'entrain. La gravité des grands personnages est plus étudiée que réelle, et les facéties les plus excentriques ont toujours du succès quand elles sont spirituelles; le roi et ses femmes n'échappent pas plus que les gens du peuple à la contagion générale et se laissent aller de temps en temps à satisfaire leurs plus drolatiques fantaisies.

Nasr ed-din n'a-t-il pas exigé cet hiver qu'un de ses ministres, obèse comme un Turc, patinât sur un des bassins glacés du palais, afin de se réjouir au spectacle de ses chutes et de ses cabrioles?

Dernièrement, une des femmes les plus puissantes de l'andéroun royal, peu enthousiaste de l'intrusion d'officiers européens dans l'armée persane, a fait peindre sur sa robe une multitude de soldats vêtus à la dernière mode. A la première visite du chah, elle s'est allongée et s'est roulée sur les tapis.

« Quelle mouche te pique? a demandé le roi surpris.

— Boussole de l'univers, successeur d'Alexandre, roi des rois, vois donc le cas que je fais de ton armée farangui », a répondu la princesse en riant aux éclats.

« Quel est le plus grand monarque, de chah Abbas ou de moi? demandait l'autre jour Nasr ed-din à son entourage.

— Chah Abbas fut un glorieux conquérant, mais Votre Majesté l'emporte en puissance et en générosité sur Darius et Alexandre lui-même.

— Vous vous trompez : chah Abbas fut plus habile que moi, car il sut se garder des imbéciles et des fripons faits à votre image. »

20 juin. — Depuis une semaine nous avons parcouru le territoire de Véramine, remettant à la fin de notre séjour une excursion au célèbre imamzaddè Jaffary, dont parlent avec respect tous les paysans. Il est situé à trois farsakhs (dix-huit kilomètres) du village.

Nous sommes partis ce matin à deux heures. Au jour, grâce à la limpidité de l'air, j'aperçois un point bleu sur une colline très éloignée : c'est la coupole de l'imamzaddè; dès lors, sûrs de la direction à suivre, nous abandonnons notre intelligent tcharvadar, enlevons au galop des chevaux bien reposés, et entrons bientôt dans un joli hameau groupé autour d'une mosquée entourée de cyprès qui rappellent les arbres magnifiques des cimetières d'Eyoub ou de Scutari.

Le sanctuaire date de chah Abbas, le site est ravissant, mais, au point de vue architectural, l'édifice n'a rien de bien remarquable.

En route nous nous sommes décidés à partir ce soir même pour Téhéran. Tous les préparatifs achevés, les khourdjines et les mafrechs chargés sur les mulets, nous avons quitté à regret l'hospitalière maison du ketkhoda.

21 juin. — Vers deux heures du matin, notre petite caravane arrive sans encombre aux ruines de Reï. Comme les portes de Téhéran sont fermées la nuit, les domestiques nous engagent à attendre le jour dans de jolis jardins, où l'on donne à toute heure le thé, le kalyan et un gîte au voyageur.

On frappe, la porte s'ouvre, les chevaux sont enfermés, et l'hôte s'empresse de nous choisir un logis. Après avoir allumé sa lampe, il me prie de le suivre et se dirige vers l'intérieur du jardin. Arrivé sur une petite esplanade soigneusement battue, il pose sa lumière et s'apprête à se retirer.

« Avant d'aller chercher le thé, lui dis-je, donnez-moi une chambre où je puisse déposer mes armes et dormir en toute tranquillité. »

L'hôte reprend sa lampe et me conduit alors tout au bout du jardin, sur une nouvelle terrasse, entourée d'arbres au pied desquels coule en murmurant une eau fraîche et limpide. Comment ne pas me déclarer satisfaite? je suis dans l'appartement le plus somptueux, le mieux ombragé et le moins aéré de tout l'établissement. Il faut s'accoutumer à coucher à la belle étoile ; les mafrechs sont apportés, les lahafs (couvre-pieds) jetés à terre, et je m'endors bientôt du sommeil du juste.

L'étape a duré dix heures; à son lever, le soleil ne saurait interrompre mon repos. Ses rayons, tamisés par la verdure placée au-dessus de ma tête, parviennent d'abord fort adoucis, puis ils se font jour à travers les interstices du feuillage et me brûlent le visage ; le charme est rompu : il est impossible de dormir plus longtemps. Cela serait d'autant moins facile qu'il vient d'arriver quelques *demoiselles de Téhéran* dont les rires et les cris aigus retentissent sous les bosquets. Je ne suis pas fâchée d'apprendre que :

> Les rendez-vous de bonne compagnie
> Se donnent tous dans ce charmant séjour,

et que l'Étoile du berger se lève en Perse avec le soleil.

A sept heures nous quittons ce jardin hospitalier aux amours, où le mobilier des chambres et l'entretien des constructions sont si peu coûteux, et laissons aux groupes joyeux le loisir de se divertir tout à leur aise, loin des regards indiscrets.

Nous voici à la porte de Téhéran. Elle est surmontée d'un grand panneau de faïence sur lequel on a retracé en couleurs criardes les exploits de Roustem. Nous passons devant les douaniers et prenons la direction du quartier européen. Cette entrée est vraiment indigne d'une capitale dont l'accroissement a été si considérable depuis quelques années. Il faut traverser de longs bazars larges de quatre mètres à peine, dont le sol est semé de puits communiquant avec les kanots d'arrosage. Les mendiants et les enfants qui grouillent sur les tas d'ordures; les convois de fourrage vert arrêtés par toutes les bêtes qui les croisent, au grand mécontentement des propriétaires du foin, les chiens écrasés, les gens que frôlent les roues des voitures, se mêlent dans un chaos indescriptible, accompagné des injures et des imprécations échangées entre les écraseurs et les écrasés.

Le bazar devient même dangereux pour les cavaliers et les piétons quand les voitures des fonctionnaires persans ou des représentants diplomatiques s'engagent dans ses voies étroites, où les cochers, déjà empêchés de guider leurs attelages, sont forcés d'éviter avec le même soin les puits et les montagnes de décombres. Malgré toutes ces difficultés, une voiture, c'est la règle, doit toujours marcher au grand trot, et tout bon Téhéranien serait très humilié si son automédon ralentissait la vitesse quand il se présente des obstacles. Le maladroit qui se sera fait écraser s'en prendra à lui seul ou à Allah de sa mauvaise chance. Ce ne sont point en tout cas les sergents de ville qui viendraient mettre un peu d'ordre dans la bagarre : ils ont bien d'autres intérêts à sauvegarder.

Un vol de soixante tomans (six cents francs) a été commis il y a quelques jours dans une légation : un domestique nègre sur lequel pesaient de graves soupçons a été livré à la justice. Celle-ci, après avoir interrogé l'accusé, a déclaré les charges insuffisantes et l'a fait relâcher. A peine libre, le nègre a avoué le larcin au chancelier et lui a appris en même temps que les soixante tomans lui avaient été confisqués en échange de sa liberté. Dévaliser les voleurs est, on le conçoit, une occupation trop lucrative et trop absorbante pour laisser à la police le loisir de songer à la sécurité publique. Aussi bien, quand un Persan est volé, a-t-il deux préoccupations : éviter d'abord que les agents ne soient instruits de sa mésaventure et obtenir, si l'affaire s'ébruite, qu'ils ne prennent pas sa cause en main. Il a ainsi quelque chance de retrouver les objets perdus ; tandis qu'il est sans recours quand le produit du vol

LA POLICE DE TÉHÉRAN.

a eu le temps de passer des mains des larrons dans celles des policiers. Lorsque le service de la sûreté consent à rester neutre, la personne lésée engage un certain nombre d'espions; ils parcourent les bazars, les bains et surtout les petits établissements où les gens du peuple vont boire du thé, de l'arak, fumer le kalyan, et finissent par surprendre, au milieu des confidences de gens abrutis par l'ivresse, des renseignements qui les mettent sur la trace des voleurs. Chacun étant autorisé à se faire justice, il suffit alors de quelques coups de bâton pour obtenir la restitution des objets dérobés.

23 juin. — Nous avons traversé Téhéran, où la chaleur est accablante (45 degrés à l'ombre dans le jardin des Sœurs). Les légations ont abandonné la ville et se sont réfugiées au fond

IMAMZADDÉ JAFFARY. (Voyez p. 155.)

de jolis villages placés dans les gorges boisées des contreforts de l'Elbrouz : les Anglais à Zergendeh, qui leur appartient en toute propriété, les Français et les Turcs à Tadjrich, les Russes à Goulhec. Tous ne forment qu'une seule famille : on le voit bien à la manière dont ils s'entre-déchirent.

Le chargé d'affaires de France, le comte de Vieil-Castel, qui représente notre pays avec une incontestable dignité, nous ayant engagés, avant notre départ, à aller passer quelques jours à sa campagne, nous nous sommes fait un plaisir d'accepter cette invitation. Le campement de la légation est situé à la tête d'un vallon où règne une fraîcheur délicieuse. Les soirées sont presque froides, et dans le talar, ouvert à tous les courants d'air et traversé par un ruisseau descendant de la montagne, la température ne s'élève guère au delà de 25 degrés centigrades aux heures les plus chaudes de la journée.

De charmantes propriétés entourent le village de Tadjrich. C'est d'abord le Bag Firdouz, appartenant au gendre du roi. Au milieu d'un grand jardin planté de platanes magnifiques s'élève un palais inachevé mais déjà délabré. Les murs du talar sont divisés en panneaux sur lesquels un barbouilleur italien a reproduit des scènes de danse empruntées à la chorégraphie européenne, tandis que, dans un petit salon très retiré, l'artiste, soucieux de donner aux Persans une juste idée des mœurs occidentales, a représenté un monsieur vêtu d'un pantalon nankin et d'un veston gris, coiffé d'un chapeau rond posé sur l'oreille, exécutant un cavalier seul devant une demoiselle dont la tenue est des moins correctes. Le palais peut donner une juste idée de la vie persane, splendeur et misère combinées. Ainsi les lambris du salon sont en superbe agate rubanée, les portes en mosaïques de cèdre et d'ivoire; en revanche, le sol des pièces, formé de terre battue, est démuni du plus vulgaire carrelage. Cette résidence n'est pas entretenue et menace ruine; dans dix ans les toitures seront éboulées, et dans vingt ans le palais sera détruit.

MIRZA NIZAM DE GAFFARY.

Les platanes de Bag Firdouz ne sont pas les plus renommés du pays. Un de ces arbres, compris dans l'enceinte de la mosquée de Tadjrich, est connu dans la Perse entière sous le nom de *tchanarè Tadjrich* (platane de Tadjrich). Les chiffres ne sauraient donner une idée de sa taille extraordinaire et surtout du développement du tronc qui mesure quinze mètres de circonférence. On ne peut malheureusement apprécier sa hauteur : les branches, grosses comme d'énormes arbres, s'étendant au-dessus de bâtiments assez élevés pour les cacher. L'arbre de Tadjrich est en réalité la véritable mosquée ; les fidèles font la prière sous son ombrage, les mollahs y rassemblent les enfants à instruire, et des marchands de thé ou d'eau fraîche trouvent encore la place d'installer entre les plus grosses racines leurs tasses, leur samovar et leurs cruches.

Notre compagnon habituel dans nos promenades est un descendant de l'une des plus anciennes familles religieuses de l'Iran, Mirza Nizam de Gaffary, ancien élève de l'école Polytechnique et de l'école des Mines, où il a laissé les plus brillants souvenirs. Tout travail devenant impossible pendant les grandes chaleurs de l'été, il a abandonné la route du Mazendéran, dont le roi vient de lui confier la construction après l'avoir rappelé de son exil, et s'est installé dans une charmante maison de campagne située à quatre ou cinq kilomètres de la légation.

Mirza Nizam représente le véritable type de la jeune Perse. Doué de cette brillante intelligence particulière à un grand nombre d'Iraniens, il a sur ses compatriotes l'avantage d'avoir fait de fortes études. Une vivacité et une rapidité de conception, contraires au caractère oriental, doivent le conduire à une haute situation. Elle ne sera jamais au-dessus de son mérite ; si le valyat règne un jour, il le devra certainement à la fermeté de son ancien précepteur, que l'influence désastreuse du clergé n'a pu parvenir à lui faire oublier.

13 juillet. — Ce matin nous avons reçu une lettre ornée de tous les sceaux du *naïeb saltanè*

LE PLATANE DE TADJRICH.

(lieutenant du royaume), le dernier fils du roi. Après l'avoir retournée dans tous les sens, Marcel s'est décidé à l'envoyer au mirza de la légation, afin de lui laisser le temps de l'étudier tout à l'aise, avant de nous en faire connaître le contenu. Cette dépêche, parfait modèle d'écriture élégante, est, comme tous les chefs-d'œuvre de la calligraphie persane, parfaitement indéchiffrable. Elle est écrite en *chékiastè* (écriture brisée). En bon français ce mot signifie qu'il entre à peine un élément de chaque lettre dans la composition des mots. Les Persans supprimant déjà les voyelles, je laisse à penser combien leur correspondance est difficile à lire.

« Moi, disait à un de ses collègues un écrivain public établi dans une des boutiques les mieux achalandées du bazar, je gagne beaucoup d'argent; d'abord on me paye fort cher mes chefs-d'œuvre épistolaires, car j'ai une très belle main, et je suffis à peine aux exigences de ma nombreuse clientèle; puis les personnes auxquelles mes œuvres sont adressées, ne trouvant personne capable de les déchiffrer, viennent me chercher et me payent à leur tour afin d'en connaître le contenu.

— Tu es bien heureux! lui répondit avec envie son collègue; malgré ma bonne volonté, je n'ai pu jusqu'ici arriver à un aussi beau résultat : mon chékiastè est admirable et on me prie aussi de le lire; mais, comme je n'ai jamais pu en venir à bout, il ne m'a pas été possible de faire double bénéfice. »

Le mirza de la légation est un digne émule de Champollion : au bout d'une heure d'étude, il a pu, sans le secours de ses confrères de Téhéran, nous lire la prose du naïeb saltanè.

Les fleurs les plus délicates de la rhétorique arabe, les formules les plus raffinées de la politesse orientale se combinent dans de vaines phrases. Un post-scriptum fort court, placé au coin de la page, explique seul le motif de ce modèle de style. Le lieutenant du royaume, voulant doter la province de Saveh de travaux importants, désire avoir l'avis de Marcel.

Le docteur Tholozan, avant d'accompagner le roi aux grandes chasses d'été, s'est chargé de nous conduire au palais du naïeb saltanè.

15 juillet. — L'audience ayant été fixée à ce jour, nous avons quitté Tadjrich à six heures et nous nous sommes rendus à Téhéran. La route était encombrée d'une foule de personnages allant à Sultanabad faire leurs adieux au roi au moment de son départ annuel pour la montagne. Quelques-uns d'entre eux, empilés dans des voitures d'ailleurs fort mal tenues, sont accompagnés de cavaliers vêtus avec un luxe douteux. Puis viennent d'innombrables mulets de charge, destinés aux transports des bagages de la cour, des approvisionnements du personnel admis à l'ennuyeux et fatigant honneur d'accompagner Sa Majesté dans ses déplacements, et enfin les nombreuses tentes des ministres, des officiers et des courtisans. Chacun doit se faire suivre des objets nécessaires à son installation, se préoccuper de ses vivres, de ses serviteurs et se tenir toujours prêt à régler sa marche sur les mouvements du camp royal. C'est quelquefois fort difficile, le bon plaisir de Sa Majesté modifiant d'un moment à l'autre toutes les prévisions. Le roi donne souvent le soir des ordres qu'il contredit à son réveil, et les voyageurs séparés des convois ne trouvent pas même à se ravitailler dans les villages.

Pendant le Ramazan, la difficulté et la fatigue que l'on éprouve à suivre les chasses s'accroissent encore. La loi religieuse exemptant le chah du jeûne diurne, à condition qu'il délègue à sa place un de ses officiers, Sa Majesté, bien repue, traîne à sa suite une troupe famélique et semble se plaire à lui faire effectuer, l'estomac creux, des courses d'une longueur démesurée. S'il fixe son départ à deux heures de l'après-midi, et que l'étape soit en outre d'une certaine durée, le soleil est déjà couché depuis longtemps quand les gens de l'escorte parviennent à organiser leur campement et à retrouver leurs cuisiniers et leurs vivres.

162 LA PERSE, LA CHALDÉE ET LA SUSIANE.

Il arrive aussi que Nasr ed-din, ayant mal passé la nuit, prolonge son repos jusqu'au soir, tandis que depuis cinq heures du matin les officiers et les courtisans sont en selle et les femmes accroupies dans leurs kadjavehs. Malgré les ennuis et les fatigues inhérents à ce voyage, les grands personnages sont tout heureux d'obtenir l'autorisation d'accompagner Sa Majesté : ils peuvent ainsi lui présenter des requêtes auxquelles ses ministres l'empêche-

PALAIS DU PRINCE ROYAL.

raient de faire droit si elles lui étaient adressées à Téhéran, et ramassent toujours quelques miettes tombées de la table royale.

Avant de franchir les portes de la ville, notre voiture croise l'équipage de l'imam djouma de Téhéran. Ce prêtre puissant a épousé, il y a quelques années, une fille du chah. Quatre mouchteïds en réputation sont entassés avec lui dans une vaste calèche à six chevaux menée à la Daumont par trois mollahs d'importance secondaire, revêtus néanmoins de la longue robe et coiffés du turban blanc des membres du clergé national. Chacun de ces singuliers automédons, armé d'une longue lanière de cuir tressé, mène au galop la paire de chevaux confiée à ses soins.

Se représente-t-on sérieusement l'archevêque de Paris se servant, en guise de postillons, des respectables chanoines de Notre-Dame?

Après nous être rendus à la jolie maison moitié persane moitié européenne du docteur Tholozan, où nous attendent un carrosse et une nombreuse troupe de cavaliers chargés de nous escorter, nous prenons la direction du palais du prince royal, situé, comme celui du chah, dans l'enceinte de l'Arc.

Je traverse d'abord plusieurs salles encombrées de domestiques paresseusement ac-

MAISON DU DOCTEUR THOLOZAN A TÉHÉRAN.

croupis sur leurs talons, et je pénètre enfin dans un grand salon meublé à l'européenne. Des serviteurs apportent, selon l'usage, des rafraîchissements et, après quelques minutes d'attente, j'aperçois une troupe de trente ou quarante personnes à la tenue obséquieuse, marchant sur les pas du naïeb saltanè. Le dernier fils du roi, son enfant préféré, était, il y a quelques années, un assez joli garçon, mais aujourd'hui il est envahi par un embonpoint précoce et paraît âgé de quarante ans, bien qu'en réalité il en ait vingt-six. « Les années et la laideur de sa femme, racontent les médisants, l'ont vieilli de bonne heure. »

L'ordre persan enrichi de magnifiques brillants orne le cou du prince; en guise d'épaulettes il porte des pattes dorées recouvertes de légères guirlandes de feuillage exécutées en diamants.

Arrivons au fait. Le naïeb saltanè, informé de notre prochain départ pour Ispahan, a prié mon mari de se détourner de sa route et d'aller visiter un barrage construit sous chah Abbas aux environs de Saveh. Cet ouvrage, percé à sa base, n'est d'aucune utilité; le prince désirerait le faire réparer afin d'augmenter les revenus de la province dont il est gouverneur.

Marcel, peu soucieux de se charger d'une pareille corvée, n'a pas osé répondre par un refus à la demande du fils du roi et a accepté sans empressement de dresser le projet de restauration.

MOLLAHS ET PAYSANS DE VÉRAMINE. (Voyez p. 153.)

BARRAGE DE SAVEH. (Voyez p. 175.)

CHAPITRE IX

Départ de Téhéran. — Écarts de température entre le jour et la nuit. — Mamounieh. — La maison civile d'un gouverneur de province. — Arrivée à Saveh. — La mosquée. — Le minaret guiznévide. — Les biens vakfs.

20 juillet. — Guidés par l'aide de camp du prince, le général Abbas Kouly khan, nous avons quitté hier au soir Téhéran. Dans la journée il avait fait 40 degrés à l'ombre; pendant la nuit le thermomètre s'est abaissé à 12. On ne saurait croire combien ces rapides changements de température sont pénibles à supporter.

Nous sommes accompagnés d'un vieux major autrichien et de son fils. Le major a été envoyé en Perse en qualité d'instructeur militaire et, à ce titre, fait en français un cours d'entomologie au collège impérial. Il parle très mal notre langue, mais, comme ses élèves ne la comprennent pas, professeur et disciples ont toute chance de s'entendre. Nos deux compagnons de route vont rendre visite à un baron de leurs amis, envoyé à Saveh comme gouverneur, afin d'expérimenter *in anima vili* un nouveau système financier d'importation autrichienne.

A midi la caravane, se traînant avec peine sous un soleil de feu, franchit les murs d'enceinte, flanqués de tours qui entourent le gros village de Pick. Le général donne l'ordre de nous conduire chez un capitaine possesseur de la maison la mieux aménagée du bourg.

Aux extrémités de la salle dans laquelle on nous introduit s'ouvrent, au niveau du sol, deux grandes cheminées carrées d'un mètre cinquante de hauteur, dont les canons dominent les terrasses. Ce sont les portes de deux *badguirds* (prend le vent) traversés par un fort courant d'air. Il ne faut rien moins que l'action simultanée de ces bienheureux badguirds, de l'eau fraîche jetée sur nos cervelles à moitié fondues, et du thé brûlant que nous apportent les domestiques, pour nous permettre de reprendre nos esprits.

21 juillet. — Après une journée de repos, la caravane s'engage à la nuit dans une plaine sèche et aride. Quel triste tableau s'offre à mes yeux quand le jour se lève! je n'aperçois sur le sol aucune trace de végétation. Cependant nous sommes près d'arriver à l'étape, assurent nos guides en me montrant dans la plaine une tache grise qui tranche à peine sur

l'ensemble du paysage. C'est le village de Mamounieh. Son aspect est des plus étranges. Les maisons, à peine élevées de trois mètres au-dessus du sol, sont construites en briques crues et recouvertes de petites coupoles accolées. L'excessive cherté du bois dans ce pays privé d'arbres oblige les habitants à bâtir en terre les toitures comme les murailles. Les ouvertures béantes sont elles-mêmes dépourvues de menuiseries; en hiver, une portière en tapis empêche l'air de pénétrer à l'intérieur; en été, les villageois n'ont point de secrets les uns pour les autres.

Il n'y a même pas un arbuste à Mamounieh; les paysans qui ne sont jamais sortis de leur village verront donc après leur mort, pour la première fois, des fleurs et des forêts; mais ils seront bien dédommagés de leur attente, car les jardins d'Éden seront coupés des ruisseaux limpides et glacés que Mahomet promet aux croyants en récompense de leurs bonnes actions. Je souhaite aux musulmans que l'eau du paradis soit moins amère que celle des kanots : nos chevaux ont été malades après en avoir bu. Les indigènes, habitués à la consommer, la trouvent cependant agréable et ne ressentent pas l'effet des sels de magnésie dont elle est saturée.

22 juillet. — Avant d'atteindre Saveh, on traverse des steppes tout aussi désolés que le désert de Mamounieh. L'aspect du pays change cependant. De tous côtés s'ouvrent des fondrières profondes et des crevasses difficiles à traverser. Vers minuit nous passons auprès d'un caravansérail ruiné, fréquenté par des voleurs qui dépouillent les caravanes et empêchent toutes les communications entre Saveh et la capitale. Dernièrement quinze brigands cernés dans cette enceinte se sont défendus avec un courage digne d'une meilleure cause et ont tué plusieurs soldats de l'armée régulière. Le général Abbas Kouly khan est brave, mais, en homme prudent, il lui est permis de ne pas être rassuré. Je dois avouer d'ailleurs que le pays est admirablement propre à dresser des embuscades.

Tout à coup je vois le héros iranien s'élancer le revolver au poing; je le suis et l'aperçois chargeant à fond de train deux pauvres diables de paysans occupés à sangler leurs mulets au milieu d'une fondrière. Je laisse à penser quel est l'effroi de ces malheureux; ils décampent à toutes jambes; nos appels réitérés n'arrivent pas à les rassurer, et nous sommes à une grande distance, qu'ils hésitent encore à revenir sur leurs pas reprendre leurs bêtes occupées à brouter quelques herbes sèches. Quant à Abbas Kouly khan, il prétend, touchante modestie, avoir sauvé nos précieuses existences.

L'aurore, cette belle ennemie des cauchemars et des terreurs nocturnes, apparaît comme nous sortons du lit desséché d'une rivière. Un *djélooudar* (courrier) prend alors les devants afin d'aller annoncer notre arrivée au gouverneur de Saveh.

Trois heures après le départ du messager, j'aperçois à l'horizon un nuage de poussière; il s'étend, se rapproche; nos chevaux, excités par le bruit de l'escadron qui s'avance, hennissent fortement, et nous nous trouvons enfin devant le puissant administrateur de la province.

Depuis six mois, le naïeb saltanè a eu la singulière idée d'élever aux importantes fonctions de gouverneur un Autrichien, baron de son métier, mais financier à l'occasion. Ce personnage, vêtu du costume européen, n'a rien, on le conçoit, de très intéressant; il en est tout autrement de son cortège, formé d'après les règles de la stricte étiquette persane. La maison de tout haut dignitaire est composée, à part les ferachs chargés spécialement de planter et de garder les tentes, de plusieurs services bien distincts, qui n'empiètent jamais les uns sur les autres.

Cedant arma togæ! que les samovars et les broches à rôtir le cèdent aux *galamdans* (écritoires de vingt-cinq centimètres de longueur)!

Au premier rang en effet je placerai les mirzas ou secrétaires chargés de lire et d'écrire la correspondance officielle. La profession de ces gens, d'un naturel pacifique, leur interdit de porter les armes, et ils remplacent le *cama* (poignard) enfoncé dans la ceinture par

ABBAR. (Voyez p. 169.)

un galamdan. Le second rang est acquis au *nazer* (majordome). Il gourmande les serviteurs paresseux ou maladroits et transmet les ordres au nombreux personnel de domestiques qui vivent auprès d'un grand personnage. Le nazer doit toujours avoir à sa disposition, quelle que soit la durée de la promenade de son maître : un *abdar* préposé au soin de préparer les boissons telles que le thé, les sorbets et le café ; un *kaliadji* qui bourre et allume la pipe, véritable vestale à moustaches, également chargé d'entretenir dans un fourneau accroché à l'arçon de la selle le brasier sacré où il puise suivant les besoins des charbons incandescents ; et enfin le *kebabchi* auquel est réservé l'honneur de faire rôtir des brochettes de mouton, toujours préparées.

Il ne faudrait pas faire à ce dernier personnage l'injure de le confondre avec les cuisiniers, vile engeance dont la personnalité occupe dans la hiérarchie des domestiques un rang tout à fait inférieur. Tout kebabchi peut aspirer au ministère, tandis qu'un gâte-sauce ne s'élèvera jamais au-dessus de ses marmites à pilau.

Chacun de ces serviteurs emporte à cheval une trousse renfermant les ustensiles qui lui sont utiles pour remplir convenablement les devoirs de sa charge, et rien n'est organisé d'une manière plus pratique que les poches à samovar de l'abdar, les fontes remplies d'eau fraîche du kaliadji, et les havresacs ou valises de cuir fixés sur le troussequin de la selle du kebabchi.

Les présentations faites, les deux troupes se massent derrière nous. Bientôt j'aperçois l'enceinte fortifiée de Saveh.

La ville est bâtie dans une plaine très basse, sur l'emplacement d'un lac qui se dessécha à la naissance de Mahomet, assurent les légendes. A quel travail destructeur s'est donc livré le ciel pour célébrer la naissance de son prophète bien-aimé ! Si l'on passe devant une antique coupole ruinée, au bord d'une rivière tarie ou d'un lac comblé, c'est toujours à cette époque bénie qu'il faut faire remonter la date de tous ces accidents ! Il n'est pas jusqu'à l'arc de Ctésiphon lui-même qui n'ait tremblé jusqu'à la base à ce joyeux avènement !

Une multitude de ferachs adossés aux premières maisons de la ville se lèvent à notre approche ; ils se rangent sur deux files et prennent les devants en faisant le moulinet avec leurs gourdins afin d'éloigner la foule avide de voir de près les Européens placés en tête du cortège. « *Borou* (va-t'en), *bepa* (prends garde), *khabarda* (attention) », hurlent à tue-tête les hommes d'escorte. A mesure que nous avançons, la population s'écarte devant les bâtons, mais ne semble pas nous témoigner des sentiments bien sympathiques. Cet accueil ne doit pas nous surprendre : le général ne vient-il pas réclamer les impôts perçus plus ou moins légalement par le gouverneur ?

Les extorsions financières sont d'autant plus fréquentes en Perse qu'il n'y a ni cadastre ni répartition officielle des taxes. Le gouverneur est libre de fixer les redevances, de les percevoir à son gré, et ne trouve à son arrivée dans une province ni registres ni indications qui puissent le guider. C'est à lui de faire espionner ses administrés et de proportionner ses exigences à leur fortune. Aussi les Persans crient-ils toujours misère et, par prudence, préfèrent-ils souvent enterrer leur argent que de l'employer à améliorer leurs terres ou à favoriser des entreprises commerciales, bien que le taux de l'intérêt soit considéré comme honnête et légal jusqu'à vingt-cinq pour cent.

A l'instant où le cortège arrive devant le palais, les ferachs s'écartent ; un homme se précipite sous les naseaux de nos chevaux et décapite d'un seul coup de hache un énorme mouton noir. La tête de la victime roule d'un côté, le corps tombe de l'autre ; la section a été faite avec une sûreté de main surprenante. L'usage de souhaiter la bienvenue en offrant un holocauste remonte en Perse à l'antiquité la plus reculée. Le général applaudit d'un signe de tête à l'adresse du sacrificateur, descend de cheval et gravit les marches d'une estrade bâtie à la porte du palais. Nous montons à notre tour les degrés, sur l'invitation du gouverneur et prenons place sur des chaises alignées les unes auprès des autres, faisant face à la foule accourue de tous côtés. Après nous avoir fait remplir consciencieusement pendant plus d'une heure les devoirs des plus remarquables phénomènes de la foire, Abbas Kouly khan se décide à lever la séance et demande son cheval. « Nous ne pouvons, dit-il, loger au palais, où l'espace est fort restreint. » En réalité il veut être libre de recevoir tout à son aise le sous-gouverneur indigène, les mécontents et les espions chargés de surveiller les faits et gestes du baron. Conduits par les ferachs, nous traversons un cimetière et prenons possession d'une maison très délabrée dont on vient de chasser les habitants à coups de bâton.

DÔME DE LA MASDJED DJOUMA DE SAVEH. (Voyez p. 171.)

L'embarras du choix à faire entre les pièces est grave : les unes, exposées au soleil, ont des semblants de portes qui permettent d'obtenir une obscurité relative pendant le milieu du jour ; les autres, ouvertes dans la direction du nord, sont privées de toute fermeture : la lumière y est éblouissante et les mouches aussi nombreuses que les grains de sable de la cour. Je jette enfin mon dévolu sur une chambre munie d'une porte, je donne l'ordre d'étendre à terre les lahafs, et, après avoir cloué devant les ais disjoints des portières de laine noire pour la confection desquelles j'ai pris à Téhéran un brevet d'invention, je m'allonge, croyant me livrer à un bienfaisant repos.

Ma quiétude est de courte durée. Tout à coup je crois être le jouet d'un cauchemar. Quels sont les animaux que j'aperçois sur le sol et ceux qui se promènent sur ma figure? Je suis couverte de punaises laissées par les précédents propriétaires; d'énormes arai-

LA MOSQUÉE DE SAVEH.

gnées dont le corps est presque de la grosseur d'une fève sont descendues le long des murs de terre et courent sur le sol.

Je me précipite vers la porte, j'arrache le rideau sur lequel j'avais fondé de si grandes espérances. La lumière du soleil envahit la chambre, les vilaines bêtes prennent la fuite et se cachent dans les trous des murailles. Nous n'avons pourtant pas conquis le repos : les guêpes et les mouches remplacent nos anciens adversaires et nous les font peut-être regretter. La température s'élève rapidement : à deux heures le thermomètre marque quarante-quatre degrés centigrades.

23 juillet. — Le général nous a fait les honneurs de la ville. Saveh est la capitale d'un district divisé autrefois en quatre cantons, qui renfermaient cent vingt-huit bourgades, la plupart ruinées aujourd'hui. Dans les parties irriguées soit par les kanots, soit par les eaux de la rivière Mezdégan, le sol, très fertile, produit en abondance du coton, du riz et des froments de bonne qualité, qu'on expédie à Téhéran après la récolte. Malgré l'excessive chaleur il ne règne dans le pays ni fièvre ni maladie contagieuse.

Un seul monument, encore en assez bon état de conservation, la masdjed Djouma, témoigne de l'ancienne richesse de la ville.

Cette mosquée est abandonnée à cause de sa position excentrique : on n'y fait même plus la prière le vendredi, et elle sert d'asile à des mendiants et à des derviches de tous pays qui viennent se reposer à l'ombre de ses épaisses murailles. L'un de ces derniers présente un type des plus étranges. Il a la peau jaune des Indiens, les cheveux blonds et crépus ; son torse, largement modelé, se dégage des lambeaux d'un burnous de laine brune qui traîne à terre et drape le bas du corps de ce pieux personnage. Pour toute arme le derviche porte un bâton noueux, pour tout bagage un *cachcoul* (coque d'un fruit indien) sculpté avec art.

DERVICHE DU KHORASSAN.

En dehors du mur d'enceinte j'aperçois, sur ma droite, les ruines d'un vieux minaret bâti en briques cuites et revêtu d'une très belle mosaïque monochrome dont les éléments sont juxtaposés avec une précision merveilleuse. Sous la chaude lumière d'un soleil radieux, les ombres projetées par les briques en relief prennent une coloration azurée qui s'harmonise d'une façon charmante avec la teinte vieux cuivre de la construction. La présence de ce minaret indique que la mosquée seljoucide, restaurée par chah Tamasp, fut elle-même élevée sur les ruines d'un monument dont il faut faire remonter l'origine aux Guiznévides.

24 juillet. — Abbas Kouly khan est fort occupé depuis notre entrée à Saveh ; je me demande parfois si je ne fais pas une incursion vers le passé et ne suis pas revenue aux temps des satrapes et des princes achéménides. En tout cas, si les siècles se sont écoulés et si la grandeur de l'Iran est passée à l'état de légende, rien ne paraît s'être modifié dans l'ordre administratif. Le général peut être comparé aux « yeux » et aux « oreilles du roi » qui venaient tous les ans visiter les provinces, recevoir les plaintes portées contre les satrapes, s'enquérir de l'état du pays, interroger le secrétaire royal, premier espion, surveillé lui-même par des espions secondaires.

En ce moment la position du satrape ne me semble pas enviable. Le baron me paraît s'être jeté, soit par nécessité, soit par ambition, dans d'inextricables difficultés. Projeter des réformes financières dans un pays comme la Perse, où l'intrigue règne en souveraine maîtresse, quand on ne connaît ni les mœurs ni surtout la langue des habitants, et qu'on suit en outre les pratiques d'une religion détestée, indique chez celui qui entreprend une pareille tâche une suffisance presque voisine de la folie.

L'ingérence du clergé dans certaines affaires financières complique encore la position déjà très difficile d'un gouverneur chrétien. Dès l'arrivée du baron, les mollahs ont refusé de se mettre en rapport avec un impur ; mais, afin d'enlever à leur conduite tout semblant d'offense au pouvoir royal, ils viennent chaque jour en troupe nombreuse faire de longues visites au général. Le sujet traité dans ces entretiens est d'une gravité réelle au point de vue administratif.

La plupart des musulmans laissent, à leur mort, un tiers de leur fortune immobilière aux mosquées ou autres fondations pieuses. Ces propriétés prennent le nom de biens *vakfs*. Le donateur a le droit d'en léguer la gestion à ses enfants ou à ses proches parents et d'établir à son gré l'ordre de succession d'après lequel ils doivent hériter à perpétuité de cette fonction. Une partie des revenus est réservée à l'administrateur et laissée à sa libre disposition, bien qu'il soit censé les utiliser en œuvres pies. Ces libéralités ont pour but d'assurer à tout jamais une partie de la fortune du donateur à ses héritiers : placée sous la protection intéressée du clergé, elle échappe aux confiscations ordonnées par le roi à la mort des grands personnages ou des officiers publics.

La loi musulmane exige la plus parfaite régularité dans l'administration des biens vakfs ; elle oblige les détenteurs à se conformer à la volonté du donateur, leur défend de reverser les revenus d'un bien sur un autre, d'appliquer à leur usage ou à ceux de leur famille un immeuble vakf, même en payant loyer, rend les bénéficiaires responsables de toute dépense ou de tout emploi d'argent qui pourrait contrarier les volontés du fondateur, et enfin, en cas de malversations, les destitue ou les remplace.

Les biens vakfs sont inaliénables, car, au terme de la loi, ils appartiennent à Dieu, tandis que les hommes en ont seulement l'usufruit. On ne peut les échanger contre des terres d'égale valeur qu'avec l'assentiment royal. Deux tiers environ du revenu des biens vakfs sont employés en œuvres charitables, le dernier tiers sert à l'entretien du clergé. S'il y a des revenus superflus, les administrateurs sont autorisés à les placer, sous le titre de vakfs secondaires. En cas de nécessité, ceux-ci peuvent être aliénés comme des biens libres.

On comprend quelles ardentes compétitions s'élèvent entre les membres du clergé quand un riche personnage meurt sans avoir désigné les administrateurs de ses vakfs. La décision royale et l'intervention des mouchteïds parviennent seules à trancher ces importantes questions de propriété. C'est l'unique cas où les mollahs, toujours en opposition sourde avec le pouvoir civil, oublient leurs griefs et viennent implorer l'appui du gouverneur ou des personnages assez influents pour présenter leur requête au chah. Actuellement le clergé de Saveh et celui d'Ispahan se disputent l'administration d'un riche bénéfice; et, si nous n'assistons pas aux audiences données par le général, nous pouvons au moins apprécier la rapacité des prêtres. Une séance de quatre heures tous les matins ne leur suffit pas pour faire valoir les arguments qui militent en leur faveur; ils reviennent encore en cachette les uns des autres et, mesurant notre influence au respect qu'on nous témoigne, n'hésitent pas à nous faire leur cour.

MINARET GUIZNÉVIDE DE SAVEH. (Voyez p. 171.)

TOMBEAUX DES CHEIKHS A KOUM. (Voyez p. 182.)

CHAPITRE X

La digue de Saveh. — Les tarentules. — Les fonctionnaires persans. — Entrée à Avah. — Visite à une dame persane. — Voyage dans le désert. — Arrivée à Koum. — Panorama de la ville. — Plan d'un andéroun. — Le gouverneur de la ville. — Tombeau de Fatma. — Tombeaux des cheikhs. — Concert de rossignols.

26 juillet. — Me voici depuis deux jours à la digue. Afin d'éviter les pertes de temps, Marcel a renoncé à aller loger au village de Sabsabad, situé à un farsak de l'ouvrage, et a ordonné d'installer notre campement dans des huttes de terre servant d'habitation à quelques paysans chargés de cultiver un bosquet de grenadiers plantés auprès d'une dérivation de la rivière : ces arbres ne donnent encore aucun ombrage et nous laissent exposés tout le jour aux rayons brûlants du soleil.

Aux premières lueurs de l'aube nous prenons la direction du barrage. La vallée s'élève entre deux montagnes à pic et se resserre à tel point que les parois des rochers semblent se confondre à leur base. Cette brisure naturelle est fermée par une digue bâtie en moellons de pierre et mortier de chaux. Malheureusement la construction n'a pas été fondée sur le roc en place, mais sur d'énormes graviers amoncelés au fond de la rivière. Aussi, dès que les eaux, en s'élevant dans le bassin, eurent exercé une pression suffisante, elles filtrèrent à travers le sous-sol, entraînant les sables, les graviers et les blocs, et en fin de compte creusèrent un large pertuis à la base de l'édifice.

Depuis de longues années les gouverneurs se sont préoccupés de la réparation de cette digue, et à plusieurs reprises ils ont fait couler, à l'entrée de l'ouverture, des blocs de pierre et du mortier : la rivière impétueuse a balayé comme paille d'aussi insignifiants obstacles.

En descendant du barrage on laisse sur la gauche une petite construction en briques cuites surmontée d'une coupole en partie ruinée. C'est le tombeau de l'architecte qui conçut le projet grandiose de cet ouvrage, mais ne sut pas en diriger l'exécution. Il habitait, dit la tradition, le village où nous avons été tentés nous-mêmes de nous installer; quand on vint lui apprendre que les eaux s'étaient frayé un passage au-dessous de la digue qu'il avait édifiée avec tant de peine, il monta à cheval et partit au galop, mais, au moment où ses yeux purent distinguer la rivière s'écoulant torrentueuse dans son ancien lit, il tomba frappé d'une congestion cérébrale. On l'enterra sur la place même où son corps fut trouvé.

27 juillet. — Notre existence est encore plus dure ici qu'à Saveh. La chaleur est intolérable, les tarentules pullulent, les approvisionnements touchent à leur fin, et tout l'arak destiné à couper l'eau a été absorbé par l'*ousta* (maître maçon), sous prétexte qu'il n'y a pas plus de péché dans une bouteille que dans un verre.

28 juillet. — J'ai trop bien dormi cette nuit; si j'avais un peu mieux fait ma cour aux étoiles, je ne souffrirais pas aujourd'hui d'une blessure qui commence déjà à suppurer.

Le soir nous montons sur la terrasse avec une échelle; l'emplacement où doivent être étendues les paillasses est soigneusement balayé afin d'en chasser les scorpions ou les tarentules, puis les serviteurs apportent le ballot contenant les lahafs et visitent à leur tour ces couvertures. Que s'est-il passé hier? Nos lits ont-ils été posés un instant à terre? C'est probable, car j'ai été mordue au pied cette nuit. La douleur n'a pas été vive, je me suis à peine réveillée et n'ai même pas pensé à me cautériser. Au jour la blessure est déjà enflammée, c'est à peine si je puis marcher. Je ne saurais cependant, à l'exemple de saint Siméon Stylite, qui passa, je crois, vingt-deux ans sur un pilier, finir mes jours sur cette terrasse; il faut d'ailleurs que j'arrive à la tente du général, où, si j'en crois mes pressentiments, j'assisterai à une bonne comédie.

Marcel a relevé le plan de la digue, qui, à part ses fondations vicieuses, est d'une solidité à toute épreuve; il a grossièrement nivelé la vallée en amont de manière à connaître la quantité d'eau emmagasinable, et va interroger aujourd'hui le maître maçon chargé de lui faire connaître le prix des bois, de la main-d'œuvre et des matériaux, documents nécessaires à l'établissement du devis estimatif. Le général et l'ousta attendent avec une impatience non dissimulée le résultat de cette conférence.

Ce dernier prend la parole et fait ses comptes de telle sorte que le prix de revient de tous les travaux est ici deux fois plus cher qu'en France ou en Angleterre, bien que le salaire journalier d'un bon ouvrier persan atteigne à peine un franc cinquante et que les matériaux soient en partie à pied d'œuvre.

Marcel, pris de dégoût, coupe court à l'entretien et déclare aux deux hommes de confiance du prince que, ne pouvant se baser sur des renseignements erronés, il enverra le projet d'Ispahan et se fixera pour faire ses calculs sur la moyenne des prix de France : le naieb saltanè se débrouillera comme il lui plaira. Cette réponse n'est pas du goût du général. Le guerrier se retire sans mot dire, mais, sous prétexte d'intolérables douleurs d'entrailles, il refuse de se mettre à table et finit même par déclarer que le mauvais état de sa santé le met, à son grand regret, dans l'impossibilité de nous accompagner plus longtemps et le force à regagner au plus vite Téhéran. En conséquence, notre départ est fixé à ce soir.

Je donne l'ordre de charger nos mulets, quand on vient m'apprendre que le général, afin de réaliser une petite économie, a renvoyé depuis quatre jours ces animaux à Téhéran. On pourrait bien aller chercher des bêtes à Saveh, mais le Ramazan commence après-demain : les khaters arriveraient au début de la fête, et les muletiers se refuseraient certainement à entreprendre un voyage pendant les trois premiers jours de ce mois béni. Pour conclure,

DÉPART DE SAVEH.

Abbas Kouly khan nous engage à faire charger les mafrechs et les appareils sur un vieux chameau incapable de faire plus de dix-huit kilomètres par jour, ou de diviser les colis en paquets de quarante kilogrammes, que l'on disposera sur de petits ânes gros comme des chiens. Ce dernier parti est encore le plus sage. Montés sur des chevaux de selle que nous avons eu le bon esprit de toujours conserver auprès de notre cabane, nous disons adieu sans regret à la triste plantation de grenadiers, et prenons la direction de Koum, accompagnés d'un soldat d'escorte, et suivis de la minuscule caravane de bourricots.

31 juillet. — Quelle terrible nuit nous avons passée! Je ne me souviens pas d'avoir éprouvé de ma vie semblable fatigue. Les ânes, malgré toute leur bonne volonté, ne pouvaient suivre le pas rapide des chevaux et nous condamnaient à de perpétuels arrêts. Nos efforts étaient impuissants à retenir de vigoureuses bêtes au repos depuis quatre jours. Vers minuit, vaincus par la fatigue accumulée à Saveh, tombant de sommeil, nous nous sommes endormis tous deux, la poitrine appuyée sur l'arçon des selles et les mains accrochées aux crinières des chevaux. Au réveil nous étions seuls avec Houssein, le soldat d'escorte. J'ai secoué ce brave homme et lui ai demandé s'il se sentait capable de nous conduire à l'étape. « C'est la première fois que je viens dans ce pays, m'a-t-il répondu, je ne puis connaître le chemin ; mais soyez sans inquiétude : nous ne pouvons être perdus, car les chevaux se sont dirigés seuls ; nous avons pris les devants, la caravane ne nous rejoindra pas avant une heure. » Alors nous avons mis pied à terre, et, la tête posée sur nos casques en guise d'oreiller, nous avons repris le somme interrompu. Au petit jour quelle a été ma surprise, en ouvrant les yeux, de constater que j'étais étendue sur un sol couvert de cailloux ! Marcel ne s'est pas montré plus douillet, et tous deux avons éprouvé la même sensation de bien-être quand nous nous sommes allongés il y a deux heures sur ce lit offert gratis à tous les voyageurs.

Tout à coup j'entends un bruit de grelots : ce sont les âniers; ils nous engagent à remonter au plus vite à cheval. Le *manzel* (logement rencontré à la fin d'une étape) ne doit pas être loin : Avah, nous a-t-on assuré hier, est à huit heures de marche de la digue. J'interroge les guides ; ces braves gens m'avouent qu'ayant passé une partie de la nuit à nous chercher, ils se sont perdus à leur tour; peut-être en marchant rencontreront-ils quelque indice de nature à les remettre dans la bonne direction. Marcel consulte la boussole et donne l'ordre aux tcharvadars de se diriger vers le sud-est. Une heure après avoir pris cette orientation, nos hommes aperçoivent à l'horizon des pans de murs de villages ruinés. Leurs visages se rassérènent, ils sont sûrs maintenant d'arriver ce matin à l'étape.

J'éprouve à cette nouvelle une véritable satisfaction ; la lutte avec ma monture et le repos sur un lit de cailloux m'ont brisé l'épine dorsale et moulu les jambes, la plaie de mon pied s'est largement ouverte : je suis à bout de forces et de courage.

Enfin, treize heures après notre départ de Saveh, les guides me montrent l'enceinte d'Avah. C'est le repos ! c'est la fraîcheur ! Par un dernier effort je pousse mon cheval et j'arrive enfin devant la porte du bourg. Des vieillards, à la barbe teinte en rouge, sont assis sur des bancs de terre et nous indiquent, en fait de logis, une petite place, située hors du village et plantée d'arbres trop jeunes encore pour donner de l'ombrage. La perspective de passer toute la journée en plein soleil est peu séduisante. Nous aurions bien été forcés de nous contenter de ce pitoyable manzel si les paysans, en s'informant auprès d'Houssein du but de notre voyage, n'avaient appris de sa bouche que les *Français* étaient de savants ingénieurs et venaient de visiter la digue de Saveh afin d'indiquer au chah le moyen de la réparer. A cette nouvelle, les vieillards se lèvent, nous interrogent avec anxiété ; et, quand Marcel leur affirme qu'il suffit de la bonne volonté royale pour donner de l'eau à toute la plaine, ces hommes à la mine tout à l'heure si revêche se précipitent et baisent nos vêtements. « C'est Allah qui vous envoie! Cinq fois par jour nous prierons Dieu de vous préserver de tout malheur. Vous êtes les bienvenus, veuillez honorer de votre présence nos pauvres demeures. » Les uns saisissent les brides et les étriers de nos chevaux, nous aident à mettre pied à terre; les autres ouvrent la porte du village et nous conduisent vers un beau balakhanè. En entrant dans cette pièce, il me semble que j'aurais été dans l'impossibilité de faire un pas de plus; sans attendre même un tapis, je me laisse tomber sur le sol à côté d'un morceau de bois que j'ai aperçu dans un coin et dont il me reste encore l'instinct de faire un oreiller.

Vers trois heures la faim me réveille.

Le cuisinier ne tarde pas à faire son apparition; ses sacoches sont bourrées d'approvisionnements offerts par les villageois. Le propriétaire du balakhanè se présente à son tour, et,

FATMA.

après s'être informé de l'état de notre santé, il nous prie de consentir à dîner dans la cour de son habitation, afin que tous les paysans, groupés sur les maisons voisines, puissent nous apercevoir. La curiosité des femmes est violemment surexcitée; les siennes surtout, ayant appris par notre indiscret soldat que l'un des Faranguis est une véritable khanoum, désireraient vivement me recevoir.

Je me lève à regret et, précédée d'une vieille servante, je pénètre dans la partie la plus retirée de l'habitation. Les femmes, en me voyant, s'avancent vivement, me tendent le bout de leurs doigts, les portent ensuite à leurs lèvres, me souhaitent le *khoch amadid* (la bienvenue), et m'invitent enfin à m'asseoir. Tous les regards se braquent sur moi; de mon côté je passe une revue générale de ce bataillon de curieuses.

Fatma, la maîtresse de céans, doit avoir vingt-cinq ans. Sa tête est couverte d'un chargat de soie blanche attaché sous le menton par une turquoise; les cheveux, taillés en franges sur le front, sont rejetés sur le dos et divisés en une multitude de petites tresses; une très légère chemise de gaze fendue sur la poitrine laisse les seins à peu près à découvert; la robe, coupée aux genoux, est en soie de Bénarès. Les autres femmes sont vêtues de la même manière; les plus âgées portent pudiquement des maillots de coton blanc taillés pour des mollets de suisse.

Deux enfants de huit et neuf ans aident les servantes à offrir le thé et les *chirinis* (bonbons) qu'on vient d'apporter.

« Mériem (Marie) est ma plus jeune enfant. Ali est le fils d'un ami de l'aga et le fiancé de cette fillette, me dit Fatma en me les présentant.

— Comment, vous pensez déjà à marier ces bébés?

— Pas encore; l'année prochaine on les séparera, pendant quelque temps ils vivront éloignés l'un de l'autre, et pourront ensuite se marier si leurs familles n'y voient pas d'empêchement.

— Le plaisir qu'ils ont aujourd'hui à jouer ensemble est-il un sûr garant qu'ils s'aimeront un jour?

— Les femmes les plus sages de la famille ne sont-elles point là et n'arrangeront-elles pas tout pour le mieux?

— Mais si ces enfants s'aperçoivent après leur mariage qu'ils ne se plaisent pas?

— Ils divorceront et se remarieront chacun de leur côté. Approche-toi, Ali ; la khanoum, j'en suis persuadée, croit que tu ne sais pas lire; prends l'almanach qui est posé sur le takhtchè, et fais-nous connaître les prescriptions du jour.

— Aujourd'hui il est bon et agréable de recevoir des amis; leur présence portera bonheur. »

Cette gracieuse attention de Fatma est d'un caractère bien persan.

« Apprend-on à lire aux enfants dans l'almanach?

— Non, dans le Koran; mais il est aussi très utile de leur apprendre à se servir du calendrier.

— Quelques parties de cet ouvrage m'ont paru traitées avec une extrême licence de langage et donnent, en outre, des conseils peu appropriés à l'âge de vos enfants. »

Toutes les femmes me regardent avec étonnement, puis éclatent de rire.

« Que voulez-vous dire? me répond l'une d'elles. Les garçons se marieront, les filles seront enfermées : quelle nécessité voyez-vous à les priver les uns et les autres d'une lecture si nécessaire pour agir en toute circonstance dans des conditions de chance indiscutables?

— Vous venez de la cour, khanoum, reprend Fatma préoccupée. Parlez-nous des modes. Il paraît que, depuis son dernier voyage en Europe, le chah a fait raccourcir les jupes des femmes de l'andéroun, et qu'en ce moment elles les portent à peine longues d'un tiers de *zar* (le zar équivaut à peu de chose près au mètre). J'ai également entendu dire que les princesses entouraient leur visage de merveilleuses fleurs fabriquées dans le Faranguistan. Je serais bien heureuse si vous vouliez me donner des guirlandes ou des bouquets : je vous offrirais en échange un de mes beaux bracelets d'argent, orné de corail, de perles et de turquoises.

— Je suis désolée de ne pouvoir satisfaire votre désir; vous le voyez, je voyage comme un derviche et, à part les instruments nécessaires aux travaux de mon mari, quelques vêtements de rechange composent tout mon bagage.

— Pourquoi travaillez-vous? Vous êtes donc pauvre?

— Non.

— Mais alors pourquoi voyagez-vous? Qu'êtes-vous venue faire en Perse? Pour toute femme, le bonheur consiste à se reposer et à se parer.

— Vous employez donc toutes vos journées à vous embellir?

— Certainement non, bien que le soin de ma personne absorbe beaucoup de temps. Voyez comme le henné qui colore l'extrémité de mes doigts est bien disposé! Combien mes sourcils et mes yeux sont peints avec art! mes cheveux parfumés! Croyez-vous que tout cela se fasse aisément et soit l'affaire d'un instant?

— Quand vous avez terminé votre toilette, quelles sont vos occupations?

— Je fume, je prends du thé, je me rends chez des amies, qui sont heureuses à leur tour de me tenir compagnie. Voici auprès de moi des khanoums venues dans l'intention de vous voir. »

La conversation s'est longtemps prolongée; j'ai eu beaucoup de peine à obtenir que ces dames se décidassent à parler l'une après l'autre, et j'ai dû souvent leur faire répéter leurs questions, afin de les bien comprendre. Elles ont mis d'ailleurs la meilleure volonté du monde à saisir le sens de mes paroles, puis elles m'ont fait redire mes phrases en plaçant les verbes à leur temps, et en intercalant au moment opportun les formules de politesse usitées dans une semblable conversation. Les substantifs au nominatif et les verbes à l'infinitif se présentent assez vite à ma mémoire, mais je confonds le génitif et l'accusatif, le passé, le présent et le futur, et je manque surtout dans mon langage de ces élégances qui font, assurent mes professeurs en courts jupons, le grand charme et le mérite de la langue persane.

Il est cinq heures, le soleil commence à descendre; il est temps de me retirer et de remercier Fatma de son aimable accueil. Elle me répond en m'assurant qu'elle est mon esclave et que sa maison m'appartient. A la nuit, Marcel donne l'ordre de seller les chevaux; mais nos âniers, ayant appris que la tribu des Chanzaddès, qui mène paître ses troupeaux depuis les bords de l'Euphrate jusqu'à la mer Caspienne, traverse en ce moment le pays et dépouille sur son passage les petites caravanes, s'obstinent à ne pas quitter le village avant le jour. Marcel insiste, car c'est exposer notre vie que de voyager en plein soleil dans le désert de Koum, et nous nous mettons enfin en route, réunis en une seule troupe. L'expérience de la veille ne m'encourage pas à prendre les devants; d'ailleurs les hommes sont tellement épouvantés, qu'ils se jetteraient à la tête de mon cheval s'ils me voyaient témoigner l'intention de les abandonner.

« J'ai perdu la route, dit à l'improviste le tcharvadar bachy, qui ment comme un candidat à la députation en quête d'électeurs, et je vais vous conduire à un village signalé par les aboiements des chiens; là on m'indiquera le chemin. » Comme il nous serait impossible de remettre nos guides sur la bonne voie, nous sommes forcés d'accepter la solution proposée. Bientôt les masses noires d'une vaste kalé se dessinent à travers la nuit. Le tcharvadar bachy, arrivé sous la porte massive, parle d'abord en maître. « Ouvrez! » s'écrie-t-il impérieusement en s'adressant aux gens couchés sur les terrasses. Pas de réponse.

Le bonhomme adoucit alors sa voix : « Mes amis chéris, ouvrez la porte à de pauvres voyageurs bien altérés ».

Les Persans ne s'apitoient guère sur le sort des gens souffrants ou fatigués, mais la soif est un mal si sérieux que tout le monde y compatit. A cet appel désespéré, une bonne âme a pitié des angoisses du tcharvadar, une tête apparaît entre les merlons qui couronnent le mur : « Derrière vous est un canal, buvez. — Mon ami, mon cher ami, reprend l'orateur en larmoyant, cette eau n'est pas *chirine* (douce). Je t'en prie, ouvre-nous la porte, nous sommes tous de pieux musulmans. » Voilà qui me flatte! Cet argument n'a pas d'ailleurs plus de succès que les autres. Les Orientaux sont méfiants, c'est là leur moindre défaut. Finalement, après lui avoir laissé chanter sur tous les tons la romance *Au clair de la lune*, les paysans engagent le tcharvadar à ne pas troubler plus longtemps leur sommeil et à camper avec sa caravane devant la porte du village.

Nos guides à cette réponse prennent une figure si déconfite, que je ne peux leur garder rancune. Afin de punir ces maîtres menteurs, je leur ordonne néanmoins de décharger les ânes et d'ouvrir les mafrechs; les lahafs sont étendus, et nous prenons possession des bancs de terre élevés auprès de la porte du village avec une satisfaction égale à celle que nous eussions éprouvée en entrant dans une belle chambre d'hôtel. Combien je me félicite en ce moment d'avoir adopté le mobilier iranien, si bien approprié aux vicissitudes de la vie nomade!

Vers trois heures du matin, nos gens, effrayés non sans raison par la perspective de la chaleur à supporter, demandent à partir. Les plus lâches, devenus avec le jour les plus braves, accusent de poltronnerie le chef des âniers :

« Il aurait bien mieux valu voyager à la clarté des étoiles, conclut le cuisinier.

— Tu ne tiendrais pas de si beaux discours si à cette heure tu avais la tête séparée du corps », répond l'autre avec humeur.

LA PLAINE DE KOUM.

Traverser en plein jour, au mois de juillet, au train d'une caravane d'ânes le désert de Koum serait folie. Nous abandonnons à la probité des guides les bagages, nos fusils, trois mille francs en pièces d'argent dont le poids pourrait être gênant, et, accompagnés d'Houssein, le soldat d'escorte monté lui aussi sur un vigoureux coursier, nous nous décidons à tuer, s'il le faut, les chevaux du naieb saltané, mais à gagner Koum avant huit heures du matin.

1ᵉʳ août. — En quittant le village, Marcel a réglé ainsi notre allure : un quart d'heure au galop, cinq minutes au pas.

Nous avons d'abord suivi une vallée pierreuse comprise entre deux collines d'une aridité absolue. A part les scorpions cachés sous les cailloux, qui fuyaient portant en l'air leur queue jaune, je n'ai aperçu aucun être vivant. « A cinq heures nous avons laissé sur la droite les ruines d'un caravansérail sans eau situé, assure Houssein, à moitié chemin de Koum. » Les chevaux sont encore en bon état et n'ont pas une goutte de sueur, mais supporteront-ils jusqu'au bout une pareille allure? Combien est merveilleuse la race de ces animaux auxquels on peut demander des efforts violents après leur avoir fait suivre depuis huit jours le régime purgatif que procurent les eaux amères du pays!

A six heures la chaleur devient insoutenable. Une heure encore, et le côté de nos selles exposé au soleil se tortille comme du papier devant le feu, une étrivière se rompt, les autres sont à demi tranchées sur toute leur longueur. Nous sommes inondés d'une telle sueur que les brides, mouillées, glissent de nos doigts, les yeux éblouis et les paupières irritées par la réverbération du soleil sur le sable refusent de s'ouvrir, et les tempes battent à croire que notre tête va éclater. Les chevaux eux-mêmes, malgré leur vigueur, buttent sur les pierres et s'abattraient si nous ne prolongions les temps de pas. A sept heures apparaît enfin, scintillant au soleil, la coupole d'or du tombeau de Fatma, la sainte protectrice de Koum.

DOUBLE MINARET. (Voyez p. 182.)

Nous entrons dans un beau caravansérail encombré d'une nombreuse caravane de négociants israélites. Le gardien, reconnaissant à la teinte amarante de la queue de nos montures les chevaux des écuries royales, ne doute pas que nous ne soyons de très grands personnages, et son respect s'accroît encore quand Houssein lui raconte avec fierté que nous sommes venus d'Avah en moins de trois heures. Le brave homme se précipite vers ses nouveaux hôtes, nous aide à descendre de cheval, et, nous voyant tout étourdis, commande à ses serviteurs d'aller remplir les cruches à l'abambar, afin de verser pendant quelques minutes de l'eau glacée sur nos têtes congestionnées. J'éprouve d'abord un saisissement extrême, suivi d'un étrange bien-êtr

En reprenant possession de moi-même, je crois entendre le bruit d'une querelle da le balakhanè. Le gardien, accompagné de deux serviteurs, a voulu obliger les israélites à céd cette pièce aux usufruitiers des montures royales ; ceux-là, déclarant qu'ils sont arrivés l premiers, refusent de sortir. Je ne me suis pas encore rendu bien compte du motif de la qu relle, que les couvertures, les mafrechs, les marmites, les aiguières, les provisions de ménag enfin tout le mobilier de ces pauvres diables dégringole par la fenêtre. Les victimes ne parai sent guère surprises de cette incroyable façon de les traiter; les juifs sont si méprisés et humiliés dans ce pays, où la plupart d'entre eux exercent des professions peu avouable qu'ils ne songent pas même à se plaindre des injustices et des brutalités dont on les accabl

Le balakhanè, vaste et bien aéré, est mis à notre disposition ; à travers les baies q l'éclairent dans la direction des quat points cardinaux, je puis admirer à l'ai le panorama de Koum.

Comme à Mamounieh, les maisons so surmontées de petites coupoles dont la forr reste apparente à l'extérieur.

Cette multitude de dômes rougis par l rayons du soleil s'éclaire par taches écl tantes et va en s'estompant se perdre da une légère brume bleuâtre qui s'élève pied des montagnes. Au loin apparaissent l toits pointus des tombeaux des Cheiks. S la gauche s'étendent les beaux jardins q entourent le célèbre tombeau de Fatma.

2 août. — Nous dormions encore qua nos serviteurs sont entrés fort émus da le balakhanè : « Çahebs, le gouverneur Koum, Mirza Mehti khan, ayant appris vot arrivée, envoie trente ferachs. Ils sont cha gés de vous souhaiter la bienvenue et vous prier de venir loger au palais, ce car vansérail étant indigne de personnages votre condition. »

LE GOUVERNEUR DE KOUM.

Les domestiques se mettent en proce sion, nous guident vers un pont jeté sur u rivière sans eau, longent les ruines d'u mosquée dont les deux minarets sont encore debout, traversent des bazars, un cimetiè des ruelles tortueuses, et s'arrêtent enfin devant un portail couvert d'ornements stuqué Cette entrée donne accès dans la première cour du palais, encombrée d'un nombreux pe sonnel de soldats et de prêtres assis sous des arcades voûtées. Des voleurs attachés les u aux autres par des colliers de fer sont exposés nu-tête au grand soleil.

Le gouverneur de Koum est l'époux d'une fille du chah. Pendant l'été la princesse qui la ville, une des plus chaudes de la Perse, et se retire dans la montagne avec ses femmes ses enfants. L'andéroun étant vide, le prince a donné l'ordre de nous loger dans cette par retirée du palais.

L'imagination des Européens se surexcite vivement au seul mot d'andéroun ou de har

PANORAMA DE ROUEN.

et se plaît à évoquer, pour se représenter ces demeures fermées, toutes les splendeurs des récits des *Mille et une Nuits*.

Nous sommes ici dans le palais d'une fille favorite du chah de Perse. Combien de femmes de notre bourgeoisie provinciale se plaindraient de la pauvreté de cette installation! Marcel veut bien convenir que je sais lever un plan, tout en assurant que de sérieuses études me sont encore nécessaires avant de dessiner d'une manière convenable une élévation et surtout une coupe. Prenons mon plan et décrivons un andéroun princier.

La communication entre le biroun et le harem s'établit au moyen d'un corridor, intercepté par plusieurs portes; la dernière s'ouvre sur un jardin, aux extrémités duquel s'élèvent deux bâtiments à peu près semblables.

L'un est exposé au nord et habité l'été, l'autre est orienté au sud et utilisé l'hiver. Les caves voûtées qui portent le nom de *zirzamin* (sous terre) sont occupées pendant les plus fortes chaleurs. Le pavillon d'été est divisé en trois salons, éclairés par de nombreuses fenêtres.

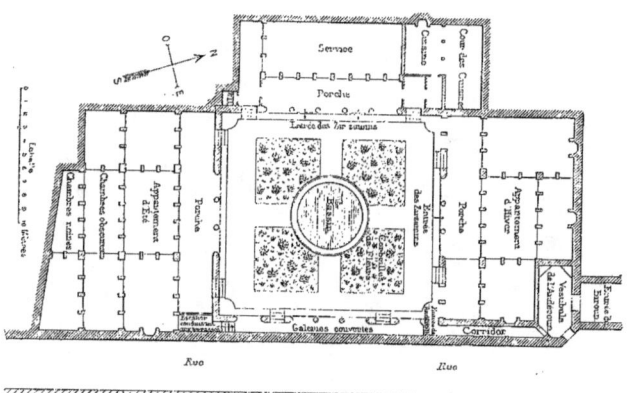

PLAN DE L'ANDÉROUN DU GOUVERNEUR DE KOUM.

Derrière cette première rangée de pièces s'étend une nouvelle série de chambres; enfin des baies placées au fond de ces dernières et fermées au moyen de volets de bois donnent accès dans des boudoirs obscurs et toujours frais, au fond desquels on fait la sieste pendant les heures les plus chaudes de la journée.

Les femmes dorment la nuit sur les terrasses entourées de hautes murailles, habitent dès la venue du jour les premières chambres, qui sont demeurées ouvertes, et, à mesure que la température s'élève, elles se réfugient dans les parties les plus sombres de la maison, après avoir soigneusement fermé les volets. Toutes ces pièces sont blanchies à la chaux; les cheminées seules sont ornées de quelques légères décorations de plâtre.

Les portes, fort basses, ne sont ni peintes ni cirées; une chaîne de fer fixée à l'extrémité du vantail s'accroche à un fort piton enfoncé dans la traverse supérieure du cadre; un clou ou un morceau de bois passé au travers du piton constitue une serrure aussi économique que gênante.

Le mobilier est des plus élémentaires. Quelques coussins jetés sur des tapis de Farahan, des rideaux en soie de Yezd attachés à de lourds crochets de fer, donnent une médiocre idée de la richesse d'imagination des tapissiers persans.

Le pavillon d'hiver est semblable à celui que je viens de décrire, sauf les chambres obscures, inutiles pendant la mauvaise saison.

Telle est, en peu de mots, la description fidèle de l'andéroun d'une puissante princesse. C'est une pauvre demeure pour la femme de l'un des plus riches seigneurs de Perse, mais c'est un paradis pour de malheureux voyageurs.

4 août. — La ville, ornée autrefois de plus de deux cents tombeaux, mais aujourd'hui aux trois quarts ruinée, est d'une telle étendue, que nous avons dû la visiter à cheval. Elle est d'origine fort ancienne, disent les historiens, qui font remonter sa fondation à l'année 203 de notre ère. Les habitants, très fanatiques, ont été de tout temps attachés aux croyances chiites, apportées par le fils d'Abd Allah ben Sad, ancien élève du séminaire de Koufa. Le tombeau de Fatma, fille de l'imam Rezza, contribue à augmenter encore la dévotion des habitants et le zèle des prêtres.

Ce célèbre imamzaddè est précédé d'une immense nécropole aux pierres tombales si rapprochées qu'elles recouvrent la terre comme le ferait un dallage. Outre les reliques plus ou moins authentiques de la petite-fille de Mahomet, placées sous le dôme, on conserve dans les bâtiments isolés les restes mortels de Fattaly chah et du père et de la mère de Nasr ed-din. En raison de ce dépôt sacré Sa Majesté tient en grand respect le sanctuaire, et en a fait redorer la coupole à ses frais.

Après le coucher du soleil, le gouverneur nous fait demander de le recevoir. Marcel s'étant empressé de répondre que nous désirions le devancer, dix porteurs de *fanous* (lanternes vénitiennes) se présentent et nous conduisent au biroun. Mirza Mehti khan est assis sous un porche en compagnie d'un grand nombre de mollahs et d'officiers. A notre approche les prêtres se retirent, et le prince nous accueille avec la plus parfaite affabilité. Il s'informe du but de notre voyage, me demande si je me trouve bien dans l'andéroun, et finit par m'offrir, avec une certaine contrainte, de m'envoyer du vin.

Il serait bien tentant d'accepter sa proposition et d'abandonner pendant quelques jours l'usage du lait aigre.

« Nous ne buvons jamais de boissons alcooliques, au moins en été », répond cependant Marcel avec sagesse. A ces mots, la figure du gouverneur se rassérène. Notre discrétion vient de le tirer d'un bien mauvais pas. Voit-on dans quel embarras il se fût trouvé, lui qui défend l'usage des liqueurs fermentées à cause du voisinage du tombeau de Fatma et fait bâtonner tout individu surpris en tête-à-tête avec une bouteille de vin, s'il eût dû faire sortir de ses caves le liquide prohibé ?

5 août. — Malgré la chaleur nous sommes ici dans un véritable pays de cocagne. Comme les fortunes sont diverses ! Étions-nous en assez piteux état il y a huit jours à peine ! Mon pied, cautérisé deux fois, est à peu près dégonflé ; j'ai pu aujourd'hui passer plusieurs heures aux tombeaux des Cheikhs.

Ces trois grandes tours de l'époque mogole sont placées au milieu de jardins plantés de grands arbres : les dallages et les boiseries ont disparu, mais les charmantes ornementations stuquées qui décorent les tympans des portes ogivales sont en bon état de conservation.

Le pèlerinage aux tombeaux des Cheikhs clôturera nos excursions suburbaines ; rien ne nous retenant plus à Koum, nous avons pris le parti de continuer notre voyage et de nous joindre à la première caravane qui se dirigera vers Kachan.

En l'honneur de notre dernière visite, le prince a organisé une ravissante fête de nuit. Au milieu d'un jardin brillamment éclairé s'ébat un troupeau de gazelles apprivoisées, tandis qu'une cage enveloppée d'un voile noir est suspendue aux branches d'un arbre. Un serviteur la découvre, le rossignol qu'elle renferme se réveille : ébloui par la vive clarté des lumières, et croyant

TOMBEAU DE FATMA A KOUM.

retrouver dans l'éclat des lumières la pâle image du soleil, il lance son trille le plus joyeux. L'oiseau chante ainsi jusqu'à ce qu'il ait compris son erreur, puis s'arrête brusquement et reste muet; dès qu'il manifeste de l'hésitation, on apporte une autre cage et on la démasque au moment où le premier artiste donne ses dernières notes.

A minuit, la caravane est prête à partir; nous faisons nos adieux au gouverneur et quittons à regret le palais hospitalier où nous avons passé des jours si calmes et si heureux.

PAS PLUS DE PÉCHÉ DANS UNE BOUTEILLE QUE DANS UN VERRE.

CARAVANSÉRAIL DE PASSANGAN. (Voyez p. 192.)

CHAPITRE XI

Phénomène électrique dans le désert de Koum. — Arrivée à Nasrabad. — Les caravansérails. — Kachan. — Le caravansérail Neuf. — Le bazar. — Minaret penché. — Aspect de la ville. — L'entrée de la masdjed djouma. — Visite du gouverneur. — Les mariages temporaires. — La mosquée Meïdan. — Le mihrab à reflets. — Les dames persanes. — Le palais de Bag-i-Fin. — Mirza Taguy khan. — Sa mort. — Départ de Kachan. — La montagne de Korout.

6 août. — Au sortir de Koum la route suit le versant oriental de la chaîne de montagnes qui traverse la Perse du nord au sud; les vents brûlants du grand désert viennent mourir au pied de ces hauteurs et préservent les voyageurs du froid rigoureux dont nous avons souffert à notre départ de Téhéran. La lune de Ramazan ne se montrant plus au-dessus de l'horizon, la nuit est noire malgré la pureté de l'atmosphère et les myriades d'étoiles qui scintillent au firmament. Vers minuit j'arrête mon cheval en arrière de la caravane et je prends quelques notes à la lumière de ma lanterne de poche. Mes cahiers mis en ordre, je me hâte de regagner ma place habituelle en tête du convoi, quand, en me rapprochant des dernières bêtes de somme, il me semble les voir marcher au milieu d'une nuée d'étincelles. Suis-je le jouet d'un rêve? C'est peu probable, car mes idées me paraissent parfaitement lucides.

Je cours faire part à Marcel de ma perplexité, et, afin de m'assurer que je n'ai pas encore laissé sur les chemins de Perse le peu de cervelle que le ciel m'a octroyée, je le prie de venir constater le fait bizarre dont je viens d'être témoin. Nous mettons pied à terre et nous rapprochons tous deux des animaux.

Le mystère est bientôt éclairci. Pour chasser les mouches qui les dévorent même la nuit, les chevaux battent leurs flancs de leur longue queue. Au contact du corps des animaux et des poils séchés à outrance par l'atmosphère spéciale aux plateaux de l'Iran, se dégagent de nombreuses phosphorescences dont la brillante clarté se détache sur les masses sombres du sol.

Le tcharvadar bachy, étonné de la persistance que je mets à suivre ses chevaux, vient s'informer du motif qui m'engage à faire depuis quelques instants la route à pied. « Vous êtes surprise, me dit-il, de voir la queue de mes animaux produire des étincelles; que diriez-vous si du papier de vos cahiers je faisais jaillir de la lumière? »

Là-dessus le bonhomme prend dans sa poche quelques-unes de ces graines de melon que croquent les muletiers pendant la route, les laisse tomber au milieu du sable et des cailloux, et m'engage à les retrouver. Peines perdues, toutes mes recherches sont vaines. Mon singulier professeur de physique s'accroupit alors sur le sol, saisit une feuille de papier par les deux extrémités et la déchire lentement dans toute sa longueur; à mesure qu'elle se brise avec un bruit métallique, il se produit une traînée lumineuse assez éclatante pour permettre à notre guide de retrouver les graines éparses sur le chemin.

Fortuné pays! une peau de matou remplacerait en Perse les bougies Jablochkoff ou les lampes Edison.

Ces phénomènes sont évidemment dus à l'extrême siccité de l'air. Le pays situé entre Koum et Kachan est brûlé par les vents du désert, et, bien que la température y soit moins élevée que dans le Fars, l'atmosphère y est cependant privée de cette légère humidité particulière aux terres voisines de la mer. En somme, ce climat brûlant est très sain; les viandes sèchent sans se corrompre, les blessures se cicatrisent rapidement, l'acier exposé à l'air de la nuit reste brillant et ne se rouille jamais, les habitants ne sont point sujets à la fièvre, comme ceux des provinces du Mazendéran, du Ghilan ou du Fars.

Au jour, certains de ne pas abandonner la route que jalonnent les poteaux de la ligne du télégraphe anglais, je propose à Marcel de prendre les devants afin d'arriver de bonne heure à Passangan.

Habitués aux longues étapes de la province de Saveh et aux interminables farsakhs des routes peu fréquentées, nous passons devant un beau caravansérail, malgré les énergiques protestations de nos chevaux, et, après deux heures de course dans une plaine stérile et déserte, nous atteignons un nouveau manzel, d'aspect misérable, entouré d'habitations abandonnées.

« Sommes-nous ici à Passangan? dis-je au gardien, occupé à fumer son klayan sur le seuil de la porte.

— Vous avez fait trois farsakhs et demi depuis ce lieu d'étape, me répond-il. Quel esprit malfaisant vous amène dans ces parages où le souffle enflammé d'Azraël a tout détruit? Les kanots sont obstrués, les habitants ont émigré, et le caravansérail, n'ayant à offrir aux voyageurs que de l'eau amère et bourbeuse, n'est plus fréquenté par les caravanes. Je n'ai à vous vendre ni pain, ni thé, ni lait aigre; ma nourriture se compose de pastèques achetées aux tcharvadars.

— Les cucurbitacées constituent la base d'un régime rafraîchissant, mais peu substantiel, si j'en juge à votre mine efflanquée et à votre humeur chagrine », lui répond Marcel en riant.

Quant à moi, dévorant sans mot dire des regrets d'autant plus amers que j'ai laissé dans les khourdjines du cuisinier une belle volaille cuite à point et deux bouteilles de jus de cerises dues à la prévoyance du gouverneur de Koum, je vais mélancolique à la recherche d'un logis.

La visite des lieux est bientôt terminée. Le caravansérail tombe en ruine; la grande porte, construite en pierre, est seule en bon état. Dans la longueur du vestibule sont pratiquées des niches surélevées au-dessus de terre.

« Voilà un excellent lit », me dit notre hôte en recouvrant le sol de l'une d'elles avec un vieux tapis.

Qui dort dîne, assure un proverbe, et nous nous étendons sur les dalles, pareils à ces statues funéraires placées au-dessus des sarcophages gothiques. Le gardien n'a pas exagéré les mérites de ce manzel : il est placé dans un parfait courant d'air. O Mahomet, détache de ton paradis la plus infime de tes houris, ordonne-lui de chasser les insectes variés auxquels je sers de pâture, et je te remercierai de m'avoir procuré un abri si calme et si frais.

LE CARAVANSÉRAIL DE NASRABAD.

Vers midi j'entends tout à coup un bruit de grelots. Les odalisques célestes se pareraient-elles de clochettes comme le serpent tentateur? Saints imams de Kerbéla, soyez bénis tout de même! à défaut d'esclaves éthérées, c'est la caravane.

Les tcharvadars, inquiets, en arrivant à Passangan, de ne point nous trouver au caravansérail, préoccupés surtout de la manière dont seront soignés leurs chevaux, ont pris le parti de nous rejoindre. Si les Persans ont des défauts insupportables, s'ils mentent et volent sans trêve ni merci, ils possèdent en revanche un fond de résignation et de patience inépuisable. Ainsi ces muletiers, contraints par suite de notre étourderie à changer la marche de la caravane et à la mener dans un lieu dépourvu d'eau et de vivres, ne profèrent même pas une plainte.

Les voyageurs sont tout aussi calmes : pourquoi récrimineraient-ils contre nous : leur colère modifierait-elle les conséquences de notre erreur? « Dieu est grand, et les Faranguis sont des *peder soukhta* (fils de pères rôtis aux enfers), se contentent-ils de penser à part eux. Quand on fait route avec des chiens pourris, il ne faut pas s'attendre à flairer l'odeur de la rose. »

7 août. — A minuit la caravane arrive à Simsin ; le village est très éloigné de la voie ; le caravansérail, abandonné, n'a ni porte ni gardien ; le tchaparkhané se trouve heureusement sur notre chemin ; on frappe, le tchaparchy se fait longtemps héler avant de donner signe de vie et répond, après avoir parlementé, qu'il n'a à vendre aucun approvisionnement. Il consent cependant à nous céder deux œufs durs et un paquet de pains.

Depuis hier toute la caravane ne s'est délectée que de pastèques avariées et de fruits véreux ; nous seuls cependant, malgré le secours d'une volaille, crions famine de caravansérail en tchaparkhané et faisons des bassesses pour deux œufs. C'est humiliant.

Me serais-je trop pressée d'admirer la patience des Persans? Il en est un qui proteste, ce me semble, de la belle façon contre les fantaisies des Faranguis : mon mulet, furieux de passer sans s'y arrêter devant tous les caravansérails classiques, se plaint de cette infraction aux usages et témoigne son mécontentement en se couchant. Dès que j'ai mis pied à terre, la bête se relève, fait des façons avant de m'autoriser à remonter sur son dos et se décide enfin à repartir ; nous voyageons quelques instants comme de bons amis, puis elle s'agenouille de nouveau. Sept fois de suite, depuis minuit jusqu'à l'aurore, elle me dépose sur le sol, et, comme ces déplacements pourraient à la longue être fort nuisibles à un voyageur porteur d'armes chargées, mon bonheur est égal à celui de ma fantasque monture quand j'aperçois les grands jardins plantés tout auprès du village de Nasrabad. La caravane est en route depuis trente heures et en a passé vingt et une en marche : *mea culpa, mea maxima culpa*; mais trois farsakhs seulement la séparent de Kachan. A tout péché miséricorde.

La route de Téhéran à Kachan, une des voies les plus fréquentées de la Perse, traverse sur tout son parcours des villages très pauvres. Les voyageurs, ne pouvant, comme dans l'Azerbeïdjan, loger chez l'habitant, vont chercher un abri dans des caravansérails approvisionnés d'eau, de paille, de pastèques et de lait aigre.

La création de ces vastes édifices remonte à une antique origine. Hérodote ne parle que des gîtes d'étapes placés sur la route de Suse à Sardes, mais il est probable que, de son temps, on trouvait déjà dans tout l'Iran des constructions destinées à recevoir les caravanes ou les troupes en marche. La distribution des étapes, commandée par la position géographique des cols et des kanots, ne doit guère avoir été modifiée, et les dispositions des bâtiments appropriés au climat du pays ont persisté en dépit des siècles et des architectes.

Le caravansérail de Nasrabad est une immense construction quadrangulaire dont une cour entourée d'arcades occupe le centre. Derrière ces arcades se trouvent les écuries, disposées dans des galeries voûtées, semblables aux nefs des églises gothiques, et divisées en compartiments par des contreforts intérieurs sur lesquels viennent buter les arcs-doubleaux et les formerets. Un passage ménagé au centre des galeries dessert tout à la fois les estrades réservées aux muletiers et les boxes dans lesquels on enferme les chevaux.

En été les voyageurs de distinction occupent pendant la journée les zirzamins, creusés à cinq mètres au-dessous du sol, au fond desquels aboutissent des escaliers servant en même temps de cheminée d'aération. La fraîcheur est délicieuse dans ces caves, qu'éclaire un demi-jour qui invite au repos. A la nuit les heureux possesseurs de zirzamin quittent leurs logements souterrains, où les bêtes venimeuses seraient attirées par la lumière, et vont sur le *takht*, large estrade découverte, élevée de deux mètres au-dessus du sol et entourée de fossés pleins d'eau. Les voyageurs montent à cette place stratégique en se servant d'une échelle, qu'ils s'empressent de retirer dès que l'ascension est terminée. Ces minutieuses précautions permettent de se préserver des scorpions, fort nombreux dans le pays et dont la piqûre est souvent mortelle.

8 août. — Au delà de Nasrabad la contrée est aride et poussiéreuse ; mais bientôt apparaissent les tumulus coniques indiquant la présence de kanots d'irrigation ; la plaine devient fertile, et au pied de la montagne j'aperçois de nombreux villages cachés sous la verdure. Partout où se portent mes regards s'étendent des champs de melons, de pastèques, de concombres et d'immenses plantations de coton et de tabac.

Un vaste caravansérail précède Kachan ; nos montures ont déjà franchi la porte d'entrée quand deux serviteurs se présentent. Ils viennent de la part de leur maître, le directeur du télégraphe, nous prier de descendre à la station, où un appartement nous est préparé, sur la recommandation gracieuse du colonel Smith, *superintendent* de la ligne télégraphique anglaise qui relie les Indes à la métropole.

Kachan, d'après plusieurs écrivains orientaux, fut fondé par la célèbre sultane Zobéïde, femme du calife Haroun el-Rachid. Ces auteurs font allusion, j'imagine, à l'origine de la ville musulmane, car un célèbre historien, Ibn el-Acim, assure que Kachan et Koum fournissaient vingt mille soldats aux armées du dernier monarque sassanide.

L'histoire de Kachan est intimement liée à celle d'Ispahan, sa célèbre voisine. Les Afghans la dévastèrent au dix-huitième siècle ; Hadji Houssein khan la rebâtit et reconstruisit les palais et les édifices religieux de la capitale des rois sofis.

Aujourd'hui encore cette cité, plus riche et plus industrieuse que ne le sont les villes persanes, paraît en pleine prospérité. Les maisons, bâties en matériaux de terre, sont entretenues avec soin ; les murs, bien dressés, n'encombrent pas les rues de leurs débris poussiéreux ; presque toutes les voies sont pavées et munies d'un ruisseau central qui écoule les eaux pluviales ou ménagères ; des dalles de pierre placées au-dessus des puits des kanots permettent aux piétons et aux cavaliers de circuler sur les chaussées sans risque d'accident ; enfin, — ce détail paraîtra très extraordinaire aux voyageurs habitués à la saleté proverbiale des villes d'Orient — les rues sont balayées.

Le bazar, largement percé et recouvert de petites coupoles accolées, est coupé de distance en distance par les portes de vastes caravansérails à marchandises, qu'il faut se garder de confondre avec les abris de caravane désignés sous le même nom. Ceux-ci s'ouvrent à la première réquisition des voyageurs, tandis que ceux-là sont des entrepôts, de véritables docks, où l'on ne donne asile ni aux gens ni aux animaux. Autant la construction des hôtelleries est simple et peu coûteuse, autant les docks sont bâtis et décorés avec luxe.

Un des plus beaux types de ce genre d'édifice est le caravansérail *Tasa* (Neuf), élevé aux frais d'une corporation de marchands.

Il se présente sous la forme d'un prisme carré dont on aurait abattu les angles. Deux des

LE CARAVANSÉRAIL TASA DE KACHAN.

grandes faces parallèles sont occupées par les portes d'entrée; des nefs rectangulaires, terminées à leur extrémité par des demi-octogones réguliers, sont greffées sur les deux autres. Les dômes et tout l'ensemble du monument sont construits en briques. Quelques-uns de ces matériaux, recouverts sur leurs tranches d'émail bleu clair, mettent en relief les nerfs de la voûte et les ornements disposés au milieu de chaque voûtin.

Trois ouvertures circulaires ménagées au sommet du dôme central et des deux demi-coupoles éclairent le caravansérail.

Une construction aussi importante donne mieux que des statistiques une haute idée de la prospérité commerciale de la ville.

Dans le caravansérail Neuf on vend des étoffes de soie et des brocarts tissés par les ouvriers de Kachan, dont l'habileté et la propreté sont renommées à juste titre.

Les fabriques méritent d'être visitées. A cause de l'extrême siccité de l'air, et afin de ne point briser les fils de soie, les tisserands sont obligés de se retirer dans des chambres souterraines où ne pénètre qu'une lumière diffuse. L'eau contenue dans plusieurs bassins posés sur le sol entretient, en s'évaporant, de l'humidité dans l'atmosphère. Chaque homme, placé devant un métier des plus élémentaires, travaille nu jusqu'à la ceinture et fait à lui seul sa pièce.

Les étoffes sont de deux qualités : les unes, minces et légères, servent à doubler des vêtements; les autres, lourdes et épaisses, sont employées à recouvrir les petits matelas capitonnés que les Persans placent debout le long des murs et contre lesquels ils appuient leur dos. Les dessins blancs, verts et jaunes de toutes ces soieries se détachent généralement sur un fond d'un beau rouge; d'ailleurs les Iraniens, en vrais Orientaux, ne fabriquent jamais deux pièces pareilles; s'ils arrivent à copier les dessins, ils échouent dans l'assortiment des couleurs, car ils n'ont jamais senti la nécessité de doser les teintures.

Si le caravansérail Neuf est le centre le plus riche du commerce de Kachan, le bazar aux cuivres est certainement le plus fréquenté. Quatre cents chaudronniers travaillent dans de longues galeries, animées par le passage continuel des caravanes de chameaux qui apportent de Russie le cuivre roulé en paquets ou viennent prendre des chargements de marmites, qu'on expédie de Kachan dans toutes les villes de Perse.

Le bruit insupportable des marteaux retombant régulièrement sur le métal sonore ne blesse pas seulement les oreilles des Européens : les Persans eux-mêmes, ne pouvant traiter leurs affaires au milieu d'un pareil vacarme, se contentent en général de désigner au marchand les pièces qui leur conviennent et les font apporter chez eux, afin de discuter à l'aise les conditions du marché.

Une vieille chronique, malgré son exagération, donne une juste idée de ce tapage étourdissant. Avicenne, alors qu'il habitait Ispahan, vint un jour se plaindre au roi.

« Les chaudronniers de Kachan font tant de bruit depuis quelques jours, dit-il, que j'ai été obligé d'interrompre mes études.

— C'est grand dommage, répondit le chah en souriant; je vais ordonner de suspendre momentanément la fabrication des objets de cuivre : tu pourras ainsi reprendre le cours de tes travaux. »

Le lendemain, Avicenne fit remercier le roi : aucun bruit n'était parvenu jusqu'à lui, et il avait, dans le calme et le silence, écrit un chapitre presque entier de son grand ouvrage médical.

Cependant, au bout de quatre jours de repos forcé, les chaudronniers de Kachan se plaignirent avec amertume du préjudice que leur occasionnait la fantaisie ou la folie d'un homme logé à trois étapes de leur bazar.

« Le roi a promis une semaine de silence à son médecin, dit le gouverneur : quatre jours se sont déjà écoulés ; saisissez sans crainte vos outils : ce n'est pas d'Ispahan que l'on peut entendre la chanson du marteau. En tout cas je vais prévenir Sa Majesté : elle pourra ainsi se convaincre de la mauvaise foi d'Avicenne. »

Les travaux furent donc repris, et de plus belle le cuivre résonna sur l'enclume.

Le soir même, Avicenne se présentait au palais.

« Votre Majesté est mal obéie : dès ce matin les chaudronniers de Kachan ont ouvert leur bazar. »

9 août. — Pour se rendre bien compte de la topographie du pays et du bon entretien de la ville, il faut monter au sommet d'un superbe minaret penché, bâti au treizième siècle. Cette élégante construction, édifiée avec des briques de trois centimètres d'épaisseur, s'élève à quarante-sept mètres au-dessus du sol de la rue. Un escalier tournant, en parfait état de conservation, permet d'arriver jusqu'à la corniche, démunie de parapet.

Vues du haut de la tour, les fortifications paraissent dessiner un cercle parfait, au milieu duquel se pressent, dans un ensemble confus, des arbres, des terrasses, des coupoles émaillées, pareilles à de grosses turquoises. La cité est vivante sur toute son étendue ; on n'aperçoit pas, comme à Tauris ou à Koum, d'immenses quartiers abandonnés.

J'ai beaucoup de peine à dominer le vertige dont je suis saisie quand j'aperçois au-dessous de moi la ville sur laquelle le minaret semble s'abattre : mes mains cherchent un appui et s'accrochent instinctivement aux dernières marches de l'escalier. Je ne suis point d'ailleurs la première personne qui ait éprouvé des sensations désagréables sur cette plate-forme : c'est du haut de la tour penchée que l'on précipitait, il y a encore peu d'années, les femmes convaincues d'adultère.

MINARET PENCHÉ A KACHAN.

Le mari, aidé de ses parents et souvent de la famille même de la coupable, obligeait sa chère moitié à gravir les marches de ce terrible escalier, et il lui suffisait de la pousser quand elle avait atteint les derniers degrés, pour la lancer dans l'éternité.

La victime n'avait pas grand'chance d'effectuer sans dommage ce voyage aérien. On raconte cependant que l'esclave d'un riche négociant, accusée d'avoir empoisonné son maître, et condamnée à subir le sort réservé aux adultères, tomba si heureusement sur le sol, qu'elle se releva sur-le-champ en prenant Allah à témoin de son innocence. La foule, émerveillée, crut à un miracle, arracha les voiles de cette femme, en fit des reliques et la ramena en

UNE RUE DE KACHAN. — MASDJED DJOUMA.

triomphe au palais du gouverneur. Par respect pour la volonté divine, les habitants de Kachan ne se contentèrent pas de la vénérer à l'égal d'une sainte, ils lui assurèrent pendant toute sa vie une existence indépendante.

En rentrant au télégraphe, nous passons auprès de la masdjed djouma. Sur la rue même s'élève un antique minaret, dont les parties inférieures sont encore revêtues d'élégantes mosaïques de briques monochromes ; je demande à mon guide s'il nous est permis de visiter cet édifice, son état de ruine me semblant autoriser cette infraction aux usages.

« Le clergé de Kachan et les habitants eux-mêmes sont très tolérants, me répond-il : un chrétien n'a jamais été maltraité dans nos murs. Vous feriez bien cependant de vous abstenir d'entrer dans les mosquées tant que l'imam djouma ne vous en aura pas donné l'autorisation : cet excellent homme vous accordera cette faveur sans aucune difficulté, et vous serez ainsi à l'abri des insultes des fanatiques. »

Il serait imprudent de ne point tenir compte des sages conseils de notre cicérone ; l'ardeur du soleil nous engage d'ailleurs à rentrer au plus vite.

10 août. — Le gouverneur, en réponse au message qui lui annonce notre arrivée, vient d'envoyer, pendant notre absence, un superbe *pichkiach* (cadeau), composé de quatre charges de pastèques, de melons, de pêches et d'abricots, et de deux ravissants petits agneaux : l'un blanc avec les pattes, le museau et les cornes noirs, l'autre immaculé comme la neige de l'Ararat ; en échange il nous fait demander de faire sa photographie équestre. Cette manie, particulière à tous les grands personnages persans, nous inquiète. Cependant comment refuser de satisfaire le caprice de ces grands enfants qui nous accueillent avec tant de courtoisie et peuvent nous faciliter l'entrée des monuments religieux et des sanctuaires les plus vénérés ? Le rendez-vous est fixé à deux heures avant le coucher du soleil. Vers le soir j'aperçois le cortège qui débouche sur la route, par la porte du bazar aux cuivres.

Le gouverneur, entouré de ses familiers, arrive à la station ; auprès de son beau cheval noir marchent à pied un mirza et des officiers d'ordonnance précédés d'une nombreuse troupe de domestiques armés de bâtons ; enfin un écuyer porte respectueusement sur l'épaule la superbe housse en mosaïque de drap que les grands dignitaires ont seuls le droit de faire jeter sur leurs chevaux dès qu'ils mettent pied à terre.

Le hakem est âgé d'environ quarante ans. Sa large carrure, son teint brun et ses traits vulgaires indiquent à première vue son origine. Il est fils d'un savetier de Téhéran et doit son élévation à la protection de sa sœur Anizeh Dooulet, la favorite de Nasr ed-din chah.

La grande fortune de cette femme est due à un singulier hasard.

Partant un jour pour la chasse, le roi rencontra au bazar une jeune paysanne portant une cruche d'eau sur la tête. L'éclat des yeux et la vivacité de la physionomie de cette enfant firent une si profonde impression sur l'esprit de Nasr ed-din, qu'il ordonna de la conduire au palais et ne tarda pas à contracter avec elle une union emphytéotique de quatre-vingt-dix-neuf ans.

A ce propos il est intéressant de rappeler que les Chiites sont, comme les Sunnites, autorisés à divorcer dans divers cas, réglés par une loi fort accommodante, et qu'ils peuvent même s'unir en justes noces à l'année, au mois ou même à l'heure.

Les femmes épousées dans les formes ordinaires ne doivent se donner un nouveau maître que trois mois après la rupture de leur premier mariage, tandis que les beautés faciles liées par une union temporaire ont le droit de convoler tous les vingt-cinq jours. Il ne faudrait pas croire que ces accouplements n'aient aucune sanction légale : les mollahs les encouragent et leur donnent même, à raison de vingt-cinq à trente sous pièce, une consécration pieuse. Le clergé persan n'est pas exigeant : « Gagner peu, mais marier beaucoup », telle est sa devise. Tous les enfants nés de ces unions sont légitimes et ont droit à l'héritage paternel.

Les mariages à l'heure sont fréquents dans les villages. Les paysans, à l'arrivée d'un grand personnage ou des princes, se prêtent sans aucun scrupule à des combinaisons qui leur valent toujours un beau présent et peuvent quelquefois, si leur fille ou leur sœur est intelligente et adroite, les amener à de hautes situations. Tel est le cas du gouverneur de Kachan.

Sa sœur Anizeh Dooulet, douée d'une gaieté, d'un entrain extraordinaires, d'un esprit brillant et caustique, quoique vulgaire, prit bientôt le pas sur les femmes légitimes et ne tarda pas à occuper la première situation de l'andéroun royal. Avec la facilité d'assimilation que possèdent

LE GOUVERNEUR DE KACHAN ET SA SUITE.

toutes les femmes, elle sut se plier aux manières raffinées de la cour, tout en conservant les allures délibérées d'une fille du peuple. Comprenant en même temps combien il déplairait au roi de trouver auprès d'elle des parents grossiers et sans instruction, elle les éloigna en leur faisant attribuer de si hautes et si lucratives fonctions, que la plupart d'entre eux, notamment notre ami le hakem, perdirent le souvenir de leur modeste origine.

Un cordonnier de Téhéran, passant un jour à Kachan, eut la pensée de venir visiter son compère devenu gouverneur, et se présenta dans ce but au palais.

La condition du bonhomme était humble et ses vêtements fort simples; mais, au souvenir de l'amitié qui l'avait autrefois uni au beau-frère de Nasr ed-din, il s'avança, la main tendue vers son ancien compagnon.

« Qui es-tu ? » demanda, avec une arrogance très rare chez les plus hauts personnages, le gouverneur de Kachan.

L'artisan, tout ému de cet accueil inattendu, hésite d'abord, puis, reprenant son sang-froid :

« Je suis Ali Mohammed, votre ancien voisin du bazar aux chaussures. J'ai entendu dire à Téhéran que, succombant sous le poids des labeurs administratifs, vous étiez tombé malade; à cette fâcheuse nouvelle je suis accouru pour vous consoler et vous aider à supporter vos infirmités. Mais, hélas! vous êtes encore plus affaibli que je ne le craignais. Vous avez déjà perdu la vue, mon pauvre camarade, puisque vous ne reconnaissez pas vos plus vieux amis. »

Dès son arrivée, le beau-frère du roi se perche sur un fauteuil, et, tout en prenant le thé, regarde avec un vif intérêt le petit orgue placé dans un coin du salon.

« Je voudrais bien, dit-il, entendre jouer de cet instrument. »

Le directeur du télégraphe s'excuse en assurant qu'il connaît à peine les notes; le gouverneur insiste; bref, à la prière de mon hôte je m'assieds devant l'harmonium. Mes auditeurs sont peu faits pour m'intimider, mais le choix du morceau me rend fort perplexe. Les hauts faits de Cyrus, de Darius ou de Xerxès lui-même n'ont jamais, que je sache, été mis en musique. Tranchons la difficulté et attaquons... *la Fille de madame Angot*. Afin d'apprécier plus à l'aise les charmes de l'opérette, le gouverneur se laisse glisser au bas de son fauteuil et s'accroupit sur les talons. Tout à coup il m'interrompt :

« Cet air est charmant, dit-il, mais vous le jouez beaucoup trop vite, c'est à en perdre la tête. *Frappez* encore cette mélodie très lentement et bien fort. »

Je recommence sur un rythme à porter en terre mademoiselle Angot elle-même : alors l'enthousiasme éclate de tous côtés; le gouverneur dodeline sa tête de droite à gauche comme les enfants musulmans auxquels on enseigne le Koran; le mirza et les serviteurs, suivant l'exemple de leur maître, font entendre des cris d'admiration : tous ces gens-là ont l'air parfaitement idiots.

J'abandonne la place et j'invite le hakem à venir, à son tour, essayer l'instrument.

« Je veux bien, dit-il, j'adore la musique; mais je m'aperçois que vous agitez simultanément les pieds et les mains, et que tout votre corps est en mouvement : cela doit être bien pénible : mes doigts ne suffiraient-ils pas à *faire le bruit* ? »

De mes explications sommaires l'Excellence conclut qu'un artiste de mérite doit se borner à *taper* sur le clavier, et que la mise en mouvement des soufflets est un travail de vil manœuvre tout au plus digne d'un Farangui. Rassuré par cette pensée, il s'assied devant l'orgue, fait signe à deux ferachs de s'allonger à ses pieds et de lever et baisser les pédales, tandis qu'il frappe sur les touches à tort et à travers; la joie de mon élève est sans égale : il crie, rit aux éclats, s'agite sur sa chaise et distribue, en témoignage de satisfaction, une grêle de coups aux serviteurs étendus à terre, tout en se plaignant que ces paresseux ne donnent pas assez de vent. Blessés de ces reproches immérités, les domestiques redoublent d'ardeur; le petit orgue, plein d'air, souffle poussivement et ne tarderait pas à se briser si le directeur du télégraphe ne se rappelait à propos que le soleil baisse et que l'heure est venue de faire la photographie du gouverneur.

Toute la troupe défile devant ma lentille. Le mirza et les officiers d'ordonnance veulent être séparés des serviteurs subalternes, et l'un d'eux a même fait apporter sa petite fille, une gamine de quatre à cinq ans; elle est arrivée sur les bras d'un jeune nègre, qui, au moment où je vais découvrir l'appareil, se précipite au milieu du groupe, dans l'espoir d'avoir, lui aussi, sa noire frimousse dans le *nakhche* (dessin).

En rémunération de mes peines et en souvenir des flots d'harmonie dont nous nous sommes mutuellement régalés, je demande au gouverneur l'autorisation de visiter les mosquées de Kachan. Il me promet de transmettre ma requête le soir même à l'imam djouma; si cette faveur est accordée, il m'en avisera sans délai.

MIRZA ET OFFICIERS.

11 août. — Le hakem est homme de parole. Son nazer nous a apporté ce matin la permission d'entrer dans la masdjed Meïdan. La construction de cet édifice, situé au centre de la ville dans le quartier le plus populeux du bazar, remonte au quatorzième siècle. L'orientation de toutes les mosquées étant commandée par la position de la Kaaba, vers laquelle le fidèle musulman doit toujours se tourner en faisant sa prière, l'architecte a été obligé de disposer l'entrée principale en biais sur l'axe de la rue. Afin de dissimuler ce défaut, il a ouvert, dans une façade symétrique à celle de la masdjed Meïdan, l'entrée d'une *médressé* (école) et jeté sur l'angle que forment les deux murs une trompe dont la tête se trouve parallèle à la façade des autres bâtiments.

La mosquée est vaste, traitée dans un bon style, mais le principal intérêt artistique de cet édifice réside dans son admirable mihrab, revêtu de faïences à reflets métalliques; ces émaux égalent en beauté ceux du célèbre imamzaddè Yaya de Véramine. Il n'est pas étonnant de retrouver ici un aussi splendide monument : Kachan est en effet la patrie originelle des faïences à reflets métalliques baptisées du nom de *kachys*, en souvenir de la ville où elles ont été le mieux fabriquées.

UNE CARAVANE DE FEMMES RENTRANT A KACHAN.

Laissant Marcel admirer à son aise cette merveille céramique, je vais établir mon appareil dans le bazar. Le va-et-vient est continuel : ce sont des serviteurs se rendant aux approvisionnements, des marchands de pêches ou de concombres offrant aux passants leur magnifique marchandise, puis de longues files de mulets et de chameaux chargés de ballots qu'ils transportent dans les caravansérails ; la voie est déjà trop étroite pour tout ce monde, et je ne pourrais jamais opérer si quelques dilettanti ne se chargeaient bénévolement de contenir la

ENTRÉE DE LA MOSQUÉE MEÏDAN DE KACHAN.

foule, dans l'espoir de figurer dans l'*ax* (photographie) en récompense de leur obligeance.

Il ne me reste plus qu'à découvrir la lentille, quand tout à coup mes aides, qui avaient jusqu'ici imposé de leur propre autorité un arrêt à la circulation, se replient vivement devant quelques domestiques précédant une caravane de femmes montées à califourchon sur des ânes couverts de housses brodées d'argent.

Les nouveaux venus se précipitent sur moi et m'ordonnent de m'écarter au plus vite afin de laisser passer le cortège. L'injonction est faite sur un ton si violent, j'ai placé l'appareil avec tant de peine, et si peu d'instants me sont nécessaires pour terminer mon épreuve, que je refuse obstinément de me retirer.

« Les khanoums peuvent s'aventurer devant l'objectif sans crainte d'être dévorées », dis-je aux serviteurs.

L'observation reste sans effet; mes agresseurs, pleins d'arrogance, portent sur les châssis

MOSQUÉE MEÏDAN DE KACHAN. — MIHRAB A REFLETS MÉTALLIQUES. (Voyez p. 204.)

une main sacrilège et me refoulent, ainsi que Marcel accouru au bruit de la dispute, dans une boutique du bazar.

En Perse même, où les mœurs sont beaucoup plus douces et plus paisibles que dans la Turquie d'Asie, un Européen ne peut supporter une humiliation sans perdre tous les privilèges dus à son origine. La foule ne voit plus en lui qu'un chrétien, c'est-à-dire un paria auquel on peut sans crainte faire subir de mauvais traitements. Il est nécessaire de protester avec énergie contre la vexation dont nous venons d'être l'objet, sous peine de supporter les conséquences de

MARCHAND DE PÊCHES A KACHAN. (Voyez p. 205.)

notre patience pendant tout notre séjour à Kachan. Marcel, d'une voix impérieuse, ordonne à nos serviteurs de se rendre immédiatement au palais et de porter plainte au gouverneur; puis, avec l'air digne et fier des gens certains de se faire rendre justice, nous sortons du bazar, suivis d'une nuée de gamins. Ces mauvais drôles, interprètes fidèles des sentiments de la population, font des cabrioles autour de nous, sans oublier de nous traiter de « chiens », de « fils de chiens », de « fils de père qui brûle aux enfers », dès qu'ils ont repris la position verticale et l'usage de jambes habiles à les mettre à l'abri de justes représailles.

A peine sommes-nous de retour au télégraphe, que le principal mirza du palais se présente tout effaré. Le hakem a appris avant l'arrivée de nos serviteurs l'incident du bazar : la caravane cause première de toute cette désagréable affaire escortait sa propre femme, qui rentrait à Kachan après une absence de quelques jours; comme son escorte, elle ignorait par conséquent l'arrivée de deux savants faranguis.

L'Excellence nous prie d'excuser la brutalité des ferachs; elle nous informe en même temps que, désireux de réparer la juste humiliation ressentie par des personnes de notre qualité, elle a donné l'ordre de bâtonner les domestiques, et nous invite même à venir assister à l'exécution, espérant en cela nous être agréable. On n'est vraiment pas plus gentleman. Satisfaits de ces explications, nous déclarons l'intervention du bâton superflue et faisons demander la grâce des coupables.

L'aventure ne s'arrête pas là : à la tombée de la nuit, une servante musulmane se présente et demande à me parler.

« En arrivant au palais, me dit-elle, ma maîtresse a demandé le nom des deux Faranguis dont la présence avait arrêté un moment sa marche devant la mosquée Meïdan. Apprenant que l'un de ces photographes était une dame, elle a témoigné l'intention de faire faire son portrait. Le hakem a refusé, sous de mauvais prétextes, de se plier à ce caprice: alors ma maîtresse s'est décidée à avoir recours en cachette à vos talents : elle se rendra demain, sans suite et sous les voiles fanés d'une servante, chez la femme de l'imam djouma, après lui avoir envoyé à l'avance le costume dont elle veut se parer dans cette grande circonstance. »

Rendez-vous est donc pris pour demain trois heures après le lever du soleil. Marcel doit aller remercier le chef officiel de la religion; je l'accompagnerai et, dans un passage obscur placé à l'entrée de la maison, je trouverai mon interlocutrice, chargée de m'introduire dans l'andéroun tandis que mon mari se dirigera vers le talar.

12 août. — Le programme arrêté a été scrupuleusement exécuté. Au moment où je franchis le seuil de la maison de l'imam djouma, deux femmes me prennent les mains et me conduisent, à travers un dédale de corridors sombres, dans l'andéroun de ce haut dignitaire.

Je traverse une cour semblable à celle que j'ai déjà vue à Avah et j'entre dans un jardin, où les deux khanoums m'attendent avec anxiété.

La femme du hakem s'excuse d'abord de la brutalité de ses gens et me remercie de ne lui avoir pas gardé rancune. Elle est très jolie... pour une Persane. Les poètes admirateurs des belles à figure de lune chanteraient sa face ronde et plate, et n'oublieraient pas de louer son teint blanc et rose, les taches sombres de ses grands yeux brillants, les lèvres carminées de sa bouche un peu épaisse. En ce moment la physionomie de cette femme, animée par la joie qu'elle éprouve à désobéir à son mari, est tout à fait charmante.

En revanche, l'épouse de l'imam djouma est consciencieusement laide et paraît avoir renoncé à toute prétention.

« Vous savez faire l'*ax*? m'a dit à mon arrivée la femme du gouverneur (*ax* est le nom persan donné à la photographie, il signifie « opposé, à l'envers »). Vous êtes *ackaz bachy dooulet farança* (littéralement : « retourneur en chef du gouvernement français »)?

— Certainement, ai-je répondu sans hésitation, car il ne s'agit pas ici d'avoir l'air d'un photographe sans clientèle.

— Dans cette haute position, combien faites-vous de *madakhel* annuels? » (*Madakhel* est la désignation euphémique et aimable que donnent les Persans aux malversations, virements et vols de toute sorte commis régulièrement par les fonctionnaires au préjudice de la caisse du chah.)

A cette question ma bonne foi reprend mal à propos le dessus.

« Aucun, dis-je avec embarras.

— Mais alors votre mari s'enrichit pour deux. »

Franchise aimable d'un esprit sans préjugés!

L'attrait de l'étude, l'honneur scientifique, le désintéressement sont inconnus ici ; le Persan aime l'argent et mesure le mérite de chaque fonctionnaire à son indélicatesse. La femme du gouverneur se fera une idée du degré d'estime qu'elle doit m'accorder quand elle connaîtra la somme que je suis susceptible de dérober.

Désirant faire cesser ce gênant interrogatoire sans achever de me déconsidérer en avouant que Marcel et moi ne sommes pas venus en Perse dans l'espoir de nous enrichir, je me dispose à monter mes appareils. Pendant ces préparatifs, les deux amies causent à voix basse, et moi, la tête cachée sous les voiles noirs, je ne perds pas un mot de leur entretien.

« Dans le Faranguistan, dit la femme du gouverneur à l'épouse de l'imam djouma, qu'elle paraît traiter en naïve provinciale, les femmes sont bien moins heureuses qu'en Perse : les hommes les obligent à travailler. Celle-ci est *ackaz bachy* (photographe en chef), d'autres sont *mirzas* (écrivains) ou *moallem* (savants); quelques-unes même, comme la fille du *chah des Orous* (le roi des Russes), ont obtenu le grade de général et font manœuvrer des armées.

— Tu te ris de mon ignorance? répond l'autre avec un air de doute.

— *Allamdoullah!* (grâces soient rendues à Dieu) je t'ai dit la vérité, amie chérie. Non seulement dans le Faranguistan il y a des femmes qui commandent des régiments, mais il y en a une qui est chah. Interroge *khanoum ackaz bachy* : elle te dira que cette princesse a un ambassadeur à Téhéran. Enfin, ajoute-t-elle comme information supplémentaire, si la fille du roi des Orous porte un casque et des épaulettes, la khanoum chah possède en outre de longues moustaches. »

Dans la pensée des Persanes, la supériorité de l'homme sur la femme est attestée par la barbe et par la forme des vêtements. Cette idée expliquerait pourquoi des princesses indiennes investies de la puissance souveraine ont fièrement rejeté le voile pour revêtir le costume des rajahs, et dans quel but la grande reine Hatasou portait en campagne les attributs des rois de la haute et de la basse Égypte et suspendait à son menton la barbe osiriaque.

La femme de l'imam djouma est tenace et désire s'instruire.

« La khanoum chah a-t-elle plusieurs maris dans son andéroun? » demande-t-elle après quelques minutes de profonde réflexion.

Ici je juge opportun de dégager ma tête des voiles sous lesquels j'étouffe. Il est temps d'intervenir et d'assurer que la reine d'Angleterre est imberbe d'abord, n'a eu qu'un seul époux, et que dans sa vie privée elle a toujours donné l'exemple de toutes les vertus domestiques.

La photographie est terminée et j'en suis bien aise, car le latin paraîtrait chaste à côté du persan de mes aimables modèles. Au moment où je couvre mes clichés d'un linge noir, une vieille postée en grand'garde dans le corridor accourt annoncer le départ de Marcel; il est temps d'aller le rejoindre dans le passage où nous nous sommes séparés. Les khanoums m'adressent à la hâte les protestations d'usage, et je prends la fuite.

L'ÉMIR NIZAM.

13 août. — Pendant l'été les habitants de Kachan vont s'installer ou du moins faire de fréquentes stations au village de Fin, situé à un farsakh à peine de la ville. Le site est enchanteur ; une source abondante alimente de ses eaux une quarantaine de moulins et entretient une belle verdure autour d'un palais construit sous les successeurs d'Abbas le Grand. C'est dans cette paisible retraite que le chah a fait exécuter son beau-frère, l'émir nizam Mirza Taguy khan.

Dans son enfance, Nasr ed-din avait pris en grande amitié un de ses compagnons de jeu, fils d'un serviteur du palais. Devenu roi, il combla de titres et d'honneurs son favori, l'éleva à la dignité de premier ministre et mit le comble à ses bontés en le mariant à sa propre sœur.

Ces faveurs étaient justifiées : l'émir nizam était un grand esprit politique et possédait une vertu bien rare en Orient : la probité.

Il s'efforça d'imposer le respect de l'autorité royale à de nombreux feudataires à peu près indépendants, diminua la prépondérance du clergé dans les affaires juridiques et essaya de réprimer les abus administratifs.

Ces tentatives de réforme lui valurent la haine des grands et des prêtres ; mais il aurait cependant surmonté tous les obstacles, s'il n'avait commis l'imprudence d'adresser à sa belle-mère de sévères remontrances sur les débordements de sa conduite privée. A partir de ce moment sa mort fut résolue, et l'on ne chercha plus qu'à le perdre dans l'esprit du roi. Instruit des complots tramés contre lui, et comprenant à la froideur toujours croissante de son souverain que sa vie était en péril, le premier ministre commit une faute impardonnable en demandant à l'ambassadeur de Russie, auquel il avait rendu de grands services, des gardes pour le protéger.

C'était méconnaître les droits de la royauté et essayer même de les violer.

A cette nouvelle, Nasr ed-din crut que son beau-frère poussait l'ambition jusqu'à vouloir le détrôner ; il fut saisi d'un accès de fureur sauvage, fit prévenir l'ambassadeur de Russie que, si ses gardes ne quittaient pas sur-le-champ le palais du premier ministre, il irait lui-même les en chasser, et ordonna au soi-disant rebelle de se rendre en exil à Kachan.

L'émir nizam ne se fit aucune illusion sur le sort qui l'attendait. « Je suis le serviteur de Nasr ed-din chah et je pars à l'instant même, dit-il : ma perte est certaine, mais je mourrai avec la consolante pensée que je serai regretté. » Ses pressentiments ne le trompaient pas : profitant d'un instant de faiblesse du roi, les ennemis de l'émir nizam obtinrent la permission de le tuer. Le messager envoyé à Kachan était parti depuis deux heures quand Nasr ed-din, revenu à lui, fut saisi de terribles remords et expédia en toute hâte un second courrier, chargé de contremander les premiers ordres.

Quelle fut la personne assez influente et assez audacieuse pour retarder le départ de cet émissaire de miséricorde ? C'est un point qui n'a jamais été éclairci. Quoi qu'il en soit, quand la grâce du premier ministre arriva à Bag-i-Fin, l'émir nizam nageait dans son sang ; on lui avait ouvert les quatre veines, et depuis quelques minutes il avait rendu le dernier soupir.

Le repentir et la douleur de Nasr ed-din apprirent aux ennemis du premier ministre combien était redoutable l'adversaire dont ils s'étaient si cruellement défaits. Pendant longtemps le chah ne put se consoler de la mort de son ancien favori, et depuis cet événement sa physionomie prit le caractère morose qu'elle a toujours conservé.

14 août. — Il faut tout quitter quand on voyage, même les villes bien balayées.

Deux voies de caravane mettent en communication Kachan et la capitale de l'Irak. La route d'hiver longe le désert et passe à Nateins, où s'élèvent les ruines d'une mosquée revêtue autrefois d'admirables faïences à reflets métalliques; la route d'été, impraticable pendant la mauvaise saison, serpente sur les flancs de hautes montagnes; c'est celle que nous avons suivie.

Les sauvages beautés du paysage font oublier les difficultés du chemin. Sous les rayons d'une lune étincelante, l'un des flancs de la montagne semble éclairé par la lumière électrique, tandis que la gorge, plongée dans une obscurité complète, est couronnée de clartés brillantes, accrochées sur les crêtes les plus hautes. La violente opposition de l'ombre et de la lumière accentue les lignes grandioses de ces rochers escarpés.

A mi-chemin du col, la caravane passe devant un grand caravansérail. « C'est un repaire de bandits », assurent les tcharvadars. Je suis en Perse depuis quatre mois et n'ai pas voyagé une seule nuit sans entendre parler de brigands et de voleurs : cependant en fait de fripons je n'ai jamais vu que des domestiques ou des administrateurs. En considération de la frayeur des femmes, je passe devant les portes du caravansérail, sans défier, à l'exemple de don Quichotte mon patron, les habitants de cette paisible auberge, et j'arrive bientôt sur les bords d'un grand lac artificiel formé par un barrage placé entre deux montagnes. Cette digue, construite sous chah Abbas, probablement à la même époque que celle de Saveh, retient toutes les eaux hivernales qui arrosent et fertilisent pendant l'été la plaine de Kachan.

A partir du lac, le sentier devient à peu près impraticable, l'air fraîchit et nous apercevons bientôt le pic le plus élevé de cette partie de la chaîne; il atteint, si je m'en rapporte aux levés des employés de la ligne télégraphique anglaise, trois mille cinq cent quatre-vingt-quinze mètres.

Après huit heures d'ascension, la caravane franchit un premier col. Des troupeaux de moutons placés sous la garde de molosses farouches sont parqués dans un repli de ce passage : les bergers nous offrent du fromage et du lait aigre, les chevaux soufflent un moment, puis nous nous remettons en route. Une heure plus tard apparaît Korout.

Le bourg, perdu au milieu des rochers et de la verdure, se présente à mes yeux surpris comme une évocation d'un site des Alpes ou des Pyrénées; n'étaient les minarets et les terrasses, je me croirais volontiers dans les environs d'Interlaken ou de Luchon.

Les paysans de Korout, préservés du contact des hordes arabes et mogoles par la hauteur de leurs montagnes, ensevelis tout l'hiver sous la neige et privés pendant la moitié de l'année de communications avec les gens de la plaine, ont conservé pures de tout mélange leur race et leur langue. Aussi le dialecte iranien parlé sur ces hauteurs contient-il peu de racines étrangères et paraît-il avoir les plus grandes analogies avec le pehlvi.

Comme dans tous les pays de montagnes, les troupeaux constituent la richesse des villageois : les moutons ne sont pas seulement remarquables par leur taille élevée, la saveur de leur chair et la finesse de leur laine utilisée dans la fabrication des tapis, mais encore par la queue volumineuse qui couvre entièrement le train postérieur et retombe sur les cuisses; cet énorme appendice graisseux est quelquefois si développé après l'engraissement, que les bergers sont obligés de le faire reposer sur de petites charrettes. Les Persans ne mangent pas d'ailleurs la queue de mouton; ils la jettent dans des marmites, en extraient une graisse très fine, la mêlent au beurre, et fabriquent ainsi le *roougan*, avec lequel on prépare tous les aliments.

15 août. — Le thermomètre centigrade marque six degrés et demi quand nous sortons de Korout vers onze heures du soir. Hier, à Kachan, il indiquait quarante-six degrés à l'ombre; cette différence de température provient du rayonnement nocturne et de la différence d'altitude des deux stations. Pendant la durée de la dernière étape nous nous sommes en effet élevés de près de dix-sept cents mètres. Nos domestiques, vêtus de légères robes de coton,

claquent des dents et feraient des emprunts à notre garde-robe si, en bons musulmans, ils ne craignaient de s'impurifier en touchant à des vêtements de chrétiens.

Tout notre monde met pied à terre, et la caravane atteint vivement la ligne de faîte. Au delà du col (deux mille neuf cents mètres au-dessus du niveau de la mer), le sentier s'élargit, descend dans des vallonnements dénués de culture, traverse des plateaux hérissés de rochers et conduit enfin au village de Saux, bâti à l'entrée de la plaine qui s'étend au sud jusqu'à Ispahan.

Une petite coupole de maçonnerie construite au pied d'une roche escarpée attire tout d'abord mon regard. Ici repose Hadji Yaya, général persan, traîtreusement assassiné par un de ses soldats, qui fut pelé vivant en punition de son crime.

L'édifice, inachevé, est fort simple, et je me repentirais d'avoir perdu mon temps à venir le visiter, si une fondation pieuse du caractère le plus singulier n'était attribuée à ce tombeau.

Au milieu de la cour s'étend un vaste bassin rempli d'eau courante. En m'approchant,

MONTAGNARDS DE KOROUT ET MOUTONS A GROSSE QUEUE.

j'aperçois sur le sol maçonné une tache noire à peu près immobile. Je jette un morceau de pain à la surface de l'eau; immédiatement la tache se divise en une infinité de parties, et des poissons au dos noir et au ventre argenté se précipitent en foule sur l'appât offert à leur voracité : il ne faut pas assister à leurs combats homériques et à leurs manœuvres gloutonnes, quand le morceau de pain est trop dur ou trop volumineux pour être avalé avant d'avoir été détrempé, si l'on veut conserver quelque estime pour la gent aquatique. « Personne n'est autorisé à manger ces animaux : ils sont sacrés, et ceux qui ont osé les tuer sont morts sur-le-champ en punition de leur sacrilège », assure d'un ton doctoral une vieille sorcière chargée de surveiller cette sainte école de pisciculture.

Le but de cette fondation m'échappe et je cherche en vain le lien mystérieux qui peut unir des carpes à la peau tannée d'un vieux général persan.

Seul le prince Zellè sultan, en véritable sceptique, s'est hasardé à faire frire les poissons sacrés; par privilège spécial il a échappé à la mort, mais le sort de l'un de ses serviteurs coupable d'avoir goûté, lui aussi, aux débris de ce régal, a été moins heureux. Ce pauvre garçon fut trouvé mort, la tête trouée d'une balle, une heure après son repas. Désarmés en face du chahzaddè, les mollahs avaient fait assassiner son domestique, car les musulmans fanatiques n'hésitent jamais à commettre un crime quand il s'agit de réveiller la foi endormie des fidèles. « Les poissons se sont vengés eux-mêmes », répéta-t-on dans le pays. (Autant valait dire qu'un de ces animaux avait maintenu le fusil avec ses nageoires et avait tiré le coup.) Quoi qu'il en soit, nul ne trouva surnaturelle cette histoire à dormir debout, et l'affaire n'eut pas de suite.

Nous quittons Saux et ses estimables poissons à la nuit tombante. La plaine succède brusquement aux montagnes, et le convoi s'avance à travers les sables arides, si j'en puis juger par la pâle clarté de la lune. Nuit monotone s'il en fut jamais. Je m'endors, je me réveille, ma tête chute à droite, tombe à gauche; au demeurant, j'arrive, rendue de fatigue, au tchaparkhanè de Guez, au moment où l'aube matinale éteint la lueur des étoiles voisines de l'horizon. Avant de se jeter sur le sol, Marcel a commandé des chevaux de poste au tchaparchy bachy. Sept farsakhs nous séparent d'Ispahan : nous pouvons nous permettre d'abandonner nos bagages et de parcourir en grands seigneurs cette dernière étape.

DAME PERSANE. (Voyez p. 210.)

SŒURS DE SAINTE-CATHERINE A DJOULFA. (Voyez p. 226.)

CHAPITRE XII

Arrivée à Ispahan. — Tchaar-Bag. — Djoulfa. — Le couvent des Mékitaristes. — Le P. Pascal Arakélian. — Origine de la colonie arménienne. — Destruction de Djoulfa sur l'Araxe. — Établissement des Arméniens dans l'Irak. — Un dimanche à Djoulfa. — L'évêque schismatique et son clergé. — Les Sœurs de Sainte-Catherine. — La préparation de l'opium. — Une noce arménienne.

16 août. — Au delà de Guez, huit ou dix sentiers, coupés en tous sens par une multitude de kanots et de ruisseaux, se dirigent vers Ispahan. La vallée, que nous parcourons au galop précipité de nos montures, est comprise entre deux collines et barrée à son extrémité par de belles montagnes, dont les lignes majestueuses et la chaude coloration semblent empruntées aux chaînes du Pentélique ou de l'Hymette.

La capitale de l'Irak, noyée dans une vapeur azurée, s'étend au pied de ces rochers abrupts, créés sans doute pour faire ressortir l'admirable végétation jetée comme un manteau de verdure autour d'Ispahan. Aux rayons du soleil couchant scintillent les émaux bleu turquoise de la masdjed Chah, tandis que sur le fond du ciel se découpent les fines silhouettes de minarets élancés, semblables aux flèches les plus aiguës de nos cathédrales gothiques. De tous côtés sont dispersées des tours massives décorées de mosaïques de briques, vers lesquelles se dirigent à tire-d'aile des pigeons si nombreux, qu'en passant bruyamment au-dessus de nos têtes ils obscurcissent, nuage vivant, la lumière du jour.

La voilà donc « cette moitié du monde, cette belle Ispahan, cette merveille des merveilles, cette rose fleurie du paradis, l'idole des poètes persans. Ses routes et ses sentiers sont verdoyants; un printemps éternel revêt la vallée d'une parure qui rend la terre jalouse; les fleurs parfument l'air comme le musc; les ruisseaux répandent une eau limpide comme la fontaine de vie. Le vent, en soufflant au milieu des riants bosquets et des arbres aux épais feuillages, imite la voix plaintive de la colombe ou les gémissements du rossignol. Que la pluie t'arrose, ô Ispahan, entre toutes les villes, que la rosée du ciel te rafraîchisse parmi toutes les cités, lorsque le tonnerre mugit au loin et que l'éclair, semblable à l'œil des vipères, traverse les nuées. Hamadan est un lieu de délices que chacun désire habiter, mais Ispahan est l'image du paradis. »

Nous laissons en arrière quelques petits villages ruinés et nous nous jetons à travers des vergers couverts de pastèques et de melons déjà mûrs. La terre, noire et humide, est encore imprégnée des eaux d'irrigation; les ruisseaux qui bruissent au milieu des plantations de maïs et de sorgho rappellent à mon souvenir les rives du Nil au lendemain de l'inondation et les merveilleux jardins de Syout, la reine de la haute Égypte.

Je me rapproche des murailles, je franchis les fortifications, mes yeux se portent autour de moi, et subitement je m'arrête. Quelle amère déception est la mienne! Suis-je dans une ville saccagée prise d'assaut? En arrière de l'enceinte se présentent des ruelles couvertes d'un épais matelas d'immondices; à droite et à gauche s'ouvrent des bazars abandonnés, des rues désertes que jalonnent des pans de murs prêts à s'écrouler sur les passants. On n'aperçoit âme qui vive dans ces faubourgs devenus l'asile des scorpions et des serpents; la dévastation est complète et semble avoir été systématiquement opérée : les baies sont dépourvues de boiseries; on a renversé les terrasses pour arracher les poutres qui les soutenaient; les revêtements de faïence ont été brutalement brisés ou volés; les murs de terre, lavés par les pluies, restent seuls debout.

En passant dans un autre quartier, encore plus ruiné s'il est possible que les précédents, j'aperçois de bons paysans chargeant les débris des maisons dans des couffes de paille suspendues aux flancs de petits ânes. Ces briques de terre crue, imbibées de salpêtre, sont appréciées à l'égal des meilleurs amendements.

La « moitié du monde », la « rose fleurie du paradis », la cité royale sert aujourd'hui à faire pousser des pastèques et de savoureux concombres.

Je continue ma route en philosophant sur les étranges destinées des villes et des empires, et j'arrive enfin à l'entrée du Tchaar-Bag (Quatre-Jardins). Cette magnifique promenade, plantée sous chah Abbas, est ainsi nommée parce qu'elle fut créée sur l'emplacement de quatre biens vakfs, appartenant à une mosquée et pour la location desquels le roi s'engagea, en bonne et due forme, à payer éternellement un fermage annuel. Elle est formée de cinq larges allées ombragées par des platanes près de trois fois centenaires. Les siècles n'ont pas été cléments à ces vieillards : un grand nombre d'arbres sont morts et ont laissé en périssant d'attristantes trouées dans cette superbe plantation.

Le Tchaar-Bag s'étend sur une longueur de plus de trois kilomètres. L'avenue centrale, réservée aux piétons, est pavée et encadre un canal destiné à amener les eaux dans une série de bassins de formes et de grandeurs différentes; les contre-allées servent aux cavaliers. A droite et à gauche je laisse les ruines d'une dizaine de palais où vivaient autrefois les plus puissants personnages de la cour, j'admire au passage la façade extérieure de la médressé de la Mère du roi, et j'atteins le célèbre pont dû à la munificence d'Allah Verdi khan, l'ami et le généralissime d'Abbas le Grand. L'ouvrage, jeté sur le Zendèroud, repose ses deux cent quatre-vingt-quinze mètres de longueur sur trente-quatre piles également espacées. La chaussée centrale, large et bien entretenue, est destinée aux caravanes; de chaque côté de la voie s'élèvent, en guise de parapet, de hautes galeries couvertes, réservées aux piétons. Les arches et les tympans sont construits en briques cuites; seuls les soubassements des piles sont en pierre.

Après avoir traversé la rivière, je descends une rampe assez douce et je m'arrête un instant sur les bords du Zendèroud, ce cours d'eau généreux qui sacrifie son titre de fleuve à la richesse de l'Irak, et, loin de chercher une vaine illustration en allant se jeter dans la mer, donne toutes ses eaux pour arroser les plaines qu'il traverse.

LE TCHAAR-BAG.

La route tourne à droite et pénètre bientôt dans Djoulfa, où sont réunis tous les chrétiens, une ancienne loi encore en vigueur leur défendant d'habiter Ispahan.

Je suis frappée tout d'abord du contraste que présentent la ville musulmane et la cité chrétienne. On retrouve bien à Djoulfa des maisons en terre cachées derrière des murailles grises; mais l'ordre et la propreté règnent dans les rues, divisées en deux parties par un canal coulant sous de beaux arbres. Ces ombrages garantissent les promeneurs et les passants des rayons ardents du soleil et abritent également les boutiques des marchands de fruits et les étaux des bouchers. Les rues ne sont guère animées ; quelques notes gaies tranchent pourtant sur le fond sombre de la verdure. Ce sont des enfants arméniens coiffés de calottes de laine vermillon qui reviennent de l'école et nous saluent gentiment au passage d'un *bonjour, mossioû*, ou d'un *good morning*, des femmes voilées de blanc qui circulent à pas comptés le long des murailles.

Chaque quartier est séparé de ses voisins par des portes massives fermées dès la tombée de la nuit ; tout auprès de l'une d'elles, une ruelle détournée conduit au monastère des Mékitaristes, où depuis vingt-deux ans vit en véritable anachorète le R. P. Pascal Arakélian, l'unique pasteur du petit troupeau d'Arméniens unis de Djoulfa. Tous les Européens de passage à Ispahan sont désireux de se mettre sous la protection de cet homme respectable et, certains d'être bien accueillis, viennent demander l'hospitalité au couvent.

Nous sommes attendus ; au premier coup de marteau la porte s'ouvre toute grande, sous l'effort d'un gamin qui sert de portier, d'écuyer, de valet de chambre et de sacristain au bon Père. Celui-ci accourt au-devant de nous, embrasse Marcel comme au vieux temps du christianisme, et nous conduit, après avoir traversé un cloître pavé de dalles tombales, dans une vaste pièce où deux appartements parisiens danseraient tout à l'aise.

« N'attendez pas, nous dit le Père d'une voix profonde comme un bourdon de cathédrale, que les moines dont j'étais le supérieur viennent vous souhaiter la bienvenue et vous présenter leurs respects : quelques années de séjour dans ce pays, l'ennui, le découragement peut-être m'ont enlevé tous mes frères, couchés aujourd'hui sous les dalles du cloître. Quant à moi, j'ai résisté jusqu'ici aux influences pernicieuses du climat, grâce à mon origine orientale et à mon vigoureux tempérament. Je suis décidé à rester à Djoulfa jusqu'à ce que Dieu m'appelle à lui, mais, en attendant cette fatale échéance, je remercie le Seigneur de vous avoir envoyés à Ispahan : vous ne sauriez comprendre le plaisir que vous me faites en venant changer le cours de mes tristes pensées. Soyez donc les bienvenus : le couvent tout entier vous appartient, et son supérieur sera toujours heureux d'être à votre disposition, de vous accompagner quand cela vous sera agréable, ou de vous procurer tous les renseignements qui pourront vous être nécessaires. Votre chambre est très fraîche le jour, et vous y serez bien, je l'espère ; mais la nuit elle manquerait d'air : aussi ai-je fait préparer à votre intention la partie haute du clocher, où j'ai l'habitude de dormir tout l'été. »

La nuit étant venue, le Père nous invite à nous mettre à table devant un dîner des plus appétissants ; puis, en attendant que notre caravane soit arrivée, il nous conduit dans le jardin, planté de peupliers et de vignes, au milieu desquels une gazelle fort sauvage bondit en causant mille dégâts.

« Quelle est l'origine de cette colonie arménienne perdue au cœur d'un pays musulman, et à quelle époque remonte sa fondation ? ai-je demandé au Père.

— Les Arméniens, dans des temps très reculés, se fixèrent au pied du mont Ararat. D'après d'anciennes traditions, leur nom serait dérivé de celui d'Aram, qui fonda en 1800 avant Jésus-Christ le royaume d'Arménie.

« Au quatrième siècle de notre ère, mes compatriotes embrassèrent la religion chrétienne. A dater de leur conversion s'ouvrit pour eux une ère de prospérité et de progrès intellectuel ; des auteurs célèbres traduisirent des ouvrages hébreux, syriaques et chaldéens, mirent même en hexamètres les œuvres d'Homère, et portèrent notre littérature à son apogée vers l'époque du concile de Chalcédoine, après la scission religieuse qui divisa les Arméniens et les Grecs. Les recueils liturgiques remontant à cette date contiennent des prières sublimes écrites dans la vieille langue, qui diffère sensiblement de l'arménien moderne, abâtardi et mélangé de mots étrangers.

RUE DE DJOULFA.

« Le royaume d'Arménie fut puissant jusqu'au règne de Livon VI; ce prince, chassé par l'invasion de hordes barbares, laissa son pays aux mains des envahisseurs et alla mourir à Paris en 1393.

« Le caractère des Arméniens était doux et pacifique, leurs mœurs patriarcales; privés de leurs biens fonciers à la suite de la conquête, ils durent chercher dans la banque et le commerce des moyens d'existence et firent dans tout l'Orient une concurrence redoutable aux Israélites.

« Quand chah Abbas se décida, en 1585, à transporter la capitale de Kazbin à Ispahan, il ne se préoccupa pas seulement d'embellir sa nouvelle résidence, il voulut encore la rendre riche et industrielle. Dans ce but, le roi sofi accorda de nombreux privilèges aux Arméniens qui voulurent s'y établir, leur promit le libre exercice de leur culte et mit des capitaux à leur disposition; mais, voyant les chrétiens rester sourds à son appel, il ordonna à toute la population de la ville de Djoulfa, bâtie sur la frontière actuelle de la Russie et de la Perse, de se transporter sans délai à Ispahan. Cet exode forcé n'étant pas du goût des Arméniens, ils tentèrent de faire la sourde oreille; mais mal leur en prit.

« Pour les obliger à quitter leur patrie, le roi fit dessécher toutes les fontaines, combler les kanots, couper les ponts et réduisit la ville à la famine. Les Djoulfaiens, contraints d'abandonner un pays devenu stérile, emmenèrent familles et troupeaux et se dirigèrent vers Ispahan. Un grand nombre d'entre eux moururent en chemin, les autres se fixèrent dans les villages où ils purent se réfugier; cent soixante mille arrivèrent cependant dans la capitale de l'Irak. Fidèle à sa promesse, chah Abbas leur concéda des terrains sur la rive droite du Zendèroud, les autorisa à donner à la nouvelle patrie le nom de leur cité détruite, fit élever des églises consacrées au culte chrétien, construisit des ponts afin de permettre aux Arméniens de venir en tout temps dans les bazars et les caravansérails de la ville musulmane, et favorisa avec tant d'intelligence les intérêts de la nouvelle colonie, qu'elle ne tarda pas à accaparer le commerce de la Perse tout entière, et sut attirer dans ses riches comptoirs les marchandises de la Chine et des Indes.

« La prospérité de Djoulfa n'eut pas une durée plus longue que la vie de son fondateur. Avares et cupides, les successeurs de chah Abbas se laissèrent tenter par les richesses des Arméniens; ils ne comprirent point qu'en s'emparant des capitaux de la colonie ils détruisaient toute sa puissance commerciale et tuaient la poule aux œufs d'or.

« D'énormes impôts furent d'abord exigés des Djoulfaiens; plus tard, chah Soliman et chah Houssein eurent recours aux plus détestables exactions et aux supplices pour les dépouiller, et traitèrent avec une cruauté sauvage les chrétiens de toute secte. L'évêque protesta contre cet intolérable abus de pouvoir; sur l'ordre du roi il fut saisi, bâtonné jusqu'au sang et jeté encore vivant dans une cuve d'eau bouillante. Plusieurs négociants demandèrent à leur tour l'autorisation de venir présenter leurs doléances au souverain et n'eurent pas un sort plus heureux que le prélat : sept d'entre eux furent saisis dès leur entrée dans le palais et attachés au sommet de bûchers préparés à leur intention.

« Enfin, sous le règne de Nadir chah, la colonie, déjà ruinée, perdit ses dernières espérances. Pendant une année entière le roi la condamna à payer un tribut journalier de trente mille francs, et, quand elle se trouva dans l'impossibilité absolue de réunir cette somme, il fit exécuter vingt des principaux habitants. Le lendemain de ce jour néfaste, les chrétiens reçurent l'ordre de fermer leurs églises et d'embrasser la religion musulmane.

« En proie à une invincible terreur, les gens aisés s'expatrièrent en masse, tandis que les pauvres, attachés par la misère aux rives du Zendèroud, furent obligés de se soumettre aux vexations exercées chaque jour contre eux.

« Une loi, par exemple, interdit aux Arméniens d'entrer à Ispahan à cheval ; ils devaient marcher à pied, traînant leur monture par la bride ; les jours de pluie, leur présence dans les quartiers commerçants n'était pas même tolérée, car l'eau tombée de leurs vêtements pouvait souiller les robes des pieux musulmans. Le droit de représailles leur fut enlevé, et, il y a trente ans, les chrétiens n'osaient pas franchir seuls la distance de six kilomètres qui sépare Djoulfa d'Ispahan, les *loutis* (pillards) placés à l'entrée des ponts les dépouillant et les tuant sans merci.

« Aujourd'hui, grâce à l'esprit libéral de notre gouverneur, le prince Zellè sultan, toutes ces mesures vexatoires sont suspendues, les Arméniens ont été autorisés à ouvrir les églises et à reprendre publiquement l'exercice de leur culte ; néanmoins les chrétiens, à peine au nombre de trois mille dans cette ville autrefois si populeuse, tiennent à longue distance leurs anciens oppresseurs, pour lesquels ils ont conservé une profonde aversion. Les hommes parlent seuls le persan, les femmes se font un point d'honneur d'ignorer la langue iranienne, et il n'en est peut-être pas dix dans toute la ville qui aient traversé les ponts et parcouru Ispahan, où on ne les laisserait d'ailleurs pénétrer que voilées et revêtues du costume musulman.

« La colonie, restée très pauvre après tant d'épreuves, aurait complètement disparu si depuis deux siècles les chefs de famille n'avaient pris l'habitude d'aller chercher fortune aux Indes. Chacun d'eux quitte à regret cette terre de l'Irak où le souvenir de l'antique prospérité de sa nation lui fait oublier sa misère actuelle, emporte les ressources financières dont tous les siens peuvent disposer et fait parvenir à Djoulfa les premiers bénéfices qu'il a pu réaliser. Si Plutus lui sourit, il appelle sa femme et ses enfants : plusieurs puissantes maisons arméniennes de Bénarès et de Bombay n'ont pas d'autre origine ; quand la fortune montre mauvais visage à l'émigrant, il travaille avec opiniâtreté jusqu'à ce qu'il ait réuni un pécule suffisant pour le mettre à même de vivre sans travailler à son retour dans sa chère Djoulfa.

« En somme, mes coreligionnaires seraient heureux dans leur paisible médiocrité, si les avantages accordés aux renégats ne venaient apporter dans les familles le trouble et la perturbation. Les nouveaux convertis sont fêtés, promenés en triomphe au bazar, habillés de neuf, comblés de cadeaux, et acquièrent, par le seul fait de leur coupable conduite, des droits exclusifs à la succession de leurs parents les plus éloignés, au détriment des frères, des sœurs et des enfants. Les musulmans eux-mêmes prétextent fréquemment des liens de parenté afin de nous dépouiller plus à l'aise ; comme il est très difficile, faute d'état civil, de repousser leurs prétentions et que les contestations de ce genre sont soumises au jugement de mollahs fanatiques, on voit souvent des familles chrétiennes possédant une honnête aisance tomber, à la mort de leur chef, dans la plus extrême misère. Je dois ajouter, à la louange des Djoulfaiens, que, malgré tous les avantages faits aux renégats, ils restent presque tous fidèles aux croyances de leurs pères.

« Il est bientôt minuit, me dit le P. Pascal en se levant ; votre appartement du clocher est certainement préparé, allez vous reposer et dormez bien. C'est demain dimanche, vous verrez à la messe presque tous les catholiques de Djoulfa. Ne vous préoccupez point d'être exacts à l'office, ajoute-t-il en souriant : la cloche placée au-dessus de vos têtes vous servira de réveille-matin, et, quand elle se mettra en branle, vous ne serez pas tentés de prolonger vos rêves. »

17 août. — Notre installation est des plus confortables. Quatre contreforts massifs supportent le sommet du clocher ajouré sur trois côtés et surmonté d'un pavillon pointu. De minces matelas placés au-dessous du carillon viennent augmenter l'épaisseur de nos labafs, tandis que de belles bûches empruntées au traversin du Père élèvent nos oreillers. Le jour et le chant des rossignols, perchés sur de hauts peupliers dont les cimes atteignent jusqu'aux baies de notre logis, me réveillent de bonne heure; je pourrais presque saisir les chanteurs avec la main si je ne craignais d'interrompre leur concert matinal. Au lever du soleil, le paysage s'éclaire de lueurs rosées, et une harmonie radieuse s'établit entre les arbres des jardins verdoyants, le lit bleuté du Zendèroud, les coupoles émaillées et les noirs platanes d'Ispahan. Je regarde et je m'extasie devant cette splendide nature, quand un vacarme infernal me rappelle brusquement à la vie réelle. La cloche du couvent tient les promesses du Père et sonne à toute volée. Il est temps de se précipiter du haut en bas de l'escalier et de pénétrer dans l'église, où depuis deux heures déjà les offices préparatoires sont commencés.

La chapelle est grande; les murs, enduits au plâtre, supportent une voûte décorée dans le goût italien du dix-huitième siècle.

Quelques tableaux de sainteté, peints par les Dominicains anciens possesseurs du couvent, donnent à ce sanctuaire l'aspect d'une église de la Toscane, tandis que de beaux tapis étendus sur le sol rappellent les mosquées musulmanes et amortissent le bruit des pas des arrivants, qui déposent d'ailleurs leurs chaussures à la porte.

Les Arméniens unis sont au nombre de trois cents environ; tout le reste de la population de Djoulfa est schismatique et vit sous la direction d'un évêque nommé par le catholicos d'Echmyazin et de trois prêtres subalternes.

Agenouillés sur de minces coussins, les hommes occupent le haut de la nef. Ils sont vêtus de redingotes croisées sur la poitrine, laissant apparaître une chemise sans col,

LE P. PASCAL ABAKÉLIAN.

bordée d'une passementerie blanche; le kolah noir et l'ample pantalon indigo complètent un ajustement qui n'a rien d'élégant. Les femmes sont assises les unes auprès des autres au fond de l'église. De grands foulards drapés avec art sur leurs têtes, des robes de soie taillées en forme de redingote et serrées sur les hanches par une ceinture de filigrane d'argent composeraient un charmant costume, si un épais voile blanc ne venait cacher la partie inférieure du visage et la déformer sous sa pression constante; les Arméniennes portent ce bandeau quand elles sortent, et le conservent même dans leurs maisons dès qu'elles sont mariées. A l'église comme dans la rue, les chrétiennes sont couvertes des pieds à la tête d'un grand manteau de calicot blanc qu'elles savent draper avec une habileté consommée et dont elles ne cessent de manœuvrer les larges plis si elles ont à faire valoir l'élégance de leur toilette ou la forme de leur taille élancée.

La messe commence, chantée sur un ton nasillard par les clercs placés sous la haute direction de Kadchik, qui joint à son emploi de portier, d'écuyer et de valet de chambre celui de maître de chapelle, et n'a pas son pareil pour crier comme quatre au moment où s'égare la voix de ses acolytes.

L'office est écrit en vieil arménien. Les fidèles, cela va sans dire, ne comprennent pas mieux cette langue que nos dévotes n'entendent le latin.

Dans les moments solennels, deux enfants de chœur s'avancent vers l'autel; ils portent à la main de longues hampes de bois entourées de voiles de pourpre et surmontées d'une plaque de cuivre, qu'ils agitent de manière à faire résonner des anneaux de métal enfilés tout autour du disque.

Après la messe, les femmes et les artisans sortent du monastère; les gens de distinction viennent saluer le Père dans un vaste parloir, où les sacristains servent le thé. La réunion est nombreuse aujourd'hui. A l'arrivée d'un chrétien dans une ville persane, il est d'usage que tous ses coreligionnaires lui fassent la première visite et lui souhaitent la bienvenue. Aussi voyons-nous défiler ce matin des représentants de nationalités différentes. Tous n'ont pas assisté à l'office, parce que la plupart pratiquent la religion anglicane ou luthérienne, mais ils se sont néanmoins empressés de venir rendre leurs devoirs aux hôtes du couvent.

L'évêque schismatique, suivi de ses vicaires, fait d'abord son entrée. Nous recevons ensuite MM. Collignon et Muller, gérants d'une importante maison de commerce hollandaise, ils parlent très bien le français et nous invitent à venir visiter leur fabrique d'opium; puis arrive un négociant bagdadien, Kodja Yousouf, accompagné de sa charmante femme; le directeur du télégraphe indo-européen se présente à son tour et après lui un riche Djoulfaien qui marie son fils dans deux jours et vient nous prier d'assister aux fêtes données à cette occasion.

La bonne grâce avec laquelle chacun nous accueille est vraiment touchante.

18 août. — A tout seigneur tout honneur: l'évêque arménien a reçu ce matin notre première visite.

Sa vaste demeure, qualifiée du titre pompeux de palais, longe une rue ombragée par des arbres au feuillage assez épais pour abriter les passants des rayons du soleil et plonger dans une demi-obscurité les porches construits devant les maisons. On pénètre d'abord dans une vaste cour et l'on trouve en face de soi l'entrée de l'église épiscopale; elle est close pendant la semaine; à gauche de la grande porte s'ouvre une longue galerie où reposent couchés dans leurs sarcophages de pierre les corps des évêques arméniens morts en défendant les droits de cette poignée de chrétiens égarée au milieu du monde musulman. A l'extrémité de la salle funéraire se présente une cour, sur laquelle s'éclairent des appartements très modestes.

Le prélat, quoique jeune, remplit avec beaucoup de tact les devoirs difficiles de son ministère. Ses manières sont empreintes d'une parfaite distinction. Une grande robe de cachemire grenat drape sa taille élancée, et un capuchon de soie noire met en relief une physionomie pleine de douceur. Comme tous les hauts dignitaires du clergé arménien, il fait partie de l'ordre des moines: seuls, en effet, les religieux qui ont prononcé des vœux de chasteté et vécu dans les couvents, où ils font de fortes études théologiques, peuvent aspirer à l'épiscopat, tandis que les membres du clergé séculier, autorisés à se marier une seule fois dans leur vie, renoncent à tout avancement dans la hiérarchie ecclésiastique et remplissent les fonctions dévolues à nos desservants.

L'évêque officie toutes les semaines, mais les fidèles ne sont conviés aux cérémonies qu'aux jours de grandes fêtes, car les Arméniens croiraient manquer de respect envers le saint sacrifice de la messe s'ils assistaient à sa célébration quotidienne. Les prélats arméniens relèvent du patriarche d'Echmyazin, le catholicos, qui les nomme et les consacre. Le pape, à leur avis, serait le premier des évêques de la chrétienté et aurait même le droit de présider les conciles: toutefois ils ne sauraient le considérer comme le chef suprême de l'Église.

En somme, les différences qui séparent les schismatiques des catholiques sont si peu importantes, qu'en cas de conversion le baptême arménien est considéré comme valable. Pour les mêmes raisons, les ecclésiastiques disposés à rentrer dans le giron de l'Église romaine n'ont pas à recevoir de nouveau les ordres et sont considérés comme des prêtres suspendus auxquels leur évêque rend les droits sacerdotaux.

Après avoir fait honneur à une collation préparée à notre intention, nous accompagnons le prélat à la chapelle de l'évêché; il veut lui-même nous en faire admirer la splendeur.

Elle est construite en forme de croix grecque et surmontée d'une haute coupole éclairée à sa base par huit fenêtres. Les trumeaux placés entre ces ouvertures sont peints à fresque et ornés de médaillons qui se détachent sur un fond bleu rehaussé d'arabesques d'or du plus brillant effet. Les murailles sont couvertes de tableaux bibliques, œuvres de moines italiens; bien que toutes ces compositions soient traitées avec un mérite inégal, on est frappé, en entrant dans le sanctuaire, de leur chaude coloration, en parfaite harmonie avec les bleus des voûtes, les ors de la coupole et les beaux émaux à fond jaune qui lambrissent la nef. Trois tableaux remarquables sont placés derrière le maître autel : ils reposent sur un revêtement de faïence blanc laiteux, décoré d'anges aux ailes violacées; ces séraphins tiennent des palmes vertes qui forment autour d'eux d'élégantes volutes.

Pas une éraflure, pas une brisure ne dépare l'intérieur de cet édifice : le temps, ce redoutable ennemi de tous les monuments orientaux, n'a laissé dans celui-ci d'autre trace de son passage que cette patine harmonieuse dont il dore toutes les œuvres d'art.

« Mon peuple est fier de la splendeur de son église, me dit l'évêque, et j'attribue en partie à la conservation de ce sanctuaire les pieux sentiments qui rattachent les Arméniens à cette terre de Perse où ils ont tant souffert. Je suis heureux d'être commis

ÉVÊQUE ARMÉNIEN DE DJOULFA.

à la garde de ce temple, qui atteste le zèle pieux d'une colonie autrefois si puissante. »

Après nous avoir fait visiter le trésor, riche surtout en inventaires des objets dont on a dépouillé l'évêché, l'*episcopos* nous remet aux mains du sacristain et nous engage à monter sur la terrasse placée autour de la coupole. De ce point élevé nous pourrons apprécier l'importance de la cité et compter plus de vingt monastères, en partie détruits.

A part les chapelles de l'évêché et du couvent catholique, deux églises seulement sont rendues au culte; on aperçoit sur la gauche la coupole de la cathédrale et, plus loin, un second édifice, auquel est annexée une maison de retraite pour les vieilles femmes.

« Quel est donc le bruit de crécelle qui depuis quelques instants s'élève jusqu'à nous?
— On sonne l'office des Sœurs de Sainte-Catherine, répond mon guide.
— Le singulier carillon!

— Le couvent est tout près d'ici, voulez-vous le visiter? » ajoute le sacristain.

J'accepte. Arrivés à l'extrémité de la rue, nous suivons quelques femmes se rendant à la chapelle, et nous pénétrons bientôt dans une vaste cour entourée de cellules. Au milieu de l'emplacement laissé libre par des constructions à un seul étage, s'élève un échafaudage de bois, supportant au moyen de cordes un épais madrier percé de trous. Deux sœurs armées de marteaux de fer frappent à tour de rôle, avec une violence qui témoigne de leur ferveur, sur cette singulière boîte d'harmonie, et, à défaut de cloches, appellent ainsi les fidèles à la prière. Elles battent d'abord des rondes, puis des blanches, des noires, des croches et enfin des doubles et des triples croches; leur habileté rendrait jaloux le plus chevronné de nos tambours.

La porte entr'ouverte du sanctuaire permet d'apercevoir les religieuses. Les unes sont assises dans des stalles, les autres se relayent devant un pupitre pour chanter avec des voix de stentor les louanges du Seigneur; toutes portent des robes en coton gros bleu, taillées selon l'ancienne forme des vêtements arméniens; le voile enroulé autour de leur tête et le bandeau placé devant la bouche sont de la couleur générale de l'accoutrement. Avant d'aller au chœur, elles jettent sur leurs épaules un long burnous de laine noire, muni d'un capuchon pointu, qui retombe sur leurs yeux : le diable ne s'attiferait pas autrement s'il devait un jour chanter nones et matines. Aux fêtes carillonnées, elles sont autorisées à servir la messe et remplissent alors les fonctions de diacres.

La discipline du couvent me semble des plus douces : les sœurs schismatiques sortent à leur gré et reçoivent parents et amis dans leurs cellules; aussi leur sainte maison a-t-elle plutôt l'aspect d'un caravansérail que celui d'un monastère.

Le partage équitable de la nourriture et l'observance du vœu de virginité sont les seuls points sur lesquels les nonnes se montrent intraitables.

Chaque sœur est autorisée à manger seule dans sa cellule; mais, afin d'éviter les contestations qui ne manqueraient pas de s'élever au sujet du choix des morceaux, elle est forcée d'assister tous les jours à la distribution des viandes crues, de prendre la portion désignée par le sort et de la marquer avec un vieux clou, une plume de poulet, une chaussette hors d'usage, ou tout autre objet ne pouvant pas nuire à la santé de la communauté, afin de la reconnaître quand on la sortira de la marmite, où tous les morceaux doivent confraternellement bouillir.

Sauver l'honneur du couvent étant la seconde préoccupation des Filles de Sainte-Catherine, l'ensemble de la communauté condamne aux châtiments les plus barbares les nonnes dont la culpabilité a des suites fâcheuses, car, il faut bien le dire, à la honte des habitants de Djoulfa, il s'est trouvé des hommes assez courageux pour aider Satan à tendre des embûches à ces vénérables dames.

Il y a quelques années, les parents d'une religieuse vinrent se plaindre à l'évêque. Depuis plusieurs semaines ils n'avaient pu voir leur fille; on avait d'abord prétexté une maladie, puis un départ, et finalement on leur avait refusé l'entrée du couvent. La supérieure fut interrogée; ses réponses parurent si étranges qu'une perquisition fut jugée nécessaire.

On avait vainement bouleversé toutes les cellules sans trouver trace de la sœur disparue, quand l'un des assistants s'arrêta devant la porte d'une chambre fraîchement close; la maçonnerie fut démolie, et l'on se trouva en présence d'un horrible spectacle : un cadavre de femme gisait sur le sol, auprès du corps à moitié dévoré d'un enfant à la mamelle. De leurs blanches mains les nonnes avaient emmuré leur compagne vivante, étaient restées sourdes à ses déchirantes supplications et l'avaient misérablement laissée mourir de faim.

L'évêque, indigné d'une pareille cruauté, voulut *ab irato* fermer le couvent; puis il préféra étouffer cette malheureuse affaire et parut, au bout de quelques jours, céder aux prières des coupables. Depuis cette époque l'influence et la considération dont jouissaient

ÉGLISE ARMÉNIENNE DE DJOULFA. (Voyez p. 225.)

les religieuses se sont fort amoindries, et celles-ci n'ont en fait de revenu que les maigres rémunérations versées par les parents des rares jeunes filles envoyées à leur école. Telle est la trop véridique histoire des vestales de Djoulfa.

Pour être juste, il faut avouer que les Sœurs nous offrent après la cérémonie un vin délicieux fabriqué au couvent, et qu'en somme, dépouillées de leur cagoule de pénitentes, elles ont l'air assez bonnes filles.

Les deux vénérables supérieures, ridées comme des Parques et appuyées sur des cannes, emblèmes de leur autorité, nous servent d'échanson ; la plus jeune de ces Hébé, maîtresse incontestable de deux dents, met le comble à ses faveurs en nous octroyant une tartine couverte de caviar.

Après avoir retrouvé le Père, que nous avions laissé causant théologie avec l'évêque, nous retournons à notre couvent en suivant les rives du Zendèroud.

Au temps de chah Abbas la ville actuelle était habitée par les artisans et les pauvres hères. Tous les riches négociants avaient construit leurs maisons au bord du fleuve; quand s'ouvrit l'ère des persécutions et que les gens fortunés durent s'expatrier, ils abandonnèrent leurs demeures, de telle sorte que les maisons les plus vastes et les plus riches quartiers sont aujourd'hui les plus ruinés.

Trop pauvres pour quitter la Perse, les habitants des faubourgs situés du côté de la montagne ont labouré l'emplacement des cours, des maisons et des jardins abandonnés, et les ont mis en culture, tout en conservant ou en réparant même les murs d'enceinte, qui protègent leurs nouveaux champs contre les maraudeurs et les bestiaux. Ces murs de terre semblent cacher encore des habitations, et il est aussi difficile, en circulant dans la ville, de distinguer les quartiers vivants de ceux qui sont déserts que de se retrouver à travers le dédale confus de ces ruelles sans nom. L'une d'elles, percée dans la direction du fleuve, est pourtant désignée sous le nom de rue des Quarante mille tomans.

Sous le règne d'Abbas le Grand, les riches Djoulfaïens payaient seuls l'impôt; les artisans ou les gens peu aisés en étaient exempts, et le roi avançait même des capitaux aux petits négociants assez hardis pour tenter de grandes entreprises commerciales. Un Arménien enrichi depuis peu, mais fort consciencieux de son naturel, vint trouver un jour le répartiteur. « Vous avez sans doute oublié d'inscrire mon nom parmi ceux des négociants obligés d'acquitter les taxes foncières, lui dit-il; on ne m'a demandé aucune contribution.

— Quelle fortune avez-vous?

— Quarante mille tomans (quatre cent mille francs).

— Rentrez chez vous, reprend le percepteur, vous êtes un pauvre homme ; le roi ne demande rien aux malheureux. » Le héros de cette honnête aventure habitait, il est inutile de l'ajouter, la rue aux Tomans.

« Aujourd'hui, ajoute le père Pascal avec tristesse, on aurait bien de la peine à réunir dans Djoulfa tout entier une somme de quarante mille *krans* (trente-six mille francs environ). »

19 août. — Nous avons visité hier la fabrique d'opium de M. Collignon.

Les sucs recueillis autour des incisions faites aux capsules du pavot sont apportés dans des bassins de cuivre et traités de deux manières différentes, suivant qu'ils doivent être employés à des préparations pharmaceutiques ou fumés.

Dans le premier cas, on se contente, après avoir fait évaporer l'eau contenue dans le sirop, d'étendre l'opium sur des planches avec des lames de fer très plates; puis, quand il est réduit en pâte et débarrassé des matières étrangères, on le divise en boules d'égal volume, qu'on laisse sécher sur de la paille avant de les envoyer en Angleterre ou en Hollande.

Quand, au contraire, l'opium est destiné aux fumeurs, les ouvriers le nettoient, le pétrissent comme l'opium pharmaceutique et le mélangent ensuite avec une certaine quantité d'huile destinée à faciliter sa combustion. Après avoir amalgamé soigneusement ces deux matières en les foulant aux pieds comme de la vendange, on les repasse de nouveau sous le couteau, de manière à éliminer le liquide excédant et à donner, par une dernière manipulation, une plus grande finesse à la pâte. Les boules sont ensuite expédiées en Chine, aux Indes, ou vendues en cachette à quelques Persans.

La culture du pavot est une grande source de revenus pour la campagne d'Ispahan, qui produit des sirops de première qualité. Pris sur le lieu de production, l'opium se vend déjà à un prix très élevé ; une boule coûte une livre anglaise, et une charge de mulet vaut de cinq à six mille francs.

20 août. — « N'oubliez pas de faire une longue sieste, nous a dit aujourd'hui le Père

PRÉPARATION DE L'OPIUM A FUMER.

après déjeuner ; les fêtes du mariage auquel on vous a conviés commencent ce soir, et, comme les cérémonies les plus essentielles dureront deux jours, il est prudent de prendre des forces à l'avance. »

Les cérémonies des épousailles se célèbrent à la fois dans les familles des deux fiancés. Nous sommes invités chez les parents du marié.

Au coucher du soleil, le futur époux se présente au couvent afin de nous guider jusqu'à la maison paternelle. En gens dont l'éducation se perfectionne tous les jours, nous causons avec lui de choses banales, n'ayant nul rapport avec son mariage, et, après l'avoir fait longtemps attendre avec une politesse des plus raffinées, car il serait de mauvais goût de témoigner de l'empressement à nous rendre au banquet, nous nous décidons enfin à prendre la route de la maison nuptiale.

A l'extérieur, aucun signe spécial ne distinguerait l'habitation du futur époux si la porte d'entrée n'était grande ouverte, contrairement aux habitudes orientales. Notre hôte, prévenu

PRÉPARATION DE L'OPIUM PHARMACEUTIQUE.

de notre arrivée par des serviteurs postés sur les terrasses, vient au-devant de nous afin de nous introduire lui-même dans sa demeure.

Au delà de l'inévitable vestibule contourné en zigzag se présente une vaste cour plantée d'arbres fruitiers et égayée par des plates-bandes fleuries. Les talars s'ouvrent sur un perron précédé d'un large escalier; les hommes groupés sur cette espèce de terrasse sont séparés des femmes, réunies à l'intérieur des salons.

ARMÉNIENNES DE DJOULFA.

On me conduit d'abord à la mère du fiancé. La bonne dame est vêtue du vieux costume arménien : robe de brocart, ceinture de filigrane d'argent, grand voile de gaze blanche entourant toute la tête et retombant sur le dos. La présentation est solennelle et dure longtemps, car les compliments gracieux, mais amphigouriques, dont nous nous régalons mutuellement, traversent la bouche d'un interprète chargé de traduire mon persan en pur arménien, et l'arménien de mon hôtesse en persan élégant. Toutes ces cérémonies terminées, mon hôtesse me prend la main et m'introduit dans une vaste pièce. Émerveillée du charmant spectacle qui s'offre à mes yeux, je m'arrête éblouie sur le seuil de la porte.

Quel peintre rendrait le fouillis des habits de soie ou de velours aux chatoyantes couleurs, portés par une trentaine de femmes dont les traits assez accentués et la peau brune prennent la plus étrange tonalité sous la lumière des lanternes vénitiennes et des verres colorés suspendus au plafond du talar? La plupart des invitées, coiffées de foulards de Bénarès bordés de franges soyeuses, sont vêtues de robes de damas s'ouvrant sur une longue chemise de crêpe de Chine vermillon délicatement brodé d'or.

Les lignes du corps, que ne détériorent pas les prétendus artifices du corset, se dessinent dans toute leur grâce naturelle ; les tiraillements infligés à l'étoffe voisine des nœuds de rubans accentuent les formes de gorges peu développées, mais d'une parfaite pureté de contours. Une large ceinture de filigrane d'argent posée très bas sur les hanches rappelle celles que portaient au Moyen Age les reines dont les vieilles sculptures nous ont conservé les traits et le costume.

Il semble qu'un génie bienfaisant ait pris la peine d'animer les figures placées autour du chevet de la cathédrale d'Albi et les ait transportées sous mes yeux.

Ce sont bien les mêmes vêtements de damas rouge et vert réchauffés par le ton des vieux ors, les mêmes robes ajustées, les mêmes manches collantes descendant jusque sur les doigts. Je reconnais, pour les avoir si souvent admirées à Sainte-Cécile, ces formes si féminines et cependant si chastes, ces mêmes grâces naïves et nonchalantes.

Une jeune femme, le dos paresseusement appuyé contre le chambranle d'une porte, berce du bout du pied son enfant endormi dans un berceau de bois placé sur des patins. C'est une parente venue du *biaban* (campagne) pour prendre part aux fêtes du mariage et qui a conservé le costume de son village. Comme toutes les Arméniennes mariées, elle a le bas du visage soigneusement caché ; mais le voile ne l'empêche pas d'être charmante avec son diadème de médailles et de plaques d'argent soutenant un fichu de pourpre, sa robe de brocart vert vénitien et le triple collier d'ambre et de pièces d'or à l'effigie de Marie-Thérèse qui couvre la poitrine.

Si je voulais bien chercher dans les fonds sombres du tableau, je découvrirais de çà, de là, quelques vieilles aussi laides et décrépites que savent le devenir avec l'âge les femmes d'Orient, ou de puissantes matrones laissant s'étager jusqu'au-dessous de leur ceinture ce qu'en terme poli nous nommerons une poitrine opulente ; grâce à Dieu, la fatigue de leurs vieilles jambes ou peut-être même un sentiment de pudeur bien comprise les a engagées à s'effondrer le long des murailles et à se dissimuler derrière ce qui est jeune et beau.

Je sais gré à ces fleurs fanées de s'isoler du bouquet cueilli à la fraîche rosée du matin. Trouverait-on une pareille abnégation en pays civilisé?

S'il m'est loisible de m'extasier tout à l'aise sur la beauté et les magnifiques ajustements des invitées, je ne puis, à mon grand regret, me faire la plus vague idée de l'intelligence ou des vertus domestiques des chrétiennes de Djoulfa. Ce n'est pas que la conversation manque d'entrain ou d'animation, les Arméniennes, comme les filles d'Ève de tout pays, sont fières et heureuses d'être admirées ; la surprise que j'ai éprouvée à leur aspect ne leur a pas échappé, et depuis mon arrivée c'est à qui prendra les poses les plus charmantes, fera chatoyer les plis de sa robe, mettra en évidence les saillies les mieux modelées, se montrera de profil, si le profil vaut mieux que la face, rira si les dents sont belles, portera les mains à ses bijoux si les doigts sont effilés, ou dira mille choses spirituelles tout à fait perdues pour moi, infortunée, qui ne puis applaudir ce joli manège qu'à l'aide d'un vocabulaire arménien bien restreint : « Bonjour, — bonsoir, — que Dieu soit avec vous! »

Mais voici la fête religieuse qui commence; tous les invités se rassemblent, et l'on me ramène sur le perron, où le prêtre va bénir les vêtements du marié. Ils sont étendus dans un large plateau posé sur le sol, recouverts d'une gaze dorée et entourés de bouquets et de lumières. Le P. Pascal, revêtu de sa grande dalmatique et précédé d'enfants de chœur portant des cierges allumés, arrive de la maison de la fiancée, où vient d'être célébrée une cérémonie analogue à celle dont nous allons être témoins; il s'avance sur le perron et entonne de sa plus belle voix une longue prière, à laquelle assistants et clercs répondent sur un ton nasillard. Les chants religieux durent trois quarts d'heure.

La mère du marié, s'approchant alors de l'officiant, lui présente, avec une émotion très réelle, un large ruban rouge, brodé d'or, que le nouvel époux, à l'exemple de tous ses aïeux, portera demain sur la poitrine durant la messe du mariage. La mère de famille est dépositaire de ce ruban consacré par de si touchants souvenirs et le remet en ce moment solennel à son fils aîné, chargé de le transmettre à son tour à la génération issue de lui.

La première partie de la fête est terminée; place au festin! Des tapis longs et étroits sont étendus sur le perron et recouverts de *kalemkar* (litt. : travail à la plume). Les convives sont invités à s'accroupir tout le long de la nappe. A la place d'honneur, c'est-à-dire au bout de la table, s'installe le P. Pascal, flanqué à droite et à gauche de nos estimables personnes; vis-à-vis du prêtre s'assied le fiancé, entouré des seigneurs sans importance; le père et la mère ne prennent pas part au banquet: debout tous deux, ils dirigent le service et veillent à ce que les mâchoires des invités ne demeurent jamais inactives.

Chacun des assistants reçoit sa ration d'eau, de pain, de vin et de lait aigre, accompagnée d'un bouquet d'herbes aromatiques, que les Arméniens, comme les Géorgiens, broutent tout en mangeant les viandes.

ARMÉNIENNE DES ENVIRONS D'ISPAHAN.

Nous sommes gratifiés, à titre d'étrangers, d'assiettes de rechange, de fourchettes, de cuillères et de couteaux, tous instruments de torture inutiles aux Orientaux.

L'ordonnance d'une fête gastronomique est de nature à bouleverser toutes les idées d'un maître d'hôtel érudit; mais, en y réfléchissant, on s'aperçoit que dans les pays chauds elle n'a rien de contraire aux règles du bon sens.

Les serviteurs s'avancent d'abord chargés de plateaux couverts de liqueurs, d'eau-de-vie parfumée à l'anis, et d'une profusion de gâteaux et de sucreries classés sous le nom générique de *chirinis*. Toutes ces boissons ou pâtisseries altérantes seraient mal venues à la fin du repas et sont avantageusement remplacées à ce moment par des melons et des fruits très aqueux. Les Boissier ou les Siraudin d'Ispahan ne sauraient rivaliser d'habileté avec ceux de Stamboul ; je dois avouer néanmoins que leurs chefs-d'œuvre ont une apparence bien faite pour tenter la gourmandise.

Le plus estimé de tous les bonbons arméniens est une bien vieille connaissance. C'est le *geizengebin* ou la manne que les Juifs trouvèrent fade après s'en être nourris pendant quarante ans dans le désert.

Un ver engendre cette substance sucrée comme miel. L'animal vit aux dépens d'un arbrisseau spécial aux montagnes de l'Arménie et aux campagnes d'Ispahan, et dépose sur les feuilles une sécrétion que les paysans recueillent au matin en agitant les branches au-dessus de nattes de paille étendues sur le sol. Parfois aussi les vents régnants entraînent la neige animale et la transportent jusqu'à cent ou cent cinquante lieues de distance dans des contrées désertes où l'on vient la chercher. A l'état brut, la manne chargée de poussière et de détritus serait désagréable à manger ; les confiseurs la posent sur un feu doux, de façon à laisser déposer ou à enlever avec l'écume toutes les matières étrangères, et la mélangent ensuite, afin de la rendre moins sucrée, avec une certaine quantité de farine de blé. En ajoutant à la pâte des amandes sèches ou des pistaches de Kazbin, on forme un bonbon naturel qui rappelle comme goût le nougat de Montélimar. La manne est un aliment très azoté, et, à l'exemple des Juifs, on pourrait se nourrir de ce chirini, si son prix élevé ne le mettait hors de portée pour les petites bourses.

Ces préliminaires terminés, on présente un bouillon de volaille au riz, des poules rôties, blanches et dodues, des gigots de moutons de Korout engraissés pour la circonstance, et enfin, avant de clore le premier service, un énorme pilau mêlé de légumes et assaisonné au karik. Le deuxième et le troisième service diffèrent du premier en ce que les pilaus sont mélangés soit à des viandes hachées, soit à des lentilles, et surtout en ce que le mouton précède ou accompagne la volaille. Les domestiques chargés de faire circuler ces plats substantiels vont et viennent au milieu de la nappe après avoir — suprême délicatesse — enlevé leurs souliers. Les bassins à ablutions sont présentés, tous les convives se lèvent d'un air satisfait, on emporte la vaisselle et les verres, puis chacun s'assied de nouveau autour de plateaux couverts d'énormes pêches, de raisins, de brugnons, de melons et de pastèques coupés en menus morceaux.

Il n'y a pas de belle fête sans feu d'artifice. A peine les femmes, qui ont dîné à part, sont-elles de retour, que les fusées et les chandelles romaines s'élèvent de la cour et retombent en pluie rose ou bleue sur les terrasses des Djoulfaïens émerveillés. Les pièces sont nombreuses et les artificiers plus habiles que je ne l'aurais cru ; aussi tout irait à merveille si l'assistance, dès l'explosion des premières gerbes d'étincelles, ne paraissait en proie à un délire dangereux. C'est à qui se précipitera du haut en bas du perron et enflammera fusées ou pétards ; des gamins ont découvert des torches mises en dépôt : ils s'en sont saisis, les ont allumées et gambadent comme de vrais démons, prêts à terminer les réjouissances en brûlant la maison et la ville elle-même, si ses murailles de terre et ses toitures en terrasse ne s'opposaient à la propagation de l'incendie.

Tout à coup de grands cris retentissent dans le talar. Une fusée mal dirigée a passé au-dessus de nos têtes et s'est abattue, après avoir touché le mur, sur les femmes placées au fond de la pièce. Avec le contenu de quelques gargoulettes on éteint les robes brûlées et les cheveux roussis ; néanmoins l'accident a refroidi le zèle des plus enthousiastes, et l'on abandonne le feu d'artifice, qui d'ailleurs touchait à sa fin, en faveur de la musique.

Un bonhomme assis sur ses talons place alors devant lui une sorte de boîte harmonique munie de cordes de métal, qu'il met en vibration au moyen de petits marteaux.

Le jeu de l'artiste est vif et rapide, mais il est impossible de distinguer un *piano* ou un *forte* dans ses phrases vides de mélodie. Une oreille exercée et savante peut seule apprécier à sa juste valeur cette musique enchanteresse, à laquelle, j'en conviens avec la plus profonde humilité, je ne comprends absolument rien. A une heure du matin, le virtuose en est encore, assure-t-il, au prélude de ses plus belles compositions : le concert menace de devenir long ; nous seuls, il est vrai, y voyons un inconvénient, car les assistants, en vrais mélomanes et en amis fidèles, ont l'intention de rester avec le marié jusqu'à ce que le lever du jour l'autorise à aller chercher sa fiancée pour la conduire au couvent.

21 août. — Dès six heures les cloches sonnent à perdre haleine, la messe de mariage va commencer, mais depuis l'aurore la noce est réunie dans l'église, où elle a déjà assisté à un long office préliminaire.

La fiancée, assise au milieu des autres femmes, ne se distingue de ses compagnes que par le voile écarlate jeté sur sa tête.

A part cette coiffure de circonstance, la jeune fille s'est revêtue d'atours des plus répréhensibles et a maladroitement abandonné le joli costume national pour tailler, dans une pièce de brocart vert lamé d'or, une robe « à la mode farangui ».

Debout dans le chœur, flanqué de ses amis, l'époux est également vêtu d'un habit de forme européenne venu en droite ligne de Bagdad, et paré du ruban béni placé en travers sur la poitrine.

L'office et la messe ayant pris fin, le P. Pascal descend de l'autel, prononce un long discours et fait signe à la mariée de s'avancer.

La mère joue alors un rôle très actif dans la cérémonie : elle aide son enfant à se lever, lui donne la main et dirige vers l'autel, où l'attend son futur maître, une épousée trop émue pour y voir et se conduire.

L'officiant place les fiancés en face l'un de l'autre, front contre front, pose sur leurs deux têtes mises ainsi en contact une croix dont la branche transversale est placée du côté de la jeune fille, et entonne, soutenu par la voix des clercs unie à celles des assistants, un hymne nuptial. On apporte ensuite un plateau sur lequel sont placés un verre de vin et deux nouvelles croix. L'époux, après avoir bu le premier, donne la coupe à sa belle-mère, qui la fait parvenir, non sans peine, jusqu'aux lèvres de sa fille, serrées sous les plis du voile écarlate, et remet le reste du vin béni aux mains du premier clerc. Notre ami Kadchic l'achève d'un air très satisfait. Nouvelle reprise du chœur : « Hyménée ! hyménée ! la sainte journée ! » Les fidèles remplissent la nef de leurs chants joyeux : la cérémonie touche évidemment à sa fin. Le prêtre prend les deux croix enfilées sur des rubans, les attache au cou des nouveaux mariés, donne à l'époux, qui les place triomphalement dans l'ouverture de sa redingote, la croix et le mouchoir de gaze tenus à la main par tout officiant arménien, et sort de l'église vêtu de ses ornements sacerdotaux afin d'assister au défilé du cortège et de saluer l'heureux couple. C'est de tout cœur, j'imagine : la cérémonie a duré près de quatre heures.

La jeune femme est alors conduite dans la maison qu'elle doit habiter désormais, et toute la journée se passe en galas et en divertissements. Au coucher du soleil, le P. Pascal ira de nouveau célébrer un long office, après lequel il reprendra les croix confiées aux mariés. A partir de ce moment, le nouveau ménage sera autorisé à ne plus voir ni amis ni parents pendant trois ou quatre jours et à se reposer des interminables fêtes durant lesquelles il n'aura pu un instant s'isoler des invités. Ce délai passé, il réunira de nouveau les gens de la noce et les conviera à une dernière cérémonie, très goûtée des assistants. Le célébrant est convoqué et bénit dès son arrivée une grande caisse placée au milieu de la pièce. On ouvre la boîte à surprises où sont renfermés, outre le trousseau matrimonial, des cadeaux destinés à tous les parents. Ces objets ont généralement une valeur minime, mais leur caractère utilitaire empêche néanmoins de les considérer comme de purs souvenirs.

Le plus beau présent est réservé au P. Pascal. Il recevra comme juste rémunération de ses peines et soins un pain de sucre et quatre livres de bougie. A ceux qui seraient choqués de la magnificence de ce cadeau, je ferai observer que le prêtre a fourni sur ses deniers personnels l'éclairage, les fleurs, payé les chantres et donné gratuitement ses prières.

FAMILLE ARMÉNIENNE.

PANNEAU DE FAÏENCE PERSANE. (Voyez p. 254.)

CHAPITRE XIII

La fondation d'Ispahan. — L'histoire de la ville. — Ses monuments. — Le palais des Tcheel-Soutoun (Quarante-Colonnes). — Le général-docteur Mirza Taghuy khan. — Le pavillon des Bacht-Bechet (Huit-Paradis). — Audience du sous-gouverneur. — La vieillesse de chah Abbas. -- Salle du Çar-Pouchideh. — Le prince Zellè sultan. — Les faïences persanes. — La médressè de la Mère du Roi. — Un caravansérail.

25 août. — Les fêtes du Ramazan se terminent dans trois jours. Le moment est venu de demander l'autorisation de visiter les mosquées et les édifices religieux de la ville musulmane. Malheureusement les difficultés que soulèvent toujours les prêtres quand ils sont saisis de pareilles requêtes vont encore s'accroître en l'absence de Zellè sultan (l'ombre du roi), car seul le fils aîné du chah a assez d'autorité et de puissance pour oser marcher à l'encontre du fanatisme du clergé.

Avant de quitter Ispahan, le prince a nommé un sous-gouverneur, mais il a laissé à son médecin et confident, le général Mirza Taghuy khan, la haute direction des affaires.

Mirza Taghuy khan est venu nous voir dès notre arrivée. Sur la recommandation de son ancien maître le docteur Tholozan, il nous a fait ses offres de service; toutefois il ne nous a pas laissé ignorer que la capitale de l'Irak est peuplée de dévots et d'hypocrites réputés pour leur caractère querelleur et acariâtre.

« Ispahan est un jardin de délices ; mais pourquoi faut-il qu'il soit habité? Tout serait bien dans cette ville s'il n'y avait point d'Ispahaniens. »

Les seïds (descendants du Prophète) sont aussi fort nombreux et s'efforceront de profiter de l'éloignement de Zellè sultan pour se venger sur nous de la sévérité que ce prince déploie à l'égard du clergé, et de la considération qu'il témoigne généralement aux chrétiens. En forme de conclusion, Mirza Taghuy khan nous a engagés à nous montrer très circonspects et à ne pas chercher à entrer dans les mosquées jusqu'à ce que, sur un firman de Zellè sultan, l'imam djouma et le mouchteïd nous aient autorisés à y pénétrer.

En attendant le retour d'un courrier envoyé en toute hâte à Bouroudjerd, où stationne le fils aîné du roi, nous visiterons les monuments qui n'ont point une affectation purement religieuse.

Bien qu'il n'existe dans Ispahan aucun vestige d'édifice antique, on ne saurait contester à la ville une ancienne origine. Placée sur le Zendèroud, l'unique fleuve de l'Irak, elle doit, au contraire, avoir été bâtie à une époque très reculée. Malheureusement il n'y a pas de fil conducteur qui permette de découvrir la vérité à travers des faits participant tour à tour de la fable et de la légende.

Les Persans font remonter la fondation d'Ispahan à l'époque de Djemchid, l'un des Peychdadiens. Dans le *Chah Nameh* (Livre des Rois) Firdouzi, le célèbre poète du onzième siècle, attribue à un forgeron d'Ispahan, nommé Kaveh, la gloire d'avoir renversé Zoak, cet abominable tyran qui faisait panser deux ulcères développés sur ses épaules avec des emplâtres de cervelles humaines. Kaveh, ayant appris que sa fille allait être livrée aux pharmaciens royaux, attacha son tablier de cuir à l'extrémité d'une hampe, rallia les mécontents autour de cet étendard de révolte, chassa l'usurpateur et rétablit Féridoun sur le trône de ses ancêtres. En souvenir de cet exploit, le drapeau du célèbre forgeron fut précieusement conservé et confié à la garde du contingent d'Ispahan, plus brave dans l'antiquité, paraît-il, que dans les temps modernes. Enrichi de pierres précieuses par tous les successeurs de Féridoun, l'étendard devint si lourd et si grand que, au moment de la conquête arabe, six hommes suffisaient à peine à le porter, et que les soldats musulmans s'enrichirent en se partageant le précieux trophée, bien que ces « mangeurs de lézards » eussent égaré une grande partie des pierreries, dont ils ignoraient la valeur.

D'après l'auteur arabe Yakout, Ispahan était connue jadis sous le nom de Djeï et s'élevait sur l'emplacement du Chéristan actuel. Après la prise de Jérusalem, Bakht en-Nasr (Nabuchodonosor) exila les Juifs dans l'Iran. Ils errèrent longtemps avant de se déterminer à choisir une nouvelle patrie et s'arrêtèrent en un lieu nommé Djira, où la terre et l'eau leur parurent avoir le même poids que celles de leur patrie. Une cité qui prit le nom de Yaoudiè (Juiverie) fut fondée; la race d'Israël y prospéra; Yaoudiè s'agrandit aux dépens de Djeï et devint la ville moderne d'Ispahan.

M. Silvestre de Sacy considère cette tradition comme erronée. Il s'appuie, pour la ranger dans le domaine des légendes, sur l'histoire arménienne, qui fait remonter l'établissement des Juifs à Ispahan à une époque postérieure à la conquête de l'Arménie sous le roi sassanide Chapour. Tout ce que l'on peut affirmer, c'est qu'aucune des capitales des rois mèdes ou des rois perses, des dynasties achéménides, parthes et sassanides, ne saurait être identifiée avec la capitale de l'Irak Adjemi.

Sous le khalifat d'Omar, Ispahan devint la proie des hordes islamites. Traitée avec modération, la cité consentit à payer un tribut et à se faire musulmane; les habitants qui refusèrent d'embrasser la religion du Prophète furent autorisés à s'expatrier. La province de l'Irak resta sous la domination arabe jusqu'au dixième siècle, puis elle appartint successivement aux Guiznévides, aux Seljoucides, aux dynasties éphémères des Moutons Blancs, des Moutons Noirs, aux Atabegs du Fars, et tomba aux mains de Timour Lang (Timour le Boiteux), le Tamerlan des historiens occidentaux.

Ispahan n'opposa pas une vigoureuse résistance au vainqueur de la Perse et n'aurait pas eu à se repentir de sa capitulation si, à la suite de troubles fomentés par les vaincus, Timour Lang n'avait ordonné le massacre de la population et n'avait fait périr en un seul jour plus de cent mille habitants (1385).

Pendant que le conquérant campait autour de la ville, il se plaisait à réunir sous sa tente des poètes et des derviches.

« Quel est ton nom? demanda-t-il un jour à un moine poète qui venait de déclamer avec talent un fragment du *Chah Nameh*.

— Je m'appelle Dooulet (Fortune).

— La fortune est aveugle.

— Certainement : si elle ne l'était point, accompagnerait-elle un boiteux comme vous? »

Timour Lang fut ravi de la hardiesse de cette réponse et fit faire de beaux présents au derviche.

A partir de l'invasion mogole, la Perse entre dans une période de guerres et de troubles pendant laquelle Ispahan occupe dans l'histoire un rang des plus modestes. Mais en 1585 chah Abbas, ayant transporté la capitale sur les bords du Zendèroud, enrichit sa résidence favorite de palais, de mosquées et de bazars et augmenta l'importance de la cité souveraine en obligeant les Arméniens de Djoulfa à venir s'établir dans l'Irak. La cruauté de ses successeurs Séfi Ier et Abbas II s'exerça sur les courtisans, compagnons des débauches royales, ou sur les chrétiens, sans nuire au prodigieux accroissement de la capitale, dont la population s'éleva bientôt à six cent mille âmes, nombre égal à celui des habitants de Paris sous Louis XIV. Les excès, le luxe raffiné des rois sofis, la richesse de leur cour et la splendeur de leurs palais étonnèrent à cette époque l'Asie et l'Europe.

Pendant la durée des règnes suivants, Ispahan s'embellit encore. Chah Soliman fait élever, dans une gorge d'où l'on embrasse tout le panorama de la ville, un pavillon connu sous le nom de takhtè Soleïman, tandis que chah Houssein bâtit au-dessus de Djoulfa l'immense palais de Farah-Abad (Séjour-de-la-Joie). Sous le règne de ce prince, livré aux mains des mollahs et des eunuques, un fléau encore plus terrible que l'invasion mogole s'abat sur la capitale des sofis.

Depuis de longues années la Perse possédait dans l'Afghanistan la province de Kandahar. Des gouverneurs inhabiles administraient cette contrée lointaine et persécutaient la population, composée de musulmans sunnites. Poussés à bout, les Afghans se révoltèrent; ils furent vaincus à grand'peine.

Leur chef, Mir Weis, fait prisonnier, fut amené à Ispahan. Pendant sa captivité il vécut assez près du souverain pour constater la faiblesse du pouvoir royal, devenu le jouet des intrigants et des eunuques; l'Iran était une proie offerte à tout homme audacieux. Mir Weis comprit la gravité de cette situation; à peine rendu à la liberté et de retour à Kandahar, il prépara un nouveau soulèvement. Ses troupes étaient rassemblées, les ordres de marche transmis, quand la mort vint le frapper : Allah réservait au fils du révolté l'honneur de conquérir la Perse. Mahmoud, décidé à porter la guerre au cœur même de l'Iran, l'envahit par le désert de Seistan et vint mettre le siège devant Yezd et Kirman (1721).

Abandonnant ces deux places fortes après plusieurs assauts infructueux, le général afghan se dirigea vers la capitale de la Perse et n'hésita pas à planter ses tentes à Golnabad. De longues marches et divers combats avaient décimé son armée. Au moment où elle arriva en vue d'Ispahan, elle ne comptait guère plus de vingt mille hommes. Une centaine de petits canons portés à dos de chameaux et propres à lancer des boulets d'une à deux livres composaient une artillerie insuffisante pour faire brèche dans les murailles d'une ville munie de plus de quatre cents pièces de gros calibre. La cité, mise en communication avec ses deux faubourgs de la rive droite, Djoulfa et Abbas-Abad, au moyen de deux ponts bien défendus, était garantie contre les surprises par la rivière qui coulait au pied de ses murailles. Il semblait donc que les efforts d'ennemis peu nombreux, coupés de leurs communications par les troupes de Yezd et de Kirman, dussent misérablement échouer.

Chah Houssein avait abandonné la direction des affaires à deux hommes de caractères bien différents. Le premier ministre, Mohammed Kouly khan, alléguant avec raison les insuccès des Afghans devant Yezd et Kirman, prétendait que les ennemis ne réussiraient jamais à s'emparer de la capitale, puisqu'ils avaient échoué sous les murs de villes mal défendues, et donnait le sage conseil de ne point mettre l'armée persane, levée à la hâte et composée d'une population peu belliqueuse, en présence de soldats aguerris, audacieux et rompus aux dangers et aux fatigues. Le chef des tribus arabes au service de la Perse, le valy d'Arabie, proposait un plan de campagne fort différent. Plein de violence, il s'emportait avec fureur contre la lâcheté du premier ministre. « Si un brigand comme Mahmoud, disait-il, peut, à la tête de quelques misérables soldats, insulter à la majesté du trône de Perse et assiéger la capitale de l'empire, si nous devons nous morfondre derrière nos remparts, au lieu de porter le fer et le feu dans le camp ennemi, nous ferons bien d'abandonner la tête et le cœur d'un pays dont nous n'avons pas le courage de prendre la défense. Condamnons-nous à cette terrible extrémité, ou marchons sur-le-champ contre les Afghans et vengeons notre honneur en détruisant de vils ennemis. Ils ne doivent leur vie qu'à notre honteuse prudence. » Cette explosion de vanité, si bien en harmonie avec l'orgueil des Persans, devait fatalement entraîner le faible chah Houssein. Après avoir goûté d'abord les sages conseils de son premier ministre, il se rangea, en définitive, à l'avis présomptueux du valy, et donna l'ordre de livrer bataille; mais il compromit le succès militaire de ses troupes en les mettant sous les ordres de deux hommes hostiles l'un à l'autre et dont les avis au conseil avaient été diamétralement opposés. L'armée persane, forte de soixante mille hommes magnifiquement équipés, quitta Ispahan dans ces conditions défavorables.

Les troupes royales étaient fraîches et montées sur des chevaux somptueusement harnachés, tandis que les Afghans, vêtus de haillons et hâlés par le soleil, observaient avec emphase que les sabres et les lances brillaient seuls dans leur camp.

La droite, commandée par Roustem khan, général des gardes royaux, s'appuyait sur le village d'Ispahanec, situé dans la plaine, vis-à-vis du takhtè Soleïman; le valy d'Arabie à la tête de ses troupes la secondait. Le premier ministre dirigeait l'aile gauche, renforcée par le valy du Loristan, sous les ordres duquel marchait un corps de cinq mille cavaliers. Au centre se massaient l'infanterie et l'artillerie.

Le chef afghan avait partagé sa petite armée en quatre divisions : entouré de guerriers éprouvés, il commandait le centre, avait placé la droite sous les ordres d'Aman Ullah khan, l'un de ses généraux, et mis à la gauche, qui était composée exclusivement de Guèbres révoltés, un de leurs chefs religieux; au quatrième corps était confié l'honneur de soutenir l'artillerie, cachée à dessein derrière l'aile droite. Avant le combat, Mahmoud monta sur un éléphant et parcourut les rangs de son armée, encourageant ses soldats, leur rappelant leurs exploits, leur représentant que le pillage d'Ispahan serait le prix de la victoire, tandis que la honte et la mort ignominieuse deviendraient leur partage s'ils étaient vaincus et réduits à battre en retraite dans un pays ennemi. Il fit comprendre aux Guèbres révoltés que les Persans vainqueurs exerceraient sur eux les plus terribles représailles; puis il attendit le choc des Ispahanais. L'action fut engagée par l'aile droite persane; l'ardeur avec laquelle l'attaque fut conduite jeta d'abord la confusion dans les rangs des ennemis. Le valy d'Arabie, tournant brusquement une division désorganisée, tomba sur le camp des envahisseurs, mais ses Arabes restèrent si longtemps occupés à le piller qu'on ne put les réunir de la journée et les ramener au combat.

Pendant ce temps le premier ministre, à la tête de l'aile gauche, chargeait la droite des Afghans. Aman Ullah khan donna l'ordre à ses troupes de prendre la fuite; les Persans, tout joyeux, les poursuivirent avec ardeur, mais se trouvèrent bientôt devant les cent canons portés sur les chameaux agenouillés. Un feu nourri, dirigé avec justesse, vint abattre les premiers rangs de la colonne ispahanienne et jeta une telle panique parmi cette troupe inexpérimentée que, brusquement attaquée par les fugitifs reportés en avant à la voix de leur général, elle fut taillée en pièces et entraîna dans sa déroute l'armée tout entière. Aman Ullah khan poursuivit le mouvement offensif, chargea l'artillerie persane, restée sans défense, sabra les canonniers et, dirigeant les bouches à feu sur l'infanterie placée au premier rang, en fit un carnage épouvantable. A la vue de leur propre artillerie couvrant de mitraille leur arrière-garde, les Persans perdirent tout courage, abandonnèrent le champ de bataille et cherchèrent leur salut derrière les murs d'Ispahan, munis de plus de quatre cents canons. Bon nombre d'entre eux désertèrent et reprirent directement, en petits corps isolés, le chemin de leur village.

Mahmoud ne songea même pas à profiter du désordre des vaincus et à entrer avec eux dans Ispahan; stupéfié par son bonheur, il regagna ses retranchements et laissa les Persans ramener tranquillement quelques-uns des canons abandonnés sur le champ de bataille. Il ne se décida à reprendre les hostilités qu'après avoir entendu de la bouche d'un espion le récit des scènes de désordre et de confusion qu'avait provoquées en ville le désastre des troupes royales. La cour avait quitté Farah-Abad; les Afghans y entrèrent, puis Mahmoud s'avança sur Djoulfa, qui soutint un assaut de plus de deux jours, réduisit la ville chrétienne à demander la capitulation, exigea pour la préserver du pillage une contribution de soixante-dix mille tomans et un tribut de cinquante belles jeunes filles, choisies dans les premières familles de la cité, et établit enfin le centre de ses opérations sur la rive droite du Zendèroud, à l'extrémité du Tchaar-Bag. Le vainqueur, malgré son audace justifiée par des succès inespérés, aima mieux investir la ville que de tenter un assaut avec des forces insuffisantes.

Le blocus commença dès le mois de mars; en août la population mangea les mulets, les chevaux et les chameaux; en septembre elle eut recours à la viande de chien et de chat, puis elle se nourrit de pain d'écorce d'arbres et enfin de chair humaine.

Pendant toute la durée du siège, chah Houssein, livré aux factions, se contentait de répéter aux chefs de chacune d'elles :

« Prenez des troupes, défendez-vous ; je serai content s'il me reste le palais de Farah-Abad. »

Le P. Krusinski, moine polonais qui habitait Ispahan à cette époque, nous a laissé l'effroyable peinture des horreurs de ce siège. Les souffrances de la population étaient devenues insoutenables; l'eau du Zendèroud était corrompue par les cadavres qu'elle charriait, la famine décimait le peuple. Quand la cour en fut réduite aux aliments qui soutenaient encore les hommes les plus vigoureux, sa constance ne dura pas longtemps. Des négociations furent ouvertes, et chah Houssein se décida à abdiquer en faveur de Mahmoud, afin d'éviter à sa capitale les horreurs d'une prise d'assaut.

Le 23 octobre il monta à cheval, vêtu de deuil, et s'achemina tristement vers Farah-Abad, ce « séjour de la joie » auquel il avait tout sacrifié. On fit attendre longtemps l'infortuné monarque à l'entrée de son propre palais, sous prétexte que le vainqueur dormait ; et, quand on l'eut introduit enfin dans le grand talar, il trouva le chef afghan assis sur le trône royal.

« Mon fils, dit-il noblement à Mahmoud qui n'avait pas daigné recevoir debout le prince vaincu, puisque le souverain maître de l'univers ne permet pas que je règne plus longtemps et qu'a sonné l'heure de ton élévation au trône de Perse, je te cède l'empire. Puisse ton règne être heureux!

— Telle est, lui répond le vainqueur, l'instabilité des grandeurs humaines. Dieu dispose à son gré des couronnes; il les ôte à l'un pour les donner à l'autre. »

Après avoir rendu hommage au conquérant et attaché à son bonnet l'aigrette de diamants, emblème du pouvoir suprême, Houssein reçut l'ordre de se retirer au fond d'un petit palais, où il vécut sept années dans une captivité relativement douce. Plus tard les envahisseurs, ayant éprouvé quelques revers et redoutant un changement de fortune, mirent fin à sa triste existence.

Ispahan avait cruellement souffert pendant le siège. Non seulement la majeure partie de la population avait péri, mais les campagnes et les villages étaient saccagés, les kanots obstrués. Kérim khan en transférant la capitale à Chiraz, sa patrie, et la dynastie kadjar en ramenant le siège du gouvernement dans le nord, consommèrent sa ruine. La majeure partie de la population s'exila, les palais les plus vastes et les édifices les plus beaux furent abandonnés.

Et pourtant ce sont les monuments élevés sous les règnes des princes sofis qui embellissent encore la ville, et c'est dans l'enceinte des palais de chah Abbas et de ses successeurs que se trouvent les constructions civiles les plus intéressantes à étudier.

Le pavillon des Tcheel-Soutoun (Quarante-Colonnes), vers lequel nous conduit d'abord Mirza Taghuy khan, est situé au milieu d'une immense cour entourée de murailles peu élevées et plantée de vieux arbres et de rosiers arborescents. Au nord, un long bassin rempli d'eau conduit le regard jusqu'à des degrés de marbre blanc, servant de soubassement à une terrasse couverte, placée au-devant du palais.

Le pavillon des Tcheel-Soutoun, bâti par chah Houssein, paraît avoir été élevé sur les fondations d'un palais de chah Abbas, qui succédait lui-même à un édifice sassanide, ainsi que semblent l'attester quelques fragments de sculpture incrustés dans les murailles de l'enceinte.

L'ancien monument fut incendié pendant une fête sous le règne de chah Houssein. Il eût été facile d'arrêter les progrès du feu, disent les chroniques, mais le souverain craignit de pécher en cherchant à s'opposer aux manifestations de la volonté divine et donna l'ordre de laisser brûler l'édifice, tout en promettant de le faire reconstruire superbement.

Dix-huit colonnes de bois, revêtues de miroirs taillés en forme de losange, supportent la toiture jetée au-devant du palais; celles qui sont au centre du porche reposent sur des lions qui lancent des jets d'eau dans un bassin de marbre placé en face de la salle du trône. Une corniche en mosaïque de bois entremêlée d'étoiles scintillantes soutient le plafond, divisé en compartiments carrés, garnis de glaces biseautées et de prismes de cristal.

Le porche précède un talar recouvert d'une demi-coupole aux alvéoles de cristal sertis dans une monture métallique. De chaque côté de cette salle, où était placé le trône royal, emporté ou détruit à l'époque de l'invasion afghane, se présentent deux appartements, destinés l'un au souverain, l'autre à ses ministres. Toute l'ornementation extérieure de ces pièces et de la salle du trône est formée par la juxtaposition de miroirs de toutes tailles entourés de cadres dorés.

En l'état actuel il est difficile d'apprécier le mérite de cette décoration brillante, toute particulière à la Perse; les glaces, dont le tain est terni, sont couvertes d'une épaisse couche de poussière et ont aujourd'hui toute l'apparence de vieilles plaques d'argent bruni et oxydé. La variété des miroirs et des cadres nuit d'ailleurs bien moins qu'on ne pourrait le croire à l'ensemble général. Les légers ornements vénitiens ne jurent pas dans le voisinage des lourdes dorures Louis XIV rougies par le grand air, et de ce rapprochement d'objets de styles si disparates naît un tout parfaitement harmonieux. Explique qui pourra ce singulier phénomène. Quant à moi, je l'attribuerai volontiers à l'atmosphère lumineuse de ces pays ensoleillés qui enveloppe d'un jour harmonieux les ors répandus à profusion sur les parois.

Trois portes en mosaïque de bois sont placées au fond du talar et donnent accès dans une nef voûtée, qui tient en travers toute la largeur de la salle du trône et des deux corps avancés. Cette longue pièce est dominée par trois coupoles sur pendentifs. Le dôme central est peint en rouge; les deux extrêmes en bleu; les pendentifs sont divisés en losanges brodés de légères arabesques d'or.

SALLE DU TRÔNE DU PALAIS DES TCHEEL-SOUTOUN.

Des peintures à fresque représentant des réceptions royales ou des batailles tapissent les panneaux placés au-dessous des coupoles. Elles ont tous les mérites mais aussi tous les défauts des œuvres persanes : étude minutieuse des accessoires et des détails aux dépens des figures principales, richesse de coloris, raideur des attitudes et dédain absolu des lois de la perspective. L'un de ces tableaux reproduit les épisodes d'un combat où figurent des nègres d'un noir d'ébène montés sur des éléphants blancs. Près de la porte de l'est, chah Abbas, ayant à ses côtés Allah Verdy khan, généralissime des armées et fondateur du pont qui porte son nom, reçoit des ambassadeurs indiens. Les types et les costumes sont fidèlement étudiés ; il est regrettable que l'artiste, préoccupé de rendre le chatoiement des magnifiques étoffes d'or et les feux des pierres précieuses, ait traité sous jambe les danseuses placées au premier plan.

Entre ces grandes compositions et le lambris s'étend une frise de petits tableaux représentant des scènes de la vie domestique. Ces compositions sont peintes avec une certaine grâce et fournissent d'intéressants documents pour l'histoire du costume persan sous les sofis.

Les Tcheel-Soutoun ne sont plus habités ; aujourd'hui pourtant la grande nef abrite de nombreux ouvriers occupés à coudre de superbes tentes de soie rouge, jaune et verte, destinées au prince Zellè sultan. Chacun travaille en silence et n'interrompt son ouvrage que pour faire sa prière à l'appel des mollahs ou prendre de temps à autre le thé, qu'un gamin fait circuler à la ronde.

Mirza Taghuy khan nous sert de cicerone pendant toute la durée de notre visite aux Tcheel-Soutoun. Dans l'espoir de faire faire son portrait équestre, il a revêtu un brillant uniforme et se trouve un peu gêné par une longue épée qui s'insinue au moindre mouvement dans les jambes de ses voisins ; mais il reprend courage sur son cheval de bataille.

Son costume tout doré est celui des *sartips* ou généraux de première classe. Il ne faudrait pas supposer, en voyant notre ami porter le harnais des chefs de guerre, qu'il soit amoureux de Bellone : non, son humeur est pacifique ; et s'il est général, c'est que ce titre purement honorifique est donné en Perse, comme en Russie, à tous les hauts fonctionnaires civils et... même aux militaires.

Outre ses nombreuses fonctions, le général-docteur est chargé de rédiger le journal d'Ispahan, moniteur du gouverneur de l'Irak. Il doit être d'autant plus honoré de cette haute preuve de la confiance du prince Zellè sultan, que le chah lui-même n'a jamais osé livrer à un de ses serviteurs la direction de l'esprit public, et qu'il s'astreint à écrire le journal officiel de sa propre main, quitte à abandonner la rédaction de la gazette littéraire à son premier ministre.

Mirza Taghuy khan aspire, je crois, à joindre à tous ces titres celui de recteur des Facultés d'Ispahan.

Comment ne pas dire un mot de cette Université, bien qu'il ne nous ait pas été donné d'apprécier le savoir des étudiants, envoyés en vacances durant tout l'été ?

A l'exemple du roi son auguste père, le chahzaddé fait de louables efforts en vue d'organiser des écoles et de réagir contre les traditions cléricales qui donnent à la science théologique la première place dans l'enseignement. Tout serait au mieux si les élèves de la médresse n'étaient aussi rares que les maîtres. Les cours de physique, de mathématiques, d'histoire et de langues étrangères sont professés avec un égal mérite par un jeune savant livré tout le jour aux rêves enivrants que procure l'opium. Cet émule de Pic de la Mirandole, j'ai le regret d'en convenir, a fait son éducation à Paris et à Londres ; mais, au lieu de s'instruire et de chercher à développer son intelligence au contact des Occidentaux, il s'est empressé, comme bon nombre de Persans venus en Europe, de greffer sur les vices communs aux Asiatiques nos plus détestables défauts.

Maître et élèves de l'Université d'Ispahan sont logés dans un ravissant pavillon situé au milieu de vastes jardins confinant à ceux des Tcheel-Soutoun. Ce palais d'été, élevé jadis par Fattaly chah, porte le nom de Hacht-Bechet (Huit-Paradis), parce qu'il contient, outre les appartements royaux, quatre corps de logis à deux étages, destinés aux huit favorites du roi.

Quand on se rend des Tcheel-Soutoun aux Hacht-Bechet, on longe d'abord un bassin qui

PAVILLON DES JIGUEL-SOUTOUX.

s'étend entre deux jardins d'un caractère bien persan. Les parcs anglais, avec leurs pelouses de gazon égayées par des corbeilles fleuries ou des bouquets d'arbres ; les jardins français du dix-huitième siècle, avec leurs formes raides et sévères, ne sauraient en donner une idée ; les *bags* (jardins), semés sous de hauts platanes émondés jusqu'à la cime, sont de véritables champs couverts de fleurs serrées les unes auprès des autres, sans aucun souci des couleurs ni des espèces. L'aspect de ces longs parterres est étrange, et si, en s'en approchant, on peut leur reprocher un certain désordre, il faut avouer que, vus à distance et au grand soleil, ils produisent un effet charmant, chaque fleur paraissant alors plus éclatante que les brillants papillons qui les caressent de leurs ailes. Au delà du bassin s'élève le pavillon octogonal des Hacht-Bechet, composé d'une grande salle placée au centre de l'édifice, de quatre porches et de quatre corps de bâtiments.

PAVILLON DES HACHT-BECHET.

Il comprend sur deux hauteurs d'étages les « Huit-Paradis », desservis par des escaliers spéciaux mis en communication au moyen de galeries jetées au-dessus des porches.

Sur les murs des appartements placés auprès du portique s'étendent deux grandes compositions, représentant, l'une Fattaly chah entouré de ses fils, l'autre le même souverain chassant les fauves. Le roi, penché sur le cou de sa monture, traverse de sa lance la gueule d'une bête féroce, un lion ou une panthère, je ne saurais le dire. L'artiste, justement préoccupé de la figure royale, a négligé de préciser les formes de l'animal.

Les Hacht-Bechet sont démeublés aujourd'hui, les huit favorites ont disparu, pas un nom n'est resté attaché aux appartements embellis jadis de leur présence, et l'on chercherait vainement les traces des déesses qui régnèrent il y a quelque soixante ans dans cette ruche royale. Étaient-elles majestueuses ou mignonnes, brunes ou blondes, gaies ou sérieuses? Aucun indice n'est venu me révéler ces secrets; il est à supposer néanmoins que le père de plus de six cents enfants devait avoir au nombre de ses épouses des types de beauté très variés.

Je suis fort reconnaissante au général Mirza Taghuy khan de m'avoir prévenue que je me trouvais dans un collège, car sans cet avertissement je ne me serais jamais doutée de l'affectation actuelle de l'édifice. Bancs, pupitres, ardoises traditionnelles, chaire de professeur, bibliothèque, constituent ici un mobilier inutile. Les Iraniens, grands et petits, calligraphes de profession ou écoliers maladroits, écrivent en tenant le papier appuyé sur la paume de la main, de telle sorte qu'en étendant un tapis sur le sol et en mettant dans un coin la perche et les verges nécessaires pour donner la bastonnade, un local quelconque peut servir de collège ou de ministère.

Les élèves auraient vraiment bien tort de se plaindre des coups de gaule dont on les gratifie : ces soins prévoyants endurcissent dès l'enfance la plante de leurs pieds et les mettent en état de supporter bravement les infortunes à venir ; la première école n'est-elle pas celle de l'adversité? D'ailleurs, si les professeurs distribuent plus de coups de bâton que de sages conseils, les collégiens reçoivent en dédommagement, comme leurs collègues de la capitale, un traitement fort honorable et un habit neuf tous les ans. Les Persans sont en avance, on le voit, sur les peuples qui s'enorgueillissent de donner l'instruction gratuite et obligatoire.

1er septembre. — Hier, à notre retour au couvent, nous avons été prévenus que le sous-gouverneur nous recevrait le lendemain, deux heures après le lever du soleil. A peine *l'aurore au voile de safran se dispersait-elle sur la terre,* que la voix tonnitruante du bon Père a retenti sur la terrasse, où il dort d'habitude auprès de son écuyer Kadchic. Il s'agissait d'étriller nos montures avec le plus grand soin, afin d'entrer dignes et solennels au palais du gouverneur et de racheter par la bonne tenue des cavaliers et de leurs chevaux le misérable état du harnachement.

Tous ces préparatifs nous ayant mis en retard, nous traversons Djoulfa au galop et nous nous décidons à passer à gué le Zendèroud, afin de raccourcir la distance qui nous sépare du palais.

Il y a environ un mètre d'eau dans le fleuve ; cependant le courant nous entraîne à la dérive et me donne un vertige qu'il me serait difficile de dominer, si je ne tenais les yeux obstinément fixés sur la rive vers laquelle nos chevaux se dirigent. La berge atteinte, le Père gagne une allée bordée de palais en ruine, traverse les jardins des Tcheel-Soutoun et s'arrête enfin devant une porte basse. Après avoir franchi un vestibule tortueux, nous pénétrons dans une cour plantée d'arbres fruitiers mêlés à des rosiers et à des vignes disposées en tonnelles.

Le représentant du prince nous reçoit sous un talar fort simple ; la réception sera néanmoins cérémonieuse, si je m'en rapporte à l'élégance du costume de ce haut dignitaire : koledja de satin violet, abba de poil de chameau mêlé de fil d'or, kolah de fin astrakan taillé à l'ancienne mode.

Le sous-gouverneur passe à juste titre pour un des plus charmants causeurs de la Perse ; il parle en savant grammairien le persan de Chiraz sa patrie, et s'exprime néanmoins avec une simplicité dont je lui sais le meilleur gré. C'est à la fois un lettré et un érudit.

Nous avons sérieusement étudié l'histoire de la Perse. Notre interlocuteur ne tarde pas à s'en apercevoir, et l'entretien, prenant dès lors une allure fort attachante, roule sur les hauts faits de chah Abbas. Tout le monde connaît les exploits du grand sofi, la manière dont il échappa au massacre de toute sa famille ordonné par son oncle, chah Ismaïl; les scrupules de son bourreau, homme pieux qui voulut attendre la fin du Ramazan avant de le tuer ; sa jeunesse passée dans le Khorassan, son avènement au trône (1585), ses guerres victorieuses contre les Usbegs et les Turcs, l'extension donnée à l'empire à la suite de conquêtes qui portèrent les frontières de la Perse jusqu'à l'Euphrate, ses relations d'amitié avec les Européens installés à sa cour, l'embellissement d'Ispahan devenue sa capitale et l'une des plus belles villes du monde, enfin la richesse et la prospérité auxquelles atteignit sous son règne un royaume qu'il avait disputé à l'étranger et arraché à la guerre civile. Mais les dernières années de sa vie, passées au fond de son andéroun, sont restées couvertes d'un voile si épais, que peu de personnes ont pu le déchirer. L'esprit du roi, hanté par les folles terreurs qui saisissent dans leur vieillesse les souverains orientaux quand, arrivés au terme de l'existence, ils se prennent à redouter l'impatience de leurs héritiers, s'aigrit au point de le rendre injuste envers ses plus fidèles serviteurs.

Chah Abbas ne se contentait pas de se montrer d'une sévérité sans exemple pour les grands de la cour; sa famille elle-même n'échappait pas à sa méfiance et à sa jalousie. Il avait tendrement aimé ses quatre fils pendant leur jeunesse; mais, le jour où il ne vit plus en eux que des successeurs, son esprit ombrageux s'émut et il se prit à considérer les personnes dévouées à ses enfants comme des ennemis personnels pressés de le voir mourir ou de lui ravir la couronne. Il se détermina à ordonner la mort de son fils aîné, Suffi Mirza, en voyant les regards des courtisans se porter avec respect sur l'héritier du trône au moment où il sortait du palais royal.

Les remords qu'il éprouva après l'exécution de cet ordre barbare semblèrent, au lieu de le calmer, exciter encore sa fureur. Le second de ses fils, Khoda Bendeh, était aussi bien doué que Suffi Mirza; ses vertus ne le préservèrent pas des soupçons paternels. Le prince, informé inopinément que son terrible père avait fait prendre et tuer sous prétexte de conspiration un des officiers auxquels il était le plus affectionné, ne sut maîtriser sa colère et son désespoir, accabla le chah des plus amers reproches, et, oubliant toute prudence, tira son épée du fourreau.

Il fut immédiatement désarmé et allait être décapité, quand chah Abbas, sur la prière de ses petits-enfants, consentit à lui laisser la vie, et se contenta de lui faire arracher les yeux.

Un profond désespoir s'empara du malheureux Khoda Bendeh; dans l'état misérable où il était réduit, sa colère et sa haine contre son père s'accrurent de jour en jour, et toutes ses pensées se concentrèrent sur un seul projet: tirer vengeance de son bourreau.

Il avait deux enfants: un fils et une fille. La petite Fatime était adorée de son grand-père, qui ne pouvait se passer d'elle. Seule, comme David auprès de Saül, elle parvenait à apaiser les fureurs du vieillard par ses caresses et sa gentillesse.

Khoda Bendeh écoutait avec une joie farouche tout ce qu'on lui disait de l'affection du roi pour la petite princesse, de l'influence qu'elle avait su prendre sur lui, et de la tristesse où le plongeait son éloignement momentané. La vengeance était prête. Un matin, au moment où l'enfant venait baiser ses paupières d'aveugle, il la saisit et l'égorgea sous les yeux de sa femme affolée, puis il se précipita sur son fils accouru au bruit de la lutte et tenta, mais en vain, de lui faire subir le sort de sa sœur; on parvint à arracher l'enfant, encore vivant, des mains de son père, et l'on avertit chah Abbas. Les exclamations de rage et de désespoir du vieux monarque devant le cadavre de sa petite-fille firent goûter au meurtrier un suprême et sauvage bonheur; pendant quelques instants il savoura avec avidité son horrible vengeance et mit fin à son existence en avalant un poison foudroyant. Oserais-je comparer les fureurs des héros d'Eschyle ou d'Euripide à celles de Khoda Bendeh? Cependant nous ne sommes point en présence d'une fable plus ou moins ingénieuse ou d'une histoire légendaire comparable à celle de la terrible Médée égorgeant ses enfants pour se venger de l'abandon de Jason; cette tragédie, à laquelle il serait bien difficile de trouver un plus épouvantable dénouement, n'est pas un récit composé par des aèdes et transfiguré par des poètes, mais un fait historique, qui s'est passé il n'y a pas trois siècles dans les appartements voisins de ceux où nous nous trouvons.

Le sous-gouverneur s'étonne de notre émotion; à son avis, le souverain est le maître absolu du bien et de la vie de ses sujets; il serait même prêt à excuser et à approuver, dans une certaine mesure, l'action du vieux roi qui, maître d'enlever la vie à son fils, se contenta de le priver de la vue. Il s'arrête néanmoins au milieu de ses souvenirs historiques et nous propose d'aller visiter le pavillon du Çar-Pouchidèh (Tête-Couverte), résidence favorite du prince Zellè sultan lorsqu'il vient dans son gouvernement d'Ispahan.

Cette petite salle, gaie et claire, est bien de nature à faire diversion aux récits tragiques de notre guide. Toute la décoration repose sur un ingénieux emploi de miroirs à facettes et présente beaucoup d'analogie avec celle des Tcheel-Soutoun. Chacun des quatre supports octogones de la toiture s'appuie sur un groupe de quatre demoiselles court vêtues; elles-mêmes soutiennent des têtes de lion qui vomissent des jets d'eau dans une vasque placée au centre de la pièce. Au seul examen de ces sculptures, on reconnaît que les artistes persans n'ont pas l'habitude de modeler des figures humaines; ces statues, les seules que j'aie vues en Perse, ne sont pas dépourvues néanmoins d'une certaine grâce naïve.

Un passage ménagé tout autour du bassin permet d'accéder aux appartements disposés sur chaque côté de la salle. La pièce la plus vaste est meublée à l'européenne et munie d'une psyché que le prince fait habituellement placer devant lui quand il désire suivre des yeux ses mouvements et juger s'ils sont empreints de la grâce, jointe à la majesté, qui siéent à un descendant des Kadjars.

PALAIS DU ÇAR-POUCHIDÈH.

Si Allah s'est montré généreux envers Zellè sultan en lui accordant une brillante intelligence, il l'a peut-être moins gâté au point de vue des avantages physiques. A en juger d'après ses nombreux portraits, le fils du roi est petit et un peu gros; à la suite d'un coup reçu sur l'œil pendant son enfance, une de ses paupières est restée abaissée, et il aurait peu sujet, il me semble, de se montrer coquet. Mais un prince, et surtout un prince oriental, ne court jamais le risque de s'apprécier à sa juste valeur; d'ailleurs, s'il avait quelque velléité de voir la vérité toute nue, ses flatteurs aux aguets ne laisseraient point pénétrer cette impudique personne sans l'avoir auparavant soigneusement voilée.

Le prince Zellè sultan se croit donc proche parent d'Apollon : aussi bien le soin de sa personne et de ses costumes est-il une de ses préoccupations favorites. Il a dans sa garde-robe les uniformes de tous les souverains de l'Europe, les met à tour de rôle, et disait dernièrement au représentant de la maison Holtz, en voyant une charmante photographie du duc de Connaught en uniforme de général anglais :

« Je désire avoir un costume pareil à celui-là.

— Altesse, la couleur rouge signale tous les défauts d'une coupe défectueuse, et, si vous désirez que cet habit aille tout à fait bien, il serait utile que je prisse quelques mesures.

— *Lazem nist* (cela n'est pas nécessaire) », reprend le prince avec horreur, car, à l'exemple de son auguste père, il n'a jamais toléré qu'un de ses inférieurs osât lui manquer de respect jusqu'à le toucher ; « prévenez seulement le tailleur que cet uniforme est destiné à un jeune homme bien fait, dont les formes sont plus majestueuses que celles du duc de Connaught. »

Le commissionnaire, ayant recommandé à ses correspondants de rêver d'un tonneau de bière en promenant les ciseaux dans l'étoffe, a eu néanmoins le regret de voir arriver un habit trop étroit pour son client.

ZELLÈ SULTAN (L'OMBRE DU ROI).

On est heureux de n'avoir à signaler que de si réjouissants travers chez un prince auquel sa naissance, sa puissance et les traditions locales auraient pu donner de redoutables défauts.

Derrière le Çar-Pouchidèh s'étend l'andéroun réservé aux concubines de Zellè sultan, qui ne s'est pas remarié légitimement depuis la mort de sa première femme, la fille de l'émir nizam. Je n'ai point visité cette partie du palais, le prince n'étant pas là pour m'y introduire; mais, au dire des serviteurs, j'ai vu, en compensation, des gens autrement intéressants que *des femmes, cette vulgaire marchandise humaine*, en la personne de quatre porcs, gras, luisants et en parfait état de santé.

Les élèves du chahzaddèh sont les seuls spécimens de leur espèce qui aient jamais franchi les frontières de la Perse, l'entrée du porc, vivant ou mort, étant sévèrement interdite et jamais la chair de cet animal n'ayant osé s'étaler ici comme à Constantinople sous forme de jambon et de saucisse. L'intention du prince, en construisant une porcherie dans son palais, n'a pas été de faire un essai d'acclimatation : il a voulu, en se montrant si peu respectueux des prescriptions du Koran, protester contre des préjugés religieux, et l'on raconte même que, le jour de la réception du Norouz (nouvel an), alors que tous les fonctionnaires et le clergé sont forcés de venir présenter leurs vœux de bonne année au fils du roi, celui-ci a donné l'ordre de faire passer le cortège dans la cour souillée par les animaux les plus impurs de la création.

SULTAN MAÇOUD MIRZA, ZELLÈ SULTAN (L'OMBRE DU ROI), FILS AÎNÉ DE NASR ED-DIN CHAH, GOUVERNEUR GÉNÉRAL DE L'IRAK, DU FARSISTAN, DU LORISTAN, DU KHOUSISTAN, ETC.

Les prêtres voient avec horreur les tendances de Zellè sultan, mais ils sont bien obligés de se dire les très humbles serviteurs d'un prince qui gouverne tout le midi de la Perse et tentera, à la mort de son père, de former un royaume indépendant dans le sud en laissant provisoirement le nord à son frère le valyat, quitte à l'en déposséder plus tard, si les Russes ne se sont pas chargés de ce soin. Zellè sultan est trop ambitieux et trop courageux pour renoncer à la haute situation qu'il occupe. De son côté, le valyat, s'il monte sur le trône, cherchera à se défaire d'un si redoutable vassal. Aussi pense-t-on, sans oser le dire tout haut, que l'Iran appartiendra à celui des deux frères qui pourra faire tuer l'autre.

Le chah connaît la haine qui divise les princes depuis leur plus tendre enfance.

Dès l'âge de douze ans, Zellè sultan gravait, sur une lame de sabre faite à son intention, cette phrase significative : « C'est avec cette arme que je tuerai mon frère le valyat ». A cette époque le roi n'accordait pas à son fils aîné la considération due à un prince intelligent, bon administrateur, et qui seul de tous ses enfants lui fournit de l'argent, au lieu de lui en demander; il n'admettait pas surtout que les lois d'hérédité faites en faveur du premier-né d'une princesse kadjar pussent être violées. En voyant s'élever dans une si jeune tête de pareilles idées de révolte et d'usurpation, il entra en fureur et donna l'ordre de crever les yeux du coupable. On obtint la grâce de Zellè sultan en considération de son jeune âge, et désormais le prince apprit à cacher soigneusement sa pensée et à ne plus se livrer à des accès de franchise qui pouvaient lui coûter la vie.

Depuis quelques années, le chah, bien revenu de ses préventions, dépouille successivement tous ses frères de leurs gouvernements et les remet entre les mains de son fils aîné. Est-ce la tendresse ou l'intérêt qui le guide? Allah seul connaît le cœur de Nasr ed-din son serviteur.

En rentrant à Djoulfa, nous avons suivi la grande voie de Tchaar-Bag. Généralement triste et abandonnée, elle reprend quelque animation vers le soir, au moment où les caravanes se mettent en marche. Mais que sont les allées et venues de muletiers et de pauvres diables auprès de la foule animée et luxueuse qui embellissait cette promenade il y a deux cents ans! A en juger d'après les détails donnés sur les costumes du dix-septième siècle par les peintures des Tcheel-Soutoun, on devait voir se promener, sur les dalles de marbre de l'allée centrale, des seigneurs vêtus de cachemire, d'étoffes d'or ou de pourpre, et, sur les voies latérales, courir d'élégants cavaliers luttant de vitesse et de vigueur, ou faisant exécuter à des étalons somptueusement harnachés des passes brillantes, sous les yeux des belles khanoums assises dans le balakhanè construit en tête de la promenade. Je suis entrée, en escaladant les terrasses de maisons voisines, dans ce célèbre pavillon et j'ai regardé. Plus de cavaliers, hélas! plus de gentilshommes aux glorieux ajustements. Quelques piétons s'avancent lentement, affaissés sous le poids de lourds fardeaux; les platanes gigantesques, mais à la cime chenue, sont dépouillés de cette verdure qui promet aux arbres une longue existence; les dalles des trottoirs sont ébranlées, les canaux desséchés; les bassins, remplis d'une eau croupissante, supportent des fleurs de marécage; les parterres, sans arbustes ni verdure, ne se parent même pas de ces grands rosiers sauvages, ornement naturel des jardins les moins soignés.

Malgré la sauvagerie du tableau je n'ai pas eu à regretter mon ascension jusqu'aux étages supérieurs du balakhanè. Autour des pièces règnent de magnifiques lambris de faïence.

Ces peintures, divisées en tableaux distincts, représentent des scènes d'andéroun traitées avec un incontestable mérite. Vêtues de robes de brocart, coiffées de turbans ou de diadèmes de pierreries, de jeunes femmes sont assises dans des jardins et mangent des chirinis (bonbons) et des fruits. Leurs vêtements sont peints en couleurs vives et franches, tandis que les figures ne sont guère plus colorées que les fonds blancs laiteux sur lesquels elles se dessinent. Si l'on considère la finesse et la forme des traits, qui ne rappellent en rien le type des belles Iraniennes, il est permis de supposer que les faïenciers se sont inspirés de modèles chinois. Cette hypothèse est admissible, car à l'époque du grand sofi la Perse a fabriqué des plats des vases peints en bleu sur fond blanc, imitant à s'y tromper les porcelaines du Céleste-Empire.

Hélas! presque toutes les figures des panneaux du Tchaar-Bag ont été brisées à coups de marteau. Cette mutilation barbare a sans doute été faite sous chah Abbas II, prince si dévot qu'au début de son règne on n'osait écouter que des exhortations pieuses. Sur la fin de son existence il racheta, j'en conviens, cet excès de zèle par les plus affreux désordres. Ayant fait tuer sa favorite durant une nuit d'ivresse, il ordonna, en reprenant possession de lui-même, qu'on immolât aux mânes de la défunte toutes les bouteilles vides ou pleines de l'empire: repentir bien méritoire, mais dont ses sujets firent tous les frais, car, si Abbas II renonça désormais à conserver son vin dans des récipients de verre, il remplit de ce précieux liquide des amphores de faïence dont la contenance était double ou triple de celle des bouteilles brisées.

En descendant du pavillon par des marches de trente-cinq centimètres de hauteur, le Père, auquel notre séjour au couvent paraît avoir rendu quelque gaieté, s'arrête tout à coup.

« Le sous-gouverneur, dit-il, n'est pas le seul à connaître la vie intime de chah Abbas le Grand. Ce souverain, m'a-t-on conté, se plaisait à adresser à son bouffon des questions bizarres.

PORTE DE LA MÉDRESSÉ DE LA MÈRE DU ROI. (Voyez p. 256.)

« Un homme a commis une faute très grave : comment peut-il, en voulant se la faire pardonner, « présenter une excuse qui soit pire que la faute commise ? » lui demanda-t-il un jour. Le lendemain, comme le roi montait les degrés conduisant à l'appartement de ses femmes, le fou s'approcha et le pinça fortement au mollet.

« — Qu'est-ce à dire ? s'écria le roi en courroux.

« — Excusez-moi, Majesté, gémit le coupable, je croyais tenir la jambe de la favorite. »

On connaît une autre solution du même problème donnée naïvement par le grand maître des cérémonies de Charles X. Après l'enterrement de son frère Louis XVIII, le roi se plaignit amèrement du désordre du cortège funèbre. « Sire, nous ferons mieux la prochaine fois », répondit en tremblant l'officier incriminé.

3 septembre. — Souvent déjà, tout en longeant le Tchaar-Bag, je suis passée devant la façade de la médressè de la Mère du Roi, et toujours j'ai été tentée de visiter cet édifice, merveilleux à en juger d'après les proportions monumentales de sa porte d'entrée et l'éclat des émaux à fond bleu turquoise de la coupole et des minarets cachés en partie derrière un rideau de verdure. Tout ce que j'avais rêvé n'est rien auprès de la réalité.

La baie ogivale qui constitue l'entrée de la médressè s'élève au centre d'une façade à deux étages longue de près de cent mètres. Une large torsade de faïence bleu turquoise, reposant à ses extrémités sur des bases d'albâtre, dessine tout autour de l'ouverture une brillante archivolte. La porte en bois de cyprès est couverte de plaques d'argent ciselées avec art.

Je franchis le seuil et pénètre dans un large vestibule octogone recouvert d'une coupole ; à droite et à gauche sont placés des gradins de bois, sur lesquels des marchands de comestibles étalent des pêches magnifiques, des raisins dont les ancêtres sont nés au pays de Chanaan, du lait aigre, des concombres, des kébabs prêts à rôtir, en un mot les approvisionnements d'un restaurant bien achalandé.

Ce vestibule, où viennent se pourvoir aux heures des repas maîtres et élèves, est percé de larges baies : l'une communique avec la porte extérieure; celles de droite et de gauche s'ouvrent sur deux vestibules secondaires; la quatrième donne accès dans la cour de la médressè, ombragée de platanes vigoureux. Il n'est point étonnant que ces arbres soient, malgré le développement de leurs branches inférieures, plus fournis à la cime que les platanes du Tchaar-Bag, car la médressè de la Mère du Roi a été bâtie en 1710 sous le règne de chah sultan Houssein, près de cent ans après la plantation de la fameuse promenade de chah Abbas.

Les yeux, éblouis par les reflets des briques émaillées qui scintillent aux rayons du soleil, ne distinguent à première vue que les grandes masses du tableau. Au premier plan, les arbres du jardin se réfléchissent sur les eaux cristallines de longs bassins d'albâtre et forment de leurs rameaux épais un cadre sombre au milieu duquel se détachent comme noyés dans une buée lumineuse le dôme et les minarets revêtus d'une mosaïque de briques émaillées. Le fond bleu turquoise de la coupole sert de fond à de gracieuses volutes blanches et à des arabesques jaune clair, serties, suivant le cas, d'un mince filet gros bleu ou noir. Le revêtement de toutes les parties inférieures du monument est formé de carreaux de faïence d'un blanc laiteux recouverts d'entrelacs bleu foncé, donnant aux parties les plus résistantes de la construction un aspect de solidité en harmonie avec leur rôle dans l'ensemble du monument.

Les artistes qui ont produit une œuvre aussi admirable ont droit à tout notre respect ; on ne saurait élever à un plus haut degré la décoration architecturale et profiter plus judicieusement des ressources que la nature a réparties à l'Orient. Quant à moi, je ne connais pas en Europe de monument susceptible de produire une impression analogue à celle que l'on éprouve en présence de la médressè de la Mère du Roi.

Les élèves ne sont pas nombreux en cette saison. N'étaient les marchands installés sous le vestibule et quelques prêtres occupés à fumer le kalyan avec une gravité toute sacerdotale, on pourrait croire la médressè presque aussi déserte que le caravansérail de la Mère du Roi et le bazar contigus. Nous ne serons guère gênés aujourd'hui pour faire tout à notre aise nos relevés et nos photographies.

Pendant que nous opérons, le P. Pascal va rendre visite aux professeurs de l'école ; entre gens instruits la théologie étant un perpétuel sujet d'entretien, il ne tarde pas à trouver au nombre des mollahs quelques adversaires tout prêts à soutenir une controverse religieuse.

LA MÉDRESSÉ DE LA MÈRE DU ROI.

La dispute devient bientôt si intéressante, que les marchands de fruits abandonnent leurs étalages et se groupent autour du moine chrétien et des prêtres musulmans. Les Persans, il est intéressant de le constater, traitent en général sans aucune acrimonie des sujets dont la discussion soulève au milieu de nos sociétés civilisées d'inévitables conflits; plusieurs fois déjà j'ai eu l'occasion de constater cette modération des chiites dans des circonstances où leur fanatisme excessif pouvait faire redouter de bruyants éclats : chacun ici parle à son tour,

DERVICHE ET ÉTUDIANTS.

attaque la thèse de son interlocuteur, parfois avec une grande justesse d'arguments, et toujours avec une parfaite tranquillité d'esprit et de gestes.

Au moment où nous venons reprendre le Père, la parole appartient à un honnête derviche aux cheveux incultes, que j'ai aperçu tantôt assis sur une de ces grandes jarres à blé qui furent jadis si fatales aux quarante voleurs des *Mille et une nuits*. Le disciple d'Hafiz est descendu de son trône de terre cuite pour venir, lui aussi, causer dogme et morale. « Il est un peu fou, comme tous ses pareils, m'assure un jeune théologien, qui le considère pourtant avec le respect voué par les Orientaux à ceux qui ont perdu la raison. Il n'était ni gras ni fortuné quand il arriva à la médressé, mais il abritait au moins sa tête des rayons du soleil et des neiges hivernales sous un excellent bonnet de feutre; des *loutis* (pillards) passant auprès de lui et le voyant endormi lui volèrent sa coiffure. A son réveil l'infortuné chercha vainement son bien, puis, en désespoir de cause, il se rendit au cimetière, s'assit sur une tombe et pendant plusieurs mois y demeura depuis l'aurore jusqu'au coucher du soleil.

« — Pourquoi vous éternisez-vous dans ce lieu funèbre? lui dit un de ses camarades.

— J'attends mon voleur; il viendra ici, puisque tout le monde y vient, et ce jour-là je reprendrai mon bien. »

Le P. Pascal aurait alimenté longtemps la discussion si l'heure n'était venue de déjeuner.

Nos longues courses, les chaleurs du mois de septembre, la nécessité de faire honneur à la cuisine persane sous peine d'humilier nos hôtes, nous fatiguent à tel point, que notre excellent guide nous a engagés à ne point rentrer à Djoulfa au milieu du jour, et à venir déjeuner au caravansérail, où Kodja Youssouf a établi ses dépôts de marchandises. Le comptoir de ce négociant est situé dans la partie la plus animée du quartier commerçant. Je n'ai vu nulle part, pas même à Constantinople, à Téhéran ou à Kachan, une foule comparable à celle qui grouille dans ces merveilleux bazars, les plus beaux et les plus fréquentés de tout l'Orient. Des potiches de vieux chine ou de vieux japon, des vases en cuivre ciselé remontant au siècle de chah Abbas, des suspensions en argent massif, incrustées de turquoises et de perles, parent les éventaires et font des galeries du quartier commerçant de véritables musées; musée, c'est le mot, car il faut se contenter d'admirer et ne pas songer à acheter ces œuvres d'art, les marchands, jaloux et orgueilleux de posséder des trésors dont ils connaissent toute la valeur, ne consentant à les céder ni pour or ni pour argent.

Le rôle de ces objets n'est pas d'ailleurs purement décoratif: ils sont tous garnis d'énormes bouquets de roses blanches ou jaunes, de jacinthes et de jasmins, dont le parfum pénétrant vient heureusement corriger les odeurs qui se dégagent de la foule.

Dans cette saison, l'aspect du bazar aux comestibles est particulièrement ravissant. De tous côtés s'empilent des montagnes de pêches vermeilles, des pyramides de limons doux, de melons et de concombres; des pastèques pourfendues par la moitié montrent aux passants altérés leur chair rouge gonflée d'une eau délicieuse, tandis que roulent pêle-mêle sur le sol des raisins et des aubergines monstres; en concurrence avec ces boutiques se présentent les étalages des épiciers, pharmaciens, droguistes, où miroitent, sous les rayons lumineux tombés du haut des toitures en forme de coupoles, des bocaux de cristal contenant toute une collection de sel de fer, de cuivre, de manganèse, et de longs vases de verre remplis de piment, de safran ou d'autres épices, condiments obligés de certains mets persans.

Le caravansérail arménien, dans lequel se trouvent les bureaux de Kodja Youssouf, est entouré d'une série de chambres profondes, fermées par des volets en mosaïque de bois. Au milieu du jour toutes ces portes sont soigneusement cadenassées, car les riches négociants se contentent de passer quelques heures à leur comptoir, à l'inverse des petits marchands du bazar, dont la boutique reste toujours ouverte.

Le Père frappe; des serviteurs se présentent et nous introduisent dans une salle voûtée; l'air de la pièce a conservé une bienfaisante fraîcheur. Nos domestiques apportent d'une rôtisserie voisine de délicieux kébabs emmaillotés dans une couche de pain, et des fruits confits dans du sirop aigre. Ces hors-d'œuvre, désignés sous le nom de *torchis* (aigreur), sont des aubergines de la grosseur d'une figue de vigne, des prunes de la taille d'une olive, ou des noix à peine formées. Les Persans mangent à tous les repas ces mets excitants, très agréables pendant les fortes chaleurs.

Après le déjeuner, Kodja Youssouf profite de notre présence à Ispahan pour faire défiler devant nous les plus habiles forgerons ispahaniens; ils portent avec eux des canards, des chameaux, des ânes, des boucliers et des aiguières en acier, façonnés au marteau et rehaussés de minces filets d'or ou de platine incrustés dans le dur métal.

Nous recevons également la visite de plusieurs grands marchands de tapis. L'un d'eux nous invite à venir prendre le thé dans sa maison, ses marchandises étant trop lourdes pour être facilement transportées. J'accepte son offre avec d'autant plus d'empressement qu'il est marié, prétendent les matrones d'Ispahan, à l'une des plus jolies femmes de la ville.

L'entrée de l'andéroun sera difficile à forcer, et j'aurai bien du mal à me faire présenter à la belle, car le bonhomme, trompé comme le commun des mortels par mes habits et la peau tannée de mon visage, a cru être agréable à Marcel en lui faisant sur moi les compliments les plus aimables.

« Votre esclave a vu du premier coup d'œil que ce jeune homme est le fils de Votre Honneur. Dieu a donné à cet enfant des traits qui reproduisent trop fidèlement votre bienfaisante image pour que l'on n'en soit point frappé. »

Les Persans, sans oser se l'avouer, ont si peu de confiance dans la vertu de leurs femmes, que la constatation de la ressemblance entre père et fils est un compliment délicat toujours reçu avec le plus grand plaisir.

Marcel, très touché des bonnes paroles du marchand de tapis, s'est confondu en remerciements.

CARAVANSÉRAIL ARMÉNIEN.

PANORAMA DE DJOULFA. (Voyez p. 264.)

CHAPITRE XIV

Les jardins de l'évêché. — Le clergé grégorien. — L'andéroun de hadji Houssein. — Souvenirs de voyage d'une Persane à Moscou. — La tour à signaux. — Lettre du chahzaddè Zellè sultan.

2 septembre. — « Aïe! aïe! la! la! la! Assez! pardon! père, je ne recommencerai plus. Aïe! aïe! » hurle notre ami Kadchic en recevant sur la plante des pieds quelques légers coups de gaule.

Le mauvais drôle s'est permis de goûter à un *pichkiach* que l'évêque arménien nous a envoyé par l'entremise d'un vicaire, chargé de nous rappeler également que Sa Grandeur nous attendait ce soir à dîner dans son jardin des bords du Zendèroud. Le cadeau épiscopal ne se composait que de six pêches, mais elles étaient assez grosses pour remplir à elles seules une grande corbeille d'osier. Les fruits les plus parfumés des jardins d'Europe ne sauraient rappeler, même de loin, la chair à la fois ferme et fondante, la peau fine et la saveur musquée des pêches d'Ispahan. J'excuse, en les admirant, la gourmandise de Kadchic; sa grâce obtenue, le gamin se relève et se sauve en courant.

« La plante de tes pieds n'est-elle pas endolorie?

— Pas le moins du monde; elle est dure comme une semelle de cuir, mais je crie de toutes mes forces afin d'apitoyer bien vite le Père. »

Exacts au rendez-vous, nous franchissions, trois heures avant le coucher du soleil, l'enceinte de terre bâtie autour des jardins de l'évêché. Sa Grandeur ne tarde pas à arriver, montée sur un superbe cheval noir et suivie de ses vicaires, qui caracolent derrière elle. C'est évidemment ainsi que voyageaient autrefois en France les plus grands dignitaires de l'Église.

Non loin de la porte d'entrée s'étend une esplanade couverte d'un dôme de verdure. Sous cet épais ombrage s'abrite une citerne alimentée par les eaux du Zendèroud. La roue d'une grossière machine élévatoire tourne en gémissant sur son arbre de couche et vient déverser, à la tête des rigoles d'irrigation, l'eau contenue dans les godets de bois dont elle est entourée. Quatre bœufs superbes attelés à un manège mettent en mouvement cet appareil aussi bruyant que primitif. Les élèves de l'évêché, grâce à leur grande taille et à leur belle conformation, dues probablement à l'abondance et à la qualité de la nourriture qui leur est donnée, diffèrent des bêtes de labour, petites, maigres, mal faites, et dont la chair coriace est si mauvaise au goût que les plus pauvres gens seuls peuvent se décider à la consommer.

Le bouvier, en me vantant la vaillance et la douceur des animaux confiés à ses soins, et en me faisant admirer leur poil brillant, ne se doute point, le malheureux, des instincts carnassiers et des idées criminelles qui, je l'avoue à ma honte, se réveillent en moi. Depuis plus de six mois nous n'avons pas été régalés du moindre bifteck! En revenant en France, j'en fais le serment, je ne mangerai de six mois ni pré-salé, ni côtelette nature. Pour donner un autre cours à des pensées d'autant plus malséantes qu'elles se présentent à mon esprit au moment où le mouton va essayer de tenter mon appétit en se déguisant sous huit ou dix formes différentes, je m'enfonce au plus épais du verger. Le sol, merveilleusement fécond, est couvert de trois étages de verdure; des platanes et des peupliers dominent de leurs cimes élancées figuiers, pêchers, grenadiers et cognassiers, chargés eux-mêmes de fruits si doux qu'on les mange comme des pommes; les branches de ces arbres s'affaissent sous le poids de la récolte et touchent presque la terre, couverte de légumes auxquels l'ombre est nécessaire.

Mahomet a dû rêver de Djoulfa en décrivant les jardins d'Éden.

Nous sortons du verger à la voix de l'évêque et montons sur la terrasse d'un pavillon placé à l'entrée de la grande allée. De ce point culminant le regard s'étend dans toutes les directions; il suffit d'évoluer lentement sur soi-même pour voir se développer, comme dans un gigantesque panorama : au nord-est, la ville musulmane aux coupoles d'émail bleu; à l'est, le fleuve s'écoulant sous les nombreuses arches des ponts Allah Verdy khan et Mamnoun; plus bas, les toits coniques du couvent des derviches et le minaret de Chéristan élevé dans le plus vieux quartier de la ville, l'antique Djeï; au sud, Djoulfa dont les terrasses entrecoupées de coupoles et de jardins se détachent sur un fond de montagnes violacées; enfin, à l'ouest et au nord-ouest, la fertile plaine de Coladoun formant au loin une immense tache verte.

À la nuit les invités arrivent en troupes. Ce sont les plus dévots personnages de Djoulfa, les conseils et les appuis de l'évêque, tous gens savants, mais timides et réservés en présence de leur pasteur.

On prélude au repas en buvant du thé, boisson considérée comme un apéritif; puis, à neuf heures du soir, chacun prend place à table. Les convives, gratifiés de fourchettes, de cuillères et de couteaux, regardent avec une méfiance non dissimulée ces instruments de torture, et prennent, à leur aspect, une figure si déconcertée que je regrette de n'avoir pas le courage, m'affranchissant d'absurdes préjugés, de plonger mes doigts dans les plats, tant je rends malheureux les pauvres gens invités, ou plutôt condamnés à dîner en ma compagnie.

Le menu ressemble beaucoup à celui du festin servi à la noce arménienne; les convives étant moins nombreux, les plats sont plus soignés et les mets plus variés. Le vin noir de Kichmich surtout est exquis. Il provient d'un vignoble planté à l'extrémité du jardin.

Les Arméniens entendent aussi bien la culture de la vigne que la fabrication du vin. Ils font monter les ceps le long de treillages formant des tonnelles plates, étendent les sarments sur des claies assez larges pour laisser passer la grappe au moment de sa formation, et lui permettent ainsi de se développer tout à l'aise à l'intérieur de la tonnelle. Le raisin, abrité des rayons du soleil par les feuilles demeurées au-dessus du clayonnage, et maintenu à une assez grande distance du sol pour n'être point brûlé par la chaleur rayonnante, atteint parfois jusqu'à quarante centimètres de longueur ; son grain est gros, couvert d'une peau fine, et clairsemé sur la grappe. Quand j'ai goûté à ce fruit exquis, j'ai cru me retrouver encore dans les huertas de Murcie ou de Malaga. Les Arméniens ne coupent le raisin que lorsqu'il est arrivé à complète maturité ; les vendanges faites, il est égrappé, foulé et mis à fermenter ; après la décuvaison on fait cuire le vin afin qu'il puisse traverser sans danger les fortes chaleurs de l'été, puis on le mélange à des matières destinées à le rendre plus excitant, la meilleure de toutes les boissons, au goût des Persans, étant celle qui amène le plus tôt le buveur à un état d'ivresse agréable.

Au dessert l'évêque prend la parole en arménien et prie l'un des convives de nous traduire ses paroles en langue persane.

« Je suis heureux, dit-il, de réunir autour de moi les chefs des principales familles de Djoulfa et de les mettre à même de témoigner leur sympathie aux hôtes que le ciel m'a

UN BŒUF DE L'ÉVÊCHÉ.

envoyés, aux enfants de cette fière nation qui depuis tant de siècles est la protectrice et l'ange tutélaire des chrétiens d'Orient. La France se souviendra des saintes traditions de son passé, ajoute-t-il, et toujours les opprimés tourneront vers elle leurs regards suppliants. »

Perdus en pleine Asie, comment ne serions-nous pas émus en entendant parler avec respect et confiance de la patrie lointaine ?

Ces quelques mots ont d'ailleurs une portée réelle ; quoique forcé de résider à Djoulfa, le prélat qui nous reçoit à sa table n'en occupe pas moins une très haute situation. Son titre de primat des Indes en fait le chef hiérarchique et le représentant de tous les chrétiens schismatiques établis en Hindoustan. Les revenus du siège épiscopal sont même dus en partie à la générosité des Arméniens installés à Bombay ou à Bénarès, car, à part le produit de ses jardins et de quelques terres disséminées autour de Djoulfa, l'évêché ne peut guère compter sur les secours des Iraniens, trop pauvres pour offrir à leur pasteur autre chose que les prémices de leurs récoltes.

Les fonds provenant des Indes sont considérables, mais la manière dont ils sont recueillis est tout au moins singulière. L'évêque de Djoulfa dispose à son gré des cures de ces pays, et donne les mieux rétribuées aux prêtres capables de lui offrir en échange de leur nomination un cautionnement destiné à garantir la redevance qu'ils s'engagent à lui payer annuellement. Réunir à l'avance les fonds nécessaires à l'obtention d'une cure à gros bénéfices est la grande préoccupation des membres du clergé subalterne : il n'y a pas de trafic ou de commerce clandestin auxquels les prêtres ne se livrent en vue de satisfaire les exigences pécuniaires de leur chef hiérarchique. Les abus les plus criants résultent de ces détestables agissements, mais on ne saurait juger avec trop d'indulgence le pasteur quand on connaît le troupeau. Si les prélats ne prenaient la précaution d'exiger un cautionnement avant de nommer les curés, les membres du bas clergé, sortis généralement des classes les plus infimes de la société, privés d'une instruction assez solide pour suppléer à l'éducation première, dépourvus d'idées très nettes sur la valeur d'une parole donnée et ne voyant guère dans le sacerdoce qu'un état lucratif, s'empresseraient, une fois nommés, de manquer à leurs promesses.

Ces conventions sont entachées de simonie; néanmoins les grégoriens ne paraissent pas les considérer comme illicites et les concluent du haut en bas de la hiérarchie ecclésiastique. Le patriarche d'Echmyazin, chef reconnu de l'Église schismatique, exige tout le premier, des évêques consacrés par lui, des cadeaux proportionnels à la dotation de leurs sièges épiscopaux, et ne saurait trouver mauvais que ceux-ci, à leur tour, aient recours à des procédés analogues envers les simples prêtres ; d'autant plus que les prélats, se trouvant dans l'impossibilité de se livrer aux entreprises commerciales qui enrichissent les fidèles, sont obligés de pressurer le bas clergé afin de réunir les fonds promis à Echmyazin, de subvenir aux frais du culte, et de pourvoir à leur entretien personnel, à celui des bâtiments de l'évêché, des écoles et des établissements de bienfaisance.

Le marchandage des offices religieux n'empêche pas d'ailleurs les prêtres de témoigner le plus profond respect à leur pasteur; et ils songent même si peu à murmurer contre des demandes d'argent publiquement avouées, que le curé de la cathédrale de Djoulfa, désireux d'être promu à une cure des Indes, est venu prier le P. Pascal de lui servir de caution auprès de l'évêque. L'idée était au moins originale. Le Père a refusé d'intervenir dans une affaire où son immixtion aurait pu être considérée comme un empiétement indiscret dans les affaires des grégoriens. Il doit se montrer d'autant plus prudent que, jusqu'à ces dernières années, l'Église romaine et l'Église schismatique de Djoulfa ont été des rivales acharnées.

Peu d'années avant la venue à Djoulfa du P. Pascal et de l'évêque, la majorité grégorienne persécuta de la manière la plus cruelle la minorité romaine; les prêtres catholiques, menacés dans leur existence, furent même obligés de se réfugier chez des musulmans. Le souvenir de ces excès n'était pas encore effacé à l'arrivée des deux nouveaux chefs, et leurs relations se ressentirent tout d'abord de l'état d'hostilité de leurs ouailles; aujourd'hui elles sont devenues des plus amicales, grâce aux sentiments généreux du P. Pascal.

Il y a six ans, l'évêque, montrant, au dire des fidèles, trop de modération envers les catholiques, fut gravement attaqué; on lui reprocha avec amertume ses tendances à se rapprocher des romains au détriment des grégoriens.

Les mauvais sentiments de la population de Djoulfa éclatèrent avec une telle violence, que le prélat, désolé, se résigna à abandonner son siège de Perse et à aller vivre aux Indes au milieu de fidèles respectueux et soumis. Il quitta son palais, franchit à peu près seul les murs de la cité, dure humiliation quand on a la coutume de vivre entouré de nombreux amis, et s'engageait en pleurant sur la route de Chiraz, quand il fut rejoint par le Père Pascal. Le moine, ému de pitié, avait sellé son cheval et était venu consoler le voyageur. Celui-ci fut profondément touché de cet acte de charité. Les deux prêtres cheminèrent

DÉPART DE L'ÉVÊQUE DE DJOULFA POUR LES INDES.

ensemble une journée, et en se séparant, l'un pour s'éloigner de son ingrate ville épiscopale, l'autre pour revenir au milieu de ses quelques catholiques fidèles, ils se promirent de resserrer les liens de leur amitié si des circonstances favorables les réunissaient un jour à Djoulfa.

Le repentir des schismatiques ne se fit pas longtemps attendre. Les nombreuses charités de l'évêque manquèrent aux pauvres dès le premier hiver; la population aisée, livrée sans défense aux fantaisies autoritaires du pouvoir civil, ne tarda pas à comprendre de son côté que non seulement elle avait commis une injustice, mais s'était privée d'un chef éminent, capable de grouper autour de lui la colonie et de la défendre contre les vexations des musulmans. Au bout d'une année les Djoulfaiens se décidèrent à envoyer à l'évêque des Indes des émissaires chargés de lui porter leurs excuses et de le prier de revenir reprendre sa place au milieu d'eux. Le prélat se montra généreux et promit de revenir en Perse si les sentiments de la population ne variaient pas au cours d'une nouvelle année. Ce délai passé, il quitta courageusement sa nouvelle résidence, où il vivait entouré de respect et jouissait de tous les avantages de la civilisation, et revint dans la sauvage Djoulfa qui avait si durement méconnu ses bonnes intentions; son retour fut un véritable triomphe. Depuis cette époque pas un nuage ne s'est élevé entre la colonie schismatique et son pasteur, bien que l'évêque soit devenu l'ami intime du P. Pascal. Les deux moines s'ingénient à ne point blesser les susceptibilités de leurs fidèles respectifs, et grâce à leur bonne entente une harmonie remarquable règne entre les sectateurs de religions naguère encore si acharnées l'une contre l'autre.

A onze heures le P. Pascal se lève, transmet nos remerciements à l'évêque et le prie de venir à son tour dîner au couvent, où il veut réunir en notre honneur

SACRISTAIN ARMÉNIEN.

les Européens et les catholiques les plus fervents de Djoulfa. L'invitation est acceptée avec bonté, et l'on donne l'ordre d'allumer les *fanous* destinés à éclairer la route.

Guidés par le sacristain, huit ou dix domestiques s'emparent de ces immenses lanternes et forment, en s'avançant sous les tonnelles de verdure et les branches des cognassiers chargés de fruits dorés, un cortège des plus pittoresques. Sur un signe de l'évêque, nous nous plaçons auprès de lui, comme étant les gens les plus respectables de la bande, tandis que les autres invités traînent leurs babouches au-devant de nous et soulèvent un nuage de poussière que nous sommes obligés de dévorer consciencieusement, afin de garder le rang auquel nous avons droit.

De retour au couvent, j'adresse au P. Pascal d'amers reproches au sujet de la prodigalité dont il veut se rendre coupable en essayant de lutter d'amabilité avec l'évêque, lui qui n'a pas à sa disposition les revenus des cures des Indes.

« Ne vous mettez point en peine, me répond-il. D'abord nous tuerons la gazelle : elle brise mes fleurs, broute mes treilles et ne se montre nullement touchée de mes soins; elle a été jugée et condamnée à mort. Les fruits, les melons, les légumes, proviendront de l'ancien enclos des jésuites, attribué à mon couvent à défaut d'autre possesseur; mes paroissiens m'enverront aussi quelques pichkiach de volailles ou de moutons; enfin on m'a écrit d'aller toucher une partie de la pension annuelle de deux mille cinq cents francs que le prince Zellè sultan m'alloue généreusement. Je suis, vous le voyez, dans une situation prospère et puis me permettre de vous fêter et de témoigner devant tous mes fidèles paroissiens du plaisir que j'ai à vous recevoir. Vous irez seuls demain à Ispahan; en votre absence je ferai toutes mes invitations. »

5 septembre. — Marcel est resté au couvent afin de remettre au courrier de Téhéran le projet de restauration du barrage de Saveh, que le docteur Tholozan veut bien se charger de présenter au roi. L'accomplissement de la mission confiée à mon mari a été pour lui l'occasion de grandes fatigues; non seulement il a été obligé de se détourner de sa route et de faire un voyage très pénible, mais il a dû calculer et exécuter lui-même dessins et devis.

Ma présence étant inutile à Djoulfa, je me suis rendue chez Mme Youssouf et l'ai priée de tenir la promesse qu'elle m'avait faite de me présenter à sa belle amie, la femme de hadji Houssein.

J'aurais été très fière de servir de cavalier à mon aimable guide; mais, comme il est interdit à une femme de pénétrer dans Ispahan sans avoir couvert son visage du voile épais porté par toutes les Persanes, et qu'il serait extrêmement dangereux pour Mme Youssouf de cheminer en costume musulman à côté d'un Farangui, je me suis bornée à assister au départ de la charmante khanoum. Elle est montée à califourchon sur un superbe cheval noir, présent vraiment royal du chahzaddè; puis, suivie de deux servantes, elle a enlevé sa monture au galop de chasse, sans se préoccuper du labyrinthe tortueux des rues étroites de Djoulfa, et s'est bientôt perdue dans un nuage de poussière. Je ne puis m'empêcher de remarquer, à son sujet, combien le costume persan, si disgracieux au premier abord, sied bien à une jolie femme, et combien le large pantalon porté hors des maisons doit être pratique pour monter à cheval et marcher dans la poussière ou dans la boue.

Une demi-heure après le départ de Mme Youssouf, j'ai quitté Djoulfa à mon tour, accompagnée des plus fidèles serviteurs du couvent.

Hadji Houssein m'attendait dans le talar de son biroun et avait éloigné par discrétion ses clients habituels; deux ou trois personnes à peine se trouvaient dans la cour de sa maison quand il m'a conduite à l'andéroun sans me demander compte de ma ressemblance avec Marcel.

Sa femme mérite la réputation de beauté dont elle jouit unanimement à Ispahan. On voit à sa toilette sommaire qu'elle a vécu à la cour. Est-ce à la chaleur ou à la coquetterie qu'il faut attribuer la suppression d'une chemisette de gaze destinée à voiler légèrement le buste des femmes persanes? je ne saurais le décider; mais j'envierais la bonne fortune d'un peintre ou d'un sculpteur qui serait assez heureux pour faire poser devant lui un pareil modèle. A mon point de vue particulier, j'ai été surtout frappée de la vivacité d'esprit de Ziba khanoum, de la gaieté de son caractère, des expressions choisies dont elle se sert en causant, et de l'aisance de ses gestes, empreints d'une certaine noblesse. Elle se plaît à nous parler du temps heureux où elle vivait auprès du roi. Les voyages du chah en Europe lui ont laissé une impression d'autant plus vive qu'elle accompagna les deux favorites que Nasr ed-din emmena avec lui jusqu'en Russie, mais qu'il fut obligé de renvoyer à son départ de Moscou.

« Le chah eut un vif chagrin, me dit-elle, quand il monta sur le navire qui devait le transporter à Bakou. Tout l'andéroun l'avait accompagné jusqu'au port d'embarquement; au moment où l'on donna l'ordre de lever l'ancre, les abandonnées poussèrent de tels gémissements et se livrèrent à un tel désespoir, que le souverain, ému de leurs démonstrations de douleur, eut un instant la pensée de renoncer à son voyage et donna l'ordre de le ramener à terre. Il n'aurait jamais quitté ses États si le docteur Tholozan et plusieurs personnes de sa suite ne lui avaient représenté combien l'Europe et la Perse même seraient défavorablement impressionnées en apprenant que le roi des rois s'était laissé attendrir par les pleurs de quelques femmes et avait contremandé un voyage déjà commencé et annoncé solennellement à toutes les puissances.

— Comment avez-vous trouvé la Russie? dis-je à la belle khanoum.

MADAME YOUSSOUF.

— Je ne connais pas ce pays. A partir du moment où le bateau s'éloigna du rivage, nous demeurâmes, mes compagnes et moi, enfermées au fond de cabines sans air; plus tard on nous fit entrer dans des voitures de chemin de fer dont les stores étaient soigneusement baissés. Enfin, à notre arrivée à Moscou, on nous assigna des chambres closes, d'où les eunuques de Sa Majesté ne nous laissèrent jamais sortir. Le chah, très occupé des splendides réceptions données en son honneur, ne pouvait, comme à Téhéran, passer ses soirées auprès de ses femmes. Elles étaient très attristées de leur solitude et de leur réclusion, quand le roi, frappé des difficultés qu'on avait déjà dû vaincre pour nous amener jusqu'à Moscou sous notre costume persan, et comprenant combien il serait malaisé désormais de faire voyager des femmes en les préservant de toute souillure, se décida à nous renvoyer sur la terre bénie de l'Iran. Malgré les regrets qu'éprouvèrent les khanoums au moment de le quitter, elles obéirent à ses ordres avec plaisir, car depuis deux mois elles n'avaient guère vu ni la lumière du soleil ni un coin du ciel bleu. Nasr ed-din chah était d'ailleurs ravi de son voyage : il recevait partout l'accueil le plus respectueux ; des fêtes superbes lui étaient offertes, et dans les grandes villes on rassemblait en son honneur des troupes magnifiquement habillées.

« La première fois qu'il assista à une de ces grandes manœuvres militaires, il ne put, à la vue des beaux uniformes des soldats russes, réprimer son émotion et sa jalousie. De retour au palais il se montra fort courroucé contre le *spaçalar* (généralissime des armées persanes).

« Que fais-tu, lui dit-il, de tout l'argent que je consacre à l'habillement de mes troupes? Le « tsar aurait-il des serviteurs intègres, et moi des esclaves dignes de mourir sous le bâton? »

« En entendant de la pièce voisine la voix vibrante de Sa Majesté, nous nous prîmes à trembler pour la vie du spaçalar ; mais ce grand ministre, dont personne ne soupçonnait alors les détournements, répondit avec une telle présence d'esprit, que la fureur de son maître disparut comme les gelées d'hiver aux premiers rayons du soleil.

« Votre Majesté ne sait-elle donc pas qu'en l'honneur du passage du successeur de « Djemchid et de Kosroès, le tsar a fait habiller à neuf son armée tout entière? »

« Quelle impression Sa Majesté a-t-elle rapportée des différents pays d'Europe? ai-je repris.

— Nasr ed-din chah aime beaucoup le Faranguistan (nom persan de l'Europe). Il a vu à ses pieds les plus grands rois et les plus puissantes princesses du monde chrétien ; il a admiré des danseuses étonnamment agiles et des femmes belles et élégantes : mais rien ne lui a paru comparable à son pays natal.

« A son retour d'Europe il vint, après avoir débarqué, se reposer le soir dans un talar bâti sur les rivages désolés de la mer Caspienne, et, saisi d'une émotion subite, il s'écria, en prenant à témoin ses compagnons de voyage :

« Regardez ce paysage, cette eau, ce soleil : en est-il un parmi vous qui ait vu un pays « plus beau que la Perse? »

« Le chah parle cependant avec plaisir de son passage dans les grandes villes du Faranguistan ; afin de conserver un souvenir durable de ses voyages, il a fait exécuter une grande boule d'or sur laquelle on a tracé, en rubis, émeraudes et saphirs enlevés aux couronnes de ses ancêtres ou de ses prédécesseurs, les mers, les montagnes, les vallées et les villes des pays qu'il a parcourus. Les plus beaux diamants du trésor signalent l'emplacement des capitales.

— Avez-vous vu ce globe terrestre, khanoum?

— Certainement ; il a été déposé quelques jours chez Anizeh Dooulet, qui a vertement reproché au roi d'avoir fait un aussi mauvais usage de bijoux d'aussi grande valeur.

— Il est regrettable en effet que Sa Majesté ait détruit des joyaux historiques.

— C'était là le dernier souci d'Anizeh Dooulet! Elle aurait mieux aimé que le roi les lui eût donnés !

— Vous a-t-elle parlé de l'origine de ces trésors?

— La plupart, prétend-elle, ont été rapportés des Indes après les conquêtes de Nadir chah. A la mort de ce prince ils furent remis à Mohammed-Aga, le fondateur de la dynastie kadjar. Seul chah Rokhch, le souverain dépossédé, refusa de livrer les richesses qu'il réservait à ses enfants à défaut de la couronne. Bien que privé de la vue, il cacha ses pierres précieuses, dérouta les espions du nouveau roi et affirma sous les serments les plus solennels qu'il n'avait en sa possession aucun joyau de valeur.

« Chercher à soustraire des trésors au terrible Mohammed-Aga, c'était s'exposer aux plus grands dangers. L'infortuné chah Rokhch supporta d'abord avec un courage surprenant chez

ZIBA KHANOUM.

un homme âgé les plus douloureuses tortures; vaincu par la souffrance, il se décida à indiquer la position de quelques brillants dissimulés soit dans des puits, soit dans les fondations des murs du palais, mais l'obstiné vieillard ne fit connaître la cachette du rubis extraordinaire placé autrefois sur la couronne du dernier prince de la race de Timour (Aurengzeb), qu'au moment où il sentit couler sur sa tête, entourée d'un bourrelet de plâtre, du plomb en fusion versé goutte à goutte.

« Mohammed-Aga témoigna la joie la plus vive en retrouvant le précieux rubis et sans tarder donna l'ordre de mettre fin au supplice du vieillard, mais il était trop tard : chah Rokhch, victime de son avarice, mourut au bout de peu de jours.

« L'inestimable joyau qui lui coûta la vie est placé sur la sphère terrestre de Nasr ed-din chah, non loin d'un diamant magnifique pris sur Achraf, le dernier roi afghan de la Perse, et envoyé avec la tête de ce prince à chah Tamasp par un chef de tribu du Béloutchistan. Le rubis de chah Rokhch rappelle au roi que le Démavend est la plus haute montagne du monde, et le brillant d'Achraf que Téhéran l'emporte en beauté sur toutes les capitales. »

Essayer de réformer l'instruction géographique d'une femme persane serait plus difficile que d'expliquer la géométrie à un *khater* (mulet).

« Pourquoi, belle comme vous l'êtes, avez-vous quitté la cour de Téhéran ?

— Nasr ed-din chah, désireux de témoigner à hadji Houssein une estime méritée par de nombreux et signalés services, m'a donnée à lui en mariage. Je ne saurais me plaindre

TOUR A SIGNAUX A ISPAHAN. (Voyez p. 274.)

de mon sort, car l'aga est bon, m'aime tendrement et n'a pas d'autre épouse légitime que moi ; mais je ne puis m'empêcher parfois de regretter avec amertume de ne plus prendre part aux grands voyages entrepris par l'andéroun pour suivre pendant l'été les déplacements du camp royal, et de ne plus assister aux fêtes du Norouz ou aux belles représentations religieuses données au palais pendant le mois de Moharrem en souvenir des martyrs de notre foi. »

Sur ces paroles, Ziba khanoum se lève et m'invite à visiter sa maison. La cour, plantée de beaux arbres, est rafraîchie par de nombreux jets d'eau qui envoient une poussière humide jusque dans le talar ; des rosiers couverts de fleurs, des jasmins blancs et jaunes embaument l'air et mêlent leurs parfums pénétrants à celui des essences répandues sur le tapis. L'habitation est couverte d'une terrasse entourée de murs construits en briques ; les joints verticaux sont assez larges pour permettre de regarder au dehors sans risquer d'être aperçu des voisins indiscrets. A travers les jours réguliers ménagés dans la maçonnerie de cette singulière cage apparaît une belle tour à signaux élevée sous la domination mogole. Elle est revêtue d'une mosaïque de briques et de larges inscriptions. Un escalier tournant, encore en parfait état de conservation, permet, paraît-il, d'accéder jusqu'au sommet de l'édifice, élevé de cinquante-deux mètres au-dessus du sol ; mais une porte placée devant le premier palier empêche les curieux d'atteindre la plate-forme et de regarder de ce point culminant dans les cours intérieures des maisons où les femmes vont et viennent dévoilées.

Avant de rentrer à Djoulfa, Mᵐᵉ Youssouf m'engage à visiter l'entrepôt des tapis situé dans le biroun.

Ces *farchs* (tapis), spécialement fabriqués à Farahan en vue de l'exportation, sont couverts de dessins jaunes, bleus et rouges aux tons heurtés et criards. En examinant les nouveaux produits de l'industrie persane, on ne peut que regretter les anciens tapis tissés chez les nomades avec des laines dont les teintes harmonieuses ne se fanent jamais. Aujourd'hui les Persans, après avoir reconnu les inconvénients des couleurs à base d'aniline employées dans les fabriques de Farahan, ont à peu près renoncé à acheter les tapis de cette région, et envoient leurs commandes dans le Fars, où la civilisation n'a pas encore fait abandonner les teintures naturelles, si belles et si durables.

A mon retour au couvent je trouve Marcel, le P. Pascal et Mirza Taghuy khan réunis au parloir. Le docteur vient nous communiquer la réponse de Zellè sultan à notre lettre ; elle est arrivée sous l'escorte de deux courriers, l'un chargé de la porter, l'autre de s'assurer qu'elle sera exactement remise à nos *excellences*. Le prince nous assure de ses bons sentiments et témoigne aux « gentilshommes français », dont le renom est parvenu jusqu'à lui depuis leur entrée en Perse, le plaisir qu'il aurait à les recevoir à Boroudjerd, où il campera quelques jours encore. La missive, fort gracieusement tournée, invite le sous-gouverneur d'Ispahan à nous traiter avec les plus grands égards, et à s'entendre avec le mouchteïd et l'imam djouma afin que nous puissions visiter sans péril tous les édifices affectés d'une manière plus ou moins directe au culte musulman.

Le prince ordonne encore d'expédier aux hakems des provinces du Sud les instructions les plus sévères et de leur enjoindre de faire tous leurs efforts pour faciliter notre voyage, soit que nous désirions suivre, en quittant Chiraz, la voie directe de Bouchyr, ou celle de Firouzabad. Zellè sultan pousse même la prévoyance jusqu'à prévenir les gouverneurs qu'ils auront à lui rendre compte de leur conduite s'il nous arrive malheur. Quant aux simples mortels assez audacieux pour nous offenser, ils devront, sur la seule vue du firman, recevoir double ration de coups de bâton. Si j'en juge par ces précautions, le sud de la Perse doit être difficile et dangereux à parcourir.

Une expédition de la dépêche de Zellè sultan est déjà parvenue au sous-gouverneur, à l'imam djouma et au mouchteïd. Ce dernier a paru blessé des termes du firman, mais il n'a pas osé soulever d'objection. Néanmoins, comme le clergé ispahanien se pique de suivre à la lettre les prescriptions religieuses et que la loi musulmane interdit aux chrétiens l'entrée des mosquées, il est nécessaire que les casuistes mettent à contribution toute leur science et découvrent un texte de nature à tirer les prêtres d'embarras. Le livre révélé et ses commentaires sont d'une interprétation trop facile pour que, sur l'ordre du prince, d'adroites recherches restent infructueuses. En attendant la décision des théologiens, Mirza Taghuy khan nous offre de nous conduire à Coladoun, un des sites les plus charmants des environs d'Ispahan.

Un chemin très plat menant au village, le docteur veut faire sortir en notre honneur les voitures de son maître, et nous donner le plaisir de voyager en carrosse au cœur de la Perse. Ces équipages, solides comme des prolonges d'artillerie, sont habitués à des exercices variés, mais on ne saurait cependant les faire passer dans quelques rues étroites ou trop ruinées de la ville, ni leur faire escalader avec la seule aide des chevaux l'entrée des ponts jetés sur le Zendèroud. Il est donc convenu que nous nous rendrons à cheval jusqu'à Coladoun et qu'au retour les voitures ramèneront les excursionnistes sur les bords du fleuve.

UNE RUE D'ISPAHAN.

UN COLOMBIER DANS LES ENVIRONS D'ISPAHAN. (Voyez p. 285.)

CHAPITRE XV

Partie de campagne à Coladoun. — Les minarets tremblants. — Puits d'arrosage. — Culture autour d'Ispahan : tabac, coton. — Amendements donnés aux terres. — Les voitures en Perse.

6 septembre. — En sortant de Djoulfa on traverse un bazar animé et largement approvisionné, bien que ses étalages ne puissent être comparés à ceux de la ville musulmane. Les denrées alimentaires y sont en majorité; melons, pastèques, fruits secs, bois à brûler et bougies encombrent tous les auvents. Le quartier commerçant est fermé à son extrémité par de lourdes huisseries de bois bardées de fer et munies de verrous gigantesques.

Cette porte vit passer les Afghans quand ils envahirent Djoulfa. Deux inscriptions commémoratives incrustées dans le mur témoignent de ce fait. L'une est écrite en langue arménienne, l'autre en latin; celle-ci est due aux compagnons du P. Krusinski, qui furent autorisés à la sceller dans la muraille en souvenir des services rendus par les moines chrétiens à la population de Djoulfa pendant la période néfaste du siège d'Ispahan.

Au delà de l'enceinte s'étend une campagne ravissante. Sous un épais fouillis d'arbres se perdent une multitude de jolis villages et de jardins entourés de clôtures de terre dissimulées sous le chèvrefeuille en fleur et les rosiers sauvages. De distance en distance la verdure s'éclaircit et laisse apparaître les ruines de petites mosquées encore recouvertes de charmantes mosaïques de faïence. Les voûtes sont écroulées depuis le passage des Afghans; les paysans, très pauvres, ne les ont pas relevées et s'en repentent amèrement aujourd'hui en voyant les regards impurs de deux infidèles souiller des sanctuaires où l'on fait encore la prière. En continuant notre route à travers cet Éden enchanté, nous atteignons le village de Coladoun. Sur la place s'élève un imamzaddè surmonté de deux minarets célèbres malgré la simplicité de leur architecture.

Qui ne connaît en Perse, au moins de réputation, les *minars djonbouns* (minarets tremblants)?

Nous pénétrons sans difficulté dans la cour, grâce à la fierté qu'éprouvent les villageois à faire assister des Européens à un véritable miracle.

Une baie ogivale éclaire la chapelle; au centre se trouve un tombeau recouvert de haillons sordides déposés là en guise d'*ex-voto*.

De chaque côté de la baie s'élèvent les minarets; un gardien monte au sommet de l'un d'eux et imprime de ses mains de violentes secousses à la muraille. Sous ses efforts réitérés la tour oscille sur elle-même et transmet son mouvement à sa voisine.

Quand l'action extérieure cesse, la construction reprend peu à peu son équilibre.

En présence de ce phénomène vraiment étrange, les musulmans ont crié au miracle et prétendu que le saint personnage enseveli dans le tombeau s'agitait et mettait l'édifice en mouvement; les philosophes persans ont fait ouvrir le sarcophage et se sont assurés *de visu* de l'immobilité du mort. Le cas devenant très grave, les savants européens s'en sont mêlés et ont déclaré que les tours étaient construites à l'extrémité d'une pièce de bois horizontale posée en équilibre sur l'extrados de la voûte. L'explication n'est guère plausible, car en ce cas le mouvement d'oscillation se compliquerait d'un mouvement de translation de haut en bas. Il n'est pas d'ailleurs de pièce de bois assez solide pour supporter sans se rompre un poids aussi considérable que celui des minarets.

En reconnaissant au premier coup d'œil l'âge d'une mosquée ou d'un monument, Marcel s'est fait depuis notre entrée en Perse une réputation d'oracle : nous ne sommes pas passés dans une grande ville, nous n'avons pas assisté à une seule réception, sans qu'on lui ait demandé d'expliquer les mouvements des *minars djonbouns*. Il a refusé de se prononcer avant d'avoir vu ces édifices, mais aujourd'hui il peut faire connaître librement sa pensée, car, si la classe pauvre et surtout les femmes persanes croient aux miracles, les gens instruits, à part leur confiance dans l'astrologie judiciaire, se montrent fort incrédules.

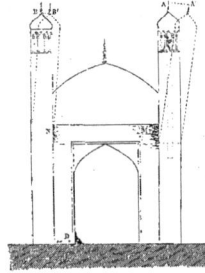

MINARETS TREMBLANTS.

Après avoir examiné avec soin le monument, Marcel constate que les deux tours, d'ailleurs fort légères, sont raidies par une pièce de bois noyée dans le giron de l'escalier. Chaque minaret, étant planté sur une sorte de crapaudine, peut décrire des oscillations de très faible amplitude autour de son axe vertical. Ces oscillations, perceptibles seulement au sommet, déterminent une série de chocs sur le tympan MN de la voussure, chocs qui se répercutent sur la tour B. Sous cette influence, le minaret B entre lui-même en mouvement, tandis que les maçonneries du tympan restent immobiles; c'est, on le voit, l'application fortuite d'un théorème de mécanique élémentaire. L'amplitude des oscillations répercutées est d'ailleurs beaucoup plus faible que celles décrites par la tour A, sur laquelle on agit directement.

Un fait nouveau tendrait à prouver l'exactitude de ce raisonnement : une personne placée en D, à la base de l'arcature, reçoit dans le dos, pendant toute la durée de l'expérience, des chocs semblables à ceux qu'elle percevrait si l'on ébranlait à coups de bélier la paroi extérieure de la muraille.

BAZAR A DJOULFA. (Voyez p. 277.)

Ce phénomène ne se produirait pas si, au lieu d'osciller autour de leur axe, les tours étaient soumises à un mouvement de translation verticale.

Dans ce dernier cas il n'y aurait pas seulement des fissures en M et en N, mais des lézardes horizontales, divisant en deux tronçons le fût cylindrique des minarets. Or il est facile de vérifier que leur maçonnerie n'est interrompue en aucun point.

Nous nous remettons en selle et, sous la conduite du P. Pascal, nous arrivons en moins d'un quart d'heure au palais de Coladoun, bâti au milieu de la plaine d'Ispahan, dans une situation ravissante.

Des arbres touffus, des eaux vives, un beau tapis de verdure, n'est-ce pas la réalisation des rêves d'un Oriental? C'est ce que pensait sans doute, en édifiant sa demeure, le dernier propriétaire du palais, obligé de quitter le pays, il y a deux ans à peine, pour se rendre en pèlerinage à la Mecque, sur un ordre du prince Zellè sultan.

Le roi et son fils imposent à leurs sujets l'accomplissement de ce pieux devoir toutes les fois qu'ils veulent se débarrasser d'un personnage gênant par son influence, ou d'un fonctionnaire dont la fortune est hors de proportion avec les bénéfices licites ou illicites que tolèrent les habitudes très larges du pays.

Il est de tradition que les pèlerins partis sur l'ordre du souverain ne reviennent guère des lieux saints : les fatigues d'un long voyage expliquent le trépas inopiné de ces dévots malgré eux.

Le propriétaire de Coladoun n'a pas eu un sort exceptionnel : six mois après son départ, la nouvelle de son décès est arrivée à Ispahan. Allah ait pitié de son âme! il est mort sur le chemin du salut. Mais que sont devenus ses héritiers naturels, ses femmes et ses enfants?

Il ne serait pas délicat d'interroger à ce sujet Mirza Taghuy khan : en fidèle serviteur le docteur doit approuver toutes les actions de son maître. Quoi qu'il en soit, la belle propriété du hadji appartient aujourd'hui au prince Zellè sultan.

Des fenêtres du talar la vue s'étend au loin sur une campagne fertile limitée à l'horizon par la chaîne de montagnes des Bakhtiaris. A nos pieds coulent, à travers des plantations de tabac et de sorgho, des ruisseaux peuplés de tortues de grande taille.

Un profond réservoir placé au centre du jardin fournit l'eau nécessaire à l'arrosage des parterres et des vergers qui entourent Coladoun, tandis que les plantations de tabac et de coton sont irriguées avec des eaux sous-jacentes, au moyen d'engins analogues au chalouf dont se servent les Égyptiens quand ils amènent l'eau du Nil au-dessus des berges du fleuve. Seulement, les Persans intelligents et pratiques attellent des animaux à leurs machines élévatoires au lieu de les manœuvrer à bras d'hommes.

Si les puits, percés au-dessus des kanots et généralement cachés sous les branches touffues des arbres, n'attirent pas le regard, le grincement des poulies décèle bruyamment leur présence.

Deux murailles de terre élevées de chaque côté de l'orifice supportent une barre de fer sur laquelle s'enfile un large cylindre de bois ; la corde qui s'enroule tout autour de cette espèce de treuil soutient à l'une de ses extrémités une large poche de cuir, et par l'autre s'attache au collier d'un bœuf ou d'un cheval. Au-devant des puits, un chemin en pente très rapide, creusé entre deux murs de soutènement, sert de passage aux animaux attelés à la machine élévatoire. Quand le cheval ou le bœuf remonte la pente en se dirigeant vers l'orifice du puits, la poche de cuir descend dans l'eau et se remplit. Le conducteur fait alors retourner la bête, dont l'effort, ajouté à son propre poids, suffit à élever le récipient; un homme saisit la poche de cuir, l'attire à lui et déverse son contenu dans les rigoles d'irrigation.

Les bœufs et les chevaux, habitués à descendre et à monter tous les jours ces chemins en pente, obéissent machinalement à leur conducteur et amènent en peu de temps une grande quantité d'eau à la surface du sol.

A Coladoun la couche liquide est très rapprochée de terre; les paysans en profitent pour faire produire à leurs champs jusqu'à trois récoltes chaque année.

Les cultures du coton et du tabac forment avec celle du pavot la grande richesse agricole de la plaine du Zendèroud.

A part une irrigation soignée, à défaut de laquelle la graine ne germerait même pas, le tabac, dont la tige s'élève à quatre-vingts centimètres de hauteur, vient à peu près sans travail et sans soin. Quand la plante a produit toutes ses feuilles, on les laisse sécher sur pied avant de les cueillir, puis on les divise en dix ou douze classes, s'étageant depuis la feuille fine et tendre d'un prix élevé jusqu'au bois concassé mis à la portée des petites bourses.

Le tabac d'Ispahan est renommé et l'emporte comme parfum sur celui de Chiraz, particulièrement réservé aux Constantinopolitains ou aux Syriens, qui le fument comme les Persans dans des kalyans ou des narguilés.

La culture du coton demande moins de chaleur que celle du tabac, et couvre par conséquent une grande étendue de terre dans les provinces du nord comme dans celles du centre de la Perse.

Au moment de la floraison, l'arbrisseau se couvre de fleurs jaunes, puis les pétales tombent et sont remplacés par une capsule rouge de la grosseur d'une petite noix. Cette enveloppe se décolore et se sèche tout à la fois; devenue boisée, elle éclate et laisse apparaître le coton blanc comme de la neige. Le vent ne tarderait pas à emporter ce fin duvet si, au moment opportun, une nuée de paysans ne cueillaient rapidement les capsules.

Après avoir emmagasiné le coton, il reste à le débarrasser des matières étrangères, à l'emballer ensuite dans de vastes sacs de toile, puis à l'expédier vers les ports d'embarquement, à destination de la France ou de l'Angleterre.

La culture de cette plante textile serait aussi rémunératrice que celle de l'opium ou du tabac, si cette matière était mise en œuvre sur les lieux mêmes de production. Malheureusement les négociants indigènes ne profitent même pas, en qualité d'intermédiaires, des bénéfices laissés par les diverses transactions auxquelles le coton donne lieu, et se trouvent, envers deux maisons européennes établies sur la voie de Téhéran à Bouchyr, dans un état de dépendance très nuisible au développement de l'industrie locale. Un exemple entre mille. Les marchandises importées ou exportées de Perse doivent être soumises à un seul droit de douane évalué à cinq pour cent de la valeur vénale : telle est la fiction. En réalité, les convois sont arrêtés et visités non seulement à l'entrée et à la sortie du royaume, mais encore aux portes de chaque ville. Il faut alors donner, pour dégager les marchandises, des pichkiach aux gouverneurs, aux officiers de douane et aux nombreux serviteurs du palais, toujours plus âpres et plus difficiles à tromper que leurs maîtres, et dépenser en gratifications trois et quatre fois le montant de la taxe réglementaire, suivant le bon plaisir et les exigences des autorités répandues le long de la route que suivent les caravanes.

Tout autre est la situation des Européens. Protégés par leurs consuls, ils payent à la douane la redevance légale et, cet unique impôt acquitté, n'ont à surmonter aucun obstacle pour faire conduire les convois jusqu'à leurs caravansérails.

Dans cette situation privilégiée, il leur est possible, tout en prélevant un bénéfice considérable, de donner leurs marchandises à un prix très inférieur à celui que demandent les négociants indigènes.

Cet état de choses est fort regrettable, car, s'il est à désirer de voir l'influence européenne

PUITS D'ARROSAGE A LA MONTÉE.

s'établir en Orient à un point de vue moralisateur, scientifique ou même industriel, il est fâcheux que les avantages faits aux comptoirs étrangers soient pour l'Iran une source d'appauvrissement et de ruine.

A dire vrai, je ne puis comprendre vers quel but tend le gouvernement persan en opprimant ses sujets au profit des étrangers. J'aime à croire que la manière dont les droits de douanes sont perçus est soigneusement cachée au roi, et j'aime mieux attribuer des mesures injustes à la rapacité des gouverneurs qu'à l'indifférence du souverain. Quoi qu'il en soit, le commerce ispahanien lui-même, si prospère et si puissant sous chah Abbas et ses successeurs, est à peu près mort aujourd'hui; les négociants indigènes ont tout avantage à acheter et à vendre leurs marchandises aux courtiers étrangers taxés avec équité et ne traitent plus directement aucune affaire. Les Persans souffrent d'autant plus de l'infériorité industrielle à laquelle ils se trouvent condamnés envers les maisons européennes qu'ils ne sont point, comme les Arabes, des poètes et des rêveurs et aiment par tempérament les entreprises commerciales et les spéculations aventureuses.

« L'âpreté au gain, sentiment si développé chez les Ispahaniens, est dû à l'air du pays », assure un vieil auteur.

Je ne sais trop quel rapport on peut avoir la prétention d'établir entre l'atmosphère d'une contrée et la rapacité de ses habitants, mais il est certain que l'Européen lui-même est saisi, dans cette ville, d'un insatiable désir de richesse. A part quelques très rares exceptions, chacun ici trafique et brocante, ouvertement quand il l'ose, ou en cachette si sa situation lui interdit d'avoir un magasin et de traiter des affaires au grand jour. Le mal est inévitable : c'est dans l'air.

Sans irrigation les terres les plus fertiles resteraient improductives. Le fait est constant. Néanmoins l'eau ne suffirait pas seule à assurer de belles récoltes de coton et d'opium : les amendements, appropriés à chaque culture, ont aussi une importance capitale. Les Ispahaniens s'ingénient de toute manière à augmenter la quantité des fumiers, conservent, sans se préoccuper de leur origine, les matières fertilisantes, et recueillent même dans des watercloset primitifs, creusés à ciel ouvert au pied des murs extérieurs des maisons, celles qui sont élaborées par les habitants de chaque demeure. En été ces inodores dégagent des parfums peu agréables; mais l'inconvénient est minime auprès de celui qu'offrent les fosses pendant la saison pluvieuse : bientôt remplies d'eau, elles débordent, et entraînent dans les rues des courants fertilisateurs que les habitants cherchent à arrêter en élevant en tout sens de petites digues.

« O terre, mère nourricière, assise sur de solides fondements très antiques; toi qui nourris sur ton sol tout ce qui existe », fais-moi pardonner ces détails trop réalistes.

L'habitude de jeter sur les champs des engrais humains n'est pas nouvelle à Ispahan. Un géographe persan raconte avec bonhomie qu'un de ses riches compatriotes, très entendu en agriculture, traitait souvent chez lui de nombreux amis et ne leur demandait en échange de son hospitalité que de s'égarer, avant de quitter sa demeure, dans les parties les plus retirées de son jardin. Le savant ajoute qu'un des convives, ayant un jour franchi la limite de la maison de son hôte sans avoir tenu ses engagements, reçut de ce dernier les reproches les plus amers au sujet de sa coupable ingratitude. Cette singulière manière de favoriser l'agriculture n'étant pas à la portée de tous les cultivateurs, les propriétaires ruraux ont bâti tout autour de la ville ou des villages une multitude de superbes colombiers.

En arrivant à Ispahan, on serait très porté à croire que les habitants font des pigeons leur nourriture exclusive; il n'en est rien pourtant : cet oiseau est aussi un invité auquel on demande de pulluler et de rester le plus possible dans son nid, car la colombine, mêlée avec les débris des maisons ruinées, est l'amendement le mieux approprié à la culture du melon et de ces magnifiques *indevanehs* (pastèques) qui composent pendant l'été la nourriture des habitants de l'Irak.

« Les gens d'Ispahan ne mangent que des ordures », dit avec mépris un vieil auteur, sujet sans doute à des douleurs d'entrailles.

Les meilleurs melons ne viennent pourtant pas à force d'engrais. Les plus estimés poussent sur la limite du désert, dans des terres légèrement salées, et doivent leur délicieux parfum au terroir. Au dire des fins connaisseurs, on peut à peine une fois chaque trente ans cultiver le précieux cucurbitacé sur le même emplacement. C'est au moins dans ces conditions que sont récoltés les melons servis au chah.

La grande chaleur commence à tomber; en sortant des jardins, Mirza Taghuy khan nous propose d'aller visiter une ancienne construction élevée au sommet d'un affleurement rocheux situé au centre de la vallée du Zendèroud.

Un belvédère cylindrique, recouvert autrefois d'une coupole et percé à sa base de huit ouvertures symétriquement disposées sur sa circonférence, couronne le point culminant. On reconnaît à la forme des arcatures que cette construction a été restaurée à une époque relativement récente, mais on ne trouve à l'intérieur du pavillon ni une moulure ni un profil permettant de lui assigner un âge certain. Au-dessous de l'édifice central s'étendent les ruines de maisons écroulées, et autour de ces habitations un mur bâti en briques carrées ayant quarante centimètres de côté sur douze centimètres d'épaisseur. Les lits de matériaux sont séparés par des couches de roseaux semblables à celles que l'on trouve dans les vieux monuments de la Babylonie.

L'origine et la destination de ces ruines sont mal connues des Ispahaniens, qui les désignent cependant sous le nom d'*Atechaga* (autel du feu).

Il est possible que, dans des temps très reculés, des pyrées guèbres aient été élevés sur la montagne, mais leur présence en ce lieu n'expliquerait pas celle des épaisses murailles de terre bâties sur la cime du pic, les adorateurs du soleil n'ayant jamais construit de temple et ayant toujours, au dire d'Hérodote, entretenu le feu sacré en plein air. Il semble plutôt résulter de l'étude attentive des ruines de l'Atechaga que les plus anciennes constructions sont les débris d'une forteresse sassanide destinée à défendre le cours du Zendèroud ou à permettre au gouverneur du Djeï de se retirer en temps de guerre derrière les murailles d'une place à peu près inexpugnable.

A la nuit, Marcel se décide enfin à rejoindre les voitures du prince, arrêtées auprès d'un village voisin. Je monte avec Mirza Taghuy khan dans un coupé attelé de six chevaux. Le P. Pascal, mon mari et plusieurs autres personnes s'emparent d'une calèche. Fouette cocher! nous voilà partis accompagnés des salams (saluts) et des témoignages de respect des villageois, ébahis à l'aspect des équipages princiers.

Bientôt nous gagnons la campagne et nous roulons sur des chaussées étroites comprises entre des murs de clôture et des canaux à ciel ouvert, peu profonds il est vrai, mais assez creux pour me faire craindre que voiture, chevaux et voyageurs ne fassent une vilaine salade s'ils ont la malchance d'y tomber. Pour comble de bonheur, trente cavaliers galopent en tête du cortège et soulèvent de tels nuages de poussière, que nous ne pouvons, mon compagnon de route et moi, ouvrir la bouche et les yeux, de peur d'être asphyxiés ou aveuglés; mais tout cela n'est rien auprès de la gymnastique à laquelle nous condamnent les bosselures de la route.

Le carrosse, lancé au galop, bondit comme une balle, accrochant les murailles de terre, qui s'écorchent non sans dommage pour les roues, franchit les fossés et les canaux dépourvus de ponts, tandis que, les doigts crispés sur les portières, nous nous efforçons de ne pas défoncer aux dépens de nos crânes le capotage de la voiture.

Mirza Taghuy khan fait contre mauvaise fortune bon cœur. Quoi qu'il arrive, le général veut me prouver que le mot *impossible* n'est pas persan ; mais, à part lui, il n'est pas moins fort inquiet. Le prince Zellè sultan a écrit hier à son médecin une lettre confidentielle dans laquelle il se plaint de la laideur des femmes de Bouroudjerd et demande qu'on lui expédie immédiatement quelques belles de l'andéroun. Afin que les khanoums n'arrivent pas trop défraîchies à la suite d'un long voyage à cheval, on doit les emballer soigneusement dans les deux carrosses qui franchissent aujourd'hui canaux et fossés en notre compagnie. Quand les sentiers seront trop étroits ou les montagnes trop raides pour laisser passer les véhicules, quatre compagnies d'infanterie, désignées à cet effet, les traîneront à bras.

UN PIGEONNIER DU HÉZAR DJÉRIB. (Voyez p. 285.)

Je laisse à penser quelles émotions agitent ce brave Mirza Taghuy khan. Si les voitures se brisent dans leurs bonds désordonnés, la fleur des princes iraniens sera réduit à s'accommoder des paysannes de Bouroudjerd !

Allamdoualah ! nous voici enfin arrivés. Les roues sont au complet : ressorts et essieux ont résisté à tous les contre-coups.

Avec quel soupir d'intime satisfaction chacun met pied à terre ! Nous hésitons à nous reconnaître les uns les autres ; cheveux, barbes et vêtements sont blancs à rendre jaloux les plus poudreux derviches de l'Asie entière.

Pendant les longues étapes de caravane, endormie la nuit sur l'arçon de ma selle et réveillée à tout instant par la crainte de me laisser choir en bas de ma monture, j'ai souvent regretté avec amertume de n'avoir pas à ma disposition une mauvaise charrette de Gascogne.

288 LA PERSE, LA CHALDÉE ET LA SUSIANE.

Aujourd'hui j'ai goûté, une heure durant, le plaisir de parcourir la Perse en coupé à huit ressorts; cette expérience me suffit. Dans un pays où il n'y a pas de route entretenue, les systèmes de locomotion les plus primitifs sont encore les meilleurs; le voyageur n'a jamais à craindre de rester en chemin; et, s'il est condamné à demeurer de longues journées sur son séant, en revanche il respire un air pur et n'est pas secoué au point d'en perdre la tête.

A minuit je retrouve enfin mon clocher. Je ne m'occuperai pas d'astronomie ce soir, je préfère m'abandonner au dieu des rêves. Il me montrera de riches pèlerins en route pour la Mecque et l'armée persane traînant à travers les défilés des montagnes les favorites du chahzaddè.

PUITS D'ARROSAGE A LA DESCENTE. (Voyez p. 281-282.)

MUSICIENS SALUANT LE LEVER DU SOLEIL. (Voyez p 290.)

CHAPITRE XVI

Interprétation des livres sacrés. — Le Meïdan Chah. — Comparaison entre le Meïdan Chah et la place Saint-Marc à Venise. — Le pavillon Ali Kapou. — La masdjed Chah. — Les divers types de mosquées. — Les ablutions. — La prière. — Nécessité d'orienter les mosquées dans la kébla (direction de la maison d'Abraham). — La masdjed djouma. — Le mihrab de la mosquée d'Almansour. — Visite chez un seïd. — Histoire d'un missionnaire laïque à Djoulfa. — Les descendants de Mahomet. — Les impôts exigés en vertu des sourates du Koran.

Ispahan, 8 septembre. — Les théologiens d'Ispahan chargés par le mouchteïd de torturer en notre faveur les livres sacrés ont été récompensés de leurs patientes recherches et ont exhumé de leur bibliothèque un texte élastique qui leur permet d'introduire un chrétien dans la masdjed Chah.

La mosquée, paraît-il, se compose de quatre grands corps de bâtiments, réunis les uns aux autres par des portiques à deux étages; la cour centrale autour de laquelle s'élève l'édifice est un passage destiné à mettre en communication les principales entrées et doit, affirment les casuistes, être considérée comme un espace libre que des infidèles peuvent traverser sans enfreindre la loi musulmane. Le mouchteïd met également à notre disposition une série de chambres ménagées sous les arceaux des galeries supérieures, et nous autorise en outre à circuler sur les *pochtébouns* (terrasses), comme sur le sol même de la cour. Enfin toute liberté nous sera laissée pourvu que nous ne cherchions pas à pénétrer dans la salle du mihrab.

Rendons grâces à Dieu! A vrai dire, je n'avais jamais compté sur une aussi large autorisation. Les plus belles et les plus solides coupoles de l'Islam, celle d'Aya Sophia elle-même ne doivent-elles pas s'effondrer et entraîner dans leur ruine le premier Farangui qui les foulera sous son pied profanateur?

Je vais faire consigner soigneusement la décision des mollahs ispahaniens; cette habile interprétation des textes nous sera peut-être fort utile dans les provinces du sud.

9 septembre. — Le soleil n'a pas encore fait son apparition au-dessus de l'horizon quand notre petite troupe débouche sur le Meïdan. Cette vaste esplanade, tracée par Abbas le Grand vers 1580, s'étend en forme de parallélogramme et couvre près de dix hectares. La place est entourée de superbes bazars. Celui des tailleurs, notamment, est un des plus beaux et des plus élégants de la Perse entière. Une porte, désignée sous le nom de Négarè Khanè, le met en communication avec le Meïdan. Elle est flanquée à droite et à gauche de loggias, aujourd'hui insolides, dans lesquelles se plaçaient les deux musiques turque et persane du grand sofi.

Du haut des balcons réservés aux orchestres royaux, l'esplanade, avec sa ceinture de canaux revêtus de marbre blanc, se présente sous un aspect vraiment grandiose. Son étendue et la parfaite symétrie des constructions sont d'autant plus dignes de remarque, que ces qualités sont en désaccord avec les habitudes et les idées non seulement de l'Orient, mais même de l'Occident à l'époque où le Meïdan fut tracé.

La conception des grandes lignes de ce plan dénote chez chah Abbas une puissance d'imagination et une rectitude d'esprit dont nous avons déjà eu la mesure en parcourant les quadruples allées du Tchaar-Bag et les ruines des vingt palais disposés comme de somptueux jalons en bordure de cette avenue.

N'est-il pas singulier de rencontrer dès la fin du seizième siècle, dans un pays où l'art a toujours conservé un caractère essentiellement libre, une de ces grandes ordonnances caractéristiques de l'architecture française du dix-septième siècle et des ruineuses fantaisies du roi-soleil? C'est à se demander si l'âme de l'un des grands constructeurs de la Rome impériale, avant de transmigrer dans le corps du Bernin ou de Le Nôtre, ne se serait pas incarnée dans l'architecte du Tchaar-Bag et du Meïdan Chah.

Sans essayer d'élucider après Pythagore une aussi grave question, je constate simplement qu'il n'existe pas dans le monde civilisé une place fermée digne de rivaliser en étendue, en symétrie et même en beauté avec l'esplanade de la masdjed Chah. Cette opinion ne m'est pas exclusivement personnelle : les rares voyageurs venus en Perse au dix-huitième siècle s'accordent à dire qu'aucune ville d'Europe ne présente un ensemble de constructions comparable au Meïdan Chah d'Ispahan.

La première fois que j'ai traversé l'esplanade, je me suis pourtant souvenu de la place Saint-Marc. Toutes deux sont entourées de bâtiments à arcades réunis à l'une des extrémités par un temple magnifique; la mosquée Cheikh Loft Oullah, placée sur la gauche de la masdjed Chah, rappelle par sa position la grande horloge vénitienne, tandis que, sur la droite, à la place du campanile, s'élève le pavillon connu sous le nom d'Ali Kapou.

Ne prolongeons pas ce parallèle : il ne serait pas à l'avantage de l'Italie. Je chercherais en vain à Venise : un ciel admirablement pur faisant vibrer sur un fond d'un bleu presque noir les émaux turquoise mêlés aux volutes blanches ou jaunes des coupoles et des minarets; le soleil radieux qui semble étendre sur tous les édifices un mince glacis d'or; les nombreux chameaux dont la grande taille se perd dans l'immensité du cadre qui les entoure; et enfin, ces musiciens venant, en souvenir du culte de leurs ancêtres, saluer le soleil, symbole des forces vivantes de la nature, à l'instant où il s'éteint dans les ombres du crépuscule et où il renaît chaque matin au lever de l'aurore. De longues trompettes de cuivre n'ayant rien à envier comme sonorité à celles des guerriers placés en tête du

MEÏDAN CHAH D'ISPAHAN.

cortège d'*Aïda*, des tambours en forme d'obus cylindro-coniques, constituent les éléments bruyants de l'orchestre pittoresque qui s'installe soir et matin sur l'une des terrasses placées au-devant du Négarè Khanè ou du palais Ali Kapou, le plus élevé de tous les monuments d'Ispahan.

Sous ce même talar, dont le plafond peint et doré est soutenu par douze colonnes de cèdre, se groupait aussi, à l'époque de la splendeur d'Ispahan, la cour des rois sofis lorsque le monarque rendait la justice à son peuple ou venait assister aux fêtes toujours données au Meïdan depuis la construction de la masdjed Chah. Vue de ce point, la mosquée se développait aux yeux du roi dans toute sa splendeur, l'angle sous lequel il l'apercevait atténuant jusqu'à un certain point la position irrégulière de l'édifice, dont la porte extérieure se trouve seule dans l'axe de l'esplanade, tandis que l'axe de la nef proprement dite est déjeté sur la droite et orienté dans la direction de la Mecque. Cette position biaise du sanctuaire par rapport au Meïdan prouve qu'il existait avant le règne de chah Abbas, au cœur du quartier commerçant, un vaste emplacement libre de constructions, dans lequel le roi dut se contenter de tracer une place rectangulaire sans toucher à des bazars trop importants pour être déplacés. Quant à l'édifice religieux, il fut bâti sur une melonnière appartenant à une vieille femme. La rivale du meunier de Sans-Souci se refusa obstinément à vendre son jardin au souverain, jusqu'au jour où les prêtres lui firent un cas de conscience de sa résistance.

Cette difficulté vaincue, chah Abbas voulut mettre la main à l'œuvre ; et, comme les marbres tardaient à arriver, il ordonna de démolir la masdjed djouma, de s'emparer de ses matériaux et de commencer sans délai la construction du nouveau temple. Les prêtres, prévenus de cette décision, eurent le courage de venir se jeter aux genoux du roi, et le supplièrent de respecter un sanctuaire aussi remarquable par son architecture que par son antique origine.

La nouvelle de l'arrivée prochaine des marbres attendus, plus encore que l'éloquence des mollahs, sauva la vieille mosquée d'une destruction certaine.

La première pierre de la masdjed Chah fut posée en 1580. A dater de ce jour, les travaux marchèrent avec une fiévreuse activité.

La grande porte élevée en façade sur le Meïdan est encadrée d'une triple torsade d'émail bleu turquoise dont les extrémités reposent sur des culs-de-lampe d'albâtre en forme de vases.

Le porche, placé en arrière de la baie, couvert d'une voussure composée de petits alvéoles accolés les uns au-dessus des autres, est entièrement tapissé, comme les murailles, les tympans et les minarets, de plaques émaillées sur lesquelles sont peints en vives couleurs des entrelacs d'arabesques et de fleurs entourées d'inscriptions pieuses.

Si les revêtements en carreaux de faïence employés dans les constructions des rois sofis sont peu coûteux et d'une exécution facile, en revanche ils sont bien moins durables que les parements exécutés sous les Seljoucides, et bien moins artistiques que les mosaïques mogoles, composées d'émaux découpés et reliés en grands panneaux.

On doit attribuer en partie l'harmonieuse coloration et l'éclat des véritables mosaïques de faïence au procédé de fabrication et au triage des matériaux. Tous les fragments de même couleur, étant pris dans une plaque de teinte uniforme, pouvaient être cuits séparément et amenés à la température la mieux appropriée à chaque émail, tandis que les carreaux peints en couleurs différentes, vitrifiables à des températures inégales, ont souffert, dans l'ensemble de leur tonalité, de la chaleur moyenne du four, trop élevée pour les plus fusibles et trop basse pour les autres.

Quant à l'insolidité des revêtements en carreaux de faïence, je n'en veux pour preuve que

294 LA PERSE, LA CHALDÉE ET LA SUSIANE.

le vénérable squelette de bois qui étale avec ostentation, devant la porte principale, ses grands bras décharnés.

Officiellement il sert, paraît-il, à remplacer les carreaux qui se détachent des murs sous l'influence de l'humidité des hivers; cependant, si j'en crois la rumeur populaire, sa destination serait tout autre, car, de mémoire de Persan, on n'a jamais effectué de réparations à la mosquée du Roi : sa présence en avant de la grande entrée démontre aux rares étrangers de passage

VESTIBULE DE LA MASDJED CHAH D'ISPAHAN.

à Ispahan les mérites d'un gouvernement soucieux d'entretenir en bon état les édifices historiques, et assure aux architectes et aux mollahs chargés de la surveillance des prétendus travaux une rente perpétuelle que le roi est bien obligé de payer. Cette explication exhale un parfum de *madakhel* (malversation) assez prononcé pour ne pas être mensongère; en tout cas, le jour où l'on voudra réparer la porte de la mosquée, on devra tout d'abord reconstruire l'échafaudage, sur lequel on n'oserait même pas aventurer l'ombre d'un chrétien.

Derrière le porche s'étend un spacieux vestibule d'où l'on aperçoit la grande cour de la mosquée avec ses deux étages de galeries. Dans l'axe de la place se trouve une vasque de porphyre semblable à un baptistère; l'eau, toujours fraîche, qu'elle contient sert à désaltérer les fidèles croyants.

Une vingtaine de mollahs envoyés par le mouchteïd à titre d'escorte nous attendent patiemment assis sur les bancs d'albâtre disposés sous la grande porte. Les uns sont coiffés du volumineux turban de mousseline blanche qui ajoute à leur gravité naturelle la gravité physique nécessaire au maintien en équilibre de ce couvre-chef monumental; les autres sont affublés de turbans gros bleu, réservés en Perse aux descendants du Prophète, tout comme

NOTRE ESCORTE A LA MASDJED CHAH D'ISPAHAN.

la coiffure et la ceinture verte sont arborées dans les pays sunnites par les mortels assez hardis pour revendiquer cette sainte origine.

La scission entre Chiites et Sunnites est tellement profonde qu'elle affecte même la pupille des deux sectes ennemies : l'une a vu gros bleu ce même turban de Mahomet que l'autre affirme avoir été vert de pré.

Non loin de ce premier groupe se tient un individu vêtu d'une *koledja* (redingote) de drap gris et coiffé d'un bonnet d'astrakan. Il se présente à nous avec un air fort satisfait et nous annonce pompeusement que nous sommes en présence du « protecteur des étrangers », spécialement chargé par le chahzaddé d'Ispahan de veiller à la sécurité des voyageurs et de les protéger en cas de mouvement populaire. « Je suis prêt, dit-il, avec mon cœur et ma vie à monter la garde autour de la tête de Vos Excellences pendant toute la durée de leur bienfaisant séjour à Ispahan. »

Marcel remercie ce mielleux personnage de ses bonnes paroles, s'excuse de n'avoir pas été lui rendre ses devoirs et de ne s'être pas entendu avec lui au sujet de la visite des édifices religieux.

« A quelle époque voulez-vous voir les mosquées, Çaheb? répond-il avec un air hypocrite; tous mes efforts tendront à satisfaire Vos Excellences. Elles auront, je l'espère, à se louer de mon dévouement et pourront témoigner de mon zèle auprès de Sa Majesté et de Son Altesse le prince Zellè sultan.

— A l'instant même : les envoyés du mouchteïd sont prêts à nous conduire.

— On m'aurait dit vrai! vous voulez donc pénétrer dans la masdjed! Allah soit loué qui permet à votre esclave de se trouver ici et de vous détourner de ce dessein!

— Quel danger courons-nous? Ne devez-vous pas, selon votre mandat, nous accompagner et veiller à notre sécurité?

— Entrer avec vous dans la masdjed! Dieu puissant! et si l'on vous molestait? Je puis vous protéger contre vos erreurs, car mon esprit est fort; mais mon bras est faible, et au moment d'une bagarre je n'aurais aucune influence sur la population surexcitée. C'est en évitant de s'exposer au danger que les hommes en qui Allah a mis sa sagesse savent se préserver de tout accident.

— N'avez-vous rien de mieux à me dire? Je vous suis reconnaissant de vos conseils, mais je vous serais très obligé de ne pas me faire perdre mon temps. Dieu l'a déclaré par la bouche de votre Prophète : « Chaque homme a sa destinée attachée à son cou ». Retournez dans votre andéroun et demandez à vos femmes des leçons d'orthodoxie et de courage. »

Là-dessus nous abandonnons le « protecteur des étrangers » et allons saluer les mollahs.

Pour apprivoiser Cerbère il fallait lui jeter un gâteau de miel. N'ayant dans mes poches ni gâteau ni miel, j'offre gracieusement aux assistants de faire leur photographie. Les prêtres se récrient d'abord : la loi religieuse ne défend-elle pas la reproduction des images? Mais leur vertu n'est pas à la hauteur de la tentation : ils s'examinent sournoisement les uns les autres et finissent bientôt par se grouper tout souriants devant mon appareil.

Après avoir, avec une patience dont je ne me serais jamais crue capable, enveloppé tour à tour la tête de plus de vingt curieux pour leur montrer, sous les voiles sombres, l'image de leurs compagnons reflétée sur la glace dépolie, avoir répondu avec sang-froid aux questions les plus bizarres et provoqué les exclamations et les interjections les plus pittoresques, je crois être en droit de pénétrer dans les galeries et de grimper sur les pochtèbouns. Un mollah et un seïd prennent la tête du cortège et nous guident à travers la mosquée, suivant les conditions arrêtées la veille; puis ils nous font monter sur les toitures des bazars et des maisons et nous conduisent par cette voie aérienne jusqu'aux terrasses de l'édifice religieux. De ce point on peut se rendre compte de la superficie du monument et apprécier l'importance de l'œuvre gigantesque que chah Abbas sut mener à bonne fin.

Devant nous s'élève un porche flanqué de deux minarets revêtus de carreaux de faïence. Ce porche sert de vestibule au sanctuaire, que signalent au loin la grande coupole bleue et le croissant d'or de l'Islam, placés à cinquante-cinq mètres au-dessus du parvis.

Le centre des deux ailes perpendiculaires à la salle du mihrab est occupé par un porche d'une importance secondaire, placé au-devant d'une salle recouverte d'un dôme. De chaque côté de ces grands motifs d'architecture se présentent deux étages de galeries voûtées couvertes d'un épais matelas de terre.

Aucune moulure, aucun ornement ne couronne ces divers bâtiments, dont les parties supérieures sont limitées par une large frise ornée d'inscriptions peintes en blanc sur des carreaux de faïence bleue.

LA MASDJED CHAH D'ISPAHAN.

A la suite des galeries, et de chaque côté de la colonnade ménagée à droite et à gauche de la salle du mihrab, se trouvent deux longues cours entourées de portiques et ornées de pièces d'eau. Le vendredi et les jours de fête, ces officines supplémentaires de propreté sont ouvertes au peuple, tandis que le bassin à ablutions de la cour centrale est réservé aux gens pieux qui viennent journellement faire à la mosquée les prières réglementaires.

Le plan de la masdjed Chah est on ne peut mieux approprié au culte musulman.

La mosquée, cela devait être, diffère du temple païen. Ici point de *cella* où la divinité soigneusement cachée communique avec le fidèle par l'intermédiaire du prêtre ; point d'images ou de représentations humaines conduisant aisément à l'idolâtrie des esprits ignorants, doués d'une imagination trop impressionnable. Mahomet voulut au contraire faire de l'édifice religieux un lieu de réunion (*djouma*) accessible dans toutes ses parties. Malgré sa simplicité, ce programme de construction était d'une exécution difficile, car les Arabes, avant la venue de leur Prophète, savaient à peine bâtir ; la Kaaba, cette relique de l'antiquité ismaélite que Mahomet fut obligé d'adopter comme le sanctuaire de la nouvelle foi, suffisait à des idolâtres habitués à vivre sous la tente. Quand la prière fut imposée aux musulmans comme le plus grand des devoirs envers Dieu, ils sentirent la nécessité de construire des enceintes où leur piété trouverait à se recueillir : sous la direction de quelques architectes étrangers, probablement originaires de Byzance, ils rassemblèrent toutes les colonnes des temples païens qu'ils avaient détruits, appuyèrent sur les supports disposés autour d'une cour rectangulaire des bois de toute provenance, et parvinrent ainsi à former des galeries couvertes. Le sanctuaire proprement dit occupait une salle divisée en plusieurs travées parallèles par des rangées de colonnes. Une niche dépourvue d'autel, mais ornée de revêtements de faïence ou de marbres précieux, placée au fond de la nef centrale, sollicitait le regard et le conduisait dans la direction de la maison d'Abraham.

Près du mihrab se trouvait le menber, espèce de chaire en forme d'escalier, recouverte d'un clocheton pyramidal servant d'abat-voix.

Des portiques latéraux, réservés aux fidèles désireux de se reposer avant de se recueillir, s'étendaient sur les deux façades adjacentes à celle du sanctuaire ; de hautes plates-formes voisines de la porte d'entrée permettaient aux prêtres d'appeler cinq fois par jour les fidèles à la prière.

Voilà bien l'édifice religieux d'un peuple nomade, maison hospitalière ouverte à tous les fidèles, dans laquelle le passant trouve de l'ombre, et le voyageur de l'eau pour se rafraîchir et se purifier avant de se prosterner devant Dieu. Telle se présente la mosquée d'Amrou, bâtie au Caire l'an 21 de l'hégire. Les mêmes divisions et les mêmes caractères se retrouvent dans les mosquées d'el-Hakem et de Touloun. Mais bientôt ce type primitif, dont les Maures d'Espagne ont laissé à Cordoue un magnifique spécimen, ne paraît plus aux conquérants arabes en harmonie avec la puissance de l'Islam. Les grêles colonnes qui soutiennent la toiture ne permettent pas d'élever à une grande hauteur l'ensemble de la construction ; elles sont incapables de supporter un poids considérable et encombrent par leur multiplicité l'intérieur des salles ; la mosquée doit donc se modifier.

Il existait sur les rives du Tigre un monument célèbre dans tous les pays musulmans, bâti, suivant les traditions locales, par le grand Kosroès. C'était le superbe palais de Ctésiphon, dont la voûte se fendit (d'après la légende) le jour même de la naissance de Mahomet.

Consacrer au culte d'Allah un temple semblable au palais du grand monarque sassanide fut, au quatorzième siècle, le rêve du sultan Hassan. Dans ce but il envoya un de ses architectes en Mésopotamie avec mission d'étudier l'antique édifice ; celui-ci voyagea en Perse, fut frappé de la majesté des coupoles élevées au-dessus des monuments civils ou religieux, et, l'esprit imbu de tous ces souvenirs, il revint au Caire jeter les fondements de la mosquée de Hassan, prototype d'un second genre de mosquées, dans lequel le grand berceau, imité du talar de Kosroès, remplace la couverture en charpente des salles hypostyles primitives.

Au lieu de frêles abris, soutenus par de grêles colonnes, s'élevèrent des monuments, entourés de murailles épaisses et couverts de voûtes lancées avec la hardiesse que donnait aux architectes une connaissance approfondie de leur art.

Cent ans se sont écoulés. Mahomet II entre à Sainte-Sophie et traverse la nef en foulant sous les pieds de son cheval plusieurs couches de cadavres. L'impression du conquérant et de ses soldats, à la vue de la vieille église byzantine, est si vive, leur admiration si enthousiaste, qu'ils ne se contentent pas de transformer la basilique en mosquée : quand ils veulent, à leur tour, élever de nouveaux édifices religieux, ils abandonnent le type primitif du temple musulman et copient, sans modification, le plan de Sainte-Sophie, oubliant de reconnaître dans ses grandes lignes la croix abhorrée, cette rivale et cette ennemie du croissant. Aussi voit-on avec étonnement les piliers intérieurs des plus belles mosquées de Constantinople et du Caire, la Mohammédié et l'Almédié, dessiner sur le sol les branches de la croix grecque.

La cour placée devant le monument est la reproduction de l'atrium des vieilles basiliques. Seuls les bassins à ablutions et les minarets élancés signalent le sanctuaire musulman.

Il résulte de ce fait bizarre que le dernier type de la mosquée sunnite, devenu canonique dans tous les pays turcs ou arabes, reproduit les dispositions des églises antérieures à l'Islam. La copie est tellement nette que, si les chrétiens parvenaient un jour à débarrasser l'Europe des Ottomans, ils n'auraient pas plus de difficulté à célébrer les offices dans les mosquées construites après la prise de Constantinople que dans Sainte-Sophie elle-même.

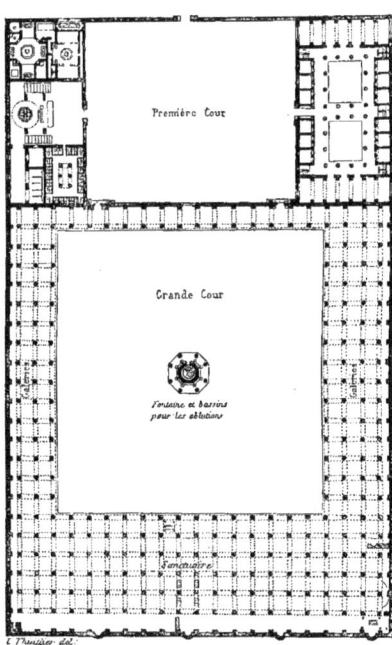

PLAN DE LA MOSQUÉE D'AMROU, AU CAIRE.

Il est intéressant d'examiner le parti que les Iraniens, ces artistes si éminemment personnels, ont tiré d'un édifice dont les dispositions leur étaient imposées dès leur conversion à la religion des conquérants.

Les Perses, avant l'ère musulmane, n'avaient jamais eu de temple. Le culte mazdéique — les témoignages d'Hérodote et des auteurs anciens en font foi — s'exerçait en plein air.

Les nouveaux convertis n'eurent pas à se préoccuper de modifier des constructions déjà existantes pour les approprier aux exigences du culte ; ils adoptèrent sans y rien changer les plans des sanctuaires édifiés par leurs vainqueurs, c'est-à-dire le type de la mosquée d'Amrou, mais signalèrent à l'extérieur la salle du mihrab en élevant au-dessus d'elle ces grandes coupoles posées sur pendentifs qu'ils savaient construire depuis des siècles et,

LA MOSQUÉE PERSANE.

faute de bois, remplacèrent les toitures en charpente par de petites voûtes accolées.

La comparaison des plans des mosquées d'Amrou et de Hassan avec ceux des nouvelles mosquées de Stamboul permet de suivre sans effort l'enchaînement d'idées ou plutôt le changement d'état social qui entraîna les musulmans sunnites à modifier les dispositions de leurs monuments religieux : en introduisant la coupole dans la composition de leurs temples, les Arabes et les Turcs eurent en vue de leur donner un caractère imposant : mais la forme détruisit l'esprit, accident fort naturel chez deux peuples qui ne se piquèrent jamais d'être rationnels dans leur art.

Si l'on met en parallèle la mosquée d'Amrou et les vieilles mosquées de Kazbin, de

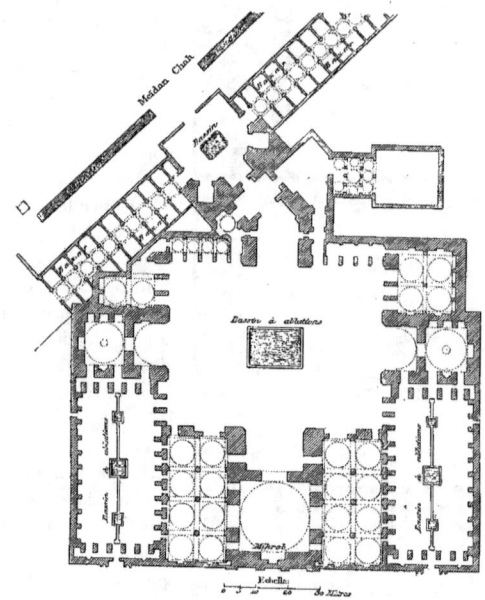

PLAN DE LA MASDJED CHAH D'ISPAHAN.

Véramine ou d'Ispahan, on s'aperçoit au contraire que les architectes iraniens se sont montrés persévérants dans leurs œuvres, ont pieusement conservé le plan des premiers édifices religieux de l'Islam et, enfin, que les mosquées persanes, les plus anciennes comme les plus modernes, reproduisent d'une manière logique les formes hiératiques des temples primitifs.

La lecture d'un plan est souvent bien aride; il me semble pourtant, et c'est peut-être là une nouvelle forme de l'amour-propre d'auteur, que, après avoir décrit les dispositions d'ensemble des vieilles mosquées chiites, il est intéressant de mettre en parallèle le plan du sanctuaire d'Amrou et celui de la moderne masdjed Chah.

Sous la coupole je retrouve l'ancienne salle du mihrab; dans les galeries latérales, les travées secondaires qui l'accompagnaient; dans les arcatures disposées autour de la cour, les portiques à l'usage des élèves, des fidèles et des voyageurs; jusqu'aux bassins à ablutions, aux communs, aux logements des gardiens, qui occupent dans les deux édifices la même position.

Il n'y avait pas grand monde dans la masdjed Chah quand nous y sommes entrés ce matin : aussi avons-nous pu en étudier tout à l'aise les dispositions ; mais, au moment où nous dressons nos appareils, les fidèles occupés à noyer fraternellement leur vermine dans le bassin à ablutions se montrent fort émus. Du haut des terrasses nous les voyons lever les bras au ciel avec stupéfaction, et nous les entendons même lancer à notre adresse des imprécations que le vent, fort poli, empêche d'arriver distinctement à nos oreilles.

Je remarque surtout, à l'animation de ses gestes, un véritable Quasimodo coiffé du turban bleu des seïds. Ce piètre échantillon de la race du Prophète, moins haut que n'est large son volumineux couvre-chef, vocifère de toute la force de ses rachitiques poumons et excite sans doute les sentiments hostiles de la foule à notre égard, car bientôt le peuple se précipite comme un flot humain à l'assaut des terrasses.

Le P. Pascal n'a pas voulu nous laisser seuls courir le danger de visiter les mosquées, danger peut-être moins imaginaire qu'on ne pourrait le supposer ; il exhorte les serviteurs du mouchteïd à montrer de la fermeté et à s'opposer au brusque envahissement des pochtèbouns en se plaçant à la tête de l'étroit escalier reliant les toitures du bazar à celles de la mosquée. « Il faut éviter, ajoute-t-il, que vos coreligionnaires ne nous fassent un mauvais parti avant qu'on ait eu le temps de leur faire connaître les ordres des chefs civils et religieux en vertu desquels nous sommes ici. » A peine ces premières dispositions sont-elles prises que nos ennemis débouchent subitement sur les toitures inférieures. La troupe, dans sa pieuse ardeur, a précipité sa course et son ascension, elle arrive fort essoufflée ; d'autre part, bon nombre des auditeurs du petit seïd ont réfléchi en route à la gravité de l'acte qu'ils commettaient en cherchant querelle à des Farangis, ces suppôts de l'enfer, et se sont sagement dispersés en chemin ; c'est à peine si une vingtaine d'assaillants suivent le promoteur de l'attaque.

Le voilà, ce brave des braves ! ce rempart de la foi ! ce fils du Prophète ! Il prend son élan, il monte à l'assaut ; soudain son gros turban bleu semble osciller ; le gnome, troublé par la sainte colère qui enflamme son cœur, a embarrassé ses jambes torses dans les longs plis de sa robe ; il chancelle et va tomber à la renverse sur la tête de ses acolytes, en montrant jusqu'au-dessus des genoux ses maigres jambes de chien basset. Notre ennemi n'est pas lourd malheureusement, et dans sa chute il n'assomme personne ; nous avons néanmoins bataille gagnée : le seïd est si ridicule quand on le redresse et qu'il apparaît avec son horrible tête rasée, veuve du magnifique turban qui roule de toiture en toiture entraînant sur le sol le prestige de son propriétaire, qu'un éclat de rire général retentit au même instant dans le camp des assiégeants et sur les terrasses des assiégés. En habile stratégiste, le P. Pascal profite de cet instant de détente ; il engage le chef de notre escorte à menacer de la vindicte du chahzaddè les audacieux assez imprudents pour chercher à nous faire un mauvais parti, et demande insidieusement au petit seïd à quel motif a obéi l'heureux possesseur du plus beau turban bleu d'Ispahan, en ne venant pas se ranger parmi les mollahs que le çaheb *ackaz bachy* a photographiés il y a quelques heures.

Notre ennemi découronné, dont le pouvoir subit en ce moment une éclipse partielle, se montre moins féroce que je ne l'avais redouté et désarme définitivement à ces paroles :

« Est-il encore temps d'avoir mon image isolée ? demanda-t-il avec anxiété.

— Cela dépend de votre conduite à venir », répond le Père.

Le fils du Prophète, ramené à de meilleurs sentiments, tourne sa figure de singe vers ses amis. « Retirez-vous, leur dit-il ; ces chrétiens sont ici sous la protection du mouchteïd : les maltraiter serait manquer de respect à ce saint personnage. »

Après avoir constaté de ses propres yeux la pleine déroute de nos ennemis, le Père vient nous retrouver sur la terrasse, où nous nous sommes efforcés de travailler avec calme et de faire la meilleure des contenances. « Vous voilà débarrassés de tous ces importuns, dit-il en français; toutefois vous agiriez en gens sages et prudents si vous abandonniez les terrasses au moment où les musulmans vont arriver en grand nombre à la prière de midi; aurions-nous raison deux fois de la malveillance et du fanatisme de ces pieux disciples de Mahomet? En tout cas il est prudent de ne pas s'exposer à être bousculés ou précipités par inadvertance du haut en bas de la mosquée. »

Le conseil du Père est d'autant plus sage que les pochtèbouns sont dépourvus de tout parapet. Marcel déclare donc ses études terminées et demande à descendre dans les galeries du premier étage, à la grande satisfaction de l'escorte, obligée, à regret, de protéger des infidèles contre des coreligionnaires dont elle approuve en secret la pieuse indignation.

Les galeries inférieures sont réservées au logement des prêtres; nous entrons chez le plus vénérable d'entre eux. Le visage bronzé de ce beau vieillard est mis en relief par une robe et un turban blancs. Il nous fait poliment asseoir sur son tapis, ordonne d'apporter les pipes et le thé en attendant que la prière soit terminée et qu'il puisse mettre à notre disposition la loggia placée au-devant de sa cellule. De l'intérieur de la pièce je puis suivre des yeux la cérémonie religieuse.

Le croyant entre dans la mosquée ses babouches à la main, se dirige vers le bassin à ablutions, enlève sa coiffure et laisse sa tête à nu. Elle est accommodée de deux manières différentes. Les porte-turbans abandonnent tout leur crâne au barbier; ceux qui adoptent le bonnet d'astrakan ou de feutre se font raser depuis le front jusqu'à la nuque, en réservant de chaque côté des oreilles une grosse mèche bouclée, destinée, j'imagine, à soutenir la coiffure. Ces graves études capillaires ne peuvent être faites qu'à la mosquée ou chez les barbiers, les musulmans considérant comme la dernière des impolitesses de se montrer en public la tête découverte. Après avoir posé à terre coiffure et sandales, le fidèle tousse, crache, se mouche, le tout à grand renfort d'eau fraîche, et satisfait à toutes les exigences de la loi religieuse, minutieusement indiquée dans plusieurs versets du Koran. « Ne priez pas quand vous êtes souillés, attendez que vous ayez fait vos ablutions, à moins que vous ne soyez en route.... Si vous êtes malade ou en voyage, frottez-vous le visage et les mains avec de la poussière, à défaut d'eau. Dieu est puissant et miséricordieux. »

Les ablutions terminées, le chiite se coiffe, reprend sa chaussure, pénètre dans la salle du mihrab, se place dans la direction de la Kaaba, s'accroupit sur les tapis qui recouvrent le sol de cette partie de l'édifice, se prosterne le front contre terre, puis il se relève et, les bras tombant le long du corps, commence la prière dans l'apparence du plus profond recueillement. « Observez avec soin les heures réservées à la prière, et pénétrez-vous de la Majesté divine. »

Si la position des bras et des mains est différente chez les Sunnites et les Chiites, les prosternations qui viennent interrompre à plusieurs reprises les oraisons sont exécutées de la même manière. « Tu les verras, agenouillés et prosternés, rechercher la faveur de Dieu et sa satisfaction. Sur leur front tu verras une marque, trace de leur piété. » Ces prosternations multipliées, jointes à la nécessité de frapper la terre avec le front, obligent les musulmans à porter des coiffures sans visières. Comme il serait néanmoins très difficile à des gens habitués à prier sur des nattes ou des tapis de garder des marques visibles de leur ferveur, tout vrai croyant est muni d'un tesson de poterie de forme ronde ou carrée sur lequel il frappe son front en se prosternant. Dans tous les caravansérails on trouve un assortiment complet de ces briques de prière destinées aux voyageurs et aux tcharvadars. L'oraison terminée, chacun saisit les babouches déposées à la porte de la salle du mihrab et se dirige vers la sortie.

« Êtes-vous satisfait de votre visite à la masdjed Chah? demande le mollah à mon mari, dès notre entrée dans la loggia. Aya Sophia de Stamboul (Sainte-Sophie) égale-t-elle en splendeur le plus beau joyau d'Ispahan, comme l'assurent certains de nos compatriotes?

— Il est très difficile de comparer ces deux édifices, répond Marcel poliment : la masdjed Chah est superbe, mais il est très fâcheux qu'elle ne soit point construite dans l'axe du Meïdan : l'ensemble des bâtiments et leur aspect général y gagneraient. L'orientation d'un temple dans la direction de la Mecque est-elle donc si nécessaire qu'on ne puisse apporter aucun tempérament à cette règle rigoureuse?

MOLLAH HOUSSEIN.

— Le livre révélé ne dit-il pas : « Quand « même tu ferais, en présence de ceux qui « ont reçu les écritures, toutes sortes de mi- « racles, ils n'adopteraient pas ta kébla. Toi, « tu n'adopteras pas non plus la leur. Parmi « eux-mêmes, les uns ne suivent point la « kébla des autres. Si, après la science que « tu as reçue, tu suivais leur désir, tu serais « du nombre des impies »... « Tourne ton « front vers le temple d'Haram : en quelque « lieu que tu sois, porte tes regards vers ce « sanctuaire auguste »... « Nous t'avons vu « tourner ton visage de tous les côtés du « ciel, nous voulons que tu le diriges doré- « navant vers une région dans laquelle tu te « complairas »... « Oriente-toi vers la plage « de l'oratoire sacré. En quelque lieu que « tu sois, tourne ton front vers cette plage. » Comment, si nous négligions de suivre ces ordres divins, nous distinguerait-on des chrétiens, qui dirigent leurs yeux vers le tombeau de Sidna Aïssa (Jésus), la béné- diction d'Allah soit sur lui?

— Les Sunnites font cependant la prière à Sainte-Sophie, bien qu'elle soit orientée dans la direction du Saint-Sépulcre, dis-je à mon tour ; ils se contentent d'étendre leurs tapis dans le sens de la kébla.

— Comment osez-vous comparer des chiens maudits destructeurs de la race d'Ali à de pieux Chiites? Si Aya Sophia était tombée entre nos mains, nous l'aurions détruite; ainsi avons-nous fait de plusieurs édifices religieux mal orientés. Quant à moi, mollah Houssein, le jour où il me serait prouvé que la masdjed Chah, dans laquelle j'ai passé une partie de ma longue existence, n'est point bâtie en conformité des saints préceptes de notre loi, que Dieu me protège, je serais le premier à y porter la pioche et à la démolir. »

10 septembre. — « Posez solidement l'échelle ; est-elle suffisamment inclinée? Non, elle est trop droite. Les montants sont-ils solides? Les barreaux ne sont-ils pas pourris? La terrasse ne menace-t-elle pas de s'effondrer? demande le P. Pascal aux serviteurs de l'imam djouma chargés de nous guider sur les pochtèbouns de cette célèbre mosquée du

LA MASDJED DJOUMA.

Vendredi que chah Abbas voulut un moment détruire afin d'en employer les matériaux à l'édification de la masdjed Chah.

— Ne craignez rien et donnez-moi la main, *khalifè* (nom donné aux moines chrétiens par les Persans). En montant les uns après les autres, vous ferez l'ascension sans accident, *Inchallah* (s'il plaît à Dieu) ! »

Fidèle à son rôle d'observateur, le protecteur des étrangers a trouvé moyen de venir encore

LE MIHRAB RESTAURÉ DE L'ANCIENNE MOSQUÉE D'ALMANSOUR A ISPAHAN. (Voyez p. 306.)

ce matin nous ennuyer de ses protestations et de ses conseils, et s'est assis au pied du mur avec l'intention bien formelle d'attendre là notre retour. Le P. Pascal, Marcel et moi gravissons péniblement les barreaux, séparés les uns des autres par un espace de plus de cinquante centimètres, tandis que les gens de notre escorte sautent comme des chats de terrasse en terrasse. A peine avons-nous atteint l'extrémité de l'échelle, qu'il faut s'aventurer sur des madriers très étroits placés au-dessus de petites coupoles effondrées. Après avoir aperçu à travers ces brèches la plus antique partie de la mosquée, élevée, nous dit-on, en 755 par le khalife abbasside Almansour, et admiré les belles inscriptions koufiques placées autour d'un vieux mihrab restauré au xv⁰ siècle, nous pénétrons enfin dans les galeries latérales, d'où la vue embrasse la cour entière.

Les différentes adjonctions ou restaurations exécutées à l'époque de Malek chah, prince seljoucide, de chah Tamasp, dont le zèle pieux a amené la détérioration de tous les temples de l'empire, et enfin sous le règne d'Abbas II le Séfévié, enlèvent toute valeur artistique à cet antique sanctuaire, relégué d'ailleurs au second rang depuis la construction de la masdjed Chah. Néanmoins la mosquée cathédrale est en grand renom dans Ispahan et a conservé son titre et ses prérogatives. C'est dans l'enceinte de la masdjed djouma que se célèbre tous les vendredis l'office royal en souvenir du départ de Mahomet pour Médine. D'après la loi religieuse, le chah devrait en cette circonstance faire à haute voix la prière solennelle. Comme à ses nombreux privilèges il ne joint pas le don de l'ubiquité, il délègue à un de ses représentants, désigné sous le nom d' « imam djouma », l'honneur de remplir en son nom ce pieux devoir dans les principales villes de l'empire. Après la prière, les mollahs lisent ou expliquent le Koran, et la journée tout entière est consacrée à de saints exercices, bien qu'il ne soit imposé aux fidèles aucune obligation particulière.

C'est une fatalité ! Nous ne serons pas entrés dans une mosquée d'Ispahan sans y avoir éprouvé quelque désagrément ! Grâce à l'état d'éticité auquel nous ont réduits les fatigues et la chaleur, grâce à la précaution que nous prenons de tenir nos mains accrochées aux montants de l'échelle, de manière à peser le moins possible sur les barreaux, nous arrivons à terre sans accident : il n'en est pas de même de notre excellent ami le P. Pascal. Plus habile à caracoler sur un beau cheval qu'à faire de la gymnastique, il pose, malgré nos avis, ses pieds au milieu des barreaux. Pleins d'anxiété, nous suivons des yeux les péripéties de sa descente ; un craquement se fait entendre,... un des échelons vient de se briser à l'une de ses extrémités. Le Père se trouve un instant suspendu dans le vide ; d'une main vigoureuse il s'accroche aux montants et prend pied sur le sol sans mal apparent.

Les mollahs, dissimulant à grand'peine leur joie sous des témoignages d'intérêt, entourent le *khalifè*, qui, malgré sa pâleur, fait bonne contenance, et donnent l'ordre de chercher le propriétaire de l'échelle, afin de lui payer à coups de bâton la location de son engin ; on ne le trouve pas, bien entendu, et nous nous mettons en selle avec l'intention de regagner Djoulfa.

« J'ai une écorchure à la jambe ; elle me fait souffrir plus que je n'ai voulu l'avouer devant ces mécréants, me dit le Père au bout de quelques instants ; entrons chez l'un de mes meilleurs amis, il me donnera de l'eau fraîche pour laver ma blessure. »

La maison dans laquelle nous pénétrons s'étend sur les quatre côtés d'une cour spacieuse. Le talar élevé au centre de chaque façade est flanqué à droite et à gauche de vestibules blanchis à la chaux. La pièce de réception est couverte d'une coupole ornée de fins alvéoles exécutés en plâtre comme la décoration des takhtchès disposés tout autour de la salle. Une verrière colorée ferme la baie du talar et laisse pénétrer à l'intérieur de l'appartement un demi-jour discret.

Un homme à la physionomie fort douce est assis sur des coussins au milieu de livres épars. A ma grande surprise, il est coiffé de ce sinistre turban bleu dont l'apparition est toujours de si mauvais augure. Le maître de la maison se lève d'un air empressé, écoute avec intérêt le récit de l'accident arrivé au Père et donne l'ordre d'apporter un bassin à laver, une aiguière et quelques plantes médicinales destinées à faire rapidement sécher les blessures. Pendant qu'il s'apprête à panser lui-même la plaie, il invite ses petits enfants à me conduire auprès de leur mère.

LA MASDJED-DJOUMA D'ISPAHAN.

LES PRÉDICATIONS D'EUGÈNE BOURRÉE.

L'intérieur de l'andéroun, éclairé sur la cour, est caché aux regards par des rideaux de soie tendus à plat devant toutes les ouvertures.

Chirin khanoum (traduction : Mme Sucrée), la première femme du seïd, fume son kalyan. A mon arrivée elle me fait asseoir, et, enlevant la pipe de ses lèvres, elle me l'offre poliment.

Tout aussi poliment je refuse : les musulmans, je ne l'ignore pas, sont aussi dégoûtés de se servir d'un objet touché par un chrétien, qu'il nous est désagréable d'user d'un kalyan promené de bouche en bouche entre gens de même religion, depuis le chah jusqu'au mendiant édenté et repoussant qui va quêtant une bouffée de tabac tout comme un morceau de pain.

Chirin khanoum semble comprendre la signification de mon refus. « Vous êtes ici dans une

CHIRIN KHANOUM.

maison amie », me dit-elle sans insister davantage. Nous causons pendant quelques instants des mosquées de la ville, et je profite de l'arrivée d'une visiteuse pour rejoindre mes compagnons au moment où tous deux se remettent en selle.

« Vous choisissez donc vos amis intimes parmi les seïds, ces incorrigibles fanatiques? dis-je au Père en reprenant le chemin de Djoulfa.

— J'aime de tout mon cœur seïd Mohammed Houssein, parce que cet homme de bien a sauvé un chrétien d'une mort certaine. Il y a quelques années, nous vîmes arriver un Français à Djoulfa : votre compatriote n'avait point reçu les ordres, mais, soutenu par une foi ardente, il venait néanmoins évangéliser la Perse. Il ne tarda pas à s'apercevoir que ses tentatives de conversion seraient toujours infructueuses s'il s'adressait aux musulmans, et chercha alors à ramener à la religion catholique, apostolique et romaine les âmes des Arméniens schismatiques de Djoulfa.

« Ses efforts ne furent pas longtemps ignorés du prédécesseur de l'évêque actuel. Indigné d'apprendre que les prédications d'Eugène Bourrée faisaient une vive impression sur l'esprit de ses ouailles, il surexcita contre le missionnaire la communauté schismatique. D'après les ordres du prélat, plusieurs fanatiques tentèrent de s'emparer de votre compatriote pour le lapider et postèrent devant la maison catholique où il s'était réfugié de mauvais garnements chargés de le saisir à sa première sortie. La situation devint même si critique que les personnes charitables au foyer desquelles il avait trouvé asile craignirent de voir leur habitation envahie et pillée.

« Mohammed Houssein apprit le danger que courait mon ami et n'hésita pas à lui sauver la vie. Accompagné de nombreux serviteurs, il vint à Djoulfa, passa devant la maison où l'attendait Eugène Bourrée vêtu en musulman, lui fit une place dans son escorte et gagna Ispahan; les Arméniens se doutèrent bien que leur proie leur échappait, mais ils n'osèrent pas s'attaquer à une nombreuse troupe conduite par un des plus respectables turbans bleus du pays. Ils se contentèrent d'envoyer des hommes armés dans les plus mauvais passages des chemins de caravane conduisant soit à Chiraz, soit à Kachan, et ordonnèrent à leurs estafiers de prendre le missionnaire mort ou vif.

« Le seïd cacha le chrétien dans sa maison pendant plus d'un mois, et, quand il apprit que les Arméniens s'étaient relâchés de leur surveillance, il le conduisit lui-même jusqu'à Kachan. De là le fugitif put gagner sans encombre un des ports de la mer Caspienne.

— Tous les Ispahaniens descendent-ils donc du Prophète? ai-je encore demandé. Je n'ai vu aujourd'hui que des turbans bleus.

— Ils sont en effet nombreux et puissants dans la province de l'Irak. Bien que Mahomet n'ait laissé en mourant qu'une fille, Fatma, mariée à son neveu Ali, sa race, par une bénédiction spéciale du ciel, s'est multipliée avec une étonnante rapidité, au moins si l'on en juge d'après le nombre incalculable de turbans bleus ou verts portés en Orient.

« D'ailleurs la satisfaction de s'attribuer une antique origine et d'arborer sur la tête et autour du ventre une étoffe verte ou bleue n'est pas l'unique motif qui engage beaucoup de musulmans à revendiquer la seule noblesse dont s'enorgueillissent les sectateurs de l'Islam; les seïds ont un but bien autrement pratique. En prophète prudent, Mahomet se fit attribuer par Allah des biens et des richesses périssables.

« S'ils t'interrogent au sujet du butin, réponds-leur : « Le butin appartient à Dieu et à « son envoyé. »…. « Sachez, dit le Koran, que lorsque vous aurez fait un butin, la cinquième « partie en revient à Dieu ou au Prophète, *aux parents*, aux orphelins, aux pauvres et aux « voyageurs. » Et plus loin : « Ce que Dieu a envoyé au Prophète des biens des habitants « des différents bourgs appartient à Dieu, au Prophète et à ses *proches* »…. « Prenez ce que « le Prophète vous donne, et abstenez-vous de ce qu'il vous refuse; craignez Dieu, il est « terrible dans ses châtiments. »

« Après la mort de Mahomet, ses descendants, forts de l'autorité des textes sacrés, exigèrent le cinquième de tous les revenus des musulmans, firent peser pendant plusieurs siècles de lourdes charges sur leurs coreligionnaires et se multiplièrent en raison du temps, et surtout des avantages matériels attachés à leur sainte origine.

« L'habitude de payer un impôt régulier aux seïds est maintenant à peu près tombée en désuétude; mais dans les grandes villes, comme Ispahan par exemple, où les soi-disant descendants de Mahomet se sont constitués en corps nombreux, ils ont conservé une influence prépondérante et dépouillent impunément les petits négociants trop faibles pour oser leur refuser leurs marchandises ou leurs services.

UN CHRÉTIEN SAUVÉ PAR UN MUSULMAN.

« Gratifiés en outre, même avant les mollahs, de l'administration de tout bien vakf tombé en déshérence, les descendants vrais ou faux du Prophète tirent de ces bénéfices ecclésiastiques des profits qui permettent à la plupart d'entre eux de vivre sans travailler. A moins d'être bien exigeante, vous ne pouvez demander à de pareils hommes d'aimer les Européens. Nous devons cependant être reconnaissants à l'imam djouma et au mouchteïd de vous avoir fait escorter par quelques turbans bleus, car leur présence à vos côtés était la meilleure des sauvegardes ; sans leur intervention, la foule ne nous aurait jamais laissés appuyer une échelle sur les murs de la masdjed djouma.

« Nous voici revenus sains et saufs à Djoulfa ; dorénavant nous ferons bien de rester au rez-de-chaussée des mosquées et de ne plus nous aventurer sur les terrasses, dont le sol, vous l'avez expérimenté, n'offre aucune sécurité. »

SEÏD MOHAMMED HOUSSEIN.

UNE RUE D'ABBAS-ABAD. (Voyez p. 329.)

CHAPITRE XVII

Imamzaddè Jaffary. — Minaret mogol. — Le protecteur des étrangers. — Le palais de Farah-Abad. — Le takhté Soleïman. — Le champ de bataille de Golnabad. — Le cimetière arménien. — Circoncision des tombes chrétiennes. — Accueil fait à une robe de Paris par l'aristocratie de Djoulfa. — Jardin du Hezar Djerib. — Palais du Aïné Khanè. — Pont Hassan Beg. — Minaret et imamzaddè du Chéristan. — Pont du Chéristan. — Contrat passé avec les tcharvadars. — Le dîner au couvent. — Départ pour Chiraz.

Ispahan, 13 septembre. — Merci, mon Dieu! nos pèlerinages aux mosquées, koumbaz et autres édifices religieux touchent à leur fin; il ne nous reste plus à visiter désormais que l'imamzaddè Jaffary. Pas plus que les autres tombeaux du saint imam élevés dans les grandes villes de la Perse, cette chapelle ne contient la dépouille mortelle du compagnon du Prophète. Les fidèles ispahanais l'ont cependant en grande vénération; aussi le P. Pascal nous a-t-il engagés à partir de Djoulfa en pleine nuit, afin d'arriver à l'imamzaddè avant que les vrais croyants aient quitté leurs maisons pour se rendre à la mosquée ou au bazar.

Le monument est situé au milieu d'une cour irrégulière bordée de bâtiments en terre crue, complètement ruinés. C'est un charmant petit édifice mogol, construit sur plan octogonal et recouvert d'une coupole que devait autrefois surmonter une toiture pyramidale analogue à celle des tombeaux des cheikhs. La corniche et la frise, ornées de caractères arabes et de guirlandes de fleurs entrelacés, brillent de tout l'éclat de leurs émaux bleu turquoise. Les parties inférieures de la construction sont bâties en belles briques blanches, entre lesquelles on a ménagé des joints creux pareils à ceux que l'on retrouve dans les édifices français du Moyen Age. A part quelques dégradations dans la partie supérieure de la corniche et la disparition de la toiture en éteignoir, l'imamzaddè est en parfait état de conservation et charme les yeux par l'élégance de ses proportions et la délicatesse de ses ornements.

En arrivant, mon premier soin est d'installer mon appareil, car je tremble toujours quand je vois la foule hostile ou simplement curieuse se presser autour de nous. L'épreuve terminée aux premiers rayons du soleil, les châssis et les lentilles rentrent dans les valises de cuir et reprennent sans délai le chemin de Djoulfa. Désormais tranquilles sur le sort du précieux instrument, nous procédons à un examen attentif de l'édifice. Tout à coup la roulette qui me servait à mesurer les dimensions du tombeau m'échappe des mains, car je viens d'apercevoir au bout de la rue un énorme turban bleu. L'ennemi (ce ne peut être qu'un

REVÊTEMENT EXTÉRIEUR D'UNE MOSQUÉE MOGOLE.

ennemi) s'avance avec un empressement de mauvais augure, fait irruption dans la cour et, levant vers le ciel ses bras indignés, n'a pas assez de souffle pour débiter une longue kyrielle d'invectives, au milieu desquelles nous distinguons facilement le fameux *peder soukhta* (fils de père qui brûle aux enfers), *haram zaddè* (fils d'impur), et le *peder cag* (fils de chien) dont nos oreilles ont déjà été régalées au bazar de Kachan. Finalement le seïd nous enjoint en termes grossiers de ne pas souiller plus longtemps le sol du sanctuaire. Nous nous empressons de lui rire au nez; sa colère ne connaît plus de bornes, et, après avoir attiré sur nos têtes toutes les malédictions du ciel, il sort et se dirige à toutes jambes vers le bazar. Dix minutes ne se sont pas écoulées qu'une troupe de marchands ameutés à sa voix envahit la cour; les uns nous saisissent les bras, les autres nous poussent par les épaules, et malgré nos protestations nous mettent brutalement dehors.

Dans cette circonstance délicate — je me plais à le constater — Marcel et moi avons gardé un calme parfait. Le temps est passé où nous nous laissions aller aux premières inspirations d'un amour-propre hors de saison. Sachant à quelles gens nous avons affaire, et ayant appris par expérience que ces orages populaires se résolvent en une bousculade au demeurant peu dangereuse, nous avons tous deux pelotonné notre tête entre les épaules et mis en saillie, dès le commencement de l'action, des coudes assez maigres pour devenir offensants.

A peine dégagés de la foule, nous rejoignons le Père, demeuré à quelque distance de l'en-

IMAMZADDÉ JAFFARY.

ceinte, et Marcel, s'élevant sur-le-champ aux sublimes hauteurs du mode cicéronien, harangue nos ennemis dans le langage qu'ils entendent le mieux.

« Jusques à quand, graine d'ânes, abuserez-vous de notre patience et vous permettrez-vous *d'empiéter sur le chemin de notre volonté*? Vous montrez de la fierté parce que, au nombre de cent ou cent cinquante braves, vous avez l'audace d'attaquer deux Faranguis. Vermine, fils de vermine, vous nous respecterez si nous traînions à notre suite une escorte de pouilleux faits à votre image; vous redouteriez de voir le bâton réprimer vos moindres incartades; mais n'ayez nulle crainte, chiens sans religion, la gaule qui doit vous frapper n'est pas loin de ma main. Vous apprendrez bientôt à redouter ma juste colère, et, quand vous regagnerez vos demeures, traînant dans la poussière la plante de vos pieds offensés, vous saurez qu'un

Farangui ne remet pas à des ferachs le soin de sa vengeance. Laissez-moi le temps de me rendre chez le mouchteïd, et vous assisterez, je vous en donne ma parole, à un spectacle instructif. Les plus terribles turbans bleus qui vous ont menés au combat viendront *baiser le pan de la robe de ma condescendance.* »

Après avoir terminé cette brève catilinaire, à laquelle ne font même pas défaut les *très bien* et les *bravo* réglementaires accentués par la voix de basse du P. Pascal, Marcel toise une dernière fois ses auditeurs, fait faire une volte à la bête sur laquelle il est monté, afin de lancer avec plus d'éclat ses dernières imprécations, et vient se ranger à mes côtés. La foule, inquiète, s'écarte à notre approche, et nous nous éloignons lentement, non sans constater avec quelque surprise que les Ispahaniens, prenant nos menaces pour argent comptant, se reprochent les uns aux autres la manière brutale dont ils ont traité les Faranguis et cherchent déjà à désigner celui d'entre eux qui portera avec le plus d'aisance les cornes du bouc émissaire.

Sans perdre un instant, nous nous dirigeons vers la maison du mouchteïd, afin de porter plainte contre le seïd et de réclamer une escorte. La requête, présentée par le P. Pascal, est accueillie avec bienveillance; une trentaine de serviteurs et de respectables mollahs prennent la tête du cortège et nous ramènent processionnellement à l'imamzaddé. La porte est close, le fils de Mahomet ayant emporté en guise de trophée la clef de bois, longue de cinquante centimètres, qui sert à manœuvrer cette serrure primitive. Aucun de nous maintenant n'est d'humeur à se laisser arrêter par de pareils obstacles; les serviteurs soulèvent les battants, le pêne se dégage, et la troupe pénètre de nouveau dans cette cour d'où la foule nous a expulsés il y a une heure à peine.

Les marchands ont posté un espion près du tombeau; ils accourent, bien décidés à faire payer cher à ces démons de Faranguis l'effraction de la porte. Mais à la vue des gens du mouchteïd ils deviennent subitement souples et plats comme des chiens couchants. Seul le seïd, que préserve de toute punition la noblesse de sa race et qui attribue à son turban bleu les vertus du palladium, se laisse emporter par sa fureur.

« J'ai trop vécu, puisque j'ai vu des chrétiens se vautrer dans le tombeau de l'imam Jaffary, — la bénédiction d'Allah soit sur lui! Les infidèles peuvent désormais se baigner dans les piscines des mosquées et, ruisselants de l'eau souillée à leur odieux contact, inonder nos tapis de prière et les parvis sacrés. Si les musulmans continuent à se montrer les humbles serviteurs des chrétiens, ces chiens auront bientôt l'audace de pénétrer sous la coupole du tombeau d'Ali et fouleront de leurs pieds immondes le parvis de la Kaaba. Pour moi, je me retire, mes yeux ne pouvant supporter plus longtemps le douloureux spectacle qui s'offre ici à tous les regards.

— En attendant que le mouchteïd vous inflige la juste punition de votre insolence, allez donc baigner vos paupières dans une infusion de thé et d'essence de rose; à ma connaissance il n'est pas de meilleur collyre », dis-je triomphalement au seïd en forme de conclusion.

Nous n'abusons pas de notre victoire : après avoir laissé à la foule le temps de constater sa défaite, Marcel donne l'ordre de refermer la porte du tombeau, et nous reprenons sans nouvel incident le chemin de Djoulfa.

Il serait encore nécessaire de visiter les ruines d'une mosquée mogole, mais nous sommes tellement rassasiés de mollahs, de seïds, de pochtèbouns, d'échelles, de protecteurs des étrangers et des tombes saintes de l'Islam, que nous nous contenterons de prendre la vue extérieure d'un minaret élégant, décoré de faïences en relief et de charmantes combinaisons de mosaïques bleues et noires traitées dans le style des ornements de l'imamzaddé Jaffary, — la bénédiction d'Allah soit sur lui!

MINARET MOGOL A ISPAHAN.

Les mosquées d'Ispahan sont, on ne saurait le contester, fort belles et fort intéressantes, mais elles sont aussi d'un accès bien difficile. Il a fallu le caractère péremptoire des ordres du chahzaddè, l'énergie du P. Pascal et aussi, je dois en convenir, notre ténacité, pour arriver à vaincre toutes les résistances.

14 septembre. — « Père », s'écrie Kadchic en entrant dans la salle à manger, la bouche pleine et les mains embarrassées d'un melon dans lequel il mord à belles dents, « ce chien maudit, ce suppôt de l'enfer, cette bête malfaisante a osé poser son pied exécré sur le seuil de votre porte et a l'audace de demander à vous saluer.

— De qui donc parles-tu avec pareille hardiesse? Ne t'ai-je pas recommandé cent fois de qualifier en termes polis les étrangers qui se présentent au couvent?

— De qui pourrais-je parler, si ce n'est de ce protecteur des étrangers, de cet homme qui riait bêtement quand vous avez failli tomber de l'échelle, de cet être sournois qui est allé hier prévenir les seïds de la présence des Faranguis à l'imamzaddè Jaffary? Khalifé, j'ai été ce matin au bazar d'Ispahan, j'ai écouté les conversations des barbiers et des marchands de thé : je sais à quoi m'en tenir à son sujet.

— Garde ta langue, Kadchic ; si la parole vaut un *kran* (un franc), le silence vaut un *toman* (dix francs). Introduis ici le protecteur des étrangers. »

« Allah soit loué, Père ! Puissé-je monter la garde autour de votre tête ! Votre santé est-elle bonne, la santé de vos hôtes est-elle bonne? Puissé-je être sacrifié pour vous ! Votre santé est-elle très bonne? La santé de Leurs Excellences est-elle très bonne? demande en entrant le nouvel arrivant.

— Quel motif vous amène à Djoulfa? répond sèchement le Père à ces doucereuses salutations.

— L'honneur immense pour votre esclave d'être admis à vous présenter ses devoirs. Nul autre motif, Allah soit loué! n'a conduit mes pas jusqu'à votre demeure bénie. Je désirais aussi adresser mes protestations de dévouement aux hôtes que le ciel vous a envoyés. Puissé-je monter la garde autour de leur tête et leur dire combien j'ai été favorisé par la fortune en ayant eu le bonheur de leur être utile.

— Si c'est là l'unique but de votre promenade à Djoulfa, répond le Père, vous auriez pu sans inconvénient éviter à votre cheval la peine de faire deux farsakhs. Mes hôtes apprécient votre dévouement à leurs personnes et sont convaincus que vous auriez protégé leurs vies avec courage si elles eussent été en danger.

— J'ai rempli sans effort un devoir léger à mon cœur. Il me semble cependant qu'en récompense de mes services les Excellences, si leurs âmes sont reconnaissantes, devraient au moins me faire obtenir la décoration française ; mon ambition est modeste, je me contenterai du second degré.

— Croyez-vous donc que la croix de la Légion d'honneur ait été créée pour des poltrons et des hypocrites? s'écrie Marcel, subitement exaspéré.

— Calmez-vous, dit le Père en s'apercevant que la figure du solliciteur blêmit sous cette brusque apostrophe. Je suis surpris de vos prétentions, Khan. Demandez à Sa Majesté le Chah l'ordre iranien en récompense de la manière dont vous remplissez les honorables fonctions qui vous sont confiées. Quand vous aurez obtenu le Lion et le Soleil de Perse, nous verrons s'il y a lieu de solliciter en votre faveur le gouvernement français. »

Au premier abord l'audace du protecteur des étrangers nous a paru folle : elle est rationnelle cependant et prouve que l'on distribue trop facilement à l'étranger les grades les plus élevés de notre ordre national. Un personnage de l'importance du khan ne conçoit pas qu'on puisse lui refuser la rosette d'officier quand il voit accorder, faute d'informations suffisantes, des plaques et des grands cordons à des rôtisseurs du roi ou à des gens occupant à la cour les positions les moins considérées, je pourrais même dire les moins honorables. On n'agirait pas avec plus de désinvolture s'il s'agissait d'octroyer la croix de Saint-Potin.

15 septembre. — S'il faut aller chercher les mosquées dans la ville musulmane et sur la rive gauche du Zendèroud, les palais d'été élevés par les successeurs de chah Abbas se trouvent, en revanche, sur la rive droite du fleuve. Les souverains persans désirèrent-ils, en établissant leurs résidences auprès de la ville chrétienne, lui témoigner leur confiance, ou plutôt voulurent-ils, dans un ordre d'idées tout différent, se rapprocher de la nouvelle colonie afin de la mieux surveiller et de la dépouiller sans peine? Je n'en serais point surprise. La plus vaste et la plus importante de ces demeures royales, Farah-Abad (Séjour-de-la-Joie), fut construite au pied du Kou Sofi (Montagne des Sofi) par ce même chah Houssein qui persécuta durement les Arméniens et tarit ainsi les sources de la prospérité de Djoulfa.

On arrivait à Farah-Abad en suivant une avenue longue de plusieurs kilomètres, comprise entre deux galeries interrompues de distance en distance par des pavillons réservés aux gardes du roi. Cette voie grandiose aboutissait à une vaste esplanade autour de laquelle se développait l'habitation particulière du souverain. Des canaux revêtus de marbre blanc amenaient des eaux courantes dans un bassin de porphyre placé au centre de l'édifice, ou la distribuaient aux merveilleux jardins dont les voyageurs du dix-septième siècle nous ont laissé une si enthousiaste description.

Des esprits chagrins pourront reprocher à chah Houssein d'avoir construit un palais comparable en étendue aux légendaires demeures de Sémiramis, mais ils ne l'accuseront jamais d'avoir ruiné son peuple en acquisitions de pierres de taille et de bois de charpente. Tous les murs et toutes les voûtes sont bâtis en briques séchées au soleil; les parements sont enduits de plâtre et ne conservent aucune trace de sculptures ou de peintures décoratives : les parquets, les planchers même n'ont jamais été un luxe de l'Orient, de tout temps le sol battu a été recouvert de nattes sur lesquelles on étendait des tapis; enfin, s'il existe dans quelques embrasures des traces de ces verrières encore en usage dans les constructions actuelles, la majeure partie des baies, il est aisé de le constater, n'avaient pas de fermeture et devaient être abritées des rayons du soleil par de grandes tentes placées au devant des ouvertures. Plus encore que le temps, les envahisseurs ont eu raison du palais de chah Houssein. Lorsque les Afghans, vaincus par Nadir, général en chef des armées de chah Tamasp, quittèrent Ispahan après la bataille du 13 novembre 1729, ils ordonnèrent d'incendier le palais des rois sofis et de démolir les vastes talars sous lesquels ils avaient eux-mêmes trôné pendant plusieurs années.

Chah Tamasp arriva trop tard pour s'opposer au sac de la demeure favorite de sa famille. En voyant autour de lui le spectacle d'une pareille dévastation, il ne put contenir ses larmes. Il pleurait son palais écroulé et réduit en poussière, son père et ses frères égorgés, l'enlèvement des princesses de sa maison, emmenées prisonnières par Achraf, quand une femme misérablement vêtue se précipita vers lui et le serra dans ses bras. C'était sa mère. Cachée sous les humbles vêtements d'une esclave, elle avait mieux aimé remplir pendant quatorze ans les offices les plus infimes que de se faire connaître et de se soumettre au vainqueur. Aujourd'hui tous les aqueducs sont détruits, les marbres précieux ont disparu, les voûtes de terre se sont effondrées et couvrent de leurs débris poudreux l'emplacement des jardins, où ne verdissent plus les parterres de fleurs et les platanes ombreux. Dans cet état de ruine il est difficile de porter un jugement sur le palais de Farah-Abad, un des plus vastes que j'aie jamais vus. Je croirais volontiers que son aspect ne devait être ni grandiose ni imposant; les coupoles encore debout paraissent trop lourdes, et les murailles des galeries disposées autour des cours sont trop basses. Le charme de la résidence royale était dû à l'abondance des eaux, à la fraîcheur des bosquets, à la beauté du paysage et surtout au luxe effréné d'une cour d'adulateurs, de courtisans et d'eunuques.

« Où allez-vous ? me demande le Père au moment où je me remets en selle. J'ai chanté de grand matin l'office et la messe, rien ne me rappelle au couvent avant trois heures.

— Il existe, m'avez-vous dit, dans le voisinage de Farah-Abad, au milieu d'une anfractuosité du Kou Sofi, un second palais digne d'être visité ?

— Le takhtè Soleïman ? Nous avons bien le temps de l'aller voir demain !

— Père, reprend alors Marcel, vous nous faites passer à Djoulfa une existence bien douce, néanmoins il faut songer à nous remettre en route : depuis bientôt un mois nous sommes à Ispahan.

— Déjà ! Mais je ne consentirai pas de longtemps à vous laisser quitter Djoulfa. Vous emploierez quinze grands jours à visiter la rive droite du fleuve si vous mettez dans ces tournées la modération que je me suis promis de vous faire apporter désormais dans vos courses ; vous avez beaucoup travaillé depuis votre arrivée, reposez-vous avant de reprendre le cours de vos pérégrinations. Quatorze pénibles étapes séparent Ispahan de Chiraz. Croyez-en mon expérience, des semaines et même des mois comptent pour peu dans un voyage long et difficile. Demeurez cet hiver à Djoulfa, nous nous efforcerons tous de vous rendre la vie agréable.

— Notre temps est limité, vous connaissez du reste notre projet de visiter la Susiane et la Babylonie ; si nous passions l'hiver ici, nous traverserions au cœur de l'été des contrées dont la température est redoutable. D'après les nouvelles apportées par les dernières caravanes, la fièvre annuelle de Chiraz est en décroissance ; il est temps, vous le voyez, de songer au départ. Nous n'abandonnerons pas le couvent sans regrets, soyez-en persuadé, et nous remercierons tous les jours le ciel de vous avoir mis sur notre chemin.

— Je me soumets aux décrets de la Providence, reprend le Père. J'avais soigneusement prié tous nos amis de ne point vous parler du départ, très prochain, d'une nombreuse caravane d'Arméniens, de crainte que vous n'eussiez l'idée de vous joindre à elle ; mais, puisque vous êtes décidés à continuer votre voyage, je prierai les tcharvadars chargés de la conduire de ne point activer leurs préparatifs : avant de vous remettre en route, vous pourrez ainsi terminer vos travaux en toute tranquillité d'esprit. Remontons à cheval et allons, suivant votre désir, visiter le takhtè Soleïman. »

Après avoir descendu au petit galop la longue avenue qui sert d'entrée au palais, nous gravissons les flancs abrupts de la montagne et, prenant un chemin tracé en lacet, nous atteignons bientôt une étroite plate-forme creusée de main d'homme dans une anfractuosité du rocher. Un palais ruiné la couronne.

L'histoire de cet édifice donne une idée fort exacte des procédés administratifs des rois de Perse.

Chah Soleïman étant à la chasse vint se reposer un jour à l'ombre d'un bouquet d'arbres arrosé par une source.

« Quel admirable paysage ! dit-il à son grand vizir en contemplant la vaste plaine étendue à ses pieds ; j'aimerais à conduire ma mère en ce lieu et à lui faire admirer d'ici le panorama d'Ispahan ; de nulle part il ne se présente sous un aspect aussi enchanteur. »

Le vizir ne souffla mot, mais dès le lendemain il engagea quatre mille ouvriers et les fit conduire dans la montagne avec ordre de creuser le rocher et de déblayer un emplacement suffisant pour y bâtir un palais. En même temps il faisait tracer un chemin en lacet, afin de permettre aux gens de corvée de monter les briques et la chaux nécessaires à l'édification du monument projeté.

Les habitants d'Ispahan ne tardèrent pas à connaître les intentions du ministre et à encombrer le chantier ; ils venaient juger par eux-mêmes du mérite de la position choisie et de la vigoureuse impulsion donnée aux travaux. Cette affluence de curieux donna au vizir la singulière pensée de mettre les visiteurs à contribution en les obligeant à monter au takht une charge de matériaux.

« Par la tête du roi, s'écriait-il quand il rencontrait quelque rebelle, vous travaillerez comme je le fais moi-même, car c'est le bon plaisir de Sa Majesté. Qui de vous serait assez audacieux et assez perfide pour oser refuser son concours au roi ? »

Ces paroles glaçaient de terreur les Ispahaniens. Hommes, femmes, enfants chargeaient de briques leurs épaules et leurs bras et, baudets volontaires, s'élevaient jusqu'à la plate-forme, persuadés que le chah, instruit de leur dévouement, les en récompenserait. Quelques légères faveurs distribuées à propos firent naître chez les manœuvres dilettanti une telle émulation, que le transport des matériaux à pied d'œuvre fut payé tour à tour avec des menaces et des paroles encourageantes, monnaie facile à se procurer en tous pays.

« Notre promenade, nous dit le Père, me remet en mémoire un trait bien singulier de la vie du fondateur de ce palais. Chah Soleïman avait autant de superstition que de caprices. Sur l'avis de ses devins, il attribua une maladie grave dont il fut atteint dès le début de son règne à la fâcheuse conjonction des astres sous lesquels avait eu lieu son couronnement. Comme il n'était pas homme à se laisser dominer par de vulgaires étoiles, il échangea simplement son nom de Suffi contre celui de Soleïman et se fit couronner une seconde fois afin de conjurer le mauvais sort. » Il est vraiment fâcheux que ce remède souverain ne soit pas à la portée des simples mortels.

Le palais de chah Soleïman fut bâti en briques cuites. Malgré la nature de ses matériaux il est presque en aussi mauvais état que celui de Farah-Abad.

Il n'a pas été au pouvoir des Afghans — nous devons nous en féliciter aujourd'hui — de détruire en même temps que les demeures des rois sofis le superbe panorama dont on jouit de ce point élevé. En se plaçant à l'extrémité d'une sorte de promontoire dominé par une tour, dernier vestige du palais, on découvre toute la plaine d'Ispahan, la route de Chiraz et, confondue dans les brumes bleues de l'horizon, la vallée de Golnabad, tristement célèbre dans l'histoire ispahanienne depuis l'invasion afghane. Les envahisseurs, pendant leur courte domination, se montrèrent tellement cruels pour les vaincus, et après plus d'un siècle le souvenir de leurs excès est resté si vivace dans la mémoire des habitants d'Ispahan, que les enfants eux-mêmes sont capables de raconter en détail les diverses péripéties du combat de Golnabad et du siège de la ville.

En redescendant du takhtè Soleïman, mes yeux sont attirés par une tache s'enlevant en brun sur le fond des rochers rougeâtres éboulés du Kou Sofi. C'est le cimetière arménien, couvert de noirs monolithes taillés en forme de cercueils. Ce champ de repos, sans arbre ni végétation d'aucune sorte, est d'un aspect particulièrement sinistre et laisse, quand on le traverse, une impression de tristesse bien en harmonie avec sa lugubre destination. Les pierres placées sur les tombes fraîchement ouvertes sont aussi sombres que les dalles funéraires les plus anciennes, mais elles se distinguent de ces dernières en ce qu'elles sont intactes. Au temps des malheurs de Djoulfa et des persécutions exercées contre les chrétiens, les musulmans, sous le singulier prétexte de circoncire les infidèles après leur mort, ébréchaient d'un coup de marteau les angles des pierres tombales. Pendant de longues années, les Arméniens n'osèrent pas s'opposer à cette profanation et supportèrent humblement un outrage considéré comme des plus sanglants; mais aujourd'hui ils ont recouvré une sécurité relative et en profitent pour faire respecter leurs dernières demeures : aucun musulman n'oserait franchir les limites du cimetière chrétien et s'approcher d'une tombe, de crainte d'être massacré.

16 septembre. — « Nous sommes dans une bien singulière ville! Je ne crois pas qu'elle ait sa pareille au monde, nous a dit hier soir le P. Pascal. Je tiens absolument à donner un dîner aux notables djoulfaiens en l'honneur de votre présence dans notre ville, mais je me demande encore si je mènerai à bien cette délicate entreprise. L'aristocratie de Djoulfa, vous avez pu le constater, se compose, non compris l'évêque, de six familles, chez lesquelles il serait fort agréable de se réunir de temps à autre. Or ces six maisons forment six groupes distincts qui passent le plus clair de leurs jours à médire les uns des autres. Tous mes paroissiens ne sont pas constamment brouillés, mais il n'existera jamais entre eux de lien de sympathie. Pierre a volé un bon domestique à son voisin; Marie dénigre le pilau et les confitures de Catherine; enfin le cheval, le chat, le chien, tout est matière à querelle et à dispute. Mettre en présence, à ma table, des gens qui s'abhorrent me paraît fort délicat : ceux-ci prétexteront de l'invitation adressée à ceux-là pour ne point se rendre à mon dîner, et cependant je ne puis faire un choix, sous peine d'indiquer une préférence; vous me voyez dans un cruel embarras. Les brouilles cependant seraient passagères et n'auraient pas de gravité si, depuis l'arrivée de Mme Youssouf, les rivalités féminines n'avaient été surexcitées au plus haut degré par l'élégance de la nouvelle venue. Les dames d'Ispahan n'ont pas voulu convenir de leurs sentiments jaloux, et, non contentes de donner libre cours à leur bile, ont failli par leurs manœuvres souterraines amener une véritable catastrophe dans cette ville généralement si calme.

— Vous ne nous aviez jamais entretenus de cette terrible histoire, Père.

— L'hiver dernier, Mme Youssouf a fait venir de Paris une superbe robe à la mode farangui et elle a profité du mariage de l'une de mes paroissiennes pour abandonner les vêtements larges des femmes arméniennes et se montrer dans tous ses atours. » A ce moment, le Père, baissant la voix, regarde de tous côtés afin de s'assurer que les portes sont bien closes, puis il reprend : « J'ai peut-être tort de vous mettre au courant d'un pareil secret; promettez-moi au moins que vous ne le révélerez à personne?

— Vous n'avez rien à craindre, Père : mon départ prochain est un gage certain de ma discrétion.

— Vous avez raison; néanmoins je désire que nul en Perse ne connaisse les détails de ce triste incident. »

Fort intrigués par ce long préambule, nous nous rapprochons du Père, qui nous souffle à l'oreille la fin de cette grave affaire.

« L'émotion causée par la toilette de Mme Youssouf fut d'autant plus grande que, sous un corsage de satin noir collant comme un bas de soie, elle laissait admirer une taille d'une extrême finesse et une poitrine dont l'opulence et les contours eussent excité la jalousie des houris promises aux fidèles musulmans. Personne ne connaissait le secret de cette transformation; mais, avant d'éclaircir le mystère, les six familles, mortellement brouillées depuis plus d'un an, se réconcilièrent, mirent en commun leurs médisances et attaquèrent à belles dents les nouveaux avantages de Mme Youssouf. Sa toilette, vint-on me dire, était inconvenante, outrageante pour les bonnes mœurs; je ne devais pas tolérer qu'une femme se montrât dans une cérémonie religieuse vêtue d'un accoutrement aussi démoniaque. Je me laissai influencer, et j'eus le tort d'aller parler de tout cela à Kodja Youssouf. Mon paroissien, il m'en souvient, reçut assez froidement mes observations.

« Sur ces entrefaites, le prince Zellè sultan, ayant eu à se louer d'une fourniture militaire faite avec beaucoup d'intelligence par Kodja Youssouf, le nomma son *tadjer bachy* (marchand en chef), fit cadeau à sa femme d'un superbe cheval et l'autorisa en même temps à employer pendant quelques jours, chez elle, un charpentier arménien, nommé Kadchic, dont l'habileté est proverbiale et que le prince seul occupe depuis quelques années.

« Ce fut une proie nouvelle offerte à la médisance; on ne pouvait s'en prendre ni au prince ni aux Youssouf : on décréta que Kadchic, quand il aurait terminé les travaux du palais, ne mettrait plus les pieds dans aucune des grandes maisons de Djoulfa.

« Celui-ci, fort troublé à l'annonce de ce brutal décret d'expulsion, commit alors l'incroyable faute de raconter, en payement de son pardon..., je vous en prie, jurez-moi de garder le secret, il y va du repos de toute la paroisse », reprend tout à coup le Père de plus en plus ému, mais trop avancé dans ses confidences pour pouvoir s'arrêter en chemin. « Il raconta donc que Mme Youssouf, avant de revêtir sa fameuse robe de Paris, emprisonnait sa taille dans une mécanique faite en barres de fer recouvertes de satin, rose; sa servante favorite tirait alors pendant deux ou trois heures sur des cordes fixées à la machine et transformait ainsi le buste de sa maîtresse.

« Un vent violent n'aurait pas, au moment de la récolte, répandu plus facilement sur Ispahan le fin duvet du coton que nos matrones cette prodigieuse nouvelle : elle franchit même le Zendèroud, devint le sujet des conversations de tous les andérouns, et de vingt côtés à la fois fut rapportée à Djoulfa. Mme Youssouf, très fière de ses avantages, conçut une colère des plus violentes contre Kadchic, car, si les femmes chrétiennes se montrent à peu près à visage découvert, elles jettent, en revanche, un voile d'autant plus épais sur leur vie privée. Elle parla même de faire tuer le charpentier : la faute de Kadchic était grave, très grave, j'en conviens, mais que seraient devenus les cinq jeunes enfants et la femme de ce malheureux, s'il eût péri?

« Cette raison me détermina, non pas à demander la grâce du coupable, je ne l'aurais pas obtenue après l'insuccès de ma première ambassade, mais à lui trouver une cachette.

« La première colère passée, Mme Youssouf s'est fort bien conduite; quand Kadchic est sorti de sa prison volontaire, elle lui a fait donner cent coups de bâton, et depuis cette époque elle ne lui a plus témoigné le moindre ressentiment.

« Grâce à moi, vous le voyez, cette affaire s'est arrangée au mieux de tous les intérêts; mais c'est précisément à cause de la condescendance montrée à cette occasion par les Youssouf, que je suis obligé de les inviter à dîner et de donner à ma belle paroissienne la première place auprès de l'évêque; en votre honneur, elle ne manquera pas de mettre sa robe et sa mécanique de Paris, et vous pourrez juger par vous-même de l'effet produit sur l'assistance. Quant à moi, je suis désespéré de ces dissensions. Il faut vivre en un pays sauvage pour se trouver en face d'une situation aussi délicate.

— Ne dites pas de mal d'Ispahan, Père, et ne conservez pas d'illusions sur l'Europe : il vous suffirait d'habiter quelque temps en France une ville de province pour vous apercevoir qu'en fait de sottise et de jalousie les dames de Djoulfa n'ont rien inventé. Si j'étais à votre place, je me garderais bien de faire des invitations, et j'abandonnerais simplement le projet de donner un dîner en somme fort inutile.

— C'est impossible : à plusieurs reprises vous m'avez empêché d'offrir ce repas, je ne saurais plus longtemps tarder à rendre à l'évêque schismatique la politesse qu'il vous a faite. Peut-être même cette réunion, durant laquelle mes invités seront forcés en votre honneur de garder une certaine réserve, deviendra-t-elle le point de départ d'une réconciliation générale.

Advienne que pourra : je vais engager les six familles. Demain je vous abandonnerai à votre bonne étoile et me mettrai de mon côté en tournée de visites. »

17 septembre. — Laissant le Père à ses préparatifs, nous nous sommes dirigés ce matin vers les bords du Zendèroud.

En redescendant le cours du fleuve, nous n'avons pas tardé à atteindre la partie du Tchaar-Bag située sur la rive droite à la suite du pont Allah Verdi Khan. Elle aboutissait autrefois à un immense parc, connu sous le nom de Hezar Djerib (les Mille Arpents). Des tumulus de terre délayée par les pluies et un beau pigeonnier témoignent seuls de la splendeur des constructions élevées dans ce jardin. Après avoir dépassé ces tristes ruines,

AINÈ KHANÈ (MAISON DES MIROIRS).

nous apercevons un bouquet de platanes ombrageant un charmant pavillon, le Ainè Khanè (Maison des Miroirs).

La façade, ouverte dans la direction du Zendèroud, est ornée d'un portique hypostyle. Ses colonnes, au nombre de douze, étaient revêtues autrefois de miroirs taillés à facettes. Les plafonds, en mosaïques de bois de cyprès et de platanes, rehaussés de filets d'or, les lambris de faïence colorée, les portes et les croisées fermées par des vantaux travaillés à jour comme les *moucharabies* du Caire, composent un ensemble des plus séduisants.

Quand ils viennent à Ispahan tenir les audiences solennelles, les rois de la dynastie Kadjar se placent généralement sous ce portique, d'où l'on aperçoit le cours du fleuve et les deux ponts Allah Verdi Khan et Hassan Beg. En 1840 notamment, Mohammed chah y présida une cour de justice et s'y montra si sévère qu'il rétablit l'ordre dans la province de l'Irak, infestée par des hordes de brigands.

PONT HASSAN BEG.

Tout à côté du Aïnè Khanè débouche le pont Hassan Beg. Il est moins long que le pont Allah Verdi Khan, mais digne cependant d'une étude attentive. Cette construction, traitée avec un soin et un luxe particuliers, sert tout à la fois de pont et de barrage. Les piles sont établies sur un radier de vingt-six mètres de largeur, destiné à élever les eaux de deux mètres au-dessus de l'étiage; chacune des arches se compose d'une voûte d'arête surhaussée, soutenue par quatre massifs de maçonnerie. Il résulte de cette singulière disposition que le spectateur placé sous le pont dans l'axe de la chaussée voit se développer l'ouvrage dans toute sa longueur, semblable à une succession de salles couvertes de coupoles. Toutes les parties inférieures de la construction, telles que le radier, les culées et les piles, ont été exécutées en pierres dures assisées, tandis que les arches et les tympans sont en belle maçonnerie de briques revêtue de mosaïques de faïences polychromes.

La chaussée du pont Hassan Beg est comprise entre deux galeries réservées aux piétons. Au centre de ces galeries s'élèvent des pavillons octogonaux en saillie sur le nu de l'ouvrage. Ils comprennent plusieurs étages, divisés en chambres mises gratuitement à la disposition des voyageurs. Des inscriptions sans intérêt couvrent la majeure partie des murs, blanchis à la chaux. Parmi elles s'est pourtant égarée une pensée pleine de philosophie et d'à-propos.

« Le monde est un vrai pont, achève de le passer, mesure, pèse tout ce qui se trouve sur ta route : le mal partout environne le bien et le surpasse. »

Si le point de vue dont on jouit du pavillon greffé sur le pont Hassan Beg n'est pas de nature à ravir les yeux, il est susceptible de les intéresser. Au-dessous du barrage, le lit desséché du

DESSOUS DU PONT HASSAN BEG.

fleuve est couvert, en cette saison, par les produits des fabriques de *kalamkars*. Le kalamkar (litt. «travail à la plume ») est le modèle original des cotonnades désignées en France sous le nom de « perse ». Les Ispahaniens peignent ces tissus avec un art consommé et sont redevables du mérite et de la solidité des couleurs appliquées sur l'étoffe aux eaux du Zendèroud, dont ils les arrosent pendant plusieurs jours.

Toutes les perses de l'Irak sont charmantes, surtout quand, rehaussées de quelques arabesques d'or, elles sont employées comme portières ou jetées en guise de nappes sur les tapis. Leur fabrication a pris depuis quelques années une telle importance, qu'on est même arrivé à imprimer les couleurs avec des moules à main, afin de livrer l'étoffe courante à bon marché; quant aux beaux kalamkars, ils sont toujours dessinés à la plume et peints avec une grande netteté de contours.

18 septembre. — Nous avons réservé pour la dernière de nos courses autour d'Ispahan la visite du Chéristan, le plus vieux quartier de la ville, bâti sur l'emplacement de l'antique Djeï, et éloigné aujourd'hui de près de deux farsakhs de la cité moderne.

Quand on se rend au Chéristan, on suit d'abord la rive droite du fleuve; on longe ensuite le joli faubourg d'Abbas-Abad, bâti, comme Djoulfa, le long de canaux ombragés; puis le chemin disparaît et l'on ne reconnaît plus la route qu'aux empreintes laissées par les pieds des chevaux sur la terre sablonneuse; après une heure de marche je traverse la rivière et me trouve en présence d'un splendide minaret élevé de plus de trente-neuf mètres au-dessus du sol et décoré d'une inscription en mosaïque monochrome. Cette belle construction est due à un roi mogol, Roustem chah, qui régna sur la Perse au quinzième siècle.

Les murailles et la couverture de l'imamzaddè ont résisté victorieusement au temps et aux hommes; les voûtes surtout sont intéressantes à examiner : dépouillées

MOSQUÉE A ABBAS-ABAD. (Voyez p. 330.)

de toute ornementation extérieure, elles expliquent avec une parfaite netteté la raison constructive de ces voussures compliquées dont les Persans, comme les Arabes, se sont montrés si prodigues dans leur architecture.

Non loin de l'imamzaddè, les arches d'un quatrième pont jeté devant Ispahan réunissent les deux rives du fleuve. Les piles de cet ouvrage sont en grossière maçonnerie de pierre, et les parties supérieures des arches ont été bâties en briques à une époque de beaucoup postérieure à la fondation primitive des piles.

La circulation, se portant tous les jours davantage vers les ponts Allah Verdi Khan et Hassan Beg, est fort peu active sur celui du Chéristan. D'ailleurs le bourg lui-même paraît si désert que notre arrivée ne réussit pas à attirer sur la place plus d'une vingtaine de curieux.

Quelques maisons, le minaret, l'imamzaddè, une mosquée délabrée et le pont sont les seules constructions signalant aujourd'hui l'emplacement de Djeï.

18 septembre. — Je suis encore tout émue de ma première entrevue avec le *tcharvadar bachy* (muletier en chef), grand organisateur de la caravane arménienne à laquelle nous devons nous joindre. Par un acte fait en double et de bonne foi, en présence du P. Pascal... sans collègue, nous sommes bel et bien locataires, pendant la durée du voyage, de quinze mulets destinés au transport de nos gens et de nos bagages, et de deux chevaux intelligents, capables de conduire leurs cavaliers dans les meilleures conditions de sécurité au milieu d'un convoi composé de plus de trois cents bêtes. A Abadeh la caravane fera une halte de vingt-quatre heures afin de laisser reposer les animaux et les gens, et stationnera un jour à

PONT DU CHÉBISTAN.

Mechhed Mourgab. A partir de Maderè Soleïman nous serons libres de nous arrêter en route, tandis que le gros de la *gaféla* (caravane) continuera sa route vers Chiraz, éloigné de trois étapes des célèbres ruines achéménides.

Pendant cette dernière période du voyage, le tcharvadar bachy emportera nos bagages en garantie des quatre chevaux que nous devons conserver avec nous, de façon à se récupérer de sa perte si, par un malheureux hasard, nous étions dévalisés dans les défilés de montagnes situés entre Maderè Soleïman et Persépolis.

Toutes ces conventions acceptées de part et d'autre, le tcharvadar bachy, assisté de son lieutenant, a reçu en bonne monnaie d'argent la moitié du prix de la location de ses animaux, a examiné chaque kran (quatre-vingt-dix centimes), fait un triage des pièces frappées à des

PESÉE DES BAGAGES. (Voyez p. 333.)

PRÉPARATIFS DE DÉPART.

époques différentes, afin de choisir les meilleures, et finalement en a refusé plus de cent, sous les prétextes les plus divers. Cette fastidieuse cérémonie terminée, notre homme a annoncé qu'il reviendrait demain peser les charges avec une romaine, et s'assurer que chacune d'elles n'excédait pas le poids réglementaire de treize *batmans tabrisi* (soixante-quinze kilos), soit pour un mulet cent cinquante kilos. Cette limite ne saurait être dépassée sans danger pour les bêtes de somme, tant sont mauvaises et accidentées les routes d'Ispahan à Chiraz.

« Quand partons-nous ? ai-je demandé.

— Dieu est grand ! m'a répondu le lieutenant du tcharvadar : un de nos voyageurs est malade ; s'il n'expire pas d'ici à trois ou quatre jours, sa maladie sera de longue durée, et en ce cas nous le forcerons bien à se mettre en route ; si Allah, au contraire, met un terme à sa vie, nous attendrons sa mort, pareil incident n'étant pas de bon augure dès les premiers jours d'un long voyage. »

Nous avons, je le vois, tout le temps de terminer nos courses autour d'Ispahan et de faire en conscience nos préparatifs de départ.

19 septembre. — Victoire ! le dîner d'hier soir s'est terminé sans accident ! Tous les invités du Père ont gardé une tenue digne d'éloges ; la gazelle était délicieuse les pilaus cuits à point, et rien ne manquait au festin, pas même la présence de la « mécanique » célèbre de cette charmante Mme Youssouf. L' « accoutrement diabolique » se composait d'une jupe de satin noir drapée avec un certain art, d'un corsage de même étoffe, montant jusqu'au cou, ajusté comme un vêtement confectionné à quatre mille lieues de la personne à laquelle il est destiné, et posé sur un corset exécuté dans les mêmes conditions que le corsage. Je dois avouer cependant que, mise en comparaison avec les sacs portés en guise de robes par l'aristocratie d'Ispahan, la toilette à la mode farangui était de nature à troubler la paix des familles.

Au dessert, l'évêque a bu à notre heureux voyage, à l'espoir de nous revoir à Ispahan ; puis on a quitté le réfectoire, et les convives sont rentrés au parloir. La trêve accordée par des estomacs affamés n'avait plus dès lors sa raison d'être, la jalousie a repris ses droits, et les ennemis de la « mécanique » se sont enfuis de bonne heure.

Nous travaillons depuis trois jours à faire et défaire nos caisses, sans pouvoir atteindre exactement le poids réglementaire ; quand les boîtes de clichés, les objets achetés au bazar d'Ispahan et notre collection de carreaux de faïence ont été soigneusement emballés dans du coton et rangés au fond des coffres, les tcharvadars ont apporté un instrument à peser, fixé à trois barres posées en faisceau ; les charges étaient trop lourdes, je les ai rendues plus légères ; alors tous les objets se sont mis à danser. Bref, il a fallu rapetisser les caisses et les régler à nouveau. Nous avons repris quelques krans que les tcharvadars ont trouvés trop légers après une seconde vérification, et nos hommes se sont enfin décidés à lier les bagages.

Je croyais être au bout de mes peines ; quelle erreur ! Les muletiers, en appareillant les colis deux à deux, et en les reliant l'un à l'autre avec des câbles légers, mais très résistants, fabriqués en poil de chèvre, ont laissé échapper une extrémité de la corde et ont lancé en l'air un nuage de poussière ; Marcel, qui, contrairement à ses habitudes, surveillait les travailleurs, a fortement éternué. Frappés de stupeur, les muletiers se sont regardés d'un air anxieux : « Éternuez, au nom du ciel, éternuez encore deux fois, si vous le pouvez », a soufflé Mirza Taghuy khan.

Mon mari a suivi ce conseil, et les tcharvadars ont repris sur-le-champ l'opération interrompue. Éternuer une fois est un présage de malheur, devant lequel personne n'hésite à cesser tout travail ; éternuer trois fois est, en revanche, d'un heureux augure. Sans l'avis charitable de Mirza Taghuy khan, les bagages n'étaient pas liés aujourd'hui et, comme demain n'est pas un jour propice, nous risquions fort de rester à Ispahan encore une demi-semaine.

Dieu veuille que nous n'ayons pas, au nombre de nos compagnons de route, des gens enrhumés du cerveau!

20 septembre. — Grâce à Dieu, l'habillage des colis est terminé, les bagages sont ficelés et les charges également réparties sur les chevaux.

Dans la matinée nous avons fait nos adieux à nos amis de Djoulfa et d'Ispahan. Tous ont été parfaits à notre égard : nous aurions chargé une caravane avec les cadeaux de fruits, de cherbets et de confitures qu'ils voulaient nous forcer à emporter. J'ai accepté cependant, sous la forme d'un melon et d'une pastèque, le témoignage de la reconnaissance de deux jeunes filles arméniennes. Ces gentilles enfants m'ont demandé de faire leur portrait et m'ont priée de l'expédier à leur père, qui habite Bombay, dès mon arrivée à Bouchyr. J'entends dans la rue le bruit de plusieurs cavaliers : ils veulent se joindre au Père et nous accompagner jusqu'à moitié chemin de la première étape. Quant à moi, j'écris toujours et ne puis me résoudre à fermer mon cahier, car je ne quitte pas sans regrets et sans appréhensions cette bonne ville de Djoulfa.

Mais fi de la tristesse, et en selle pour Chiraz, le pays du vin, des roses et des poètes.

JEUNES ARMÉNIENNES.

ARMÉNIENS SE RENDANT A BOMBAY. (Voyez p. 311.)

CHAPITRE XVIII

Départ d'Ispahan. — Grande caravane d'octobre. — Le caravansérail de Kalé Chour. — Village de Mayan. Koumicheh. — Arrivée à Yezd-Khast.

Ispahanec, 21 septembre. — Au coucher du soleil, nous avons remercié nos amis de Djoulfa d'avoir songé à nous escorter pendant quelques heures, et, après leur avoir dit adieu, nous les avons engagés à retourner sur leurs pas afin de regagner la ville avant la fermeture des portes; puis nous avons tristement continué notre route, suivis du tcharvadar qui conduit les mulets de charge et d'un domestique arménien nommé Arabet. Ce pauvre garçon vient de quitter femme et enfants, non sans verser d'abondantes larmes, et s'est engagé à notre service en qualité d'intendant; l'espoir de faire fortune aux Indes l'a poussé, lui aussi, à abandonner sa patrie. A son arrivée à Bouchyr il nous quittera et payera avec ses gages son passage sur un bateau à destination de Bombay.

A peine les derniers rayons du soleil ont-ils disparu que les ombres de la nuit s'étendent autour de nous avec une étonnante rapidité. Le crépuscule n'existe pas en Orient; le ciel de ces heureux pays n'admet pas un état transitoire entre la grande lumière qui active la vie végétale et l'obscurité si favorable au repos de la nature tout entière. Nous marchons silencieux; seuls les cris monotones des oiseaux, les chants plus monotones encore du muletier et les tintements produits par les fers des chevaux sur les cailloux du chemin troublent la quiétude de la nuit.

Laissant bientôt sur la droite une large voie due au passage de nombreux convois, les mulets de tête s'engagent dans de petits sentiers, puis ils suivent des frayés à peine indiqués et ne tardent pas à gagner une lande déserte.

« Pourquoi donc as-tu quitté la grand'route? ai-je demandé au tcharvadar avec méfiance.

— Afin de prendre un raccourci.

— Si tu prends des chemins de traverse, nous n'arriverons pas avant minuit au caravansérail d'Ali Khan.

— Je ne vous conduis pas au caravansérail d'Ali Khan; la caravane est campée non loin d'ici. Peut-être ferions-nous bien de nous arrêter, nous l'apercevrions sûrement au petit jour.

— En ce cas, nous aurions quitté Djoulfa dans l'unique but de venir nous perdre à trois heures de marche de la ville? Tâche de te retrouver, car je ne te laisserai pas arrêter que nous n'ayons rencontré la caravane et le *manzel*. »

Le tcharvadar ne dit mot et pousse mélancoliquement ses bêtes en avant, tandis que nous nous plaçons à l'arrière-garde afin de mieux surveiller le convoi. Tout à coup le guide pousse un cri de joie, il vient de rencontrer un petit canal : le campement ne doit pas être éloigné de l'eau. Nous contournons, ne pouvant les franchir, une multitude de conduits d'arrosage, le muletier hèle à pleins poumons ses camarades : aucun bruit ne se fait entendre ; serions-nous véritablement égarés? Après une nouvelle tentative, de lointains hennissements de chevaux, auxquels répondent poliment nos deux bucéphales, nous apprennent que nous suivons la bonne direction. Bientôt, en effet, je distingue, malgré l'obscurité de la nuit, des taches noires et blanches se mouvant auprès d'un énorme amoncellement de colis; ce sont les chevaux et les mulets de transport, attachés à un câble passé dans des crampons fichés en terre. Sur les caisses et les ballots dorment des tcharvadars. Il serait fort difficile de deviner des êtres humains sous les épais manteaux de feutre qui les recouvrent, si de sonores ronflements ne décelaient leur présence. Huit ou dix gardiens armés de fusils veillent sur la caravane.

« Je m'empresse de vous apporter vos mafrechs, nous dit le guide en se hâtant d'enlever les selles et les brides de nos chevaux.

— Je n'ai point l'intention de coucher en plein air, je croyais te l'avoir déjà fait comprendre, répond Marcel ; conduis-moi au plus vite dans un caravansérail où nous puissions trouver un abri et du bois.

— Çaheb, il n'y a ni caravansérail ni maison à deux heures à la ronde. Depuis près d'une semaine on transporte ici des marchandises; en semblable occurrence il eût été imprudent d'établir notre campement auprès des voies fréquentées. C'eût été s'exposer à tenter les passants.

— Où sont donc nos compagnons de route?

— Les uns dorment sur les bagages, vous seriez très bien à leur côté, je vous assure ; les femmes arméniennes se sont arrêtées au village de Takhtè-Poulad ; enfin quelques retardataires sont encore à Ispahan. »

La perspective de prendre place à notre tour sur la pyramide de colis où l'on ronfle de si bon cœur nous sourit d'autant moins que, depuis le commencement du mois de septembre, la fraîcheur des nuits nous a forcés d'abandonner le clocher du couvent et de nous retirer dans les chambres closes; ce soir, nous sommes déjà tout transis et nous nous arrêterions sans enthousiasme à l'idée de jeûner et de dormir au grand air.

« Vous n'avez point, j'imagine, campé votre caravane au milieu d'une plaine sans eau? reprend Marcel avec assurance. Quand il y a des kanots, il y a des terres fertiles, des paysans et des villages ; si vous ne me conduisez pas immédiatement dans une habitation quelconque, je reprends le chemin de Djoulfa, et, à votre tour, vous attendrez mon bon plaisir. »

Il nous serait bien impossible de mettre à exécution les menaces de mon mari : on voit à peine à deux pas devant soi, et nous avons contourné tant de fossés, que nous avons perdu jusqu'à l'idée de la direction d'Ispahan.

Cependant les Orientaux, très portés à attribuer aux Faranguis tous les talents, même celui de se conduire la nuit en pays inconnu, rechargent les mulets et nous engagent à les suivre. Nous marchons pendant un quart d'heure et atteignons un grand village tout voisin du campement, ainsi que nous l'avait fait présumer la position des kanots. Le tcharvadar frappe à la première porte, mais, comme nous sommes en plein *biyaban* (campagne), où les paysans, fort pusillanimes, rêvent voleurs nuit et jour, on ne répond même pas à son appel ; une seconde, une troisième tentative ont un égal insuccès ; enfin nous arrivons à la maison du ketkhoda.

« Ouvrez, au nom du chahzaddé ! » s'écrie impérativement Marcel avec son plus détestable accent ispahanien.

Si le ciel nous favorise, nous ne passerons pas la nuit dehors ! Plafond doré ou toiture de terre, peu importe, pourvu que nous dénichions un abri. Un paysan d'assez honnête figure se présente dès que deux ou trois valets d'écurie ont entr'ouvert la porte, et prend, à l'aspect de nos casques blancs, une figure toute décontenancée.

Le cuisinier, fort à propos, se porte garant de notre honnêteté.

« Ces Faranguis, dit-il, sont des gens calmes et tranquilles, vous pouvez sans inquiétude leur donner asile dans votre maison ; le bois et le logis vous seront généreusement payés.

— Je n'ai jamais refusé l'hospitalité gratuite à de fidèles croyants, mais je n'oserais introduire chez moi des infidèles sans l'assentiment de mes femmes ; attendez un instant, je vais les consulter. »

Et le ketkhoda, laissant à ses serviteurs le soin de garder la porte, disparaît. Bientôt un concert discordant parvient à nos oreilles. La proposition du maître de céans a soulevé une telle indignation dans l'andéroun, que cet heureux époux, presque honteux de son audace, revient, tout penaud, nous faire part de l'impossibilité où il se trouve de nous recevoir.

« Il y a, dit-il, à l'extrémité du village une ancienne mosquée où vont parfois camper les tcharvadars ; vous n'y seriez vraiment pas mal, et, si vous consentiez à vous y rendre, je vous ferais porter, sans en rien dire à mes femmes, du bois et du charbon. »

En route pour l'auberge du bon Dieu.

La mosquée occupe les quatre côtés d'une cour carrée ; à droite et à gauche du sanctuaire s'élevaient autrefois des galeries voûtées dont les débris gisent sur le sol ; en face de la porte d'entrée s'étend le corps principal, presque aussi ruiné que les ailes latérales ; mais, dans un angle, trois petites coupoles encore debout promettent un abri ventilé aux voyageurs malheureux. On décharge les vivres et les mafrechs ; le ketkhoda, fidèle à ses promesses, envoie une charge de fagots ; vers onze heures du soir, le feu est allumé, le kébab de mouton grésille sur les charbons ardents, la bouilloire chante et, bien qu'aveuglés par une épaisse fumée, nous nous laissons aller à l'impression d'un bien-être d'autant plus vif que depuis deux heures il était plus inattendu.

21 septembre. — « Comme on fait son lit, on se couche », dit un proverbe véridique. Après dîner j'ai jeté de grandes brassées de bois au feu, puis, roulée dans mon lahaf, je me suis allongée sur le sol.

A mon réveil, le soleil est dans toute sa splendeur ; il est sept heures du matin, les mouches et les abeilles bourdonnent, et cette mosquée en ruine, d'un aspect si lugubre cette nuit, se pare en ce moment de la beauté d'une merveilleuse campagne, que l'on aperçoit à travers les brèches des murailles éboulées. Marcel est debout depuis longtemps; à mon tour je me lève et je me trouve bientôt sur les limites d'un beau village : là où je n'ai vu avec les ténèbres que lande sauvage, je n'aperçois aux rayons du soleil que terres riches et fertiles.

La caravane, campée à trois cents mètres de notre gîte, s'étend au loin dans la plaine. Nulle part je n'ai vu, depuis mon entrée en Perse, une aussi nombreuse agglomération de chevaux et de marchandises : le convoi de pèlerins en compagnie duquel nous avons voyagé entre Tauris et Téhéran ne saurait en donner une idée. Sur une longueur de près d'un kilomètre s'entassent, à partir du village, des caisses d'opium et de tabac, d'énormes ballots enveloppés de *kilims* (étoffes de poil de chèvre), des rouleaux de tapis, des bois et des toiles de tente, en un mot toutes les marchandises destinées à l'exportation et amoncelées pendant quatre mois dans les caravansérails d'Ispahan. Des femmes, assises au pied de ces montagnes de colis, cherchent à s'abriter des regards indiscrets sous d'épaisses couvertures, tandis que les hommes attisent des feux tout autour du campement et préparent le pilau journalier; une soixantaine de tcharvadars dispersés au milieu des mulets étrillent les uns avec des instruments dont le moindre inconvénient est de faire un bruit de crécelle fort désagréable, et conduisent les autres vers les kanots, où ils pourront se désaltérer. L'importance exceptionnelle de ce convoi s'explique aisément : depuis le commencement de l'été, les chevaux et les mulets ayant été réquisitionnés pour le transport du campement du chahzaddè, la marche de toutes les caravanes a été interrompue entre Ispahan et Chiraz.

Je suis tout occupée à considérer cette scène pleine d'animation, quand Marcel me rejoint accompagné du tcharvadar bachy.

« Sais-tu où nous sommes? me dit-il en riant. A Ispahanec, à ce village qu'on nous a montré du haut du takhtè Soleïman! Nous avons marché près de cinq heures pour faire quelques kilomètres et atteindre, au bout de l'étape, cette délicieuse auberge! Si nous continuons à aller de ce train, nous mettrons autant de temps à gagner Chiraz que les Hébreux à conquérir la Terre Promise. »

Rien ne me fait enrager comme l'humeur guillerette de mon mari quand il nous arrive une fâcheuse aventure.

« Si votre intention est de nous garder en dépôt pendant quelques jours, je vous avertis que je m'en retourne à Djoulfa, dis-je, rouge de colère, au chef de la caravane.

— Pourquoi vous fâchez-vous, Excellence? Vous êtes injuste. La plupart de vos compagnons de route attendent ici depuis trois jours le moment du départ, et pourtant ils ne se plaignent pas. Je ne puis réunir en vingt-quatre heures une caravane de plus de deux cents personnes et de quatre cents mulets. Nous sommes obligés d'assigner un rendez-vous général, où l'on apporte toutes les marchandises et où se réunissent les voyageurs à mesure qu'ils sont prêts. Dans ces conditions il est impossible de camper auprès d'un caravansérail. Je n'ai pu, la nuit dernière, faire encore arriver toutes les charges, mais ce soir, sans faute, la *gaféla* (nom donné à une caravane par les muletiers) se mettra en marche. D'ailleurs je suis décidé à ne pas attendre plus longtemps les retardataires; tous les voyageurs s'éparpillent sur la route d'Ispahan : celui-ci va chercher son kalyan oublié, l'autre embrasser une dernière fois sa femme et ses enfants, un troisième voit grande nécessité à acheter un *chai* (sou) de sel ou de poivre; quoi qu'il arrive, je partirai cette nuit. Cependant, si vous ne vous plaisez pas dans la masdjed, gagnez le caravansérail d'Ali Khan, bâti sur la route de Chiraz, je vous ferai prévenir une heure avant le passage de la caravane, et vous vous joindrez à nous. »

Enchantée des promesses du tcharvadar bachy, satisfaite de nous assurer pour cette nuit

LA CARAVANE A ISPAHAN.

une résidence honnête dans le cas où les circonstances empêcheraient notre homme de mettre ses projets à exécution, je donne sans tarder l'ordre de seller les chevaux; nous longeons le campement, qui me paraît de plus en plus étendu à mesure qu'il se déploie sous mes yeux, et, après deux heures de marche, nous atteignons le magnifique caravansérail de Kalè Chour, élevé par le scrupuleux fonctionnaire qui possédait jadis le palais de Coladoun et que le chahzaddè envoya naguère à la Mecque afin de lui ouvrir plus tôt la porte du paradis.

Mayan, 22 septembre. — Au milieu de la nuit, un djelooudar dépêché par le tcharvadar bachy est venu nous réveiller. Nous nous sommes levés aussitôt et avons été nous asseoir, en attendant le passage de la caravane, sur les bancs de terre placés le long du chemin. Bientôt parviennent à mon oreille les grandes ondes sonores que je n'avais pas entendues depuis l'époque où je voyageais sur la route de Tauris; les cloches, dont les tintements deviennent distincts, lancent dans les airs des modulations tour à tour graves et aiguës. Le bruit augmente, ce n'est plus le murmure du vent d'automne dans les bois, ou le chant des orgues plaintives des chapelles; c'est un orage musical comparable au vacarme produit par la chute d'une cataracte, ou au roulement d'une avalanche balayant sans merci tous les obstacles qui s'opposent à son passage : les chaudières de cuivre chargées sur les mulets se heurtent, les bois des tentes s'accrochent et se rompent, les enfants pleurent, les tcharvadars excitent les mulets et pressent le pas des retardataires, en invoquant tour à tour Dieu, le diable ou les saints imams. L'avertissement qu'on vient de nous donner tout à l'heure était bien superflu : le passage de la gaféla suffirait à réveiller les sept dormants.

Dès l'apparition des premiers mulets, nous avons pris tous deux la tête du convoi, tandis que nos serviteurs se rangeaient à l'arrière-garde. Quand on n'est point perché au sommet des charges volumineuses attachées sur le dos des animaux, et que l'on a, comme tout bon Farangui, les jambes pendantes de chaque côté de la selle, il est impossible de se mêler aux bêtes de somme, sous peine d'avoir les os rompus et les membres pilés comme chair à pâté. Les mulets, pleins d'une émulation louable, cherchent à se devancer les uns les autres, marchent en zigzag, mordant à droite, poussant à gauche, et se servent avec une intelligence si déplorable de leur charge en guise de coin, qu'il est très difficile d'éviter le contact des caisses attachées sur leurs flancs. L'expérience rend sage. Sois fière, ô gaféla! te voilà précédée par deux valeureux champions, le fusil au poing! Réjouissez-vous, bêtes et gens, la fine fleur des pontifex et des akkas bachys de France vous devance!

Ainsi conduit, le convoi ne pouvait manquer d'arriver en bon état au village de Mayan.

Nous prenons gîte dans un beau caravansérail bâti sous chah Abbas. L'édifice est dégradé aujourd'hui, mais des réparations peu importantes suffiraient à le remettre en bon état.

Je vois ce soir, pour la première fois, les dames arméniennes de notre caravane. Ce sont les parentes de deux Djoulfaiens qui ont établi il y a quelques années un comptoir à Bombay. Ces négociants ont vu prospérer leur maison de commerce et ils appellent leur famille auprès d'eux. L'un des associés est venu à Djoulfa, a vendu les immeubles patrimoniaux et emmène aux Indes mère, femmes, enfants et serviteurs. Ce brave homme est tout au moins colonel honoraire, mais en tout cas son fils, seul héritier mâle de cette nombreuse famille, porte le titre de caporal, en harmonie avec la valeur guerrière de ce militaire âgé de trois ans, dont la solde a servi jusqu'ici à payer la nourrice.

Koumicheh. — Nos tcharvadars suivent les errements de ceux qui nous ont conduits à Téhéran : ils réveillent régulièrement leurs voyageurs à dix heures afin d'être prêts à se mettre en marche vers minuit, et, à partir du moment où le soleil se couche, nous laissent à peine quelques instants de repos. Les étapes ont une durée de huit à neuf heures; la température, glaciale pendant la nuit, s'élève à tel point au milieu du jour, que nous passons le temps réservé au sommeil à nous éventer et à chasser les mouches, très piquantes et assez agiles pour échapper à toute vengeance. Quelle plaisante invention que la statistique! Toutes les vingt-quatre heures nous passons sans transition de la température du Pôle à celle de l'Équateur, et, grâce à la science des moyennes, nous sommes censés vivre sous un climat tempéré!

La plaine de Koumicheh se présente au voyageur qui vient par la route d'Ispahan sous un aspect des plus pittoresques. Une large vallée toute verdoyante, semée de villages, de jardins

VUE DE KOUMICHEH.

et d'une multitude de pigeonniers encore plus élevés que ceux d'Ispahan, mais construits cependant avec moins d'élégance, s'étend sur la gauche; à droite j'aperçois le dôme émaillé d'un édifice religieux, bien proche parent des mosquées construites sous chah Abbas.

Quant à la ville, elle est sans intérêt. L'arrivée de la caravane donne pourtant aux bazars, d'ailleurs bien fournis, un surcroît d'activité.

23 septembre. — Dès notre sortie de Koumicheh j'ai été saisie d'un malaise indéfinissable : je frissonnais et j'éprouvais en même temps une lassitude extrême. Après avoir mis pied à terre et tenté de me réchauffer en marchant, j'ai dû remonter à cheval, mes jambes se refusant absolument à porter leur propriétaire. Cet étrange état, que j'attribue au froid de la nuit, s'est dissipé au jour, mais a laissé mon pauvre corps si courbatu, qu'en arrivant au caravansérail de Maksoudbey je n'ai pas eu le courage de faire un mouvement.

MOSQUÉE DE KOUMICHEH.

YEZD-KHAST.

24 septembre. — Grâce à d'ingénieuses précautions, nous n'avons eu cette nuit que les pieds, le nez et les oreilles gelés : c'est une faible souffrance en comparaison de la courbature d'hier. Notre installation pendant la dernière étape était, à vrai dire, des plus confortables ; les oreillers, ficelés dans les sacs à paille fixés à l'arçon des selles, nous servaient d'appui ; les lahafs, attachés autour du cou par de solides ficelles, pendaient sur le dos et les jambes et nous préservaient de tout refroidissement.

Nous devions avoir fière tournure, tous deux, emmaillotés dans les ramages rouges et bleus de nos grands couvre-pieds ouatés, au-dessus desquels se montraient seuls les casques de feutre blanc et les canons des fusils ! Il y a beau jour, heureusement, que nous ne sommes

VUE DE YEZD-KHAST.

plus tourmentés par des soucis de toilette ; une suprême élégance n'est point ici de rigueur.

Dès le lever du soleil, la plaine, déserte depuis Koumicheh, m'est apparue cultivée avec grand soin et semée de villages entre lesquels circulent de petites caravanes de paysans ; la voie de Chiraz est encombrée de cavaliers, de piétons, de bêtes de somme et semble aussi fréquentée qu'une grande route de France. A midi nous arrivons en vue de Yezd-Khast.

O mon lahaf, que je vous remercie ! Vous me valez aujourd'hui le bonheur d'avoir les membres souples comme ceux d'un acrobate et de pouvoir monter jusqu'au village, dès que j'ai pris possession du balakhanè d'un beau caravansérail bâti dans la plaine.

Au milieu d'une vallée fertile divisée en une multitude de jardins et de champs, émerge brusquement un rocher, de forme oblongue, mesurant environ cinq cents mètres de longueur sur cent soixante-dix de largeur. Il est couvert de maisons, dont les murailles semblent prolonger les parois verticales de l'escarpement. Cette forteresse naturelle, mise en communication avec la partie la plus élevée de la plaine au moyen d'un pont-levis, est traversée à l'intérieur par des rues parallèles à l'axe longitudinal du rocher. Les maisons s'éclairent toutes sur la campagne ; l'élévation des fenêtres au-dessus de la plaine, l'éloignement des crêtes environnantes, la nécessité d'aérer les habitations, trop serrées les unes auprès des autres, expliquent cette infraction aux usages du pays.

La population de Yezd-Khast, très dense relativement à la superficie du village, jouit néanmoins de cette médiocrité dorée chantée par le poète. Elle doit cette aisance à la fertilité des terres, aux eaux très abondantes d'un torrent qui s'écoule pendant l'hiver de chaque côté du rocher, et surtout aux soins intelligents que les paysans donnent à la culture des céréales. On ne saurait, en revanche, vanter sans être taxé de partialité la voirie du bourg. Ne sachant ou ne pouvant creuser des fosses et des égouts dans le rocher qui sert de base à leurs maisons, les habitants déversent à l'extérieur les immondices de toute nature ; les liquides se mêlent aux eaux du torrent, les solides s'amoncellent et forment autour du village une couronne de stalagmites brunes, aiguës à leur extrémité comme des aiguilles. Quand la stalagmite menace d'atteindre les balcons, ses légitimes propriétaires l'attaquent à coups de pioche, la coupent en tranches et la portent sur les champs, où, bientôt délitée par les eaux d'irrigation, elle communique à la terre une fertilité proverbiale.

Est-ce à l'eau du torrent, puisée, bien entendu, en amont des stalagmites brunes, ou à la qualité des blés récoltés dans cette plaine couverte d'humus, que l'on doit l'excellente qualité du pain fabriqué à Yezd-Khast ? Je ne saurais le dire ; mais dès Tauris j'ai entendu vanter la légèreté incomparable et le goût agréable du nânè-Yezd-Khast (galette de Yezd-Khast). « Rien n'est comparable en ce monde au vin de Chiraz, au pain de Yezd-Khast et aux femmes de Kirman », dit un proverbe iranien, emprunté, dirait-on, aux *Quatrains* de Khèyam. En vrais Persans, les habitants du bourg exploitent la réputation de leur pain et sont tous boulangers dilettanti ou de profession. Ils offrent leur marchandise comme on propose du nougat à la station de Montélimart ; les voyageurs s'en approvisionnent consciencieusement ; au bout d'une semaine le pain sera dur au point de ne pouvoir être mangé sans avoir été cassé avec un caillou et détrempé dans l'eau ; mais qu'importe ? Ne sera-t-il pas toujours de Yezd-Khast ?

Malgré la réputation de ses galettes, le commerce du bourg est resté honnête... au moins en apparence.

Le Persan est dupeur et dupé, mais ne veut paraître ni trompeur ni trompé. Les denrées comestibles du prix le plus modique s'achètent au poids, tout comme des objets de grande valeur ; pourvu que les balances y passent, acheteurs et vendeurs sont contents. Deux corbeilles fixées avec des cordes en sparterie à un bâton que l'on tient par le milieu, des cailloux de grosseurs différentes, auxquels il ne manque que le poinçonnage pour devenir des poids parfaits, constituent l'instrument emblématique de la justice. S'il faut peser des fractions plus légères que les cailloux, le marchand rétablit avec un objet quelconque l'horizontalité du fléau, et Thémis serait bien exigeante si elle ne se déclarait pas satisfaite.

Avant l'arrivée de nos serviteurs j'ai voulu, ce matin, acheter un melon, qui pesait un peu plus d'un batman ; le jardinier, ne parvenant pas à équilibrer les plateaux, a jeté sa pantoufle dans la balance avec un geste que Brennus lui-même aurait revendiqué.

« Combien pèse ton guiveh ? a demandé un assistant méticuleux.

— Un dixième de batman.

— Avec poussière ou sans poussière ?

— Sans poussière.

— Alors pourquoi négliges-tu de secouer ta pantoufle?

— C'est juste », répond le marchand, et, prenant la chaussure, il la frappe avec conscience contre sa cuisse et la replace ensuite dans le plateau.

J'aurais mauvaise grâce à regretter mes trois chais.

A son tour, le maraîcher examine minutieusement ma monnaie, la fait résonner sur une pierre, exige que je lui échange deux pièces sur trois et se déclare enfin satisfait.

Trois sous un melon du poids de six kilos et d'une pantoufle *sans poussière*! La vie est vraiment facile à Yezd-Khast, et feu Gargantua lui-même n'y aurait pas épuisé sa bourse, quel qu'eût été son appétit.

Le cuisinier me fait payer un mouton quatre francs, une volaille soixante centimes, une douzaine d'œufs vingt centimes, et cependant il prélève sur nous un scandaleux madakhel, si j'en crois les exclamations indignées du ketkhoda du bourg, auquel j'ai communiqué mon cahier de dépenses.

Cet estimable fonctionnaire ne serait pas Persan s'il ne faisait remonter l'origine de sa ville natale aux temps héroïques du célèbre Roustem, mieux vaut dire au déluge dans un pays dépourvu de traditions plus certaines que le *Chah Nameh* de Firdouzi.

« Sous le règne de Roustem, me dit le ketkhoda plus préoccupé de faire briller le courage de ses héros favoris que la vive intelligence de ses aïeux, une forteresse inexpugnable couronnait déjà la plate-forme sur laquelle s'élève la ville. Roustem en fit le siège, et malgré sa valeur il ne put s'en emparer de vive force. Le héros simula une retraite précipitée et s'éloigna avec toutes ses troupes; puis, ayant appris que les assiégés manquaient de sel, il se déguisa en marchand, mit sur des chameaux des sacs remplis en apparence de cette précieuse denrée, et se présenta ainsi devant la ville.

« Les défenseurs de la place, naïfs comme des Troyens, laissèrent pénétrer le convoi. A la nuit, des soldats cachés dans les sacs sortirent de leur prison, ouvrirent les portes aux assiégeants revenus sur leurs pas et donnèrent Yezd-Khast à Roustem.

« Si vous permettez au plus indigne de vos esclaves de vous accompagner jusqu'à l'entrée de la ville, ajoute le narrateur avec un geste théâtral, je vous montrerais le lieu où s'est passé un drame plus récent qui souilla notre chère cité peu de mois avant l'accession au trône du premier Kadjar.

« A la mort de Kérim khan, qui avait régné à Chiraz sous le titre de *vakil* (régent), Aga Mohammed khan, l'arrière-grand-oncle de Nasr ed-din, s'enfuit de la cour, où on le retenait prisonnier depuis son enfance, parcourut avec une étonnante rapidité la distance qui le séparait du Mazandéran, souleva les tribus tartares et se dirigea à leur tête vers Ispahan.

« Les frères et les enfants de Kérim khan, au lieu de s'emparer du trône, s'étaient laissé supplanter par le premier ministre, Zucché khan. Celui-ci, en apprenant la marche audacieuse d'Aga Mohammed, leva à la hâte quelques bataillons et se porta à la rencontre des révoltés. En arrivant à Yezd-Khast, il réclama avec une extrême violence la somme de sept mille francs que lui devaient, assurait-il, les habitants. Ceux-ci avaient acquitté leurs impôts et représentèrent l'impossibilité où ils étaient de verser dans les caisses royales une contribution aussi forte. Zucché khan était assis sur ce balcon très élevé qu'on aperçoit à l'extrême pointe du rocher quand les notables habitants lui apportèrent cette réponse. Exaspéré de leur résistance, il donna l'ordre de les précipiter les uns après les autres dans le vide : il en mourut ainsi dix-huit. Ce premier massacre étant resté sans résultat, le prince envoya saisir dans sa maison un seïd en grande odeur de sainteté et l'accusa d'avoir détourné l'argent dont il poursuivait infructueusement la rentrée. Le malheureux mir, fut poignardé et précipité à la suite des autres victimes au bas du rocher. Zucché khan n'était pas au terme de ses crimes, il fit amener en sa présence les femmes et les filles du seïd et les livra à son escorte. Tout sauvages qu'ils étaient, les soldats frémirent à la pensée de souiller l'andéroun d'un descendant du Prophète. Ils entrèrent dans une conspiration fomentée par les parents des victimes et égorgèrent le tyran pendant que, penché à sa fenêtre, il considérait les corps des malheureux suppliciés. »

SABRE ET POIGNARD PERSANS.

LES CHATS ANGORAS.

CHAPITRE XIX

Un convoi de chats angoras. — Les promesses d'un tcharvadar. — La célèbre mosquée d'Éclid. — Les sources. — Chasses de Baharam. — Femmes de la tribu des Bakhtyaris. — Sourmek. — Village de Dehbid. — Un enterrement en caravane.

25 septembre. — Nous serons désormais suivis de notre musique particulière, tout comme les souverains en activité de service.

Les professions les plus diverses sont représentées dans la caravane. Entre autres voyageurs il y a un marchand de chats et un matelassier mélomane qui exécute des variations musicales sur son appareil à carder le coton. Autrefois bons amis, ils ont loué un mulet de compte à demi, à condition d'y monter chacun à leur tour; mais, contre leur attente, ils n'ont pas tardé à se quereller et à se brouiller à la suite d'un échange de paroles désobligeantes. L'un prétendait que les miaulements des chats mettaient en fuite toutes ses inspirations musicales; l'autre, que ses pauvres matous s'énervaient et maigrissaient à entendre les insupportables mélodies exécutées soir et matin par le matelassier.

A la suite de ces démêlés le protégé de Mercure, plus favorisé de la fortune que le fils d'Apollon, a traîtreusement soudoyé le tcharvadar bachy et s'est fait attribuer la propriété exclusive du mulet. Le malheureux musicien, privé de moyens de transport et craignant d'être abandonné dans le caravansérail, est venu humblement nous prier de le prendre à notre service. Il assaisonnera de ses mélodies chacun de nos repas, et en retour il sera autorisé à placer son instrument et sa personne sur l'un de nos mulets de charge.

L'outil à deux fins de notre barde est taillé en forme d'arc et muni d'une unique corde, sur laquelle il frappe de la main droite avec un maillet de bois, tandis que de la main gauche, cachée sous une épaisse frange de laine, il soutient l'instrument. Ce bracelet n'est pas une vaine parure, car l'artiste briserait ses os sans ce matelas protecteur quand, animé du souffle divin, il tape à tort et à travers sur la corde tendue et fait rendre à l'instrument à carder des sons aussi mélodieux que ceux d'un tambour de basque.

L'ennemi de notre musicien, le propriétaire des chats, est un habitant de Yezd en Kirmanie, qui transporte de Tauris à Bombay une vingtaine de beaux angoras. Depuis plusieurs années il voyage sans trêve ni répit entre la Perse et les Indes et tire profit, paraît-il, de son étrange marchandise.

Si les chats orientaux n'apprécient pas mieux la musique classique que leurs frères européens, on ne saurait leur en vouloir; ils me paraissent même dans leur droit en se montrant nerveux et irritables pendant la durée du pénible voyage auquel on les condamne. Quelle dure épreuve à imposer à un matou d'humeur peu vagabonde que soixante jours de gaféla et treize jours de mer! Dans le fait, on ne réussirait pas à transporter à dos de mulet des animaux d'un caractère aussi indépendant et aussi difficile à discipliner que celui des chats, si leur maître ne les soumettait à un règlement sévère et ne leur en faisait exécuter tous les articles avec autant de rigueur que le permet la marche de la caravane.

A l'arrivée au caravansérail, le Yezdien choisit une pièce isolée, ou tout au moins fort éloignée du campement du musicien; il plante deux crampons de fer dans le sol, attache une longe à l'extrémité de chacun d'eux et fixe à cette corde une ficelle cousue au collier des chats. Chaque animal, placé par rang de taille, le plus gros en tête, assis ou couché sur le sac de toile dans lequel il voyage la nuit, est séparé de son voisin par un intervalle de cinquante centimètres. Les enfants à la mamelle sont enfermés avec leur mère dans des boîtes à claire-voie assez large pour leur permettre de passer à travers.

La troupe féline demeure tout le jour dans une sorte de léthargie et se réveille, en menant grand vacarme, aux heures des repas, exclusivement composés de viande de mouton. Alors ce sont des bonds désordonnés, des cabrioles, des cris, des miaulements désespérés, semblables aux hurlements des bêtes fauves. Cette animation extraordinaire se calme dès que la nourriture est distribuée : chaque animal dévore gloutonnement sa ration et retombe dans sa torpeur résignée. Les tout petits chats paraissent mieux supporter la fatigue que les gros; ils jouent entre eux sans songer à s'échapper, tandis que leurs camarades plus âgés s'efforcent sans jamais se rebuter de déchirer avec leurs griffes et leurs dents les solides cordelles de poil de chèvre qui les retiennent prisonniers. Au départ, chacun des matous est enfermé dans sa maison de toile; les sacs sont attachés deux par deux et placés sur un cheval, bien surpris de porter une marchandise très disposée à témoigner toutes les nuits son mécontentement par un concert de miaulements discordants.

Les chats expédiés aux Indes dans ces conditions sont des angoras blancs; arrivés à destination, ils vaudront de cinquante à soixante francs chacun.

26 septembre. — Pendant la durée des deux dernières étapes il nous a semblé, réduits, faute de lune, aux pâles clartés des planètes, que le pays était désert, et la montagne dépourvue de toute végétation. Nous voici à Abadeh. La ville paraît importante et, bonheur suprême, est dotée d'une station télégraphique et d'un gouverneur.

L'intervention de ce dernier nous est fort utile : le tcharvadar bachy se refuse à tenir la promesse qu'il nous a faite de s'arrêter un jour à Abadeh pendant que, doublant les étapes, nous irons à l'oasis d'Éclid visiter une mosquée des plus remarquables dont on nous a parlé à Téhéran, et nous informer ensuite si la tribu des Bakhtyaris, cette souveraine maîtresse des défilés du Loristan, laisse circuler les étrangers entre le Fars et la Susiane.

Marcel regretterait beaucoup de renoncer à cette partie de notre voyage : nous saisissons donc avec empressement l'occasion de faire comparaître le tcharvadar bachy devant le

LE MUSICIEN DE LA CARAVANE.

cardeur de laine

gouverneur. Le hakem, après nous avoir donné un témoignage public de sa haute considération en nous envoyant un pichkiach dès notre arrivée, ne peut admettre que l'on ose nous résister. « Comment, misérable ver de terre, dit-il au tcharvadar tout tremblant, tu as promis, par acte écrit, de stationner à Abadeh, de laisser aux çahebs le temps d'aller visiter Éclid, et tu refuses de tenir ta promesse! Sache que, s'il plaisait à Leurs Excellences de faire arrêter ta caravane pendant dix jours, avec ou sans contrat, je saurais bien te contraindre à obéir.

— Hakem, je ne puis demeurer plus longtemps. Mes bêtes sont vigoureuses et peuvent sans dommage continuer leur route; quatre cents mulets mangent de la paille et de l'orge pendant une journée; si j'ai promis de m'arrêter, j'ai eu tort, mais je suis obligé de partir demain.

— Sais-tu nager? » s'écrie le gouverneur en faisant signe aux ferachs de son escorte.

A peine a-t-il dit ces paroles que, sans laisser au tcharvadar bachy le temps de répondre, quatre hommes le saisissent par les bras et les jambes et le balancent dans la direction d'une pièce d'eau creusée au centre de la cour. Je trouve heureusement l'occasion d'arrêter le mouvement et de demander la grâce du malheureux, à la grande déconvenue de l'assistance, déjà toute réjouie à l'idée de voir le patient barboter au milieu du bassin et sortir de l'eau avec des vêtements mouillés et déchirés.

« Ah! Khanoum, me dit le muletier en se remettant sur ses jambes, vous me sauvez la vie : j'ai soixante ans d'âge, je suis tout en sueur tant j'ai été ému par les paroles du hakem : que serais-je devenu sans votre intervention? Ma caravane marchera comme vous l'ordonnerez, mais séjournez le moins possible aux environs d'Éclid; si j'ai eu le tort de vouloir manquer à ma parole, je ne vous ai pas trompé en vous disant que le pays était dangereux à parcourir.

— Te tairas-tu, fils de chien! s'écrie le gouverneur. Veux-tu que je te fasse appliquer deux cents coups de bâton? Qui ose parler de brigands dans une province soumise à ma juridiction? Allah soit loué! mon fils lui-même accompagnera ces illustres étrangers jusqu'à Éclid et veillera à leur sécurité. Va-t'en. Demain les chevaux des çahebs et ceux de leurs serviteurs devront être ici à l'aurore : je l'ordonne. »

Cette affaire réglée, nous allons nous promener au bazar, seul endroit où les voyageurs en Orient puissent se faire une idée du commerce et des industries locales. La caractéristique de celui d'Abadeh est la sculpture sur bois de poirier : les ouvriers travaillent avec beaucoup de goût de charmantes cuillers utilisées comme verre dans le service de table, des cadres de miroir, des encriers et enfin des boîtes à bijoux sur lesquelles sont enlevés en creux ou en relief le soleil et le lion des armes persanes.

Éclid, 27 septembre. — Malgré les ordres du hakem, nous sommes partis assez tard d'Abadeh. A l'aurore, nos mafrechs allaient être chargées, quand plusieurs paysans ont demandé à nous entretenir. Privés d'armes, et surtout de poudre, ils ne peuvent parvenir à détruire le gibier qui pullule, et venaient nous supplier de tirer sur les perdreaux, fléaux de leurs jardins. Nous avons suivi leurs pas et, au bout de deux heures, Marcel et moi avions abattu tant d'oiseaux, qu'on s'est lassé de les compter et surtout de les ramasser, les paysans ne goûtant pas volontiers au gibier tué par des chrétiens.

A sept heures nous avons pris la direction d'Éclid, accompagnés du fils du gouverneur, jeune homme de seize ans environ, fort ennuyé sans doute de quitter l'andéroun dont son père l'a gratifié depuis trois mois, pour aller courir la montagne en notre compagnie. Il fait néanmoins contre mauvaise fortune bon cœur et se montre très désireux de nous complaire. Après six heures de marche dans des vallonnements incultes et desséchés, nous apercevons une brèche naturelle au milieu de laquelle se perd le prolongement du chemin.

« Le pays d'Éclid commence derrière cette porte, me dit notre guide; mais à quels ennemis en veulent donc les gens que j'aperçois sur les sommets voisins du col? »

A peine a-t-il achevé ces mots, que de multiples détonations se font entendre et que des balles tombent dans notre direction.

« Allons-nous être attaqués et devons-nous répondre à ces coups de fusil? ai-je demandé.

— Tirez en l'air pour montrer à ces fils de chiens que vous êtes armés; je vais m'informer de la cause de cette agression. Allah nous protège! Ne vous exposez pas à blesser aucun de ces bandits; le premier sang versé serait le signal de votre massacre et je périrais à vos côtés sans réussir à vous sauver. Nous serons peut-être dévalisés, mais, si vous êtes prudents, il ne nous sera fait aucun mal. »

Puis il enlève son cheval au galop de charge, agite les bras en l'air et nous laisse arrêtés sur le chemin, tandis que le cuisinier fait faire une volte à son mulet et prend à bride abattue la direction d'Abadeh.

Les gens postés en haut de la colline aperçoivent bientôt les signaux du fils du gouverneur; ils descendent dans la vallée et viennent, au nombre de huit ou dix, entourer le cheval du jeune homme; lui-même nous invite du geste à venir le rejoindre, et nous ne tardons pas à nous trouver au milieu de quelques habitants d'Éclid munis de fusils à pierre et coupables d'avoir dirigé sur des inconnus le canon de leurs armes, afin de les inviter à venir montrer patte blanche.

Éclid n'est point un village, comme je l'avais supposé, mais une vaste oasis qui s'étend sur une longueur de près de trente kilomètres au pied des contreforts inférieurs des montagnes du Loristan. Des sources abondantes jaillissent de la montagne et communiquent à tout le plateau une merveilleuse fertilité.

L'altitude élevée de l'oasis favorise la culture des arbres fruitiers des pays froids, tels que les noyers et les pommiers, mais la principale récolte est celle des céréales. Cette graminée pousse avec une telle vigueur que jamais les habitants de ces plateaux fortunés n'ont connu les horreurs de la famine, rendue si fréquente en Perse par la difficulté d'établir des communications entre les pays riches ou pauvres. Aussi bien, en temps de disette, Éclid ne peut-il faire profiter les contrées environnantes de ses excédents de récolte : la crainte des voleurs arrête les transports, et le fléau s'aggrave de ses propres conséquences.

Pendant la durée de la dernière famine, survenue il y a trois ans, les paysans d'Éclid tentèrent de porter du blé à Abadeh, mais ils durent y renoncer, bien que les deux villages ne fussent guère distants de plus de quarante kilomètres et que le *khalvar* (trois cents kilos) de blé valût quinze francs à Éclid et soixante à Abadeh. Les villageois venaient attendre les convois à leur sortie de l'oasis, les pillaient et tuaient les marchands qui essayaient de les défendre. Au retour des temps plus prospères, les voleurs conservèrent l'habitude d'exploiter la route d'Éclid, continuèrent à dérober des moutons aux bergers et à dévaliser les petites caravanes. Les habitants portèrent aux pieds du roi leurs doléances; peine perdue : Nasr ed-din n'avait pas plus souffert de la famine que du brigandage. Alors les paysans de l'oasis résolurent de former et d'entretenir une milice locale chargée de surveiller du haut des pics la plaine d'Abadeh et d'arrêter à coups de fusil tout cavalier inconnu qui paraîtrait se diriger vers Éclid.

« Est-ce que votre milice garde l'oasis de tous côtés? ai-je demandé au *toufangtchi* (garde armé de fusil) qui a pris la parole.

— Non, les postes sont établis sur les sommets qui commandent les routes d'Ispahan et de Chiraz; les Bakhtyaris occupent la montagne située de l'autre côté d'Éclid et ne laissent pénétrer chez eux aucun étranger. En hiver ils descendent dans les vallées basses, mais en cette saison ils sont campés sur les hauteurs.

— Qu'est-ce donc que ces Bakhtyaris?

LES BAKHTYARIS. 355

— Les Bakhtyaris appartiennent à une tribu très puissante qui habite les montagnes du Loristan. Leur chef, l'Il Khany, est digne de rivaliser en force et en courage avec le chah lui-même.

— N'y a-t-il aucun moyen d'entrer en communication avec lui, de traverser le Loristan et de gagner la Susiane?

— Pas en ce moment. L'Il Khany est dans le nord, et sans une autorisation signée de sa

LE FILS DU GOUVERNEUR D'ABADEH.

main il est inutile de songer à s'engager dans le pays; le moindre ennui qui pourrait arriver aux voyageurs assez audacieux pour tenter pareille aventure serait d'être invités à rebrousser chemin au plus vite, si l'on ne commençait d'abord par tirer sur eux.

— Vous avez pris des leçons de politesse chez les Bakhtyaris?

— Oh! Çaheb, nos fusils n'atteignent pas aux deux tiers de la distance à laquelle nous avons fait feu sur Vos Excellences.

— Qu'auriez-vous dit si j'avais répondu à votre salut malveillant par une réplique de ma façon, moi qui possède un fusil portant à un farsakh? ai-je repris avec une exagération tout orientale, mais bien de circonstance.

— Nous obéissons à une consigne rigoureuse; d'ailleurs, puisque le fils du hakem d'Abadeh répond de vous, soyez les bienvenus.

— Tout cela est bel et bon, mais vos coups de fusil ont effarouché notre cuisinier, et le prudent Yousef s'enfuit comme un chacal; nous nous passerions bien de ses services, s'il n'emportait avec lui provisions, lits et marmites; prenez nos chevaux, lancez-vous à sa poursuite et ramenez-le. Vous êtes autorisés à lui faire grand'peur, mais pas le moindre mal. Je donnerai deux krans de bakchich au vainqueur de la course », dis-je à deux jeunes gens doués de toutes les qualités désirables pour mener à bien cette chasse à l'homme.

Voilà nos cavaliers partis; ils descendent à fond de train dans la vallée, poussent avec une énergie incroyable nos yabous fatigués et se rapprochent bientôt du cuisinier. Celui-ci ne tarde pas à entendre le bruit d'un galop rapide, il se retourne et aperçoit les nouveaux venus montés sur nos chevaux.

Ne doutant plus que ses maîtres ne soient morts ou prisonniers, il fouette son mulet à tour de bras, et précipite l'allure de la pauvre bête, peu faite cependant à courir en steeple-chase. Nos émissaires tirent deux coups de fusil en l'air; Yousef, au comble de l'effroi, juge prudent de simplifier les formalités, en se laissant choir sur le sol comme un homme mort, tandis que le mulet, éreinté par ce train de pur sang, s'arrête à quelques pas de son cavalier. Les gardiens d'Éclid descendent de cheval, saisissent notre féal serviteur, l'attachent sur la charge après l'avoir réconforté d'une bourrade de coups de poing, et nous le ramènent en triomphe. Si le pilau est brûlé ce soir, Yousef, sans mentir, pourra prétexter de sa vive émotion.

Nous nous remettons en selle et entrons enfin dans Éclid.

L'oasis, très étendue, me paraît cependant moins belle et surtout moins pittoresque que celle de Koroul. Elle est coupée de sentiers ménagés entre des jardins magnifiques, traversée de multitudes de ruisseaux, mais le sol est si plat qu'il est difficile de se faire une idée de l'étendue des terres cultivées, tandis que Koroul, s'étalant en amphithéâtre, se montre au premier coup d'œil dans toute sa splendeur. A peine avons-nous mis nos armes et nos bagages en sûreté chez un riche propriétaire, absent d'Éclid en ce moment, que nous demandons à visiter la mosquée. Les toufangtchis nous guident à travers un grand village en partie ruiné, se dirigent vers un énorme bouquet de noyers encore plus beaux que ceux des jardins, et nous introduisent, sans objecter ni notre impureté ni les défenses des prêtres, dans une petite mosquée bâtie en terre; la salle du mihrab, recouverte d'une horrible coupole construite avec les mêmes matériaux que les murs, est bossuée comme une vieille marmite. En revanche, l'édifice est proprement tenu, les murailles sont blanchies à la chaux et ornées de versets du Koran peints en vert pomme.

Ma stupéfaction n'a d'égale que ma colère. Comment! nous avons failli noyer notre tcharvadar, tuer de frayeur le cuisinier, et ajouté un trajet de soixante-dix kilomètres au chemin déjà si long d'Ispahan à Chiraz, dans le seul but de rendre visite à cette mosquée villageoise!

Encore si, en pieux musulmans, nous avions à faire ici quelques utiles dévotions? Allah, s'il était consciencieux, nous tiendrait compte en paradis de notre pénible pèlerinage; mais nous n'avons pas même cette consolation à nous offrir. Jurant, trop tard hélas! d'être à l'avenir plus circonspects, nous sortons au plus vite de la mosquée et nous dirigeons vers les célèbres sources d'Éclid. Elles sourdent du rocher par plusieurs bouches et alimentent des bassins profonds dans lesquels se sont noyées, paraît-il, toutes les personnes qui ont tenté de s'y baigner. En explorateurs scrupuleux, nous visitons encore les ruines de terre d'un petit palais sofi et rentrons enfin au logis, très fatigués et plus désappointés que nous ne sommes las.

La maison mise à notre disposition est charmante. On reconnaît du premier coup d'œil que le bois est abondant dans le pays : les salles sont couvertes de chevronnages relevés de minces filets de couleur ; toutes les ouvertures sont fermées par des huisseries massives décorées de peintures à l'huile dont les sujets sont empruntés au célèbre *Livre des Rois* ; l'une d'elles reproduit les exploits cynégétiques de Baharam.

La vie du roi chasseur est d'autant plus connue dans l'oasis, que c'est à Éclid, à en croire les paysans, que se déroula l'aventure extraordinaire retracée sur les panneaux des portes de notre chambre.

« Baharam, le Nemrod de la Perse, tirait de l'arc avec une merveilleuse habileté et se plaisait à donner à ses sujets des preuves de son adresse. Un jour qu'il se trouvait à la chasse avec une de ses femmes, il aperçut une gazelle endormie. Il l'ajuste et décoche le trait avec tant de précision que la flèche effleure l'oreille de l'animal. Subitement réveillée, la bête essaye avec son pied de derrière de chasser la guêpe qui la tourmente. A ce même moment, une seconde flèche lancée par le roi fixe cette patte dans le cou de la gazelle. Le prince, plein de fierté, se retourne alors du côté de sa favorite, espérant recueillir sur ses lèvres la juste récompense de son adresse ; mais la belle, médiocrement enthousiasmée, se contente de jeter au chah ces paroles peu encourageantes : « L'habitude rend tout facile ».

« J'ai vécu trop longtemps avec cette hargneuse « personne, s'écria le roi au comble de la colère. Con- « duisez-la dans la montagne et faites-la mourir. »

« En homme prudent, le ministre d'État s'empressa de désobéir à son maître et permit à la belle dédaigneuse de se retirer au fond d'un petit village situé sur une déclivité de la vallée d'Éclid. Du prix de ses bijoux elle fit construire une maison adossée au

RENCONTRE DE BAHARAM ET DE SON ANCIENNE FAVORITE.

rocher et acheta une vache afin de se nourrir de son lait. Au bout de quelques mois la vache vêla, et tous les soirs la jeune femme, qui, faute de mieux, s'était attachée au petit veau, laissait la mère paître dans la montagne, prenait l'animal sur ses épaules et le portait chez elle.

« Pendant quatre années elle continua cette gymnastique salutaire, et vit croître ses forces en raison du poids de la bête.

« Baharam avait oublié depuis longtemps son ancienne favorite, quand, au cours d'une chasse à l'âne sauvage, il aperçut une femme portant un taureau sur ses épaules et gravissant malgré le poids de ce fardeau l'escalier d'une maison. Fort surpris, il envoya un de ses courtisans demander à la dame comment, sous une apparence aussi délicate, pouvait se cacher une si grande vigueur.

« C'est mon secret, répondit-elle, je le confierai à votre maître. » Le monarque, très intrigué, se rendit aussitôt à cette invitation, et, comme il prodiguait mille compliments à la jeune femme : « Ne louez pas ce qui ne mérite pas de l'être, lui dit-elle en levant son voile : « *l'habitude rend tout facile.* »

« Le monarque, touché du sentiment qui avait engagé sa maîtresse à consacrer plus de quatre années à l'espoir de reconquérir ses bonnes grâces, l'emmena avec lui après avoir donné l'ordre de construire un palais sur l'emplacement de la petite maison. »

La légende ne dit pas si le bœuf fut du voyage ou si, pour obtenir un pardon définitif, la dame dut pousser l'imitation de Milon de Crotone jusqu'à tuer d'un coup de poing le robuste animal et à dévorer sa chair en une seule journée; nous savons seulement que Baharam épousa son ancienne maîtresse, que les noces furent merveilleuses et que le roi et la reine eurent beaucoup d'enfants. Quant au bon vizir, il reçut comme prix de sa désobéissance un superbe *khalat* (robe d'honneur).

28 septembre. — Le climat d'Éclid doit être fort sain; un air pur, des eaux limpides et courantes, des arbres superbes font de ce pays un coin de terre privilégié. Aussi bien la santé des habitants serait-elle excellente, s'ils n'avaient pris la détestable habitude de se vêtir de cotonnades anglaises expédiées à Abadeh par les négociants d'Ispahan; cette imprudence, jointe à la nécessité de travailler les pieds dans l'eau au curage des ruisseaux d'irrigation, rend endémiques la phtisie pulmonaire et les rhumatismes.

Le jour ne s'était pas encore levé, quand nous avons entendu frapper à la porte de la cour. Bientôt le vestibule a été encombré de malades que leurs parents ont amenés des environs.

Au nombre de nos clientes se trouvent deux belles femmes bakhtyaris. L'une d'elles a appris notre arrivée par un de ses serviteurs, venu hier à Éclid. Elle est immédiatement partie, accompagnée de sa sœur, et a voyagé à cheval toute la nuit, transportant un pauvre enfant de cinq ans dont les os n'ont encore pris aucune consistance. Elles ont vraiment l'air fier ces deux femmes au visage dévoilé, drapées avec un art qui s'ignore dans de légères étoffes de laine gros bleu étroitement serrées autour de leur tête et retombant en larges plis sur la *pyrahan* (sorte de chemise courte) et sur de larges pantalons froncés autour de la cheville. Ce sont bien les descendantes de ces farouches montagnards du Loristan célèbres par leur valeur et leur indomptable énergie : Darius payait un tribut aux Bakhtyaris toutes les fois qu'il traversait leur pays pour se rendre de Suse à Persépolis; Alexandre lui-même ne put les soumettre; et, de nos jours encore, ils sont restés à peu près indépendants de l'autorité du chah de Perse.

La consultation touche à sa fin quand le fils du gouverneur d'Abadeh entre dans le talar.

« Les chevaux sont prêts, nous dit-il, et je viens de faire mettre des gardiens à la porte extérieure afin de contenir vos clients; si vous prêtez l'oreille à toutes les misères de ces gens-là, vous n'en finirez jamais. Venez donc, l'étape est longue, nous avons à peine le temps d'arriver à Sourmek avant la nuit et de rejoindre la caravane. »

Le conseil est bon, mais difficile à suivre : avant tout il s'agit d'enfourcher nos montures. Sur le pas de la porte nous sommes assaillis par une nuée de malades; tous ces malheureux parlent à la fois, nous montrent leurs yeux, leurs poitrines, leurs bras, se querellent et essayent de conquérir à la force du poignet le privilège de nous toucher et de se faire entendre; les gardiens les menacent du bâton, et enfin nous partons.

Tout à coup nos guides eux-mêmes prient instamment Marcel de s'arrêter et lui désignent un homme qui accourt au galop portant sur ses épaules un vieillard aveugle. Énée éloignant son père Anchise des ruines fumantes de Troie ne devait pas avoir un air plus noble que ce brave garçon.

Marcel examine le vieillard. Il est atteint de la cataracte. « Conduis ton père à Chiraz : le médecin de la station anglaise lui rendra peut-être la vue et enlèvera le voile qui arrête les rayons lumineux.

— Pourquoi ne veux-tu pas le guérir toi-même, puisque tu connais la nature du mal?

— Parce que je n'ai pas sur moi des instruments assez tranchants. »

A ces mots, le vieillard tire vivement de sa manche un couteau dont la gaine est fixée autour de son bras par un bracelet de cuir, le présente à Marcel et lui dit avec un calme stoïque : « Tiens, voilà une lame effilée : coupe et fabrique-moi des yeux nouveaux.

— C'est impossible, s'écrie Marcel : l'opération dont je t'ai parlé nécessite des précautions minutieuses. Viens à Chiraz, je m'engage à te faire soigner.

FEMMES BAKHTYARIS.

— Je t'en prie, répond l'aveugle si impassible tout à l'heure et dont les yeux éteints roulent de grosses larmes, aie pitié de mon malheur, au nom d'Allah ! au nom de ton père et de ta mère ! »

Le désespoir de ce vieillard est navrant ; son fils est pâle d'une colère qu'il contient avec peine, et attribue l'attitude de mon mari à une mauvaise volonté, bien éloignée de sa pensée. Fuyons au plus vite cette vallée si belle, si séduisante, mais dont les ombrages cachent tant de misères.

Nous voici hors du village ; la plaine est bien cultivée dans toute la partie irrigable ; au delà de la zone fertilisée par les eaux on ne trouve plus qu'une lande où poussent de rares bruyères. Elles suffisent cependant à nourrir des troupeaux de moutons à grosse queue, que les bergers gardent du haut de petites éminences de terre élevées de main d'homme. Tous les pâtres filent de la laine, qu'ils tiennent pressée dans le creux de la main pendant que le fil s'enroule sur une baguette de bois en guise de fuseau.

Sourmek, que nous atteignons après six heures de marche, est une petite cité entourée de murs de terre; jadis elle dut avoir une certaine importance, car au milieu des jardins se voient encore les soubassements d'une forteresse sassanide dont les habitants attribuent la fondation à Baharam. Cette immense construction de terre crue est flanquée de douze tours de défense et atteint encore vingt mètres au-dessus du sol, bien que ses matériaux, utilisés comme ceux des maisons abandonnées d'Ispahan, fertilisent depuis de bien longues années les melonnières fort renommées de Sourmek. A quelque distance du village il existe d'autres forteresses, remontant aux premiers siècles de notre ère; mais celle-ci est la mieux conservée.

Dehbid, 29 septembre, à 2400 mètres au-dessus du niveau de la mer. — Nous avons atteint le point le plus élevé de la route de Chiraz à Ispahan. Le village, très petit et très pauvre, se compose : d'une forteresse sassanide beaucoup plus ruinée que celle de Sourmek, dont elle reproduit au reste les dispositions essentielles, de quelques maisons de terre et d'une station du télégraphe anglais; tout cela est très misérable.

Il y a, paraît-il, dans les environs de Dehbid un plateau d'une grande fertilité; mais le village ne se ressent guère de la richesse des terres qui l'avoisinent.

Les deux dernières étapes ont été longues et pénibles : les chemins, couverts de cailloux roulés, étaient escarpés et, partant, difficiles à parcourir; les chevaux tombaient sous le faix, il fallait les décharger sans cesse pour leur permettre de se relever. De leur côté, les femmes arméniennes sont rendues de fatigue, les enfants pleurent tout le jour; le voyageur parti d'Ispahan malgré son état de maladie paraît à la veille de rendre son âme à Dieu. Nous-mêmes faisons assez triste figure. Ces étapes de nuit se succédant sans interruption sont tuantes; je n'ai jamais connu lassitude semblable à celle que j'éprouve depuis deux jours, et aspire au moment où, arrivée enfin à Persépolis, je ne serai plus condamnée à enfourcher mon yabou tous les soirs.

Le tcharvadar bachy aurait bien accordé une journée de repos à sa caravane avant d'entreprendre la traversée des montagnes et la terrible étape de dix farsakhs qui nous sépare de Maderè Soleïman, mais il n'a plus de paille à donner à ses chevaux : on ne peut éviter, par conséquent, de se remettre en route. Le départ est fixé à huit heures du soir; nous aurons bien de la chance si, dans l'état où sont les bêtes de somme, nous arrivons au gîte avant dix heures du matin.

Le même jour, minuit. — Toute la caravane vient de s'arrêter à la voix des tcharvadars; le malade que nous traînions à notre suite a expiré peu de temps après avoir quitté Dehbid. On s'est aperçu de sa mort en voyant la tête du cadavre heurter régulièrement le bois du kadjaveh. Il s'agit d'enterrer le corps avant le lever du soleil, et chacun témoigne de son mécontentement; ce n'est pas qu'un accident de ce genre soit de nature à émotionner les muletiers ou les voyageurs, mais, comme l'étape est très longue, il est désagréable de perdre une demi-heure à creuser une fosse. On allume des torches; les tcharvadars, armés de couteaux et de bâtons, commencent à faire un trou au milieu du chemin, puis ils apportent le cadavre, dépouillé de ses meilleurs habits, et, suivant les habitudes du pays, ils l'étendent encore chaud dans sa dernière demeure. La seule différence à signaler entre cet enfouissement et celui d'un chien, c'est qu'on a été chercher sur le mulet où il dormait à poings fermés un

PORTE DE SOURMEK.

superbe derviche toujours couvert d'une peau de tigre en guise de manteau, pour le prier d'orienter le mort dans la direction de la Mecque, et de placer sous ses aisselles les béquilles sur lesquelles il se soulèvera à la voix de l'ange Azraël. On rejette ensuite la terre dans le trou en s'aidant des pieds et des mains, puis on recouvre la tombe de quelques cailloux : les funérailles sont terminées. Les rares curieux qui avaient mis pied à terre remontent sur les chevaux ou sur leurs ânes, et la gaféla reprend sa marche.

Je m'explique maintenant la présence de ces tas de pierres si nombreux sur la route des caravanes : ils signalent des sépultures.

LE DERVICHE A LA PEAU DE TIGRE.

GABRE MADERÉ SOLEIMAN. (Voyez p. 376.)
non! Tombeau de Cyrus

CHAPITRE XX[1]

Les défilés de Maderè Soleïman. — Le village de Deh Nô. — Takhtè Maderè Soleïman. — Tombeau de Cambyse 1er. — Palais de Cyrus. — Portrait de Cyrus. — Itinéraire d'Alexandre. — Topographie de la plaine du Polvar. — Gabre Maderè Soleïman. — Description du tombeau de Cyrus laissée par Aristobule. — Les défilés du Polvar. — Les hypogées et le tombeau provisoire de Nakhchè Roustem. — Les sculptures sassanides. — Les atechgas de Nakhchè Roustem.

30 septembre. — Au jour la caravane a atteint les bords d'une rivière connue sous le nom de Polvar Roud; elle l'a traversée, et, au lieu de suivre les sinuosités de son cours, elle s'est dirigée vers une montagne abrupte; sur ses flancs serpente un chemin tracé par les pieds des chevaux.

Le soleil était déjà haut lorsque nous avons terminé l'ascension du col; nous nous apprêtions à descendre vers Maderè Soleïman en suivant une gorge égayée par quelques buissons rabougris, quand les cris des tcharvadars ont retenti d'un bout à l'autre du convoi; les muletiers viennent de constater la disparition de deux bêtes de somme. Pendant qu'ils faisaient péniblement franchir le Polvar à la caravane, deux mulets se sont égarés, à moins qu'ils ne soient devenus la proie des brigands, très nombreux dans ces défilés. Montés sur des chevaux déchargés au plus vite, cinq ou six tcharvadars redescendent vers la plaine, tandis que hommes et bêtes restent stationnaires en attendant leur retour.

Pourquoi ne pas prendre les devants et, au lieu de dresser notre table sur l'arçon de nos selles, ne pas aller étendre notre couvert à l'abri d'un buisson? Je me mets en quête du cuisinier et nous descendons vers la vallée, arrêtés à chaque pas par des amoncellements de rochers glissants placés en travers du sentier. Après une heure de marche, notre petite troupe atteint un arbuste épineux qui nous garantira tant bien que mal des rayons du soleil.

[1]. Les gravures de ce chapitre sont dessinées d'après des héliogravures de *l'Art antique de la Perse*, publié par M. Dieulafoy (5 volumes petit in-folio, Librairie centrale d'Architecture, 1884).

« Prends ton fusil, nous allons être attaqués », me dit tout à coup mon mari.

Je me retourne vivement et j'aperçois, derrière une crête de rocher placé en contre-bas du chemin, de hautes coiffures de feutre, puis des canons de fusil et enfin quatre hommes à la mine patibulaire.

Allons-nous servir de cible comme à Éclid ?

« Au large! s'écrie Marcel en saisissant ses armes et en dirigeant le canon de son fusil dans la direction des nouveaux venus, pendant que de mon côté j'exécute le même mouvement.

— Arrêtez ! *Machallah !* (grand Dieu!) Vous risqueriez de tuer les toufangtchis (fusiliers) préposés à la garde du chemin. Ne seriez-vous pas ces gentilshommes faranguis si impatiemment attendus par le gouverneur de Chiraz ? ajoute l'orateur de la troupe. Nous vous surveillons depuis quelques instants, mais à votre mine pitoyable nous vous aurions pris plutôt pour de pauvres derviches que pour de grands personnages.

— Nous sommes en effet recommandés à votre maître.

— En ce cas, nous avons ordre de vous escorter.

— C'est inutile : en plein jour je ne m'égarerai pas.

— Notre consigne est formelle. Depuis quelques années, de nombreux crimes ont été commis dans ces montagnes, des caravanes ont été dévalisées et vous-mêmes auriez couru le risque d'être maltraités si, à la nouvelle de votre prochaine venue, le hakem n'avait fait garder les défilés. »

Là-dessus ces singuliers gendarmes s'assoient à quelque distance de nous et considèrent avec la plus grande attention les préparatifs de notre repas ; décidément cette escorte ne me dit rien qui vaille. Le repas terminé, j'engage Marcel à ne pas se commettre avec les soi-disant toufangtchis ; je suis d'autant moins rassurée que nos gardes, après nous avoir pressés de partir, nous prient de leur prêter nos armes et de leur permettre de les examiner.

Voilà une demande bien grave : assurément nous avons affaire à de rusés bandits. Pour toute réponse nous serrons de plus près fusils et revolvers.

L'un des soldats se lève alors, se rapproche de moi et me tend son bras :

« Si vous ne voulez pas me laisser toucher à vos armes, guérissez-moi, au moins, d'un mal qui me tue. Je suis bien portant aujourd'hui, mais hier j'avais la fièvre, demain elle reviendra et me laissera plus faible qu'un chien.

— Ce mal est-il fréquent dans le pays ?

— Tout le monde y est plus ou moins sujet.

— Quels remèdes vous ordonnent les médecins indigènes ?

— Ils recommandent de couvrir le crâne des fiévreux d'une couche de feuilles de saule ; mais un Farangui de passage dans le pays a donné, il y a quelques années, à plusieurs d'entre nous une poudre blanche qui rend la vie. En auriez-vous ? Une caravane tout entière chargée de ce précieux médicament ne suffirait pas à guérir les malades de la province.

— Non, je n'en ai plus. »

Et la conversation s'interrompt de nouveau, car mes soupçons ne se sont pas encore dissipés et je suis plus occupée de suivre des yeux le moindre mouvement des toufangtchis que de répondre à leurs questions.

Allah soit loué ! Jamais le bruit d'une caravane en marche ne m'a paru si mélodieux. Les tcharvadars, tous réjouis d'avoir retrouvé leurs deux mulets occupés à paître sur les bords du Polvar, nous rejoignent en chantant et font mille protestations d'amitié à nos compagnons, de très braves gens de Chiraz, affirment-ils.

« Vos amis les gendarmes ont la tournure de brigands fieffés, dis-je au tcharvadar bachy.

— La vue de leur uniforme ne vous a donc pas rassurée ?

— Quel uniforme? bonnets de feutre, robes, koledjas sont de couleurs et de grandeurs différentes. Je n'aperçois rien dans leur costume rappelant une tenue militaire.

— N'avez-vous donc pas remarqué la plaque de métal du ceinturon, la poire à poudre et la trousse d'outils nécessaires à l'entretien du fusil? »

C'est juste, je passe condamnation. La description de cet uniforme constitué par une plaque de ceinturon et une poire à poudre mériterait tout un poème.

A midi passé, nous arrivons en vue du bourg de Mechhed Mourgab, où se fabriquent des tapis fond bleu à palmes cachemyres. Nous continuons notre route, et vers une heure nous atteignons un misérable village composé de maisons en terre groupées autour d'un large tas de fumier et d'ordures. Depuis dix-sept heures nous sommes en chemin.

Je cherche des yeux un caravansérail : il n'y en a point; mais les villageois de Deh Nô (Village Neuf), fort pauvres, et par conséquent obligés de s'imposer les plus désagréables sacrifices dans l'espoir de gagner quelques pièces de monnaie, veulent bien consentir à donner asile à des chrétiens. Pendant que je procède au choix d'un logis et que je songe avec volupté à étendre sur le sol mes membres endoloris, Marcel s'est réveillé de l'espèce de torpeur où la lassitude l'avait plongé et examine attentivement du haut de son bucéphale les collines dominant Deh Nô. En punition de mes péchés il aperçoit, sur la gauche du village, une construction blanche placée au sommet d'un coteau. Oubliant alors la fatigue, la longueur de l'étape, le soleil qui darde ses rayons de feu sur nos têtes, il ne descend même pas de cheval, saisit l'appareil photographique et part, malgré les protestations des tcharvadars, désolés de voir les yabous s'éloigner encore de la caravane.

Si l'amour-propre et la curiosité ne me rendaient quelque force, je renoncerais à suivre mon mari. Mes plus grands défauts viennent heureusement soutenir mon courage défaillant, et me voilà suivant Marcel, tout en maugréant et en regrettant au fond du cœur que les myopes armés d'un lorgnon aient souvent trop bonne vue.

Après une demi-heure de marche au pas — nos malheureuses montures seraient bien empêchées de prendre une allure plus vive — nous atteignons une colline surmontée d'un long soubassement construit en pierres calcaires. Nous mettons pied à terre ou, pour être plus véridiques, nous nous laissons rouler sur le sol, car, au premier moment, nos jambes, raidies par la fatigue, se refusent absolument à nous porter. Marcel finit enfin par se remettre d'aplomb; quant à moi, tous mes efforts sont vains, et je vais définitivement échouer sur une touffe d'herbes sèches. Cependant, après une grande heure de repos, je parviens à me lever et à monter sur la plate-forme. De ce point culminant j'embrasse des yeux toute la construction.

Le soubassement désigné par les habitants de Deh Nô sous le nom de Takhtè Maderè Soleïman (Trône de la Mère de Salomon) est une réminiscence des grandes terrasses sur lesquelles les souverains de la Babylonie construisaient leurs palais. Il est certain néanmoins que jamais édifice ne s'éleva sur ce sol artificiel, puisque le soubassement est lui-même inachevé. Cette observation ne résulte pas seulement de l'imperfection des parements extérieurs du takht, — les plus beaux monuments de la Grèce, les Propylées, le temple d'Éleusis, offrent de semblables anomalies, — mais de l'état des assises supérieures. A côté des pierres travaillées sur toutes leurs faces, on en rencontre d'autres dont les lits et les joints sont à peine ébauchés.

Mais quels sont donc ces signes gravés en creux sur les pierres inférieures du takht? Je ne reconnais ni les hiéroglyphes d'Égypte, ni les écritures cunéiformes des Babyloniens ou des Perses. Serais-je en présence de caractères jusqu'ici inconnus?

« Non, me dit Marcel, dont la belle ardeur s'est enfin calmée, ces figures n'appartiennent à aucun alphabet : ce sont des marques d'ouvriers, laissées sans doute à titre de témoins pour servir de base au règlement des travaux.

« Contemple, ajoute mon mari, le beau point de vue qui se présente du haut de cette terrasse et, si tu ne me gardes pas rancune de l'avoir entraînée hors du village après une si longue étape, tu conviendras que jamais emplacement mieux choisi ne domina un plus magnifique panorama. »

Je suis peu disposée à m'enthousiasmer en ce moment. A ces paroles je jette cependant les yeux dans la direction de la plaine du Polvar, et je ne puis m'empêcher d'admirer, sans en rien avouer, le grand cirque violacé qui nous entoure. A l'ouest la vallée est limitée par un massif de hautes montagnes se rattachant à la chaîne des Bakhtyaris; au sud une ramification de ce soulèvement ferme l'entrée du Fars; à l'est apparaît la partie la plus sauvage et la plus déserte de la Kirmanie; au nord, des plateaux conduisent à Sourmek et à Dehbid. Un cours d'eau serpente dans la plaine; sur ses rives j'aperçois des constructions blanches, derniers vestiges de monuments anciens, car les villages modernes sont tous bâtis en terre grise. A cette vue, une vengeance diabolique se présente à mon esprit : Marcel est presque aussi fourbu que moi; si je l'engageais très sérieusement à aller visiter une muraille située à trois cents mètres environ en contre-bas du takht?

« C'est impossible, me répond-il; je ne me tiens plus debout. »

Ouf! Avec quelle impatience j'attendais cet aveu. Il faut faire lever les chevaux à coups de gaule; nous choisissons les grosses pierres éboulées de façon à nous élever jusqu'à la hauteur des étriers, nous nous hissons péniblement sur nos montures et rentrons à Deh Nô. Pendant notre absence les serviteurs ont préparé une bonne chambre; le kébab et le pilau sont à point! hélas, ni l'un ni l'autre n'avons la force d'y toucher.

30 septembre. — Il serait peut-être vaniteux de comparer ma petite personne à celle d'Antée; néanmoins, tout comme le géant libyen, j'ai repris des forces en touchant la terre, notre mère commune. Après avoir voyagé à cheval pendant quatorze nuits, comme il est doux de passer la quinzième allongée sur un sol bien battu, dans une chambre bien close! Ce matin, découragement, fatigue, mauvaise humeur, se sont évanouis; je puis me remettre au travail avec ardeur et retourner aux ruines. Nous passons au bas du takht et arrivons bientôt devant la façade du petit édifice aux environs duquel je voulais méchamment, hier au soir, envoyer promener mon mari.

Ce monument affectait la forme d'une tour carrée. Les murailles étaient construites en pierres calcaires assemblées sans mortier, mais réunies par des goujons, comme celles du takht. Un escalier dont les arrachements sont encore visibles permettait de s'élever jusqu'à la porte percée au milieu de la façade. Des piliers saillants renforçaient les angles de la construction; un ornement denticulé formant corniche constituait le couronnement. Bien que la tour paraisse avoir été appareillée par des Grecs, elle ne présente, sauf l'ornement denticulé, aucune des formes architecturales de la Hellade, mais offre au contraire de surprenantes analogies avec certains tombeaux de la Lycie, copiés eux-mêmes sur d'antiques sépultures construites en bois.

A n'en pas douter, ce sont des ruines d'un monument funéraire destiné à renfermer la dépouille d'un roi ou d'un puissant personnage. Descendons dans la plaine : l'examen de pierres amoncelées que domine une colonne encore debout nous fournira peut-être des renseignements sur l'âge de ces constructions. Nous nous approchons; la colonne est en pierre calcaire, sa hauteur totale dépasse onze mètres, et son diamètre est d'un mètre cinq. Le fût, entièrement lisse, repose sur un mince tambour cylindrique de basalte noir; le chapiteau a disparu ou gît brisé en mille morceaux au pied de la colonne. Sur le même emplacement on rencontre encore quelques autres bases de basalte symétriquement placées; elles servent d'appui à des supports semblables à celui qui est encore debout.

TAKHTÉ MADERÉ-SOLEÏMAN. (Voyez p. 361.)

Non loin des colonnes s'élèvent trois piliers bâtis également en pierre calcaire. Ils ont huit mètres de hauteur, se composent de trois pierres superposées évidées sur une de leurs faces en forme de niche, et portent à leur partie supérieure une inscription en caractères cunéiformes. Évidemment nous sommes en présence de ce fameux texte perse, médique et assyrien que les savants se sont accordés à traduire par ces mots : « Moi, Cyrus, roi achéménide ».

Marcel retrouve le nom du fondateur de la monarchie perse et le titre de Khchâyathiya,

FAÇADE DU TOMBEAU DE CAMBYSE 1er. (Voyez p. 368.)

équivalant au *sar* des nations sémitiques et au βασιλεύς des Grecs. C'est de ce premier titre que provient, par une abréviation propre à un grand nombre de langues, le nom de « chah » que porte encore de nos jours Sa Majesté Iranienne.

En continuant à parcourir les ruines, nous apercevons, brisées presque à fleur de terre, quatre plaques de basalte noir, ornées sur leurs faces intérieures de belles sculptures représentant les pieds d'un homme faisant vis-à-vis aux serres d'un oiseau gigantesque. Ces bas-reliefs devaient représenter la lutte victorieuse du fondateur du palais contre un animal fabuleux : sujet gravé fréquemment sur des cylindres babyloniens. A part ces débris et les massifs de fondations en partie cachés sous les décombres, il ne reste plus aucun vestige du monument. La colonne, les bases de basalte, les trois piliers et les crémaillères pratiquées au sommet de chacun d'eux suffisent cependant pour reconstituer une grande salle hypostyle couverte d'une toiture en bois, précédée d'un porche et flanquée à droite et à gauche de petites pièces symétriquement disposées, communiquant par de larges baies avec le portique.

« Sommes-nous sur les ruines d'un temple ou d'un tombeau? dis-je à Marcel après avoir passé une bonne partie de la journée à relever de mon mieux le plan de la construction.

— A quoi te sert d'encombrer tes poches des histoires d'Hérodote? me répond-il. Ne te souviens-tu pas que les Perses sacrifiaient au soleil, à la lune, au feu, à l'eau et aux vents sur la cime des monts et qu'ils n'avaient point de temples? Ces débris ne peuvent pas être non plus les derniers vestiges d'un tombeau, puisque nous ne retrouvons pas trace de la chambre sépulcrale caractéristique de ce genre de monuments. J'y verrais les ruines d'un palais de Cyrus. »

PILIER DU PALAIS DE CYRUS.

Non loin de ce premier édifice j'aperçois, vers l'est, une grande pierre blanche posée sur champ; je m'en rapproche. Elle faisait également partie d'une habitation royale. Sur l'une de ses faces, au-dessous d'une inscription trilingue identique à celle que nous avons déjà relevée, je remarque une belle figure rongée par des mousses. Le personnage qu'elle représente accuse un type aryen : il a le sommet de la tête rasé; les cheveux qui couvrent les tempes et le derrière du crâne sont rassemblés en nattes, arrivant à peine au-dessus de la nuque; la barbe est courte et frisée. Il est vêtu de cette longue pelisse, fourrée à l'intérieur et boutonnée sur le côté, que les Persans portent encore en hiver et que les Grecs adoptèrent après les guerres médiques, si l'on en croit Aristophane. La coiffure se compose d'une couronne ornée d'uræus, semblable aux tiares de certaines divinités égyptiennes; sur les épaules sont fixées les grandes ailes éployées des génies assyriens et des khéroubins bibliques.

De l'avis de Marcel cette figure portant les attributs des divinités adorées par les peuples voisins de l'Iran ne représente pas le génie tutélaire de Cyrus, mais le portrait du roi lui-même.

Cyrus, devenu maître d'un vaste empire s'étendant de l'Égypte aux rives de la Caspienne, aurait senti la nécessité de perpétuer à son profit la fiction grecque ou égyptienne qui faisait remonter jusqu'aux dieux l'origine des races royales, et se serait paré, dans l'espoir d'augmenter son autorité, d'attributs empruntés au panthéon de toutes les nations soumises aux Perses.

Ce bas-relief est un des documents les plus intéressants de la Perse antique, car il fournit des renseignements précieux sur l'origine de la sculpture dans l'Iran, et donne en outre une idée des vues politiques et religieuses de Cyrus, en prouvant l'éclectisme de ce souverain qui

PORTRAIT DE CYRUS.

ne faisait aucune distinction entre les dieux nationaux et ceux des nations annexées à la Perse.

Il répugnait à Xénophon de faire du héros de son roman politique un prince et un parent rebelle, aussi imagina-t-il, le premier, de le représenter comme l'héritier d'Astyage. Cette version doit être écartée : Cyrus, on ne saurait en douter, conquit la Médie les armes à la main.

D'après Hérodote, ce fut même à la cruauté d'Astyage que le jeune prince fut redevable de ses premiers succès. Le roi, apprenant que son petit-fils Cyrus vivait encore, malgré les ordres qu'il avait donnés autrefois à Harpages de le faire mourir, fit venir ce dernier, et, dissimulant son ressentiment, il lui ordonna d'envoyer son propre fils au palais pour en faire le compagnon de Cyrus et l'invita en même temps à venir souper avec lui. « A ces paroles, Harpages se prosterna et retourna en sa demeure, se glorifiant au fond de l'âme de ce que sa faute avait tourné à bien et de ce que, par un bonheur inappréciable, le roi l'invitait à souper. Il rentra chez lui bien empressé. Il avait un fils unique âgé de treize ans au plus. Il le fait appeler et lui prescrit d'aller au palais d'Astyage et de se conformer en tout aux ordres du roi.

« Cependant il raconte tout joyeux à sa femme les événements de la journée. De son côté l'enfant arrive chez Astyage, mais soudain le roi l'égorge, le dépèce membre à membre, rôtit une part de ses chairs, met bouillir le reste et tient prêt le tout, bien dressé. A l'heure du souper les autres convives et Harpages se réunissent. Devant les premiers et devant Astyage étaient placées des tables couvertes de chair de mouton ; sur celle d'Harpages on avait servi le corps entier de son enfant, hormis la tête et les doigts des pieds et des mains, que contenait à part une corbeille couverte. Dès qu'il parut à Astyage qu'Harpages devait être rassasié : « Ne trouves-tu pas à ce mets, lui dit-il, une saveur particulière? » Harpages assura qu'il l'avait trouvé excellent. Alors des serviteurs, selon leurs instructions, lui présentèrent la tête et les doigts de son fils, que cachait un linge, et l'invitèrent à les découvrir pour prendre ce qui lui conviendrait. Il obéit et leva le voile de la corbeille. Il vit les membres de son enfant. Mais à cet aspect ses sens ne furent point troublés; il sut se contenir, et, quand Astyage lui demanda s'il reconnaissait de quelle bête il avait mangé, il répondit qu'il le reconnaissait et que tout ce que faisait le roi lui était agréable. Après cette réponse il recueillit le reste des chairs et s'en alla à sa maison, où il avait le dessein d'ensevelir les lambeaux qu'il avait rapportés. Telle fut la punition qu'Astyage infligea à Harpages. »

Sur le conseil des mages, le roi renvoya Cyrus en Perse auprès de son père Cambyse, tandis qu'Harpages, brûlant de se venger, s'attacha le jeune prince par des présents et persuada aux Mèdes de déposer leur roi. « Quand Cyrus fut en âge de régner, Harpages l'engagea à se révolter. « O fils de Cambyse, lui écrivit-il, venge-toi d'Astyage ton meurtrier, car selon sa volonté tu as péri ; grâce aux dieux et à moi, tu as survécu. Entraîne les Perses à la révolte, conduis-les contre les Mèdes. Si Astyage choisit pour commander moi ou l'un des premiers du peuple, c'est tout ce que tu peux désirer. Nous sommes tous conjurés contre Astyage. Nous l'abandonnerons pour embrasser ton parti et nous tenterons de le déposer. Tout est prêt ici, agis donc et agis promptement. »

Cyrus profite des conseils d'Harpages, rassemble les tribus perses soumises à ses ordres ; Astyage, apprenant ces menées, lui envoie l'ordre de revenir à Ecbatane. Cyrus refuse d'obéir aux injonctions de son grand-père et lui fait même répondre qu'il arrivera dans la capitale de la Médie plus tôt que le roi ne le désire. Alors Astyage, frappé d'aveuglement, confie le commandement de ses troupes à Harpages : *Quos vult perdere Jupiter, dementat prius*.

Au premier engagement quelques Mèdes qui ne sont pas du complot combattent, d'autres passent à l'ennemi, le plus grand nombre manque de cœur et prend la fuite. « A la nouvelle de la honteuse dispersion de son armée, Astyage, menaçant son petit-fils, s'écrie : « Cyrus « n'aura pas longtemps sujet de se réjouir ». Il dit ; puis d'abord il fait empaler les mages interprètes des songes qui lui ont conseillé de congédier Cyrus ; et en second lieu il arme les Mèdes jeunes et vieux et se dirige vers la Perse.

Quand on a vécu en Asie et que l'on est familiarisé avec les mœurs et l'histoire des despotes turcs ou persans, on est vivement frappé par la narration d'Hérodote. La vengeance cruelle que le roi tire d'Harpages, la composition du repas où il n'entre que du mouton, alors que les Grecs dans leurs grands festins servaient généralement de la viande de bœuf, la précaution de faire empaler les mages dont Astyage avait eu à se plaindre, la nature de leur supplice, si ordinairement appliqué en Assyrie, donnent à l'histoire de la révolte de Cyrus un caractère de vérité surprenante. La version d'Hérodote doit nous inspirer d'autant plus de confiance que cet historien est le seul qui nous ait laissé une généalogie de Cyrus confirmée par la lecture du grand texte de Bisoutoun.

A peine peut-on lui reprocher de faire de Cyrus le fils d'un Perse de condition inférieure à celle des grandes familles mèdes. Eût-il pu dans ce cas, lorsqu'il échappe à la surveillance de son grand-père, convoquer les tribus nobles de la Perse avant de leur avoir fait connaître le motif de leur réunion, et Hérodote ne dit-il pas lui-même que son jeune héros descendait d'Achémènes, l'illustre aïeul des rois du Fars, et qu'il faisait partie de la tribu des Pasargade, « la plus noble entre les tribus nobles de la Perse »? Il est probable seulement que la condition de Cambyse, roi à demi barbare d'un petit État fort éloigné de la Médie, parut des plus humbles aux courtisans efféminés d'Astyage.

Que l'on compare la situation du roi de Navarre quand il arriva à Paris à celle du petit prince du Fars, et l'on aura, il me semble, une faible idée de la position effacée de Cambyse à la cour de son suzerain.

Enfin l'image de Cyrus, si je l'interroge et lui demande de trancher le différend de Xénophon et d'Hérodote, ne me répond-elle pas par l'inscription gravée au-dessus de sa tête : « Moi, Cyrus, roi achéménide »?

Cyrus était donc Perse de sang royal et descendait d'Achémènes au même titre que Darius.

Dès notre retour au village le tcharvadar bachy demande à nous parler. « Je pars ce soir avec la caravane, nous dit-il; je vous laisse deux hommes pour soigner les chevaux de selle et les mulets chargés de votre bagage journalier. Bien qu'il me soit très pénible de me séparer de mes animaux, je suis sans inquiétude sur leur sort, grâce à la présence des toufangtchis préposés à votre garde par le gouverneur de Chiraz. Je vous recommande néanmoins de ne pas abandonner les soldats pendant la traversée des défilés du Polvar, de mettre pied à terre dans les détestables chemins que vous suivrez, de veiller à ne point fatiguer les bêtes, et enfin, à l'arrivée de l'étape, de les faire couvrir de leur bât après leur avoir enlevé vos selles à la farangui.

— Vos animaux seront soignés comme nous-mêmes, je vous le promets solennellement, ai-je répondu. Pouvez-vous en demander davantage?

— N'y a-t-il point de passage permettant de franchir la montagne sans traverser les défilés de Maderè Soleïman? demande Marcel à son tour.

— Non, Çaheb; croyez-vous donc que, si les tcharvadars pouvaient éviter ce chemin, même en faisant un long détour, ils iraient de gaieté de cœur perdre tous les ans des charges et des mulets en parcourant ces passages maudits? Quand les eaux sont basses, les caravanes suivent les rives du Polvar et franchissent le défilé sans accident; mais l'hiver il faut se lancer sur un chemin à pic, taillé dans le roc à une époque si reculée que personne ne connaît le nom des *dives* qui l'ont tracé.

— Si vous vouliez vous diriger vers l'est et marcher vers Kirman, seriez-vous encore dans la nécessité de traverser les passes? Ne pourriez-vous brusquement vous jeter sur la gauche?

— Non, certes. Le désert à l'est de Mechhed Mourgab est le plus sec et le plus désolé de l'Iran tout entier, bien riche cependant en mauvaises terres. Aucune caravane n'oserait s'y aventurer.

— Ainsi vous en êtes bien sûr : on ne peut aller de Kirman à Maderè Soleïman sans passer par Darab et le Takhtè Djemchid?

— J'en suis certain, Çaheb. D'ailleurs interrogez les tcharvadars. Il n'est pas nécessaire d'avoir traîné ses guivehs durant soixante années sur les routes de caravane pour être renseigné à ce sujet.

— Dans quel but t'informes-tu avec cette insistance des chemins qui conduisent à l'est? dis-je à Marcel. Nous n'avons jamais eu l'intention de visiter la Kirmanie.

— Parce que nous sommes dans le voisinage de l'itinéraire suivi par Alexandre à son retour des Indes, et qu'il est du plus haut intérêt de constater que le roi macédonien n'a pu venir à Persépolis en traversant le désert de Kirman, Maderè Soleïman et les gorges du Polvar, mais qu'il a été forcé de suivre les routes de caravane et de rentrer en Perse par Darab et les passes de Sarvistan. »

1er octobre. — Au milieu de la nuit j'ai été réveillée par un bruit infernal : après deux jours de repos la caravane reprend sa marche. Tandis que je me prélasse mollement allongée sur une paillasse fraîchement garnie, je me prends à répéter avec un bonheur égoïste les vers du poète :

Suave, mari magno, turbantibus æquora ventis,
E terra magnum alterius spectare laborem ;
Non quia vexari quemquam est jucunda voluptas,
Sed, quibus ipse malis careas, quia cernere suave est [1].

Je me repose et mes compagnons de route grimpent mélancoliquement sur leurs montures ou s'effondrent dans les kadjavehs en se rappelant peut-être, de leur côté, le célèbre passage d'Hafiz : « Lorsque nous fendons dans une nuit obscure des vagues terribles et des gouffres effrayants, combien de ceux qui habitent en sûreté le rivage peuvent comprendre notre situation? »

A l'aurore nous nous mettons en selle, et, laissant sur notre gauche les ruines du takht et des palais, nous nous dirigeons vers un village d'aspect misérable, placé non loin de la brèche au fond de laquelle s'écoule le Polvar. Les maisons bâties en terre s'appuient sur d'antiques soubassements de pierres blanches. Marcel voudrait les examiner, mais ce serait s'exposer à troubler la paix des ménages : il faut y renoncer. Au delà de ces constructions s'élève un petit monument dont la couleur dorée me rappelle la teinte si chaude des beaux marbres pentéliques. Il est isolé du village et d'un accès facile. Les chevaux traversent un cimetière et s'arrêtent au pied même de l'édicule désigné par les Anglais sous le nom de Tombeau de Cyrus, et par les Persans sous celui de Gabre Maderè Soleïman (Tombeau de la Mère de Salomon).

De toutes les constructions de la plaine du Polvar c'est incontestablement la plus intéressante et la mieux conservée. Le caractère archaïque de l'architecture grecque du naos et le fronton qui le couronne, le seul que l'on puisse signaler dans toute la Perse, attirent tout d'abord notre attention. Le tombeau est porté sur six gradins de dimensions décroissantes, reposant eux-mêmes sur un socle débordant largement au-dessous de la dernière marche : un escalier, en partie détruit, servait à gravir les degrés. Tout cet ensemble est bâti en pierres calcaires colossales, assemblées avec la plus grande précision ; la couverture est massive et exécutée en pierre, comme tout le reste du monument. Le gabre était entouré d'un portique : je retrouve des bases et même des fûts de colonnes sur trois côtés, mais sur le quatrième je recherche en vain des traces de construction. On pénétrait dans la cour centrale par trois portes basses et étroites, dont les montants sont encore debout ; mais je suis surprise de constater

---

1. « Il est doux, quand la vaste mer est bouleversée par les vents, d'assister du rivage aux dures épreuves subies par un autre que nous ; non pas qu'on trouve une jouissance dans les souffrances d'autrui, mais c'est une douceur de voir les maux dont on est exempt. » (*Lucrèce*, trad. de Crousté.) (*Note de l'éditeur*.)

GABRE MADERÉ SOLEIMAN. (RESTITUTION DE M. DIEULAFOY.)

que les deux baies se faisant vis-à-vis ne sont point placées dans le prolongement de l'axe du naos et que l'édicule n'occupe pas le centre de l'espace limité par la colonnade.

Je gravis les degrés du gabre, je pousse une porte de bois et j'entre dans une pièce fort petite. Une des faces est ornée d'un mihrab sculpté à une époque relativement récente; les autres parois sont unies et laissent apprécier la grosseur des matériaux. Des cordes accrochées à des chevilles de bois enfoncées dans les joints des blocs soutiennent des lampes de métal et des chiffons de toutes les couleurs déposés là en guise d'*ex-voto*.

2 octobre. — Me suffirait-il d'atteindre ces monuments, vers lesquels nous nous dirigeons avec tant de peine depuis neuf mois, pour tomber malade? Hier j'ai d'abord aidé Marcel à prendre toutes les dimensions du gabre, puis j'ai écrit quelques notes et monté mon appareil photographique; mais à ce moment j'ai été saisie par des frissons si violents, malgré les rayons brûlants du soleil, que j'ai dû recommencer quatre épreuves avant de parvenir à découvrir l'objectif sans le déplacer. Marcel est venu à mon secours, et, tant bien que mal, l'opération s'est terminée. Alors je me suis étendue sur les dalles fraîches de la chambre sépulcrale et j'ai été prise d'un violent accès de fièvre. Des femmes, il m'en souvient cependant, ont essayé de m'expulser, sous prétexte que les hommes ne doivent pas entrer dans le Tombeau de la Mère de Salomon. Elles auraient bien pu me prendre par la tête et les pieds et me jeter dehors, j'aurais été dans l'impossibilité d'opposer la moindre résistance; tout à coup, mais sans qu'il m'eût été possible de saisir le motif de leur retraite, elles se sont éloignées en criant comme des oies effarouchées. Vers la nuit, quand je me suis trouvée mieux, on m'a remise à cheval et nous sommes rentrés à Deh Nô.

L'accès d'hier a été long et douloureux, mais il me laisse au moins l'esprit tranquille. L'extrême fatigue qui m'accable depuis quelques jours, les hallucinations nocturnes auxquelles je suis sujette m'inquiétaient au point de me faire craindre de rester en chemin. Maintenant je suis rassurée : j'ai la fièvre intermittente avec son cortège de douleurs articulaires, de frissons, de délire; je connais l'ennemi, il n'y a plus qu'à tâcher de se défendre.

Il me faudra prendre part au festin de quinine que Marcel s'offre toutes les semaines depuis sa maladie de Téhéran, régal auquel il est sans doute redevable de traverser impunément la plaine du Polvar.

Aujourd'hui je n'aurai pas d'accès : il s'agit de profiter de ce répit pour terminer le lever du gabre et nous lancer dans les fameux défilés que nous devions visiter hier.

« Que penses-tu de ce tombeau ? dis-je à Marcel quand nous repassons devant le gabre et que je puis suivre avec intérêt toutes ses démonstrations.

— Ce petit édicule n'a jamais abrité la dépouille mortelle de Cyrus, j'en ai la conviction.

« Il n'y a aucune analogie entre ce monument et le tombeau de Cyrus, dont Arrien et Strabon ont emprunté la description à Aristobule, qui le visita et le fit réparer sur l'ordre d'Alexandre.

« Le tombeau du fondateur de la monarchie perse s'élevait au milieu des jardins du roi ; il était entouré d'arbres, d'eaux vives et d'épais gazons. C'était une tour carrée, assez peu haute pour rester cachée sous les ombrages qui l'environnaient. A la partie supérieure se trouvait la chambre sépulcrale, couverte d'une toiture en pierre. On y pénétrait par une porte fort étroite. Aristobule y vit un lit d'or, une table avec des coupes à libations, une auge dorée propre à se laver ou à se baigner, et une quantité de vêtements et de bijoux. Au moyen d'un escalier intérieur on communiquait avec la chambre où se tenaient les prêtres préposés à la garde du monument funéraire.

« Sur la façade du tombeau était gravé en langue et caractères perses : « O homme, je « suis Cyrus, fils de Cambyse. J'ai fondé l'empire des Perses et commandé à l'Asie. Ne « m'envie pas cette sépulture. »

« Un Grec, ajoute mon mari, n'eût jamais comparé le Gabre Maderè Soleïman à une tour carrée, pas plus qu'il ne se fût contenté, pour décrire le soubassement de six gradins, d'énoncer simplement que le bas de la tour était solide. D'ailleurs il eût été matériellement impossible d'enfermer dans une chambre mesurant à peine six mètres carrés les arcophage, le lit d'or, la table avec coupe à libations, l'auge dorée propre à se baigner et la grande quantité de vêtements et de bijoux qu'Aristobule vit dans le tombeau. Où serait enfin l'inscription que les Grecs firent traduire dans leur langue?

« Selon moi, le Gabre Maderè Soleïman était un tombeau de femme. Cette hypothèse étant admise, la distribution de tout l'édifice devient claire et logique : la porte extérieure faisait partie d'une haute enceinte enveloppant tout l'ensemble des constructions; l'espace laissé libre entre la première clôture et le mur du portique était réservé aux serviteurs chargés de la garde du monument, serviteurs qui ne devaient pas pénétrer dans la cour intérieure et ne pouvaient pas même apercevoir l'édifice quand s'entr'ouvraient les portes de communication. Si on voulait entrer dans le naos, les difficultés redoublaient. La baie, tu l'as vu, était fermée par une double huisserie : il fallait donc tout d'abord rabattre à l'intérieur la porte extérieure, puis entrer dans la chambre laissée entre les deux vantaux, fermer le premier, qui aurait fait obstacle à la manœuvre du second, et tirer alors à soi la deuxième porte.

« J'ai beaucoup pensé à la disposition topographique de la plaine de Mechhed Mourgab, aux montagnes placées autour d'elle comme une barrière infranchissable, à l'impossibilité d'entrer dans le Fars en d'autres points que celui-ci, et je suis arrivé à cette conclusion, que les ruines de Maderè Soleïman sont les débris de la ville construite par Cyrus sur les confins de la Perse et de la Médie, quand, à la suite de sa victoire sur son grand-père Astyage, ce prince devint roi des Perses et des Mèdes.

« La plaine de Mechhed Mourgab, située en avant des gorges étroites et tortueuses qui commandent l'entrée du Fars et que l'on est obligé de franchir avant de pénétrer dans cette région en venant d'Ecbatane, était pour les Perses un champ de bataille très favorable et un point stratégique d'une telle importance, que les troupes de Cyrus durent, au prix des plus grands efforts, en disputer la possession aux armées mèdes envoyées à leur rencontre. »

Arrivés à l'entrée des gorges, nous prenons le chemin d'hiver taillé à pic dans le rocher et nous atteignons avec beaucoup de mal un premier plateau dominé par un sommet élevé. Marcel prend quelques mesures avec son théodolite afin de vérifier la carte anglaise; levés modernes et auteurs anciens en main, il est impossible de ne pas reconnaître, en jetant les yeux sur la plaine de Mechhed Mourgab et les gorges du Polvar, les champs de bataille où les Perses enlevèrent aux Mèdes l'hégémonie de l'Iran. Hérodote nous a laissé un long récit des faits qui précèdent la révolte de Cyrus; je décris d'après Nicolas de Damas les péripéties du combat.

« Cyrus, ayant levé l'étendard de la révolte, fut mandé à la cour d'Ecbatane. Il battit le parti de cavaliers chargés de le capturer et, à la nouvelle de l'arrivée des Mèdes, organisa son armée avec l'aide de son père et d'un certain Ebare, « homme sage et prudent, dans lequel il « avait mis toute sa confiance ». Après avoir incendié et détruit toutes les villes placées en un trajet que devaient parcourir les envahisseurs, il ramena en arrière la population, s'enferma dans le camp retranché et fit également fortifier et occuper les défilés des montagnes par lesquelles les Mèdes pouvaient pénétrer en Perse et les sommets qui commandaient l'entrée des passes. Au premier choc les Mèdes sont repoussés. Astyage assis sur un trône élevé domine le champ de bataille. « Se peut-il, s'écrie-t-il, que ces mangeurs de pistaches se conduisent « avec tant de courage! Malheur à mes généraux s'ils ne triomphent pas des révoltés. »

Cependant, accablés par le nombre, les Perses sont obligés de battre en retraite et de s'enfermer dans le camp retranché devant lequel ils combattent. Cyrus pénètre avec les derniers de ses compagnons d'armes dans l'enceinte fortifiée, rassemble aussitôt ses soldats et leur adresse la parole :

« O Perses! voici votre sort : si vous êtes vaincus, vous serez tous massacrés; si vous êtes victorieux, vous cesserez d'être les esclaves des Mèdes et vous conquerrez le bonheur et la liberté. »

Il leur représente également, afin de raffermir leur courage, qu'ils ont fait un grand carnage des Mèdes et leur recommande d'envoyer pendant la nuit les femmes et les enfants sur la plus haute montagne du pays, nommée Pasargade.

Au lendemain, le jeune général sort des retranchements, dont il confie la garde à son père et aux soldats les moins jeunes et, suivi d'Ebare, se précipite au combat. Le sort de cette deuxième journée devait être funeste aux Perses. Un parti mède qui a abordé l'aile droite des révoltés marche sur le camp retranché, l'enlève de haute lutte, fait prisonnier le père de Cyrus et l'amène percé de coups au roi d'Ecbatane.

« Ne me tourmente pas, lui dit le captif, mon âme va s'échapper de mon corps. »

« C'est contre ton avis, je le sais, répond Astyage, que Cyrus s'est révolté; je ne saurais te reprocher les crimes de ton fils. Meurs en paix, je te ferai faire des funérailles dignes de ton rang. »

Pendant ce temps les envahisseurs, maîtres de la plaine, cherchent à gravir les sentiers qui conduisent au sommet du mont Pasargade.

Ebare a compris le danger que courent ses compatriotes. Traversant des gorges à lui seul connues, il se porte avec mille hommes au-devant des ennemis, tandis qu'Astyage, informé de la manœuvre exécutée par le général perse, donne l'ordre à vingt mille combattants de tourner la montagne; mais à peine essayent-ils de s'engager dans les défilés, qu'ils sont accueillis par une avalanche de pierres que les troupes préposées à la garde du plateau situé au-dessous du mont Pasargade font rouler sur les flancs escarpés des rochers. Après deux jours de repos les Mèdes, qui s'étaient précédemment emparés des points les plus bas de la montagne, tentent un suprême effort et s'élancent à l'assaut des positions ennemies. Les Perses, surpris, déploient une extrême bravoure, mais fléchissent sur tous les points. Refoulés lentement par les envahisseurs, ils remontent en combattant les pentes qui conduisent au sommet, quand accourent au-devant d'eux leurs femmes et leurs mères. Celles-ci, après les avoir apostrophés avec une crudité de langage que le latin lui-même se refuserait à rendre, les renvoient à l'ennemi.

Saisis de honte, enflammés d'un terrible courroux, les Perses reviennent au combat et font de leurs ennemis un terrible carnage. Après des revers suivis de retours de fortune, la lutte, longtemps indécise, se termine enfin par la déroute des armées d'Ecbatane.

Cyrus victorieux entre dans la tente du roi mède et s'assied sur le trône de son ancien suzerain. Les Mèdes étaient vaincus, mais quatre hommes surtout avaient rendu leur défaite irrémédiable. C'était d'abord Artasyras, satrape d'Hyrcanie, qui fit défection avec cinquante mille hommes et rendit hommage à Cyrus. A la suite du général hyrcanien se présentèrent les chefs des Parthes, des Socares et des Bactres.

Quant à Astyage, se voyant abandonné de tous les siens, il vint à son tour trouver Cyrus, qui l'accueillit avec honneur, tout en le retenant prisonnier.

« La ville dont les ruines sont à nos pieds serait donc la Pasagarde (la Place Forte) construite par Cyrus sur l'emplacement où il avait vaincu ses ennemis, ville qu'il faut se garder de confondre avec la vieille capitale des Achéménides nommée Pasargade et visitée par Alexandre à son retour des Indes avant d'atteindre Persépolis. Cette dernière cité, signalée par le tombeau de Cyrus, était voisine de Darab ou de Fæsa. Ce sont des similitudes de noms qui expliqueraient la confusion dans laquelle sont tombés à leur sujet les auteurs anciens en attribuant à Pasargade des faits relatifs à Pasagarde. En ce cas, la tour funéraire placée auprès du takht, recouvrirait les cendres de Cambyse Iᵉʳ, inhumées sur le lieu même où il trouva une mort glorieuse. Le Gabre Maderè Soleïman devrait être identifié avec la sépulture de la mère ou de la femme de Cyrus, mortes toutes deux sous le règne de ce prince. Toutefois j'inclinerais à penser que Cyrus, à la mort de sa mère, Mandane, lui fit élever un tombeau dans le voisinage de celui de son mari et fit, au contraire, transporter le corps de sa femme, Cassandane, « à la « mort de laquelle il mena grand deuil », au dire d'Hérodote, dans l'antique Pasargade, où il devait lui-même être enseveli auprès de ses aïeux. Ainsi se vérifierait la désignation de Maderè Soleïman, donnée par les Persans à la plaine du Polvar. Le nom de Salomon, qui revient sans cesse dans le Koran, aurait été substitué à celui de Cyrus, aujourd'hui tout à fait inconnu du peuple.

« La tradition qui fait du gabre un tombeau de reine est si généralement adoptée dans le village, qu'hier, croyant avoir affaire à un jeune garçon, les paysannes l'auraient impitoyablement précipitée du haut en bas de l'édicule, sous le fallacieux prétexte que les hommes ne doivent pas entrer dans un tombeau de femme, si je ne les avais assaillies à coups de pierres et ne leur avais jeté, comme dernier argument, mes deux guivehs (chaussures de guenilles) à la tête.

— Quelle imprudence! Tu t'exposais à ameuter contre toi le clan des maris!

— Les maris! mais ils m'auraient aidé à rosser ces mégères si je les en avais priés. Pas un d'entre eux ne tolérerait qu'on regardât ces guenons ou qu'on fût simplement poli avec elles; mais tous vous sont reconnaissants de les assommer à coups de savate. C'est une fatigue journalière qu'on leur évite. »

En résumé, les ruines que nous avons trouvées dans la plaine du Polvar, le takht, la façade de la tour carrée, les palais et le gabre, sont les derniers vestiges des monuments élevés par le grand Cyrus au sixième siècle avant notre ère. Cet âge se lit sur leurs pierres, sur leurs ornements, sur les membres les plus essentiels comme sur les détails les plus intimes de leur architecture. On ne saurait hésiter non plus à reconnaître en eux des monuments apparentés de très près aux édifices ioniens ou gréco-lyciens. Sont-ils les prototypes des monuments élevés dans les colonies grecques de l'Asie Mineure? Je ne le pense pas. Antérieurement à la conquête de la Lydie, les habitants du Fars n'avaient jamais eu de relation directe avec les Grecs et menaient encore une existence sauvage au moment où Cyrus substituait chez les Aryens la suprématie des Perses à celle des Mèdes.

Peut-être même l'architecte qui les construisit fut-il choisi dans l'entourage de Crésus, devenu, après la prise de Sardes, l'ami et le conseiller de son vainqueur.

5 octobre. — Après deux étapes, me voici installée dans le tchaparkhanè de Kenarè, à quelques kilomètres de la célèbre Persépolis.

En quittant Maderè Soleïman, nous nous sommes engagés dans les défilés étroits du Polvar. Nous avons tout d'abord côtoyé les rives du fleuve, encombrées d'une superbe végétation de roseaux et de ginériums. Le tcharvadar bachy avait raison de vouer ce chemin aux dieux infernaux; mais, uniquement préoccupé de questions techniques, il avait oublié de nous parler de l'aspect pittoresque des gorges. Au sortir de la partie la plus sauvage de la montagne, nous avons passé au pied d'un bas-relief sassanide grossièrement sculpté sur les parois du rocher; puis, en arrivant sur les plateaux inférieurs, j'ai aperçu d'innombrables familles de sangliers qui venaient se désaltérer au bord du cours d'eau; plus bas, les toufangtchis m'ont montré les tentes en poil de chèvre sous lesquelles ont élu domicile leurs confrères chargés de la garde du défilé.

Quelles fières tournures de bandits ont ces braves gens! Comme les hommes de notre escorte, ils portent une tiare de feutre brun, le long fusil jeté en travers des épaules, et un pantalon si large qu'ils sont obligés de ramener un pan de chaque jambe dans leur ceinture pour pouvoir marcher. Leur brillant uniforme (la plaque de ceinturon) et le droit de répondre à coups de bâton à toute question indiscrète les autoriseraient à se montrer arrogants; il n'en est rien : les gendarmes bavardent tout le long du chemin et ne dédaignent pas de nous mettre au courant de leurs affaires privées.

« Alors tu es enchanté de ton sort? ai-je demandé à l'un d'eux qui soutient la tête de mon cheval quand il passe sur une roche glissante.

— Que pourrais-je demander à Allah? Je jouis d'une bonne santé et, grâce au ciel, mes pieds n'ont pas encore fait connaissance avec le bâton.

— Quelle est ta solde?

— Je gagne soixante-dix krans (soixante-dix francs) par an, me répond-il avec orgueil.

— Tu dois nager dans l'or?

— J'étais en effet bien à l'aise il y a quelques années, mais je me suis marié : mes femmes m'ont donné huit enfants, et depuis lors j'ai quelque peine à finir l'année. Si le gouverneur, sur votre demande, augmentait seulement mes appointements de dix krans, je serais le plus heureux des toufangtchis de Sa Majesté.

— Je m'occuperai de toi si tu te conduis à un manzel convenable. »

Les monuments de Persépolis sont divisés en deux groupes, désignés sous les noms de Nakhchè Roustem (Dessins de Roustem) et de Takhtè Djemchid (Trône de Djemchid). Ces deux groupes sont distants l'un de l'autre de huit à dix kilomètres. Une masure décorée du nom de tchaparkhanè est placée entre les deux : c'est l'horrible gîte choisi par notre escorte. Les voyageurs ne s'arrêtent pas à Persépolis, à cause de l'air malsain qu'on y respire; le service de la poste est peu actif dans le Fars : aussi les terrasses et le balakhanè de notre auberge sont-ils écroulés. L'unique pièce dans laquelle on peut s'abriter est embarrassée de vieux licous, de guivehs hors d'usage et des maigres provisions du tchapartchi (gardien du tchaparkhanè), dont la mine pitoyable ne fait pas honneur à la salubrité du pays. Sur nos instances, la chambre est nettoyée et mise à notre disposition.

Après le dîner, prenant pitié de nos serviteurs, je les engage à venir s'étendre dans la seule pièce habitable.

« Nous nous garderions bien de dormir sous un toit, me dit le cuisinier; dès que vous aurez éteint la lumière, vous serez dévorés par les moustiques; le seul moyen de ne pas être mangé tout vif est de passer la nuit au grand air. »

Hélas! le cuisinier avait dit vrai : à peine avions-nous cessé de remuer, que nous nous sommes sentis transpercés par mille aiguillons. Les moustiques de Persépolis sont silencieux, mais ils rachètent leur mutisme par une voracité sans exemple. La nature, trop bienveillante à leur égard, les a faits minces et petits, et leur a permis ainsi de s'introduire à travers les plus étroites ouvertures des vêtements. Marcel crut déjouer les attaques de ces impitoyables ennemis en ficelant son pantalon autour des jambes, en couvrant ses pieds d'une épaisse chaussure de cuir, et en emmaillottant ses mains dans des serviettes. Vaines espérances! les bourreaux se sont dédommagés aux dépens de la figure, et des lèvres surtout, qu'il fallait bien laisser à découvert pour respirer. La crainte de la fièvre nous a néanmoins retenus dans la chambre; le soleil, trop long à venir, nous y a trouvés debout! L'astre du jour eût mieux fait de se cacher à jamais que d'éclairer nos masques grotesques aux yeux boursouflés, aux lèvres tuméfiées. Il ne s'agit pas de pleurer sur cette pitoyable transformation, mais de se diriger vers un grand rocher taillé à pic, que la caravane a laissé cette nuit sur sa droite, en entrant dans la plaine de la Mordach. En me rapprochant de cette montagne abrupte, mes yeux se portent d'abord sur la façade de quatre hypogées, puis sur un petit monument quadrangulaire placé vis-à-vis des parois du rocher; il nous est déjà connu : chaque face reproduit, à s'y tromper, l'élévation de l'édifice ruiné que nous avons rencontré dans la plaine du Polvar, et que Marcel suppose avoir été le tombeau de Cambyse Ier, père de Cyrus. A Madèrè Soleïman une seule façade est encore debout ; ici le tombeau est complet, il n'y manque pas une pierre. La forme générale de l'édifice est celle d'une tour carrée pleine à la base. Sa partie supérieure est occupée par une salle très simple

TOMBEAU PROVISOIRE DE NAKHCHÉ ROUSTEM.

d'aspect; le plafond est formé de belles dalles juxtaposées; les murs sont nus, les coins arrondis. Une porte, de dimensions restreintes, met cette pièce en communication avec l'extérieur; un escalier, dont les fondations et les arrachements sont encore visibles, permettait de s'élever jusqu'à la chambre; deux glissières parallèles, creusées dans l'axe de la porte, servaient à faciliter l'entrée ou la sortie du sarcophage. La construction est couronnée, comme celle de Mechhed Mourgab, par un ornement denticulé; enfin, de grandes plaques de basalte noir, placées sur les trois faces opposées à la porte, simulent des fenêtres, bien qu'en réalité l'édicule n'ait

LES HYPOGÉES DE NAKCHÉ ROUSTEM.

qu'une seule ouverture. La présence exceptionnelle d'une glissière dans ce monument fait supposer à mon mari que cet édifice doit être assimilé aux *dakhmas* ou tours funéraires des Guèbres, et que ce tombeau est en réalité le pourrissoir où les cadavres des rois subissaient, avant d'être transportés dans les hypogées, la décomposition exigée par le culte mazdéïque. Quoi qu'il en soit, les deux tours carrées des plaines du Polvar et de la Merdach offrent, à n'en pas douter, les modèles des sépultures princières importées par Cyrus à son retour de l'Ionie; tandis que les hypogées, creusés à la mode d'Égypte dans la montagne de Nakhchè Roustem, furent les tombes des premiers princes de la deuxième dynastie achéménide.

La façade des monuments funèbres de Darius et de ses successeurs reproduit en relief, sur la paroi verticale du rocher, un édifice à colonnes. L'entablement, en tous points analogue à l'entablement ionien primitif, ressemble à celui que supportent les arrhéphores du portique de l'Érechthéion. Les colonnes, lisses, sont surmontées à leur sommet d'un chapiteau formé de deux taureaux soudés entre eux par la moitié du corps. Un couronnement égyptien termine les portes, à multiples linteaux.

Au-dessus d'un trône apparaît le roi, adressant des prières au dieu Aouramazda, qui plane dans les airs.

Les plates-formes ménagées au devant des tombeaux sont trop élevées et la paroi du rocher trop raide pour qu'on puisse y accéder de la plaine. Quand on désire visiter les hypogées, on est réduit à se laisser passer autour du corps une longue corde et à se faire hisser par des hommes placés sur la crête du rocher. Marcel exécute le premier cette ascension, et ce n'est pas sans inquiétude que je le vois suspendu à un câble paraissant à peine gros comme un fil. La descente s'effectue sans accident, et je m'apprête à mon tour à effectuer ce voyage aérien.

« Que veux-tu aller faire là-haut? me dit mon mari; les parois des chambres sont grossièrement taillées dans le roc et ne portent trace ni de sculptures ni de peintures; les plafonds sont façonnés en forme de voûte, et les sarcophages creusés dans la pierre ressemblent en tout point à ceux des sépultures égyptiennes.

— Je veux voir de près la physionomie de Darius. J'imagine aussi que du haut des tombeaux je jouirai d'une magnifique vue sur toute la plaine de la Merdach.

— N'insiste pas, je ne te laisserai jamais faire cette folie. Tu n'as pas l'idée de l'impression désagréable que l'on éprouve à quinze mètres au-dessus du sol, quand on est suspendu à l'extrémité d'une corde. Rien ne me prouve d'ailleurs que tu prendrais pied sur la plate-forme. T'attacherais-tu solidement avant de redescendre? Tu n'iras pas au tombeau », ajoute-t-il en hélant les hommes placés au sommet de la montagne et en leur ordonnant de redescendre.

Ce *veto* me paraît très déplacé, mais j'ai beau supplier et me mettre fort en colère, je suis réduite, pour la première fois depuis que j'ai fait serment d'obéissance, à me plier aux volontés de mon seigneur et maître. Ce n'était pas la peine de venir chercher si loin une pareille humiliation.

En supposant que je fusse montée aux hypogées et qu'il me fût arrivé quelque accident, le monde en eût été moins ému que ne le fut la Perse, il y a quelque deux mille quatre cents ans, à la suite de l'ascension de la même plate-forme, tentée par les parents de Darius. Le roi, charmé d'offrir une agréable distraction à son père et à sa mère, les invita à visiter son tombeau, les fit asseoir dans une benne et confia aux mages le soin de hisser ses vieux parents jusqu'à la plate-forme placée au devant de la porte d'entrée. Quarante prêtres montèrent sur la crête du rocher, saisirent les cordes et élevèrent à eux le père et la mère de leur souverain. Mais, au moment où ces estimables vieillards se balançaient au gré des vents, un énorme serpent sortit des rochers et vint jeter la terreur et la déroute dans les rangs des mages. Les prêtres, éperdus, n'eurent rien de plus pressé que de lâcher les câbles et de laisser choir sur les rochers la benne et son précieux fardeau. Le désespoir de Darius fut profond, il ordonna de saisir les coupables et les fit tous empaler sous ses yeux.

Au-dessous des tombes achéménides se trouvent les célèbres sculptures sassanides auxquelles l'ensemble des monuments placés à l'entrée de la plaine de la Merdach doit le nom de Nakhchè Roustem (Dessins de Roustem).

L'un de ces bas-reliefs, long de onze mètres environ, représente le triomphe de Chapour sur Valérien. Le roi perse est à cheval; l'empereur romain, lauré, vêtu d'une tunique et du paludamentum, implore à genoux la pitié du vainqueur. L'humble attitude prise par le prisonnier ne l'empêcha pas de servir pendant six ans de marchepied au souverain sassanide, et d'être finalement empalé et promené en guise de trophée à la tête des armées victorieuses.

CHAPOUR TRIOMPHANT.

Sur les fonds du bas-relief est gravée une inscription en langue pehlvi qui rappelle la victoire d'Édesse remportée par Chapour sur les Romains.

Le sujet traité sur le deuxième tableau est difficile à comprendre. Deux rois à cheval tiennent un symbole d'alliance, et contrastent par leur impassibilité avec la fougue de deux guerriers que l'on voit, dans une troisième composition, se précipiter l'un sur l'autre, la lance en arrêt, semblables aux preux du Moyen Age.

Le dernier de ces bas-reliefs, placé presque au niveau du sol, est malheureusement fort dégradé.

La sculpture monumentale des Sassanides semble plutôt procéder de l'art romain que de l'art grec. Les figures, soigneusement martelées depuis l'ère musulmane, sont dans un état qui ne permet pas d'apprécier le modelé et le fini des nus; mais les mains, souvent intactes, pèchent par la lourdeur de l'exécution; les draperies, tourmentées, manquent de vérité. En revanche, l'attitude des rois est simple et noble; les animaux sont traités avec une grande habileté de main par des artistes de talent, comprenant bien mieux la sculpture décorative que les auteurs des bas-reliefs officiels sculptés à la partie supérieure des quatre tombes achéménides.

Le dernier de tous les monuments du groupe de Nakhchè Roustem, et peut-être le plus intéressant d'entre eux, se trouve au sud des hypogées.

Ce sont deux atechgas (autels du feu) jumeaux, taillés dans le roc en place. Ils se composent d'une table carrée supportée par quatre arceaux en plein cintre, reposant sur des colonnes

LES ATECHGAS (AUTELS DU FEU) DE NAKHCHÈ ROUSTEM.

engagées dans les angles des pyrées. Une ligne de merlons triangulaires couronne la partie supérieure de l'autel. Tous ces ornements sont barbares, grossièrement exécutés et procèdent d'un art beaucoup moins avancé que celui des monuments élevés sous le règne de Cyrus. Si l'on rapproche cette donnée du caractère franchement assyrien des merlons, des colonnes engagées et des arcs en plein cintre, on se convainc aisément que les atechgas de Nakhchè Roustem sont les plus anciens monuments des plaines du Polvar et de la Merdach, et remontent au delà du règne de Cyrus.

Les pieux souvenirs et les traditions qui se rapportaient à ces antiques autels du feu engagèrent probablement Darius à choisir comme nécropole royale les rochers avoisinant les pyrées. Les mêmes motifs sans doute amenèrent à leur tour les Sassanides à faire graver leurs exploits sur les parois de cette montagne célèbre. De tous temps les sectateurs de Zoroastre affluèrent auprès des atechgas de Nakhchè Roustem, et, de nos jours encore, bien que les Parsis aient à peu près perdu le souvenir de leur passé glorieux, ils viennent des Indes visiter en nombreux pèlerinages les autels du feu et le tombeau provisoire désigné dans le pays sous le nom de Kaaba des Guèbres.

ROIS SASSANIDES.

PERSÉPOLIS. — PALAIS DE DARIUS. (Voyez p. 399.)

CHAPITRE XXI[1]

Le village de Kenaré. — Les emplâtrés. — Takhtè Djemchid. — Les taureaux androcéphales. — L'*apadâna* de Xerxès. — Palais de Darius. — La sculpture persépolitaine. — Costumes des Mèdes et des Perses. — Ruines de l'apadâna à cent colonnes. — La rentrée des impôts. — Les tombes achéménides. — L'incendie de Persépolis. — La ruine d'Istakhar. — Une famille guèbre en pèlerinage à Nakhchè Roustem. — La religion des Perses au temps de Zoroastre. — Le Zend-Avesta. — Départ de Kenaré pour Chiraz.

6 octobre. — La nécessité de renouveler nos approvisionnements épuisés, l'impossibilité de supporter pendant plusieurs nuits de suite les piqûres des moustiques, nous ont obligés à fuir pendant deux jours l'abominable tchaparkhanè voisin du Takhtè Djemchid et à venir chercher un refuge dans le petit village de Kenarè, situé à deux farsakhs des palais persépolitains. L'éloignement des ruines nous condamne matin et soir à une longue course à cheval; mais que ne ferait-on pas pour échapper aux moustiques et à l'insomnie, leur inséparable compagne?

Nous avons trouvé un gîte honnête dans un balakhanè élevé au-dessus de la maison d'un riche paysan. Murs et plafonds sont crépis en mortier de terre; une natte de paille étendue sur le sol et une amphore de cuivre constituent le mobilier de la pièce. Cette installation n'a rien de sardanapalesque, mais nous paraît cependant des plus confortables, car la hauteur de la pièce au-dessus du sol nous protège contre les émanations fétides des rues et nous permet de respirer à pleins poumons l'air pur des montagnes que nous apporte la brise de l'est. Les avantages de la position du balakhanè se payent au prix de quelques sacrifices : forcés de dîner sur la terrasse, de développer les clichés et de préparer les châssis au clair de lune, nous sommes ici, comme à Saveh, le point de mire des femmes de tout âge, qui se pressent en foule sur les toits du voisinage.

Depuis Maderè Soleïman la race paraît se modifier : en promenant les regards autour de moi, j'aperçois des jeunes filles à la taille élancée, aux yeux bleus, aux cheveux blonds et souples, les premiers que j'aie vus en Perse; notre tcharvadar lui-même, un

---

[1]. Les gravures de ce chapitre sont dessinées d'après des héliogravures de *l'Art antique de la Perse*, publié par M. Dieulafoy (Librairie centrale d'Architecture, 1884).

enfant du pays, est possesseur d'une perruque rousse et de pupilles d'un vert glauque à faire envie aux bébés de porcelaine. Ce changement m'a surprise, et je suis allée aux informations. « Les cheveux jaunes et les yeux verts, m'a-t-on répondu, sont d'autant moins rares qu'on descend davantage vers le sud. » Somme toute, le type de la population s'embellit. En voyageur véridique, je dois ajouter cependant que les femmes âgées, à Kenaré comme dans tout l'Orient, sont décrépites, repoussantes, et joignent aux infirmités, fruits amers de la vieillesse, la malpropreté particulière aux habitants des villages du Fars. Les paysannes ne peignent presque jamais leurs cheveux, se lavent rarement, portent des vêtements sans les nettoyer ni les blanchir jusqu'à ce qu'ils soient en lambeaux.

Une jupe d'indienne attachée au-dessous du ventre et tombant à peine aux genoux, une chemise flottante, largement fendue sur la poitrine, mais s'arrêtant à la ceinture, suffisent à les voiler sans les couvrir.

Si le corps est soumis à toutes les variations de la température et des saisons, la tête est, au contraire, soigneusement garantie du soleil ou de la gelée, grâce à l'épaisse couche de voiles sales et de torchons graisseux entortillés autour du crâne. Les villageoises sont bonnes mères et n'accaparent pas tous les oripeaux de la famille : les pauvres bébés, qu'il serait malsain, paraît-il, de laver avant l'âge de trois ans, sont absolument nus, été comme hiver, mais ont, eux aussi, la figure engloutie sous une telle cargaison de haillons, de perles de verre et d'amulettes, que les plus vigoureux paraissent chétifs et grotesques sous ce couvre-chef disproportionné avec leur corps. Cette interversion dans le rôle des habits, jointe à l'habitude de saigner les nouveau-nés à trois jours pour leur enlever le sang impur de leur mère, et de les nourrir dès la mamelle avec des fruits aqueux, la coutume d'attendre que la saleté se détache de la peau en longues écailles et que les mouches serrées tout le long des paupières débarrassent ces petits malheureux des matières purulentes accumulées autour de leurs yeux, expliquent l'effrayante mortalité des enfants; aussi bien les femmes persanes, après avoir donné le jour à une douzaine de mioches, se considèrent comme très favorisées du ciel quand elles parviennent à en conserver trois ou quatre.

O Mahomet! tu avais donc visité les villages du Fars avant d'ordonner aux sectateurs de ta religion les cinq ablutions journalières!

Les habitants de la province ne peuvent arguer pour leur défense du manque d'eau et de leur pauvreté : les environs de Persépolis, que traversent de nombreux kanots, sont d'une surprenante richesse. Des gerbes d'orge cultivées en seconde récolte et encore empilées sur les champs témoignent par leur volume et leur belle apparence de la fertilité exceptionnelle des terres irriguées. En revanche, la zone privée d'eau est inculte et abandonnée; j'ai donc été fort surprise, en me rendant ce matin aux ruines en compagnie de nos braves toufangtchis, d'apercevoir auprès du takht six monticules de terre fraîchement remuée.

« Pourquoi creuse-t-on des silos dans ce désert? ai-je demandé à nos guides.

— Ces tumulus recouvrent des emplâtrés, m'a répondu l'un d'eux. Ce sont les tombeaux de six brigands pris le mois dernier et suppliciés il y a peu de jours. Depuis quelques années la province était gouvernée par un frère du roi, homme pieux mais trop débonnaire. Sûrs de l'impunité, les brigands et les assassins infestaient les chemins et dévalisaient les caravanes, quand Sa Majesté s'est enfin décidée à rappeler son frère à Téhéran et à nommer à sa place son petit-fils, un enfant de douze ans. En même temps il donnait comme tuteur au jeune prince un sous-gouverneur connu dans l'Iran pour sa sévérité.

— Mais qu'est-ce donc que l'emplâtrage?

— À en juger d'après les soubresauts du patient, ce doit être un supplice affreux! Les valets du bourreau creusent d'abord un puits dans la terre et posent en travers de l'excavation une barre au milieu de laquelle ils attachent les pieds du condamné, de façon que sa tête touche à peu près le fond de la fosse ; puis le bourreau gâche du plâtre et le coule lentement autour du corps. Quand l'opération est terminée, et lorsque le plâtre atteint le niveau du sol, on rejette sur la tombe la terre extraite du puits et l'on forme les monticules que vous venez d'apercevoir. »

Bien que la sensibilité s'émousse vite en voyage, je ne puis cependant, en écoutant ce simple récit, réprimer un geste d'horreur.

« Vous désapprouvez peut-être la manière d'agir du gouverneur ? reprend le toufangtchi.
— Oui, certes.
— Vous avez raison. Il est fort dommage de perdre dans ces exécutions une grande quantité de plâtre, quand il serait si peu coûteux de faire périr les assassins sous le bâton ; mais vous ne regretteriez pas cette dépense si vous saviez combien est salutaire l'impression produite par un pareil supplice. »

Tout en écoutant les sages réflexions de mon guide, j'arrive au pied d'une terrasse de dix mètres de hauteur, construite en blocs de pierre soigneusement dressés. Cet immense soubassement, connu en Perse sous le nom de Takhtè Djemchid, s'appuie sur une chaîne de montagnes sauvages et rappelle comme ensemble la plate-forme de Maderè Soleïman, dont il est certainement une copie. La hauteur de la terrasse n'est pas uniforme ; les constructions qu'elle supporte sont élevées sur trois étages différents. Un magnifique escalier à double volée, formé de cent six marches et coupé par deux larges paliers symétriques, conduit de la plaine à l'étage intermédiaire. Les volées sont parallèles au mur et prises dans l'épaisseur de la maçonnerie. Quant aux degrés, ils sont si doux qu'il est aisé de les monter ou de les descendre à cheval, et si larges que dix hommes placés sur la même ligne peuvent les gravir en même temps. Je m'élève par cette rampe et j'entre dans Persépolis.

Nous avons visité les vieilles forteresses de Ragès, de Véramine et de Sourmek ; nous avons parcouru le champ de bataille où les Perses inaugurèrent, en écrasant les armées d'Astyage, le règne glorieux de Cyrus ; naguère encore nous pénétrions dans les tombeaux des rois achéménides : mais de tous les souvenirs de la grandeur passée de l'Iran il n'en est pas un qui nous ait plus vivement impressionnés que les squelettes décharnés des palais persépolitains.

L'histoire traditionnelle de la Perse, telle qu'elle nous est rapportée par les poètes épiques, n'est pas d'un grand secours quand on veut étudier les origines de Persépolis. Mieux vaudrait encore consulter les auteurs grecs, si la lecture presque récente des textes cunéiformes gravés sur les pierres des palais ne venait substituer la certitude scientifique aux douteuses légendes et nous apprendre que le Takhtè Djemchid (Trône de Djemchid) est l'œuvre de Darius fils d'Hystape et de ses premiers successeurs.

Comment, dans les traditions persanes, Djemchid a-t-il usurpé la gloire des Darius et des Xerxès ? C'est un problème difficile à résoudre. D'après les légendes anciennes recueillies par Firdouzi, Djemchid aurait été le premier et le plus grand des législateurs de l'Iran. L'auteur de l'épopée persane lui attribue la division du peuple en quatre classes : celles des prêtres, des écrivains, des guerriers et des artisans. C'est également à Djemchid qu'il faut faire remonter l'usage de compter le temps par années solaires. Le souverain fixa le commencement de l'année au jour précis où le soleil entrait dans la constellation du Bélier et ordonna de célébrer cet anniversaire par la grande fête du Norouz, ou nouvel an, dont la tradition s'est perpétuée jusqu'à nos jours. Pas plus que les simples mortels, les princes légendaires ne sont parfaits. Après avoir rendu son peuple heureux, Djemchid inventa le vin et, dès lors, se lais[sa] aller à la débauche. Je laisse à Mollah Ackber le soin de conter cet épisode de la vie du r[oi.]

Djemchid eût donné tous les fruits de ses vergers pour une grappe de raisins. Désirant [en] conserver une provision d'hiver, il en enferma dans une grande jarre et fit déposer le vase [au] fond d'une cave profonde. Lorsque plus tard on ouvrit la jarre, les raisins avaient fermenté [et] s'étaient transformés en un jus rouge d'une odeur et d'un goût pénétrants. Le roi se méprit s[ur] les qualités de cette liqueur et en fit remplir quelques amphores de terre, sur chacune desquell[es] on écrivit le mot « poison ». Les propriétés du vin fussent demeurées longtemps ignoré[es] si l'une des femmes de l'andéroun, sujette à d'intolérables douleurs de tête, n'eût cherc[hé] dans la mort la fin de tous ses maux. Elle prit le vase sur lequel était écrit « poison » et [en] avala le contenu. La belle khanoum, peu faite aux liqueurs alcooliques, tomba en létharg[ie] et se trouva fort calmée à son réveil. Enchantée d'avoir découvert un remède à ses mau[x,] elle revint souvent à la cruche, et bientôt le vin du monarque fut bu tout entier. [Le] prince s'aperçut du larcin : la dame avoua sa faute, mais dépeignit en termes si engagean[ts] les divins effets de l'ivresse, que le roi voulut à son tour goûter au jus de raisin. A la récol[te] suivante on fit une plus grande quantité de vin ; Djemchid d'abord, puis toute sa cour fire[nt] leurs délices de ce nouveau breuvage, qui, en raison de la manière dont il avait été conn[u,] fut longtemps nommé le « délicieux poison ».

Djemchid, il faut le croire, ne tarda pas à abuser du « délicieux poison », car il se proclam[a] dieu, ordonna à ses sujets de lui élever des statues, et les dégoûta à tel point de lui, qu'[ils] le trahirent et se soumirent à Zohak, prince syrien.

Le malheureux souverain prit la fuite ; poursuivi dans le Seistan, l'Inde et la Chine, il f[ut] enfin conduit devant son ennemi, qui le fit placer entre deux planches et scier en plusieu[rs] morceaux avec une arête de poisson. Au dire de Firdouzi, Djemchid régna sept cents ans [et] fut l'ancêtre du fameux Roustem.

C'est probablement à l'ensemble de ces traditions que ce personnage héroïque doit [le] renom dont il n'a cessé de jouir chez les Persans et l'honneur de signer toutes les œuvres d[es] Achéménides.

« Djemchid, disent en effet les auteurs du Moyen Age, bâtit un palais fortifié au pi[ed] d'une montagne qui borde au nord-ouest la plaine de la Merdach. Le plateau sur lequel il ét[ait] élevé a trois faces vers la plaine et une vers la montagne. Les pierres avec lesquelles il e[st] construit sont en granit noir et dur ; l'élévation à partir de la plaine est de quatre-vingt-d[ix] pieds, et chaque pierre employée dans cette construction a de neuf à douze pieds de long s[ur] une largeur proportionnelle. Il y a, pour arriver au palais, deux grandes volées de marches, [si] faciles à monter qu'on peut le faire à cheval. Sur cette plate-forme était bâti l'édifice, do[nt] une partie subsiste encore dans son premier état ; le reste est en ruine. Le palais de Djemch[id] est celui qu'on appelle maintenant Tcheel-Minar ou les Quarante-Colonnes. Chacune de c[es] colonnes est faite d'une pierre sculptée et a soixante pieds de haut ; elles sont travaillé[es] avec tant d'art qu'il semblerait difficile d'exécuter sur bois ces beaux ornements, sculpt[és] cependant sur un dur granit. On ne trouverait pas en Perse une pierre pareille à celle [de] ces colonnes, et l'on ne sait d'où celle-ci a été apportée. Quelques figures très belles et tr[ès] extraordinaires ornent aussi ce palais. Toutes les colonnes qui jadis soutenaient la voûte (c[ar] aujourd'hui elle est tombée) sont composées de trois tronçons si bien assemblés que le specta[c]teur ne peut éviter de croire que le fût ne soit d'une seule pièce. On trouve sur les bas-relie[fs] plusieurs figures de Djemchid : ici il tient une urne dans laquelle il brûle du benjoin tout [en] adorant le soleil ; là il est représenté poignardant un lion. »

A part quelques inexactitudes de peu d'importance et des exagérations propres au caractè[re] oriental, l'ancienne description de l'auteur arabe s'applique encore à ce qui reste du Takhtè Djemchid.

Dès que l'on a gravi les dernières marches de l'escalier, on se trouve en face d'un portique orné de quatre taureaux, dont deux androcéphales, sculptés sur les montants de l'édifice. Ces bêtes fantastiques, taillées dans un massif composé de pierres volumineuses, reproduisent les formes des taureaux ninivites, mais l'emportent en beauté et en grandeur sur les

TAUREAUX ANDROCÉPHALES.

gardiens des palais de Sargon et de Sennachérib. Le modelé est gras, les jambes bien étudiées; les extrémités des ailes décrivent une courbe gracieuse qui contraste avec la raideur des monstres assyriens; enfin les animaux perses ne sont point munis de cette cinquième patte qu'octroyèrent généreusement les sculpteurs de Dour Saryoukin aux taureaux ou aux lions chargés de la garde des demeures royales.

Comme leurs modèles assyriens, dont ils ont conservé l'attitude et les poils frisés, les monstres assyriens portent la tiare royale des vieux princes de la Chaldée. Cette coiffure, formée d'une toque couronnée d'un rang de plumes, est ornée de fleurons semblables a[ux] anthémions si souvent employés dans les bijoux des Atrides à l'époque de la guerre de Troi[e]. Le caractère divin de l'animal se reconnaît aux cornes placées autour de la tiare.

Les monstres de pierre, faits à l'image d'une bête fabuleuse que le légendaire Isdouba[r], aidé de son serviteur Noubaïn, captura à la chasse, devinrent dès les temps les plus recul[és] les gardiens attitrés, les génies tutélaires de tous les palais d'Orient ; aussi voit-on des co[n]quérants, tels qu'Assour-ban-Habal, se vanter, dès le neuvième siècle avant Jésus-Chris[t], d'avoir renversé les taureaux ailés fixés aux portes des palais de l'Élam, « qui jusqu'alo[rs] n'avaient pas été touchés ».

Au-dessus des ailes de l'animal s'étendent trois tablettes d'inscriptions trilingues, écrit[es] en caractères cunéiformes ; elles nous disent que cette entrée grandiose est l'œuvre [de] Xerxès :

« C'est un grand dieu qu'Aouramazda (Ormuzd) : il a créé la terre, il a créé le ciel, il [a] créé l'homme, il a donné à l'homme le bonheur, il a fait Khchayârchâ (Xerxès) seul roi s[ur] des milliers d'hommes, seul maître sur des milliers d'hommes. »

« Je suis Khchayârchâ le grand roi, le roi des rois, le roi des pays bien peuplés, le roi [de] cette vaste terre, qui commande au loin et auprès. Je suis fils de Dârayaou (Darius), [l']achéménide. »

« Khchayârchâ le grand roi déclare : « Ce portique, nommé Viçadahyu (« d'où l'on découv[re] « tous les pays »), je l'ai bâti ainsi que beaucoup d'autres monuments dont j'ai doté cet[te] « Parça, je les ai construits comme mon père les a construits, et cette œuvre magnifiq[ue] « et tous ces édifices splendides nous les avons élevés par la grâce d'Aouramazda. »

« Khchayârchâ le roi déclare : « Qu'Aouramazda me protège, moi et mon empire et m[on] « œuvre et les œuvres de mon père ! Qu'Aouramazda les protège ! »

Au delà des piliers se trouvent les restes de cinq colonnes qui soutenaient le plafond [du] portique ; disposés en arrière de ces supports, deux taureaux, semblables aux premier[s], dirigent leurs regards vers la montagne. Quand on a franchi le vestibule défendu par c[es] génies, témoins impassibles de la splendeur et de la ruine de la cité royale, on grav[it] quelques degrés et l'on pénètre dans l'*apadâna* de Xerxès.

L'apadâna, ou salle du trône, doit être assimilé au talar dans lequel les souverai[ns] persans donnent encore aujourd'hui leurs audiences solennelles, reçoivent les ambassadeu[rs] ou daignent accueillir les hommages et les présents de leurs sujets à l'occasion des fêt[es] du Norouz (nouvel an).

Le palais de Xerxès se composait d'une salle hypostyle à trente-six colonnes, entour[ée] de portiques sur trois de ses faces. Les plafonds de ces portiques étaient soutenus p[ar] deux rangs de supports, que couronnaient des chapiteaux formés par la réunion des pa[r]ties antérieures du corps de deux taureaux accroupis sur leurs pattes.

Sur ces colonnes reposait une charpente horizontale en bois. Les Perses, ayant adop[té] depuis le règne de Cyrus un ordre grêle des plus élégants, ne pouvaient, comme les Égy[p]tiens, le charger de lourdes architraves de pierre : l'écartement des colonnes, leur faib[le] diamètre, leur grande hauteur, les encastrements ménagés dans la pierre et destinés à log[er] les poutres, suffiraient à prouver ce fait, si des fragments de bois carbonisés, retrouvés [il] y a quelques années en fouillant le sol, ne venaient confirmer à leur tour les témoignag[es] fournis par l'ensemble de la construction.

Toutes les pièces de la charpente étaient en cèdre du Liban, et l'on avait dû, pour l[es] transporter dans le Fars, leur faire franchir à bras d'hommes les défilés les plus abrupts [de] la Perse et les cols des monts Zagros, dont l'altitude dépasse deux mille huit cents mètre[s].

PORTIQUE SUD DE L'APADÂNA DE XERXÈS.

LE PALAIS DE DARIUS.

Au-dessus du plafond on étendait un matelas de terre, destiné à garantir les hôtes du palais des chaleurs estivales.

Marcel, après avoir calculé la résistance des bois d'après les dimensions des encastrements préparés dans la pierre, a trouvé que la hauteur et la largeur des pièces étaient plus que suffisantes pour résister victorieusement à l'effort qu'elles étaient destinées à supporter. La couche de pisé comprise entre trois cours de poutres revêtues à l'extérieur de plaques de faïence bleue était recouverte d'un carrèlement en briques, faisant saillie au-dessus de la frise émaillée. La dernière brique, disposée en encorbellement, était même enveloppée d'une gaine métallique.

On a comparé le Tchcel-Soutoun au grand palais de Xerxès, et conclu, des légères toitures jetées sur le talar ispahanien, que les constructions persépolitaines n'étaient point couvertes de terre. C'est une erreur : le climat d'Ispahan est relativement très frais, si on le compare à celui de Persépolis, et telle couverture convenable sur les bords du Zendèroud ne suffirait pas, dans la plaine de la Merdach, à rendre une demeure habitable pendant les chaudes journées d'été. Du reste, quelle qu'ait été la forme des toitures, l'aspect de l'apadâna n'en était pas moins grandiose. Lorsque je fais revivre dans ma pensée les portiques à colonnes de marbre ou de porphyre, les chapiteaux formés avec des taureaux dont on avait peut-être doré les cornes, les yeux et les colliers, les plafonds et les charpentes de cèdre, les mosaïques de briques mêlées aux faïences colorées qui devaient revêtir les parements des murs comme d'une lourde dentelle; les corniches couvertes d'émaux bleu turquoise et terminées par un trait de lumière accroché à l'arête saillante des stillicides d'or ou d'argent ; lorsque je considère les draperies accrochées au-devant des portes, les fins tapis étendus sur le sol, je me demande si les monuments religieux de l'Égypte ou de la Grèce devaient produire sur l'imagination du visiteur une impression aussi vive que la vue des palais du grand roi.

Après avoir examiné ce premier édifice, je contourne le bas d'un deuxième monument pour aller chercher à l'est les degrés qui y mènent. Deux escaliers placés parallèlement à la façade conduisent à un porche supporté par huit colonnes. Ce porche précède un palais, affecté, ce me semble, à la demeure privée du souverain. Une large baie comprise entre quatre fenêtres s'ouvre sur le portique et donne accès dans une salle hypostyle à seize colonnes. Autour de cette pièce se présentent cinq ouvertures, semblables à la porte d'entrée; elles mettent en communication le hall central avec des pièces ménagées tout autour. Entre ces baies, placées dissymétriquement les unes par rapport aux autres, se trouvent quatre fenêtres prenant jour sur le portique, et de grandes niches rectangulaires semblables aux takhtchés creusés encore aujourd'hui dans les murs des maisons persanes. Les pieds-droits, les linteaux et les couronnements des portes et des fenêtres, les bases des colonnes, sont en porphyre gris foncé, mis en œuvre avec une merveilleuse précision.

Autour des takhtchés et des fenêtres, à l'intérieur des portes, sur les murs de soutènement des escaliers, sont gravées, en guise d'ornement, des inscriptions cunéiformes d'une parfaite netteté; elles abondent en détails intéressants et nous apprennent que ce palais fut construit sous Darius et terminé par son fils Xerxès.

De toutes les richesses répandues dans cette antique demeure, les plus attrayantes à mon avis sont les sculptures en bas-relief dont elle est ornée. Placées, comme les inscriptions, dans l'épaisseur des portes et sur les parements des murs qui supportent les degrés, elles sont tout à la fois remarquables par leur valeur artistique et par les renseignements qu'elles nous fournissent sur le costume et le mobilier des Perses, détails en parfaite concordance d'ailleurs avec les récits des auteurs anciens.

Jusqu'au temps de Cyrus, les Perses avaient porté le vêtement fourré de peau de bête désigné par les Grecs, et en particulier par Aristophane, sous le nom de « perside ». C'est la tunique dont Cyrus est revêtu dans le bas-relief de Maderè Soleïman. Plus tard, après la conquête de la Médie, dit Hérodote, les vainqueurs prirent les costumes efféminés des Aryens du Nord et les longues robes brodées des seigneurs d'Ecbatane. Les rois achéménides adoptèrent même les jupes, les trois pantalons, les doubles vestes et le manteau des femmes mèdes

PORTE DU PALAIS DE DARIUS. (Voyez p. 399.)

La première tunique était blanche; la seconde était brodée de fleurs et tombait sur les pieds; le manteau était pourpre en hiver, brodé de fleurs en été; enfin les princes et les grands dignitaires portaient une tiare semblable aux bonnets de laine foulée des paysans du Fars, tandis que les gens du peuple s'enveloppaient la tête dans une mitre de feutre mou fermée sous le menton. C'est à l'action de cette coiffure malfaisante qu'Hérodote, observateur sagace, mais anthropologiste médiocre, attribue la fragilité et le peu d'épaisseur du crâne des Perses. La mitre me paraît avoir la plus grande analogie avec le bachlik du Caucase.

DARIUS COMBATTANT UN MONSTRE.

Le changement de mode signalé par Hérodote et Strabon est confirmé par les bas-reliefs de Maderè Soleïman et de Persépolis : les vêtements de Darius et de ses successeurs diffèrent en tout point de ceux de Cyrus, mais concordent au contraire avec les descriptions qui en sont parvenues jusqu'à nous. L'observation de ce fait est des plus intéressantes : il ne s'agit pas seulement de suivre sur les dalles de porphyre comme sur un journal de mode les modifications apportées à la coupe des vêtements, mais de constater une fois de plus que les palais de Persépolis sont postérieurs aux édifices élevés dans la plaine du Polvar, et que le bas-relief de Maderè Soleïman représente bien le grand Cyrus, et non Cyrus le jeune, comme on l'avait supposé il y a quelques années.

DARIUS COMBATTANT UN MONSTRE.

Le premier bas-relief qui frappe mes regards représente un exploit cynégétique du souverain. A la chasse, et probablement dans toutes les occasions où il avait besoin de sa liberté d'action, le roi relevait la seconde robe dans sa ceinture. Tel il est représenté à Persépolis et sur les dariques. Un lion, parfois aussi un animal fabuleux, se dresse sur les pattes de derrière et se précipite sur le souverain. Le monarque reçoit le choc de la bête sauvage avec le calme dont ne doit jamais se départir un Oriental, et de la main droite il lui plante tranquillement une dague en pleine poitrine. Le dessin et le modelé de cette sculpture, dont le sujet est souvent reproduit sur les cylindres chaldéens, sont d'un bon style ; l'exécution est parfaite : l'animal bien étudié, les vêtements du roi sont traités avec une certaine science. Tout le sujet est en saillie sur le nu de la pierre ; les plans ne sont pas indiqués, comme dans le bas-relief de Maderè Soleïman ou les bas-reliefs égyptiens et assyriens, par la disposition des contours, mais par la dégradation des reliefs.

Dans un autre tableau, le roi se promène, appuyé sur un bâton de commandement identique à la haute canne que tiennent à la main les dignitaires du clergé chiite ; il est suivi de deux officiers portant le flabellum et l'ombrelle, objets bien précieux quand on doit affronter le soleil brûlant du pays. En ce cas, Darius laisse traîner sur le sol les plis de la longue jupe, qui signale également les gardes royaux, tandis que les soldats ou les serviteurs d'un ordre subalterne, appelés par leur service au dehors du palais, sont vêtus d'une tunique serrée à la taille et de l'anaxyris ou pantalon qui caractérise les guerriers parthes dans les bas-reliefs romains.

Une inscription placée au-dessus de la tête du principal personnage est ainsi conçue : « Darius grand roi, rois des rois, roi des provinces, fils d'Hystaspe Achéménide, a construit ce palais. »

Si les bas-reliefs sculptés sur les chambranles des portes reproduisent tous des épisodes particuliers de la vie du souverain, les tableaux qui recouvrent les rampes de l'escalier ont en revanche, un caractère beaucoup plus intime. Des serviteurs s'élèvent jusqu'au palai en tenant dans leurs bras de jeunes chevreaux, des plats de fruits, des outres pleines de vi ou des sacs de grain.

Je me souviens avoir vu, dans les escaliers conduisant des cours aux terrasses d temple d'Edfou, de longues théories de prêtres sculptées en bas-relief tout le long de degrés et transportant processionnellement, à l'occasion de certaines fêtes, des barques o des emblèmes sacrés. L'idée de cette singulière décoration serait donc égyptienne. Mais il n saurait en être de même de la scène représentée : les personnages qui gravissent les rampe viennent, à l'occasion du nouvel an, offrir un présent à leur souverain. Vingt-cinq siècle se sont écoulés depuis que ces bas-reliefs ont été taillés, et la très antique fête dont il reproduisent l'épisode essentiel se célèbre tous les ans à Téhéran, pour la plus grand

ESCALIER DU PALAIS DE DARIUS.

satisfaction du roi des rois. Au-dessous de ces personnages, et pour remplir l'angle form par les dernières marches de l'escalier au-dessus du sol, les décorateurs ont placé une de plus intéressantes sculptures de Persépolis : le combat du taureau et du lion. La bête sauvag mord à la cuisse son ennemi, et d'un coup de sa puissante patte lui brise les reins. Le attitudes sont vraies, l'épaule et la patte du lion supérieurement rendues; le dessin est pu et élégant; le porphyre, très dur, est mis en œuvre avec une habileté et un fini remarquables

D'après certains auteurs les deux animaux personnifieraient Ormuzd et Ahriman, ou l lutte des principes du bien et du mal. La licorne serait l'image du Dieu bienfaisant e créateur; le lion représenterait une puissance exterminatrice et destructive. Il m'est difficil de partager cette manière de voir; le même sujet a souvent été traité dans l'antiquité, e depuis les Babyloniens jusqu'aux Grecs il n'est pas de peuple, quelle que soit d'ailleurs s religion, qui n'ait gravé sur la pierre un combat où la victoire reste au roi des animaux

A soixante-quinze mètres environ du palais de Darius s'étendent les débris de deux autre palais bâtis par Xerxès et ses successeurs; ils reproduisent le modèle des monument construits par le fondateur de Persépolis.

ARCHITECTURE PERSÉPOLITAINE. 403

Enfin, en revenant vers le nord-ouest et en longeant la montagne, on arrive à l'édifice le plus vaste et le plus grandiose du Trône de Djemchid : l'apadâna à cent colonnes qui recouvrait sous son immense toiture près de cinq mille mètres carrés de terrain. Le chambranle et le linteau des portes et des croisées placées sur ses quatre faces sont encore debout, mais à part ces lourdes pierres on ne voit au-dessus du sol que les bases des colonnes.

Quelques bas-reliefs taillés dans l'épaisseur des portes reproduisent des tableaux

SERVITEUR, SOLDAT DE LA GARDE ROYALE ET CAVALIER PERSE. (RESTITUTION DE M. DIEULAFOY.)

semblables à ceux du palais de Darius: d'autres offrent un caractère tout particulier. L'un d'eux représente sans doute la rentrée des impôts. Sur le premier registre on voit le roi assis sur un trône en forme de chaise. La tête du monarque est protégée par un dais; ses pieds s'appuient sur un tabouret carré; un flabellifère l'évente, des gardes l'entourent de tous côtés; un officier, que désigne le sabre suspendu à sa ceinture, apporte un sac pesant et présente probablement au souverain le tribut monnayé de certaines satrapies. Dans les registres inférieurs je reconnais à leur longue robe et à leur coiffure les gardes particuliers du roi : les terribles immortels. Quelques-uns, comme les soldats représentés sur les bas-reliefs placés au bas de l'escalier du palais de Darius, portent la lance, le carquois ; d'autres sont armés de l'arc et des flèches dont les Parthes firent contre les Romains un si terrible usage.

La forme du trône est assyrienne, avec cette différence que les pieds du siège sont tournés au lieu d'être simplement équarris ; les pentes du dais, fort probablement en étoffe d'or, sont d'un dessin très curieux ; elles se composent de deux litres lourdement brodées. A une double rangée d'antémions succède une bande ornée de taureaux ; au centre apparaît l'emblème ailé d'Aouramazda ; enfin la litre inférieure se termine par un galon et une lourde frange. La superposition des emblèmes ailés donne à cette draperie l'aspect d'une tente égyptienne. C'est une nouvelle manifestation de cette tendance particulière aux Perses d'aller chercher à l'étranger des modèles qu'ils faisaient ensuite reproduire par leurs propres ouvriers.

Ne semble-t-il pas que Darius ait voulu rassembler dans sa demeure souveraine toutes les merveilles de l'Asie et de l'Afrique, et qu'il ait fait contribuer à l'ornementation de ses palais les arts et les richesses des nations tributaires de la Perse?

A l'Ionie il emprunta l'ordonnance de l'édifice, la forme des ouvertures et la sculpture ornementale ; à la Lycie, les charpentes et les terrasses ; à l'Égypte, les colonnes, leur base, leur chapiteau et le couronnement des portes ; à l'Assyrie, la statuaire ; mais il s'en rapporta aux Perses pour harmoniser des types de provenances si diverses avec le goût et la mesure toujours observés par les Iraniens dans l'ornementation de leurs édifices.

L'étude des bas-reliefs de Persépolis me permet de constater la supériorité des sculptures du Takhtè Djemchid sur celles de Madèrè Soleïman. Les œuvres des artistes contemporains de Darius et de ses successeurs ont grande allure et cadrent, malgré leurs défauts, avec les édifices qu'elles sont destinées à orner. Le dessin est correct, le modelé ne trahit aucune des exagérations caractéristiques des sculptures chaldéennes ou ninivites, et l'exécution est parfaite. Ce n'est pas l'habileté de main qu'il faut seulement louer chez les Iraniens : les Perses sont surtout redevables de leur supériorité artistique à leur intelligence, qui leur a fait comprendre les véritables conditions du bas-relief et les a amenés les premiers à renoncer aux paysages et à grouper sur le même plan tous les personnages d'une même scène.

De pareils efforts devaient malheureusement être perdus pour les siècles futurs ; l'art persépolitain, imposé à la Perse par Cyrus et ses successeurs, n'a pas survécu au dernier représentant de la dynastie achéménide. Il ne pouvait en être autrement dans une contrée privée de bois et dans un pays où les matériaux de terre sont seuls d'un usage pratique : c'est ainsi que les palais du Takhtè Djemchid n'ont jamais été imités ou copiés après la chute de Darius Codoman, et que les rois parthes et sassanides ont de nouveau construit des monuments en briques recouverts des hautes coupoles, caractéristiques de l'architecture nationale de l'Iran.

Deux hypogées creusés dans la montagne au pied de laquelle les Achéménides ont assis le soubassement du Takhtè Djemchid ont fait supposer à tort que les édifices construits au-dessous d'eux étaient des temples funéraires semblables à ceux que les souverains de l'Égypte élevaient à leur propre mémoire dans la nécropole de Thèbes. Cette hypothèse me paraît hasardée : les tombes de Darius et celles de ses premiers successeurs sont creusées dans les rochers de Nakhchè Roustem, à plus de dix kilomètres des palais élevés par ces rois à Persépolis ; le voisinage des deux derniers hypogées achéménides, préparés longtemps après l'édification du takht, ne peut communiquer aux palais une destination funéraire, d'ailleurs contredite par les inscriptions cunéiformes.

LA RENTRÉE DES IMPÔTS SOUS LES ROIS ACHÉMÉNIDES. (RESTITUTION DE M. DIEULAFOY.)

PERSÉPOLIS.

Toutes les questions relatives à l'origine de Persépolis semblent ainsi résolues. A quelle époque doit-on faire remonter la destruction des palais ?

Persépolis, assurent presque tous les historiens anciens, fut incendiée par Alexandre le Grand pendant une nuit d'orgie. D'après les récits de Plutarque, les délices de la ville royale furent funestes au roi de Macédoine : il céda à une impérieuse passion pour le vin et adopta l'usage de ces interminables festins qui se prolongeaient, chez les Perses, une semaine entière. Il passait les nuits revêtu de la robe blanche et du diadème des princes achéménides, parlait le langage des vaincus, vivait sous la garde de jeunes gens choisis dans les premières familles du pays, et s'entourait du cortège de courtisanes que traînèrent après eux tous les conquérants de l'antiquité.

Assise à l'ombre d'une porte de l'apadâna de Xerxès, je relis, dans la Vie d'Alexandre traduite par le vieil Amyot, le récit de l'incendie de Persépolis, et, bien qu'il m'en coûte de charger d'un pareil crime la mémoire du roi de Macédoine, je suis forcée, en présence de ces pierres calcinées, de ces colonnes rongées par les flammes, de ces débris de poutres carbonisées, de me ranger à l'avis de l'historien grec.

« Et depuis, comme Alexandre se préparait pour aller encore après Darius, il se mit un jour à faire bonne chère et à se récréer en un festin où on le convia avec ses mignons, si privément, que les concubines même de ses familiers furent au banquet avec leurs amis, entre lesquelles la plus renommée était Thaïs, native du pays de l'Attique, étant l'amie de Ptolémée, qui, après le trépas d'Alexandre, fut roi d'Égypte. Cette Thaïs, partie louant Alexandre dextrement, et partie se jouant avec lui à table, s'avança de lui entamer un propos bien convenable au naturel affété de son pays, mais bien de plus grande conséquence qu'il ne lui appartenait, disant que ce jour-là elle se sentait bien largement à son gré récompensée des travaux qu'elle avait soufferts à aller errant çà et là dans tous les pays d'Asie en suivant son armée, quand elle avait eu cette grâce et cet heur de jouer à son plaisir dans le superbe palais royal des grands rois de Perse ; mais que, encore, prendrait-elle bien plus grand plaisir à brûler, par manière de passe-temps et de feu de joie, la maison de Xerxès, qui avait brûlé la ville d'Athènes, en y mettant elle-même le feu en la présence et devant les yeux d'un tel prince comme Alexandre, à cette fin que l'on pût dire, aux temps à venir, que les femmes suivant son camp avaient plus magnifiquement vengé la Grèce des maux que les Perses lui avaient faits par le passé, que n'avaient jamais fait tous les capitaines grecs qui furent oncques, ni par terre, ni par mer. Elle n'eut pas sitôt achevé ce propos, que les mignons d'Alexandre y assistant se prirent incontinent à battre des mains et à mener grand bruit de joie, disant que c'était le mieux dit du monde et incitant le roi à le faire.

« Alexandre se laissa aller à ces instigations, se jeta en pieds, et, prenant un chapeau de fleurs sur sa tête et une torche ardente en sa main, marcha lui-même le premier ; ses mignons allèrent après tout de même, criant et dansant tout à l'entour du château.

« Les autres Macédoniens qui en sentirent le vent y accoururent aussi incontinent avec torches et flambeaux tout ardents, en rang de réjouissance, parce qu'ils faisaient leur compte que cela était signe qu'Alexandre pensait de s'en retourner dans son pays, non pas faire sa demeurance entre les Barbares, puisqu'il brûlait et gâtait ainsi le château royal. Voilà comme l'on tient qu'il fut ars et brûlé : toutefois il y en a qui disent que ce ne fut pas de cette sorte en manière de jeu, mais par délibération du conseil : comment que ce soit, c'est bien chose confessée de tous, qu'il s'en repentit sur l'heure même, et qu'il commanda que l'on éteignît le feu. »

« Ainsi périt, dit à son tour Quinte-Curce, la reine de l'Orient, la capitale qui dicta des lois à tant de nations, le berceau des puissants monarques, l'unique objet de la terreur de la Grèce, la ville dont les armées portées par mille vaisseaux avaient autrefois inondé l'Europe.

Quels beaux sujets à développer en hexamètres ronflants si l'Université n'avait proscrit de ses programmes classiques les dactyles et les spondées! Quelles heureuses réminiscences fournirait aux *jeunes élèves* l'incendie de Troie! quelles belles périodes! quels superbes parallèles! quelles vives antithèses! Les Perses qualifiés de barbares, pour avoir détruit le Parthénon, par ces mêmes Grecs qui se montrent à Persépolis plus sauvages que leurs anciens adversaires! L'incendie de Sardes occasionne la destruction d'Athènes; la ruine du Parthénon est vengée deux siècles plus tard par le sac de Persépolis!

La ville proprement dite, désignée par les auteurs arabes sous le nom d'Istakhar, ne subit pas tout d'abord le triste sort des palais royaux; elle resta longtemps debout, au dire de quelques auteurs persans. Après la ruine du Takhtè Djemchid et la mort du conquérant macédonien, le satrape Penceste y sacrifia aux mânes de Philippe et d'Alexandre; Ardéchir Babégan y demeurait quand il se révolta contre les Parthes; Chapour II enleva à cette cité six mille habitants pour repeupler Nisibin, qu'il avait détruite. En 632 Istakhar était encore la résidence du dernier roi sassanide; mais Omar vint mettre le siège devant cette malheureuse ville dès les premiers siècles de l'hégire, la détruisit de fond en comble et fit transporter à Chiraz presque tous les habitants. A dater de cette époque, la vieille capitale fut définitivement abandonnée. Un hakem de Chiraz lui réservait un dernier outrage : las de faire rendre justice aux familles des gens assassinés dans le voisinage des ruines, devenues un repaire de brigands, ce parfait fonctionnaire voulut détruire l'effet en renversant la cause et donna l'ordre d'anéantir tout ce qui restait de Persépolis. Les énormes pierres des palais de Darius et de Xerxès, qui avaient bravé pendant plus de vingt-deux siècles les forces destructives de la nature, tinrent longtemps en haleine les ouvriers du hakem. Grâce à Dieu, le gouvernement de Téhéran fut informé à temps de cet acte de vandalisme; il ordonna de suspendre les travaux et d'arrêter la démolition. Depuis cette époque on a respecté ces reliques de la Perse ancienne, et c'est à peine si, à deux reprises différentes, on a égratigné le sol des palais.

Il y aurait probablement encore des découvertes du plus haut intérêt à faire à Persépolis, mais l'air y est si insalubre, les chaleurs si fortes, les moustiques si piquants, que les voyageurs n'ont qu'une idée, quand ils ont passé quelques journées à visiter le Takhtè Djemchid, c'est de fuir au plus vite ce pays empesté.

7 octobre. — En entrant hier soir à Kenarè, j'ai aperçu en dehors du village un campement de Guèbres venus en pèlerinage à Nakhchè Roustem. On désigne en Perse sous le nom de Guèbres, et sous celui de Parsis aux Indes, les derniers sectateurs de l'antique religion professée avant la venue de Mahomet par les habitants de l'Iran. Ce matin j'ai fait demander aux nouveaux arrivés de me recevoir. Le chef de la famille est vêtu comme les Persans de la classe pauvre, avec cette différence que ses habits, faits en bon drap, sont d'une extrême propreté. Bien qu'ils paraissent neufs, ils sont ostensiblement rapiécés sur l'épaule d'une étoffe de couleur différente de celle de la tunique. Les musulmans distinguent à cette marque humiliante les Guèbres des sectateurs de l'Islam. La femme, encore jeune, est grande, mince, d'aspect élégant, mais, pas plus que son mari, elle ne diffère par son type des musulmans du Fars. Elle porte un costume pareil à celui de Chapour dans le bas-relief de Nakhchè Roustem ; je retrouve dans son ajustement les trois pantalons, la tunique à manches des anciens Mèdes de la classe moyenne et la mitre avec le léger turban que dès la plus haute antiquité les habitants de l'Iran enroulaient autour de leur tête.

VUE D'ENSEMBLE DES RUINES DE PERSÉPOLIS.

LES DERNIERS SECTATEURS DE LA RELIGION DE ZOROASTRE. 441

Ces braves gens nous proposent de visiter les ruines en notre compagnie; j'accepte avec plaisir, et nous nous dirigeons ensemble vers le takht. Je regrette bien vivement de ne pas connaître le patois persan parlé par mes compagnons de route, car il m'est impossible de causer avec eux sans l'intermédiaire de mes toufangtchis, dont ils paraissent se méfier à bon droit.

Je puis comprendre néanmoins que près de huit mille Guèbres, presque tous réfugiés à

FAMILLE GUÈBRE.

Yezd, ville désignée sous le nom de « Cité de la lumière », pratiquent la vieille religion de Zoroastre. Aidés par leurs nombreux coreligionnaires de l'Inde, ils entretiennent des écoles et ont échappé jusqu'ici à la haine des musulmans grâce à une lettre d'Ali dans laquelle le gendre de Mahomet leur promet sa protection. Ils sont autorisés à livrer leurs morts aux oiseaux de proie, mais ne peuvent exercer leur culte en plein air, monter à cheval dans les villes et porter des habits intacts.

Laborieux et intelligents, les Guèbres ont des mœurs pures, ils sont monogames; leurs filles et leurs femmes vivraient à visage découvert si les lois religieuses de la Perse toléraient cette infraction aux usages musulmans. Leur respect pour la vérité et leur probité commerciale les distinguent de leurs compatriotes. Ces vertus, bien rares en Orient, leur ont permis d'accaparer tout le commerce des provinces du sud-est.

Beaucoup plus sobres de renseignements quand je me veux faire instruire de leurs pratiques religieuses, les Yezdiens se contentent de m'apprendre qu'ils considèrent certains monuments de Persépolis comme sanctifiés par des souvenirs religieux, et que de tous les pays du monde ils viennent en pèlerinage visiter les atechgas, les tombes achéménides et la tour carrée de Nakhchè Roustem.

La religion professée encore de nos jours par les Guèbres est une forme abâtardie d'un culte fort ancien qui dérivait des anciennes croyances aryennes telles que les ont fait connaître les livres sacrés des Indes. Les Mèdes furent plus spécialement dualistes; les Perses, au moins sous leurs premiers rois, restèrent monothéistes, en ce sens que le principe mauvais fut toujours sacrifié à l'esprit du bien; ils reconnaissaient un Dieu suprême, immuable, universel, entouré d'une pluralité d'attributs susceptibles de prendre une vie propre et indépendante. Les légendes rapportent au prophète Zoroastre l'honneur d'avoir établi la religion mazdéique chez les Mèdes. A quelle époque vécut ce grand législateur? Je l'ignore, et j'ai la consolation de ne pas être la seule à laisser la question sans réponse. Les auteurs classiques s'accordent tous à lui attribuer une très antique origine. Hermipe et Eudoxe le font vivre six ou sept mille ans avant la mort d'Alexandre; Pline, mille ans avant Moïse; Xanthe de Lydie, plus de six cents ans avant le règne de Darius; quelques auteurs modernes l'ont considéré comme le contemporain du roi achéménide, ce qui ne paraît point exact, car Darius, en se vantant d'avoir relevé les autels renversés par les mages, nous apprend que le magisme était antérieur à son avènement au trône. En réalité, on ne sait même pas si Zoroastre a jamais existé.

D'après les traditions iraniennes, Zoroastre naquit à Ourmiah, en Médie, dans la province actuelle de l'Azerbeïdjan. Son enfance et sa jeunesse se passèrent à lutter victorieusement contre les démons; à l'âge de trente ans, un génie supérieur nommé Vohou-Mano lui apparut et le conduisit en présence d'Aouramazda. En prophète qui connaît son métier, il demanda au Dieu suprême des renseignements sur la morale, la hiérarchie céleste, les cérémonies religieuses, la fin de l'homme, les révolutions et l'influence des astres, et termina par cette question : « Quelle est la créature la meilleure qui soit sur la terre ? — L'homme qui a le cœur le plus pur », lui fut-il répondu.

« *Quare opium facit dormire?*

— *Quia...* » etc.

Zoroastre, alléché sans doute par la netteté de cette première réponse, voulut ensuite connaître les fonctions des anges, distinguer les bons et les mauvais esprits. Avant de satisfaire sa curiosité, Aouramazda lui ordonna de traverser une montagne enflammée, le condamna à se laisser ouvrir les entrailles, et fit verser du métal en fusion dans la plaie béante. Le prophète supporta sans douleur cette terrible opération et reçut de Dieu, après avoir subi toutes ces épreuves, l'Avesta ou livre de la loi; puis il fut renvoyé sur la terre. Il se rendit à la cour de Guchtasp, roi de Bactriane, défia les sages de la cour qui voulaient le faire mourir, les vainquit à coups de miracles (toujours d'après les légendes) et obtint enfin l'adhésion du roi et de sa famille à la nouvelle religion.

Le Zend-Avesta était une encyclopédie canonique, un rituel et un bréviaire. Longtemps inconnu des Occidentaux, qui en défiguraient le nom de mille manières, il a été apporté en France, il y a un peu plus d'un siècle, par Anquetil-Duperron.

LA RELIGION DE ZOROASTRE.

L'ensemble des livres attribués à Zoroastre formait vingt et un ouvrages, qui existaient encore, nous dit la tradition, au temps d'Alexandre. Aujourd'hui on possède seulement deux recueils de fragments : le Vendîdâd Sâdeh et le Yecht Sâdeh. Le premier de ces recueils se compose du Vendîdâd ou livre contre les démons, du Yaçna, livre du sacrifice, et du Vispered, livre liturgique ; tous ces ouvrages sont écrits en langue zend ou mède.

Avant toute chose, la religion mazdéique recommande à ses adeptes d'adorer Aouramazda, l'esprit sage, le lumineux, le resplendissant, le très grand, le très bon, le très parfait, le très actif, le très intelligent et le très beau. C'est la divinité ailée devant laquelle se tient Darius sur les bas-reliefs des tombes achéménides. Aouramazda avait pour coadjuteurs dans son œuvre créatrice et bienfaisante six Amecha-Çpentas et une multitude de génies, les Yazatas chargés de la conservation de l'univers ; enfin, sous les ordres des Yazatas, se trouvaient des esprits destinés à veiller sur chaque créature en particulier. Ces êtres immatériels, nommés *safravashi* ou *férouer*, devenaient d'autant plus heureux dans le ciel, qu'ils avaient mieux rempli leur tâche sur la terre, et semblent être la première forme des anges gardiens de la religion chrétienne.

En même temps qu'Aouramazda, dont le nom signifie « Seigneur omniscient » et qui est appelé aussi Çpenta-Mainyou (l'Esprit qui dilate), créait le monde et suscitait les forces qui le régissent, le principe destructeur apparaissait sous la forme d'Angro-Mainyou (Esprit d'angoisse) ou d'Ahriman. Angro-Mainyou tirait du néant toutes les choses nuisibles, comme Aouramazda avait donné naissance au bien, à la beauté et à la lumière. La nécessité de se faire aider dans sa tâche dévastatrice engageait l'esprit du mal à s'entourer de *deaves* (dives) destinés à semer dans le monde le chagrin ou le péché. Les six plus puissants d'entre eux étaient opposés aux Amecha-Çpentas.

Les prescriptions liturgiques de l'Avesta sont admirables de sagesse. Le législateur s'est donné pour but de créer une société calme, riche et heureuse. L'agriculture est la base d'un système économique développé avec une admirable prévoyance ; les formules de la religion sont simples ; Zoroastre demande seulement à l'homme d'adresser des prières et des sacrifices à son dieu, d'être simple de cœur, sincère de paroles et loyal dans ses actions.

Aouramazda n'avait ni statue ni temple mystérieux, mais au faîte des montagnes s'élevaient des pyrées sur lesquels des prêtres entretenaient le feu sacré. Les Perses lui offraient en sacrifice le bœuf, le cheval, la chèvre et la brebis ; la chair de ces animaux était placée devant le brasier et non sur la flamme, qu'elle aurait pu souiller. La crainte de détruire la pureté de la terre, du feu et de l'eau empêchait également les sectateurs de la religion de Zoroastre de brûler, d'enterrer et de jeter dans les rivières les corps morts. Ils les déposaient à l'intérieur de grandes tours sans toiture, connues sous le nom de *dakhmas* (tours du silence), et les abandonnaient aux oiseaux de proie. Après la mort, l'âme restait trois ou quatre jours auprès de sa dépouille terrestre, puis elle se présentait devant un tribunal. Le génie Rachnou pesait ses bonnes et ses mauvaises actions, et la conduisait ensuite sur un pont jeté au-dessus de l'enfer. Si les mauvaises actions l'emportaient sur les bonnes, elle tombait au fond du gouffre et devenait la proie d'Ahriman ; dans le cas contraire, elle traversait le pont, arrivait devant Vohou-Mano, qui la présentait à Aouramazda.

Les ministres du culte, généralement connus sous le nom de « mages », portaient en réalité le titre d'*atravan*. Mage chez les Mèdes, comme Lévi chez les Juifs, désignait peut-être la tribu au sein de laquelle se recrutaient les prêtres, qui héritaient leur charge sacerdotale de leurs ascendants directs. Cette tradition s'est perpétuée chez les Guèbres des Indes. Le mot « mage », que les auteurs anciens empruntèrent aux Perses, était sans doute une désignation qu'employaient en mauvaise part les adversaires religieux des prêtres mèdes.

Telles sont de nos jours les qualifications d'ultramontains et de huguenots appliquées aux ultracatholiques et aux calvinistes.

Quoi qu'il en soit à ce sujet, les mages avaient conquis la Médie et s'apprêtaient à envahir la Perse, quand ils furent arrêtés dans leur essor par l'insuccès de l'entreprise de Gaumata sur le trône de Cambyse.

Darius, forcé de sévir contre les ministres de la religion, paraît, pendant toute la durée de son règne, avoir tenu les prêtres en légitime suspicion. Le clergé ne conserva pas longtemps cette situation humiliante : sous Artaxerxès Ochus, le culte d'Anahitra et de Mithra s'introduisit en Perse; plus tard les Arsacides, à la suite de la conquête d'Alexandre, abaissèrent plus encore que leurs prédécesseurs les dieux nationaux devant le polythéisme étranger.

Les Sassanides avaient restauré dans toute sa pureté le culte mazdéique et rendu aux mages toute leur autorité, quand les Arabes, devenus maîtres de la Perse, substituèrent l'islamisme à la vieille religion des Aryens.

8 octobre. — Depuis une semaine nous rendons des hommages journaliers à Aouramazda et nous vivons en commerce intime avec les Achéménides de pierre. Marcel a rempli de notes et de dessins un cahier de plus de deux cents pages; mes clichés, pris avec soin et lavés avec une eau très pure, sont irréprochables. Il est temps de dire adieu aux débris des palais des grands rois et d'abandonner les champs où fut Persépolis.

Nos mafrechs sont bouclés, les chevaux sellés : en route pour Chiraz, la moderne capitale de la province du Fars !

La trouverai-je digne de la réputation que lui a faite Hafiz, le plus illustre de ses enfants?

« Qu'est-ce donc, dit-il, que le Caire et Damas, et la terre et la mer? Ce sont des villages. Chiraz seule est une ville. »

COMBAT D'UN LION ET D'UN TAUREAU. (Voyez p. 402.)

ENTRÉE DU BAZAR DE CHIRAZ. (Voyez p. 419.)

CHAPITRE XXII

Départ de Kenarè. — Le Tang Allah Akbar. — Entrée du bazar. — Arrivée à la station du télégraphe anglais. — La vie des femmes européennes à Chiraz. — La capitale de Kérim khan. — Le protecteur des étrangers.

Chiraz, 9 octobre. — Les domestiques et les tcharvadars, toujours pressés d'abandonner le gîte, ont quitté Kenarè à la tombée de la nuit.

« Nous prenons les devants, m'ont-ils dit; en sortant du village, suivez les poteaux télégraphiques, vous êtes certains de ne pas vous perdre.

— *Kheilè khoub* (très bien) », ai-je répondu.

Vers dix heures nous avons chargé fusils et pistolets et, enchantés d'avoir échappé au voisinage souvent gênant des toufangtchis, nous nous sommes mis en route. Un quart d'heure après, nous étions égarés. Pas plus de route royale que de poteaux; il a bien fallu se décider à revenir en arrière. Le paysan chez lequel nous avions logé a consenti à se déranger et à nous remettre dans la bonne voie.

« Maintenant, guidez-vous sur les frayés tracés par les caravanes et vous rejoindrez bientôt vos serviteurs, si telle est la volonté d'Allah. »

Nous n'avons pas perdu la piste tant que les chevaux ont foulé un sol caillouteux, mais bientôt ils ont atteint des roches plates sur lesquelles il était impossible de découvrir aucune empreinte. Après avoir erré à droite et à gauche, maîtres et bêtes se sont trouvés tellement désorientés qu'ils n'ont osé ni avancer ni reculer. Un seul espoir nous restait, celui de découvrir les poteaux du télégraphe anglais; mais la nuit était noire et, à moins de se heurter contre eux, il eût été difficile de les apercevoir. Dans cette délicate occurrence nous avons mis pied à terre, afin de tenir conseil. « De la discussion naît la lumière », dit un proverbe consolant. L'un restera immobile, l'autre décrira des cercles concentriques de plus en plus grands jusqu'à ce qu'il ait trouvé un indice sauveur. Ce rôle actif est échu à Marcel, en sa qualité de myope.

Depuis une grosse demi-heure mon mari battait la plaine, me hélant sans cesse pour s'assurer que nous étions en communication, et, tout penaud de sa déconvenue, revenait m'engager à m'étendre sur les pierres en attendant le jour, quand il pousse tout à coup un formidable *euréka*! Le vent, qui venait de s'élever avec une certaine violence, avait fait résonner au-dessus de sa tête les fils du télégraphe sous lesquels il était probablement passé plusieurs fois sans les distinguer. Retrouver un poteau n'était plus dès lors une grande affaire. Guidés par les sons éoliens de la harpe d'Albion, nous avons marché toute la nuit de crêtes en ravins, franchissant des amoncellements de rochers que nous n'aurions jamais osé affronter en plein jour, et nous avons enfin reconquis la piste. A l'aube j'ai aperçu dans le lointain la caravane et les toufangtchis.

Je m'apprêtais, en rejoignant nos serviteurs, à les rassurer sur notre sort, mais ils paraissaient s'inquiéter si peu de notre incroyable retard, que je les ai gratifiés au contraire d'une semonce épouvantable pour avoir marché toute la nuit sans songer autrement à leurs bons maîtres.

« Excellence, vous avez bien tort de nous réprimander durement; le soin de vos précieuses existences est l'unique souci de vos esclaves. Depuis l'aurore nous interrogeons tous les passants et nous enquérons de l'état sanitaire du pays. Les nouvelles sont mauvaises : la fièvre cet automne a été si meurtrière à Zargoun, que tous les enfants en bas âge sont morts et que les grandes personnes, après avoir été décimées, se sont décidées à abandonner le village et à aller camper dans la montagne.

— Faudra-t-il donc parcourir d'une traite les douze farsakhs qui séparent Persépolis de Chiraz?

— Certainement, *Machallah*! (par Dieu!) Il y a trois mois encore, quand les muletiers sont venus de Chiraz à Ispahan, quelques habitants du village s'obstinaient à rester auprès de leurs récoltes; mais aujourd'hui il n'y aurait à l'étape ni paille pour les chevaux, ni provision à notre usage. »

La nécessité où il se trouve de faire doubler l'étape à ses chers *khaters* (mulets) contrarie vivement notre tcharvadar *Mîrim* (Partons-Nous), ainsi baptisé depuis notre séjour à Persépolis. Comme ces amours d'enfants que leur mère amène faire des visites et qui ne manquent jamais de s'écrier au bout de cinq minutes : « Maman, allons-nous-en », de même notre estimable muletier ne pouvait demeurer en paix dans une ruine sans venir tous les quarts d'heure nous engager à prendre le chemin de Chiraz. Le nom de *Mîrim* lui en est resté. Quant à nos montures, elles ont les jambes trop bien placées pour ne pas être reconnaissantes aux admirateurs des Achéménides d'une longue semaine de repos; aussi bien ont-elles continué bravement leur marche au delà de Zargoun.

L'extrême monotonie du pays, les chauds rayons du soleil de midi, la marche lente des chevaux, m'avaient presque endormie sur le dos de mon bucéphale, quand tout à coup, à travers une étroite échancrure de la montagne, j'ai aperçu, encadrée dans les rochers rougeâtres, une large plaine au milieu de laquelle se détache une ville de forme oblongue, entourée de fortifications et dominée par des coupoles bulbeuses revêtues de faïence colorée. Autour des murs d'enceinte s'étendent des jardins plantés de cyprès aussi noirs et aussi

PANORAMA DE CHIRAZ.

beaux que ceux des cimetières d'Eyoub ou de Scutari. Çà et là, tranchant sur les lignes sévères de ces arbres, s'élancent gracieusement quelques bouquets de palmiers. Les Persans, fort sensibles aux beautés de la nature, citent le panorama de Chiraz comme un des plus beaux points de vue de leur pays. Ils désignent même le défilé à travers lequel on aperçoit la ville pour la première fois sous le nom caractéristique de *Tang Allah Akbar* (Défilé de Dieu est grand!), en raison de l'exclamation admirative arrachée à tout étranger qui débouche brusquement en vue de la moderne capitale du Fars, après une longue marche au milieu de vallonnements arides.

Cette passe étroite, la seule par laquelle on puisse gagner la plaine, est fermée à environ un kilomètre de la ville par un corps de garde fortifié. Dans le balakhanè élevé au-dessus de la porte on conserve précieusement une belle copie du Koran, écrite tout entière de la main de sultan Ibrahim, fils de chah Rokhch. Le pieux derviche préposé à la garde de ce trésor calligraphique met la plus insigne mauvaise grâce à comprendre que nous avons hâte d'arriver au gîte, et qu'une étape de soixante-douze kilomètres, parcourue sous un soleil de plomb, ne prédispose ni à la curiosité ni à l'admiration. Laissant à droite un bas-relief taillé sur les parois du rocher à l'imitation des sculptures sassanides et représentant Fattaly chah entouré de plusieurs de ses fils, nous descendons dans la vallée et atteignons enfin la Cœlé-Persi ou Perse Creuse des auteurs grecs, désignée à juste titre par les Iraniens sous le nom de « Terre-Chaude », bien que l'altitude de Chiraz atteigne encore quinze cent cinquante mètres.

Une allée large et régulière, digne de donner accès dans une capitale, traverse de beaux jardins et aboutit à des prétendues fortifications, composées de fossés remplis d'immondices, de tours en ruine et de courtines démantelées. Au delà de la poterne s'ouvre un bazar ombragé par un plafond de verdure. Le quartier commerçant est presque mort. Bon nombre de gens étendus le long des murs et enveloppés de manteaux fourrés grelottent malgré l'ardeur du soleil ; en pénétrant plus avant dans la ville, je constate que deux boutiques sur trois sont fermées ; parfois je distingue, à travers les volets entre-bâillés, les négociants allongés au milieu de leurs marchandises. La caravane se traîne péniblement au milieu de ruelles infectes et atteint une grande place, dont l'une des faces est occupée par les bureaux du télégraphe. Plusieurs serviteurs assis sous la porte se lèvent et nous prient, de la part du directeur de la station, d'arriver jusqu'à la campagne, située à trois kilomètres de la ville et où nous serons moins exposés à prendre la fièvre qu'à Chiraz. Il est dur, après avoir passé treize heures à cheval, de se remettre en route, mais il est pire encore d'être en proie aux frissons et au délire.

Nous franchissons de nouveau l'enceinte, cheminons dans la plaine poussiéreuse et, par une large avenue, parvenons à un jardin au centre duquel s'élève une maison bâtie moitié à la persane, moitié à l'européenne. Elle est entourée de parterres de fleurs occidentales ; sur la droite s'étendent des carrés de choux, d'artichauts, d'aubergines, qu'ombragent des poiriers et des pommiers d'assez belle venue.

Me voici revenue en pays civilisé !

M. Blackmore, sous-directeur de la station, nous reçoit, met à notre disposition deux pièces meublées de tables et de sièges, et nous demande ensuite la permission d'aller se recoucher, car il est en plein accès de malaria et peut à grand'peine se tenir debout.

« Il y a un autre Farangui à Chiraz, me dit le ferach qui nous a introduits : le docteur Odling, médecin spécial des employés de la ligne télégraphique anglaise. Il viendra certainement vous voir cet après-midi, s'il n'a pas la fièvre comme ces jours derniers. »

En quel pays sommes-nous, grands dieux ! Depuis mon arrivée je n'entends parler que de fièvre et de fiévreux.

10 octobre. — J'étais tout occupée à déballer les appareils de photographie et à m'assurer qu'ils étaient arrivés à bon port, quand des cris aigus se font entendre ; un instant après, le cuisinier, dépouillé de son kolah, les habits déchirés, se précipite en courant vers la maison.

« Justice ! justice ! Khanoum ; le tcharvadar — que son père brûle aux enfers ! — a osé porter la main sur l'esclave de Votre Excellence. Ce chien sans religion m'a volé mon bakchich : il avait pourtant juré de me remettre une étrenne quand il toucherait le prix du louage de vos montures. Châtiez-le ; en me trompant, il vous insulte ! »

Il s'agit d'une éternelle question de *madakhel* (bénéfice). Après avoir pris livraison de tous les gros bagages que nous avions confiés au tcharvadar bachy quand nous nous sommes séparés de sa caravane à Maderè Soleïman, nous avons réglé le compte de ce brave homme. Mais à peine nous avait-il quittés, que Yousef, le cuisinier, est venu lui réclamer, à titre de commission, une partie de l'argent qu'il venait de prendre. Le muletier a déclaré qu'il avait été suffisamment rançonné à Ispahan et qu'il était décidé à ne pas donner un *chaï* (sou) de plus.

Grande fureur de notre féal serviteur ! Il a traité le tcharvadar de voleur, de chien, de vermine, de fripon, etc. A ces insultes le muletier a répondu par une volée de coups de poing et a administré à son interlocuteur une maîtresse leçon de politesse. C'est à la suite de cet incident que notre cuisinier, se sentant incapable de répondre à de pareils arguments, a mieux aimé prendre la fuite et se jeter en suppliant à nos genoux.

Je trouve plaisant de connaître le taux du madakhel, et je me mets en quête du tcharvadar bachy. En vain je le cherche à la cuisine, à l'écurie, quand, par hasard, je l'aperçois derrière un massif, fort occupé à gratifier son nez d'une grêle de coups de poing. Inquiet des suites de sa colère, il redoute d'être puni et n'a rien trouvé de mieux que de provoquer une hémorragie nasale et de se présenter à nous comme une victime ensanglantée de la brutalité de Yousef.

« Khanoum, s'écrie-t-il triomphalement, voyez dans quel pitoyable état m'a mis votre méchant serviteur ! Je lui avais déjà donné six *tomans* à Ispahan : aujourd'hui il exige encore de moi pareille somme. Que deviendrai-je si je dois laisser entre ses mains tout mon bénéfice ? »

Je ne puis maîtriser un franc éclat de rire. Le tcharvadar bachy, interdit de l'accueil fait à sa miraculeuse invention, reste bouche béante, tout prêt à frapper de nouveau sur son pauvre nez qui tarit : je mets fin à des tentatives en somme fort désagréables pour cet innocent appendice, en laissant entendre au muletier que je ne nourris aucune rancune contre lui, mais que je punirai, au contraire, le cuisinier infidèle ; puis je l'engage à aller se débarbouiller au plus vite. A mon retour j'adresse de violents reproches à Yousef et le menace de me plaindre de lui au gouverneur.

« Je me moque pas mal de vous et du gouverneur, me répond-il avec désinvolture : Chiraz est ville sainte ; je vais m'enfermer dans la masdjed : bien malin sera celui qui m'en fera sortir. »

Portée sur un pareil terrain, la discussion ne pouvait tourner à mon avantage ; je me hâte donc de régler avec une probité des plus regrettables le compte de ce maître fripon.

« Je te chasse, va loger à l'hôtellerie de tes rêves.

— Et mes vêtements déchirés, vous oubliez de me les payer, riposte le drôle.

— Adresse-toi au mouchteïd. S'il héberge des coquins de ta sorte, il doit aussi les habiller. »

11 octobre. — J'ai fait hier plus ample connaissance avec M. Blackmore et le docteur Odling.

Tous deux sont veufs. La fièvre, les chaleurs, l'ennui et le découragement ont enlevé, après un séjour de quelques années, les deux jeunes femmes qui avaient généreusement consenti à venir vivre en Perse. En arrivant à Chiraz, l'une et l'autre avaient essayé de se promener à cheval et de lutter à force d'énergie contre le climat si débilitant du pays ; mais l'apparition de femmes non voilées dans la ville avait soulevé une telle réprobation, que leurs maris, accompagnés de nombreux serviteurs, n'avaient pas suffi à préserver ces pauvres exilées des plus grossières insultes : le gouverneur, auquel les deux Anglais s'étaient plaints, avait été lui-même dans l'impossibilité de maîtriser l'émotion de la foule. Mme Blackmore et son amie se seraient peut-être décidées à adopter le costume des musulmanes afin de pouvoir paisiblement sortir de chez elles, mais dans ce cas il leur eût été défendu de paraître en public avec des Européens. De guerre lasse, elles se sont emprisonnées au fond de leur jardin, préférant la réclusion aux injures de la plèbe ; Mme Blackmore a succombé l'été dernier ; Mme Odling a été emportée par la fièvre il y a trois semaines à peine : je laisse à penser au milieu de quelle tristesse nous arrivons.

Cette année les Européens n'ont pas été seuls à payer leur tribut : la fièvre a tout aussi durement éprouvé la population indigène. Comme à Zargoun, presque tous les enfants sont morts.

Il n'y a pas un Chirazi qui puisse se vanter d'avoir échappé aux accès palustres ; les uns sont atteints violemment, les autres ont une fièvre bénigne, mais tout le monde est frappé. Chacun d'ailleurs prend son mal en patience, et personne ne se prive de se gorger soir et matin de melons, de pastèques et de concombres.

La quinine approvisionnée chez les pharmaciens a été rapidement épuisée, et il n'y a plus moyen de s'en procurer aujourd'hui à n'importe quel prix.

Les habitants attribuent la violence de la malaria aux orages exceptionnellement fréquents du printemps. La pente insignifiante de la vallée ne permettant pas aux eaux pluviales de s'écouler, le soleil est devenu brûlant avant que la terre se soit asséchée : aussi les premières chaleurs ont-elles engendré les miasmes pestilentiels qui ont empoisonné la population.

12 octobre. — J'ai consacré toute la matinée à recevoir des visites : d'abord celle d'un jeune médecin indigène, que le docteur Tholozan, son maître, nous a présenté à Téhéran il y a quelques mois ; il est bientôt suivi d'un homme aux yeux un peu hagards. Ce dernier personnage, nommé Mirza Salih khan, remplit à Chiraz les fonctions de protecteur des étrangers ; il a été longtemps secrétaire à la légation de Londres, mais, avec cette originalité si caractéristique du caractère persan, il s'est empressé d'y apprendre notre langue, tandis qu'il n'entend pas un traître mot d'anglais. Je le soupçonne d'avoir passé maintes fois le détroit pour venir perdre sur les boulevards de Paris le souvenir des rives brumeuses de la Tamise. N'a-t-il pas eu la patience, pendant son séjour en Europe, de faire venir un *achpaz* (cuisinier) de Chiraz et de le mettre pendant une année entière en apprentissage chez Bignon ? Si le protecteur des étrangers ne nous est pas d'un plus grand secours que celui d'Ispahan, l'émule de Carême nous offrira du moins quelque spécimen de son savoir-faire : Mirza Salih khan, en se retirant, nous a invités à aller déjeuner chez lui après-demain et s'est chargé d'annoncer notre visite à Çahabi divan, sous-gouverneur du Fars et tuteur du jeune fils de Zellè sultan.

Le protecteur parti, nous avons été faire un tour dans la ville. O Chiraz, patrie des poètes, pays des roses, des bosquets ombreux sous lesquels chante perpétuellement le rossignol, qu'es-tu devenu aujourd'hui ! En parcourant ton enceinte, je n'ai vu que rues sales et mal tenues, monuments chancelants et crevassés sous les secousses des tremblements de terre ! Elle ne remonte cependant pas à une époque lointaine, cette ville qui succéda à Istkakhar dans l'hégémonie du Fars. Fondée en 695, assurent les auteurs arabes, elle passa tour à tour au pouvoir des différentes dynasties persanes, et atteignit l'apogée de sa prospérité sous le règne de Kérim khan, le célèbre *Vakil* (régent) qui gouverna l'Iran au milieu du siècle dernier.

Kérim khan avait fait de Chiraz sa capitale afin de se rapprocher des tribus qui l'avaient élevé au trône. Il entoura de remparts sa résidence de prédilection, construisit de beaux édifices, planta en dehors de l'enceinte de magnifiques jardins de cyprès et d'orangers, bâtit, dans le quartier qui a conservé son nom, le palais, le bazar voûté le plus beau de toute la ville, et joignit à ces premières constructions une mosquée, un bain et une médressé.

Kérim khan est célèbre à Chiraz comme chah Abbas à Ispahan; en passant devant les

ENTRÉE DE LA MOSQUÉE DU VAKIL.

grands édifices, je ne demande même plus le nom du fondateur, mes guides répondraient invariablement : « c'est le Vakil, toujours le Vakil ».

Bien qu'élevés sur le plan des mosquées d'Ispahan, les monuments religieux de Chiraz forment, au point de vue décoratif, une catégorie bien spéciale : les artistes chiraziens semblent avoir abandonné la palette de leurs prédécesseurs pour demander aux jardins de la ville un nouvel élément d'ornementation. De grands buissons de roses sont peints sur les revêtements de faïence blanche des murailles et donnent à l'ensemble des panneaux une coloration très claire, dans laquelle dominent les laques carminées.

De toutes les œuvres du Vakil, la plus intéressante au point de vue de l'ornementation polychromée est l'école construite auprès de la mosquée. Les carreaux émaillés dont elle est revêtue formeraient, s'ils étaient détachés, de ravissants tableaux de fleurs, dignes de figurer

MOSQUÉE DE VARL.

auprès des œuvres les plus remarquables des peintres occidentaux. Malheureusement tous ces édifices se sont lézardés à la suite des tremblements de terre dont les mânes d'Hafiz et de Saadi n'ont pas réussi à les préserver.

Kérim khan ne s'appliqua pas seulement à embellir sa capitale, il songea encore, œuvre méritoire s'il en fut jamais, à faire le bonheur du peuple; sa bonté n'est pas moins célèbre à Chiraz que sa magnificence.

Il encouragea le commerce et l'industrie, donna aux Arméniens une liberté dont ils étaient privés depuis le règne de chah Abbas, et mérita, assurent les Persans, le surnom de « Père du peuple ».

MÉDRESSÉ DU VAKIL. (Voyez p. 422.)

« Les rayons de ce soleil majestueux, s'écrie son historien Ali Reza, s'étendaient sur tout l'empire, mais l'influence de sa douce chaleur se faisait particulièrement sentir à Chiraz : les habitants de cette ville favorisée jouissaient du bonheur le plus tranquille près de jeunes filles à la face de lune; les jours s'écoulaient dans une douce oisiveté; le vin coulait à flots dans les festins et animait les fêtes; l'amour remplissait tous les cœurs de ses plus douces jouissances. »

D'autres auteurs, moins hyperboliques qu'Ali Reza, racontent des traits touchants de la bonté de Kérim khan.

Il venait un jour de rendre la justice et se retirait très fatigué, quand un homme se présenta et demanda à être entendu sans délai.

« Qui es-tu? demande Kérim khan.

— Un marchand auquel des voleurs viennent de dérober tout ce qu'il possédait.
— Et que faisais-tu pendant qu'on te volait?
— Je dormais.
— Pourquoi t'étais-tu endormi? reprend le prince avec colère.
— Parce que je croyais que vous veilliez sur moi.
— C'est juste, reprit Kérim khan, subitement calmé par cette réponse hardie; que l'on conduise cet homme chez mon trésorier, on lui remboursera la valeur des objets qu'il a perdus : c'est à moi de retrouver le voleur. »

Depuis Kérim khan, les temps ont bien changé : les gouverneurs laissent les voleurs pratiquer leur industrie en toute tranquillité et se croient quittes envers Dieu et ses créatures en affectant une profonde horreur pour le vin. D'ailleurs, s'ils s'abreuvent publiquement de *cherbets* (sorbets) ou d'autres boissons débilitantes, ils prennent, paraît-il, une fière revanche en particulier et rendraient, entre quatre murs, des bouteilles aux Polonais.

« Quand vous irez demain déjeuner chez Mirza Salih khan, vous ferez bien de lui demander s'il a annoncé votre visite au gouverneur, nous a dit ce matin M. Blackmore.
— Pourquoi donc? Ne nous a-t-il pas proposé avec beaucoup de bonne grâce de préparer cette entrevue?
— Parce que d'habitude il est gris huit jours sur sept, s'il est possible. Après être venu vous voir dans un état à peu près normal, il a dû se dédommager des privations qu'il s'était imposées en votre honneur, et peut-être même serait-il dans l'impossibilité de vous recevoir demain, s'il n'avait eu la prudence de vous inviter à déjeuner de très bonne heure : dans la matinée il conserve parfois un reste de bon sens.
— Les Chiraziens fréquenteraient-ils les vignes du Seigneur?
— Ils s'en défendent beaucoup devant les Européens, mais bien peu suivent à cet égard les préceptes du Koran.
— Votre vin de Chiraz a un goût et un parfum si agréables, qu'il porte en lui-même l'excuse de ses appréciateurs trop enthousiastes.
— C'est vrai; son bouquet n'est pourtant point un mérite aux yeux de ses adorateurs. Les Iraniens aiment leur vin parce qu'il les amène rapidement à un état d'ivresse béate. Un Persan ne se grise jamais par hasard ou par entraînement, mais de propos délibéré et afin de se plonger dans ce qu'il appelle lui-même les « charmes des rêves couleur de rose ».

« En voulez-vous un exemple? Il y a quelques mois, le *superintendent* est venu à Chiraz en tournée d'inspection; le prédécesseur de Çahabi divan s'est empressé de lui rendre ses devoirs et, dans la conversation, lui a demandé des renseignements sur les boissons alcooliques fabriquées en Europe, en particulier sur la bière. Après le départ de l'Excellence, le superintendent a ordonné de porter au palais, la nuit s'entend, un panier de dix bouteilles de *pale ale*. Le lendemain, un agent du télégraphe rencontre au bazar le valet de chambre du hakem et essaye de lier conversation avec lui. L'autre répond d'abord froidement à ces avances, puis tout à coup : « Quelle est donc cette drogue que ton maître a envoyée hier « soir au palais? Le hakem en a bu cinq bouteilles de suite et il a été obligé de recourir « à l'*arak* (eau-de-vie de dattes) pour se griser. »

13 octobre. — On nous l'avait bien dit! Dès notre arrivée dans le talar, où nous attendait Mirza Salih khan, nous nous sommes aperçus que notre hôte ne pouvait même pas se tenir debout. C'est en bredouillant qu'il nous a priés de nous asseoir sur un tapis de Bokhara étendu auprès d'une fenêtre.

« Une fièvre ardente me dévore, mais je suis néanmoins heureux de vous revoir, bien que vous arriviez fort en retard », nous dit-il poliment entre deux hoquets.

Cette formule de bienvenue, employée par tous les Persans quand ils reçoivent des invités, a eu le don de m'irriter tant que je n'en ai pas connu la véritable signification. J'ai même le remords d'avoir répondu assez vertement à un brave homme, fort désireux de m'être agréable, qui me reprochait avec une insistance des plus déplaisantes de l'avoir fait attendre pendant plus de deux heures. Une bonne âme me fit comprendre que mon hôte, en me reprochant mon inexactitude, avait voulu me donner la mesure de tout le plaisir qu'il aurait ressenti à me voir devancer de deux heures le moment du rendez-vous, et à jouir plus longtemps de « ma bienfaisante présence ».

« Avant de nous mettre à table, je veux vous présenter mon prédécesseur, reprend Mirza Salih khan en nous désignant un vieillard coiffé du turban bleu des seïds. La vue de ce vénérable hadji s'affaiblit beaucoup depuis quelque temps; je lui ai annoncé hier qu'il était arrivé à Chiraz un des plus illustres médecins du Faranguistan, et il est venu vous consulter.

— Je ne suis pas médecin, répond Marcel; vous avez ici un habile praticien, le docteur Odling : c'est à lui et non à moi que le seïd doit s'adresser.

— Un sentiment dont j'apprécie toute la délicatesse vous dicte cette réponse, mais je sais à quoi m'en tenir à votre égard; je vous en prie, examinez mon ami, vous me ferez plaisir. Seulement, comme il est très tourmenté de son état, gardez-vous bien de trahir votre pensée : s'il croyait perdre la vue, il mourrait de chagrin. Vous me ferez connaître votre opinion en français. »

Marcel examine le vieux seïd; il a la cataracte.

« Est-il un moyen de lui conserver la vue? demande Mirza Salih khan.

— Peut-être, mais le moment de faire l'opération n'est pas encore venu. D'ici à quelque temps votre ami perdra l'usage de l'œil gauche; envoyez-le alors chez M. Odling. Le docteur lui abaissera ou lui extirpera le cristallin opacifié. En tout cas, je suis de votre avis : il est inutile d'avertir le seïd du sort qui l'attend.

— Certainement, certainement », reprend en persan notre hôte, dont l'intelligence paraît s'obscurcir de minute en minute et qui n'est même plus en état de s'exprimer en français; puis tout à coup : « Ami chéri, s'écrie-t-il joyeusement en frappant ses mains l'une contre l'autre et en accentuant ses paroles d'une pantomime des plus expressives, *baricallah! baricallah!* (bravo! bravo!). Je vais te répéter textuellement les paroles du Farangui : « Dans un an tu « perdras entièrement la vue,... la vue;... alors viendra un autre Farangui,... il prendra un « grand couteau, détachera ton œil, l'extirpera de ta tête, le posera sur cette table et fera « passer sur lui... la force du télégraphe; puis il le fourrera de nouveau dans son orbite et... « à partir de ce moment tu y verras plus clair que jamais, et cela jusqu'à la fin de..., de « tes jours. Du reste, n'aie pas peur : cette opération n'est pas douloureuse. »

Le vieux seïd entrevoit bien que son « ami chéri » n'a pas conscience de ses paroles, mais il devient néanmoins vert comme un concombre. Marcel essaye de le rassurer et de lui faire entendre que les discours de Mirza Salih khan sont les enfants d'un cerveau en délire; celui-ci se récrie avec colère et proteste de sa véracité en entremêlant ses antiennes de hoquets et de *baricallah!* de plus en plus bruyants.

On apporte enfin le déjeuner. Le protecteur se met d'abord à table, mais à peine a-t-il commencé à manger que, ne pouvant plus tenir sur son séant, il se laisse glisser sur le tapis, tempête une dernière fois contre la fièvre et s'endort au milieu de cauchemars auxquels notre présence ne doit pas être étrangère. Ses ronflements sonores n'empêchent pas Marcel de faire consciencieusement honneur à un déjeuner exquis, préparé par les soins de l'élève de Bignon, et de retrouver avec un plaisir fort avouable la cuisine française la plus délicate. Quant à moi, écœurée par cette scène d'ivresse, je n'ai pu me dominer au point de prendre part au festin; j'en suis maintenant fort marrie, car, après avoir passé plus de huit mois au régime du pilau, le déjeuner de ce matin devait avoir bien des charmes.

Qu'est devenue notre demande d'audience? Au dire des serviteurs de Mirza Salih khan, ils ne pourront interroger leur maître avant deux jours. Je crois qu'il est prudent d'envoyer un autre émissaire chez Çahabi divan si nous ne voulons pas rester à Chiraz jusqu'à la fin de notre vie.

UN DE NOS CHEVAUX.

TOMBEAU DU POÈTE SAADI A CHIRAZ. (Voyez p. 431.)

CHAPITRE XXIII

Un palais achéménide près de Chiraz. — Bas-reliefs sassanides. — Antiquité de la ville prouvée par ses divers monuments. — Une nourrice musulmane. — Les tombeaux d'Hafiz et de Saadi. — Les médecins indigènes.

14 octobre. — Dieu merci, les jours se suivent et ne se ressemblent pas. Accompagnés du docteur Odling et de M. Blackmore, en ce moment débarrassés de la fièvre, nous nous sommes mis en selle dès la pointe du jour et avons suivi un chemin tracé dans l'axe de la plaine.

A droite et à gauche se présentent des terres noires que des paysans travaillaient avec des socs de bois traînés par des attelages incohérents d'ânes, de mulets et de chameaux; puis nous nous sommes élevés sur les flancs de la montagne qui ferme au nord la vallée.

Après avoir traversé un vaste emplacement couvert de débris de briques cuites et de poteries, et longé un rocher percé d'une quantité de petits hypogées, nous gagnons les ruines d'un palais semblable à celui de Darius à Persépolis.

L'édifice, placé sur un monticule, se compose d'une salle hypostyle éclairée par des portes ouvertes au centre de chaque façade. Les baies sont encadrées de linteaux à nombreux listels et surmontées du couronnement égyptien; les exploits cynégétiques d'un souverain sont retracés en bas-relief sur les chambranles des ouvertures. La construction est malheureusement dans un état de ruine qui défie toute détérioration nouvelle. Il y a peu d'années, un gouverneur de Chiraz, en faisant enlever une pierre destinée à la porte de son jardin, trouva des dariques dans les fondations. Alléché par cette première découverte, il fit pratiquer des fouilles au-dessous de toutes les portes. Aux premières pluies d'hiver, les terres humides s'éboulèrent et entraînèrent avec elles les constructions qu'elles supportaient.

Au bas de la terrasse naturelle sur laquelle s'élevait le palais, coule une rivière dont les eaux cristallines, cachées sous des roseaux et des ginériums, sont habitées par des crabes bleu turquoise. Sur la rive gauche se dresse un rocher presque vertical ; trois bas-reliefs d'une exécution bien inférieure à celle des tableaux de Nakhchè Roustem sont sculptés sur les parois. Ces œuvres, exécutées par de mauvais artistes de province, n'ont aucune valeur : les têtes égalent presque la quatrième partie des corps ; les draperies sont dessinées sans art ni vérité, et avec une complication de lignes qui rend leur disposition presque incompréhensible. Quant aux parties nues, il est impossible, dans l'art actuel de la sculpture, d'apprécier leur mérite, tant elles ont été défigurées et martelées. On ne peut même reconnaître les

BAS-RELIEF SASSANIDE.

personnages représentés. Le roi seul est facile à distinguer, grâce à sa coiffure et à sa longue chevelure bouclée.

L'ensemble de ces monuments, les débris de fortifications bâties sur la montagne, la rencontre, au sommet d'un pic dominant à la fois le Tang Allah Akbar et la vallée de Chiraz, de deux puits à section rectangulaire, d'une profondeur de deux cent douze mètres, m'amènent à penser qu'il serait imprudent de prendre au pied de la lettre les récits des auteurs arabes faisant remonter à l'époque de la ruine d'Istakhar la fondation de Chiraz.

Le site choisi par les Sassanides pour y faire graver leur image est d'ailleurs charmant et mérite bien les vers enthousiastes qu'Hafiz lui a consacrés. En montant sur les rochers on voit se développer tout entières les belles chaînes de montagnes qui emprisonnent la vallée, tandis qu'en suivant des yeux le cours sinueux du Rokn-Abad, le regard se porte au loin sur un lac de sel formé par les eaux descendues des montagnes.

« Déjeunons à l'ombre des arbres et des ginériums », a dit le docteur Odling.

Les domestiques étendent sur le sol une nappe bien blanche, posent devant chacun de nous des assiettes, des verres de cristal, des pièces d'argenterie ciselées par les joailliers du pays. Ce luxe de très bon goût me paraît si surprenant que je me prends à regarder les sassanides de pierre, prête à les voir partager mon enthousiasme. Hélas ! « ne s'étonner de rien » est depuis longtemps leur maxime favorite.

Vers le soir, nous reprenons le chemin de Chiraz ; mais, au lieu de rentrer directement à la station du télégraphe, je demande à aller voir les petits enfants du docteur. La nounou, très prévoyante, a fait une grande toilette aux deux bébés et s'est parée elle-même de ses plus beaux atours. C'est une musulmane que le docteur a prise à la mort de Mme Odling. Il a fallu le croissant et la bannière pour arracher aux grands dignitaires du clergé local la permission de la garder chez lui. Les immenses services que le docteur rend à la population, la crainte de le voir quitter la ville, ont seuls déterminé l'imam Djouma et le mouchteïd à autoriser le séjour d'une femme chez un infidèle.

Les difficultés les plus graves n'étaient pas encore surmontées : il était nécessaire de vaincre la répulsion instinctive de la nourrice elle-même, qui eût mieux aimé donner le sein à un singe ou à un petit chat qu'à un enfant chrétien. Il a donc été convenu qu'elle recevrait cent krans de gages mensuels, — une fortune dans le Fars, — qu'elle aurait droit à une robe de soie par saison, et disposerait d'une servante chargée d'entretenir et d'allumer son kalyan, l'usage de la pipe et du tabac étant, prétendait-elle, merveilleusement propre à exciter la sécrétion du lait.

14 octobre. — La trêve accordée par la fièvre à M. Blackmore nous a permis de faire ce matin une nouvelle excursion hors de la ville et de visiter les tombeaux d'Hafiz et de Saadi, les deux célèbres poètes dont Chiraz s'honore d'avoir été le berceau.

Le premier de ces deux édifices, désigné sous le nom d'Hafizieh, est situé à l'entrée d'une vallée fertile arrosée par un large canal qui déverse ses eaux dans la plaine de Chiraz. Un sarcophage d'agate, orné de belles inscriptions empruntées aux œuvres du défunt, est devenu le centre d'un cimetière où se font enterrer des admirateurs du poète désireux de reposer auprès de lui.

Hafiz naquit à Chiraz au quatorzième siècle. Ses débuts dans la vie furent des plus humbles. Avant de sacrifier aux muses il pétrissait du pain. Le succès de ses œuvres s'affirma rapidement et le jeune mitron ne tarda pas à devenir le compagnon favori des plus grands princes de son temps.

Les œuvres d'Hafiz forment un recueil de cinq cent soixante-neuf ghazels (sortes de sonnets), encore très populaires, bien que chargés de comparaisons et d'hyperboles. Elles sont parfois si énigmatiques qu'elles partagent avec le Koran le droit d'être admirées sans être comprises et de servir d'oracle : on les ouvre au hasard afin d'y chercher un bon conseil, quelquefois même la réponse à une pensée ou à un vœu. Ces pratiques superstitieuses, connues dans la langue persane sous le nom de *téfanik*, peuvent être comparées aux *sortes Virgilianæ* de l'Europe du moyen âge.

Hafiz, tout le premier, a bénéficié du singulier privilège attaché à ses œuvres. Les docteurs et les mollahs de Chiraz menèrent grand bruit avant de laisser rendre les derniers devoirs à un écrivain qu'ils accusaient d'athéisme. Ses amis obtinrent qu'on ne le condamnerait pas sans chercher un augure dans ses odes ; on tomba successivement sur deux passages où le poète, tout en avouant ses erreurs, se réjouissait à l'idée d'obtenir une place en paradis. Le sort en avait décidé et les plus intraitables dévots durent se soumettre à ses arrêts.

Les ghazels, qui valurent à leur auteur le surnom d'Anacréon de la Perse, se chantent tantôt comme des couplets propres à exciter au plaisir, et parfois, au contraire, se récitent comme des hymnes destinés à rappeler aux hommes graves et sérieux les délices de l'amour divin. Ces deux interprétations ne sont pas contradictoires, car chez plusieurs classes de suffites, les sensations naturelles de l'homme sur la terre, et l'attrait immortel qui porte l'âme vers son créateur, sont inséparables. Pourquoi s'étonner si un poète imbu de cette étrange philosophie associait de la façon la plus bizarre des genres bien différents?

La confusion qui règne dans les poésies d'Hafiz, l'extrême licence de quelques-uns de ses écrits, n'empêchent pas les Persans de placer ses œuvres en tête des plus belles productions littéraires de leur pays. Les lettrés savent ses odes par cœur, les gens du peuple aiment à déclamer ses ghazels les plus connus ; il n'est pas jusqu'au plus pauvre hère qui n'ait au fond de son sac quelque anecdote plus ou moins spirituelle dont le célèbre poète est toujours le héros :

« Hafiz habitait Chiraz quand la ville tomba au pouvoir de l'émir Timour (Tamerlan), me dit un vieux derviche chargé de nous escorter jusqu'au jardin ; le conquérant tartare envoya sur-le-champ quérir le poète et lui tint à peu près ce discours :

« J'ai subjugué la plus grande partie de la terre, j'ai dépeuplé un grand nombre de villes « et de provinces pour augmenter la richesse de Samarkande et de Bokhara, les deux roses « fleuries, les deux yeux de mon empire, et cependant, toi, misérable poète, tu prétends « donner Samarkande et Bokhara en échange du signe noir qui relève les traits d'un beau « visage ! »

« — Hélas ! prince, je dois à cette prodigalité la misère dans laquelle vous me voyez « plongé. »

« Timour, ravi de cette réponse, s'attacha le poète chirazien et le combla de ses faveurs. »

En quittant le tombeau d'Hafiz, nous remontons une route embaumée tracée au milieu de jardins dont les murs de clôture sont tapissés de roses sauvages, et nous trouvons, à l'extrémité du chemin, le monument funèbre de Saadi, l'auteur du *Bostan* (le Verger) et du *Gulistan* (la Roseraie). La tombe du poète est placée dans une chapelle précédée d'une cour carrée ; elle est couverte d'une pierre tumulaire en calcaire tendre et ornée d'inscriptions. L'édifice a été construit ou du moins restauré à l'époque de Kérim khan.

Cheikh Moslih oud-din Saadi, ou tout simplement le Cheikh, ainsi que l'appellent les Persans, naquit à Chiraz en 1194 de notre ère. Il parcourut presque toute l'Asie, prit part aux expéditions dirigées en Syrie contre les croisés, fut quelque temps prisonnier des chrétiens et composa après avoir regagné sa patrie les poésies auxquelles il doit sa célébrité. Ses œuvres écrites en prose et en vers, plus faciles à comprendre que celles d'Hafiz, sont entre les mains de tous ; les enfants apprennent à lire dans le Gulistan aussi bien que dans le Koran.

Les contes de Saadi, dont on ne saurait trop louer le style net et concis, se terminent par des réflexions morales appropriées au sujet; ses *ghazels* et ses *kacidas*, tenus pour les plus parfaits modèles du beau langage, ne sont pas, plus que les contes, chargés de ces hyperboles et de ces figures outrées d'un usage si fréquent dans la poésie orientale. On ne peut cependant, malgré le mérite littéraire du Gulistan et du Bostan, entendre, sans en être choqué, certains vers auxquels les Persans, à l'exemple des anciens, n'attachent aucune importance. Privés d'offrir des bouquets à Chloris, ils se dédommagent en tressant des couronnes à Alexis.

Mais l'éternel honneur des deux poètes chiraziens sera d'avoir fixé la syntaxe du persan moderne.

La langue parlée à Téhéran et dans toutes les provinces du nord et du sud dérive du pehlvi, forme altérée du perse, et serait même, en cette qualité, un des types les mieux

NOURRICE MUSULMANE. (Voyez p. 431.)

caractérisés du groupe indo-germanique, si la religion musulmane, en imposant le Koran aux vaincus, n'avait introduit dans l'iranien un très grand nombre de racines sémitiques qui ont défiguré le vieux langage. Malgré cette transformation, on est frappé, dès que l'on commence à comprendre les sujets du chah, des nombreuses analogies que leur idiome présente avec le grec, le latin, l'allemand et l'anglais.

La phrase affecte l'allure latine, le verbe est le plus souvent rejeté à la fin; la syntaxe rappelle en simplicité celle de la grammaire anglaise; les verbes irréguliers sont peu nombreux; les mots s'agglutinent entre eux comme en allemand. De la facilité avec laquelle se forment les mots composés sont nés un très grand nombre d'auxiliaires, qui, en s'ajoutant à un substantif, constituent des verbes nouveaux. Un de ceux qui sont le plus fréquemment employés est le verbe *kerden* (faire). L'usage en est si commun qu'il se transforme même, suivant la qualité de la personne à laquelle on s'adresse, en *nemouden* (paraître), *fermouden* (ordonner). Ce n'est même pas une des moindres difficultés de la langue que de savoir si votre interlocuteur a droit au *kerden*, au *nemouden* ou même au *fermouden*, le Persan, très pointilleux sur les questions d'étiquette, attachant la plus grande importance à ces détails, et jugeant le plus souvent à la manière dont on le traite de la considération qu'il doit témoigner à un étranger.

Ainsi, pour inviter à regarder, on dit à son domestique « regard faites », — à son égal « regard paraissez », — au roi ou aux membres de sa famille « regard ordonnez ». Quant à moi, en ma qualité officiellement reconnue de *dooouletman* (gentilhomme) et d'*akkaz bachy dooulet farança*, je m'attribue le droit de traiter de pair toutes les excellences persanes, et je serais à contre-cœur forcée de châtier à coups de cravache le malotru qui, en me parlant, emploierait le verbe *kerden*.

D'ailleurs, afin de ne pas m'embrouiller dans cet écheveau grammatical, j'ai adopté un formulaire diplomatique des plus simples : dès que j'arrive devant un gouverneur ou un personnage important, je commence par lui déclarer que j'ignore les finesses et les élégances de la langue, ayant eu en fait de professeurs les tcharvadars racolés tout le long de la route. Grâce à cette précaution préliminaire, je me contente d'employer l'auxiliaire *kerden*, et je donne du *chuma* (vous), au lieu du *nemoudan*, du *fermoudan* et du *tachrif* (votre honneur) que m'octroient généreusement les parents les plus rapprochés de Sa Majesté.

Outre le verbe *kerden*, il est deux autres mots caractéristiques du persan qu'on peut jeter à tort et à travers dans la conversation sans courir grand'chance de se tromper. L'un est *mal*, qui dans l'acception la plus générale exprime les relations de possession et d'appartenance; *mal* s'emploie aussi bien en se plaignant du frisson, *malè tab* (résultat de la fièvre), qu'en parlant d'un vieux monument désigné sous le nom de *malè gadim* (bien de l'antiquité); l'autre *ta*, dont le sens est assez difficile à rendre en français et que l'on ajoute toutes les fois qu'il s'agit d'objets multiples; ainsi *do ta yabous* se dit pour deux chevaux, *cé ta tcherag* pour trois lampes, etc. En sachant agréablement varier l'emploi de ces deux substantifs et du verbe *kerden*, on est toujours certain de ne pas rester à court dans une conversation. Beaumarchais prétendait qu'avec *goddam* on ne manquait de rien en Angleterre; le vocabulaire persan est plus compliqué que le dictionnaire anglais, puisqu'à moins de savoir trois mots on ne peut se sortir d'affaire.

Il est bien encore un quatrième vocable fort nécessaire à connaître, mais il n'est pas utile de le mentionner, car il résonne si souvent aux oreilles et ponctue les phrases d'un accent si vigoureux, qu'il suffit de passer une heure avec un Persan pour retenir à tout jamais le mot *poul* (argent).

16 octobre. — La fièvre a réapparu chez nous : notre hôte, le jardinier, deux palefreniers

sont sur le flanc depuis hier au soir. Marcel vient d'être, à son tour, saisi d'un frisson violent et grelotte, étendu sur un sac de paille. Le manque de lit européen est bien dur à supporter pendant un accès : les transpirations abondantes du deuxième stade rendent tout à fait gênants les vêtements que l'on est forcé de conserver; j'en ai fait la dure expérience à Maderè Soleïman. Sur ma demande, le docteur Odling vient d'arriver; il a trouvé Marcel assez légèrement atteint, M. Blackmore en très mauvais état, les serviteurs plus ou moins malades. J'ai également reçu la visite du jeune élève du docteur Tholozan. Ce brave Mohammed porte, malgré ses vingt-cinq ans, le vieux costume des médecins, car, en Perse comme en France au temps de Molière, le pelage plus que le talent inspire confiance au malade. Coiffé d'un volumineux turban de cachemire à fond blanc, vêtu d'une robe de laine grise recouverte d'un manteau de soie violette, notre ami, quand il se montre de dos, a un aspect des plus respectables. Il est accompagné de l'Esculape en chef du palais, son respectable père, auquel il doit succéder un jour, le sacerdoce médical étant héréditaire dans sa famille depuis plusieurs générations.

Tous deux viennent nous engager à passer chez eux la journée de demain. Cette visite sera d'autant plus intéressante que les mœurs médicales des Persans sont tout au moins bizarres.

Les praticiens iraniens ne connaissent pas l'anatomie, car il leur est défendu de faire une autopsie et de se souiller au contact du sang. Il est étonnant que, placés dans des conditions si mauvaises, ils puissent pratiquer avec succès quelques opérations, telles que celle de la taille. En général, ils se contentent d'ordonner aux malades des remèdes de bonne femme, dont ils se transmettent la recette de père en fils, et quelques préparations conseillées par Avicenne. Leur nullité scientifique les mettant dans une situation très fausse envers les médecins du télégraphe ou des légations, ils redoutent infiniment le concours des chers confrères européens et ne permettent aux clients d'appeler en consultation un Farangui que pour lui faire supporter la responsabilité de la mort.

Les malades eux-mêmes éprouvent une répugnance instinctive à se confier à un chrétien. Si, vaincus par la souffrance et dans l'espoir de guérir, ils veulent bien se prêter à un examen, la famille tout entière pousse les hauts cris, parle de profanation, d'impiété, et aime mieux généralement laisser mourir le patient que d'encourir la réprobation du clergé.

La mère du docteur Mohammed a été victime de cet incroyable fanatisme. Il y a un an à peu près, le docteur Odling fut appelé auprès de cette estimable dame : la tendresse que le hakim bachy avait pour elle, les prières de son fils, avaient décidé le premier praticien du pays à porter ce terrible coup à l'édifice médical indigène.

La malade refusa d'abord de se laisser examiner, et le docteur se retirait en déclarant qu'il lui était impossible de la soigner sans la voir, quand elle se décida enfin à se montrer au Farangui. Elle avait une hernie étranglée. La réduction fut tentée sans succès; une opération chirurgicale était de la dernière urgence. Le mari, consulté, déclara qu'il n'oserait jamais prendre une pareille responsabilité et qu'il devait au préalable avertir sa famille, et surtout celle de sa femme. On envoya quérir les parents les plus rapprochés; ils délibérèrent pendant trente-quatre heures avant de se mettre d'accord; et, quand enfin M. Odling fut autorisé à agir, il était trop tard : la gangrène avait envahi le corps de la malheureuse femme, il ne restait plus qu'à recueillir son dernier soupir.

Si l'on n'exige pas des médecins persans une grande science, on rétribue bien maigrement leurs soins. Après une longue maladie terminée par un heureux dénouement, les gens de moyenne condition payent la visite à raison de cinquante centimes; les intrigants, à force de marchander, obtiennent sur ce prix une réduction de cinquante pour cent; les chefs religieux ne donnent rien et se contentent de promettre leur protection ou leur appui. Cependant la clientèle du haut clergé est toujours la plus recherchée, parce qu'elle entraîne des profits indirects.

Un exemple entre mille.

Le docteur Tholozan avait soigné pendant plusieurs mois et guéri d'une coxalgie la fille de l'imam djouma de Téhéran. Jamais il n'était venu à la pensée de respectable ce personnage qu'il devait une rémunération au chirurgien de Sa Majesté ; s'abaisser jusqu'à payer son médecin, c'eût été une mesquinerie indigne de son caractère. Mais un des mollahs de sa maison, d'un tempérament moins orgueilleux, arrive un jour en grande pompe, entouré de nombreux témoins et apporte cinquante tomans au docteur, dans l'unique espoir de se faire bien venir de son chef hiérarchique.

A quelque temps de là, un ami du grand prêtre se casse le bras. M. Tholozan le lui remet et reçoit des honoraires honorables.

« Combien vous a donné Mirza Akhmed? demande l'imam djouma.

— Vingt-cinq tomans.

— C'est un pleutre! s'écrie le religieux : je lui conseillerai de tripler cette somme. »

Ce qui fut dit fut fait.

17 octobre. — Comme le prophétisait la faculté cosmopolite de Chiraz, Marcel s'est trouvé bien ce matin et m'a priée de l'accompagner chez le hakim bachy. Après nous avoir fait les honneurs d'un lunch soigneusement préparé, le vénérable docteur demanda les kalyans, tout en ordonnant aux serviteurs de s'éloigner ; puis il prit la parole et prétexta de l'état fiévreux de Çahabi divan pour l'excuser du retard qu'il avait mis à nous recevoir. « Je suis fort inquiet, a-t-il ajouté ; mon illustre malade est vieux, usé, digère mal la quinine, et je crains bien, si les accès ne le quittent pas, que nous n'ayons bientôt un autre gouverneur. Je regretterais vivement de voir mourir Çahabi divan, car il est pour moi un véritable ami.

— Pourquoi n'essayeriez-vous pas de lui donner de l'arsenic ? » dit Marcel en français.

A ces mots, le docteur en herbe pâlit. Le père, inquiet de l'émotion de son fils, l'interroge.

« L'Excellence propose de soigner le gouverneur avec du *margèmouch* (litt. : « mort aux rats »).

— C'est impossible : ce remède n'est pas noble », reprend sentencieusement le hakim bachy ; puis, après un quart d'heure de silence, qu'interrompent seuls les glouglous des kalyans, il s'informe cependant de la dose d'arsenic qu'on peut administrer sans danger, et me propose enfin de me conduire dans son andéroun.

Femmes du père, femmes du fils, jeunes filles, enfants de différents ménages, paraissent vivre en bonne intelligence ; je suis évidemment au sein d'une famille patriarcale.

Les khanoums m'engagent de nouveau à prendre du thé, du café ; puis c'est à qui tâtera mes gros souliers de cuir, défera les lacets afin d'examiner les crochets de cuivre, essayera mon casque de feutre sans témoigner de dégoût (ô les braves femmes!), fouillera mes poches, s'extasiera sur les objets qu'elles contiennent, et me priera de lui en expliquer l'usage. Le mouchoir, surtout, que ces dames ont pris tout d'abord pour un tapis de prière, a eu l'honneur de les intriguer sérieusement. J'ai dû opérer à plusieurs reprises afin de leur apprendre qu'il est aisé de se moucher sans se servir exclusivement de ses doigts, ce que toute Persane avait cru jusqu'ici impossible.

Le costume de mes élèves ne diffère guère de celui des musulmanes d'Ispahan, cependant les jupes sont plus longues que dans l'Irak et descendent jusqu'au mollet. Le type chirazien est élégant ; mais pourquoi faut-il que les femmes les plus laides et les plus décrépites soient aussi les plus désireuses de faire reproduire leurs traits ? J'ai trouvé d'ailleurs un moyen poli de satisfaire les vieilles admiratrices de mes talents de photographe.

J'introduis un châssis vide, je fais poser mon modèle pendant trois minutes dans une attitude mal équilibrée, et finalement je déclare que l'épreuve est manquée, faute d'une immobilité suffisante. J'ai utilisé trois fois aujourd'hui cette formule simple et peu coûteuse, et bien m'en a pris, car j'ai pu, grâce à mon stratagème, photographier la fille et la bru de mon hôte et conserver une glace avec laquelle il m'a été possible de répondre au désir du gouverneur, fils aîné de Zellè sultan.

FEMMES DE CHIRAZ.

En rentrant à la station, j'ai trouvé le jardin envahi par une suite nombreuse; elle escortait le petit prince, exilé de Chiraz sur l'ordre de son père et confiné dans la montagne, où l'on a moins à redouter les fièvres qu'en plaine. Sous prétexte de faire une promenade à cheval, cet enfant a quitté son campement et a demandé à venir se reposer à la station du télégraphe. La vérité est qu'il voulait mettre à contribution l'*akkaz bachy dooulet farança*, dont la réputation s'étend beaucoup plus qu'il ne serait nécessaire.

Le jeune prince a un air digne et posé qu'on retrouverait difficilement en France, chez un gamin de son âge. S'il joue et s'il rit, ce doit être en cachette, car il reçoit les témoignages de respect de sa suite et des agents du télégraphe avec un sérieux des mieux étudiés. Se montrer en toute occasion grave et solennel est la recommandation favorite des précepteurs iraniens. L'équitation, le maniement des armes, l'endurcissement du corps et de l'âme complètent l'éducation d'un grand seigneur persan.

Djellal-Dooulet paraît avoir bien profité des excellentes leçons qui lui ont été données : il manie son poney comme un centaure, abat au vol les oiseaux rapides et paraît inaccessible à la frayeur.

Par surcroît le jeune prince a reçu une éducation libérale. Il commence à entendre le français, connaît les classiques de son pays et promet de devenir un parfait gentilhomme, si on ne le gratifie pas, d'ici à deux ou trois ans, d'un lot de femmes légitimes et illégitimes.

Que Zellè sultan monte un jour sur le trône, et Djellal-Dooulet deviendra héritier présomptif.

Les Anglais, qu'il n'aime point, et dont il s'est obstinément refusé à apprendre la langue, ne s'en réjouiront peut-être pas.

DJELLAL-DOOULET, GOUVERNEUR DE CHIRAZ, FILS DU PRINCE ZELLÉ SULTAN.

LA MASDJED DJOUMA DE CHIRAZ. (Voyez p. 445.)

CHAPITRE XXIV

La masdjed djouma de Chiraz. — Sa fondation. — La Khoda Khanè. — Antiquité de la ville de Chiraz. — Cuve à ablutions. — Masdjed Nô. — La médressé Khan. — Le bazar du Vakil. — La fièvre à Chiraz. — Consultation médicale chez le gouverneur Çahabi divan.

Chiraz, 17 octobre. — « Les Perses abhorraient le mensonge et se nourrissaient de cresson », m'enseignait, sur la foi de Xénophon, mon vieux professeur d'histoire.

Cette phrase avait dû faire sur moi une bien profonde impression, car, dès mon arrivée en Perse, elle s'est présentée à ma mémoire avec une telle vivacité, que naïvement je me suis mise en quête d'un Persan disant la vérité, d'un Persan se nourrissant de cresson et buvant de l'eau claire. Vains efforts ! je n'ai encore trouvé ni l'un ni l'autre de ces phénomènes.

Si mon vieux maître était de ce monde, je lui enlèverais une illusion et je lui conseillerais de modifier légèrement ses leçons, ou, tout au moins, d'expliquer à ses élèves que la *Cyropédie*, au point de vue de la véracité, mérite de prendre une place honorable auprès du *Grand Cyrus* de Mlle de Scudéry.

Il n'est pas besoin d'être longtemps en contact avec les fils des anciens Perses pour se convaincre que, s'ils mentent à bouche que veux-tu, ils ne broutent des herbages que si la dure nécessité leur en fait une loi. L'expérience donne même au voyageur une telle habitude de prendre en suspicion les protestations de chacun et de tous, qu'il éprouve toujours une surprise extrême à se trouver en face de gens véridiques et sobres. Après tout, l'exception confirme la règle, dit un profond aphorisme de grammaire dont je n'ai jamais très bien démêlé le sens.

Au moment de notre départ d'Ispahan, le chahzaddè Zellè sultan nous avait pourvus de recommandations si particulièrement chaleureuses, il se proclamait notre ami avec une si parfaite bonne grâce (nous ne l'avons jamais vu), menaçait de punitions si sévères les gens assez audacieux pour oser nous résister, et donnait avec une telle précision l'ordre de nous introduire dans les mosquées de Chiraz les plus soigneusement fermées aux chrétiens, que je m'étais souvent demandé, en chemin, si la dépêche dont nous étions porteurs n'avait pas été précédée d'une communication moins gracieuse mais plus directe, adressée au gouverneur du Fars. Il n'en était rien cependant, j'en ai la preuve aujourd'hui : malgré l'extrême fanatisme de la population et les scrupules du clergé, nous sommes autorisés depuis ce matin à visiter toutes les mosquées de la ville.

Ce serait tomber dans une étrange erreur que d'attribuer l'intolérance spéciale des Chiraziens à une fervente piété ou à un respect exagéré des monuments consacrés à l'exercice de leur religion : les habitants du Fars ne témoigneraient pas à tout propos et même hors de propos de leur parfaite orthodoxie, si leur pays, durant ces dernières années, n'avait été inféodé au babysme, et si la religion qui avait sapé profondément à la base la loi de Mahomet ne s'était attaquée au pouvoir royal. Depuis ces événements, les babys, très nombreux dans la province, déploient un zèle d'autant plus grand qu'ils ont plus à redouter d'être accusés d'hérésie et de rébellion. Comme, d'autre part, l'ardeur des vrais croyants s'est ravivée au contact de l'hérésie naissante, réformés et orthodoxes font aujourd'hui assaut de purisme et, partant, d'intolérance.

Après avoir été le berceau du babysme, la capitale du Fars est restée le rendez-vous des mécontents et le foyer toujours latent d'une nouvelle insurrection. Plus de la moitié de la population, assure-t-on, est attachée aux nouvelles doctrines. J'ai déjà expliqué combien l'antagonisme entre les réformés et les vieux chiites enflammait le zèle pieux des Chiraziens ; en raison du fanatisme local, la situation des membres des communautés non musulmanes est devenue intolérable. Les israélites notamment, bien qu'ils forment une nombreuse colonie, ont une position des plus précaires. Cantonnés dans un quartier particulier, une sorte de *ghetto*, ils font le commerce des métaux, la banque, prêtent souvent à cent pour cent et vivent maltraités et méprisés par les emprunteurs, trop heureux cependant d'avoir recours à leur intermédiaire. Les plus pauvres d'entre eux ont obtenu le privilège d'aller fabriquer à domicile, moyennant une petite redevance, le vin si renommé de Chiraz.

Les israélites du Fars ont adopté le costume iranien, mais ils conservent en toute longueur les cheveux des tempes roulés en longues papillotes, par opposition aux « coins coupés » des musulmans. Les femmes se revêtent, quand elles sortent, du grand tchader gros-bleu. N'étant pas autorisées à porter le *roubandi* blanc, ou voile de visage, que les Persanes tiennent à honneur de jeter sur leur face, elles sont signalées aux regards et aux injures des musulmans, et Dieu sait pourtant si elles apportent un soin vigilant à maintenir de la main gauche les plis du tchader étroitement serré sur la figure !

Le type de la colonie juive de Chiraz est très pur, mais hommes et femmes, écrasés sous le poids d'une oppression séculaire, paraissent avoir perdu tout sentiment de dignité. A proprement parler, la justice n'existe pas pour eux : ils peuvent être battus, volés, tués même, sans que le coupable soit jamais recherché. Avant-hier, en parcourant la juiverie, j'ai vu un bambin musulman, à peine âgé de dix ans, monté sur un poney et

LA KHODA KHANÉ DE LA MASJIED DJOUMA DE CHIRAZ. (Voyez p. 443.)

accompagné d'un seul serviteur, cingler à coups de fouet la figure de plusieurs marchands israélites assis sur le seuil de leur échoppe, sans qu'aucun d'eux ait paru songer à protester contre cette incroyable brutalité. L'enfant sortit du quartier après avoir insulté, de la manière la plus grossière et la plus inattendue de la part d'un gamin de son âge, trois jeunes femmes, qui rentrèrent au plus vite dans leur maison.

18 octobre. — Si le fanatisme des Chiraziens est excessif, il ne va pas au delà de démonstrations peu coûteuses. A l'exception de la mosquée du Vakil, construite au siècle dernier, tous les édifices religieux sont dans un état de délabrement vraiment pitoyable.

La plus ancienne de toutes les mosquées de Chiraz, et par conséquent la plus intéressante à visiter, fut bâtie en 875 sous le règne d'Amrou ben Leis, aussi célèbre par sa piété que par ses guerres contre les successeurs du Prophète. Comme son frère Yacoub, il entretint d'abord des relations de bon vasselage avec les khalifes de Bagdad et gouverna pendant quelques années l'Irak, le Fars, le Khorassan, le Séistan et le Tabaristan sous le titre d'« Esclave du Commandeur des croyants ». Sa soumission était pourtant plus apparente que réelle. Peu de temps après son accession au trône, nous disent de vieux manuscrits persans, il ordonna aux chefs de mille cavaliers de paraître devant lui avec une masse d'or à la main. En les voyant au nombre de cent, un cri douloureux s'échappa de sa poitrine : « Oh ! pourquoi la Providence ne m'a-t-elle pas permis de conduire cette armée au secours de Hassan et de Houssein dans la plaine de Kerbéla ! » « Souhait bien digne, ajoute pieusement l'écrivain chiite, de procurer à ce prince une belle et grande place aux régions de l'éternel bonheur. »

L'homme religieux était doublé chez Amrou ben Leis d'un profond philosophe. Vaincu dans une campagne dirigée contre un chef tartare soulevé à l'instigation des khalifes de Bagdad, il fut fait prisonnier. Le soir venu, il s'était assis à terre et laissait à un soldat le soin de préparer quelques grossiers aliments au fond d'un vase de cuivre, à large panse et à ouverture étroite, quand un chien s'approcha ; l'animal enfonça la tête dans le récipient, puis, entendant du bruit, et ne pouvant se dégager à temps, s'enfuit au galop, emportant avec lui marmite et potage.

Le monarque prisonnier éclata de rire, et, comme les soldats s'informaient des motifs de cette gaieté si peu en harmonie avec sa triste situation, il leur répondit : « Ce matin encore l'intendant de ma maison se plaignait de ce que trois cents chameaux ne suffisaient point à transporter mes provisions de bouche ; voyez comme mon service est simplifié ce soir : un chien enlève sans peine mon dîner et ma batterie de cuisine. »

Malgré les dégradations des arceaux, des murs et des portiques ruinés par les tremblements de terre, le vieux temple d'Amrou ben Leis conserve encore un aspect imposant.

Au milieu de la cour, à la place occupée d'habitude par un bassin à ablutions, j'aperçois un petit monument carré, bâti en pierre, flanqué à chaque angle d'une tour de peu d'élévation et copié, assurent nos guides, sur la Kaaba de la Mecque.

La Khoda Khanè (Maison de Dieu), tel est le nom de l'édicule, est veuve de ses toitures et se présente aux fidèles sous un aspect bien attristant.

Vers le sommet des tours s'enroule une belle inscription d'émail bleu turquoise encastrée dans la pierre. Ce document, consacré à la gloire d'Allah, nous apprend que la construction remonte à l'année 1450. Cette date doit être exclusivement attribuée à l'édifice dont nous considérons les ruines, mais ne saurait faire préjuger de l'époque où fut primitivement fondé le monument dont la « Maison de Dieu » occupe la place. En faisant le tour des murs extérieurs, nos guides nous signalent en effet une grosse pierre noire engagée dans les décombres. Ce moellon célèbre, connu sous le nom prosaïque de *dick* (marmite), joue dans le sanctuaire chirazien un rôle à peu près analogue à celui de la pierre noire de la Kaaba. Quelle est ma surprise en reconnaissant dans ce caillou vénéré un bloc de porphyre absolument pareil, comme forme et ornementation, aux bases des colonnes achéménides de Persépolis !

Si nous n'étions pas les premiers Européens qui eussions visité la masdjed djouma, la légende qui veut faire de Chiraz une ville moderne eût déjà été combattue, car il ne me

CUVE A ABLUTIONS DE LA MASDJED DJOUMA. (Voyez p. 449.)

semble pas possible, étant donnés la position de la base achéménide et le respect que les citadins de génération en génération professent pour cette pierre noire, qu'elle ait été fortuitement apportée de Persépolis; un pareil déplacement serait d'ailleurs tout à fait contraire aux idées et aux habitudes des Arabes. Il existait donc à Chiraz, aux temps des Darius et des Xerxès, une grande cité ornée d'édifices de pierre.

Peut-être ne restait-il, au moment où les conquérants musulmans envahirent le Fars, aucun vestige de l'ancienne cité, mais on ne saurait admettre que les Achéménides aient

TOMBEAU DU SEÏD MIR AKHMED. (Voyez p. 450.)

bâti des palais de pierre, c'est-à-dire des demeures royales, loin de tout centre d'habitations, et que, dans un royaume où les plaines fertiles et bien arrosées sont si rares, la vallée de Chiraz ait été précisément délaissée à l'époque la plus prospère de l'histoire de Perse, sous le règne des souverains qui faisaient de leur pays originel leur séjour de prédilection. J'ai déjà fait pareille remarque en visitant, aux environs de Chiraz, le petit monument de style persépolitain, les forteresses voisines de ce palais et les puits du Tang Allah Akbar.

En s'éloignant de la Khoda Khanè, le mollah qui nous accompagne se dirige vers la plus ancienne partie de la mosquée. Elle est constituée par une salle longue et étroite, ornée à l'une de ses extrémités d'un vieux mihrab de pierre d'un grossier travail.

Au-dessus de ce spécimen d'un art encore barbare s'étend, en revanche, le plus ravissant plafond de mosaïque de cèdre et d'ivoire qu'il soit possible d'imaginer. Grâce à quelques restaurations faites avec une extrême habileté, cette charmante marqueterie est en bon état de conservation et rappelle à mon souvenir, sous une forme plus délicate et plus élégante, les mosaïques de bois et d'ivoire que l'on fabrique aujourd'hui au bazar. Le style archaïque de l'écriture permet d'attribuer à ce plafond une date très voisine de la fondation de la mosquée.

Mon brave mollah ne me tiendra quitte ni d'une pierre ni d'un coin noir. Tout auprès de la porte extérieure, sous une niche obscure, il me fait remarquer une belle cuve de porphyre. Elle est taillée en forme de prisme à douze pans; chaque face est séparée de sa voisine par une colonnette s'appuyant sur une base en forme de vase d'un très beau caractère.

En résumé, la mosquée djouma, malgré son état de ruine, malgré les nombreuses mutilations qui ont enlevé toute unité à son ensemble, est encore un des monuments les plus intéressants de la Perse musulmane. L'introduction d'une Kaaba au milieu de la cour centrale, la base achéménide découverte au pied des murailles de la Khoda Khanè, la vieille partie du sanctuaire, son singulier mihrab, ses plafonds charmants, la cuve de porphyre, peut-être empruntée à un édifice antique, signalent d'une façon toute particulière ce temple à l'attention et à l'intérêt de l'archéologue. La masdjed djouma paraît avoir servi de type à toutes les mosquées de Chiraz et en particulier à la masdjed Nô (mosquée Nouvelle), toujours désignée sous ce nom, bien qu'elle ait été bâtie en 1300 environ, sous le règne de l'atabeg du Fars, Ali bou Siad. Cet édifice, d'une dimension colossale (il recouvre près d'un hectare), ne paraît guère avoir souffert des secousses des tremblements de terre : à part quelques fissures dans les grands arcs, il est en assez bon état d'entretien et contraste par sa propreté relative avec la masdjed djouma.

La médressè Baba Khan serait assez éloignée de la masdjed Nô, si l'on était obligé, comme en Europe, de fouler prosaïquement le sol des rues, mais dans la patrie d'Hafiz les ailes poussent, il faut le croire, aux plus vulgaires prosateurs, car c'est en grimpant tout d'abord sur les terrasses que nous prenons la route de l'édifice.

« Quel chemin d'écureuil nous fais-tu suivre, *machallah*? ai-je demandé à mon guide.

— Le chemin le plus court, Çaheb : les jardins ou les cours étant très rares et les rues, déjà fort étroites, se trouvant en partie couvertes, il existe une double vicinalité; aussi bien, tout bon Chirazien est capable de se diriger sur les terrasses avec autant d'aisance que dans les rues et les bazars, et ne se décide à dévorer la poussière que s'il monte à cheval ou s'il est forcé de sortir en plein midi.

— En route! » Et nous nous sommes rendus sans quitter les toitures, pour ainsi dire à vol d'oiseau, de la mosquée Nô à la médressè Baba Khan, située au milieu du marché aux légumes.

L'école, bâtie sur un plan rectangulaire, est immense. Autour de la cour, plantée d'arbres superbes, s'ouvrent les chambres des élèves, desservies par de larges galeries. Toutes ces pièces sont désertes; des plâtras et des ordures de toute sorte encombrent les corridors; les carreaux de faïence qui recouvraient les murs de la cour gisent sur le sol; en certains points les murs se sont écroulés sous les secousses des tremblements de terre.

Comme à la médressé du Vakil, quelques moutards assis sur leurs talons écoutent de la moitié d'une oreille la lecture que leur fait un mollah, un peu plus distrait qu'eux, s'il est possible.

La partie la mieux conservée et la plus intéressante du monument est le péristyle d'entrée, d'une époque antérieure à celle des principaux bâtiments. Quatre grands arceaux entrecoupés de niches en pierre grise supportent une voûte plate tapissée d'une belle mosaïque à fond gros-bleu, comparable aux panneaux émaillés qui décorent la mosquée de Tauris. Les faïences sont entourées d'une frise couverte d'inscriptions et comprises dans les archivoltes de pierre des arceaux. Tout l'édifice, excepté le péristyle d'entrée et les minarets placés de chaque côté de la porte, est dû, il est inutile de le dire, à la munificence du Vakil, comme le magnifique bazar que nous traversons en regagnant nos pénates. Avant de rentrer, nous

MASDJED NÔ A CHIRAZ. (Voyez p. 449.)

passons auprès du tombeau de Seïd Mir Akhmed, dont la coupole bulbeuse domine tous les édifices de la ville.

19 octobre. — Quel abominable et monotone climat que celui de Chiraz en cette saison! Marcel est encore malade: depuis deux jours son pouls n'est guère tombé au-dessous de cent vingt pulsations; M. Blackmore, notre hôte, n'a presque pas quitté le lit depuis notre arrivée, et à partir d'avant-hier j'ai été seule à table, servie par le cuisinier, l'unique domestique qui soit debout; la maison du télégraphe est transformée en hôpital. L'aire carrelée placée au bas de l'escalier et orientée au midi est couverte tout le long du jour des vêtements et des couvertures trempés de sueur que chaque fiévreux vient, en se traînant, étendre au soleil dès que le mal lui donne un moment de répit.

Les fièvres du Fars sont terribles; les accès se compliquent de délire ou tout au moins d'hallucinations très fatigantes, et laissent finalement le patient dans un état de pitoyable faiblesse. Il est bien pénible en cet état de manquer de draps de lit; j'ai envoyé au bazar de Chiraz, mais il n'a pas été possible de se procurer de la toile. Les Persans naissent et meurent tout habillés et ne connaissent point, à l'exception de la chemise, l'usage du

LE BAZAR DU VAKIL A CHIRAZ.

linge. Marcel ne se plaint point cependant; quand il ne délire pas, il joue avec une famille de souris qui a établi son domicile sous les couvertures brûlantes.

Nous sommes à la fin d'octobre, les frileuses petites bêtes voient avec regret la température s'abaisser pendant la nuit et elles n'ont rien trouvé de mieux que de venir se réchauffer auprès d'un fiévreux. Le premier soir, un « papa et une maman souris » sont arrivés; au matin ils se sont mutuellement déclaré qu'ils n'avaient jamais passé meilleure nuit et sont revenus le jour même accompagnés de leur postérité, cinq ou six souriceaux gras, bien portants et d'une gaieté des plus impertinentes. Leur va-et-vient n'a pas le don de me distraire; est-ce lassitude morale ou fatigue physique, je l'ignore, mais je me sens courbatue et démoralisée hors de toute mesure : c'est à peine si ce soir, après le coucher du soleil, j'ai eu la force d'aller jusqu'au bout du jardin et de revenir.

J'ai cependant reçu le hakim bachy (médecin en chef), notre ami. Il venait demander à Marcel de vouloir bien se rendre auprès du gouverneur de la ville. Çahabi divan se trouve en si mauvais point, qu'il s'est décidé, d'accord en cela avec son médecin, à demander secours à Dieu, au diable, voire même à des Faranguis. J'ai engagé le hakim à faire connaître au gouverneur l'impossibilité dans laquelle se trouvait mon mari de se rendre au palais et l'ai prié de remettre à plus tard la consultation. Le digne praticien se serait bien contenté de mon concours, et m'a assuré, avec une politesse très flatteuse pour moi, qu'il avait autant de confiance en mes talents que dans la science de Marcel, mais j'ai jugé prudent de me montrer modeste en pareil cas. « Soigner un gouverneur est trop grande affaire, lui ai-je répondu sérieusement; jamais je n'oserais m'aventurer à prendre sur moi seule une aussi lourde responsabilité. »

Vivez en Orient, vivez en Occident, et partout vous trouvez l'esprit humain également détraqué : toujours amoureux de surnaturel, de nouveautés, de contradictions absurdes. Il y a à Chiraz un bon médecin, le docteur Odling, qui habite le pays depuis cinq ans et connaît parfaitement les maladies locales : le gouverneur se garde de le consulter. Viennent deux étrangers, deux inconnus ne sachant pas même se soigner eux-mêmes, mais ayant par accident soulagé quelques tcharvadars, et le digne homme n'a de cesse qu'il ne se soit mis entre leurs mains, au risque de mourir, pour peu que ces médecins d'occasion aient le goût des expériences *in anima vili*.

23 octobre. — Mon cahier vient d'être fermé pendant trois jours; comme Marcel commençait à se rétablir, le droit m'est échu de réchauffer la famille de souris. Les accès de Maderè Soleïman m'avaient permis de faire un apprentissage de la fièvre, me voilà aujourd'hui passée maître.

Ce matin, me sentant mieux, j'ai engagé le « grand docteur » de la famille à tenir la promesse faite au hakim et l'ai envoyé chez le gouverneur.

Aucun serviteur ne s'est présenté pour tenir le cheval de mon mari quand il est arrivé devant le palais. Tout était silence dans cette demeure habituellement si bruyante. En traversant le vestibule où se tient le corps de garde, Marcel a eu l'explication de cette morne réception.

> Ils ne dormaient pas tous, mais tous étaient frappés;
> On n'en voyait point d'occupés;
> A chercher le soutien d'une mourante vie :
> L'*eau seule* excitait leur envie.

De tous côtés étaient étendus des soldats plus ou moins débraillés; le concierge lui-même n'avait pas le courage de prélever son bakchich habituel sur les rares personnes que leurs affaires amenaient au divankhanè. La fièvre faisait rage au logis du gouverneur.

Çahabi divan grelottait assis, ou plutôt allongé sur une pile de couvertures au fond du talar officiel ; sa belle robe de satin violet mettait en relief une figure livide et ridée. La barbe, passée jadis au henné, comme celle de tous les vieillards, ne conservait de traces rouges qu'à l'extrémité des poils ; les naissances étaient blanches comme du lait. Ce bizarre assemblage de couleurs donnait au malade un aspect rébarbatif, que démentait, hélas! sa mine dolente. Autour du gouverneur étaient rangés en ordre hiérarchique une série de graves personnages ; tous gardaient un silence respectueux, entrecoupé seulement par les plaintes du maître. A son turban bleu on reconnaissait d'abord un seïd très respecté dans la ville ; puis venaient l'imam djouma, deux ou trois mollahs, le général commandant l'artillerie, vieille culotte de peau appelée à prendre part au conseil en vertu de son grade et de ses fonctions, purement honorifique du reste, les trois canons fossiles composant le parc de Chiraz ayant été, dans ces derniers temps, envoyés à Bouchyr ; puis encore le protecteur des étrangers, qui n'avait pas jugé utile de se dégriser complètement en l'honneur de la consultation ; enfin le barbier, personnage fort influent, le hakim bachy et son fils, plus un lot de trois ou quatre Avicennes jeunes ou vieux, mais de peu d'importance.

SAADOUK KHAN, GÉNÉRAL COMMANDANT L'ARTILLERIE DE CHIRAZ.

Dès que Marcel est entré, le malade a fait quelques efforts pour se soulever et s'est affaissé sur les couvertures en gémissant. Mon mari a d'abord serré la main de l'imam djouma, avec lequel nous entretenons les meilleures relations, et a simplement salué le reste de l'assistance sans s'offusquer des regards furibonds du seïd, indigné de voir la santé du gouverneur aux mains d'un chrétien, et de la mine rébarbative du barbier, qui frémit à la pensée de laisser un Farangui empiéter sur ses fonctions.

On a apporté le kalyan ; les membres du conseil, insensibles aux gémissements et aux soupirs du patient, se le sont poliment fait passer de main en main pendant plus d'un quart d'heure; puis le vénérable hakim bachy, ayant assuré son turban de cachemire et croisé les mains sur son abdomen, a pris la parole.

« Notre respecté hakem — puisse Allah lui conserver le gouvernement de cette province pendant plus de cent ans! — est atteint depuis la fin de l'hiver de violents accès de fièvre. Tous les remèdes usités en pareil cas ont été employés : de nombreuses applications de feuilles de saule ont été faites sur le crâne de Son Excellence...

— Moi, interrompt le barbier, son indigne esclave, j'ai saigné l'Excellence plus de trois fois depuis le mois dernier.

CORPS DE GARDE A L'ENTRÉE DU PALAIS DU GOUVERNEUR DU FARS. (Voyez p. 453.)

— Le vénérable seïd, qui veut bien honorer le conseil de sa présence bénie, a remis au hakem des talismans précieux et des versets du Koran, dont l'application sur les membres a été faite sous mes yeux. Nous avons même eu recours au *quinèquinè* (sulfate de quinine). Tous ces médicaments sont restés sans effet.

« Cependant il est de la plus grande utilité que le gouverneur, auquel nous devons la paix et la tranquillité de la province, reprenne bientôt sa place sur le tapis du divankhanè (maison de justice). Mais ce seigneur, comparable en équité aux khalifes les plus renommés, ne peut continuer à diriger les affaires du peuple, si Allah ne lui rend la santé. Mon fils, qui a puisé des trésors de science auprès des médecins de Sa Majesté le chah — Allah puisse-t-il conserver pendant plus de cent ans le trône à la boussole de l'univers ! — m'a conseillé de traiter le hakem par un remède dont je crains de prononcer le nom, tant j'ai de respect pour l'auguste malade et pour la vénérable assistance qui m'écoute. Ce remède, que les Faranguis, affligés de toutes sortes de maux, sont forcés d'employer, n'est point noble. S'il s'agissait de l'appliquer à un malade vulgaire, je n'aurais peut-être pas hésité à le prescrire, mais jamais je n'oserais, sans l'assentiment du clergé et les encouragements de mes savants confrères, l'ordonner à un gouverneur.

— Parlez sans crainte, seigneur docteur, a répondu le seïd, faites-nous connaître votre pensée; vous êtes, nous le savons tous, un pieux musulman. De quoi s'agit-il ?

— Je conseillerais d'administrer au hakem, à très faible dose s'entend, un remède dont je m'excuse encore de prononcer le nom. Je veux parler de l'arsenic, *margèmouch*.

— La mort aux rats à un gouverneur ! s'écrient unanimement tous les assistants, y compris le malade, qui s'est soulevé avec épouvante.

— Là ! je me doutais bien que je trouverais parmi vous une opposition indignée ; mais je désirerais cependant connaître l'opinion des fidèles interprètes de la loi et m'informer si le Koran défend pareille médicamentation.

— Pas à mon avis, répond le seïd, bien que ce poison du Faranguistan doive être tenu en grande suspicion.

— Pour ma part, dit un des vieux *Avicennes*, je suis complètement opposé à l'emploi de la « mort aux rats », parce que la maladie du gouverneur est une affection chaude. Nos anciens nous ont enseigné à diviser en quatre classes les maux qui affligent l'humanité : les maladies froides, chaudes, sèches et humides ; et nous ont appris à les conjurer en donnant des médicaments ou des traitements de nature contraire aux symptômes constatés ; or, s'il est un mal dont la chaleur soit la caractéristique, c'est bien la fièvre. Elle doit donc être soignée par des saignées ou des boissons rafraîchissantes, et non par des poisons secs, comme l'arsenic. Il faut vraiment, vénérable hakim bachy, que vous ayez oublié les premiers principes de la thérapeutique. En résumé, je tiens la feuille de saule pour un médicament d'un emploi hasardé, le quinèquinè pour subversif, je considère l'usage de l'arsenic comme absolument démoniaque et m'oppose en conséquence à ce qu'il soit administré au gouverneur.

— Quant à moi, dit l'imam djouma, désireux de faire preuve de grand jugement et de montrer un esprit de conciliation en harmonie avec son caractère bienveillant, je suis tout prêt à me rallier à l'opinion du hakim bachy, s'il ne juge pas indispensable d'administrer la mort aux rats sous forme de boisson. Ne pourrait-on pas faire de petits sachets, les remplir d'arsenic et les attacher autour du cou ou des bras de Son Excellence en les entremêlant de versets du Koran destinés à atténuer ou à détruire les effets du médicament, dans le cas où le remède serait pernicieux ?

— Si l'on m'écoutait, intervient le général d'artillerie, on jetterait à la rue toutes ces drogues imaginées par des fabricants de cataplasmes, et, avec la permission du mouchteïd et de l'imam djouma, on ferait prendre tous les jours à Son Excellence deux ou trois bouteilles de bon vieux vin de Chiraz. Bien que je n'aie jamais manqué aux préceptes de notre loi, je sais, par ouï-dire simplement, qu'il n'est pas de meilleur remède contre la fièvre.

— *Baricalla, baricalla!* (bravo, bravo!), s'écrie le protecteur des étrangers, que le seul mot de vieux vin de Chiraz semble tirer de sa torpeur, voilà un traitement raisonnable, le seul qui nous ait permis au général et à moi de lutter contre le climat malsain du pays.

— Te tairas-tu, fils d'ivrogne brûlé, reprend l'ami, furieux d'être trahi, tu...

— Çaheb, dit aussitôt le hakim bachy en s'adressant à mon mari, que pense Votre Excellence de la proposition de l'imam djouma? »

L'Excellence, qui ne se doutait guère de la portée de ses conseils quand elle engageait l'autre jour le hakim bachy à traiter le gouverneur par l'arsenic, se hâte de clore la conférence.

« Je ne doute pas que la vertu des sourates du Koran ne fasse éprouver au malade un grand soulagement. Ce serait, en tout cas, fort à désirer, car l'arsenic administré comme le propose le vénérable imam djouma ne saurait agir d'une manière très efficace. Si le conseil s'oppose à l'usage de boissons arsenicales, verrait-il quelque inconvénient à employer ce médicament en frictions sur le ventre et l'estomac du malade? Dieu aidant, le gouverneur s'en trouverait peut-être bien. Enfin, hakim bachy, pourquoi ne compléteriez-vous pas ce traitement en envoyant Son Excellence dans la montagne, où l'air est plus sain qu'à Chiraz? Il serait toujours temps de donner l'arsenic comme je vous l'ai conseillé tout d'abord, si l'état général venait à s'aggraver. »

Sur cette belle tirade, qui a l'avantage de contenter à peu près tous les membres de l'assemblée, on passe aux voix. Le conseil décide que le gouverneur sera transporté dans la montagne, et qu'à partir de demain il lui sera fait, matin et soir, deux frictions arsenicales sur le ventre et sur le creux de l'estomac. Chaque friction ne devra pas avoir une durée moindre de trois quarts d'heure. Si le pauvre homme résiste à ces manipulations, ce sera un fier argument en faveur de la grandeur d'Allah.

ÇAHABI DIVAN, SOUS-GOUVERNEUR DE CHIRAZ.

LA DARIATCHA (PETITE MER), PRÈS DE CHIRAZ. (Voyez p. 464.)

CHAPITRE XXV

Visite de Mme Fagregrine. — La morale s'accroît-elle en Perse en raison de la longueur des jupes ? — Départ de Chiraz. Le lac salé. — Arrivée à Sarvistan.

Chiraz, 24 octobre. — Le soleil s'abaissait vers l'horizon, et j'étais béatement occupée à suivre des yeux les mouvements des poissons mordorés qui se jouaient dans un bassin creusé au-devant de la maison, quand la porte du jardin s'est ouverte à deux battants devant une femme soigneusement voilée et montée sur un merveilleux âne blanc. La nouvelle venue était escortée de nombreux serviteurs, l'âne paré d'une housse de Kirmanie et d'une selle de velours bleu brodé d'argent. La favorite d'un mouchteïd ne voyagerait pas en si pompeux équipage.

Allah très grand ! comment une fidèle chiite ose-t-elle s'aventurer dans cet antre de chrétiens ? c'est à n'en pas croire mes yeux ! L'élégante khanoum saute vivement à terre, se dirige vers moi et me tend gentiment la main : « Bonsoir, Madame », me dit-elle. Mon étonnement est au comble : jamais depuis mon arrivée en Perse je n'ai entendu sortir un mot de français ou d'anglais des lèvres d'une femme iranienne : « Je suis Mme Fagregrine, reprend la visiteuse en levant son voile, j'ai très vivement regretté d'être absente de Chiraz quand vous êtes venue m'apporter la lettre du consul de Tauris, M. Bernay : dès mon retour de la campagne j'ai tenu à venir vous dire moi-même tout le plaisir que j'éprouvais à voir des compatriotes. »

Mon interlocutrice est une preuve en *tchader* et *roubandi* de la difficulté qu'éprouvent les individus ou les familles privés de toute communication avec la mère patrie à résister longtemps aux influences des milieux ambiants. Son père, un Français, vint s'établir en Perse il y a une cinquantaine d'années et se maria, peu après son arrivée, avec une

Arménienne de Djoulfa. Il se préoccupa de donner à l'enfant née de cette union une éducation européenne, mais ne songea guère à l'instruire des principes de la religion chrétienne. Dans ces conditions, la jeune fille trouva tout naturel d'épouser, à l'âge de seize ans, un Suédois qui était venu à pied de l'extrémité septentrionale de l'Europe, avait fait rapidement fortune et s'était finalement décidé à confesser la foi musulmane afin d'obtenir le titre et l'emploi de médecin en chef de l'armée royale. Voilà donc la fille d'un Français obligée, pour sa part, bien qu'elle n'ait jamais renié les croyances de ses pères, de vivre et de se voiler, au moins en public, comme une Persane.

Mme Fagregrine a deux filles charmantes ; l'une se dit protestante : elle obéit en cela à la volonté formelle de son père, volonté qui ne témoigne pas de la fermeté des convictions musulmanes de ce singulier néophyte; l'autre est catholique, afin d'être agréable à sa mère. En réalité, prêtres et pasteurs faisant également défaut à Chiraz, elles vivent dans une ignorance complète de leur religion. Ainsi s'est rompu le premier lien qui rattache les enfants perdus à la mère patrie. La culture intellectuelle des demoiselles Fagregrine est à la hauteur de leur instruction religieuse : tandis que la mère parle la langue originelle de sa famille et a conservé l'esprit enjoué de notre race, les filles, en véritables khanoums, seraient même dans l'impossibilité de me faire entendre en français qu'elles ont avec moi une communauté d'origine.

Cinquante ans et deux générations ont opéré cette absorption complète de l'élément européen.

Il suffit d'ailleurs de passer quelque temps en Orient pour juger par soi-même combien il est mal aisé de réagir contre les mœurs, les coutumes et les idées du pays où l'on vit.

A mon arrivée en Perse la seule idée de voir appliquer une bastonnade me serrait le cœur; le sang me montait à la face quand j'entendais parler des madakhels, vols plus ou moins déguisés des gouverneurs aux dépens du roi, des femmes au détriment de leur mari, des domestiques au préjudice de leurs maîtres ; je me servais moi-même ; je me pressais quand je croyais être en retard ; j'étais exacte à mes rendez-vous; je connaissais le quantième du mois et tenais à jour mon calendrier.

Aujourd'hui je promets et, à la rigueur, je ferais moi-même administrer la bastonnade aux gens qui me gênent ou m'ennuient; j'apprends sans rougeur appréciable que le dernier gouverneur de Chiraz, un frère de Sa Majesté, ne négligeait pas les bénéfices les plus modestes et se faisait payer une rente journalière de cinq francs par le portier de son palais, quitte à autoriser le pipelet à rançonner les gens que leurs affaires appelaient auprès du chef de la province. Je n'ouvre plus des yeux ébaubis quand les dames du *high life* persan me racontent naïvement qu'elles font danser l'anse du panier et thésaurisent toute leur vie afin de s'assurer une belle situation à la mort de leur mari ; j'appellerais plutôt deux serviteurs que de ramasser de mes propres mains mon mouchoir ou mon ombrelle ; j'arrive toujours en retard d'une heure aux rendez-vous donnés ; enfin, en comparant mes cahiers avec le calendrier du télégraphe, je me suis aperçue que, depuis mon départ de Téhéran, j'ai rajeuni de trois jours.

25 octobre. — Je m'étais promis, d'aller avant mon départ remercier mon aimable compatriote des bons moments qu'elle m'avait fait passer, et je me suis rendue dans ce but à la ville.

Bâtie sur le modèle des maisons musulmanes, la vaste habitation de Mme Fagregrine est claire et bien aérée. Plusieurs « belles à figure de lune » s'y étaient donné rendez-vous et attendaient avec impatience mon arrivée. En honnêtes provinciales, elles n'ont point encore adopté les modes de la cour. A mesure qu'on descend vers le sud, les robes s'allongent :

à Téhéran, où le climat est frais, elles arrivent à peine à mi-cuisse; à Ispahan les jupes atteignent le genou; à Chiraz, où l'on étouffe, elles tombent jusqu'au mollet.

La morale y gagne-t-elle? je n'en puis juger que par ouï-dire. « Celles de nos femmes qui n'ont point failli n'ont jamais trouvé l'occasion de se mal conduire », m'assurait dernièrement un vieux Chirazien. J'aime à croire qu'il était misanthrope.

Après une conversation toujours amenée sur les mêmes sujets et agrémentée des mêmes questions : « Pourquoi travaillez-vous? Combien votre mari a-t-il de femmes? » je me suis remise en selle et j'ai été retrouver Marcel dans un jardin planté d'orangers superbes et de rosiers de toute taille et de toute espèce qui s'étage en terrasse autour du Bagè-Takht, copie moderne des jardins suspendus de Babylone. Les fleurs blanches et carminées se sont flétries aux chaudes ardeurs du soleil, mais les arbres du verger ploient sous le nombre des

LE BAGÈ-TAKHT.

grenades, des coings doux, des oranges et des citrons musqués. Le poète perd à cette transformation; le philosophe se console en goûtant à ces fruits exquis de n'avoir pas été témoin de la période de la floraison.

26 octobre. — Nous l'avons échappé belle : on vient de déclarer la faillite d'un riche banquier de la ville. Le passif atteindra cinq cent mille krans, somme colossale pour le pays. Grâce à Dieu, nos lettres de crédit ne sont pas payables chez ce financier. Nous ne nous sommes pas moins empressés d'aller toucher chez un de ses confrères les trois cents *tomans* qui doivent nous être remis. Ah! ce n'est pas petite affaire que de compter trois mille krans! La cérémonie, plusieurs fois retardée, a été fixée à ce jour. M. Blackmore a mis à notre disposition l'agent du télégraphe chargé de la vérification de monnaies ; le banquier

a délégué son expert, et ces deux personnages en ont désigné un troisième, suprême arbitre appelé à trancher toutes les difficultés.

Le papier-monnaie n'existe pas, le toman d'or est rarement accepté dans les campagnes ; nous sommes donc obligés de nous charger de krans d'argent, monnaie de valeur variable suivant le titre, la date de l'émission, le pays où on les reçoit, la contrée où on les donne, et enfin en raison de la dépréciation que leur ont fait subir en les rognant, ou en les passant à l'eau régale, les divers banquiers entre les mains desquels ils ont séjourné.

Le bailleur s'assied au milieu d'une salle, dont il ferme soigneusement les portes, de façon à n'avoir pas à se préoccuper des allants et des venants ; il vide sur le tapis un sac de pièces, les saisit à pleines mains et les dispose en piles régulières, de façon à pouvoir compter les tas en longueur et largeur.

Cette première opération terminée, la partie prenante visite à son tour tous les krans, les fait résonner sur une pierre, rejette les plus douteux. Les deux experts discutent, crient, s'injurient, entaillent le métal avec un canif, le flairent et font un lot des pièces sur la valeur desquelles ils ne peuvent s'entendre. Elles sont remises au troisième augure, qui coupe un bras à l'une des parties, une jambe à l'autre et arrive toujours à mettre d'accord les deux adversaires. L'argent, jeté dans un sac, est porté à son légitime propriétaire. Celui-ci doit à son tour le compter et finalement l'enfermer dans une caisse assez solide pour enlever aux domestiques toute idée de faire des emprunts à son trésor, et assez petite cependant pour être gardée sous la tête pendant les repos de caravane. Tant que les charges sont aux mains des tcharvadars, gens probes et méritants s'il en fut jamais, on peut être sans inquiétude : à moins que la caravane ne soit dépouillée par les voleurs, le dépôt sera fidèlement rendu ; malheureusement on arrive à l'étape, les muletiers remettent alors à chacun les colis lui appartenant et n'en répondent plus jusqu'au moment où ils les rechargent de nouveau. L'obligation de monter la garde autour du coffre-fort, que signalent son poids et la nécessité de l'ouvrir presque tous les jours, devient alors un véritable assujettissement.

La réception de nos fonds terminée, il s'agit de trouver de bons chevaux et de préparer notre prochain départ.

Dès son arrivée, Marcel s'est préoccupé de la route que nous aurions à suivre pour atteindre le golfe Persique. Depuis l'insuccès d'Éclid nous avons renoncé à gagner la Susiane par la montagne des Bakhtyaris, quitte à prendre plus tard une voie moins dangereuse et plus abordable. Restent donc en présence deux itinéraires conduisant à Bouchyr : l'un, qui passe par Kaseroun et Chapour, est suivi par toutes les caravanes, la poste et les voyageurs ; l'autre, beaucoup plus long, se dirige sur Firouz-Abad et offre un intérêt tout particulier, en raison des constructions voûtées élevées auprès de cette ville. En outre, si nous choisissons le chemin de Firouz-Abad, nous pourrons nous détourner pendant quelques jours de notre route et visiter le palais de Sarvistan, dont on nous a parlé déjà à Maderè Soleïman, et les plaines de Darab, c'est-à-dire tout l'ancien Fars.

Nous nous sommes arrêtés à cette dernière solution, bien qu'elle nous force à prolonger de trois semaines la durée de notre voyage et à supporter des fatigues d'autant plus grandes que nous allons abandonner les voies de caravanes. Je n'entends pas désigner sous le nom de « voie de caravanes » une route bien empierrée ou simplement tracée (cette merveille ne se trouve pas en Perse), mais un chemin frayé sur lequel s'exerce quelque trafic.

Nous voilà donc obligés de former notre convoi, de louer à la journée muletiers et chevaux, et de nous en rapporter à la grâce de Dieu pour nous tirer d'affaire par la suite. De crainte des voleurs, Marcel s'est décidé à confier nos gros colis à un tcharvadar qui les portera chez le gouverneur de Bouchyr; il gardera seulement les bagages journaliers : appareils photographiques, batterie de cuisine, vêtements de rechange et couvertures.

Demain de vigoureux chevaux me mèneront loin de la capitale du Fars, — Allah bénisse Chiraz! L'un ou l'autre nous n'avons cessé d'y être malades depuis notre arrivée.

27 octobre. — Maudits soient le madakhel, les Persans et la fièvre! Ce matin je me suis levée avant l'aurore afin de terminer les préparatifs du départ, vérifier si les khourdjines contenaient les provisions que j'ai ordonné d'acheter, inspection indispensable quand on veut éviter de mourir de faim; puis, tous les paquets achevés, j'ai attendu. A neuf heures, les chevaux commandés pour la pointe du jour n'avaient pas paru; un domestique envoyé à Chiraz est revenu à midi : les bêtes étaient en chemin et allaient arriver incessamment. Vers trois heures, un bruit de bon augure a retenti sur le sol carrelé disposé devant la maison; je suis sortie et me suis trouvée en présence de deux yabous si maigres, qu'ils auraient pu servir de pièces anatomiques. L'un était borgne, l'autre boiteux. L'imagination s'avouait impuissante à définir leur couleur. Tous deux portaient au garrot une plaie énorme causée par le frottement d'un bât mal rembourré et trop lourdement chargé; ils n'avaient pas plus de poil sur la peau qu'un tambour de basque; une brise légère les eût enlevés comme un cerf-volant. Une nuit a suffi pour transformer en squelettes ambulants les brillants coursiers qu'on nous a présentés hier et dont Marcel, trop confiant, avait payé d'avance la location!

J'ai refusé de laisser mettre nos selles sur des rosses à peine dignes de porter des picadors. Mon mari s'est courroucé contre le tcharvadar, a réclamé les chevaux choisis; le muletier s'est mis à pleurer et a confessé qu'il ne possédait pas d'autres animaux. C'est un tour d'Arabet, l'Arménien qui nous a été recommandé par le P. Pascal et qui vient d'être promu cuisinier au lieu et place de Yousef : ces honnêtes serviteurs ont toujours quelques nouvelles combinaisons dans leur bissac. Arabet a prélevé une forte prime sur le prix de la location et a conseillé au muletier d'emprunter deux bonnes bêtes, de nous les amener et de leur substituer au dernier moment ses haridelles légitimes. Notre ardent désir de quitter au plus vite la patrie de la fièvre était un sûr garant que nous aimerions mieux chevaucher le balai des sorcières que de prolonger notre séjour. Que faire, en effet? Nous avons la chance d'être tous deux sur pied en même temps! Refuser les chevaux? Obliger les domestiques à rendre la prime? Mais ces fils de chien éloigneront les tcharvadars et retarderont ainsi notre départ! Le muletier a promis, au nom d'Allah et du Prophète, qu'il changerait les bêtes dès que nous arriverions dans le pays où les tribus s'occupent d'élevage; nous avons fait semblant de croire à une parole aussi solennelle, et, après avoir fait nos adieux au très obligeant M. Blackmore et à l'excellent docteur Odling, nous nous sommes mis en route, accompagnés de deux golams de la maison de Çahabi divan. Sans l'intervention de ces vaillants guerriers, nous risquerions, en notre qualité de chrétiens, de voir tous les villages du Fars se fermer devant nous et même de ne pas trouver de vivres à acheter.

O Rossinante, après toutes tes infortunes tu n'avais pas une tournure plus pitoyable que le bidet efflanqué sur lequel je viens de faire cette étape! Si encore le cavalier, par sa noble mine, rachetait l'étisie de sa monture! Hélas! je n'oserais pas me comparer au chevalier de la triste figure.

Après avoir longé les murs en partie éboulés de la capitale de Kérim Khan, traversé les vignobles où l'on récolte le vin si renommé de Chiraz, passé en vue d'un pont, le Pol-è-Fœsa, jeté sur la rivière, nous avons atteint, vers le soir, un pavillon bâti à l'entrée d'un magnifique jardin appartenant au gouverneur du Fars.

Le site était enchanteur, le ciel d'une admirable sérénité, la campagne calme et paisible. Les ombres d'Hafiz ou de Saadi voletaient sans doute autour de ma tête : n'ai-je pas voulu faire des vers! mais la muse m'a si durement repoussée que j'en suis encore toute meurtrie. Mon imprudence était impardonnable : étais-je aujourd'hui montée sur Pégase?

Kérabad, 28 octobre. — L'homme propose et les serviteurs disposent. « L'étape est fort longue, et, afin de gagner Kérabad avant la chaleur, nous partirons à minuit. » « *Tchechm* (sur mes yeux) », avaient répondu à l'unisson les tcharvadars et les golams; mais, à minuit, golams, muletiers, domestiques, qui nous avaient éloignés du chemin de Sarvistan afin de venir s'installer dans un campement agréable, ont prétexté la nuit, les voleurs, la crainte de perdre les sentiers, et ont fait durer si longtemps la confection de leur thé et le chargement des bêtes, qu'à six heures du matin seulement ils ont été prêts à se mettre en route. Je n'étais pas à trois cents pas du jardin, que mon cheval s'abattit et précipita sur le sol ma personne flanquée de toute son artillerie. Allah est de plus en plus grand, car je me suis relevée sans autre dommage que des habits déchirés et un canon de fusil légèrement faussé. Une litanie de *peder soukhta!* et une volée de coups dont l'effet a été plus actif que les injures ont démontré à ma monture la nécessité de reprendre position sur ses trois ou quatre pieds; mais, quand elle a été debout, j'ai refusé de continuer la route sur le cheval de l'Apocalypse et me suis emparée du mulet d'Arabet, animal à la jambe sûre et à l'œil vif, sans paraître m'apercevoir du mécontentement de ce dévoué serviteur. « Un mulet ne saurait convenir à un personnage de votre rang, me dit-il. — Je te cède tous mes droits à tomber de cheval avec dignité », et je me suis bravement installée sur la bête aux longues oreilles.

A peine en branle, la caravane s'est engagée dans une montagne sauvage, en partie couverte de buissons noueux et rabougris. De tous côtés courent, semblables à des poules de basse-cour, une multitude de perdreaux rouges, beaucoup plus effrayés du bruit des chevaux que des coups de fusil tirés par le plus jeune de nos golams, un beau garçon du Loristan, à la chevelure bouclée et aux yeux intelligents, qui brûle à tort et à travers la mauvaise poudre de Sa Majesté et jette aux oiseaux, en guise de plomb, des balles coupées en quatre.

Après deux heures de marche, nous contournons un massif de rochers, et brusquement nous nous trouvons en présence du plus étrange des spectacles : au fond d'un cirque formé par des montagnes aux lignes majestueuses et sévères, s'étend un lac bleu foncé; une ceinture de neige, éblouissante de blancheur, fait ressortir les tons sombres des eaux et la chaude couleur des rochers qui les dominent.

Tel se présenterait un paysage polaire noyé dans la brillante atmosphère d'un climat tropical, telle s'offre à nos yeux la *Dariatcha* (Petite Mer). L'hiver, le lac, grossi par les apports de rivières salées, couvre la plaine; l'été, les eaux se retirent lentement et, à mesure qu'elles s'évaporent, déposent sur les terres l'épaisse couche de chlorure de sodium que nous avions prise tout d'abord pour de la neige.

Les bords du lac sont peu fertiles; cependant une petite tribu abritée sous des tentes de poil de chèvre, ou sous des nattes de paille soutenues par quelques piquets, cultive des plantations de tabac, dont les feuilles veloutées viennent jeter une note de verdure tout à fait inattendue auprès de la plage étincelante.

Comme les peuples heureux, la Dariatcha n'a ni histoire ni légende; ses eaux profondes n'ont jamais été complices d'aucun crime : elles sont si lourdes qu'elles soutiennent les corps à leur surface et que nul désespéré n'est jamais parvenu à se noyer dans leurs flots. En revanche, il suffit de s'y plonger un instant pour en sortir cristallisé comme une boule de gomme roulée dans du sucre candi.

Aveuglés par la réflexion du soleil sur le sel, nous maudissions les tcharvadars et les golams dont la paresse nous forçait à voyager en plein jour, quand le cheval que je montais ce matin s'est subitement affaissé. On a déchargé la pauvre bête, on l'a frappée avec l'espoir de la contraindre à se relever et de l'amener jusqu'au village de Kérabad que ses murs d'enceinte signalent à l'horizon. Peine perdue : elle avait succombé à une insolation. Attristés par la mine pitoyable de l'animal, touchés du désespoir larmoyant des muletiers, nous avons laissé nos gens déferrer l'infortuné yabou, et nous avons pris les devants afin de gagner Kérabad avant la nuit.

M'y voici enfin, à sept heures du soir, après une étape d'une longueur inaccoutumée. Nous avons parcouru huit farsakhs, au dire de notre hôte. Le farsakh dans ces pays perdus est-il de six, de huit ou même de dix kilomètres? Nul ne saurait le dire, si ce n'est mes reins qui opinent pour des farsakhs exceptionnels. L'estomac, en revanche, ne se fatiguera pas de ce soir : la chaleur de la journée a décomposé les viandes; à cette heure avancée on ne peut tuer un mouton; quelques concombres et une grande sébile de lait aigre restent seuls à notre disposition. En fait de draps de lit, je possède un pantalon et un habit rapiécés; un casque de feutre me sert de traversin; le sol sur lequel je vais m'étendre est tourmenté comme le dos d'un chameau : des rats dansent une sarabande effrénée à travers les fagots placés auprès de moi; des araignées géantes se promènent sur les murs. J'aurais pleuré sur mon sort si, dans mes cauchemars de jeune fille, je m'étais vue en si piteux équipage!

Sarvistan, 29 octobre. — Les malheurs s'abattent sur nous comme la grêle sur les gens ruinés. Marcel, se sentant fatigué et craignant un accès de fièvre, s'est administré avant de partir plus d'un gramme de quinine. L'exagération de la dose, combinée avec le mouvement du cheval, n'a pas tardé à lui donner de telles douleurs qu'il s'est jeté sur le sol et s'est trouvé dans l'impossibilité d'aller plus loin.

Vers dix heures la température est devenue insoutenable; les gholams nous ont représenté que nous ne pouvions rester ainsi immobiles en plein soleil, sans bois pour préparer quelques aliments, sans eau pour abreuver les chevaux; tant bien que mal, ils ont assis Marcel sur le mulet de charge, et nous avons gagné en ce triste équipage une enceinte de terre flanquée de tours.

Je m'attendais à trouver des maisons derrière les murs; il n'en était rien, tout le sol était couvert d'une multitude de taupinières, d'où sortaient de temps en temps, par des portes semblables à de gigantesques trous de rats, des paysans déguenillés et farouches. Nous nous sommes mis à l'abri du soleil sous un porche ménagé auprès de la porte d'entrée, et j'ai eu recours sans succès à tous les calmants de la pharmacie. En désespoir de cause, il m'est venu la pensée de faire chauffer sur un grand feu les assiettes, les marmites, les théières de cuivre qui composent notre ménage, et de les appliquer toutes brûlantes sur la peau de l'estomac et de la plante des pieds. De grosses cloches se sont immédiatement formées. Au bout d'une heure, les douleurs aiguës se calmaient et un profond sommeil s'emparait du malade. Vers le soir, mon mari, peu désireux de passer la nuit au fond d'une taupinière et de se soigner avec du lait aigre et des dattes véreuses, a demandé de lui-même à se rapprocher du gros bourg de Sarvistan, éloigné d'une vingtaine de kilomètres.

J'ai immédiatement fait prendre les devants à un golam, puis nous nous sommes mis en route. L'inquiétude morale dans laquelle le plonge la crainte de faire un voyage inutile surexcite encore les douleurs physiques de Marcel. Nous nous sommes décidés à venir étudier les palais voûtés de Sarvistan et de Firouz-Abad sur des indications assez vagues, et nul ne connaît le premier de ces monuments. Depuis que nous avons quitté le lac salé, j'interroge l'horizon et les paysans : horizon et paysans sont également muets. On me montre de ci de là quelques imamzaddés en ruine, mais personne ne me signale de palais abandonné. Ferions-nous une nouvelle campagne d'Éclid?

466   LA PERSE, LA CHALDÉE ET LA SUSIANE.

Dès notre arrivée au village, nous nous sommes présentés chez le *naïeb* (litt. : « lieutenant, chef d'un district »). Cet homme, aux traits durs et à l'aspect malveillant, nous a souhaité la bienvenue du bout des lèvres en regardant Marcel de travers, et a fait ouvrir en notre honneur la porte d'un taudis noir de fumée et de crasse. Un tapis en lambeaux jeté dans un coin de la pièce constitue le mobilier.

GOLAM DE LA MAISON DU GOUVERNEUR DE CHIRAZ. (Voyez p. 465.)

PALAIS DE FIROUZ-ABAD. (Voyez p. 480.)

CHAPITRE XXVI

Séjour à Sarvistan. — Le palais de Sarvistan. — Départ pour Darab. — Retraite sur Chiraz. — La plaine de Kavar. — Modification du caractère des montagnes. — La Forteresse de la Fille. — Bas-relief sassanide. — Le palais de Firouz-Abad.

30 octobre. — Les douleurs durent sans interruption depuis deux jours. Elles s'exagèrent au moindre mouvement et ne permettent à Marcel ni de se mettre sur son séant ni de prendre d'autre nourriture que de l'eau de riz et du jus de grenade.

J'ai maintenant l'explication de l'inconcevable accueil du naïeb de Sarvistan et de la brutalité avec laquelle il me traite depuis notre arrivée.

Le golam chargé de lui annoncer notre venue lui a fait une description fort exagérée de l'état du Farangui. De ces renseignements il a conclu que, à l'exemple des Persans dénués de toute force de résistance à la maladie, l'un de nous venait chercher un tombeau à Sarvistan. La figure décomposée de mon mari a mis le comble à l'inquiétude de notre hôte. Il a récapitulé, à quelques chaïs près, la dépense que lui occasionneraient les grattages, lavages et blanchiments à la chaux d'une maison souillée par le décès d'un chrétien, et cette addition l'a rendu féroce. Le naïeb n'a point osé nous chasser, dans la crainte d'encourir les représailles de Çahabi divan, mais il veut à tout prix nous envoyer trépasser ailleurs.

« Sarvistan est malsain, fiévreux, le climat est humide, les eaux sont nuisibles; vous seriez bien mieux dans un village voisin, à peine éloigné de douze kilomètres », me répète-t-il sans cesse.

A la quatrième invitation, je me suis fâchée. « S'il suffisait de faire plusieurs étapes sur les mains pour me débarrasser de votre présence et de vos conseils, ai-je répliqué, je tenterais l'expérience; mais je suis décidée à ne pas quitter Sarvistan avant la guérison complète de çaheb. » Finalement j'ai prié mon hôte de ne pas me gratifier d'aussi fréquentes visites et de passer la porte sur-le-champ. Depuis cette algarade, le naïeb m'a prise par la famine et a chargé du soin de me tourmenter une sorte de gamin de douze à quatorze ans, aux traits délicats mais flétris, auquel tous les domestiques obéissent respectueusement et qui fait dans la maison la pluie et le beau temps.

Le gouverneur ne s'est pas contenté de nous couper les vivres : hier soir, quand j'ai voulu envoyer au village faire des approvisionnements, les golams s'y sont refusés. Acheter des aliments au bazar pendant que nous sommes censés recevoir l'hospitalité du naïeb serait faire à ce personnage une injure dont aucun marchand n'oserait se rendre complice!

Marcel heureusement va de mieux en mieux. J'ai eu le bonheur de trouver un habitant du village qui connaissait les *koumbaz malè gadim* (coupoles, bien de l'antiquité); cette nouvelle a rempli mon mari de joie et lui a rendu courage. Notre situation s'améliorera dès qu'on le verra debout.

1ᵉʳ novembre. — Je ne m'étais pas trompée. Le spectre de Banquo assis à la table de Macbeth ne causa pas plus d'effroi au thane de Glemmir que la résurrection de mon mari à notre entourage. Naïeb, gholams, domestiques se sont jetés à plat ventre devant lui en même temps que volailles, œufs, mouton affluaient au logis.

Cette politesse tardive et hypocrite s'il en fut jamais n'a pas eu le don de me désarmer, et, sans prendre garde à la mine piteuse de notre hôte : « Je demande à Dieu, lui ai-je dit d'un ton solennel, que malade, loin de votre patrie, loin de votre famille, vous trouviez une hospitalité pareille à celle que vous nous avez donnée. »

TOMBEAU DU CHEIKH YOUSEF BEN YAKOUB.

Le naïeb a pâli sous cette malédiction, comme s'il redoutait de la voir plus tard peser sur lui, et s'est retiré sans prononcer un mot.

Enfin nous avons fui Sarvistan!

A part la beauté des jardins et des vergers, je ne vois à signaler dans le village que le tombeau ruiné du cheikh Yousef ben Yakoub, bâti en 1341, mais modifié et agrandi depuis cette époque. Une partie de la construction est en pierre. La salle du tombeau, ornée de colonnes, est entourée d'un beau lambris de faïences à reflets métalliques formé d'étoiles cuivrées, réunies les unes aux autres par des croix d'émail bleu turquoise. L'effet général de cette décoration est charmant; mais, si l'on compare entre elles les étoiles, on s'aperçoit que l'émail métallique est quelquefois trop cuit, souvent pas assez, et que les plaques les mieux réussies n'ont cependant pas la beauté des émaux de Kachan ou de Véramine et ont été fabriquées en pleine période de décadence.

Avant mon départ, le naïeb a eu l'audace de me demander sa photographie. Je me suis donné le malin plaisir de le faire poser huit ou dix fois de suite, puis je lui ai déclaré que, n'ayant pas le temps de tirer une épreuve, je lui enverrais son portrait... plus tard. Croirait-on que cet abominable personnage a confié à l'un de ses serviteurs la mission de nous suivre et de prendre sa photographie quand je voudrais bien l'achever? Voilà un garçon destiné à voir du pays, j'en fais mon affaire!

En sortant du village, nous abandonnons le sentier de montagne qui porte le titre

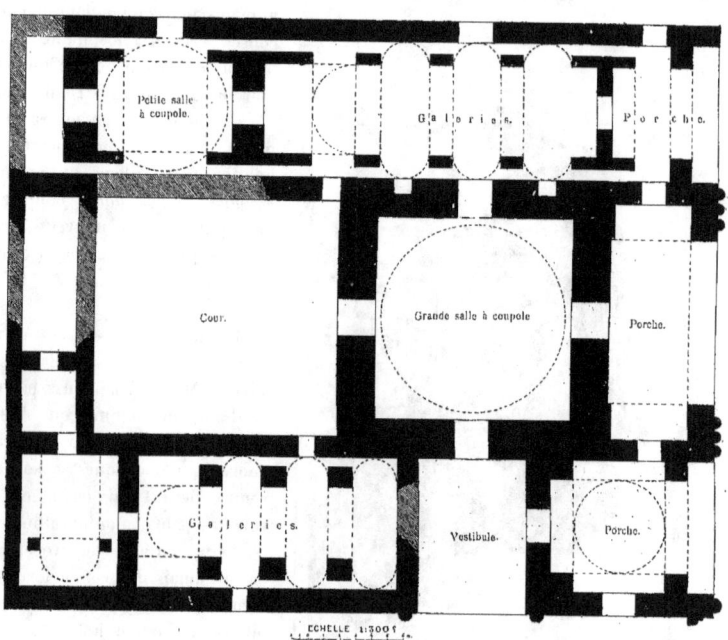

PLAN DU PALAIS DE SARVISTAN.

orgueilleux de « *Vieille route de Bender Abbas* », et nous voyageons pendant trois heures dans une vallée sauvage. Au fond de cette plaine couverte d'herbes sèches et dures s'élèvent les ruines imposantes d'un palais, dont l'aspect général rappelle celui des vieilles mosquées mogoles. Cette impression se modifie quand on pénètre à l'intérieur du monument; les briques énormes qui jonchent le sol, le tracé elliptique des arcs et de la coupole, les rares ornements qui garnissent les murs, présentent un caractère archaïque très prononcé.

La partie la plus intéressante de l'édifice est, sans contredit, la grande salle. Le dôme qui la recouvre est de forme ovoïde; il repose sur quatre trompes bandées entre les angles, et sur quatre pendentifs raccordant la base de la coupole aux faces verticales des murs. Ces dispositions permettent de faire remonter au moins jusqu'à l'édifice de Sarvistan l'origine de la coupole sur pendentifs, l'une des plus puissantes conceptions architecturales des Byzantins.

L'aspect du palais de Sarvistan est majestueux et imposant; l'étude de chaque partie de l'édifice est des plus attrayantes et prouve que les Iraniens, non contents d'établir une relation simple entre la montée et l'ouverture des arcs générateurs de la coupole et des berceaux, comprirent, à l'exemple des Grecs, la nécessité de ne jamais abandonner au caprice du constructeur la détermination des grandes lignes d'un édifice. Les Grecs calculaient les dimensions d'un temple en prenant pour unité le demi-diamètre moyen de la colonne; les Perses choisirent l'ouverture de l'arc comme base de leur système modulaire. L'architecte de Sarvistan n'a eu garde de s'affranchir des sujétions harmoniques et des règles sévères léguées par ses devanciers, sujétions dont l'usage s'est perpétué jusqu'à la fin du treizième siècle. Les infractions que l'on peut signaler à Sarvistan ne s'élèvent jamais au-dessus d'un centième de la cote moyenne. Elles doivent être attribuées à la négligence et à l'ignorance des chefs d'ateliers, et ne sauraient en tout cas infirmer l'emploi d'une théorie modulaire.

Sur les côtés de la salle centrale s'élèvent de longues galeries, divisées en travées par des contreforts portés à leur base sur des colonnes bâties en moellons grossièrement dégrossis. Les quillages sont lourds, les contreforts massifs; la corniche est uniformément composée d'un ornement en dents de scie compris entre deux listels. L'exécution technique de cette partie de l'édifice n'est nullement en harmonie avec l'habileté déployée par les architectes qui ont conçu le plan du palais et la hardiesse des maçons qui ont osé jeter les coupoles.

Déterminer l'âge de ce monument est une question fort délicate; tout ce que l'on peut affirmer, c'est qu'il paraît remonter bien au delà de l'ère musulmane. Les légendes locales, dont il ne faut pas, je dois l'avouer, faire grand cas, attribuent aux princes achéménides, ou plutôt à Djemchid, l'origine des kanots et la grande prospérité de cette partie du Fars; c'est la seule tradition à laquelle on puisse se rattacher. Si l'on remarque, d'un autre côté, que les rois achéménides ont toujours occupé le Fars, que les nombreuses forteresses placées sur les sommets voisins de Chiraz, les puits profonds percés dans le roc, soit auprès de cette ville, soit au-dessus de Sarvistan, sont leur œuvre, on est amené à penser que le palais de Sarvistan, bâti pendant une période où le Fars jouissait d'une grande prospérité, est antérieur à l'avènement des Sassanides. Cette hypothèse me paraît d'autant moins hasardée que les Sassanides ont toujours vécu soit à Chouster, soit dans les provinces du nord-ouest, c'est-à-dire dans le voisinage des frontières que menaçaient les Romains ou les Byzantins, et que le Fars, au contraire, fut abandonné par les rois de cette dynastie, comme l'indique la ruine totale de la Chiraz achéménide.

Les renseignements les plus précis que j'ai pu obtenir de nos gens ont trait à de délicieux pilaus que l'on préparait jadis sous les grandes coupoles de Sarvistan, devenues de vulgaires cuisines, et que des courriers lancés au triple galop apportaient, encore tout fumants, à leur souverain logé dans une citadelle bâtie au sommet de la montagne.

La mimique de mon guide en parlant d'un hypothétique plat de riz confectionné il y a plus de deux mille ans est si expressive, il lèche ses lèvres d'une façon si gourmande à l'idée de ce repas, qu'à son exemple je suis toute prête à chercher au loin les rapides cavaliers commis au transport de ce dîner royal.

Miandjangal, 2 novembre. — Hier soir, au sortir du palais, les gholams nous ont engagés à prendre un chemin de traverse et nous ont conduits directement à Miandjangal, première étape sur la route de Darab. L'heure étant trop avancée pour réclamer un gîte dans la maison du ketkhoda, nous avons pris possession d'un imamzaddé tout en ruine, occupé déjà par des moines mendiants. Je venais de m'étendre à la place fraternellement cédée par les derviches, quand je me suis sentie dévorée d'une façon tout à fait intolérable. J'ai

PALAIS DE SARVISTAN.

allumé ma lanterne de poche et j'ai poussé un cri d'horreur. Bien des fois, depuis que nous sommes en route, j'ai fait connaissance avec certains animaux blancs ou noirs, à pattes multiples et à figure repoussante, avec des poux, puisqu'il faut les nommer par leur nom, mais jamais je n'en avais vu en telle abondance. Le plus vieux de nos golams s'est réveillé au bruit de ma chasse vengeresse, a dégagé sa tête du grand couvre-pied qui l'enveloppe la nuit et m'a demandé la cause de mon émoi : « La présence de ces insectes vous portera bonheur : ils

GALERIES LATÉRALES DE SARVISTAN.

viennent de la Mecque », a-t-il dit après avoir considéré avec une certaine complaisance les petits *hadjis* qui se promenaient sur sa barbe rouge. Puis, comme le limaçon rentrant dans sa coquille, il a rabattu la couverture sur sa tête et s'est rendormi.

Nabandagan, 3 novembre. — A l'aurore, nous nous sommes mis en selle.

Le sentier suit d'abord un défilé étroit, le Tangè-Kerim, puis il descend dans une vallée resserrée entre deux montagnes d'un aspect très pittoresque, et traverse enfin une plaine fertile, semée de nombreux villages.

Le soir du même jour. — Le sort en est jeté! Nous revenons sur nos pas. Marcel a ressenti une nouvelle atteinte du mal qui l'a tant fait souffrir à Sarvistan. Se lancer en un pareil état dans un pays à peu près sauvage serait folie; il est impossible de continuer notre marche sur Darab. Les golams me montrent au loin des massifs d'arbres, indices certains de la richesse de la vallée, et m'assurent que Darab est au milieu de ces bouquets de verdure; mais, Cyrus en personne résidât-il sous ces ombrages, nous n'irions pas plus loin.

D'ailleurs Marcel, atterré par la souffrance, est obsédé d'une idée fixe. Il ne prend plus aucun intérêt au voyage et veut se rapprocher au plus vite de Chiraz, de façon à permettre au docteur Odling de nous rejoindre, si cela devient nécessaire. Dès que je verrai la possibilité de nous remettre en route, je me rendrai à son désir.

Koundjoun, 5 novembre. — Après un jour de repos à Nabandagan, nous avons pu faire les deux étapes qui nous séparaient de Sarvistan. Sans nous arrêter au bourg, nous sommes venus chercher gîte au village de Koundjoun. Maintenant que mon malade est débarrassé de toutes ses douleurs, il est désespéré d'être revenu sur ses pas sans avoir atteint Darab, et se plaint sans trêve ni merci de mon manque de fermeté. Si je montrais le moindre bon vouloir, il demanderait à rebrousser chemin. Toutes ces belles remontrances me laissent la conscience parfaitement en repos : les Achéménides m'ont occasionné assez de tourments. Néanmoins j'aurais mauvaise grâce, en l'état actuel, à vouloir gagner Chiraz; il a donc été décidé que, si la santé de Marcel continuait à s'améliorer, nous poursuivrions notre voyage vers Firouz-Abad. Grâce à ce compromis, la paix s'est rétablie dans notre ménage.

Deh Nô, 6 novembre. — Décidément nous sommes en route pour Firouz-Abad.

Au sortir de la montagne, aride, hélas! comme toutes les montagnes de la Perse, nous avons gagné, vers le soir, une plaine magnifique, plus vaste encore que celle de Sarvistan. Les champs de blé ensemencés depuis quelques jours sont saupoudrés d'émeraudes; des femmes des enfants préparent les rigoles d'arrosage; plus loin les laboureurs retournent la terre tandis que les semeurs s'avancent derrière eux d'un pas cadencé et lancent à pleine main le grain dans le sillon. Depuis Véramine je n'avais vu de paysage agricole aussi riche et aussi riant. Le ciel sans doute prend à tâche de me dédommager des mauvais jours passés.

Nous sommes venus coucher au village de Kavar, situé à la jonction des chemins de Chiraz à Lar et de Chiraz à Firouz-Abad. Ce matin, à l'aurore, les chevaux étaient sellés. Le sentier de Firouz-Abad s'élève d'abord sur un cône de déjections, puis il pénètre dans une gorge étroite couronnée de rochers assez élevés pour nous donner de l'ombre. Après plusieurs heures d'une ascension rendue très pénible par la déclivité du chemin, nous atteignons enfin le col; rien à cela d'extraordinaire; mais la merveille des merveilles est le tableau qui s'offre à mes yeux après avoir franchi la ligne de faîte. Nos regards, habitués aux sauvages escarpements et aux rochers dénudés, sont ravis à la vue de *khonars* (buissons arborescents) au milieu desquels on a toutes les peines du monde à se diriger, sans laisser aux épines deux choses précieuses, les yeux des cavaliers et les oreilles des mulets. Autant sont noueux les troncs des buissons cachés sous les épaisses branches retombant en cascade sur le sol, autant le feuillage est léger et délicat. En me piquant beaucoup les doigts, j'ai pu faire une abondante provision de baies d'un goût délicieux, à la chair douce et sucrée comme celle d'une prune.

Les beautés du paysage sont étrangères, paraît-il, à l'émotion qui étreint les caravanes en traversant le pays. Des toufangtchis campés au col m'ont appris, tout en m'aidant à faire ma récolte de baies, que la montagne et les défilés abritaient naguère encore les repaires d'une bande de voleurs régulièrement organisée. Ces émules de Mandrin détroussaient avec tant de conscience les voyageurs et avaient si aisément raison des muletiers, dont les velléités de résistance étaient paralysées par les dispositions des chemins, que les tcharvadars avaient abandonné la route de Chiraz à Firouz-Abad.

Çahabi divan, dès son arrivée au pouvoir, s'est décidé à faire cesser un état de choses si préjudiciable au commerce de la province, et a expédié des soldats avec ordre de s'emparer des voleurs. La lutte a été meurtrière des deux côtés; néanmoins un grand nombre de brigands ont été pris: plusieurs ont subi le supplice de l'emplâtrage; les autres, dispersés et effrayés, ne sont plus en état de tenir le pays.

Les toufangtchis m'ont également expliqué la destination de quelques tas de cailloux amoncelés sur des emplacements bien en vue et désignés par eux sous le nom de *nechânèh*. Les tcharvadars qui voyagent dans ces contrées rarement parcourues, contraints de suivre des chemins mal tracés et souvent même détruits par les avalanches ou les éboulements de rochers, jalonnent la voie au moyen de tas de pierres, comparables aux cailloux que le petit Poucet semait sur sa route afin de retrouver la maison paternelle. En marchant de *nechânèh* en *nechânèh*, les voyageurs sont sûrs de suivre un itinéraire praticable, ou du moins de ne point s'égarer.

La montagne à chaque heure nous réserve de nouvelles surprises : les buissons noueux font place à un arbre de taille moyenne, dont le bouquet, en forme de boule, est planté sur un fût court et rugueux. Le feuillage, très épais, d'un vert assez clair, est taché de grappes d'un beau rouge vermillon. Ce fruit ou cette fleur, j'hésite à lui donner l'un de ces deux noms à l'exclusion de l'autre, paraît de loin irrégulier comme une éponge; si l'on s'en rapproche, on s'aperçoit qu'il est composé d'une multitude de petites tiges séparées, rappelant par leur forme, leur couleur, leur vernis, les branches de corail rouge. Les muletiers ont fait de grandes provisions de ces baies et m'ont assuré que ce soir, après avoir été cuites, elles seront pour nous un véritable régal. Sommes-nous encore dans cette Perse que j'ai toujours vue si sèche et si déserte? Plus nous nous abaissons — et Dieu sait si nous dévalons depuis quelques jours — plus le paysage devient splendide. De l'eau, des torrents, des cascades; sur le bord des torrents une végétation impénétrable où se mêlent les acacias, les chênes verts, les buis à fleurs blanches, les aubépines arborescentes, dont les fruits rouges et parfumés atteignent la grosseur d'une cerise, les figuiers sauvages au feuillage découpé et aux baies à peine grosses comme une noisette.

7 novembre. — Nous sommes venus passer la nuit dans un village d'assez pauvre apparence à l'entrée duquel des hommes et des femmes étaient occupés à battre du riz. Marcel se perfectionne et en remontrerait en susceptibilité à un fonctionnaire indigène des plus pointilleux. Ne s'est-il pas avisé de se fâcher tout rouge contre notre hôte, le ketkhoda, parce que ce malheureux ne nous avait pas salués à notre arrivée avec tout le respect dû à Nos Excellences? Mon mari était dans son droit, car les golams ont surenchéri sur ses témoignages de mécontentement et ont tellement pétrifié le coupable, qu'il est venu s'excuser et affirmer qu'en nous voyant en si mince équipage il ne s'était certes point douté de l'importance de nos personnes. Sur cette flatteuse explication, nous avons jugé habile de nous montrer bons princes et de laisser au chef du village l'honneur de baiser humblement un pan de nos jaquettes. Cette affaire était à peine terminée que nous voyons se faufiler par l'entre-bâillement de la porte le serviteur du naïeb de Sarvistan.

« Le portrait du naïeb est-il prêt? demande-t-il pour la centième fois.

— Va-t'en au diable, toi, ton maître, vos ascendants et descendants! Si tu reparais, je te fais administrer cent coups de bâton.

— Excellence, c'est deux cents coups que je recevrai si je reviens les mains vides auprè[s] du naïeb.

— En ce cas, ajoute mon mari, je vais te les remplir. » Et le voilà écrivant de sa plus bel[le] main une lettre brève, mais dont les termes concis ont dû combler de joie le destinataire

Firouz-Abad, 8 novembre. — Hier, à la tombée de la nuit, un chant d'un charme bizarr[e] composé sur un rythme assez lent, mêlé de notes graves et aiguës mises brusquement en oppo[-]sition, a retenti sur la terrasse. C'était un serviteur du ketkhoda de Deh Nô, mollah bénévol[e] qui appelait les paysans à la prière du soir. Il accomplissait avec une conviction touchant[e] ce pieux devoir recommandé par le Koran comme un acte des plus agréables à Dieu, et, quan[d] il entonnait la grande formule de l'islam : « Allah seul est Dieu... », il communiquait à s[on] chant une émotion inoubliable.

Réveillés ce matin à la voix du même prêtre, nous étions en route avant le jour; le froi[d] était mordant. Une demi-heure après notre départ du village, nous avons pu réchauff[er] nos membres glacés à de grands feux allumés par des pâtres. Assise auprès des tisons, j'[ai] interrogé du regard la plaine et j'ai vu avec surprise la trace blanche du chemin s'arrêt[er] au pied d'une véritable muraille de rochers. Aurions-nous à faire l'ascension de c[es] sommets à l'aspect inaccessible ? A ma grande surprise, les guides m'ont appris que d'i[ci] à Firouz-Abad le chemin allait sans cesse en descendant. Nous nous sommes remis [en] selle, et, au moment où les mulets heurtaient de leurs longues oreilles les parois de [la] montagne, le golam placé en tête du convoi a brusquement disparu derrière un contrefo[rt] dissimulant une brèche étroite, digne de rivaliser avec les Portes de fer de la Kabylie [ou] avec la célèbre brisure ouverte par la Durandal.

Au delà de la brèche, la vallée s'élargit, le sentier court sur le flanc gauche de la mon[-]tagne, traverse une seconde porte semblable à la première et débouche enfin dans une gorg[e] admirable, au fond de laquelle coule un torrent impétueux caché sous la plus merveilleus[e] végétation de ginériums et de lauriers-roses que j'aie encore vue dans l'Iran.

Vers deux heures du soir, après une marche dont la lenteur est l'inévitable corollai[re] des difficultés du chemin, nous avons rejoint une petite caravane d'ânes venant de Chira[z]. Chaque animal porte deux grosses bouteilles d'eau de rose à la panse fragile revêtu[e] d'une épaisse natte de paille. Bien avant de se mêler au convoi on vit dans une atmosphè[re] embaumée. Les pauvres bourricots, en glissant maladroitement sur les rochers, ont cassé [ou] fêlé un certain nombre de bonbonnes de verre, de telle sorte que leurs longs poils, lustr[és] comme les cheveux d'une belle khanoum au sortir du hammam, laissent sur leur passage u[ne] traînée d'air parfumé. Il semble que l'on voyage à travers les roseraies si vantées par Haf[iz] et Saadi, ou, plus prosaïquement, que l'on visite le bazar aux drogues d'une ville quelconqu[e] de l'Orient.

Tout comme les bonbonnes sèment leur eau de rose, j'ai failli arroser de mon sang l[es] rochers du chemin. Dans un passage très difficile, où les chevaux avaient à descendre sa[ns] le secours d'une main courante sept ou huit degrés de soixante à quatre-vingts centimètr[es] d'élévation, j'ai jugé prudent, instruite par les fâcheuses expériences des petits âne[s], de mettre pied à terre et d'abandonner à mon mulet le soin de sa sécurité. Bien m'en [a] pris : je n'avais pas quitté ma selle depuis deux minutes, que la bête dégringolait la tê[te] la première de marche en marche et allait, heureusement, tomber dans la rivière apr[ès] avoir mis en marmelade tout son harnachement. Il ne fallait rien moins qu'un accide[nt] aussi grave pour faire sortir la femme du marchand d'eau de rose du kadjaveh où elle [se] tenait blottie. Ce passage traversé, nous avons franchi un dernier *tang* très étroit domin[é] par un château connu sous le nom de Kalè Dokhtar (Forteresse de la Fille). Je mesu[re]

LA FEMME D'UN MARCHAND D'EAU DE ROSE.

des yeux la hauteur vertigineuse des remparts au-dessus du chemin, car les guides, depuis ce matin, me rebattent les oreilles de merveilleuses légendes ayant trait à ce nid d'aigle. Je dédie la suivante aux figaros, perruquiers et inventeurs d'eau capillaire des deux mondes.

Zal, le père du célèbre Roustem, le héros légendaire de tous les contes persans, étant un jour à la chasse, vit sur la tour de la forteresse une jeune fille belle à rendre jalouse la lune dans son plein. La princesse, qui n'était autre que la fille du roi de Caboul, retenue prison-

FIROUZ-ABAD. — INTÉRIEUR DE LA SALLE CENTRALE. (Voyez p. 480.)

nière dans le château, aperçut Zal et l'aima. Après s'être longtemps contemplés à distance, les deux amants trouvèrent monotone cette situation ultra-platonique et cherchèrent le moyen de « couronner leur flamme »; mais, à moins d'emprunter à l'amour ses propres ailes, Zal ne pouvait songer à s'élever jusqu'à sa bien-aimée. Désespéré de l'insuccès de toutes ses tentatives, il grossissait de ses larmes les eaux du torrent, quand un expédient des plus ingénieux se présenta à l'esprit de la dame. Elle dénoue ses longs cheveux, en laisse dérouler les bruns anneaux jusqu'au pied de la tour et permet ainsi à son amoureux d'escalader, à l'aide de cette poétique échelle, les murs élevés qui la retenaient prisonnière. Laquelle des deux, de la belle ou de l'histoire, a été le plus tirée par les cheveux?

Le défilé étroit au-dessus duquel s'élève la Kalè Dokhtar était jadis fréquenté par de nombreuses caravanes; des souvenirs glorieux s'attachaient peut-être à la défense des passes, car, vis-à-vis de la forteresse et sur les parois d'un rocher qui surplombe la rive droite du sentier, s'étend une de ces grandes réclames sassanides traitées en forme de bas-relief et destinées à apprendre aux siècles futurs les exploits guerriers des souverains de l'Iran. L'épisode, représentant un combat de cavalerie, paraît traité dans un beau sentiment, mais il est difficile d'apprécier la composition à sa juste valeur : si l'on se place à courte distance, on n'embrasse pas d'un regard d'ensemble le tableau, long de plus de vingt mètres; si l'on s'installe sur le chemin, il est impossible, eût-on des yeux de lynx, de distinguer les détails du bas-relief, tant la pierre est dégradée.

Au sortir de la gorge, qui débouche brusquement sur une plaine verdoyante, s'élèvent, au-dessus d'un monticule naturel situé sur la rive droite de la rivière, les grandes ruines du palais de Firouz-Abad.

L'édifice s'annonce sous un aspect des plus imposants, mais semble à première vue beaucoup plus massif que celui de Sarvistan. Dès que l'on a pénétré à l'intérieur de la construction, on est frappé de la simplicité du plan et de la majesté d'une ordonnance que n'embellit aucun décor. On entre d'abord dans un large vestibule voûté communiquant au moyen de grands arceaux avec quatre pièces symétriquement disposées par rapport à l'axe du vestibule et du monument. La nef précède une vaste salle recouverte d'une coupole ovoïde que les constructeurs semblent n'avoir osé claver qu'après en avoir réduit l'ouverture. La pièce centrale est mise en communication par une porte percée dans l'axe du vestibule avec une cour remplie de décombres au milieu desquels poussent des figuiers sauvages, et, par des baies voûtées, avec deux pièces absolument semblables à la première : celle de gauche, comme toute la partie qui regarde Firouz-Abad, est à moitié ruinée; celle de droite est en parfait état de conservation. Les portes d'accès et les niches destinées à les équilibrer dans l'ornementation générale sont décorées de moulures en plâtre imitées des formes caractéristiques des baies persépolitaines. Sur la cour se présente l'entrée des nombreuses chambres affectées au harem; au fond de l'une d'elles, couverte d'une voûte en berceau, débouche l'escalier d'un vaste souterrain, semblable à ces zirzamins que les Persans habitent pendant l'été, et qu'ils abandonnent le soir pour leurs terrasses.

Tout l'ensemble de la construction, y compris les demi-colonnes engagées dans les parements extérieurs, est bâti en moellons à peine dégrossis; les matériaux employés aux voûtes sont taillés en forme de dalles plates et mis en œuvre comme le seraient des briques.

La plaine au milieu de laquelle s'élève le palais est couverte de monticules de terre et de débris de poteries, derniers vestiges de maisons abandonnées. Au-devant du grand vestibule s'étend encore un lac artificiel dont les eaux, amenées par une dérivation souterraine de la rivière, s'écoulent au milieu des broussailles et des pierres éboulées qui formaient autrefois les parapets. Tout cela est triste au possible, et engendre une mélancolie qu'il est malaisé de secouer en parcourant ces ruines depuis si longtemps abandonnées aux dévastations des hommes et des siècles.

Assigner une date à un monument aussi grossièrement construit que celui du Sarvistan nous avait paru bien téméraire; le palais de Firouz-Abad, d'une période plus barbare encore, a été bâti dans des conditions qui permettent de sortir du doute. Deux points saillants témoignent de son origine : ses voûtes, d'un caractère très archaïque, sont d'une époque de beaucoup antérieure aux coupoles byzantines et aux dômes de Sarvistan; la décoration gréco-

RUINES DE FIROUZ-ABAD. — VUE LONGITUDINALE.

égyptienne, conservée autour des portes des grandes salles, est achéménide et n'a jamais été utilisée en Perse depuis le temps où les successeurs de Darius régnaient à Persépolis. Si l'on tient compte également du soin avec lequel sont défendues les passes de Sarvistan et de Firouz-Abad, qui commandent toutes deux l'entrée du patrimoine des Achéménides, on est conduit à penser que le château de Firouz-Abad a été construit sous les règnes des grands rois pour servir de résidence au gouverneur militaire de la province placée à l'entrée des gorges. Le palais de Sarvistan, fort supérieur comme exécution à celui de Firouz-Abad, aurait été bâti sous la même dynastie, mais à une époque plus moderne.

A la nuit close, nous avons quitté les ruines avec l'intention de les revoir plus en détail le lendemain, et nous sommes venus, en longeant la rivière bordée de figuiers magnifiques et de palmiers élancés, coucher au village de Firouz-Abad *gadim* (vieux), l'ancienne Djour. Comme je l'avais supposé en examinant de loin ses maisons mal bâties, le vieux bourg est la demeure de paysans assez pauvres, vivant pêle-mêle avec leurs bestiaux; tandis que les gens riches de la plaine habitent tous Firouz-Abad *nô* (nouveau), que l'on aperçoit à huit ou dix kilomètres, cachée sous une végétation luxuriante.

BAS-RELIEF DE FIROUZ-ABAD. (Voyez p. 480.)

ÉDICULE A COUPOLE DE FERACHBAD. (Voyez p. 502.)

CHAPITRE XXVII

Atechga de Firouz-Abad. — L'ilkhany de Firouz-Abad. — Deh Nô. — Une tribu en voyage. — La fabrication des tapis. — Mœurs des nomades. — Ferachbad. — Les plantations de palmiers. — Contes du bazar. — Édicule à coupole de Ferachbad. — Village d'Aharam. — Première apparition du golfe Persique.

9 novembre. — Comme toutes les maisons de Firouz-Abad gadim, notre logis est bâti sur des ruines antiques. Relever le plan d'un soubassement en partie caché sous les cahutes de paysans, serait fort difficile. Il n'en est point de même d'un énorme massif de maçonnerie situé en dehors du village : ce monument, qui n'offre d'ailleurs aucun point de comparaison avec les édifices anciens ou modernes de la Perse, se compose d'une plate-forme au-dessus de laquelle se dresse une tour de plus de vingt-six mètres d'élévation. Un escalier extérieur, dont les traces sont encore apparentes, conduisait jusqu'au faîte de la construction. Les degrés sont tombés, la plate-forme s'est effritée sous les influences atmosphériques et les secousses des tremblements de terre, mais les dispositions générales de l'édifice sont encore très nettes et permettent à Marcel de reconstituer un monument analogue aux *zigourat* ou temples à étages de la Babylonie, et de reconnaître dans la tour de Firouz-Abad le modèle primitif des minarets de la vieille mosquée de Touloun.

Si l'on s'en rapporte aux traditions locales conservées par l'Isthakhari, voyageur persan du dixième siècle, la tour de Firouz-Abad ne serait autre que l'*Atechga* élevé à Djour par Ardéchir Babégan, le fondateur de la dynastie sassanide. En ce cas, le palais achéménide situé à la sortie des gorges du Khounaïfigân appartiendrait à la cité qui, au dire du géographe iranien, avait précédé Djour dans l'hégémonie de la contrée.

Nous n'aurions pas voulu quitter Firouz-Abad sans aller jusqu'à la ville neuve, signalée au loin par une magnifique ceinture de verdure, rendre nos devoirs au puissant gouverneur des tribus de la vallée, désigné dans le pays sous le titre d'*ilkhany*. La maladie de Marcel a tellement bouleversé nos prévisions, que nous nous sommes contentés de lui envoyer le plus respectable de nos golams. L'ambassadeur avait mission de porter à ce grand personnage les compliments des voyageurs et de lui expliquer que des causes indépendantes de leur volonté les obligeaient, à leur grand regret, de gagner Bouchyr au plus vite.

« L'ilkhany a vivement regretté de n'avoir pas à vous ouvrir sa maison », est venu me dire ce soir notre émissaire. « Il eût été heureux de vous présenter sa famille et de vous offrir, en souvenir de votre passage dans le Fars, un tapis fabriqué par les femmes de sa tribu.

— Belles paroles que tout cela », a interrompu le golam du Loristan, qui ne peut entendre vanter d'autre ilkhany que le chef suprême de la tribu des Bakhtyaris, dont il dépend. « L'hiver dernier, m'a-t-on raconté, trois marchands de Bagdad se présentèrent un soir chez le khan de Firouz Abad, munis de lettres d'introduction pressantes, et reçurent dès leur arrivée un accueil des plus chaleureux. Pilaus, tchelaus kébabs d'agneau, de mouton, de volaille, melons et pastèques, crème, fruits, pâtisseries plus douces que miel, sirop d'eau de rose, thé, café, rien ne manquait au banquet qu'on leur servit. L'ilkany lui-même vint saluer ses invités et les assurer de sa bienveillance. « Ma maison, mes chevaux vous
« appartiennent, leur dit-il, usez de mes
« biens comme des vôtres. »

« Dans la nuit éclata un violent orage. Les voyageurs, au souvenir des protestations de leur hôte, se décidèrent à prolonger leur séjour à Firouz-Abad, et, tout en se félicitant d'un accident qui allait leur permettre de recommencer la bonne chère de la veille, attendirent avec un estomac plein de joyeuses espérances l'heure du repas.

ATECHGA DE FIROUZ-ABAD (ÉTAT ACTUEL). (Voyez p. 485.)

« L'ordonnance du dîner fut plus simple que ne devaient le laisser présager les recherches et l'abondance du festin précédent : deux pilaus au lieu de trois firent leur apparition, les tchelaus furent peu variés, la crème remplacée par du *maçt* (lait fermenté). Ce changement de régime n'émut pas outre mesure les étrangers, qui assistaient d'un œil tranquille à la bataille des éléments.

« La tempête fit rage pendant trois jours. Plus le ciel se rembrunissait, moins le cuisinier de l'ilkhany était généreux ; en fin de compte, les marchands, aussi affamés que leurs chevaux, quittèrent Firouz-Abad à moitié morts d'inanition, bien que le temps ne se fût pas encore embelli.

« De là à donner un tapis à Çaheb, conclut l'orateur, je vois bien du chemin à parcourir.

— Le khan de Firouz-Abad est donc pauvre, qu'il ne puisse offrir l'hospitalité sans regret? ai-je demandé.

— Son prestige s'est bien amoindri depuis qu'il paye tribut au chah; néanmoins il jouit encore d'une fortune princière. »

L'ilkhany, en effet, malgré sa parcimonie apparente ou sa prudence, est l'un des seigneurs les plus puissants de cette féodalité qui détient toutes les terres du sud de la Perse. Sa fortune, ses troupeaux, ses soldats ne limitent ni n'augmentent ses privilèges. Quelle que soit leur désignation, khans, cheikhs et ketkhodas du Fars, du Loristan ou de la Susiane sont soumis à l'autorité royale, mais jouissent, en qualité de chefs de tribus, d'une sorte d'inamovibilité, en ce sens que la charge et les droits afférents ne peuvent leur être enlevés que pour être transmis à un membre de leur famille. Dans cette situation, ils balanceraient la puissance du roi si les jalousies et les haines qui divisent les grands vassaux de la couronne ne permettaient à Sa Majesté Iranienne de les dominer en les opposant les uns aux autres. Veut-il châtier l'un de ses feudataires, le chah n'a besoin ni de troupes ni de généraux : il excite sourdement un voisin à aller piller le village ou le campement du rebelle. Cette mission, toujours reçue avec joie et exécutée avec conscience, contribue à augmenter la désunion des tribus et donne aux hakems le droit d'intervenir dans le conflit et d'imposer de fortes amendes aux belligérants.

Un ketkhoda ou un khan met-il une mauvaise volonté trop évidente à acquitter ses redevances, le gouverneur de la province invite l'un des membres de la famille du payeur récalcitrant à venir en secret dans sa capitale; il lui fait apprécier les avantages qu'il trouverait à prendre la place d'un frère ou d'un cousin détesté et, en fin de compte, lui cède, au poids de l'or, tous les droits de son parent.

ATECHGA DE FIROUZ-ABAD.
RESTITUTION DE M. DIEULAFOY. (Voyez p. 485.)

Ces ventes sont généralement consenties à des prix très onéreux... pour la tribu qui est chargée d'acquitter les frais de la transaction, car, avant d'entrer en possession de sa charge, le khan remet au hakem, à titre de *pichkiach*, une somme s'élevant parfois jusqu'à deux cent mille francs, et fait agréer la solide caution d'un banquier, qui doit garantir le payement régulier des impôts et habiter au siège même du gouvernement. Toutes ses obligations remplies, le nouveau dignitaire rentre au village, d'où son prédécesseur s'est prudemment enfui afin d'éviter la corde ou le poison, prend possession des terres et des palmiers et conserve sa charge jusqu'au jour où le dépossédé achète à son tour les droits de son heureux concurrent.

De semblables négociations seraient très difficiles à traiter dans un pays où il n'existe ni cadastre ni rôle d'imposition, si les gouverneurs n'arrivaient à se faire une idée de la redevance qu'ils peuvent exiger de chaque village soumis à leur autorité, en se basant sur les dénonciations des ennemis et des adversaires personnels de chacun des ketkhodas.

Ces procédés administratifs sont d'un usage journalier. Parfois, les hakems s'efforcent d'attirer dans la capitale de la province le chef insoumis et l'y retiennent prisonnier jusqu'à ce qu'il ait payé rançon. Aussi bien khans et ketkhodas redoutent-ils par-dessus tout de se rapprocher des centres d'habitation. Si quelque affaire de la plus grande urgence les y appelle, ils viennent camper à cinq ou six kilomètres des portes, accompagnés de trois ou quatre cents cavaliers bien armés, et, en cas d'alerte, trouvent dans cette escorte des défenseurs dévoués.

Timent satrapas et dona ferentes.

10 novembre. — Il était impossible de songer à franchir en une seule étape les montagnes qui limitent, au sud, le vallée de Firouz-Abad ; nous avons donc fait une dernière visite aux ruines du palais, et, à quatre heures du soir, notre petite caravane s'est dirigée vers le village de Deh Nô, situé au pied des hauteurs que nous gravirons demain. Les paysannes occupées à battre le riz sur les terrasses de leurs maisons nous ont aperçus au loin et n'ont pas manqué d'aller prévenir leurs maris. Ceux-ci se sont précipités vers les portes de l'enceinte et les auraient certainement fermées à notre barbe, si les golams, s'élançant au galop n'étaient arrivés à temps pour les empêcher de mettre leur projet à exécution.

Les logements sont bien dignes des habitants ; néanmoins personne ne veut souiller les murs de son taudis : c'est à qui enfumera sa niche, ou se barricadera chez lui, afin de nous enlever toute envie ou toute possibilité d'y entrer.

Je vois le moment où nous allons être forcés de camper sur la place, ou plutôt sur le fumier de vache et de mouton qui en est le plus bel ornement, quand nos golams s'emparent de haute lutte de la tanière d'une femme veuve et l'obligent, malgré ses cris et ses pleurs, à nous faire une place chez elle. Prise de compassion, je me précipite, j'essaye de calmer ma propriétaire et je lui mets dans la main quelques pièces d'argent, une petite fortune ; elle me les jette à la tête avec colère et s'enfuit en me dévouant aux dieux infernaux. Cette aventure m'apprendra à jouer au chevalier errant et à prendre en pitié la veuve et l'orphelin.

Vers le soir, mon ennemie, subitement calmée par l'humidité de l'air extérieur, s'est décidée à rentrer au logis, et, en ce moment, blottie avec deux ou trois moutards au fond d'une de ces grandes jarres de terre où les paysans enferment leur provision de riz, elle me regarde avec des yeux de tigresse en colère. Quant aux petits sauvages, ils dateront, j'imagine leurs souvenirs d'enfance de l'apparition de Chitan (Satan) au foyer de leur mère.

Ferachbad, 11 novembre. — Voyagé pendant toute la matinée au milieu de défilés inextricables, suivi des chemins à peine indiqués par des *nechânèh* formés de branches de lauriers-roses en partie recouverts d'une grosse pierre, rencontré en route une nombreuse tribu illiate qui descendait des plateaux supérieurs vers les plaines basses et attiédies, où les troupeaux trouveront encore de bons pâturages.

En tête du convoi marchent les chèvres et les moutons, chassés par des enfants à la figure sauvage et aux cheveux vierges de tout contact avec un peigne ; les jeunes poulains aussi peu chargés que le quatrième officier de Marlborough, les ânons bondissant, indisciplinés et déjà si volontaires qu'ils donnent plus de mal à leurs gardiens que tout le reste de la bande ; puis défile la partie sérieuse du convoi : juments dissimulées derrière les sacoches d'où se dégagent les frimousses inquiètes des chevreaux et des agneaux trop jeunes encore pour faire la route à pied, les mulets portant les tentes et les métiers à tisser les tapis. Ces bagages encombrants sont surmontés des coqs et des poules, attachés par les pattes et ne bougeant ni bec ni aile, en gens expérimentés et habitués à de longs voyages. Enfin viennent les vaches, bâtées comme des mulets et succombant sous le poids des objets les plus lourds, tels que moulin à farine, mortier à décortiquer le riz ou à broyer le café. Tous ces objets, couverts de paquets de hardes, servent de siège aux enfants de trois à sept ans, liés aux charges par les pieds et la ceinture; les plus petits bébés, ficelés comme des saucissons, sont étendus à plat.

Dans les passages dangereux, où les vaches n'ont souvent d'autre ressource que de se laisser glisser de rocher en rocher, les mères détachent les enfants, fixent les nourrissons sur leur dos au moyen de courroies et font trotter les autres moutards, qui se tirent d'affaire avec l'aide d'Allah, spécialement chargé, en Orient comme en Occident, de veiller sur les déshérités de tout âge et de toute condition. Le mauvais pas franchi, la tribu continue sa marche, d'autant plus irrégulière que bêtes et gens, serrés au point de rouler pêle-mêle au fond des précipices quand le sentier se rétrécit, sont clairsemés si le chemin vient à s'élargir.

Les femmes des tribus ne portent pas de voile et laissent admirer à l'aise des traits largement taillés, une peau très brune et des yeux d'une extrême vivacité. Les cheveux, coupés en frange sur le front et laissés aux tempes en toute longueur, tombent bouclés sur la poitrine. L'originalité de cette coiffure est pour beaucoup dans le charme sauvage des femmes illiates.

« *Peder soukhta!* (enfant de père brûlé!), va-t-il falloir te traîner jusqu'au bas de la montagne? » Je me retourne et j'aperçois, animée par la lutte qu'elle a engagée avec une vache récalcitrante, une jeune fille qui me paraît réaliser le type parfait de ces beautés nomades. Les prunelles sont noires; le nez, assez fin, est percé à la narine et paré d'une turquoise; les cheveux, ébouriffés, encadrent le front; les boucles déroulées en larges anneaux dissimulent mal une jeune poitrine bronzée que caressent à l'aise les rayons du soleil; une courte jupe d'indienne rouge, un collier d'ambre enroulé autour d'un cou puissamment attaché, des grains de corail accrochés dans les broussailles des cheveux, complètent l'ajustement de la petite Illiate.

Que l'on porte des turquoises au bout du nez, au lieu de perles à l'extrémité des oreilles, on n'en est pas moins coquette; comme j'essayais de me rapprocher de cette jolie enfant pour la voir de près, elle a poussé un cri d'effroi et, abandonnant ses frères et la vache qui leur sert de monture, s'est enfuie comme un jeune faon au travers des rochers.

Je n'ai pas eu le temps de me reprocher ma maladresse et ma curiosité indiscrète; au premier tournant du chemin, j'ai retrouvé la fugitive. Combien elle diffère d'elle-même! Désireuse de se rendre plus belle, la pauvrette a noyé ses charmes dans les eaux vertes du torrent. Plus de cheveux bouclés, plus d'ombre sur les yeux; en revanche de longues chandelles noires, à demi dissimulées par le chargat soigneusement ramené sur le front. Les broussailles sont rentrées dans l'ordre, la sauvagerie a disparu, la tenue, en devenant correcte, a perdu tout charme et toute saveur. Les grains d'ambre et de corail eux-mêmes semblent avoir pâli.

Deux heures nous ont à peine suffi pour atteindre la tête du convoi. Après l'avoir dépassé, nous sommes entrés dans une vaste plaine où sont déjà installés les campements d'une nouvelle tribu illiate. Les golams ont trouvé chez les nomades bonne provision de lait aigre et de fromage, et nous ont engagés à mettre pied à terre.

Les tentes des peuplades du Fars, plutôt destinées à préserver du soleil que du froid, ne brillent ni par leur confortable ni par leur propreté. Elles sont formées de cinq pièces d'étoffes tissées en poil de chèvre ou de chameau. Le plafond horizontal est posé sur des piquets raidis au moyen d'un certain nombre de haubans fixés en terre à des crampons de bois noueux. Des khourdjines toujours prêtes à être chargées maintiennent le bord inférieur de la muraille orientée au sud; la toile exposée au nord est relevée et forme une sorte d'auvent sous lequel la famille se tient à l'abri du soleil. A l'une des extrémités de la tente se trouve le métier à tisser les tapis. Trois brins fichés en terre et liés en faisceau à leur extrémité soutiennent et arrêtent une barre à laquelle sont attachées les extrémités de la chaîne. L'autre bout des fils est pris dans une traverse, maintenue par deux fortes chevilles. Tout le métier est légèrement incliné. La femme qui travaille s'assied sur les fils tendus, saisit de la main gauche un bâton qu'elle introduit entre eux et, de la main droite, fait pénétrer dans l'intervalle laissé libre le paquet de laine colorée qui correspond à la teinte du dessin exécuté. Elle enlève ensuite le bâton, presse vivement avec un peigne de fer le dernier fil de la trame contre celui qui l'a précédé, et recommence la même manœuvre autant de fois qu'il est nécessaire.

Le campement vient-il à être levé, l'ouvrière réunit les barres du faisceau, roule sur les traverses la partie du tapis déjà exécutée et la chaîne encore libre, charge le tout sur un mulet et replante son métier au prochain arrêt de sa tribu. Maintenant que je connais les outils employés, j'excuse les Iliates de gauchir les bordures et de modifier en cours d'exécution le tracé et les teintures des mêmes ornements.

Les métiers montés sous mes yeux servent à la fabrication des tapis « secs », en grand usage dans les provinces du sud. Quant au tissage des tapis veloutés, il ne nécessite pas un outillage plus compliqué. Un grossier couteau et une paire de ciseaux complètent en ce cas le matériel des nomades.

Les femmes des tribus travaillent sans modèle et sans autre guide que la tradition. Chacune d'elles sait exécuter quelques dessins peu variés dont le secret se transmet de mère en fille avec les procédés de teintures végétales. Les couleurs données aux laines qui sèchent autour des tentes sont d'une extrême solidité : exposées tour à tour au soleil et à la pluie, elles se fanent même si peu que les tapis, après avoir servi à deux ou trois générations et enveloppé les corps morts que de toute la Perse on envoie à Kerbéla, nous arrivent beaux, si ce n'est propres, et excitent notre admiration, au point que nous les introduisons dans nos appartements, sans souci de leur destination précédente et des germes plus ou moins malsains dont ils sont empestés.

Les Persans n'estiment que les tapis neufs et font fi des vieilleries, qu'ils nous envoient; ils en sont encore à comprendre l'engouement des Européens pour leurs défroques et la valeur que nous attachons à des objets usés et salis. Quant à moi, je les approuve sans restriction : le changement de climat ne peut transformer en tapis de grand prix les linceuls accrochés aux devantures des beaux magasins de Paris et de Londres.

Puisqu'il est admis que des couleurs et des goûts il ne faut pas discuter, je ferai profiter les amateurs de draperies macabres des renseignements que j'ai pu recueillir jusqu'à ce jour.

Les Persans divisent les tapis en quatre groupes bien distincts, qu'il serait aisé à un entomologiste de scinder en un grand nombre de classes, genres et variétés.

Les plus beaux et les plus estimés sont très fins, ont le poil ras, et n'atteignent jamais de grandes dimensions. Tels sont les velours à fond blanc de Kirmanie et à fond noir ou jaune du Kurdistan. Les bokhara à dessin blanc, noir, orange, relevé d'une légère pointe de bleu sur fond gros rouge et munis de franges blanches sont particulièrement appréciés; j'ai vu dans le palais du chahzaddè d'Ispahan des tapis ayant à peine un mètre quarante de long sur un mètre de large et valant de douze à quinze cents francs.

LA FABRICATION DES TAPIS CHEZ LES ILLIATES.

La seconde catégorie comprend les *farch* (tapis) de Farahan, à dessins sans caractère, se détachant sur des fonds bleus, et les tapis de Mechhed Mourgab, à palmes cachemires. Les uns et les autres sont assez grossiers, et valent à peine, à surface égale, le quart des velours à laine courte et rase. Ces tissus, destinés à couvrir des pièces ou des fractions de pièces, sont en général de grande dimension, tandis que les carpettes précieuses sont jetées à la place d'honneur ou accrochées le long des murs, en guise de lambris.

La troisième catégorie est représentée par les *gilims* (tapis « secs »), formés simplement d'une trame et d'une chaîne très solides. Ils sont employés à faire les tentes, les khourdjines, les sacoches de toute espèce, et sont pour ainsi dire inusables.

Enfin les *namats* (feutres blancs ou bruns), si nécessaires dans les pays humides, formeront la dernière série. Le feutre n'entre pas seulement dans la fabrication des tapis imperméables : il sert aussi à confectionner les calottes rondes dont se couvrent tous les hommes riches ou pauvres de la province du Fars, et ces longs habits à manches raides comme des planches, qui jouent tour à tour le rôle de waterproof et de matelas.

Le tissage des tapis est un travail exclusivement féminin ; souvent j'ai vu des hommes occupés à filer de la laine, je n'en ai jamais aperçu devant un métier. Les femmes illiates sont d'ailleurs vaillantes et bien autrement méritantes que les Persanes des villes ; elles occupent dans leur famille, où la polygamie est à peu près inconnue, une place honorée, et se montrent dignes de la liberté qui leur est laissée. Leur morale, toute primitive, est pure ; elles n'admettent pas le mariage temporaire et n'usent guère de la facilité de divorcer, ou plutôt de changer de mari : le divorce impliquant la reconnaissance d'un code civil ou religieux. La religion des tribus est, il est vrai, le mahométisme, mais un mahométisme rudimentaire, car, faute de mollahs, les nomades savent à peine quelques courtes prières et vivent, semblables aux antiques pasteurs de la Chaldée, sous l'empire de lois patriarcales.

En quittant le campement illiate, les guides se sont perdus plusieurs fois, et nous ont forcés par leur maladresse à rester plus de quinze heures à cheval. Marcel, désespérant d'arriver ce soir à un gîte quelconque, voulait à tout prix passer la nuit à l'abri de buissons touffus, bien insuffisants pour nous préserver des rosées devenues très abondantes depuis que nous avons abandonné les hauts plateaux et que nous sommes descendus dans les plaines voisines du golfe Persique. J'ai usé le peu de force qui me restait à combattre cette idée, et bien m'en a pris : vers neuf heures du soir nous avons deviné dans l'ombre les palmiers de Ferachbad. Quelques instants après avoir aperçu les premières plantations, nous entrions chez le naïeb.

Me voici enfin sous un solide toit de troncs de palmiers, et d'autant plus ravie de mon installation que j'ai bien craint de coucher à la belle étoile et de dîner de souvenirs variés.

Sombres pensées et noirs soucis vont bientôt rejoindre les neiges d'antan. Les golams, que ce brusque changement de fortune a mis aussi en belle humeur, traduisent leur joie par des exclamations et des explosions de gaieté qui parviennent jusqu'à nous à travers la cour. Fort intriguée, je me lève et j'entre dans la salle réservée à nos gens.

Assis sur un banc fait en feuilles de palmier, un homme à la physionomie intelligente dit à un nombreux auditoire, composé de tcharvadars, de paysans, de toufangtchis et de serviteurs, un de ces récits dont les Persans sont si friands.

En m'apercevant, le narrateur interrompt son discours.

« Continuez, je vous écouterai avec grand plaisir. »

Le bonhomme hésite.

« Finis donc l'histoire, s'écrient en chœur les assistants.

— Je n'ose pas.

— Pourquoi? demandent les golams; ne t'intimide pas. Çaheb te donnera un bakchich.
— Je ne puis pourtant vous narrer à nouveau les aventures du derviche de Samarkande.
— Dis-nous des contes de bazar. »

Et les assistants, poussant par les épaules l'orateur qui avait abandonné son trône et s'était modestement mêlé à la foule, le ramènent à la place d'honneur. Afin de lui rafraîchir la mémoire, on lui passe un kalyan; il fume en recueillant ses souvenirs, avale une sébile d'eau, se mouche avec les doigts et prend enfin la parole.

« Des voleurs s'étaient introduits pendant la nuit dans le bazar de Chiraz, toujours très mal gardé, comme chacun le sait, et avaient dévalisé la boutique d'un marchand de coton. La victime alla se plaindre à Kérim khan. Ce soleil de justice et d'équité lui promit qu'il s'emploierait de tous ses efforts à découvrir les coupables et qu'il les traiterait selon leurs mérites. Le marchand se retira après avoir baisé la terre de l'hommage. Le lendemain, les ferachs du palais furent mis en campagne, les barbiers et les vendeurs de thé interrogés; toutes les recherches demeurèrent infructueuses.

« — D'audacieux coquins ne tiendront pas plus longtemps en échec les esclaves de Votre
« Majesté : si elle veut bien m'y autoriser, je me fais fort de retrouver les voleurs, » dit au vakil le premier ministre.

« — Par Allah, tu as plein pouvoir », répliqua le roi à son serviteur.

« Celui-ci s'empressa d'envoyer ses domestiques prier à un grand banquet les gens qu'il croyait capables d'avoir pris part au larcin. Ils arrivèrent tous à l'heure dite, coiffés de leurs turbans les plus beaux, vêtus de leurs abbas les plus magnifiques, fiers d'être conviés à dîner chez un puissant personnage.

« Après avoir remercié l'Excellence de l'honneur fait à leur famille, les invités, tout joyeux, attaquaient déjà le pilau, quand soudain le ministre s'écria :

« — Voyez, les méchantes gens! ils ont encore du coton sur la barbe et ils osent se pré-
« senter chez moi! »

« Sur-le-champ les voleurs portèrent avec effroi la main à leur visage et se trahirent tous par ce geste inconsidéré.

« *Baricallah! baricallah!* (bravo! bravo!), s'exclament tous les assistants.

— C'est moi qui me ferais coudre les mains dans les poches si jamais l'on m'invite chez un gouverneur, dit l'un.

— Tu ferais bien mieux de te faire coudre les lèvres, réplique le voisin.

— Chut, silence, laissez parler Ali. »

« Une femme de médiocre condition se rendait au bain sans escorte. Un homme s'obstinait à suivre ses pas.

« — Dans quel but m'accompagnez-vous? » lui dit-elle en se retournant.

« — Parce que je suis devenu amoureux de vous.

« — Pourquoi donc êtes-vous devenu amoureux de moi?

« — Vous êtes pétrie de lis et de roses; de la vie, mes yeux ne quitteront la direction de
« votre gracieux visage.

« — Ma sœur, qui vient à quelque distance, est mille fois plus belle que votre servante :
« allez la trouver. »

« L'homme retourna sur ses pas, rencontra une négresse laide à rendre des points à Khanoumè Chitan (Mme Satan), et courut tout penaud vers la fine commère.

« — Vous vous êtes moquée de moi? » lui dit-il.

« — C'est vous qui m'avez trompée : si vous aviez été réellement épris, vous ne m'auriez « pas quittée pour aller porter vos hommages à une autre femme. »

« C'est bien fait : on n'essaye pas d'ensorceler les belles quand on est bête comme ton amoureux, » reprend l'interrupteur en guise de morale.

« — Te tairas-tu, bavard? »

« Un orfèvre alla trouver le chah et lui dit :

« — Un étranger s'introduit tous les jours dans mon andéroun et couvre ma famille de « honte et d'infamie. Bien que j'aie le plus grand désir de le surprendre en flagrant délit, « je n'ai pu encore y parvenir.

« — Es-tu bien certain d'être trompé?

CONTEUR PERSAN.

« — Je ne saurais douter de mon malheur.

« — En ce cas, prends ce flacon d'huile parfumée, remets-le à ta femme et recommande-lui « de le garder précieusement pour ton usage. »

« Le soir même le roi ordonna à ses gardes de surveiller la maison de l'orfèvre, de flairer tous les hommes qui en sortiraient et de lui amener celui qui sentirait la rose.

« La nuit venue, l'amant se faufila chez sa belle. « Mon mari, lui dit-elle dès qu'il fut « entré, m'a apporté un flacon d'huile délicieusement parfumée; personne n'est plus digne « que toi d'en user », et elle lui en arrosa la barbe et les cheveux.

« Au sortir de la maison, l'heureux mortel, signalé aux gardes par les vapeurs odorantes qui l'enveloppaient, fut pris et conduit au palais. « Voilà l'amant de ta femme, dit le roi à « l'orfèvre; fais-en à ta guise : il est à ta disposition. »

« — Mon cheval est malencontreusement tombé la semaine passée et s'est cassé la jambe, disait ces jours derniers un marchand d'Ispahan à un de ses confrères fort gêné dans ses « affaires : vends-moi ta jument, je t'en offre quarante tomans.

« — Donne-m'en quarante-cinq, et l'affaire est conclue.

« — J'y consens.

« — Accordé.

« — Ne va pas te dédire, a repris l'acquéreur, car aujourd'hui même Yaya, le sellier, m'a « offert un cheval au moins aussi joli que ta jument; demain il ne sera plus temps de l'acheter.

« — Les saints imams m'entendent! Si je manque à ma parole, je t'autorise à couper « dans ma chair une tranche de deux *mescals* [1]. »

« Le lendemain, l'acheteur vint prendre livraison de l'animal.

« — Ma bête n'est plus à vendre, s'écria le marchand : j'ai reçu hier une bonne nouvelle. « Un négociant de Chiraz qui me devait depuis de longues années une grosse somme d'argent « va s'acquitter envers moi. Je puis donc continuer mon commerce, et dans ces conditions je « n'ai plus aucun motif de me défaire d'une monture excellente.

« — En ce cas apprête-toi à me laisser prendre les deux mescals de chair que tu m'as « promis au nom des saints imams. Je te laisse le choix : veux-tu que j'attaque la proéminence « de droite ou celle de gauche? Tu es gras, il n'y paraîtra même pas.

« — Jamais, fils de chien! Me prends-tu pour un animal de ton espèce? »

« Les deux adversaires, ne pouvant s'entendre, allèrent soumettre leur cas à la sagesse du juge. Le digne magistrat représenta vainement au demandeur que l'exécution de cet engagement était aussi désagréable pour l'une des parties que peu profitable à l'autre, que les gigots d'un mouton feraient bien mieux son affaire que deux mescals de chair humaine; les plus sages exhortations ne réussirent pas à calmer l'impitoyable créancier.

« — Eh bien, puisque tu veux quand même obliger ton débiteur à acquitter sa dette, je « vais ordonner aux ferachs d'étendre à terre ce malheureux et de te le livrer pieds et « poings liés. Tu couperas en pleine chair les deux mescals qui te sont dus; mais, si le « morceau détaché excède ce poids ou ne l'atteint pas, je fais tomber ta tête. »

« Le mollah Nasr ed-din reçut un jour en pichkiach une gazelle tuée par l'un de ses amis. Fort touché de cette attention, il invita le chasseur à dîner, et tous deux se régalèrent de gibier et de pâtisseries exquises préparées par les femmes du maître du logis. Le convive se retira fort satisfait, et publia dans toute la ville que le mollah Nasr ed-din n'était pas redevable à l'air du temps des roses de son teint et de la majesté de son embonpoint.

« Un gourmand alléché se présenta le jour suivant au logis du bon prêtre :

« — Je suis le frère de la personne qui vous a envoyé hier une gazelle. »

« Comment éviter de reconnaître par une seconde invitation la gracieuseté d'un ami? Nasr ed-din pria le nouveau venu à dîner.

« Le lendemain un autre étranger frappa à la porte :

« — Je suis le cousin du frère du chasseur qui vous a envoyé une gazelle. »

« Nasr ed-din, quoique à regret, se crut forcé de se montrer encore aimable et garda le cousin à souper. La réputation de la cuisine du mollah allait toujours s'affermissant.

« Le surlendemain arrivèrent deux voyageurs :

« — Nous sommes les amis du cousin du frère de l'ami qui vous a envoyé une gazelle.

« — Enchanté de vous recevoir. Permettez-moi seulement de faire part à l'andéroun du « bonheur qui m'échoit en partage. »

1. Dix grammes environ.

CONTES DU BAZAR.

« Et l'homme de Dieu s'en alla trouver sa femme :

« — Quand l'heure du dîner sera venue, lui dit-il, mettez un peu de graisse dans de l'eau
« chaude et faites porter ce ragoût au biroun. »

« — Pouah! quelle est cette drogue, mollah? s'écrièrent les convives en goûtant à la
« soupe. Avez-vous engagé Azraël (l'ange de la mort) pour cuisinier?

« — Ce bouillon ne serait-il pas à votre goût? Il est cependant l'ami du cousin du frère de
« celui que j'ai fait avec la gazelle que m'a envoyée l'ami du cousin du frère de votre ami! »

« Le mollah Nasr ed-din, un digne prêtre, comme vous venez d'en juger, possédait un
âne de si agréable compagnie que ses paroissiens n'hésitaient pas, lorsqu'ils allaient faire
du bois, à emmener l'animal et à le reconduire à son maître chargé d'une bonne provision
de fagots.

« Poussé par l'esprit malin, le mollah ne s'avisa-t-il pas de dire au cours d'une conversation
où chacun célébrait à l'envi les qualités de sa monture : « Mon âne est si intelligent qu'il va
« tout seul à la forêt, charge lui-même du bois sur son bât et rentre ensuite à la maison. »

« C'était commettre une grave imprudence et, pour un saint homme, faire preuve d'une
coupable ingratitude.

« Les voisins de Nasr ed-din, ayant eu vent du propos, emmenèrent comme de coutume
le baudet et, leur travail terminé, se retirèrent en l'abandonnant dans la campagne. A la nuit
tombante, le prêtre, inquiet de ne pas voir rentrer son fidèle camarade, s'en alla trouver les
bûcherons.

« — Qu'est-il arrivé à mon âne? il n'a pas encore réintégré son étable.

« — Votre âne nous a dit : « Faites beaucoup de salams de ma part à mon maître, et
« avertissez-le que je vais me placer à Téhéran en qualité de domestique, afin de gagner une
« grosse somme d'argent. »

« — Mon âne est trop intelligent pour rester dans une position infime », pensa Nasr ed-din
à part lui; « cet animal ne peut manquer de devenir un grand personnage ». Et, sur cette
réflexion judicieuse, il se mit en route.

« Le mollah approchait de la capitale et voyait déjà poindre à l'horizon la coupole d'or de
chah Abdoul-Azim, quand il rencontra un bouffon de Sa Majesté et l'instruisit du but de son
voyage.

« — Je puis vous donner de très bonnes nouvelles de votre âne », répondit sérieusement le
fin compère. « Cet animal est fort habile : toutes les affaires qu'il entreprend lui réussissent.
« Le voici devenu aujourd'hui l'un des plus riches négociants de Kazbin. »

« — Pourquoi m'arrêterais-je ici? se dit le mollah : allons tout droit jusqu'au domicile
« de mon âne. »

« En ce temps-là, le gouverneur de Kazbin, ayant eu une querelle avec son vizir, avait porté
sa plainte au pied du trône impérial. Sa Majesté s'était prononcée en faveur du vizir et l'avait
promu au rang de gouverneur de Recht, tandis qu'elle avait mandé son adversaire à Téhéran.

« Le hakem destitué ne pardonna pas à un vil subalterne de l'avoir supplanté dans l'esprit
du roi, et quitta son gouvernement de fort méchante humeur. Un soir, arrivant au gîte, il
rencontra le mollah. On causa des affaires de la province, de la pluie, du beau temps, des
difficultés du voyage. Enfin Nasr ed-din, incapable de réprimer sa curiosité :

« — Ne pourriez-vous pas me donner des nouvelles d'un âne savant qui est devenu l'un
« des plus riches négociants de Kazbin? »

« Tout à sa mésaventure, l'ex-gouverneur se méprit sur le sens de la question. A son avis,
il ne pouvait exister d'autre âne que son ancien subordonné.

« Aussi reprit-il :

« — Rien de plus aisé : je l'avais choisi pour vizir, et le roi vient de le nommer hakem de Recht. »

« Huit jours après cet entretien, le mollah arrivait à Recht et se présentait au palais :

« — Je veux voir le gouverneur, dit-il fièrement aux ferachs.

« — Le gouverneur ne reçoit pas les petites gens de votre espèce. »

« Cependant le mollah versa tant de larmes et se fit si humble qu'il obtint une audience. « A peine était-il introduit dans la pièce où était assis le nouveau dignitaire, qu'il s'avança la bouche en cœur, en pointant ses deux index au-dessus de sa tête.

« — Mollah, qu'avez-vous ? Êtes-vous devenu fou ? s'écria le hakem stupéfait.

« — Non, mon âne, je ne suis pas fou…. Je sais que vous êtes devenu très savant. Le roi, « en vous nommant gouverneur, a rendu un fier service à la province; mais… qu'avez-vous « donc fait de vos longues oreilles ? »

« Le mollah Nasr ed-din aimait à se plonger dans les abîmes insondables de la métaphysique religieuse. Une nuit que le sommeil se montrait peu disposé à partager avec la théologie la couche du brave homme, Nasr ed-din sortit de son andéroun et se dirigea vers le bassin situé au milieu de son jardin. Le ciel était clair et la lune se réfléchissait sur les eaux tranquilles. Le promeneur, fort agité, retourna immédiatement chez lui.

« — Sais-tu, ma tourterelle, dit-il à sa femme, que le ciel est en grand remue-ménage, la « lune est tombée au milieu de notre bassin. En ma qualité de mollah, je ne puis la laisser « en aussi fâcheuse situation. »

« Nasr ed-din saisit une fourche, attache une corde à son extrémité, lance ce crampon dans la pièce d'eau et s'efforce de ramener la lune sur le sol. Après bien des essais infructueux, la fourche s'accroche à une pierre, le bon prêtre redouble ses efforts, brise la corde et tombe rudement à la renverse. Alors, voyant la lune au ciel : « Par Allah ! je me suis rompu les « reins, mais j'ai remis la lune à sa place. »

Les plus belles histoires du monde n'ont pas le privilège de tenir éternellement éveillés des gens moulus par une longue étape. Après avoir récompensé le conteur de sa complaisance, nous regagnons notre chambre en recommandant aux golams de nous réveiller une heure avant le jour.

12 novembre. — Nous avions fait le projet d'aller visiter dès l'aurore un petit monument voûté que nous avions laissé hier sur nos pas, et de continuer ensuite notre route vers le sud, mais les guides nous ont appris que la prochaine étape était encore fort longue, et nous ont engagés à remettre le départ au lendemain.

Dès que notre hôte a été informé de notre résolution, il est venu nous rendre visite, accompagné de son frère. Tous deux ont grande mine et fière allure. Le naïeb est vêtu de l'abba et coiffé d'un bonnet marron fait en feutre très fin et aplati en travers; son frère porte la koledja de Téhéran et le large pantalon des habitants du Fars.

« Vos Excellences étaient bien lasses hier au soir? nous dit le naïeb en entrant. Je crains que le bavard auquel j'ai confié le soin de distraire mes serviteurs ne vous ait fatigués; on m'a prévenu qu'il avait osé prendre la parole en votre présence.

— Ses récits sont fort amusants, au contraire. Vous le voyez, nous sommes ce matin en parfaites dispositions.

— En ce cas, je proposerai à Vos Excellences de les conduire dans nos jardins et de leur faire parcourir de nouvelles plantations de palmiers. »

Après avoir franchi les murs bien dressés qui entourent le village, j'ai pu apprécier au grand jour la beauté et la richesse de l'oasis.

LE FRÈRE DU NAÏEB DE FERACHBAD.

A Firouz-Abad j'avais déjà vu des palmiers isolés, ici je me trouve en présence d'immenses forêts. Il a suffi de parcourir une étape de soixante kilomètres pour passer d'un climat analogue à celui du sud de l'Europe dans une contrée qui rappelle la Haute Égypte. A ces soixante kilomètres, il est vrai, correspond un abaissement d'altitude de huit cents mètres.

Le palmier constitue l'unique richesse agricole des plaines de Ferachbad et de Bouchyr, peu propres, paraît-il, à la culture des céréales. Le rendement de l'arbre est très variable. A Ferachbad, grâce aux copieuses fumures et aux arrosages abondants, il produit par stipe jusqu'à vingt-cinq francs et fournit des dattes exquises, comme je n'en ai encore mangé nulle part, tandis que dans d'autres villages le palmier donne à peine trois ou quatre francs de revenu. J'ai parcouru les forêts en plein rapport et les jeunes plantations : partout j'ai été frappée de la bonne tenue des terres.

« Vous devez être très encouragé à étendre une culture aussi productive? ai-je dit au naïeb.
— Je ne plante plus de palmiers depuis dix ans.
— Ne disposeriez-vous pas de sources abondantes?
— Les eaux des kanots suffisent largement aux irrigations, et je ne regretterais pas d'ailleurs de faire creuser de nouvelles galeries, mais la plantation du palmier est très onéreuse. La jeune pousse réclame de grands soins : jusqu'à l'âge de dix ans, époque où elle commence à donner ses premiers produits, il faut la fumer, la travailler et l'irriguer. A six ans surtout, au moment où le fût commence à s'élever, le palmier absorbe une quantité d'eau considérable et ne se développe bien que grâce à des travaux minutieux et constants. Les arbres plantés par mon père sont vieux, ceux que j'ai semés dans ma jeunesse produisent des récoltes superbes, les pousses nouvelles vont commencer à donner des fruits : quel intérêt aurais-je à étendre mes plantations? Mes fils jouiront-ils après moi du fruit de mes travaux, ou verront-ils un gouverneur vendre ma succession à un parent éloigné? Dans ces conditions d'instabilité, je n'ai aucun avantage à entreprendre des améliorations à long terme. »

Sans y songer, le naïeb fait en quelques mots le procès de l'administration locale : les paysans ne peuvent, faute d'argent, capter un volume d'eau suffisant pour mettre en valeur les immenses plaines de la Perse; les ketkhodas ou les chefs de tribus sédentaires, opprimés par les gouverneurs, aiment mieux réaliser pendant la durée de leur administration une fortune qui les mette, eux et leur famille, à l'abri de toute vicissitude que de faire des avances dont profiteraient un étranger ou leurs chefs.

Tout en parcourant les jardins, Marcel n'a pas manqué d'adresser au naïeb son éternelle question :

« Connaissez-vous dans la contrée des bâtiments anciens, des koumbaz *malè gadim* (coupoles « bien de l'antiquité ») pour tout dire en trois mots?
— A quelque distance du village, il existe une construction ruinée auprès de laquelle vous avez dû passer avant d'arriver à Ferachbad.
— Nous l'avons aperçue, en effet, mais l'obscurité ne nous a pas permis de l'examiner.
— Vous serait-il agréable de la revoir? »

Et aussitôt nous sommes revenus sur nos pas et avons fait seller nos montures : Marcel, son cheval de derviche; notre hôte et son frère, des juments magnifiques que l'on a parées de colliers et de brides couverts de lames d'argent entremêlées de rubis cabochons et de turquoises; moi, mon mulet aux longues oreilles.

« Prenez mon cheval, il vous appartient », est venu me dire un des jeunes fils du naïeb au moment de nous mettre en selle. A cette formule d'une politesse exquise, et sans plus de portée en Perse qu'au pays des castagnettes, je réponds par le refus obligatoire et je m'empresse d'enfourcher maître aliboron afin de couper court à des instances d'autant plus pressantes que mon interlocuteur est plus certain de ne pas voir ses offres prises au sérieux ; puis nous nous mettons en chemin, suivis d'une quarantaine de cavaliers armés jusqu'aux dents. Je ne peux me faire d'illusions : nous faisons triste figure en tête du cortège. Je dois cependant rendre justice à mon mulet : cet animal intelligent, démesurément flatté de se trouver en si brillante compagnie, a fait les plus généreux efforts pour se donner les airs fringants d'un cheval de bonne maison. Par bonheur, le monument à visiter n'était guère éloigné du village, et nous avons pu faire le trajet sans avoir recours aux hi! ha! hu! au *peder soukhta!* (père brûlé!) et au *peder cag!* (père chien!) qui forment le fond de nos entretiens avec nos piètres montures.

Le petit édifice présente des analogies de style avec le palais de Sarvistan, mais il est bâti dans des proportions beaucoup plus restreintes.

Une particularité des voûtes mérite d'être signalée : les pendentifs, au lieu d'être liés à des murs pleins, reposent sur quatre piliers maçonnés. Cette disposition, qui avait été adoptée dans un des petits porches de Sarvistan, est caractéristique et permet d'établir un rapprochement nouveau entre la coupole byzantine et la vieille coupole perse.

Les raffinements de politesse de nos hôtes, les termes choisis avec lesquels ils s'expriment, le luxe relatif de leur installation féodale, font paraître plus étrange leur singulière ignorance du monde civilisé. Éloignés des routes de caravanes, habitués à ne jamais franchir les limites de leurs terres afin de ne point compromettre leur sécurité, privés de journaux arabes ou persans, la poste n'atteignant pas à cette partie du Fars, ils dépensent toute leur activité d'esprit dans un cercle fort restreint.

Les fils du naïeb ont montré grande envie de se renseigner sur l'Europe et m'ont demandé quel était le régime gouvernemental de la France.

« La République (*Djoumaouri*) », ai-je répondu.

Ici je me suis trouvée dans le plus grand embarras : expliquer le mécanisme des « institutions qui nous régissent », le système des deux Chambres, le suffrage universel, la responsabilité ministérielle, etc., à des gens qui ont toujours vécu sous un régime absolument autoritaire, est une entreprise au-dessus de ma patience : quand je crois avoir présenté à mon interlocuteur une vue d'ensemble de nos rouages administratifs, une question inattendue montre l'insuccès de mes efforts. Comme je m'épuisais à leur faire comprendre le mode d'élection du Président de la République, l'un d'eux m'a demandé si le chef de la *Djoumaouri* était le fils de *Napolion bezeurg* (le grand).

Enfin ils m'ont posé une question à laquelle j'ai répondu avec la plus complète franchise, n'en déplaise à nos voisins d'outre-Manche.

Il s'agissait de savoir si, comme l'affirment certaines gens, peut-être mal intentionnés, le « chah des Anglais » était bien une femme. Les Orientaux ont tant de peine à admettre qu'une nation gouvernée par une reine puisse être puissante et forte, que les Anglais en sont arrivés à qualifier en Orient la reine Victoria du titre « d'Empereur » des Indes et à la traiter dans tous les actes officiels en souverain et non en souveraine. Cet usage est général, et il est de bon goût, entre Européens vivant en Perse et s'exprimant dans la langue du pays, de ne pas trahir le secret gardé avec un soin si jaloux par les sujets de sa très gracieuse Majesté.

13 novembre. — Après être restés deux jours à Ferachbad, semblables au Juif errant, nous nous sommes remis en chemin. A la nuit close, les guides se sont fait ouvrir les portes d'une kalè bâtie autour de quelques cabanes construites en feuilles de palmier. La caravane était en route depuis quatorze heures. Ces étapes démesurément longues dépassent nos forces et nous fatiguent à tel point qu'elles nous enlèvent non seulement cet enthousiasme si nécessaire à des voyageurs obligés de supporter des privations de tout genre, mais encore toute curiosité. Le pays est splendide ; des montagnes multicolores servent de cadre à des plaines vertes, parsemées

de magnifiques khonars arborescents, et cependant Marcel et moi passons des journées entières sans même prononcer une parole. Au bout de six ou sept heures de marche, un engourdissement général s'empare de nous; les reins endoloris supportent péniblement le poids du corps; les jambes moulues ne s'appliquent même plus sur les flancs du cheval; la gorge devient brûlante; la déglutition de la salive presque impossible; pendant toute la fin de l'étape nous devenons aphones et n'agissons plus que d'une façon machinale.

Je m'attendais à être fort mal logée ce soir : il n'en est rien. Le ketkhoda a donné l'ordre de faire évacuer en notre honneur une écurie, précédemment affectée à une belle poulinière; le sol, bien balayé, a été couvert de feutres épais, un feu clair pétille auprès de la porte : au total tout serait parfait si l'eau n'était par trop amère. Le thé, qui forme en ce

PRÉPARATION DE LA FARINE. (Voyez p. 504.)

moment notre unique boisson, est à tel point inacceptable que nous en sommes réduits à boire du jus de *madani* (citron doux).

14 novembre. — J'ai eu tout le loisir d'admirer la montagne pendant cette dernière étape. Nos bêtes, fort empêchées de sucer, comme leurs maîtres, des limons aqueux, ont été purgées par l'eau amère, au point de ne pouvoir mettre un pied devant l'autre. A trois heures du soir, les muletiers ont aperçu un village et, jugeant, non sans raison, que les animaux n'étaient pas capables d'arriver à l'étape, ont demandé à Marcel la permission de s'y arrêter. Leur cause était gagnée d'avance; en huit heures nous avions à peine parcouru vingt-cinq kilomètres !

A Ferachbad les stipes des palmiers servaient à couvrir les maisons : ici le feuillage constitue les murs et les toitures. Le premier gîte mis à ma disposition était une hutte de forme conique composée de branches fichées en terre et liées en faisceau à leur extrémité supérieure. Une habitation d'un autre modèle m'a paru présenter d'incontestables avantages. Aux quatre angles s'élèvent des fûts de palmiers réunis par des sablières; des colonnes soutiennent à l'intérieur une charpente horizontale qui vient s'appuyer sur l'enceinte; les murs sont faits en fagots attachés les uns aux autres par des cordes de sparterie. Une natte couvre le sol de ce palais hypostyle, dont les indigènes arrosent les toitures à grande eau pendant les plus chaudes heures du jour.

VILLAGE D'AHARAM.

La rustique demeure mise à notre disposition était abandonnée depuis quelque temps, et se signalait par les fâcheuses interruptions de ses murailles; quelques fagots dressés en palissade ayant suffi pour la remettre en bon état d'entretien locatif, j'en ai pris immédiatement possession sans état de lieux, bail ou autres formalités si profitables aux scribes de tous pays.

Il faisait grand jour encore, nous avions un toit assuré, il ne nous restait plus qu'à rendre visite à nos voisins.

Tapis, mortiers, khourdjines et moulin à farine composent le mobilier des villageois. Ce dernier instrument, dont les formes rappellent celles des moulins romains, est formé de meules coniques emboîtées l'une dans l'autre. Le grincement des pierres, intolérable à des oreilles européennes, paraît sans doute fort harmonieux aux Illiates et n'empêche pas en tout cas les oisifs et les jolis cœurs de faire la roue autour des belles meunières de la tribu.

Vers le soir, le ketkhoda s'est fait annoncer. Il était coiffé d'un turban de soie rouge et bleue confectionné à la dernière mode de Bouchyr, et suivi de plusieurs toufangtchis nègres. Des nègres, des maisons de feuilles de palmier! L'été ne doit pas être frais dans cette région!

LES PALMIERS D'AGHRAU. (Voyez p. 501-503.)

13 novembre. — Je bénis le ciel d'avoir placé hier un village sur notre route, car jamais, dans l'état archipitoyable de nos montures, nous ne serions arrivés à Aharam en suivant les sentiers de chèvres qui conduisent à Bouchyr.

Je croyais, au sortir des défilés de Firouz-Abad, avoir franchi les plus mauvaises gorges du monde; celles que j'ai vues aujourd'hui sont bien pires encore. En se retournant, il est impossible de retrouver le chemin qu'on a suivi; en regardant droit devant soi, on n'a pas même l'idée de la direction à prendre.

Les pentes sont excessivement rapides, le sentier domine des précipices insondables, et, quand il ne côtoie pas des abîmes, il suit le lit de torrents encombrés de pierres énormes, au milieu desquelles il est encore plus difficile de se mouvoir que sur le flanc des montagnes. Par quel miracle les canons envoyés d'Ispahan à Bouchyr, il y a quelques mois, sont-ils arrivés à destination?

LE KETKHODA D'AHARAM. (Voyez p. 508.)

Je ferais bon marché des dangers de la route si je pouvais m'abreuver aux ondes cristallines du ruisseau : depuis deux jours la soif me dévore, et cette rivière qui effleure mes lèvres roule des eaux plus purgatives que les célèbres sources de Pullna, de Birmenstorf ou de Hunyadi Janos. J'ai mesuré pour la première fois, aujourd'hui, toute l'horreur du supplice de Tantale.

Je suivais toute pensive le chemin de Bouchyr, ma main laissait flotter les rênes sur le cou de ma monture, quand Marcel a poussé un cri de joie. Entre deux sommets séparés par une gorge profonde, apparaît une immense plaine ensoleillée; à l'horizon un trait bleu foncé sépare le ciel des sables d'or. Cette ligne bleue, c'est le golfe Persique! c'est la mer! Cette mer est le chemin qui nous relie à la France.

Les splendeurs d'Ispahan, les rayonnements d'une nuit d'été, les cyprès de Chiraz, les palmiers du Fars, les vieux palais achéménides, ne m'ont jamais causé émotion comparable à celle que produit sur moi cette bande d'azur.

Comment dirai-je le bonheur que sa vue me fait éprouver? Depuis le mois de mars j'ai fait à cheval quatre-vingt-onze étapes et près de quatre mille kilomètres à travers un pays sans routes, dans une contrée dépourvue de tout confortable.

Excepté dans les grandes villes, j'ai eu pour tout logis de pauvres caravansérails ou des gîtes bien pires encore! Dieu soit loué! il nous a conduits durant huit mois par de bien difficiles sentiers, des glaciers du Caucase jusque sous le ciel des tropiques, des plaines désolées aux oasis de palmiers, mais il nous amène enfin au port.

Marcel n'est pas moins joyeux que moi, et tous deux hâtons si bien la marche de nos montures, que, trois heures après l'avoir aperçu pour la première fois, nous atteignons enfin le beau village d'Aharam.

Les golams ont apporté nos bagages dans un balakhanè mis à notre disposition par le ketkhoda, superbe vieillard, dont les traits me rappellent le Darius des bas-reliefs persépolitains.

De mes fenêtres j'aperçois à l'horizon les hautes montagnes que nous venons de franchir, plus près d'Aharam d'immenses forêts de palmiers; à mes pieds s'étend le village de terre égayé par des touffes d'arbres perdues au milieu des maisons. Une population très brune de peau grouille dans les rues et forme, au coin de chaque porte, des groupes aussi vivants que colorés.

Pourquoi faut-il que les sources d'Aharam fournissent un breuvage tellement amer que les indigènes ne puissent eux-mêmes le tolérer, et qu'ils soient contraints de consommer l'eau de pluie recueillie pendant l'hiver, et conservée soit dans des citernes, soit dans des trous à ciel ouvert, au fond desquels elle croupit et se décompose! En goûtant ce liquide, j'ai cru, tant il était saumâtre, que, par erreur, on m'avait apporté le récipient à pétrole. La couleur m'a tranquillisée : le pétrole est blanc, l'eau d'Aharam plus brune qu'une décoction de tabac.

Je me suis procuré à grand'peine un peu de lait, puis, comme nous voyions la provision de citrons doux près de s'épuiser, nous nous sommes résignés à rester à jeun afin de mieux supporter les intolérables douleurs que donne la soif, ou de nous garantir des brûlures pires encore occasionnées par l'eau de citerne.

Soumis à un pareil régime, de malheureux voyageurs morts de fièvre et de fatigue ne se referont pas de sitôt.

LE BALAKHANÈ DU KETKHODA D'AHARAM.

VILLAGE DE GOUREK.

CHAPITRE XXVIII

Le village de Gourek. — Chasse au faucon. — Arrivée à Bouchyr. — Aspect de la ville. — Le port. — Le ver de Bouchyr. La mort du *epdhedair*. — Départ de Bouchyr.

16 novembre. — La distance d'Aharam à Bouchyr n'excède pas huit farsakhs, et cependant nous n'avons pu la franchir en une étape, tant les chevaux étaient éprouvés par le régime purgatif auquel ils sont soumis depuis quatre jours.

Enfin, la caravane a atteint le village de Gourek! Cinq minutes après mon arrivée, j'étais en possession d'une sébile d'eau fort douce, si je la compare à l'infecte boue d'Aharam. Ce breuvage réparateur nous a permis de prendre quelque nourriture et de renouveler nos forces épuisées.

Ce village se compose de cabanes construites, comme toutes les habitations du Fars méridional, en stipes et en branches de palmier; les rues ménagées au-devant des portes sont encombrées de beaux enfants, de chiens jaunes et de poules noires, tous également sauvages; autour des habitations s'étend une plaine couverte d'une maigre végétation d'herbes et de buissons. Le pays n'est pourtant pas stérile : non loin d'ici les terres produisent de plantureuses récoltes de blé; la vigueur des villageois, leurs habits fort propres, témoignent d'ailleurs de leur bien-être.

Le cheikh de Gourek mène une existence comparable à celle des grands seigneurs de la féodalité française, et peut, à son gré, se donner le plaisir de la chasse à courre et au vol, plaisirs très appréciés de tous les Iraniens, mais à la portée seulement des chefs de tribu assez puissants et assez riches pour entretenir des chevaux, des meutes et des oiseaux de proie.

Ce n'est pas avec des noyaux de pêches qu'on alimente une fauconnerie. La valeur intrinsèque des gerfauts est souvent considérable en raison de leur bonne éducation; le prix de leur nourriture, composée de volaille et de mouton, est élevé; il faut affecter à chaque animal un serviteur, et à ce serviteur un bon cheval. Au total on estime que l'entretien particulier de l'oiseau de proie, de son valet de chambre et de son coursier coûte, bon an mal an, de huit cents à mille francs.

Une bête possédant un pareil train de maison ne saurait être élevée avec trop de soins; aussi bien l'envoie-t-on à l'école de bonne heure. Dès que le fauconneau a mis ses ailes, on le dresse à aller chercher de la viande crue dans les orbites d'une gazelle ou d'une outarde empaillée. A mesure qu'il prend goût à cet exercice, on éloigne l'appât et on le dispose à une distance telle, que l'oiseau ne puisse le distinguer s'il reste à terre. Il s'élève alors, cherche des yeux le mannequin et fond sur lui avec une foudroyante rapidité. Devenu grand, le faucon se précipitera de la même manière sur le gibier dans la direction duquel le lancera le chasseur, et l'aveuglera afin de saisir derrière ses prunelles la pâtée qu'il espère y trouver.

Quand un gerfaut doit aller à la chasse, on le laisse à jeun pendant tout un jour; au moment du départ on le coiffe d'un capuchon enrichi de pierreries, et l'on attache à sa patte une légère lanière de cuir. Puis, muni d'un perchoir formé d'une boule de cuir emmanchée sur une broche de fer, d'une éponge destinée à débarbouiller l'animal, d'un tambour servant à le rappeler s'il s'éloigne trop, l'oiseleur pose le faucon sur son poing recouvert d'un gantelet rembourré, choisit un cheval rapide et sort dans la campagne à la suite de son maître. C'est à la tête d'un nombreux équipage de chasse que nous avons rencontré à une petite distance du village le cheikh de Gourek. J'ai vainement cherché à ses côtés châtelaines chevauchant belles haquenées, brillants seigneurs, damoiselles, pages ou varlets. Les châtelaines de Gourek sont trop occupées à se crêper le chignon ou à confectionner des pilaus, quand les luttes intestines leur en laissent le loisir, pour prendre part à des expéditions cynégétiques; les seigneurs sont remplacés par des moricauds, les varlets par des brigands à mine patibulaire, décorés du nom de toufangtchis.

Les péripéties de la chasse n'en ont pas moins été très émouvantes.

L'*obaré* (outarde) sur laquelle on venait de lancer un faucon était de la taille d'une grosse poule. Dès qu'elle a aperçu l'assaillant, au lieu de se tapir ou de se cacher sur le sol,

LE CHEIKH DE GOUREK.

elle s'est bravement élevée dans les airs. A partir de ce moment les deux adversaires ont cherché sans cesse à se dominer l'un l'autre, afin d'éviter les coups de bec qu'ils essayaient mutuellement de se lancer; bientôt nous avons perdu de vue les combattants. Cependant deux points réapparaissent. Les lutteurs ailés se maintiennent à égale hauteur, bec contre bec, serres contre serres; ils redescendent; l'outarde semble lasse, le faucon garde encore toute sa vigueur. Tout à coup ce dernier étreint sa victime, celle-ci tente un suprême effort, et les deux oiseaux, ne formant qu'une boule de plumes hérissées, s'abattent sur le sol. L'obarè est aveuglée et vaincue.

Dès qu'il s'est rendu maître de sa proie, le gerfaut la dévorerait tout entière si le chasseur ne venait la lui disputer. Néanmoins il est indispensable de récompenser le vainqueur en lui donnant la tête et le foie de chaque pièce de gibier; si on négligeait de lui tenir compte de sa peine, l'oiseau se refuserait à chasser plus longtemps.

Le faucon est vorace, mais n'a aucune ténacité. Lui arrive-t-il plusieurs fois de suite de ne pas apercevoir sa proie ou de la manquer, il revient de fort méchante humeur auprès de son maître et reste insensible à tout encouragement. De la manière plus ou moins habile dont l'oiseau est décapuchonné et de la promptitude avec laquelle il est lancé dépend donc le plus souvent le succès de la chasse.

L'oiseau le plus vigoureux, le mieux dressé, le mieux dirigé, n'est pourtant pas toujours vainqueur. Les vieilles outardes, expertes en ruses de guerre, le battent même assez souvent. Quand elles ont tenté, sans succès, de dominer l'assaillant, elles simulent une extrême fatigue, battent faiblement des ailes, guettent le moment où leur ennemi, les croyant à bout de forces, va s'élancer sur elles et, faisant alors une brusque volte, lui lancent à la tête un jet de fiente qui l'aveugle et le laisse si penaud qu'il s'abat comme une masse. En ce cas, l'oiseleur doit prendre l'animal, le débarbouiller au plus vite avec l'éponge et le rapporter au logis, car après une pareille mésaventure il ne voudrait plus combattre de la journée.

On n'emploie pas seulement le faucon à chasser des oiseaux ou des lièvres : les gerfauts de grande race sont lancés sur la grosse bête et en particulier sur la gazelle. Les cavaliers poursuivent d'abord le gibier avec des lévriers très agiles, connus sous le nom de *tazi*. Quand les chiens commencent à se fatiguer, le fauconnier décapuchonne son animal. L'oiseau fond sur la tête de la gazelle, l'aveugle et la livre impuissante aux mains des chasseurs.

Bouchyr, 17 novembre. — La plaine de Gourek est séparée de la mer par des dunes de sables mobiles, dans lesquelles nos malheureuses montures pénètrent jusqu'au jarret. Quand on croit en être quitte avec les difficultés du chemin, on rencontre une nappe de boue dissimulée sous une mince couche d'eau. Les saints eux-mêmes perdraient leur sérénité à franchir un pareil marais sur des bêtes médicamentées. Pour nous, qui avons dépensé depuis longtemps la provision de patience départie par le ciel à chaque mortel, nous nous contentons d'exécuter au-dessus des oreilles de nos montures des exercices de haute voltige :

> La chute succède aux chutes,
> Les culbutes aux culbutes[1].

Malheureusement toutes ces cabrioles, que nous tombions pile ou que nous tombions face, se terminent d'une manière uniforme dans la vase. Nous serions encore englués au fond de quelque bourbier, si la vue de Bouchyr surgissant du milieu des flots n'avait relevé notre courage défaillant.

Au-dessus d'une enceinte flanquée de tours apparaissent des maisons à plusieurs étages,

---

1. Que Lamartine me pardonne ce plagiat acrobatique.

surmontées d'une forêt de badguirds (prend-le-vent) hauts et élancés comme des clochers de cathédrale. Ces singulières dispositions architecturales consécutives au climat et au sol de la côte méridionale de la Perse donnent au grand port iranien un caractère tout différent de celui des villes de l'intérieur. Roustem, mon vieux golam, m'explique que Bouchyr, entouré d'un côté par la mer, de l'autre par des terres marécageuses, est forcément malsain et humide. Les habitants renoncent donc à occuper le rez-de-chaussée de leur maison et s'en servent comme de caves destinées à supporter les chambres et les talars. Ces dernières pièces, percées de nombreuses portes-fenêtres, se dégagent sur la terrasse qui recouvre le soubassement. Grâce à la multiplicité des baies, il suffit de fermer les ouvertures pratiquées sur trois côtés et d'ouvrir les fenêtres orientées à la brise pour modérer l'intensité d'une chaleur d'autant plus insupportable qu'elle est lourde et humide.

Avant de franchir l'enceinte fortifiée, la caravane longe le port. Ses eaux sont peu profondes, et à peine aperçoit-on çà et là quelques barques de pêcheurs. Non loin des portes de la ville

LA FLOTTE ROYALE A BOUCHYR.

s'étalent, mélancoliquement couchés sur leur flanc, quatre bateaux ou plutôt quatre coques désemparées veuves de voile et de mâture. Saluez! c'est la flotte impériale et royale de la Perse, qui pourrit depuis de longues années sur la grève. Jadis elle affronta sans trembler les colères de Neptune : aujourd'hui elle est digne de porter des champignons ou d'être exploitée par la Société concessionnaire des allumettes incombustibles.

Cet état de vétusté la mettant à l'abri de toute entreprise commerciale de la part des fonctionnaires iraniens, je proposerais au chah, si j'avais l'insigne honneur d'être de ses conseillers, de réunir dans un musée les archéologiques débris de ses escadres et d'en nommer conservateur son grand amiral. Il sauverait ainsi les apparences et permettrait à cet « immense dignitaire » de regarder de haut en bas ses collègues de la Confédération Helvétique.

Après avoir dépassé les vénérables reliques d'une marine dont le renom n'a jamais troublé les mers, nous nous sommes rendus directement au palais du gouverneur, Mirza Mohammed Moustofi Nizam, afin de lui porter les lettres de recommandation que le docteur Tholozan, un de ses protecteurs, nous a données lors de notre passage à Téhéran. Pendant la durée de notre entrevue avec le hakem, les ferachs se mettaient en quête d'une maison inhabitée

FAUCONNIER DU CHEIKH DE GOUREK (Voyez p. 510.)

et y faisaient porter nos bagages; prévenus du succès de leurs recherches, nous nous sommes hâtés d'aller prendre possession de notre appartement.

J'étais d'autant plus désireuse de me renfermer dans une chambre bien close, que depuis longtemps je caressais une idée fixe, celle de rompre au moyen de nombreuses ablutions d'eau de mer avec les petits hadjis de Miandjangal et de cacher aux Européens, toujours très empressés à venir rendre visite aux nouveaux venus, les graves dangers qu'il y aurait à nous introduire dans leur maison. Mes projets mis à exécution, je me lance à la découverte. Un régiment logerait à l'aise dans notre demeure; du haut des terrasses on aperçoit la ville, la plaine de Gourek, la mer et, tout à l'horizon, la mâture de deux navires anglais. En réalité il n'y a ni port ni rade à Bouchyr : les bateaux de fort tonnage ne peuvent s'approcher de la ville, entourée de bas-fonds dangereux, et mouillent à une distance que les barques indigènes à voile ou à rames mettent plus de deux heures à franchir. Souvent même, quand le vent souffle du large, les navires sont obligés de gagner la pleine mer sans avoir complété leur chargement. Les caboteurs calant de trois à quatre pieds s'aventureraient sans talonner dans la crique qui sert de havre, mais en ce cas ils ne trouveraient point de bouées et courraient le risque d'être jetés à la côte par les gros temps de nord-ouest. Les navires anglais n'hésitèrent pas cependant à traverser ces bas-fonds et à s'embosser dans la rade intérieure lorsqu'ils bombardèrent Bouchyr il y a quelque trente ans.

Le chahzaddè Zellé sultan aurait eu le dessein, m'a dit le gouverneur, d'attirer les petits navires à Bouchyr et de faire construire à cet effet une jetée et un quai vertical, mais il a craint d'éveiller les susceptibilités du chah son père, et attend une occasion favorable pour rendre praticable le seul port qui permette à la Perse d'entretenir des relations directes avec l'Europe. Ce projet, tout à l'honneur du prince, ne sera pas, je le crains, mis de longtemps à exécution.

18 novembre. — Je suis désespérée et cruellement punie de m'être séparée de mes bagages. Après avoir fait peau neuve autant que le permettait une garde-robe devenue bien restreinte, nous nous sommes enquis de nos caisses. Elles devraient être ici depuis longtemps; il faut huit jours pour venir de Chiraz à Bouchyr, et nous en avons mis vingt à faire la tournée du Fars; cependant personne, à la douane ou au palais, n'a pu nous renseigner sur leur compte. Les ferachs assurent même qu'il n'est arrivé aucune caravane depuis quinze jours.

C'est un vrai désastre. Sans compter les tapis et les menus objets achetés en chemin, clichés, cahiers, dessins, fruits d'un long et pénible voyage, sont peut-être perdus à jamais. Le gouverneur a pris pitié de mon émoi : il s'est chargé d'envoyer un télégramme à Chiraz et de savoir si la caravane s'est mise en marche; mais nous ne pouvons recevoir une réponse avant deux jours.

Les membres de la colonie européenne de Bouchyr, Malcolm khan, riche négociant d'origine française (il m'a assuré avoir une parenté très rapprochée avec Rousseau), et les représentants de la maison Holtz ont apporté un peu de calme dans mon esprit en m'assurant à l'unanimité que mes bagages ne pouvaient être égarés. Le premier secrétaire du consulat d'Angleterre, un très aimable officier, et le médecin de la résidence, neveu du consul général, ont achevé de me rendre confiance.

Ces deux messieurs venaient, au nom du colonel Ross, en ce moment en villégiature aux environs de la ville, nous offrir l'hospitalité à l'hôtel du Consulat ou à sa campagne de Çabs-Abad (Lieu-Vert), distante du port de deux farsakhs. En se retirant, le docteur Ross nous a recommandé de nous abstenir rigoureusement de l'eau de Bouchyr. Elle est malsaine, corrompue, contribue à donner la fièvre, et contient le germe d'une filaire analogue au ver de Guinée, qui se développe dans l'économie, chemine lentement le long des muscles et finit, après avoir occasionné d'insupportables souffrances, par se présenter sous le derme. Le traitement en faveur chez les indigènes est simple, mais exige beaucoup de patience de la part du malade. Dès que la tête apparaît sous la peau, on pratique une incision et on la saisit. Il s'agit alors de la fixer avec une épingle sur une bobine de bois, et de tourner tous les jours la bobine jusqu'à ce que l'animal soit enroulé en entier. Si, impatienté par la lenteur de cette opération, on exécute trop rapidement la traction, le ver se contracte et se brise, la partie demeurée dans les chairs s'enfonce, reprend une vie nouvelle, et, après une longue promenade, se montre parfois à une très grande distance du point où la première incision avait été faite. Certains vers nonchalants se laissent extirper en une semaine, d'autres résistent pendant deux mois au supplice de la bobine. Les eaux de Bouchyr ne favorisent pas également tout le monde ; quelques malheureux sont parfois gratifiés de plusieurs filaires et ne peuvent se mouvoir sans risquer de déplacer la bobine du mollet ou celle du biceps. La maladie, déjà fort douloureuse, devient alors intolérable, en raison des positions extravagantes que le patient est obligé de garder pour ne point briser ses appareils.

Les Européens et les riches habitants de Bouchyr se préservent de ces parasites en buvant de l'eau du Tigre ou de Karoun, apportée de Bassorah ou de Mohammèreh dans des barques pontées ; mais il n'en est pas de même des pauvres gens, obligés de consommer le liquide saumâtre emmagasiné dans les citernes ; presque tous sont atteints au moins une fois dans leur vie.

Voilà des renseignements de nature à me faire apprécier à leur juste valeur deux grandes carafes d'eau envoyées en pichkiach par le hakem.

Sans compter le ver de Guinée, les indigènes sont sujets en toute saison à des maladies terribles : choléra, accès pernicieux, diphtérie les déciment à l'envi. Logés dans les rez-de-chaussées qui servent de soubassement aux maisons, mal nourris, mal abreuvés, paralysés par la fièvre et impropres au travail pendant une partie de l'année, les gens du peuple tomberaient dans une extrême misère et périraient en grand nombre s'ils ne trouvaient remèdes et conseils au dispensaire organisé par les soins de Mme Ross.

19 novembre. — Dieu soit béni ! les bagages sont retrouvés ou du moins sur le point de l'être. Nous étions invités à dîner hier soir chez le gouverneur ; dès notre venue, le hakem nous a transmis la réponse au télégramme qu'il avait envoyé la veille à Chiraz.

Çahabi divan remercie d'abord Marcel de ses salutaires ordonnances et se plaît à attribuer aux frictions arsenicales et au séjour dans la montagne l'amélioration de sa santé. Le gouverneur s'excuse ensuite du retard apporté au départ de la caravane : ignorant que nous avions laissé une partie de nos bagages au tcharvadar bachy, il a réquisitionné tous les chevaux de la province, afin de leur faire transporter ses tentes et sa maison hors de la ville. Pas un convoi n'est sorti de la cité pendant deux semaines ; mais, comme depuis cinq jours les caravanes ont repris leur marche normale, nous ne tarderons pas à rentrer en possession de nos précieux colis.

Cette bonne nouvelle, en dissipant nos inquiétudes, nous a permis de goûter avec une attention recueillie aux chefs-d'œuvre de l'*achpaz* (cuisinier) du palais.

Le dîner était servi à la mode européenne. Cristaux, linge, argenterie, occupaient sur un grand guéridon leur place réglementaire ; mais les plats, en vertu d'un habile compromis, ne défilaient pas sur la table et se trouvaient disposés par rang de taille sur deux longues nappes étendues à terre. Soupes variées, volailles, gigots d'agneau et de mouton, poissons emmaillotés dans une friture blonde, melons, pastèques, concombres, aubergines bouillies et farcies, *torchis* (fruits ou légumes confits au vinaigre), nougats, pâtisseries jaunes, roses ou blanches, auraient suffi à rassasier cinquante Persans bien affamés.

Le gouverneur, après avoir jeté le coup d'œil du maître sur ces brillants spécimens de la cuisine iranienne, nous a priés de faire notre choix ; nous nous en sommes rapportés à ses lumières et, sur son ordre, les *pichkhedmed* (valets de chambre) ont fait circuler à la ronde un plat de chaque espèce : dîner exquis et bien fait pour ravir d'aise des gens soucieux de ne point s'offrir une rage de dents en mangeant trop chaud.

Je n'ai pas été la seule à apprécier les mérites du festin. C'était plaisir de voir les mines gourmandes d'une trentaine de serviteurs assis à l'extérieur de la salle à manger. Ces invités de deuxième catégorie happaient au passage les plats desservis, et faisaient disparaître leur contenu avec une telle dextérité que les derniers venus ou les plus timides avaient l'unique consolation de lécher la sauce attachée au fond des plats.

Après le repas, nous nous sommes retirés dans le salon ; les nuits sont trop fraîches et trop humides à Bouchyr en cette saison pour que l'on puisse passer la soirée sur les terrasses. La conversation a roulé sur la France, sur Paris, que le hakem regrette de ne plus habiter, bien qu'il soit encore tout à la joie d'avoir été nommé gouverneur.

Mirza Mohammed était fort inquiet, nous a-t-il assuré, à son arrivée à Chiraz : le pauvre homme se demandait dans sa naïveté comment il fournirait au roi une redevance supérieure à celle qu'acquittait son prédécesseur, et comment surtout il rentrerait dans les *madakhels* que tout fonctionnaire doit distribuer avant d'obtenir sa charge. Aujourd'hui le hakem est fort tranquille à cet égard. Sa quiétude ne repose pas sur une étude approfondie des registres de la province, paperasses encombrantes et inutiles, mais sur l'expérience de ses secrétaires, habiles à découvrir des mines d'or et d'argent monnayé à l'effigie du souverain sans le secours d'incantations ou de baguette de coudrier.

Comme nous nous apprêtions à nous retirer, plusieurs serviteurs, la mine à l'envers, sont entrés au salon. Ils apportaient une dépêche dont le bruit public ou leur curiosité leur avait fait connaître la teneur. Le télégramme venait de Téhéran et ne contenait que ces mots : « Dieu a rappelé à lui le *çpâhçâlâr*. »

Le titre honorifique de çpâhçâlâr, équivalant à celui de généralissime des armées persanes, était porté par l'avant-dernier ministre d'État, l'une des plus puissantes figures de la cour de Nasr ed-din. La mort inattendue de ce personnage suscite une émotion d'autant plus grande que le défunt, parti de bien bas, avait joui pendant plusieurs années d'une autorité souveraine.

Fils d'un étuvier de Kazbin, le çpâhçâlâr abandonna de bonne heure le hammam paternel et se fit admettre au palais dans des offices très infimes. Sa vive intelligence lui permit de sortir rapidement de l'obscurité et de prendre plus tard une telle influence sur l'esprit du roi, que celui-ci n'hésita pas à lui confier d'abord le département des affaires étrangères, puis à le nommer enfin premier ministre.

La facilité et la régularité de ses rapports avec les agents diplomatiques, les sympathies qu'il avait su s'attirer en renonçant aux éternelles tergiversations de la politique orientale, engagèrent le chah à amener son grand vizir en Europe et à en faire le confident de ses plus secrètes pensées. Pendant le voyage, un fait grave se produisit à la cour de Téhéran. La sœur du souverain, veuve de l'émir Nizam, se mariait avec Yaya khan, frère du çpâhçâlâr. Le roi vit, paraît-il, cette union avec déplaisir et dès cette époque prêta l'oreille aux dénonciations des ennemis d'un homme devenu trop puissant pour ne pas traîner à sa suite un cortège d'envieux et de mécontents.

A l'avènement au trône d'Alexandre III, le chah parut oublier ses griefs et chargea son ancien serviteur d'aller féliciter le nouveau souverain. L'ambassadeur devait en même temps remettre au tsar une épée dont le fourreau était enrichi d'émeraudes, et à la tsarine une turquoise estimée vingt mille francs. Le çpâhçâlâr ne réclama, à cette occasion, ni traitement ni subvention; il se fit accompagner d'un nombreux personnel, représenta dignement son maître et revint en Perse avec l'espoir, bien légitime, de rentrer dans ses bonnes grâces.

Lors de mon passage à Téhéran, je me souviens qu'amis et ennemis discutaient entre eux les chances du ministre. En général on s'accordait à croire que le roi, après avoir imposé une si lourde contribution à son ancien favori, lui tiendrait compte de son obéissance.

Trois jours ne s'étaient pas écoulés depuis son arrivée, que le çpâhçâlâr, nommé gouverneur du Khorassan, était invité à partir pour Mechhed, situé à vingt-cinq jours de marche de la capitale. Quoique cette situation, une des plus hautes du royaume, soit toujours donnée à un parent très rapproché du roi, en raison de la richesse de la province et de l'omnipotence que prend bien vite un gouverneur fort éloigné du pouvoir central, le généralissime ne se méprit pas sur les intentions du chah, et comprit qu'il était condamné à un exil déguisé. Dans l'espoir de rentrer en grâce, il alla, assure-t-on, jusqu'à offrir un million à son souverain s'il voulait l'autoriser à rester à Téhéran. En réponse à sa proposition, il reçut l'ordre formel de gagner son poste et de quitter la capitale sous quatre jours.

Le voisinage du tombeau de l'imam Rezza n'a-t-il point suffi à le consoler de sa disgrâce, et le chagrin a-t-il achevé de détruire une constitution usée par les travaux et les plaisirs? Nul ne le sait.

Le çpâhçâlâr avait rendu de grands services à la Perse en la mettant plus directement que par le passé en rapport avec la diplomatie européenne, et avait achevé de constituer l'unité du royaume en soumettant d'une manière définitive les tribus du Fars et de l'Arabistan, jusqu'alors à peu près indépendantes. Ses procédés administratifs étaient malheureusement plus discutables que ses vues politiques. Contrairement aux usages de ses prédécesseurs, il ne vendait ni les charges ni les offices, mais il se dédommageait, sans scrupule, au préjudice du trésor royal.

Dès son arrivée aux affaires, il avait senti le besoin de se débarrasser d'un contrôle quelconque ou de l'espionnage d'un personnel subalterne, et, pour inaugurer l'ère des réformes, il avait renvoyé tous les employés des ministères. Tour à tour receveur et payeur, expéditionnaire, chef de bureau, chef de division et président du Conseil, il tenait à lui seul ses livres de comptabilité et suffisait à sa correspondance. Les procédés administratifs et financiers de ce ministre idéal sont néanmoins connus de tout le monde : s'il comptait, par exemple, le prix d'un uniforme de soldat cinquante francs, de mémoire de fournisseur il n'en donnait jamais plus de vingt; il encourageait le roi à augmenter la solde de l'armée et engageait les hommes au rabais. Officiers et soldats n'osaient se plaindre, et se contentaient de rentrer dans leurs foyers, à la grande joie de leur généralissime, qui n'avait plus à les habiller ni à les payer, et les faisait cependant figurer sur ses états de solde. Une pareille situation ne pouvait se prolonger éternellement. Quand les courtisans furent bien convaincus que Nasr ed-din, à son retour d'Europe, était las de son ancien favori, ils dénoncèrent au roi le ministre concessionnaire et précipitèrent sa chute.

Le peuple, aux dépens duquel le çpâhçâlâr ne s'enrichit jamais, et qui aime mieux, sentiment mesquin mais naturel, voir piller la caisse royale que dépouiller les cultivateurs et les petits marchands, le regrette; les grands personnages eux-mêmes partagent ce sentiment. Aujourd'hui qu'il faut payer pour obtenir un gouvernement, payer pour être nommé général, payer pour se faire rendre justice, payer pour se faire arrêter, payer pour se faire administrer la bastonnade, toute la nation déplore la chute d'un homme qui montrait envers elle un certain désintéressement, et voit dans sa mort inattendue une occasion de rappeler ses bonnes qualités. Dieu nous préserve du jour des louanges !

« En somme, me dit sous forme de conclusion, et avec une franchise charmante, le gouverneur de Bouchyr, souverain, hakems ou ministres tournent dans un cercle vicieux. Le chah, sachant que ses proches parents et les plus hauts fonctionnaires de son empire sont tous enclins au madakhel (bénéfice), ne se fait nul scrupule de saigner leur coffre-fort de temps à autre; ceux-ci, de leur côté, prévenus du sort qui les attend, se hâtent de pressurer le peuple et de s'enrichir afin de conserver un bien-être décent, après avoir satisfait aux demandes parfois exagérées de leur maître. »

.... Il n'est pas surprenant que l'état sanitaire de Bouchyr laisse tant à désirer : jamais je n'ai vu une ville aussi sale et aussi mal tenue. Que les places envahies par des tombes creusées à fleur du sol, les rues encombrées d'ordures animales et végétales, les fosses d'aisances à ciel ouvert ne fleurent point la rose, c'est là une bagatelle insignifiante, à peu près commune à toutes les villes de l'Orient; mais ici le mal est bien autrement grave. Les étages supérieurs des maisons sont seuls habités, et les propriétaires, n'ayant point adopté l'usage des tuyaux de descente, se débarrassent des immondices de tout genre en les déversant au moyen de gargouilles de bois dans le fossé creusé au milieu des rues. Quoi qu'ils fassent, les passants doivent s'estimer fort heureux d'échapper au jet principal et d'être seulement atteints par les éclaboussures secondaires. A quelle dure épreuve doivent être soumis de pieux musulmans exposés, dès le pas de leur maison, à recevoir sur la tête des souillures immondes!

Bouchyr ne mérite pas d'ailleurs que l'on s'aventure dans ses rues. La ville, de fondation moderne, ne possède aucun monument digne d'intérêt et n'a pour elle que l'animation de ses bazars encombrés de gens affairés et de portefaix arabes dont la vigueur contraste avec l'aspect chétif des indigènes.

Le costume des hommes du peuple se ressent déjà du voisinage de l'Arabie : chemise de laine blanche serrée autour des reins par une écharpe colorée, abba (grand manteau), turban d'indienne bleue rayée de rose.

Les femmes portent le *tchader* persan, mais remplacent le *roubandi*, beaucoup trop chaud dans un pays où l'air est étouffant, par un grillage de crin noir. Toutes sont chaussées de bottes jaunes à entonnoir. Ainsi attifées, les grandes élégantes ont bien, quand elles marchent, un faux air d'oies grasses en promenade, mais peuvent au moins circuler sans dommage au milieu des immondices de toute sorte amoncelées en ville.

On comprendra sans peine que les cochers les plus prudents et les plus habiles ne viennent pas à bout de faire passer leurs carrosses dans les rues; tout au plus se hasardent-ils sur la route de Çabs-Abad. C'est pourtant sur un dogcart, solidement construit il est vrai, que nous avons quitté Bouchyr afin d'aller remercier le colonel et Mme Ross de leur gracieuse invitation.

Nous avons d'abord suivi une côte sablonneuse et d'une aridité désespérante. A dix kilomètres de la ville, au milieu des dunes, des négociants sont parvenus à créer les maigres jardins où s'élève la maison d'été du représentant de la Reine. Quelques arbres en carton, la vue de la mer, un *home* confortablement installé, dédommagent le consul général de la tristesse de sa résidence d'hiver.

Le colonel Ross est le roi du golfe Persique, mais il use si bien de sa royauté qu'il est impossible de ne pas envier à l'Angleterre un fonctionnaire d'un mérite aussi exceptionnel.

Très touchés du sympathique accueil du colonel et de Mme Ross, nous avons cependant résisté à la tentation de passer quelques jours à Çabs-Abad. Le *djélooudar* (courrier) de la caravane est arrivé; demain nous serons en possession de nos bagages, le bateau de la compagnie British India, qui fait le service entre Bombay et Bassorah, est attendu ces jours-ci : il faut songer à s'embarquer.

TORKAN KHANOUM ET SA PANTHÈRE. (Voyez p. 528.)

CHAPITRE XXIX

A bord du *Pendjab*. — Les côtes persanes. — Le Chat el-Arab. — La barre de Fau. — Rives du Chat el-Arab. — Mohammérch. — Le cheikh de Felich. — Torkan khanoum. — Qualités de cœur d'une panthère. — Office en l'honneur de Hassan et de Houssein.

20 novembre. A bord du *Pendjab*. — La chaloupe à vapeur du consul d'Angleterre nous a conduits ce soir à bord de ce steamer, qui, destiné à transporter des Orientaux, manque du confortable que l'on s'attendrait à trouver sur une ligne où les prix de transport sont très élevés. Les cabines n'ont pas de couchettes, mais des coussins de crin, sur lesquels on étend pompeusement des serviettes. Ces matelas ne valent guère mieux que nos couvre-pieds persans; en tout cas le dîner de ce soir m'a fait regretter le pilau journalier confectionné par les soins des Arabet, Mohammed, Ali, etc.

Et moi qui me réjouissais à la pensée de mener durant un jour tout entier une vie de sybarite!

21 novembre. — Un vent assez violent s'est levé cette nuit, le *Pendjab* n'a pu terminer son chargement et a levé l'ancre vers deux heures du matin.

Au jour je suis montée sur le pont. Nous longions encore les côtes de Perse. Elles sont plates, très basses, d'une couleur uniformément jaune, dépourvues de toute espèce de végétation.

A huit heures, le bateau s'engage dans un estuaire vaste comme une mer; c'est le Chat el-Arab, formé par la réunion du Tigre et de l'Euphrate : les rives sont sablonneuses et d'une extrême monotonie.

A huit heures et demie, le navire prend toute sa vitesse et franchit sans encombre une barre vaseuse qu'il est difficile de faire passer aux navires calant plus de dix-huit pieds. Au delà de la barre de Fau, les rives se rapprochent, et, bien que le fleuve ait encore près de six kilomètres de largeur, on aperçoit cependant sur ses bords une maigre végétation ; puis apparaissent des palmiers rabougris et tordus par les vents de mer, enfin des forêts de plus en plus belles à mesure qu'on avance dans l'intérieur des terres. Nulle maison, nul panache de fumée ne décèle la présence de l'homme. Les rives du Chat el-Arab paraîtraient désertes si le fleuve n'était sillonné de barques rapides qui vont se perdre dans les rigoles d'irrigation. Chaque rameur est armé d'un aviron de la grandeur et de la forme d'une cuiller à potage, et s'aide en guise de voile de son abba suspendu au manche de la gaffe.

Vers une heure nous passons en vue d'un gros bourg fortifié situé à l'embouchure du Karoun. Mohammérch fut pris par les Anglais en même temps que Bouchyr, puis restitué à l'Iran au moment de la délimitation des frontières turco-perses. Les murailles de terre démantelées portent encore les traces des boulets envoyés par l'escadre victorieuse.

A quelque distance de Mohammérch, le capitaine du *Pendjab* fait mettre une chaloupe à l'eau et, sur notre prière, nous débarque à Felich, village d'assez pauvre apparence, habité par un chef de tribu auquel Çahabi divan nous a spécialement recommandés.

Marcel demande s'il y a un caravansérail ; on lui répond en nous conduisant tout droit chez le cheikh.

Dès l'entrée, la maison s'annonce comme une demeure hospitalière : autour d'une gigantesque cafetière posée sur des cendres chaudes, sont groupés des mariniers et des toufangtchis : chaque étranger qui franchit le seuil de la porte reçoit des mains d'un *gahvadji* préposé à ce soin une tasse de café puisée dans la chaudière.

Consommateurs civils ou militaires diffèrent des Persans par leur type, leur costume et leur langage. A la longue gandourah, à l'abba, à la couffé que retient sur la tête une volumineuse corde de poil de chameau, on reconnaît immédiatement les Arabes de l'Hedjaz.

Après avoir franchi ce vestibule toujours très encombré, nous pénétrons dans une immense cour entourée de bâtiments de peu d'élévation, construits en terre crue et en stipes de palmiers. A notre droite trente ou quarante serviteurs épluchent des légumes, préparent des viandes et font cuire en plein air, dans huit marmites, dignes compagnes de la cafetière, un repas à rassasier Gargantua et ses hôtes. On croirait assister aux préparatifs des noces de Gamache.

En fait, s'il faut nourrir les chefs arabes qui fument sous une galerie, les derviches qui pérorent au milieu d'une troupe de soldats bien armés, les dormeurs étendus deci delà, le contenu des huit grandes marmites sera à peine suffisant.

Un vieil intendant nous introduit dans une chambre fort propre.

« Dès que le cheikh reviendra de la chasse, je lui annoncerai qu'Allah lui a envoyé des hôtes.

— Cheikh Djaber n'est-il pas infirme ? Cette lettre du gouverneur ne lui serait-elle pas adressée ?

— Mon pauvre maître n'est plus. Allah l'a rappelé à lui il y a quinze jours à peine, mais son fils, Meuzel, fera honneur aux recommandations adressées à un père regretté. »

Au coucher du soleil la maison s'ébranle des zirzamins aux terrasses : de toutes les salles sortent en courant des serviteurs. Derviches, toufangtchis et mariniers se joignent aux domestiques, se précipitent vers la porte et se rangent en ligne pour recevoir de nouveaux arrivants.

ENTRÉE DE LA MAISON DU CHEFER DE FÉLIEH.

Un homme dans la force de l'âge, aux traits superbes mais à la physionomie sévère, s'avance le premier; il précède un jeune garçon de dix-sept à dix-huit ans, dont le type fin et délicat décèle l'origine arabe; tous deux portent de longues robes, des abbas et des turbans noirs sans aucun ornement. Ce sont cheikh Meuzel et son plus jeune frère, en grand deuil de leur père. Ils sont suivis d'un bel éphèbe préposé à la garde et à l'entretien du kalyan.

Avant de rentrer dans son appartement, cheikh Meuzel se dirige vers la pièce où nous

CHEFS ARABES DANS LA MAISON DU CHEIKH DE FELIEH. (Voyez p. 522.)

sommes assis. Les salutations d'usage échangées, il prend les lettres dans lesquelles Çahabi divan le prie de faciliter à mon mari l'entrée en Susiane, et déclare qu'il est heureux de pouvoir mettre à notre disposition une chaloupe à vapeur. Elle nous conduira en remontant le Karoun jusqu'au barrage d'Avas, distant de Disfoul de cinq étapes. Malheureusement l'embarcation n'est pas en bon état. Notre hôte s'est engagé à la faire réparer et a bien voulu assurer à Marcel que son plus grand désir était de nous garder à Felieh aussi longtemps que nous nous y plairions.

Cheikh Meuzel, comme je m'en étais doutée en pénétrant dans son habitation, est le chef de l'une des plus puissantes tribus de l'Arabistan. Il peut lever en moins de quinze jours dix mille toufangtchis armés d'excellents fusils américains, et possède un navire à vapeur et de nombreux *kachtis darya* (grandes nefs semblables aux navires du Moyen Âge) qui portent aux Indes les denrées de ses immenses terres. Il n'aurait pas dû hériter le titre et la fortune de son père, mais le chah, usant en cela de son droit absolu, l'a confirmé dans toutes les prérogatives du vieux cheikh au détriment d'un frère aîné qui vient de prendre la fuite. Tous ces détails m'ont été donnés par le sous-gouverneur de l'Arabistan, venu ici, j'imagine, pour négocier le prix du firman qui régularisera cette situation. Je dois ajouter, à l'honneur du nouveau cheikh, qu'il paraît doué d'une vive intelligence et que tous les chefs des petites tribus soumises à son autorité sont unanimes à se féliciter de la décision royale.

22 novembre. — Meuzel est venu ce matin nous faire une longue visite. Deux passions très pardonnables et deux tourments bien légitimes agitent son cœur.

Il aime à la folie les chevaux et les belles armes, et se désole à l'idée d'envoyer son dernier frère à Téhéran. Le roi a témoigné le désir de se charger de l'avenir de ce jeune homme, mais en réalité il veut le conserver comme un gage de la fidélité de son vassal. La séparation est d'autant plus douloureuse qu'Allah, et c'est le dernier chagrin de notre hôte, n'a pas béni les multiples mariages de son serviteur et ne lui a point accordé d'héritier.

« Combien de femmes avez-vous donc? ai-je demandé au cheikh au moment où il s'apprêtait à nous quitter.

— Dix.

— C'est maigre : complétez au moins les deux douzaines, ai-je repris en riant.

— Mon andéroun est en effet bien mesquin en comparaison de celui de mon voisin le cheikh de Kara Sala, qui contient cent quarante khanoums de tout âge et de tout pays : mais il est bien nombreux si je songe à la tranquillité de mon existence. »

Cette visite terminée, le vieil intendant m'a offert de me conduire dans le harem de son maître. J'ai accepté avec empressement la proposition. Après avoir traversé une suite de terrasses d'inégales hauteurs, de pièces désertes, de talars inhabités, je suis descendue dans une cour exiguë entourée de chambres d'une extrême pauvreté. Dans l'une d'elles, qui n'était ni blanchie à la chaux ni meublée de tapis, était étendue une femme vêtue de noir. C'est la favorite du cheikh défunt; en signe de deuil, elle a abandonné l'appartement aéré qu'elle occupait pendant la vie de son mari, pour se confiner au fond de ce triste réduit.

Torkan khanoum, après avoir fait allusion au malheur qui l'a frappée, quitte son lit de tiges de palmier et me prie de la suivre jusqu'aux appartements du premier étage, car elle ne peut, ajoute-t-elle, me recevoir dignement en un lieu consacré au chagrin et à la tristesse; puis elle frappe dans les mains : plusieurs servantes accourent et reçoivent l'ordre d'aller prévenir le harem de mon arrivée.

Le salon officiel est meublé comme toutes les pièces de réception du biroun, de tapis, de coussins, de pendules en simili-bronze, de fleurs artificielles abritées sous des globes de verre. Nous étions à peine assises depuis cinq minutes que plusieurs femmes entrent successivement, s'avancent vers Torkan khanoum, la baisent au front en lui souhaitant paix, santé et bonheur, et vont s'accroupir en rang d'oignons, le long des murs, après s'être saluées de la tête les unes les autres. Cette cérémonie glaciale évoque dans ma pensée de lointains souvenirs de pension. La mère abbesse recevant ses nonnes ne montrait pas plus de dignité que la favorite du vieux cheikh accueillant les hommages de ses compagnes. Les bonnes sœurs, non! les épouses régulières et irrégulières de cheikh Meuzel sont vêtues de longues chemises de laine noire tombant jusqu'aux pieds, et d'amples pantalons froncés autour de la cheville. Torkan khanoum porte sur la tête un fichu de gaze noire qui, après avoir encadré sa figure, tourne autour du cou. Ses compagnes ont la même coiffure, mais le dernier pli du voile est ramené sur la bouche et couvre toute la partie inférieure du visage. Le type des jeunes khanoums est élégant; elles sont grandes, bien faites et savent se draper avec un art ou une coquetterie incomparables dans leurs vilains sarraux. Pieds, mains, front, sont couverts de tatouages bleus figurant des circonférences séparées par des barres horizontales;

CHEIKH MEUZEL KHAN.

enfin le nez, percé de trois trous, est privé en ce moment des anneaux chargés de pierreries qui le parent d'habitude, mais que les jeunes femmes ont enlevés depuis la mort du vieux cheikh.

Le type singulier de Torkan khanoum, son nez vierge de perforation, la facilité avec laquelle elle traduit en arabe toutes mes paroles, sa première question, « parlez-vous russe? » m'avaient fort intriguée; au retour, j'ai demandé à mon guide des renseignements sur son aimable maîtresse. « Elle est Circassienne, m'a-t-il répondu. Mon maître l'acheta à Constantinople il y a une quinzaine d'années, l'éleva au rang de favorite, et n'a jamais cessé de lui témoigner une grande affection, bien qu'elle ne lui ait pas donné d'enfants. Torkan khanoum est fort instruite; elle a appris à lire et à écrire à Tiflis, et parle aussi bien le persan et l'arabe que le turc et le russe. Son influence est immense; non seulement elle dirige la maison du khan, mais même la tribu : du vivant de cheikh Djaber toutes les affaires importantes étaient traitées par son intermédiaire, et si la paix, toujours bien difficile à maintenir dans un andéroun aussi nombreux que celui du cheikh de Felich et de ses fils règne chez nous, c'est qu'aucune femme n'a jamais contesté son autorité et méconnu la droiture de son jugement. »

Une remarque singulière : les domestiques mâles pénètrent dans le harem sans scandaliser les khanoums et sans qu'elles tentent même de se voiler le visage. Comme il y a loin de ces appartements aux andérouns si rigoureusement fermés des Persans de race aryenne.

23 novembre. — Je suis encore toute saisie au souvenir de ma seconde visite à Torkan khanoum. Je mettais la meilleure volonté du monde à admirer une épouvantable robe de moire antique que la favorite avait fait tailler à Bagdad, quand un rugissement sauvage retentit à mes côtés : je me retourne et me trouve nez à nez avec une magnifique panthère.

« Venez ici, Ourida (Petite-Rose) », s'écrie Torkan khanoum.

La panthère se redresse et va lentement s'étendre auprès de sa maîtresse sans cesser de me regarder de travers.

« C'est un agneau, une colombe », ajoute Torkan khanoum en saisissant l'animal à pleins bras et en le poussant sur moi comme elle ferait d'un jeune chat. La *Petite-Rose* n'a pas de sympathie pour les chrétiens et répond à mes timides avances par des grognements. A la vue de ses blanches quenottes je me sens prise d'une folle envie de gagner un logis plus sûr, et de mettre mon pauvre moi à l'abri d'un jeu de patte ou d'un coup de dent; je n'en témoigne rien cependant et j'applaudis, sans avoir parfaite conscience de mes actes, aux talents de société d'Ourida. Cette aimable bête sait donner la main, se rouler sur le dos en rugissant et en montrant toutes ses griffes, puis faire patte de velours, lécher les mains de sa maîtresse et s'asseoir enfin sur un coussin en personne qui s'apprête à prendre part à la conversation.

Ourida ne brille pas seulement par son intelligence : sous les taches brunes de son pelage tressaille un cœur sensible et reconnaissant.

Il y a trois semaines, le vieux cheikh, sentant sa fin prochaine, voulut quitter les tentes où il avait passé l'été et rentrer à Felich. Le départ fut précipité, on espérait revenir bientôt au campement : bref, la panthère fut laissée au soin de son gardien. D'abord elle ne fit que pleurer et gémir, puis elle refusa toute nourriture et montra les crocs aux domestiques. Cet état de colère allant tous les jours s'aggravant, le gardien lui mit une chaîne de fer au cou et la ramena à Felich, où elle donna, en revoyant sa maîtresse, les démonstrations de la joie la plus folle. L'affection d'Ourida pour Torkan khanoum n'a rien de particulier : les panthères des bords du Karoun et du Chat el-Arab, si sauvages et si dangereuses quand elles vivent en liberté, s'apprivoisent très vite et s'attachent à l'homme avec autant de fidélité que le caniche le plus soumis.

L'admiration que m'inspirent les incontestables qualités de cœur des fauves en général et d'Ourida en particulier ne m'a pas empêchée d'éprouver une véritable sensation de bien-être en sortant de l'andéroun. Ma belle hôtesse a voulu me remettre elle-même sur le chemin du biroun et me faire visiter au passage le jardin qui s'étend sur les bords du Tigre tout le long de l'habitation. En traversant le village, j'ai été frappée de l'attitude de la population en présence de la favorite. Telle vivrait une reine au milieu de sa cour : hommes, femmes, enfants se précipitaient sur ses pas, baisaient les bords de ses vêtements ou le sceau monté

LE SUPÉRIEUR DU COUVENT DES ALEAKHS, DE TÉHÉRAN. (Voyez p. 531.)

en bague qu'elle porte au doigt, et lui souhaitaient, comme l'avaient fait tantôt ses compagnes du harem, santé, paix et bonheur. Torkan khanoum a accueilli les hommages de ses esclaves avec l'attitude superbe d'une souveraine blasée sur de pareils témoignages de respect, et nous sommes entrées dans le jardin. Les bananiers, les palmiers, les orangers sont si épais et si touffus qu'à travers leurs branches on ne voit même pas le ciel. Il n'y a ni pelouse, ni allée, une herbe étiolée par la privation d'air et de lumière tapisse le sol, tandis qu'au-dessus de la tête et à portée de la main se présentent des oranges de toute taille et de toutes qualités, les unes petites et très vertes, les autres énormes et couvertes d'une peau jaune pâle.

Ces dernières, produites par un arbre originaire des Indes, le pamplemousse, sont, paraît-il, inférieures aux petites oranges du pays, dont Torkan khanoum a bourré mes poches après avoir mis dans mes bras un des gros fruits que j'avais regardés avec envie.

Chargée de butin, j'ai repris le chemin du biroun, non sans me retourner de temps en temps afin de m'assurer que la *Petite-Rose* n'allait pas éclore sur mes talons. Je viens de mesurer mon orange : elle a cinquante-deux centimètres de circonférence. Cette opération faite, je l'ai ouverte. Sa chair est d'un beau rouge sang ; les quartiers, posés sur une assiette, ont toute l'apparence de côtes de melon ; le goût est amer, mais une légère addition de sucre le corrige aisément.

Après le déjeuner nous avons rendu au canot à vapeur notre visite quotidienne. Nous l'avons trouvé abandonné. Au retour, Marcel a rencontré le cheikh et lui a demandé s'il songeait à faire mettre le bateau en bon état.

« Voudriez-vous déjà quitter Felieh ? a-t-il repris avec étonnement ; j'espérais vous garder ici quelques mois, et je n'ai pas encore prévenu le mécanicien de Bassorah. »

La surprise de Mouzel n'a rien d'extraordinaire : certains de ses hôtes venus chez lui il y a un an prendre une tasse de café ont trouvé le moka tellement à leur goût qu'ils n'ont point encore fini de le boire.

« Votre invitation me touche, mais je ne puis prolonger mon séjour sous votre toit patriarcal. Si la réparation de la chaloupe devait durer trop longtemps, je serais même forcé de prendre des chevaux et de remonter le long des rives du Karoun », a répondu Marcel, qui commence à trouver très longs ces jours d'attente, bien qu'il ait lié sérieuse amitié avec un théologien de grand renom, le supérieur des Aleakhs de Téhéran, installé chez le cheikh depuis l'hiver dernier.

« Je ne vous permettrai jamais de vous rendre à Avas en caravane : je craindrais que vous ne fussiez dépouillés par les tribus nomades de l'Arabistan. Quand elles ont fait une razzia dans nos provinces, elles passent la frontière ; si elles dépouillent une caravane en Turquie, elles regagnent la Perse. Leur mobilité les rend à peu près insaisissables et leur assure une impunité absolue. Soyez du reste sans inquiétude : je vais écrire aujourd'hui même à Bassorah, et avant peu de jours ma chaloupe sera à votre disposition. »

Les conseils de notre hôte nous ont paru sages ; nous nous sommes décidés à les suivre.

24 novembre. — Quand je quitterai Felieh, la panthère de Torkan khanoum ne maigrira pas de douleur. Ce matin encore, elle était couchée sur une terrasse voisine de l'appartement de sa maîtresse et dormait auprès d'un quartier de mouton saignant ; dès qu'elle m'a entendue venir, elle s'est levée et s'est dirigée vers moi avec une mine des plus rébarbatives. Mon vieux guide l'a chassée à coups de guiveh ; la bête s'est éloignée en bâillant et en frappant ses flancs de sa longue queue.

Torkan khanoum était seule dans le salon. Je lui ai demandé des nouvelles de ses compagnes.

532 LA PERSE, LA CHALDÉE ET LA SUSIANE.

« Toutes mes parentes sont à l'office religieux que nous célébrons aujourd'hui en l'honneur des martyrs Hassan et Houssein.

— Ne pourrais-je pas assister à la cérémonie?

— Elle vous paraîtra bien longue et bien ennuyeuse », m'a-t-elle répondu avec la désinvolture d'une musulmane mauvais teint; « néanmoins, si vous le désirez, suivez-moi, nous allons descendre à la masdjed. »

Au rez-de-chaussée de la maison se trouve une chapelle domestique plongée dans un demi-jour mystérieux que dispensent avec parcimonie les épaisses dentelles des moucharabiehs placées devant les baies. Des femmes sont assises le long du mur, tandis qu'une belle fille déclame sur un mode suraigu une scène du martyre des imams.

Torkan khanoum entre, s'assied au milieu de la pièce et m'invite du geste à prendre place auprès d'elle. J'obéis, et me voilà introduite en pleine mosquée chiite, au grand ahurissement des assistantes, stupéfiées de cette scandaleuse intrusion. On chuchote à droite et à gauche, l'office s'interrompt. Torkan khanoum ne perd pas la tête, ordonne impérieusement à la lectrice de continuer la cérémonie, et le calme se rétablit.

A mesure que mes yeux s'habituent à l'obscurité, je distingue dans l'ombre un grand nombre de femmes que je n'avais pas aperçues d'abord. Toutes ont ramené leur abba sur la tête, mis à nu le sein et l'épaule gauche, et les frappent en mesure avec la paume de la main afin d'accompagner sur ce tambourin vivant les lamentations de la lectrice.

Dans les moments les plus pathétiques, l'assistance gémit et sanglote en répétant en chœur : « Hassan, Hassan, Hassan; Houssein, Houssein, Houssein », et en entremêlant ces démonstrations bruyantes de claques sonores. Les plus vieilles matrones sont naturellement les plus ferventes; l'une de ces parques, qui rendrait des mois de nourrice à Mathusalem, a trouvé moyen de se faire bien venir des imams sans dénuder, à force de coups, les os déjà bien apparents de son épaule décharnée : elle a installé sur son genou gauche la plante de son pied droit et frappe sur ce vénérable cuir avec une ardeur des plus méritoires.

Le kalyan qui circule de main en main, le café délicieux qu'une négresse distribue à toutes les pleureuses, ne privent les fils d'Ali ni d'un gémissement ni d'un sanglot. Une jeune vierge

PORTE-KALYAN DE CHEIKH MEUZEL. (Voyez p. 525.)

OFFICE EN L'HONNEUR DE HASSAN ET DE HOUSSEIN. 533

a déclaré, entre deux soupirs étouffés, que le breuvage n'était pas suffisamment chaud, et a dévotement jeté le contenu de sa tasse à la figure de la servante. Torkan khanoum s'est empressée de punir l'échanson négligent, et la cérémonie s'est enfin terminée.

L'émotion de l'assemblée paraissait si sincère qu'en revenant au grand jour je me suis hâtée de chercher sur le visage des pleureuses les traces de leurs larmes et de leur douleur : toutes m'ont semblé parfaitement calmes et très heureuses d'aller reprendre le cours de leurs sempiternels bavardages.

Quant à Torkan khanoum, elle a assisté impassible et sans pousser un seul gémissement à toute la cérémonie. Faut-il qu'elle soit sûre de sa puissance et de son ascendant pour se conduire avec un pareil sans-gêne dans une famille où toutes les femmes se font gloire d'user leur peau en l'honneur de Hassan et de Houssein !

CHEIKH REZZAL, FRÈRE DE CHEIKH MEUZEL.

CANAL INTÉRIEUR A BASSORAH. (Voyez p. 543.)

CHAPITRE XXX

Départ de Felieh. — Mohammérch. — Huit jours sur le Karoun. — A la dérive. — Retour à Mohammérch. — La quarantaine et la douane turque. — Bassorah au clair de lune à marée haute. — Bassorah à marée basse. — Insalubrité de la ville. — La multiplicité des religions au confluent du Tigre et de l'Euphrate. — Les chrétiens de saint Jean.

25 novembre. — Le ménage Dieulafoy est encaqué dans une cabine étroite et basse. En nous serrant coude à coude, nous touchons les parois latérales; en me mettant sur mon séant, je risque de défoncer le plafond. Cette pièce constitue à elle seule la chambre à coucher, le salon et la salle à manger de la chaloupe à vapeur mise gracieusement à notre disposition par cheikh Meuzel.

Le mécanicien nègre qui travaillait depuis deux jours à réparer l'embarcation vint nous annoncer hier soir que la machine fonctionnait à merveille, et que nous pouvions nous mettre en route si tel était notre bon plaisir. Le départ fut fixé à ce matin, mais je me suis déclarée fort heureuse de larguer les amarres au coucher du soleil.

Toute la chaloupe est taillée dans les proportions de notre appartement. Au centre s'élève la cabine; au-dessus de cette pièce s'étend une terrasse garnie de coussins et surmontée d'une tente de coutil. La machine est placée à l'arrière, la soute aux provisions à l'avant. L'équipage se compose d'un *reïs* ou capitaine, du mécanicien, de quatre toufangtchis bien armés, préposés à la garde du bateau, et d'un intendant placé à la tête du personnel.

Au sortir du canal de Felieh, sur lequel stationnent les deux bâtiments destinés à transporter aux Indes les denrées recueillies sur les immenses terres du cheikh, la chaloupe s'engage dans le Chat el-Arab. Le courant trop rapide, la machine trop vaillante ne nous laissent pas le temps d'admirer à notre gré le brillant spectacle que présente le fleuve monstre à la tombée du jour. A droite et à gauche, les eaux opalines sont enserrées par des forêts de palmiers et de grasses prairies où paissent tranquillement les buffles, quand ces derniers représentants des âges antédiluviens ne viennent pas regarder de leurs grands yeux étonnés la chaloupe qui longe de très près la rive verte.

Le soleil s'abaisse à l'horizon et, avant de se baigner dans le fleuve, communique aux eaux des vibrations si flamboyantes, que l'œil ne peut, sans être ébloui, en supporter l'étincelant éclat. Puis les embrasements de l'atmosphère pâlissent, les nuages pourpres s'éteignent, les cimes des palmiers se confondent avec les profondeurs bleutées du crépuscule, les silhouettes des buffles disparaissent dans les fourrés, de rares étoiles scintillent au firmament, leur éclat diamanté devient plus intense à mesure que le ciel s'assombrit : c'est la nuit, la nuit pleine de majesté et de silence. Elle est venue avec cette rapidité particulière aux climats tropicaux et nous a laissé à peine le temps d'arriver à Mohammérch.

Ce port, que nous avons déjà rangé en venant de Bouchyr, est situé à l'embouchure du Karoun, immense cours d'eau qui descend des montagnes du Kurdistan et relie par une voie de communication, trop peu fréquentée, la Susiane au golfe Persique. Les rives du fleuve, taillées à pic, forment des quais naturels, devant lesquels viennent s'amarrer tous les bateaux qui apportent les blés de l'Arabistan.

Mohammérch est actuellement le siège d'un comptoir français créé en vue d'acheter les céréales disponibles de la Susiane. A tort ou à raison, nos compatriotes se plaignent des difficultés de tout genre que leur suscitent les indigènes, à l'instigation des agents britanniques, désireux d'ôter à la compagnie l'envie de conserver un établissement qui pourrait faire concurrence au commerce anglais.

Manchester, Manchester *for ever!*

Nous avons attendu la marée montante, dont l'influence se fait sentir à plus de trente kilomètres en amont du port, et à minuit nous nous sommes enfin lancés sur les flots du Karoun.

A la pointe du jour je serai à mi-chemin d'Avas. Faire en une nuit, sans peine et sans fatigue huit grandes étapes, n'est-ce point un rêve vraiment royal?

Depuis mon arrivée à Felich j'ai pris à tâche de ne point m'habituer à cette douce idée, tant une déception m'eût été cruelle : aujourd'hui je crois à la chaloupe de cheikh Meuzel, je crois à la présence d'une machine à vapeur en Perse, je crois aux mécaniciens de Bassorah ; comme saint Thomas, je crois parce que je vois.

26 novembre. — Ne me serais-je pas trop pressée de vanter la vapeur et de médire de la gaféla? Si le mulet a ses inconvénients, il a aussi ses avantages. Ce n'est pas tout d'imiter le lièvre de la fable : comme la tortue il faut encore arriver.

Dès l'aurore je suis sortie de ma boîte et me suis informée auprès du mécanicien de la distance parcourue. Cette question était d'autant moins indiscrète que j'avais cru distinguer à plusieurs reprises un bruit insolite dans la machine.

« Nous avons fait dix farsakhs environ, me répond-il, tout en lâchant la vapeur et en éteignant les feux, tandis que le bateau accoste et que les toufangtchis sautent sur la berge et fixent des amarres.

— Pourquoi nous arrêtons-nous?

— Deux tubulures de la chaudière se sont percées cette nuit, elles laissent fuir la vapeur, je ne puis maintenir la machine en pression. »

Il faut mater les joints et vérifier quelques raccords trop sommairement réparés à Felich.

Nous voici sur les rives désertes du Karoun, exposés sans abri au soleil, encore bien chaud pendant le milieu du jour.

L'équipage profite de cet arrêt forcé pour cuire du pain. L'installation du four n'est pas compliquée. Les hommes coupent des ronces arborescentes, très abondantes le long du fleuve, y mettent le feu, arrosent les tisons ardents avec l'eau du fleuve et, munis de ce charbon, disposent leurs brasiers sous des plaques de fer en forme de champignon. Le boulanger s'avance alors, portant un plat de bois rempli de farine délayée avec une grande quantité d'eau, plonge la main dans ce liquide et le projette sur la plaque brûlante. Bientôt saisie par la chaleur, la pâte prend l'apparence d'une crêpe très épaisse. Le pain est fait : il n'y a plus qu'à le saisir avec un crochet de fer et à l'exposer au soleil afin de lui laisser perdre l'excédent d'eau qu'il pourrait avoir conservé.

27 novembre. — A huit heures du soir nous nous sommes remis en route. Quel trajet avons-nous parcouru ? je l'ignore, car au milieu de la nuit la pompe d'alimentation a cessé de fonctionner. Le bateau, devenu poussif, ne marche plus que par saccades : toutes les fois que l'eau baisse, on laisse tomber la pression et l'on remplit la chaudière à coups de marmite, puis on allume de nouveau les feux ; nous nous installons anxieusement auprès du manomètre : au bout d'une heure l'aiguille se met en mouvement. La pression monte, on lance le bateau à toute vitesse, mais bientôt, hélas ! le niveau d'eau nous condamne à un nouvel arrêt, et l'on stoppe pour recommencer le même manège. C'est idéal !

Nous en sommes à nous demander si la machine ne se permettra pas d'éclater et si chaloupe et voyageurs n'iront pas faire une promenade intempestive dans les airs, avant de retomber en marmelade au milieu des flots du Karoun.

A force d'énergie et de patience, nous avons amené l'embarcation devant un pauvre village abrité sous un bouquet de chétifs palmiers. La machine, vient de déclarer le mécanicien, a décidément besoin de nombreuses réparations ; mieux vaut en terminer une bonne fois. Combien de jours allons-nous passer ici ?

L'équipage s'énerve, chacun essaye de faire prévaloir ses idées, de donner des conseils ; l'un veut rentrer sur-le-champ à Felich afin de mettre, à coups de bâton, la paix entre ses deux femmes, capables d'incendier, en son absence, maison et mobilier ; un autre ne s'attendait pas à rester plusieurs jours hors de chez lui et n'a pas pris ses dispositions en conséquence ; le troisième se plaint de la fièvre, le quatrième de douleurs d'entrailles. Tous insultent à dire d'expert le mécanicien et lui font perdre le peu de jugeote que le ciel lui a départi. Celui-là, de son côté, craignant, s'il revient en arrière, d'être puni par le cheikh, reste sourd à toutes les remontrances, et se venge sur la machine, qui n'en peut mais, en cognant, limant, polissant à tort et à travers ses principaux organes. L'insubordination est à son comble ; jamais nous ne nous sommes trouvés dans une situation aussi critique.

30 novembre. — Ma cabine, mon mécanicien, tous mes toufangtchis pour une gaféla ! Depuis trois jours la barque est amarrée devant cet abominable bouquet de palmiers ! Les journées sont aussi monotones que le triste paysage qui s'offre à nos yeux.

Les rives du Karoun s'élèvent d'aplomb au-dessus du fleuve ; la plaine s'étend à perte de vue, plate et unie comme les polders de la Hollande. Seules les traces des canaux d'irrigation témoignent de l'ancienne fertilité du pays. Aux plantations de canne à sucre a succédé depuis des siècles une maigre végétation d'arbustes épineux et de ginériums ; aux habitants et à leurs innombrables villages, des compagnies de pélicans, de canards sauvages et de grues, qui se cachent au milieu du jour dans les broussailles et viennent, soir et matin, s'ébattre et pêcher sur le fleuve.

Il faut même renoncer au plaisir de poursuivre nos voisins emplumés ! les lions, les guépards pullulent dans la plaine, et les Arabes nomades, plus terribles que les fauves, au dire de l'équipage, guettent tout imprudent qui s'éloigne de sa barque. Les craintes de nos gens ne sont pas simulées : pendant tout le jour, les quatre toufangtchis, armés de fusils à répétition, montent la garde sur la berge et vont en éclaireurs, à cent pas à la ronde, s'assurer que nous ne serons pas surpris. La nuit, nous mouillons en pleine rivière, afin de mettre entre la rive et l'embarcation une barrière difficile à franchir. Je me retire alors tout au fond de l'étroite cabine du canot, dont les minces parois me transmettent les modulations attristantes des chacals, ces lugubres ténors de l'Orient, et les rugissements plus sonores des fauves attirés dans notre voisinage par les eaux du Karoun.

Et le mécanicien travaille toujours! Les toufangtchis ne sont pas restés inactifs : ils se sont cotisés et ont offert un kran tout entier à un derviche contemporain d'Abraham afin qu'Allah, sur sa prière, daigne s'intéresser à la réparation de la machine. Le derviche, en vieillissant, n'a pas pris grand crédit au ciel : nos hommes sont volés; la machine, remise en place, perd l'eau comme un panier.

Ce voyant, Marcel donne l'ordre de revenir en arrière. La chaloupe suivra le courant, car elle n'est pourvue ni de rames ni de voiles pour la pousser, ni de câbles pour la haler vers Mohammérèh. Dans combien de jours atteindrons-nous au port? Dieu seul le sait; nous ignorons absolument en quel point du fleuve nous nous trouvons.

1er décembre. — Au retour d'une visite à un tombeau en partie détruit et tout à fait abandonné, je me suis étendue sur le plancher de la cabine, ma méchante humeur ne me permet pas de noircir mon cahier. Marcel est loin d'imiter le mauvais exemple que je lui donne, mais il n'est pas récompensé de sa patience; depuis notre départ il travaillait à tailler une voile dans la tente de coutil : dès que cet engin a été prêt, le vent a cessé de souffler; hélas! trois fois hélas! nos vivres tirent à leur fin.

Mohammérèh, 2 décembre. — Il y avait deux jours que nous descendions mélancoliquement le Karoun, perdant à la marée montante le chemin que nous avions gagné à la marée descendante, quand la brise s'est levée. Le gai bruissement du vent et le clapotis des eaux me font sortir de ma retraite; Allah est grand et les derviches sont de saints personnages! Pour avoir fait long feu, les prières du vieillard n'en ont pas été moins efficaces : à l'arrière apparaît la proue d'un bateau chargé de blé.

Faire des signaux de détresse, recevoir une amarre, la laisser échapper et assister avec désespoir à la fuite rapide des blanches voilures du kachti, a été pour nos habiles matelots l'affaire d'un instant. On allume la machine et, au risque de sauter avec elle, Marcel fait surcharger les soupapes; le feu est poussé avec vigueur, la pression s'élève, notre chaloupe s'élance et atteint, à bout de souffle, le bateau, retenu par le vent contraire dans un coude du fleuve. A la pointe du jour, remorqueur et remorqués arrivent enfin à Mohammérèh. Nous touchons au terme de notre triste odyssée.

Le canot à vapeur va rester ici, car il est dans l'impossibilité de remonter le Tigre jusqu'à Felieh. Quant à nous, dégoûtés à tout jamais de la navigation du Karoun, nous n'avons qu'une idée : gagner Bassorah et Bagdad, afin de chercher une autre voie pour pénétrer en Susiane.

Gagner Bassorah, quoi de plus simple! Les barques à rames mettent huit heures à faire le trajet qui sépare Mohammérèh de cette ville. Le mal est que les voyageurs et les provenances de Perse sont soumis, sous prétexte de peste, à une quarantaine de dix jours en abordant la rive turque.

Le lazaret où l'on entasse pêle-mêle les arrivants de tous pays comprend quelques huttes de paille bâties sur un sol humide et marécageux. Les voyageurs y sont si mal approvisionnés et si mal installés que, dans le cas même où ils ne se communiquent pas les uns aux autres de maladies contagieuses, ils sortent de cet étrange établissement affaiblis par la fièvre et l'abstinence.

On s'explique d'autant moins l'application de mesures aussi sévères que depuis bien des années la peste n'a point apparu en Perse, tandis qu'elle est endémique dans le vilayet de Bagdad. La parabole de la paille et de la poutre sera-t-elle toujours vraie?

TOMBEAU SUR LES BORDS DU KAROUN.

Au dire des gens du pays, la quarantaine n'est pas le fruit du tendre attachement que porte le sultan à ses fidèles sujets. Elle aurait une tout autre origine et son implantation dans le vilayet de Bagdad serait due aux fonctionnaires turcs, qui font doubler leurs appointements en temps d'épidémie et détroussent sans pudeur les hôtes de l'administration. Les plus gros bonnets s'adjugent le droit d'approvisionner le lazaret, et se débarrassent ainsi de denrées douteuses ou de vivres de rebut que nul ne consentirait à consommer, mais que les pseudo-infectés, à moins de mourir de faim, sont encore bien heureux d'acquérir à chers deniers.

Quant aux petits employés, ils se contentent de percevoir de temps à autre quelques beaux bakchichs et de vendre à prix d'or la clef des champs aux voyageurs assez naïfs pour se laisser prendre dans le traquenard sanitaire, et assez riches pour payer leur rançon.

La nécessité de ne jamais laisser chômer le lazaret a fait propager par les Turcs un singulier aphorisme sanitaire. A entendre les Osmanlis, la Perse serait le foyer de toutes les infections morales et physiques, tandis qu'en réalité les plaines malsaines et les marais de Nedjef et de Kerbéla sont les terres natives des maladies pestilentielles. En fait, la peste n'est jamais entrée en Perse qu'à la suite des pèlerins revenus des tombeaux des saints imams. Quoi qu'il en soit, la perspective d'aller passer dix jours dans des cabanes humides et empestées ne nous charme guère; aussi bien avons-nous pris le sage parti d'éviter, coûte que coûte, la quarantaine. Il a été décidé que, cachés au fond d'un petit bateau, nous remonterions le Chat et que nous suivrions, au milieu de la nuit, le canal conduisant à la ville de Bassorah, éloignée de plus de deux farsakhs du port où stationnent les navires.

3 décembre. — Mouillés, morfondus, mais quittes de la quarantaine, nous voici enfin au port. Soigneusement dissimulés au milieu de nos khourdjines et de paniers de dattes, nous avons longé les rives du Chat en nous aidant à tour de rôle de la gaffe et de l'aviron. Au droit de chaque village on voit sortir du fleuve des claires-voies exécutées en nervures de palmiers. Ces grillages constituent de véritables cages à poisson. A certaines époques de l'année, les paysans font des pêches abondantes; ne pouvant en consommer tout le produit, ils jettent les plus belles prises dans ces parcs toujours baignés par des eaux rapides, et se créent ainsi des réserves où ils viennent puiser les jours de disette.

Jamais je n'ai contemplé un paysage plus riche que celui des rives du Chat au-dessus de Felich : des palmiers superbes s'élèvent au-dessus les uns des autres comme s'ils faisaient assaut de vigueur et d'élégance; le sol, couvert d'une herbe touffue, est coupé de canaux animés par des troupeaux de buffles qui nagent paisiblement, l'extrémité de la tête hors de l'eau.

Quatre heures après avoir quitté Mohammérèh, nous abandonnions la rive droite; le belem traversait le fleuve et venait atterrir devant un épais bouquet de bananiers. De là on apercevait au loin les mâts de plusieurs navires à l'ancre dans le port. Le bois était désert et ce rivage peu fréquenté; cependant deux barques chargées de paysans ont passé près de nous.

« Où vas-tu ? que portes-tu ? ont demandé des curieux au patron de notre minuscule bateau.

— Je vais vendre des dattes à Bassorah. »

Et les barques se sont éloignées sans que les passagers nous aient aperçus. Le vif désir de brûler la quarantaine ne nous a pas seulement condamnés à ne bouger ni pied ni patte de toute la journée, nous avons aussi renoncé à dîner, afin de ne point déplacer le chargement, et nous nous sommes contentés de quelques dattes généreusement offertes par nos matelots.

A minuit le belem se remet en marche; il longe, en se dissimulant le long de ses bordages, une frégate turque abandonnée, laisse à bâbord un navire de la *British Indian* et le stationnaire du consulat d'Angleterre, et pénètre enfin dans le canal el-Acher.

Il faut redoubler de prudence et avancer à la gaffe : nous passons au milieu du cordon sanitaire !

Mais voici bien une autre histoire : nos gens ne se sont pas fait scrupule de duper les agents de la quarantaine, mais ils nous déclarent que leur conscience leur défend de frauder la douane. Sans tenir compte de mes protestations, un des nègres saute sur la rive et ramène un lot de huit ou dix individus à mine de forbans. Les nouveaux venus se précipitent dans le belem, au risque de le faire couler, et se mettent en devoir de forcer les serrures de nos

CANAL EL-ACHER A BASSORAH.

colis, sous prétexte qu'ils contiennent des fusils et des munitions. Ne sachant à quelle sorte de gens nous avons affaire, nous nous opposons à toute inspection.

« Menez-les au lazaret. », s'écrie le chef de la bande.

A ce mot magique c'est à qui, du mari et de la femme, se précipitera de meilleure grâce, détachera les cordes et, le sourire aux lèvres, présentera aux douaniers la clef de chaque caisse.

Notre empressement, appuyé d'un bon bakchich, touche nos persécuteurs : ils daignent reconnaître que les niveaux d'eau, les mires et les lunettes n'ont rien de commun avec des fusils américains ; l'un d'eux avise un bocal d'hyposulfite de soude.

« Voilà de la quinine, me dit-il en persan, donnez-m'en, au nom d'Allah ! »

Je me montre généreuse. Un autre saisit un pain de savon, le flaire, le lèche avec délices, proteste qu'il n'a jamais rien goûté de si *chirin* (doux, sucré), et, sur ma permission, le fait disparaître dans ses vastes poches ; un troisième, plus pratique, a jeté son dévolu sur mes chaussures, mais les laisse, faute de pouvoir y faire pénétrer son gros orteil ; un quatrième prend des crayons et des couleurs pour enluminer un Koran. Tant bien que mal, les colis sont remis en état, et, tout heureux de sortir à si bon compte des griffes des douaniers, nous entrons dans le canal de Bassorah.

Libre de regarder à droite et à gauche, car tout péril est maintenant écarté, et tranquille aux rayons argentés d'une lune radieuse, je jouis du spectacle féerique qui se déroule sous mes yeux.

Je suis à Venise, mais dans une Venise tropicale, au ciel sans nuages, aux maisons perdues sous des touffes de palmiers géants, d'orangers couverts de fruits, de bananiers aux larges feuilles, d'*acacia nilotica* aux fleurs embaumées. Tantôt les maisons plongent brusquement dans le canal, tantôt au contraire elles sont bordées d'un quai étroit ; des barques élégantes, plus légères encore que des gondoles, sont amarrées devant les portes des plus belles habitations. A mes pieds, de la verdure, des fleurs, des fruits, des eaux calmes et brillantes ; au-dessus de ma tête, le firmament avec ses scintillantes et innombrables escarboucles !

La barque accoste. Après avoir traversé une place couverte d'une halle qui abrite de grands tas de blé, entre lesquels circulent des gardiens munis de lanternes, les guides frappent à la porte du consulat ; il est grand temps de trouver une chambre close et de nous débarrasser de vêtements aussi mouillés par la rosée que si nous avions fait un plongeon dans le canal el-Acher, afin d'échapper aux agents de la quarantaine.

4 décembre. — Suivant qu'on visite Bassorah à marée haute ou à marée basse, on traverse un paradis ou un réseau d'égouts. Quand je suis sortie ce soir, les canaux étaient à sec : les eaux, en se retirant, avaient laissé à découvert des boues infectes et des détritus de toute espèce ; les belems, entourés d'ordures, ressemblaient à des épaves échouées sur la vase ; des odeurs miasmatiques envahissaient l'air et faisaient oublier le charme des palmiers et des bosquets d'orangers.

A l'infection consécutive au flux et au reflux des eaux, aux chaleurs humides et très intenses du climat, causes premières de l'insalubrité de la ville, il faut en joindre une troisième, due à l'incurable apathie de l'autorité turque. Les digues du Tigre s'étant rompues il y a quelque soixante ans en amont de Bassorah, les eaux inondèrent la plaine et formèrent un marécage immense, alimenté tous les ans par les crues hivernales du fleuve. Depuis cette époque néfaste, la fièvre sévit pendant toute l'année et décime la population. Allah kerim ! ce n'est peut-être pas un grand mal.

Si l'archéologue ne trouve rien à glaner dans les rues d'une ville relativement moderne, le coloriste est mis en joie par l'animation des bazars grossièrement édifiés, mais encombrés d'une population aux costumes bariolés. Les Turques substituent au *tchader* des Persanes l'*izza*, grande pièce de soie bleue, rose, blanche, jaune, rayée d'or ou d'argent. Sous l'izza apparaissent parfois la chemisette de gaze brodée de lourdes fleurs métalliques, la petite veste ronde, la grosse ceinture fermée par deux énormes demi-sphères d'or enrichies de pierreries et les bottes en cuir canari qui nous sont apparues à Bouchyr pour la première fois. Les Arméniennes ont adopté les jupes à traîne taillées à la mode franque, et balayent de leurs plis mal drapés les rues uniformément poudreuses de la ville. A l'exemple des musulmanes, les chrétiennes ne sortent jamais à visage découvert : les unes jettent sur leur figure un voile de crin noir, les autres des mouchoirs de soie colorée. En revanche elles montrent avec orgueil à l'œil curieux des passants leurs bijoux les plus éclatants attachés sous l'izza à la racine des cheveux, ou les plaques incrustées de roses et de mauvais brillants dont elles parent journellement leurs poignets et leur poitrine. Quant à leur chaussure, elle heurte les yeux d'une façon si désespérante, qu'il faut posséder un grand fond de générosité pour pardonner aux élégantes de Bassorah des bottines bleues ou vertes à boutons de cuivre ou de cristal, produits caractéristiques du Royaume-Uni.

Si les dames chrétiennes ont abandonné une partie de l'ajustement national pour adopter les modes *franques*, les hommes ont fait le sacrifice complet du costume oriental : tous sont vêtus de pantalons d'un gris jaune tirant sur le rouge violacé, et d'ignobles jaquettes coupées dans un drap de couleur encore plus indécise. Ce malencontreux accoutrement leur fait perdre le prestige que conservent encore les Arabes vêtus d'abbas bruns rayés d'or ou de soie, et coiffés de grands foulards que retiennent autour du crâne des cordes de poil de chameau ou des torsades de laine serrées de distance en distance par des fils d'argent.

5 décembre. — Fièvre.

6 décembre. — Fièvre.

7 décembre. — Soit à titre de collègues, soit, hélas! comme malades, nous avons fait connaissance, depuis notre départ, avec tous les médecins indigènes ou européens des contrées que nous traversons. Marcel et moi sortons d'une crise douloureuse. Le docteur Aché, médecin du consulat, s'est montré bien digne de toute la reconnaissance que nous lui avons vouée. Il venait faire de longues visites à ses deux malades, aussi désireux de leur remonter le moral que de leur administrer de la quinine. Après avoir perdu plus de quinze jours soit à Felieh, soit sur le Karoun, voir s'approcher la saison des pluies, craindre, malgré une bonne volonté à toute épreuve, de ne pouvoir atteindre enfin au jardin des Hespérides, sont des perspectives bien faites pour décourager de plus patients que moi. Afin de me distraire de toutes mes préoccupations, le docteur s'est plu à me donner des renseignements curieux relatifs à Bassorah.

La ville, bâtie sur des alluvions de formation récente, n'est pas fort ancienne : elle fut fondée par Omar peu après la mort de Mahomet et devint aussitôt l'entrepôt des produits de la Chaldée et de la Mésopotamie. Son histoire est celle des luttes perpétuelles des Turcs et des Persans, qui la conquirent tour à tour. A la fin du siècle dernier, elle supporta un siège de treize mois, devint la proie des *Adjémis* (nom donné aux Persans en pays arabes) et resta aux mains des vainqueurs jusqu'à la fin du règne du Vakil. Les successeurs de Kérim khan ne surent point garder cette précieuse conquête : occupés à se maintenir sur le trône de Perse, ils abandonnèrent sans combat une possession trop lointaine et livrèrent la place aux Ottomans. Bien que depuis cette époque la population ait à peu près diminué de moitié et qu'elle s'élève à peine à quinze mille habitants, Bassorah n'en est pas moins demeurée un centre commercial important, en rapport journalier avec les Indes. Les innombrables piles de blé jetées sous la halle de la grande place témoignent de l'activité de ce trafic. Les dattes forment aussi une des principales richesses du pays ; elles sont brunes, sucrées, très alcooliques, et universellement appréciées. On les expédie à l'étranger dans des paniers de sparterie très souples faits en feuilles de palmier et cousus avec la fibre de cet arbre précieux. Le palmier, toujours

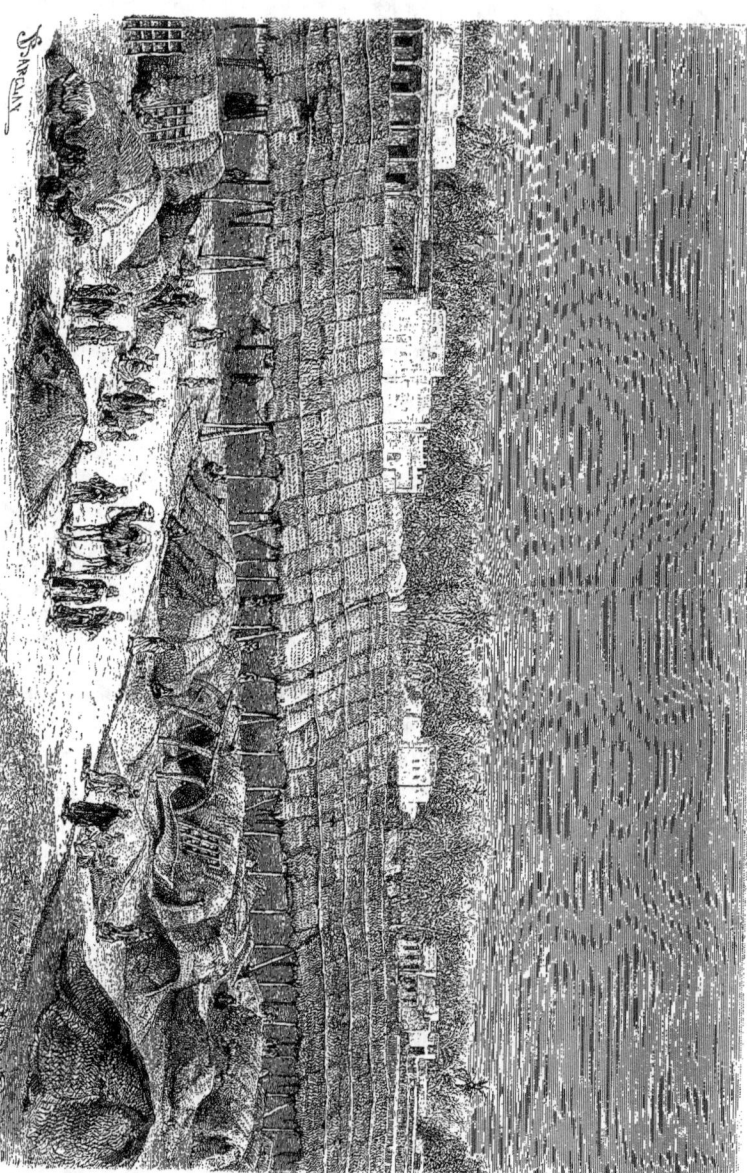

GRANDE PLACE ET MARCHÉ AU BLÉ.

le palmier. Comment s'étonner du culte que les Orientaux professent pour un arbre qui leur donne en même temps aliment et breuvage, bois de construction, tapis, cordes et corbeilles ? Sans vouloir soutenir, comme un vieux conteur persan, que le palmier peut être utilisé à trois cent soixante-trois usages différents, je conçois l'orgueil emphatique des musulmans, qui se vantent d'en être seuls les heureux possesseurs. « L'arbre béni, remarque Kazvini, ne pousse que dans les pays où l'on professe la religion islamique. » Le Prophète avait déjà dit : « Honorez le palmier : il est votre tante paternelle ; il a été formé avec le reste du limon qui servit à composer le corps d'Adam. »

Au dire du docteur Aché, les religions professées à Bassorah ou à l'embouchure du Chat égaleraient en nombre les métamorphoses du palmier. Nestoriens, Sunnites, Chiites, Babys, Wahabites, Juifs, Arméniens unis et schismatiques, Chrétiens romains, Chrétiens chaldéens, Soubas, Yézidis, se coudoient, sans se faire trop ouvertement la guerre. Chaque confession a ses cérémonies particulières, assez semblables à celles qui se célèbrent dans d'autres pays ; seule la religion souba fait exception à la règle.

Les Soubas ou Sabéens, désignés aussi sous le nom de « Chrétiens de Saint-Jean », considèrent le précurseur comme le Messie et voient en Jésus-Christ le successeur et l'inférieur de Saint-Jean. Ils n'ont ni temples ni autels, et reçoivent tous les sacrements dans l'eau. Le plus important, paraît-il, est le baptême. Les fidèles s'en approchent aussi souvent qu'ils le désirent, mais il leur est ordonné de se faire baptiser au moins une fois l'an, pendant les jours qui précèdent la grande fête du Panjeah, afin d'obtenir le pardon de leurs fautes.

Les Soubas se confessent et doivent donner une petite offrande avant de recevoir l'absolution. Ils sont monogames et ne pratiquent pas la circoncision. Toutes les semaines, le prêtre bénit du pain sans levain, le saupoudre de sésame, en consomme une partie et distribue le reste aux nouveaux baptisés.

Les distinctions subtiles entre les objets ou les êtres purs ou impurs paraissent être poussées chez les Chrétiens de Saint-Jean jusqu'à la folie. Les prêtres sont mariés, mais il est défendu à leur femme de toucher aux objets leur appartenant ; ils doivent eux-mêmes préparer leurs repas et faire leur ménage. Il est interdit à tout fidèle de manger de la chair de bœuf, de buffle, de chèvre ou de chameau, considérée comme impure en raison d'un défaut des plus bizarres tenant à la conformation de ces animaux ; seuls l'agneau mâle et le mouton sont consommés par les Soubas : encore faut-il qu'ils soient égorgés de la main du prêtre suivant certains rites. Toutes les denrées alimentaires doivent être lavées avec soin et placées ensuite dans des plats de faïence ou de cuivre. Les purifications ordonnées après le mariage et les naissances sont minutieusement réglées ; mais il ne saurait être question de la mort, car rien n'égale l'horreur que les cadavres inspirent aux Soubas et l'égoïsme sauvage auquel les entraîne à cet égard la pratique des prescriptions religieuses.

Quand un chrétien de Saint-Jean est sur le point de rendre l'âme, ses parents vont au cimetière, creusent une fosse et y déposent le malheureux, afin de n'avoir pas à se souiller en le touchant après sa mort ; puis, agenouillés autour de la tombe, ils attendent, en sanglotant, son dernier soupir. Quelques pelletées de terre jetées sur le corps achèvent trop vite peut-être des funérailles commencées si prématurément. L'âme doit paraître devant Dieu dans un délai de quarante jours. Pendant ce temps les parents et les amis se rassemblent matin et soir à la maison mortuaire et assistent à un repas béni par le prêtre et composé d'agneau, de poisson et de fruits ; puis on demande à chaque convive des prières pour le salut du trépassé. De semblables cérémonies seraient bien coûteuses, s'il n'était d'usage d'offrir des cadeaux à la famille du défunt.

A part la barbarie qu'ils montrent envers les agonisants, les Soubas sont doux et humains. Ils travaillent les métaux avec habileté et joignent à une intelligence très vive une probité à toute épreuve. Fort attachés à leur religion, ils sont restés rebelles à toutes les prédications des Carmes de Mossoul et aux arguments des pasteurs protestants, quelque prix qu'aient mis ces derniers à récompenser les conversions.

« Le campement de la tribu souba est-il éloigné de Bassorah? ai-je demandé.

— Vous n'êtes pas encore debout, a répondu le docteur, et vous avez déjà la fantaisie de courir chez les Chrétiens de Saint-Jean! Le voyage ne serait pas de longue durée si vous pouviez le faire à vol d'oiseau, mais en cette saison la plaine située à l'ouest de la ville est couverte par les eaux sur une étendue considérable, et vous mettriez plus de huit jours avant d'avoir tourné le marécage qui nous sépare de la tribu souba. Du reste, le trajet fût-il moins long, que je m'opposerais de toutes mes forces à votre projet. Ne trouvez-vous pas assez fiévreux l'air de Bassorah? »

Adieu, Soubas, vendanges sont faites! Y a-t-il lieu de me désoler? La pensée qu'on pourrait me mettre de mon vivant dans la tombe refroidit ma curiosité.

DAME CHRÉTIENNE DE BASSORAH. (Voyez p. 544.)

TOMBEAU D'ESDRAS. (Voyez p. 552.)

CHAPITRE XXXI

La navigation sur le Tigre. — Nos compagnons de route. — L'arbre de la science du bien et du mal. — Tombeau du prophète Esdras. — Bois sacré. — Échouage du *Mossoul*. -- Tribus arabes. — Arrivée à Ctésiphon. — Le palais des rois sassanides. — Séleucie. — Sa ruine. — Son état actuel. — La nuit sur les bords du Tigre. — Retour à bord du *Mossoul*.

8 décembre. — Dès que nous avons été capables de mettre un pied devant l'autre, nous avons fui avec empressement l'atmosphère empestée et le ciel humide de Bassorah. Deux services de paquebots mettent cette ville en relation avec Bagdad. L'un a été créé par la compagnie Linch de Londres et fonctionne avec régularité toutes les semaines. Ses bateaux, médiocrement aménagés, sont tenus avec autant de propreté que le comportent les mœurs des voyageurs, tous habitués à faire leur cuisine sur le pont. L'autre est entre les mains de l'administration ottomane et fait deux trajets par mois. C'est sur un bateau turc, le *Mossoul*, partant ce matin avec une semaine de retard, que nous nous sommes hâtés de prendre place.

Tout ici paraît marcher à la diable... ou à la turque.

État-major et équipage, payés d'une façon intermittente, sont obligés, faute d'appointements réguliers, d'avoir recours à des expédients fort désagréables, dont le public est le premier à souffrir. Le pont des premières est encombré de cages pleines de poules que les matelots ont achetées à Bassorah et qu'ils revendront à Bagdad avec deux ou trois sous de bénéfice par volaille. Les officiers, dont l'ambition est plus haute, sont bien obligés de tolérer que la basse-cour de l'équipage envahisse le pont quand eux-mêmes garnissent la cale de leurs colis.

Nous avons pour compagnons de route un Corse, le capitaine Dominici, qui a longtemps commandé le *Mossoul* et s'est retiré à Bagdad après avoir été privé de ses fonctions. Il n'a pas été nécessaire de faire longtemps route avec ce brave marin pour connaître tous les détails de sa mésaventure.

Il y a un an à peine, l'administration turque se mit en tête de payer ses fournisseurs de la même monnaie que ses fonctionnaires. Un de ceux-ci, irrité d'être renvoyé aux calendes grecques, perdit patience et déclara qu'il n'enverrait plus un sac de charbon si son compte n'était intégralement soldé. Le *Mossoul* attendait son combustible, quand le capitaine reçut l'ordre de lever l'ancre sur-le-champ.

« Les soutes sont à peu près vides. Je ne puis partir sans charbon, fit observer l'officier au pacha placé à la tête de la compagnie.

— A ce compte, nous n'avons plus besoin de vos services. Marcher en brûlant du charbon, la belle malice !

— Le mot « impossible » n'est pas français », répliqua M. Dominici en passant la main dans l'ouverture de son gilet.

Et voilà le *Mossoul* qui largue ses amarres et vogue fièrement sur le Tigre. Au bout de deux jours il ne restait plus un atome de houille : mais le chargement du navire était composé de sésame.

« En avant le sésame, jetez le grain au feu », commande le capitaine. La machine ronfle de plus belle, et au bout de huit jours le *Mossoul* arrive triomphalement à Bagdad, après avoir réduit en fumée une cargaison estimée plus de trente mille francs. Le capitaine payait de sa place l'honneur d'avoir paraphrasé les paroles de son empereur et d'avoir rétabli sur le Tigre le prestige du nom français, tandis que le directeur de la compagnie — vertu, tu n'es qu'un mot — bénéficiait de cette singulière aventure. Le pacha, ayant déclaré qu'après une expérience aussi décisive on ne pouvait éviter de solder la fourniture de charbon, proposa au gouvernement d'attribuer au créancier, faute de numéraire, huit cents chameaux provenant d'une razzia faite sur une tribu insurgée. Le fournisseur s'est montré bon prince et, enchanté de recevoir en nature une valeur à peu près double de la somme qui lui était due, a repassé au pacha deux ou trois cents bêtes avariées.

« Toute l'affaire était préparée et concertée d'avance, assure avec une douce philosophie la victime expiatoire : *sic vos non vobis*; j'ai été à la peine et ils ont passé à la caisse; j'ai semé du sésame et ils ont récolté des chameaux. »

Outre M. Dominici, nous avons à bord un fils d'Albion, récemment arrivé des Indes. Embarqué à bord du *Mossoul*, parce que les bateaux turcs ont la réputation d'atterrir beaucoup plus souvent que les paquebots anglais, il espère avoir de nombreuses occasions de satisfaire sa passion pour la chasse en se faisant débarquer à chaque échouage.

Parties de chasse, échouages! allons-nous par hasard recommencer l'expédition du Karoun?

« Commandant Dominici, dites-moi la vérité : combien de jours dure le voyage de Bassorah à Bagdad? ai-je demandé avec inquiétude.

— Les eaux sont hautes en ce moment, m'a répondu le héros du sésame, et nous avons d'autant moins à redouter de sérieux atterrissements, que le *Mossoul*, grâce à mes soins, est bien approprié à la navigation du Tigre. Dans huit ou dix jours au plus, nous pouvons être rendus à Bagdad, mais il ne faut jurer de rien : j'ai navigué bien des années sur ce fleuve capricieux et je n'ai jamais trouvé deux fois de suite le chenal à la même place. Les courants très rapides déplacent des bancs de sable et les entraînent en des points où se rencontraient huit jours auparavant des eaux profondes. Le plus souvent on est obligé de naviguer la sonde à la main. C'est en été surtout, quand les eaux sont basses, que le service devient pénible! Les journées se passent à échouer, à renflouer le navire et à échouer encore. Dès que le bateau a touché sur un banc de sable ou de vase nouvellement apporté et qu'il ne peut se dégager en faisant vapeur arrière, le capitaine doit, sans hésitation, donner l'ordre de décharger la cargaison et de la transporter sur la rive avec les chaloupes. Parfois même on est obligé de vider les chaudières et les soutes. Quand l'opération n'est pas exécutée avec décision, le bateau s'enfonce peu à peu dans la vase et y demeure à demi enseveli jusqu'à ce qu'un remorqueur le tire de cette fâcheuse situation. Aussi bien matelots et passagers, connaissant les difficultés très grandes de la navigation du Tigre, n'hésitent-ils jamais à se mettre à l'œuvre. Hommes, femmes, enfants, tous, dans la mesure de leurs moyens, aident au déchargement. Le navire renfloué, on rapporte à bord les marchandises et l'on repart pour aller échouer parfois à dix kilomètres plus loin.

— Si j'avais connu tous ces détails, s'est écrié avec regret notre nemrod, je ne serais pas venu chasser en hiver sur les rives du Tigre : j'aurais attendu la belle saison des atterrissements.

— Je vous plains de tout mon cœur d'avoir été aussi mal renseigné; quant à moi, si vous me le permettez, je me réjouirai de votre désespoir, car je n'ai nulle envie d'apprendre à arrimer les marchandises à fond de cale. »

A quelques heures de Bassorah le bateau a passé devant Kournah, étroite langue de terre en aval de laquelle se réunissent, pour former le Chat el-Arab, le Tigre et l'Euphrate. Aux

KOURNAH.

avant-dernières nouvelles, on plaçait ici le paradis terrestre. Une rive très basse inondée par les eaux quand le fleuve déborde, des pâturages marécageux où paissent des vaches couvertes jusqu'à l'échine de boue desséchée, des maisons de terre cachées sous d'épaisses touffes de palmiers, des buffles se prélassant dans les canaux d'irrigation, un tronc d'arbre deux ou trois fois centenaire, mais indigne de représenter l'arbre de la science du bien et du mal, meublent un paysage que ne reconnaîtraient peut-être pas nos premiers ancêtres.

9 décembre. — Babylone n'est plus que poussière, et Esdras, qui partagea la captivité des Juifs dans cette cité fameuse et eut le bonheur de ramener ses compatriotes à Jérusalem, repose encore sur les rives du Tigre.

J'ai pu faire au vol une photographie du tombeau du prophète en mettant à profit les rares minutes accordées à quelques israélites pour monter à bord du *Mossoul*. L'édifice, surmonté d'une coupole de faïence traitée dans le style persan du temps de chah Abbas, remplace un monument probablement très ancien, car les traditions font remonter jusqu'à une époque lointaine l'existence en ce point d'un pèlerinage très fréquenté. De nos jours les israélites viennent en foule, à l'occasion des grandes fêtes, visiter la dernière demeure d'Esdras. Si l'on enlevait aux compagnies de navigation du Tigre le transport des pieux voyageurs de toutes les religions qui se rendent aux tombeaux des prophètes et des imams, les sociétés anglaises ou turques feraient faillite.

A quelque distance du pèlerinage, mais sur la rive droite du fleuve, j'aperçois une plantation d'arbres dont le vert sombre se détache sur le fond uniformément jaune de la plaine. C'est un bois sacré; on ne le coupe jamais, et celui qui s'aventurerait à y casser une seule branche serait puni de mort. Des Arabes campés sous des tentes veillent à ce que nul ne s'approche de ce lieu saint et montent la garde autour d'une petite mosquée chiite où repose Abou Sidra, fils de Kasemaine. Ces sentinelles vigilantes autorisées à brûler en hiver les branches qui tombent à terre aimeraient mieux mourir de froid que de prendre en secret un morceau de bois vert. Personne ne peut m'indiquer l'origine de cette tradition bien singulière chez un peuple aussi monothéiste que les Arabes; il faut y voir, j'imagine, un dernier reflet des vieilles coutumes religieuses de l'Élam et un souvenir de ces forêts inviolables où les Susiens cachaient leurs divinités.

10 décembre. — La navigation sur le Tigre ne guérira jamais un mélancolique; le fleuve est encaissé entre des berges naturelles si élevées que du bateau on n'aperçoit pas la plaine qu'on traverse. Ce matin nous avons laissé sur la droite l'embouchure d'un beau canal, et, quelques minutes après, nous faisions escale à Amarah. La ville, de fondation toute récente, doit sa prospérité aux caravanes de Kermancha et de Chouster, qui apportent à Bagdad des indigos et des blés. Nous avons déchargé des poulets et des dattes, rechargé d'autres poulets et d'autres dattes. Le trafic consistant à transporter de droite à gauche et de gauche à droite des objets similaires me surprend au dernier point; mais j'ai beau demander des explications, il m'est impossible d'éclaircir un mystère aussi obscur.

11 décembre. — « Voici trois jours que je suis à bord et je n'ai pu tirer sur les pélicans et les canards sauvages. Mon expédition est absolument manquée, s'exclame depuis hier notre compagnon de voyage.

— Descendez à Kout el-Amara, où nous faisons escale, a répondu le capitaine lassé de ces plaintes, vous battrez le pays tout à votre aise, et dans trois jours vous reprendrez le bateau anglais le *Khalifè*, qui doit s'arrêter à son tour devant cette ville. La plaine est giboyeuse, et vous ne pourrez manquer de faire bonne chasse avant de vous rembarquer. »

Notre camarade s'est trop pressé de suivre les conseils du commandant : depuis son départ nous avons échoué à trois reprises différentes. Ces accidents n'ont pas eu de suites fâcheuses : à peine débarrassé des très nombreux voyageurs entassés sur le pont, le bateau a témoigné par quelques mouvements le désir de se dégager au plus vite de la vase et n'a pas tardé à flotter sur les eaux du Tigre.

Nous avons profité de cet arrêt pour aller visiter, non loin d'un village ruiné, une petite tribu arabe campée sous des tentes de poil de chèvre. Les hommes, d'aspect fort sauvage, sont vêtus d'une chemise de laine marron ou bleue, coiffés d'un foulard fixé sous une corde de poil de chameau, et marchent fièrement appuyés sur de longues lances. Les femmes, brunes de peau et viriles d'attitude, ne se distingueraient pas des jeunes gens par les traits ou le costume, si elles ne portaient, enfilés dans le nez ou enroulés autour du poignet, de nombreux anneaux d'argent ou de cuivre.

J'ai, paraît-il, devant les yeux des représentants de la tribu des Beni Laam, grands éleveurs de chevaux. Au sud d'Amarah vivent les Beni Abou Mohammed, qui s'adonnent au commerce des buffles; auprès de Bagdad nous traverserons des plaines habitées par les Chamars, les nomades les plus puissants de la Babylonie et les implacables ennemis des Osmanlis.

En réalité, Beni Laam, Beni Abou Mohammed, Chamars, vivent de pillage et n'ont à cet égard rien à se reprocher.

Tout est heur et malheur dans la vie : le timonier vient de s'apercevoir que le navire ne gouvernait plus, la barre s'est cassée lors de notre dernier échouage. Cet accident nous vaut une station de quelques heures et une scène très vive et très gaie entre l'ancien et le nouveau capitaine du *Mossoul*. Le brave commandant Dominici a foudroyé son adversaire et s'est complu dans le récit palpitant de nombreux naufrages et la description de tous les

VILLAGE AU BORD DU TIGRE.

expédients auxquels il a eu recours pendant sa longue carrière de marin pour gouverner sans le secours de la barre, non pas sur un misérable fleuve, mais au milieu des écueils et des tempêtes des mers de Patagonie. Nous n'avons pas expérimenté ces mirifiques recettes ; vers le soir le *Mossoul* a repris sa marche régulière.

12 décembre. — Le capitaine n'a pas vu sans un secret dépit un de ses passagers préférer à la vie de bord la chasse aux canards sauvages ; toute peine mérite salaire, toute vertu encouragement, aussi nous a-t-il annoncé hier au soir qu'en récompense de notre fidélité il nous débarquerait devant l'arc de Ctésiphon. Les bateaux mettent quatre longues heures à doubler la péninsule sur laquelle s'élevait la capitale de Kosroès, tandis qu'on peut traverser l'isthme en vingt minutes. Nous aurons le temps de jeter un premier coup d'œil sur les ruines du palais avant de venir rejoindre le navire, dont nous entendrons d'ailleurs les signaux et les appels.

En vertu de la promesse du capitaine, le canot a accosté vers midi, non loin d'un édifice colossal que j'avais aperçu une première fois dans la matinée.

L'arc de Ctésiphon, entièrement construit en épaisses briques cuites, se compose d'une façade longue de quatre-vingt-onze mètres et haute de trente-cinq, immense écran pénétré en son milieu par une salle voûtée de vingt-cinq mètres de largeur. Le talar occupe toute la hauteur actuelle de l'édifice et a valu à l'ensemble du palais le nom de Tag-Kesra (Voûte de Kosroès), que lui donnent encore aujourd'hui les indigènes.

A droite et à gauche de la nef centrale existaient des galeries accolées, destinées sans doute aux gardes, aux clients et aux scribes royaux. De semblables pièces ne pouvaient être affectées à l'habitation des femmes, que les monarques sassanides cachaient à tous les regards avec un soin aussi jaloux que le font encore de nos jours les disciples les plus rigoristes de Mahomet.

Sous une forme différente apparaît donc à Ctésiphon le palais royal, tel qu'il est défini à Persépolis ; c'est bien la même distinction entre l'appartement officiel du souverain et les pièces réservées à la vie intime : distinction d'autant plus intéressante à constater que les châteaux de Sarvistan et de Firouz-Abad comprennent au contraire dans une même enceinte le biroun et l'andéroun. Je ne m'étais donc pas trompée en classant les constructions achéménides du Fars au nombre des habitations privées, et en faisant de celles-ci, quels que fussent d'ailleurs leur aspect imposant et leurs vastes proportions, les demeures des gouverneurs de province.

Les ailes du palais de Ctésiphon ont disparu ; à peine les arrachements des murs de refend et les fondations témoignent-ils de la grandeur et des dimensions des salles latérales.

Quant aux logements du harem et des services secondaires, bâtis sans doute en briques crues, comme je l'ai déjà constaté à Persépolis, ils se sont fondus et apparaissent sous forme de tumulus peu élevés, bien souvent mais infructueusement fouillés.

Quelques monnaies parthes, des tessons de poterie résument les richesses archéologiques trouvées dans ces monticules de débris. Il est à noter que les monnaies sassanides sont beaucoup plus rares au Tag-Kesra que celles des Parthes. Cette observation vient à l'appui des récits des auteurs anciens, qui font remonter à un certain Vardane peu connu, mais dont le nom semble appartenir à un Arsacide, la fondation d'une ville dans la presqu'île de Ctésiphon.

A part les deux portes du rez-de-chaussée et la grande baie centrale, la façade n'est percée d'aucune ouverture ; en revanche, elle est ornée de quatre étages de colonnettes engagées dans la maçonnerie et réunies par des arceaux à leur partie supérieure. Ces colonnettes, qui, au premier abord, paraissent jouer dans la construction un rôle purement décoratif, raidissent cette immense muraille, de façon à lui permettre de braver sans appui intermédiaire l'influence des temps et les secousses des tremblements de terre. Au dire des chroniqueurs, elles auraient été entourées de gaines d'argent. D'argent, c'est peu probable ; mais de plaques de cuivre argenté posées comme les revêtements métalliques des coupoles de Koum et de Chah Abdoul-Azim, je serais assez portée à le croire. En tout cas, un enduit ou un habillage devait les recouvrir, car les briques qui les composent sont taillées avec une négligence qui contraste avec la beauté des parements plans de la façade.

Si l'on pénètre dans la grande salle, on est frappé de la majesté imposante de la nef et de la hardiesse du berceau. Une partie de cette épaisse toiture s'est écroulée le jour de la naissance de Mahomet, en signe de réjouissance sans doute ; l'autre est en parfait état de conservation et se trouve percée, à intervalles réguliers, de tuyaux de poterie destinés, assurent les Arabes, à manœuvrer les lampes suspendues à l'intérieur de la salle. La porte ménagée au fond du talar permettait au roi d'arriver de ses appartements particuliers jusqu'à son trône. A ce moment l'ouverture des parties inférieures du velum suspendu au-devant du grand arc, orienté de manière à recevoir les premiers rayons du soleil, indiquait aux courtisans que le grand roi était disposé à donner audience à ses esclaves. « Lorsque la nuit eut fait place au jour, on ouvrit le rideau du palais, et le *monde* fut admis auprès du chah. » (Firdouzi.)

Un voile d'or ou de pourpre, une muraille d'argent, des tapis immenses jetés sur d'épaisses nattes de paille, de fins tissus accrochés en guise de lambris le long des murailles; au fond de la salle, le roi des rois assis sur un trône d'ivoire, entouré de ce nombreux cortège de courtisans si cher aux fastueux monarques de l'Asie, ne devaient pas produire une impression moins vive et inspirer un respect moins grand que le spectacle offert le soir par l'illumination du Tag, quand des milliers de lampes constellant sa voûte sombre luttaient d'éclat avec les étoiles.

Le temps et les hommes se sont acharnés sur le colosse, mais la masse de l'édifice était

L'ARC DE CTÉSIPHON, FAÇADE POSTÉRIEURE.

si résistante que Romains, Arabes, Turcs n'ont pu avoir raison de son puissant squelette, et se sont contentés d'arracher lambeau par lambeau toutes les parties secondaires de la construction. Plus d'enceinte, plus de cour au-devant du grand talar, plus de salles sur ses côtés : seule l'ossature imposante du géant atteste toujours la puissance des rois de Ctésiphon. Les derniers hôtes du palais sassanide, oiseaux de nuit à la voix plaintive, corneilles à la noire livrée, s'épeurent au bruit de nos voix grossies par la résonance des voûtes, et, traversant à tire-d'aile la grande nef, nous abandonnent bientôt leur triste demeure.

Accorde ta lyre, ô poète, et, avant de la brûler et de couper tes doigts, redis-nous devant cette ruine désolée ta suprême lamentation :

« Illustre Kosroès, grand et fier monarque, héros magnanime, où est ta grandeur, ta majesté, ta fortune, ton diadème? Ton rang élevé, ta couronne, tes bracelets et ton trône d'ivoire, où sont-ils? Le salon où les chanteurs se réunissaient la nuit? Les chefs de la citadelle et de la cour? Le diadème, le drapeau de Kaveh, tes glaives à la lame bleuâtre? Qu'est devenu ton noble Mobed Djanosipar, qui avait un trône d'or et des pendants d'oreilles? Où est ton casque, ta cotte de mailles dorée dont chaque bouton était orné d'une pierre fine? Et ton cheval Schebdiz à l'étrier d'or, le cheval qui frémissait sous toi? Et tes cavaliers aux rênes d'or qui faisaient du corps des ennemis le fourreau de leur épée?

« Ils désespèrent tous de ta vie.

« Où sont tes dromadaires, tes éléphants blancs, tes chameaux aux pas cadencés, tes litières dorées, tes serviteurs empressés? Et ta parole douce et persuasive, ton cœur, ton esprit brillant, où sont-ils? Pourquoi restes-tu ici seul et privé de tout? As-tu trouvé dans les livres un jour pareil à celui-ci? Il ne faut pas se targuer des faveurs de la fortune, elle a plus de poisons que de contrepoisons.

« Tu cherchais dans ton fils un ami, un soutien, et c'est lui qui t'a mis aux prises avec le malheur. Des rois trouvent dans leurs enfants une force, un abri contre les atteintes du sort, mais le roi des rois a vu diminuer sa force et sa puissance au fur et à mesure que son fils grandissait.

« Quiconque voit la situation de Kosroès ne doit pas se fier à ce monde. Que l'Iran ne soit plus à tes yeux qu'un amas de ruines, qu'un repaire de léopards et de lions! Le chef de la race iranienne, le roi dont la puissance était sans égale, meurt, et l'Iran meurt avec lui; les espérances de ses ennemis triomphent : voilà tout ce qui reste de défenseurs à celui qui accueillait jadis les plaintes de l'armée. La faute en est au grand berger si les loups se glissent aujourd'hui à travers les brèches. Dites à Shiroui : Roi sans vergogne, ce n'est pas ainsi qu'on traite un souverain; ne compte pas sur la fermeté de ton armée quand la guerre éclatera de tout côté.

« Mais toi, ô Kosroès, que Dieu protège ta vie! qu'il abaisse le front de tes calomniateurs! Je le jure par Dieu, par ton nom royal, par le Nôrouz et le Mihrdjân, par le printemps heureux : si ma main fait retentir de nouveaux accords, que mon nom soit privé de bénédiction! Je jure de brûler tous ces instruments pour ne plus voir ton ennemi aux sinistres pensées! » (Firdouzi.)

13 décembre. — Les ascensions, les marches délabrées et les escaliers sombres des clochers gothiques ou des minarets n'ont rien qui me séduise; on s'essouffle en montant, on cueille des rhumes variés quand, après avoir gravi et compté quatre ou cinq cents marches, on atteint haletant une plate-forme exposée aux vents les plus frais de la création ; on admire déjà transi une collection de toitures, de cheminées, de taches vertes et de champs gris : on s'extasie devant une buée bonne fille qui représente tour à tour à l'horizon la mer ou une chaîne de montagnes : on dégringole, en se cramponnant à une corde graisseuse et gluante, l'escalier qui vous ramène sur le sol; et, en fin de compte, on s'estime heureux de regagner, même au prix de l'étrenne obligatoire, le plancher dévolu aux mammifères à deux pattes.

Ces réflexions que j'ai faites sous toutes les latitudes me reviennent trop tard à l'esprit au moment où, m'aidant des pieds, des coudes et des genoux, je m'accroche aux aspérités des murs du palais de Ctésiphon dégradés par le temps et les hommes.

Arrêtons-nous ici! l'aspect, etc.

Je suis bien à vingt mètres au-dessus du sol, suspendue à une corniche digne de servir de soutien aux chauves-souris et aux hiboux, hôtes habituels de ces solitudes.

Comme je redescendrais si je ne servais de point de mire à toute notre escorte de marins et aux nomades campés dans les environs! Ouf! l'honneur est sauf : me voici sur l'extrados de la voûte. J'ai bien gagné le droit d'admirer à l'aise le paysage historique étalé à mes pieds. Du sommet de mon observatoire, combien de siècles vais-je contempler?

L'ARC DE CTÉSIPHON, FAÇADE ANTÉRIEURE.

Je domine de si haut la plaine du Tigre, que je puis voir, à l'aide d'une lorgnette, non seulement l'emplacement de Ctésiphon, sur lequel se dressent les tentes brunes des Arabes, et l'édifice à coupole qui renferme le tombeau de Soleïman le Pur, le célèbre barbier de Mahomet, mais franchir du regard les eaux bleues du fleuve et découvrir sur la rive droite quelques tumulus élevés, seuls vestiges de la ville de Séleucie. On sent bien, en considérant ces deux cités si voisines, qu'elles ont dû vivre en sœurs jalouses, et que, si l'une a été la sentinelle avancée de l'Occident, l'autre fut au contraire la gardienne vigilante des frontières de la Perse.

Ctésiphon, fondée par les Parthes, ou peut-être même par les derniers Achéménides, pouvait revendiquer une antique origine; peu d'années suffirent à Séleucie, créée sous les successeurs d'Alexandre, pour éclipser sa rivale. Tandis que la cité perse était encore un triste faubourg où campaient les armées scythes, la civilisation faisait son œuvre à Séleucie. La ville grecque prospérait, s'enrichissait et voyait sa population dépasser six cent mille habitants. Au temps de Pline elle était libre et conservait au milieu de pays barbares les mœurs de l'Occident. Le sénat était composé de trente membres, choisis en considération de leur intelligence et de leur fortune; le peuple prenait part au gouvernement et formait le noyau de cohortes courageuses, très supérieures aux armées du monarque de Ctésiphon. Malheureusement on politiquait beaucoup trop à Séleucie : les factions se déchiraient à belles dents, et les chefs du parti le plus faible, plutôt que d'accepter leur défaite, appelaient les Parthes à leur aide et mettaient ainsi les ennemis implacables de leur patrie à même de faire la loi aux vainqueurs et aux vaincus. Ce ne sont point seulement les visites de ces justiciers intéressés qui hâtèrent la décadence de la cité : au temps de Marc-Antoine, Lucius Vérus, violant la foi des traités, la saccagea et la réduisit en cendres; la peste, qui survint à la suite de ce désastre, empêcha la ville de se relever; puis elle tomba au pouvoir de Sévère, passa enfin sous le joug des Sassanides et devint à son tour un faubourg de Ctésiphon.

A part des débris d'une enceinte de terre, pas un vestige de la capitale de Séleucus ne subsiste aujourd'hui; les terres fertiles sur lesquelles elle s'étendait en dessinant un aigle aux ailes déployées ne sont plus foulées que par les pieds de quelques gardeurs de chèvres.

Le jour tombe. Il faut regagner la rive que longe le *Mossoul*. Nous nous lançons à travers un fourré inextricable de ronces et de ginériums, et, grâce aux sentiers dus aux travaux combinés des sangliers et des maraudeurs, nous arrivons sans encombre au bord du fleuve.

A peine le crépuscule, suprême adieu du soleil couchant, a-t-il disparu pour faire place à une nuit très sombre, que la température s'abaisse avec rapidité. Assise sur la berge, je cherche à apercevoir les feux du bateau; mon oreille attentive n'est pas mieux récompensée de ses peines que mes yeux impuissants à percer l'obscurité. Je payerais bien volontiers des trois poils de la barbe de Mahomet conservés dans le tombeau de son fidèle barbier Soleïman le Pur le plaisir de retrouver bientôt le salon relativement confortable du *Mossoul*. Le capitaine Dominici me paraît plus impatient que de raison; il va à droite, regarde à gauche et fait entretenir de la plus mauvaise grâce du monde un feu allumé à grand'peine et qui nous rôtit un côté du corps pendant que l'autre se congèle. Au bout d'une heure d'attente, l'inquiétude et l'agitation de notre protecteur deviennent extrêmes.

« Voyez s'élever autour de nous ces colonnes de fumée rougies par les reflets de brasiers incandescents. Les nomades sont en nombre. Ils vont se glisser à travers les broussailles, et, quand ils auront reconnu notre petite troupe, ne tenteront-ils pas de l'attaquer? S'ils nous laissaient semblables à cet hôte du consul d'Angleterre qui, s'étant aventuré le mois dernier aux environs du Tag, a été fort heureux, après son entrevue avec les Arabes, de trouver dans les nombreuses feuilles du *Times* l'étoffe de l'élégant complet qui lui a permis d'opérer une rentrée correcte à Bagdad! Éteignez au plus vite le feu. Couvrez de sable ces cendres révélatrices et fuyons à grands pas le long du fleuve. »

Il est un cauchemar des plus désagréables : le dormeur se voit assailli par une bande d'assassins ; les poignards brillent, les yeux de ses persécuteurs roulent de funèbres éclairs ; la victime veut échapper à la mort, mais les plis de vêtements trop longs paralysent ses mouvements ; ses jambes sont impuissantes à l'éloigner du péril. Nous vivons, pour l'instant, ce rêve classique. A droite, les buissons deviennent de plus en plus touffus ; sur la gauche, les berges sont éboulées ou corrodées ; il faut renoncer à battre en retraite tant que la lune n'éclairera pas la route, à moins de s'exposer à prendre un bain intempestif avec l'unique espoir de rejoindre le bateau à la nage. La terreur que nous inspirent les nomades, la crainte de tomber dans quelque embuscade sans même avoir le temps de faire usage de nos armes, la faim, le froid, font paraître éternelles ces heures d'attente, et nous en sommes à délibérer — fâcheuse situation — quand un clapotement vient troubler le silence de la nuit. Il est produit par une barque à voiles qui descend à Kout el-Amara et longe la berge où nous nous lamentons. Le capitaine hèle les bateliers, le kachti accoste, nous montons à son bord, et une heure plus tard nous apercevons les feux du *Mossoul*. Peu après notre départ, le bateau a échoué de nouveau sur un banc de vase ; la mise à flot a nécessité plusieurs heures de travail : telle est la cause du retard.

A minuit je me retrouve enfin dans le salon servant tout à la fois de chambre, de salle à manger et de cabinet au commandant et aux passagers de première classe : la nappe est mise, la lampe jette sur le pilau une belle lumière, je me sens à l'abri des piquantes bises de la nuit, il n'est question ni du *Times* ni des nomades ; Allah soit cinq fois béni !

« Je désespérais de dîner ce soir », a dit en se mettant à table le capitaine Dominici au commandant son successeur. « Que vous est-il donc arrivé ?

— Rien.

— Comment, rien ! Vous deviez nous repêcher trois heures après nous avoir mis à terre : il me semble que vous n'êtes pas en avance.

— Moi, en retard ! Jamais je ne suis en retard. »

Et, avec un entêtement tout breton, le commandant n'a jamais voulu convenir de sa mésaventure.

CHEIKH DE LA TRIBU DES CHAMARS. (Voyez p. 552.)

COUFFE ANTIQUE, D'APRÈS UN BAS-RELIEF NINIVITE. (Voyez p. 566.)

CHAPITRE XXXII

Arrivée à Bagdad. — L'aspect de la ville. — Kuchtis, keleks et couffes. — Les barques babyloniennes d'après Hérodote et les bas-reliefs ninivites. — Le consulat de France. — La vie en Chaldée. — Fondation de Bagdad. — La porte et la tour du Talism. — Tombeaux de cheikh Omar et d'Abd el-Kader. — Les quatre sectes orthodoxes sunnites. — Les Wahabites. — Un jour de fête à Bagdad. — Le bouton de Bagdad.

14 décembre. — Les matelots traversent en courant le salon, qui, à ses diverses attributions, joint aussi l'honneur de réunir l'avant et l'arrière du *Mossoul* : nous jetons l'ancre dans le port de Bagdad. Je me lève avec le jour, j'ouvre la porte, et à ma grande surprise j'aperçois sur le spardeck et les cages à poulets une mince couche de givre. C'est la première gelée blanche de l'hiver : il eût été malsain de passer la nuit sans manteau ni couverture au milieu des maquis de Ctésiphon.

Quel merveilleux climat que celui de l'Orient ! L'hiver lui-même ne revêt pas la terre d'une livrée de deuil; à peine modifie-t-il l'aspect du paysage : il gèle, et Bagdad m'apparaît au milieu d'arbres toujours verts, belle comme la fiancée du printemps.

Le ciel s'éclaire; peu à peu se montrent sur la rive droite : les bâtiments du sérail, les casernes, les coupoles de faïence, bientôt couvertes d'innombrables pigeons qui viennent sécher leurs ailes aux premiers rayons du soleil; puis, les minarets élancés à rendre jaloux les palmiers voisins; la médressè, les beaux bâtiments de la douane, devant lesquels se pressent déjà Juifs, Arméniens et Arabes en costumes colorés. Enfin, à l'aval du débarcadère, on aperçoit, à demi noyés dans les brumes du Tigre, des jardins magnifiques dominés par le pavillon du consulat d'Angleterre.

Le paysage de la rive droite est encore plus verdoyant. Les heureux habitants de ces maisons cachées sous les konars et les palmiers devraient passer leurs jours dans un délicieux farniente et se désintéresser de l'administration et du commerce, concentrés dans le sérail et les bazars. Il n'en est rien néammoins, si j'en juge à l'encombrement des voies de communication établies entre les deux villes. Un pont de bateaux de largeur très variable, tordu en largeur, tordu en hauteur, ploie sous les pas d'une multitude de femmes couvertes d'*izzas* rouges, bleus ou verts, d'hommes habillés de robes jaunes ou blanches, de caravanes de chameaux, d'ânes, de mulets qui se pressent, se foulent et forment au-dessus du tablier sans parapets une longue bande empruntant à l'écharpe d'Iris ses plus brillantes couleurs. On ne saurait comparer Bagdad à Constantinople, le Tigre à la Corne-d'Or; jamais cependant je n'ai vu sur les ponts de Stamboul, au Séraskiérat ou à Top-Hané une population aussi bariolée jeter dans le paysage une note plus chaude et plus gaie.

Le port de Bagdad, mieux vaut dire le fleuve lui-même, n'est pas moins animé que le pont jeté entre les deux rives : les berges disparaissent sous les amarres; plusieurs rangs d'embarcations de types bien différents couvrent les eaux.

Les *kachtis*, grands bateaux à voiles appropriés au transport des céréales, sont construits en bois de palmier et enduits, à l'extérieur, d'une épaisse couche de bitume; très marins et faciles à réparer, il suffit, quand survient un accident, de les calfater à nouveau pour les remettre en état. Plusieurs de ces embarcations, la quille en l'air, sont entre les mains des ouvriers, occupés à faire fondre le bitume et à l'étendre brûlant sur le bois comme on coule l'asphalte sur les trottoirs de Paris.

Les kachtis font de très longs voyages, entre Bagdad et Bassorah, et s'amarrent presque tous en aval du pont, tandis qu'amont se serrent les *keleks*, spécialement utilisés à l'amont de la ville.

Lorsque les bateliers du Tigre supérieur ont à transporter un chargement, ils remplissent d'air un certain nombre d'outres de cuir; après les avoir liées les unes aux autres par rangées concentriques, ils les recouvrent d'un plancher, étendent sur ces bois une épaisse couche de bruyères, destinée à préserver la cargaison des atteintes de l'eau, empilent leurs marchandises sur la plate-forme, et, munis de perches qui leur servent à diriger ce radeau, ils descendent le fleuve. Bien qu'à chaque voyage les kelekchis crèvent quelques outres, ils sortent le plus souvent indemnes de ces aventureuses expéditions.

Arrivés à destination, les mariniers vendent le bois et les bruyères à un prix élevé, dégonflent les outres, les chargent sur des ânes, regagnent leur pays, et recommencent indéfiniment la même manœuvre. Le prix de location des keleks est proportionnel au nombre des outres employées à leur construction. Il en entre quatre-vingts dans les radeaux destinés à des passagers; en ce cas on installe sur la charpente une cabine ou une tente; mais cinquante suffisent pour porter des moutons ou des marchandises, telles que volailles, dindons, fruits, fromages en grosses meules, blés concassés avec lesquels on confectionne de délicieux pilaus.

Les keleks viennent de pays lointains, puisque leur construction exige des bois de charpente très rares en Chaldée. Les petits trajets entre Bagdad et les campagnes environnantes s'effectuent au moyen d'embarcations de formes bien spéciales connues ici sous le nom de *couffes* (paniers). De tous côtés je vois pirouetter sur le fleuve des corbeilles rondes faites en côtes de palmier et enduites de bitume. Deux hommes les manœuvrent en leur imprimant un mouvement de rotation. Elles n'avancent pas avec rapidité, mais elles sont très solides, déplacent un volume d'eau considérable, si on le compare à la surface mouillée, chavirent

PANORAMA DE BAGDAD.

difficilement et n'embarquent jamais une goutte d'eau, bien que le bordage de certaines d'entre elles, chargées de melons et de pastèques, ne s'élève pas à plus de quinze centimètres au-dessus du niveau de l'eau.

Dans laquelle de ces catégories classerai-je les embarcations chaldéennes décrites par Hérodote?

Pendant les loisirs de ma navigation j'ai lu et relu les passages des histoires relatives à la marine des Babyloniens, et, les pièces du procès sous les yeux, je condamne sans sursis ni appel toute identification entre la barque babylonienne et le *kelek*. Je me demande même comment certains auteurs ont pu confondre avec un radeau la corbeille décrite, pourtant en termes précis par l'historien grec.

« Les Babyloniens n'ont d'autres barques que celles qui descendent le Tigre jusqu'à la ville; elles sont rondes et toutes de cuir, car, lorsqu'ils en ont façonné les côtés, en taillant des saules qui croissent en Arménie au-dessus de l'Assyrie, ils étendent extérieurement des

COUFFE DE BAGDAD.

peaux apprêtées de telle sorte qu'elles forment le fond, sans distinguer la poupe, sans rétrécir la proue. Ces barques sont circulaires comme des boucliers; ils les doublent en dedans de roseaux, puis ils partent et font leur transport en descendant le fleuve. Leur chargement consiste en marchandises diverses, et surtout en vases de terre pleins de vin de palmier. Deux hommes se tenant debout dirigent la barque, chacun avec une barre. L'un tire sa perche, tandis que son compagnon pousse la sienne au fond de l'eau. On construit sur ce modèle de grandes et de petites embarcations; les plus vastes reçoivent une cargaison du poids de cinq mille talents. Lorsque en naviguant elles sont arrivées à Babylone et que les mariniers ont disposé du fret, ils vendent à l'encan les roseaux et la carcasse, puis ils chargent les peaux sur leurs ânes et s'en retournent en Arménie, car il est impossible de remonter le cours du fleuve à cause de sa rapidité. C'est pour cela qu'ils ne font point leurs bateaux en bois, mais en cuir. Lorsque les conducteurs des ânes sont de retour en Arménie, ils se remettent à construire leurs bateaux par le même procédé. »

Hérodote parle positivement de barques; il ajoute que ces barques n'ont ni proue ni poupe, et qu'elles sont rondes comme des boucliers. Il décrit donc, à mon avis, un corps évidé semblable à un bateau, mais en différant par sa forme circulaire. Afin de ne laisser à ses lecteurs aucun doute à ce sujet, l'auteur indique même que les côtés et les bordages sont faits en branches de saule, c'est-à-dire en bois flexible pouvant se courber avec facilité, et en roseaux, jouant dans ce système de construction le rôle de l'osier dans le clayonnage des corbeilles. La forme de l'embarcation est acquise au débat : Hérodote décrit une *couffe* semblable à celles qui tourbillonnent sous mes yeux et que représentaient sur leurs bas-reliefs, huit cents ans avant notre ère, les sculpteurs assyriens.

Il y a cependant une différence entre la couffe actuelle et la barque d'Hérodote : l'une est seulement enduite de bitume, l'autre est « couverte de peaux préparées ». Mais, de ce que ces peaux étaient enlevées dès l'arrivée des barques à destination et rapportées à leur lieu d'origine, faut-il conclure qu'Hérodote ait voulu dépeindre le *kelek*? Je ne le crois pas. Le dernier des matelots grecs n'eût point employé le même mot pour désigner des peaux apprêtées et des outres gonflées d'air ; il eût encore moins parlé de proue et de poupe à propos d'un radeau. Enfin conçoit-on un radeau de forme circulaire? Comment assemblerait-on en ce cas les poutres et les pièces maîtresses, et dans quel but compliquerait-on à plaisir et sans profit une charpente qui doit par sa nature être fort simple et qu'il est si facile de rendre solide en la faisant sur plan rectangulaire? En définitive, je crois qu'il faut s'en tenir à la description d'Hérodote sans y rien ajouter, sans en rien retrancher. L'embarcation babylonienne était évidemment une couffe de plus ou moins grandes dimensions, habillée de peaux cousues ensemble, et qu'il était aisé de fixer sur la carcasse ou de détacher quand on voulait vendre les bois. La couffe des bas-reliefs ninivites, sur laquelle on voit se dessiner d'une manière très apparente de grands panneaux carrés, répond de tous points à cette description.

Mon premier essai de navigation en canot bagdadien a été des plus désagréables. A peine avions-nous rejoint nos bagages empilés au centre de la couffe, que nous nous sommes mis, à notre tour, à pirouetter avec tant de vitesse que je me suis crue un instant transformée en toupie hollandaise ; nous n'en avons pas moins atteint sans accident la rive du fleuve. Les rameurs se sont jetés à l'eau, ont tiré l'embarcation sur la terre ferme comme on le ferait d'une corbeille trop lourde, puis ils m'ont tendu la main : je suis sortie de mon panier et j'ai foulé pour la première fois le sol de la cité de Zobéïde et de Haroun al-Rachid. Le consul de France, prévenu de l'arrivée du bateau, avait envoyé un *cavas* à notre rencontre. Sur l'ordre de ce brave homme, de vigoureux hammals s'emparent des colis, et nous nous engageons à leur suite dans les vilaines rues du quartier chrétien.

Le poste de consul de France est confié à M. Péretié, fils de l'archéologue si connu auquel on doit la découverte du célèbre sarcophage d'Echmounasar et de tant d'autres trésors scientifiques. Notre représentant est entouré de sa femme, de ses enfants, et c'est avec un véritable bonheur que nous retrouvons, après tant de mois d'isolement, la vie de famille dans ce qu'elle a de plus intime et de plus charmant. Mme Péretié a tenu à me faire accepter la chambre de ses filles ; je serai donc ce soir en possession d'un lit. Cette bonne chance ne m'était pas échue depuis que j'ai quitté Téhéran, car je ne saurais, en toute justice, qualifier du nom de lit l'estrade de bois blanc et les bûches bien dignes d'un ascète mises à ma disposition par notre excellent ami le P. Pascal. Vais-je me prélasser ce soir sur ces matelas moelleux, dans ces draps fins et blancs !

En attendant cette heureuse fortune, les filles de Mme Péretié me servent de cicerone et me font visiter la maison.

L'hôtel du consulat, construit par des Bagdadiens et pour des Bagdadiens, reproduit fidèlement les dispositions générales de toutes les maisons de la ville.

Au milieu d'une rue fort étroite s'élève un grand mur sans autre ouverture qu'une porte fort basse. La baie est suivie d'un vestibule coudé servant de corps de garde aux *cawas* chargés de protéger, d'accompagner le consul et de faire ses commissions. Au delà de cette pièce on trouve une vaste cour, entourée des dépendances de la maison : cuisines, écurie, sellerie. Une porte pratiquée au centre de l'aile gauche donne accès dans une deuxième cour, autour de laquelle s'élève l'habitation proprement dite, avec ses balcons ajourés, ses fenêtres garnies de mosaïques de bois et de verre, et ses grandes tentes de coutil blanc et rouge destinées à arrêter les rayons du soleil encore vifs au milieu du jour.

Nous avons vu le plan : passons à la coupe transversale. Les chaleurs excessives de l'été, les froids rigoureux de l'hiver obligent à chaque saison les Bagdadiens à mettre leur installation en harmonie avec les variations atmosphériques, et les forcent par conséquent à construire leurs demeures de manière à résoudre quatre fois l'an ce difficile problème.

Toutes les habitations reposent sur des caves voûtées creusées à trois ou quatre mètres de profondeur. C'est au fond de ces souterrains, qui portent le nom de *serdab* et sont analogues au *zirzamin* de la Perse, que descendent au printemps toutes les familles riches. Elles y transportent non seulement les objets d'un usage quotidien, mais encore tous leurs meubles; les bois eux-mêmes seraient dévorés par les mites et tomberaient en poussière si on les abandonnait pendant l'été dans les pièces du premier étage ou du rez-de-chaussée. Quand les fortes chaleurs se sont déclarées, on s'enferme au plus vite dans le serdab, ventilé par le *badguird* (cheminée d'aération), et l'on en sort le soir pour aller respirer sur les terrasses un air étouffant, car à Bagdad, contrairement à ce qui arrive en Perse, où les nuits sont toujours fraîches, la température s'abaisse à peine de quelques degrés après le coucher du soleil. La ville, morte tout le jour, semble revivre au crépuscule : les dames se réunissent et se visitent de terrasse à terrasse, passent la nuit à causer, à fumer et à savourer des *cherbets* (sorbets); mais, obligées, pour éviter les moustiques, de se priver de lumière, elles se condamnent pendant toute la saison chaude à une oisiveté des plus énervantes. A l'aurore chacun reprend le chemin de son *serdab* et y reste plongé pendant tout le jour dans une torpeur à laquelle les tempéraments les plus énergiques éprouvent la plus grande difficulté à échapper. Les froids venus, on regagne les appartements du premier étage et, bien qu'on entretienne des feux dans les cheminées, on grelotte avec d'autant plus de raison que l'on a été plus affaibli par les chaleurs.

Le sort des dames de Bagdad n'est guère plus enviable l'hiver que l'été : les rues, mal aérées, se transforment en cloaques de boue au milieu desquels il est difficile de s'aventurer avec des jupes européennes, et sont envahies par les immondices de toute nature que des tuyaux amènent dans des puisards à ciel ouvert creusés devant chaque maison. Quand les pluies sont abondantes, les réservoirs sont bientôt remplis d'eau, et à partir de ce moment les tuyaux s'égouttent directement sur le sol. Les hommes eux-mêmes ne sauraient sortir le soir sans se faire précéder de fanaux que les serviteurs soutiennent à vingt centimètres de terre. Je ne m'étonne plus si la peste se déclare en ville au cœur de la mauvaise saison, pour suspendre ses ravages dès les mois de mai ou de juin. A cette époque il fait en Mésopotamie une température si élevée que l'épidémie en meurt, ou en devient si paresseuse qu'il lui reste à peine le courage de vivre au fond de son serdab.

L'automne seul a été accordé aux malheureux habitants de Bagdad en dédommagement de la triste existence qui leur est faite durant les trois quarts de l'année. Le temps est encore très beau, il n'y a ni pluie ni orage; les familles riches en profitent et vont planter leurs tentes dans les plaines de Ctésiphon et de Séleucie. La distraction la plus goûtée pendant ces mois de villégiature est la chasse au sanglier, chasse très émouvante, mais aussi fort périlleuse. Le maniement de la lance, seule arme avec laquelle on attaque la bête, la nature du terrain, percé comme un tamis par les mulots, occasionnent souvent aux Européens de terribles accidents. Les dames ne suivent pas, en général, ces steeple-chases dangereux et se contentent de tirer aux perdreaux ou aux oiseaux d'eau, toujours très nombreux sur les bords du Tigre.

Quel doit être le découragement des malheureux fonctionnaires condamnés à vivre dans ce pays, qu'ils ont été habitués à voir miroiter à travers le prisme magique des *Mille et une Nuits*!

15 décembre. — Les délices de Capoue m'ont empêchée de dormir : les oreillers de plume, les épais matelas, les draps fins et blancs ne sont plus faits pour moi. Je me bats avec les uns, je m'étouffe sur les autres, je les entraîne tous dans une mêlée générale : bref, j'ai passé une nuit abominable, et, si je n'avais craint les indiscrétions des serviteurs, j'aurais couru chercher mon lahaf dédaigné : ce vieux compagnon d'infortune ne dissimule à mes os aucune des inégalités du sol, mais j'en ai si bien pris l'habitude que, dès mon retour en France, je sacrifierai à mon couvre-pied les lits et leurs inutiles garnitures. A l'aube je descends dans la cour; à peine m'ont-ils aperçue, que les *cawas* du consulat revêtent leurs brillants uniformes et s'apprêtent à me servir de guides. J'avais hâte de faire une première reconnaissance des rues et des places et de rechercher les traces de Zobeïde. Hélas! elles sont bien profondément ensevelies sous l'épaisse couche de décombres et de ruines que les invasions et les sièges ont accumulés sur Bagdad.

Les auteurs occidentaux et orientaux ne s'accordent guère sur le sens étymologique du nom de la ville. D'après ceux-là, Bagdad signifierait « Donné par Dieu » ou « Présent de *Bag* » (vieille idole chaldéenne); si l'on en croyait au contraire les Arabes, Bagdad (Jardin de Bag) serait ainsi appelée en souvenir de Dad, sage ermite qui aurait vécu il y a de longs siècles dans un enclos planté par lui sur l'emplacement de la ville des califes; à moins encore que Bagdad ne veuille dire simplement « jardin donné ».

Quoi qu'il en soit, la découverte d'un monument en briques sigillées au nom de Nabuchodonosor prouve qu'une ville s'élevait jadis sur la rive gauche du Tigre. Elle avait probablement disparu quand le calife Abou Djafar Abdallah el-Mansour, le deuxième monarque abbasside, jeta en l'an 145 de l'hégire les fondements de sa capitale.

El-Mansour, après avoir fait construire Bagdad, vint l'habiter et lui donna le surnom de Dar es-Salam (Séjour de la Paix). Jamais parrain ne fut plus mal inspiré en baptisant sa filleule, soit dit en passant.

En même temps que la ville s'élevait sur la rive gauche, la rive droite se peuplait de maisons et de jardins; deux beaux ponts réunirent bientôt les deux berges du fleuve, assurent les chroniques; Bagdad devint rapidement la riche et puissante métropole du monde musulman, le foyer d'une civilisation d'autant plus rayonnante que l'Europe, à cette époque, était plongée dans l'ignorance et la barbarie. Les descriptions laissées par les vieux auteurs arabes tiennent du merveilleux : les palais, les bains, les collèges, ne se comptaient plus : la population était si dense que près d'un million de personnes assistèrent aux funérailles du célèbre docteur Ibn Hambal, chef de l'une des quatre grandes sectes orthodoxes. L'esprit des Bagdadiens était cependant mutin et querelleur; trois califes abbassides durent fixer leur résidence à Samara, qu'ils avaient fait bâtir à dix lieues de leur capitale, afin de fuir une population trop remuante.

Les luttes intestines qui avaient ruiné Séleucie amenèrent la décadence de la puissance des califes. Les Bouides en 949, les Seljoucides en 1055, assiégèrent Bagdad et y entrèrent de vive force; mais le « Séjour de la Paix » ne souffrit jamais autant de la guerre qu'en 1258 : pris par Houlagou, petit-fils de Djandjis-Khan, il fut livré aux hordes tartares et mogoles, et vit périr avec le dernier de ses califes plus de quatre-vingt mille personnes. Tombée au pouvoir de Tamerlan en 1392, Bagdad perdit à cette époque presque tous les édifices dont l'avaient dotée les Abbassides, et acquit, en revanche, une pyramide colossale élevée avec les crânes de ses enfants. En 1406, après la mort du conquérant, elle essaya de relever ses murailles, mais tomba tour à tour aux mains des dynasties des Moutons noirs, des Moutons blancs et de chah Ismaël le Sofi, qui venait de reconquérir l'Iran sur les usurpateurs mogols. Tour à tour aux Perses et aux Ottomans, elle devint enfin la capitale d'une province turque et fut gouvernée par des pachas jusqu'à l'époque où l'aga des janissaires révoltés la livra, en 1624, à Abbas le Grand.

L'émoi fut très vif à Constantinople quand on connut la perte de la seconde ville de l'empire ; à plusieurs reprises des troupes furent dirigées sur la Mésopotamie : toutes les tentatives demeurèrent infructueuses.

Ce fut à l'instigation d'un derviche que la guerre reçut une impulsion nouvelle. Sultan Mourad faisait, un vendredi, la prière solennelle à la mosquée, quand un pèlerin demanda à lui parler. Le voyageur arrivait de Bagdad et frémissait encore à la pensée que la ville des califes était aux mains des Persans infidèles : « Tu te caches au fond de ton harem, indigne successeur du Prophète, pendant que des animaux impurs se vautrent dans ton héritage ! Sais-tu seulement que des Chiites détestés ont détruit le tombeau d'Abd el-Kader ? » Ému par cette violente apostrophe, le commandeur des croyants jura sur le Koran de reprendre la ville et de reconstruire le monument du saint docteur. Il tint parole, se mit en campagne l'année suivante, parut sous les murs de Bagdad dix-neuf jours après avoir quitté Scutari, disent ses panégyristes, et, après un siège des plus brillants, reçut la soumission de la place. Mais, le lendemain de la reddition, les habitants refusèrent

PORTE DU TALISM A BAGDAD.

d'évacuer leurs demeures avant midi, comme l'exigeait le vainqueur. Mourad, redoutant une trahison, ordonna à ses soldats d'entrer dans le « Séjour de la Paix » et d'en massacrer les défenseurs. Trente mille Chiites furent passés au fil de l'épée. A la suite de cet exploit sanguinaire un traité fut conclu : les Persans cédèrent aux Turcs tout le territoire de Bagdad et reçurent en retour la province d'Érivan.

Les assiégeants envahirent la place par une porte qui est encore debout. Une inscription commémorative gravée au-dessus de ce témoin muet de la victoire de Mourad rappelle le triomphe des troupes ottomanes : « *Le 24 décembre* 1638, sultan Mourad est entré à Bagdad par la porte du Talism, après un siège de quarante jours. »

La baie, illustre désormais, fut murée et n'a jamais été ouverte depuis cet événement. Elle desservait un superbe donjon construit en briques et relié à la courtine voisine au moyen d'un pont fortifié, que battaient deux tours flanquantes. Une belle frise, incrustée tout en haut de cet ouvrage défensif, porte une longue épigraphe faisant suite à un verset du Koran :

« Alors les fondations de la maison furent élevées par Ibrahim et Ismaïl.

« Seigneur, exauce nos prières, c'est toi qui entends et qui sais tout.

« Cette construction fut ordonnée par notre seigneur et maître l'imam Abou'l-Abbas Ahmed el-Nassir ed-din Allah, émir des croyants, à qui le monde entier doit obéissance; l'esclave d'Allah, l'ornement de l'univers, la preuve de l'existence de Dieu, l'émir que le monde entier doit suivre et aider.

« Salut soit sur lui et sur ses aïeux purs et vertueux ! Que ses invocations guident

TOUR DU TALISM.

toujours les croyants sur le chemin du salut et de la justice, où ils doivent tous le suivre et l'aider !

« La tour a été terminée en l'année 628 (1230 de l'ère chrétienne).

« Que le salut de Dieu soit sur notre seigneur et prophète Mohammed, ainsi que sur sa bonne et pure famille ! »

Quelles singulières analogies existent entre la fortification musulmane du Moyen Age et la fortification française de la même époque ! Il est impossible, en regardant la grande tour du Talism, de ne point la mettre en parallèle avec le donjon de Coucy : mêmes corbeaux destinés à supporter les hourds, mêmes baies servant de dégagement à ces ouvrages de charpente, mêmes meurtrières ouvertes sur toute la hauteur de la tour, mêmes escarpes et contrescarpes défendues par des chemises extérieures, mêmes plafonds nervés réunis par des voûtains ogivaux. Si ce n'était la substitution de l'ogive iranienne à l'ogive occidentale et des caractères arabes aux caractères gothiques, je me croirais au pied de l'enceinte d'une ville française du Moyen Age.

Une seule différence existe entre les ouvrages militaires des musulmans et ceux des chrétiens, et elle est très frappante. Soit que le temps, sous le ciel de l'Orient, s'imprime sur les édifices en traits moins sévères que dans nos climats brumeux, soit que le caractère propre de l'architecture persane n'ait guère changé depuis huit cents ans, la tour du Talism, antérieure à des fortifications françaises similaires, garde un aspect de jeunesse qui pourrait la faire croire née d'avant-hier et bombardée d'hier, tandis que les remparts de Couci, de Carcassonne, d'Avignon, même après la restauration qu'on leur a fait subir, semblent d'une époque d'autant plus reculée que nos idées sur les formes architecturales et le mode de construction se sont modifiées profondément depuis le treizième siècle.

Tout auprès et à l'intérieur des fortifications s'étend un cimetière immense, placé sous

TOMBEAU DE CHEIKH OMAR.

la protection du tombeau de cheikh Omar. Le monument funéraire est surmonté d'une toiture en forme d'éteignoir, ornée à l'extérieur de côtes saillantes dessinant les alvéoles qui tapissent l'intérieur de la voûte. En se dirigeant du côté de la ville, on longe ensuite une rue relativement belle, et l'on atteint ce célèbre tombeau d'Abd el-Kader que sultan Mourad fit serment de reconstruire quand il se décida, dans la mosquée de Stamboul, à conduire ses armées sous les murs de Bagdad.

Une coupole aplatie, percée d'une multitude de petites ouvertures, recouvre la mosquée. Je vois accolé à cette lourde masse un autre dôme, de forme plus élégante, revêtu de faïences colorées et traitées dans le style persan du temps des rois sofis. Il abrite la salle du tombeau.

La grande cour est entourée d'arcades, campements gratuits offerts aux voyageurs pauvres et aux derviches. Plus loin se trouve une médressè. Ces dernières constructions, comme les deux minarets élevés à l'entrée de l'enceinte, sont bâties depuis peu d'années.

A quelques pas du tombeau d'Abd el-Kader on me montre un autre monument funéraire; sur notre droite, des minarets appartenant à la mosquée de cheikh Yousef; à gauche, la porte de la masdjed Abd er-Rahman. J'en passe, et des plus saints, car il serait aussi long d'énumérer les édifices consacrés au culte qui se rencontrent ici dans chaque rue, que de compter les églises et les chapelles de Rome.

16 décembre. — J'aurais désiré mettre à profit nos pèlerinages aux mosquées et aux tombeaux, pour approfondir les subtilités qui distinguent les rites orthodoxes sunnites, mais l'extrême difficulté que j'éprouve à dire quelques mots d'arabe me rend ce travail très ardu, d'autant plus que mon interprète, en sa qualité de fidèle chiite, n'est guère porté à faciliter mes investigations.

Comme toutes les religions nouvelles, l'islamisme, à ses débuts, traversa une longue période de crise. Les textes n'étaient pas fixés, les traditions restaient incertaines, et le dogme devenu plus tard la pierre d'angle de la foi musulmane, l'origine sacrée du Koran, était discuté par les plus fervents disciples du Prophète. Au milieu de ce chaos religieux, les doctrines de Mahomet eussent peut-être succombé s'il n'était apparu successivement quatre docteurs qui donnèrent une version définitive de tous les textes sacrés et prouvèrent à leurs adeptes que le livre de la loi avait été dicté par Dieu lui-même : « Allah seul était capable de parler une langue aussi pure que l'arabe dans lequel est écrit le livre révélé ».

Le premier en date des docteurs de la loi musulmane, Abou Hanifa, naquit en Perse vers l'an 700 et vint de bonne heure s'établir à Bagdad. Ses disciples sont les Baloutches, les Afghans et les Turcs. Malik, le docteur de Médine (795), avait fait adopter ses doctrines par les Africains; Ach-Chafi (820), qui descendait, comme Mahomet, de la tribu de Koraïch, vivait à Médine, tandis que Ibn Hambal (855), le docteur de Bagdad, recrutait ses partisans parmi les Arabes.

Bien que les chefs des sectes orthodoxes aient toujours été d'accord sur toutes les questions de dogme, et que les divergences qui existent entre leurs doctrines reposent seulement sur les diverses manières d'interpréter quelques textes religieux ou législatifs, leurs disciples se distinguent les uns des autres par l'esprit qui les anime. Les Hambalites, les derniers venus au monde musulman, forment une secte sévère, puritaine, intolérante. Sous le règne des Abbassides ils révolutionnèrent Bagdad au nom de la religion, et suscitèrent de nombreuses insurrections. Véritables sectaires, leurs prêtres s'introduisaient dans les maisons, cassaient les vases contenant du vin, battaient les chanteurs, brisaient les instruments de musique et rossaient leurs coreligionnaires suspects de tiédeur. Les Hanafites, en revanche, ont hérité de leur maître un esprit large et libéral; les Malékites et les Chafféites ont des opinions modérées.

Malgré le zèle et la foi de leurs défenseurs, les doctrines orthodoxes triomphèrent péniblement. Aux premiers temps de l'Islam les dissensions religieuses dégénérèrent même en combats. L'ardeur des partis était extrême, les luttes sanglantes; Ibn Hambal, le dernier des docteurs, eut un bras cassé dans un de ces mouvements populaires.

Les questions religieuses paraissent aujourd'hui laisser l'esprit public fort en repos, mais pas un Sunnite, il est vrai, ne se refuse à confesser la céleste origine du Koran.

Les points de doctrine sur lesquels reposent les dernières hérésies musulmanes sont bien autrement délicats. La plus célèbre de toutes les sectes nouvelles, celle qui a causé le plus d'émoi dans l'Islam et occasionné les guerres civiles les plus graves, est connue sous le nom de wahabisme.

Son chef, Wahab, sorte de réformateur puritain, commença ses prédications en 1740. Le succès en fut prodigieux; ses partisans s'enhardirent, prirent prétexte de la réforme religieuse pour engager une guerre civile, et, fidèles aux vieilles traditions de l'Islam, convertirent, le sabre en main, les paisibles habitants du Nedj. En 1785 ils osèrent s'attaquer aux caravanes de pèlerins qui se rendaient à la Kaaba; quelques années plus tard ils s'em-

TOMBEAU D'ABD EL-KADER. (Voyez p. 371.)

parèrent de la Mecque, de Médine, pillèrent Kerbéla, le sanctuaire chiite, et pendant dix ans défendirent aux musulmans, sous prétexte d'indignité, de pénétrer dans les lieux saints.

Ce fut un deuil public.

En 1813 le sultan s'émut enfin. Les fauteurs de l'hérésie furent chassés du Hedjaz par une armée égyptienne, et le gouvernement turc reconquit la pierre noire et la tombe du Prophète.

Les Wahabites, encore nombreux en Chaldée, y vivent très surveillés : non que leur doctrine soit bien damnable, mais parce qu'on redoute toujours de voir se renouveler un scandale pareil à celui qui attrista l'Islam au commencement de ce siècle.

Rien de pareil n'est à attendre des Persans, et cependant il n'est pas d'infidèle qui ne soit

MOSQUÉE ET RUE A BAGDAD.

à Bagdad en meilleure situation que les sujets du chah. Ils y restent néanmoins, attirés par le voisinage de Nedjef et de Kerbéla où reposent leurs grands patrons Ali et Houssein, les légitimes et infortunés successeurs du Prophète, ou peut-être même afin de bénéficier du passage des innombrables caravanes venant de toutes les contrées chiites : caravanes de vivants se rendant aux tombeaux des imams, caravanes de morts en quête d'une dernière demeure en terre sanctifiée.

Bien que les quartiers de la rive gauche soient en communication directe avec la route de l'Iran, les Persans habitent presque tous la petite ville de Kâzhemeine, bâtie à près de six kilomètres de Bagdad *gadim* (l'ancienne), sur la rive droite du fleuve, autour du tombeau de l'imam Mouça.

Avant d'atteindre Kâzhemeine, où elles font généralement une station, les caravanes sont donc obligées de traverser toute la ville sunnite, et ce n'est point une des moindres occupations des gamins que de guetter leur arrivée, afin de jouer à de pauvres hères harassés de fatigue quelques tours de leur façon.

Mieux que partout ailleurs on peut juger sur la place du Meïdan, la plus belle et la plus fréquentée de Bagdad et où s'élève la charmante mosquée d'Akhmet Khiaïa, de l'intensité de la haine qui divise les Sunnites et les Chiites.

Quand débouche, de la porte d'Orient, un long convoi de Persans morts ou vivants, ceux-là ficelés dans des tapis et attachés par paquets de quatre, ceux-ci juchés sur les vastes poches qui contiennent tout leur mobilier de voyage, on voit des nuées d'enfants charger les retardataires en poussant des cris féroces, leur enlever soit une couverture mal attachée, soit une aiguière suspendue aux paquetages, soit un kalyan ou un pot à beurre, et s'enfuir à toutes jambes, les uns au bazar, les autres dans la caserne qui occupe tout un côté du Meïdan. Si les pèlerins sont des gens pratiques et ont eu le soin de ne rien laisser traîner sur les flancs de leur monture, les polissons, désappointés, se munissent de petits cailloux et les lancent dans les jambes des chevaux. Les malheureuses bêtes ripostent, détachent des ruades, et, à la grande joie des badauds, renversent à terre colis et cavaliers.

Les Chiites, bien entendu, doivent prendre leur mal en patience et ne pas se bercer du vain espoir d'obtenir justice ; se plaindre aux autorités ou aux gens de police serait peine perdue : ils s'exposeraient aux railleries des hommes, après avoir souffert des injures et des rapines des enfants.

17 décembre. — C'est aujourd'hui jour de fête. Dès l'aurore nous avons été réveillés par le joyeux carillon de l'église des Carmes et, peu après, nous nous sommes rendus à la messe, accompagnés du personnel catholique du consulat. L'église, grande, bien tenue, solidement construite, est desservie par une mission française établie depuis de longues années en Mésopotamie. Les Pères dirigent aussi une école très prospère installée dans des bâtiments qui viennent d'être terminés. Les élèves appartiennent à toutes les religions confessées à Bagdad, et paraissent, quelle que soit leur croyance, témoigner un grand respect à leurs maîtres. La plupart reçoivent une instruction élémentaire, mais étudient d'une manière fort sérieuse la langue française. Je ne me réjouirais pas outre mesure d'être saluée au bazar d'un : « Bonjour, Mossiou », au lieu d'un *Good morning, Sir*, ou d'un *Salam*, si je ne savais combien l'enseignement donné par les Carmes à plusieurs générations d'enfants contribue à rehausser le prestige dont la France jouit encore à Bagdad et à Mossoul, prestige bien atteint dans la majorité des pays que nous avons traversés au cours de nos lointaines pérégrinations.

Les Révérends Pères ont pour auxiliaires de leur œuvre morale et civilisatrice les Sœurs de Saint-Joseph. L'instruction donnée aux jeunes Turques est plus sommaire que celle des garçons: elle consiste surtout en leçons de couture et de repassage, leçons bien précieuses, car filles pauvres et filles riches sont également incapables d'employer utilement les dix doigts que la nature a pourtant octroyés aux Orientales tout comme aux femmes d'Occident.

Les ressources de la communauté sont malheureusement aussi insuffisantes que les bâtiments sont exigus. Pendant la belle saison on réunit les enfants dans les cours, mais, quand viennent les pluies, les Sœurs sont obligées, faute de locaux, de renvoyer chez leurs parents une partie de leurs pensionnaires. Combien je me prends à regretter, en voyant tout le bien qu'on pourrait faire ici avec un peu d'argent, le superflu de tant d'œuvres d'une utilité quelquefois contestable !

Les Pères et les Sœurs se louent beaucoup de l'intelligence et des bons sentiments de leurs

PLACE DE MÉIDAN À BAGDAD.

MISSION CATHOLIQUE DE BAGDAD.

élèves, mais ils se désolent de ne pouvoir accueillir les tout jeunes enfants avant qu'ils aient pu subir l'influence délétère de leur famille.

Les pauvres Sœurs surtout ont une tâche bien ardue et parfois bien écœurante. Les petites marmottes confiées à leurs soins feraient rougir un régiment de dragons et témoignent, même par

MOSQUÉE D'AKHMET KHIAÏA, SUR LE MEÏDAN. (Voyez p. 576.)

leurs jeux, que la vie, avec son cortège de joies et de misères, ne leur réservera aucune surprise.

La Sœur surveillante d'une classe de fillettes, dont la plus âgée avait à peine sept ans, fut appelée au parloir la semaine dernière, pendant la récréation. Quelle fut sa surprise de trouver, à son retour, toutes ses élèves fort affairées auprès d'une gamine à demi nue, qui poussait des cris de paon, tandis que les autres s'empressaient pour la secourir.

« Que faites-vous donc, mes enfants? Que signifie cette mauvaise tenue? »

Alors la fillette qui paraissait jouer, après la malade, le principal rôle, saisissant un bébé de porcelaine soigneusement pomponné :

« C'est fini, ma sœur ; khanoum a bien souffert, mais elle vient de mettre au monde un beau garçon, que je suis heureuse de vous présenter. »

Essayez de faire un cours de jardinage et de parler de choux pommés à ces sages-femmes de sept ans !

Quelles louanges seraient à la hauteur du dévouement des pauvres religieuses qui viennent se heurter à tant de misères morales ? Elles arrivent de Beyrouth à Bagdad par le désert, voyagent pendant vingt-quatre jours à cheval, elles que les règles monastiques n'ont pourtant pas préparées à ces exercices équestres, passent les nuits sous les voûtes effondrées de caravansérails ouverts à tous les vents, et en définitive perdent toujours leur santé, et souvent la vie, dans ce rude apprentissage de la vie nomade.

La communauté de Bagdad possède cinq Sœurs. Deux d'entre elles sont arrivées ici dans un tel état d'épuisement, qu'elles n'ont jamais pu se rétablir et s'acclimater ; les trois autres élèvent cinq cents enfants, et on leur demande encore d'ouvrir un dispensaire.

DAME JUIVE DE BAGDAD.

Après l'office du dimanche, beaucoup de chrétiens et de chrétiennes profitent de ce qu'ils sont en grande toilette pour faire quelques visites. Le consul de France est naturellement au nombre des privilégiés. A peine étions-nous de retour de la messe que les réceptions ont commencé.

Les hommes étaient introduits dans le cabinet officiel, les dames entraient chez Mme Péretié. Toutes portent, quand elles sortent, de grands izzas de soie lamée d'or ou d'argent qui les enveloppent de la tête aux pieds et leur donneraient grande tournure si elles consentaient à ne pas exhiber leur toilette d'apparat. Les jeunes femmes se coiffent d'une toque ornée de broderies et d'un gros gland ; le long des joues pendent de lourdes nattes attachées sans malice à la coiffure ; les matrones recouvrent la toque d'un petit foulard tombant en pointe sur le front. Mères et filles ont de longues jupes de soie sans caractère, des vestes de velours ou de brocart ouvertes sur une chemise de gaze surchargée de massives broderies d'or, et sont parées de bijoux à faire envie à Notre-Dame del Pilar : colliers, broches, ceintures, ferronnières, boucles d'oreilles si pesantes qu'il faut les accrocher à la toque à côté des nattes de cheveux, bracelets, bagues accumulées sur les doigts jusqu'à la dernière phalange, font l'orgueil et la joie des opulentes citoyennes de Bagdad.

Que dirai-je de la beauté des Chaldéennes? Hélas! comme celle des chrétiennes, des musulmanes ou des israélites, elle a un cruel ennemi : il n'est pas venu aujourd'hui une seule femme dont le visage ne parût avoir été aspergé d'acide sulfurique. Les amoureux déçus, je me hâte de le proclamer, restent étrangers à ces ravages, dus à une maladie spéciale : le bouton de Bagdad ou d'Alep.

Le bouton apparaît d'abord sous la forme d'un point blanc, dur et de la grosseur d'une tête d'épingle. Il reste ainsi pendant trois mois, puis rougit, gonfle, suppure et se recouvre enfin d'une croûte épaisse qui laisse à nu, en se détachant, la chair corrodée et mangée comme par un chancre. Le bouton, lorsqu'il est seul, est mâle ; s'il s'étend et se divise en nombreuses pustules, il est désigné sous le nom de « bouton femelle », galant qualificatif!

LE BOUTON DE BAGDAD.

Tous les habitants de Bagdad, y compris les chats et les chiens, portent les traces indélébiles de ce vilain mal. Les étrangers prennent eux-mêmes plus ou moins vite le germe de la maladie : les uns passent plusieurs années sans en être atteints, les autres voient le fatal point blanc apparaître dès le lendemain de leur arrivée. On a d'ailleurs fait la remarque que, si les indigènes ont la face ravagée, les Européens atteints le sont généralement à la surface du corps.

Il n'existe pas encore de remède préventif ou curatif contre le bouton de Bagdad. Quelques médecins anglais avaient eu l'espoir de le faire avorter par des cautérisations, mais à ce traitement ont succédé des plaies de si mauvaise nature qu'ils recommandent aujourd'hui de laisser le bouton se développer tout à son aise. C'est encore le meilleur moyen d'avoir des cicatrices peu apparentes. Les émollients, que sont toujours tentés de mettre les Européens, ramollissent la peau et agrandissent les plaies, au point qu'on peut y loger une pièce de cinq francs en argent ; les emplâtres violents préconisés à Bagdad pour faire tomber les croûtes creusent les chairs et leur laissent longtemps une teinte violacée.

Les traces du bouton de Bagdad sont surtout désagréables à des yeux européens ; ici, tous les visages étant plus ou moins déparés, on estime que les coutures laissées par ce vilain mal n'ont jamais gâté un joli visage.

La réception terminée, nous nous sommes mis à table.

On a beaucoup causé de Mossoul, des ruines de Khorsabad et de Kouioundjik. Marcel serait bien désireux d'aller en Assyrie, mais le Père prieur des Carmes de Mossoul, récemment arrivé au consulat, l'a détourné de ce projet. Les fouilles sont depuis longtemps interrompues, les palais ensevelis sous les sables du désert. Si l'on veut jamais revoir dans leur ensemble les demeures des Sargon et des Sennachérib, il faudra les exhumer à nouveau. Telle n'est pas notre intention.

DAME CHALDÉENNE DE BAGDAD

CARAVANE CHARGÉE DE POISSONS DE TOBIE. (Voyez p. 585.)

CHAPITRE XXXIII

Les Turcs. — Les causes de leur dégénérescence physique et morale. — Procédés administratifs des fonctionnaires turcs. — Le tramway de Kâzhemeine. — Le tombeau de l'imam Mouça. — Un voyageur que son bagage n'embarrasse guère.

18 décembre. — Pendant mon séjour en Perse je n'ai cessé de maugréer contre l'administration et les mœurs locales, tout en reconnaissant d'ailleurs la haute portée intellectuelle et le génie artistique des Iraniens. « Allah, en créant les Osmanlis, a voulu me faire regretter les Persans », me disait hier Marcel : « depuis le jour où j'ai mis le pied en Turquie, il me semble que j'aie été transporté du paradis en enfer ». Et pourtant les habiles politiques de l'Europe se sont bercés de l'idée qu'en imposant nos institutions aux Orientaux on leur inculquerait en même temps notre civilisation. Il ne me reste plus d'illusion à ce sujet; les machines administratives de l'Occident sont bien trop compliquées pour qu'on puisse en isoler quelques rouages et les confier à des mains inexpérimentées. Ce n'est pas en s'efforçant de calquer, en tout ou en partie, les coutumes européennes, que les peuples musulmans progresseront, mais en suivant l'esprit de perfectionnement et les méthodes politiques caractéristiques des grandes nations de l'Orient. Combien je préfère à la Turquie de la réforme la vieille Perse avec ses satrapes et sa féodalité! Tandis que l'autorité du sultan est méconnue et bafouée; tandis que les procureurs généraux, leurs substituts et leurs *zaptiés* (gendarmes) sont impuissants à protéger la vie et les biens des étrangers, l'existence et la fortune des plus fidèles rayas : la Perse, avec ses institutions immuables, reste attachée

à des gouverneurs assez puissants et assez respectés pour assurer, sans tribunaux et sans gendarmes, la sécurité matérielle et la bonne police du pays.

Je suis obligée de convenir que l'antipathie de mon mari pour la Turquie officielle n'est pas toute de sentiment; ce n'est pas au Caire d'ailleurs, ce n'est pas à Constantinople ou dans les villes du littoral de la Méditerranée, caravansérails cosmopolites où affluent les Levantins et les Européens, que l'on peut apprécier la valeur de la régénération de la Turquie sous l'influence des idées occidentales.

La crainte de la France et de l'Angleterre, un certain vernis que l'Oriental prend facilement au contact des Occidentaux, donnent au monde officiel, en partie composé de fils d'Arméniens, de Grecs ou de Syriens convertis à l'islamisme, une souplesse féline qui trompe les plus habiles.

Si l'on veut étudier l'administration turque dans toute sa beauté, il faut aller loin de l'Europe, loin des regards chrétiens, il faut venir à Bagdad par exemple, cette deuxième capitale de l'empire, et suivre dans ses rapports avec la population cette armée de concessionnaires éhontés qui constitue le corps des fonctionnaires turcs.

Un banquier chaldéen a fait faillite à Mossoul en 1880. Au nombre des gens atteints par ce désastre se trouvait un employé de la douane, qui avait trouvé moyen d'économiser, sur de maigres appointements irrégulièrement payés, plus de six cent mille francs. Ce chiffre n'a rien d'exagéré, quand on songe qu'un modeste administrateur, avec la complicité de ses chefs, est parvenu à bâtir, brûler, reconstruire et incendier à nouveau un monument public dont on n'avait même pas creusé les fondations.

Les autorités militaires se sont piquées d'honneur et ont surenchéri sur cet exploit. Dernièrement les généraux ont laissé écraser dans une embuscade un corps d'armée qui n'avait jamais quitté Bagdad.

Cette fausse défaite a été imaginée pour apurer une comptabilité défectueuse, couvrir des ventes clandestines d'armes et de munitions de guerre, et le renvoi de trop nombreux soldats indûment portés sur les états de solde.

Les gouverneurs, dont on a admiré à Stamboul les idées progressistes, les chefs religieux, dont on respecte la sainteté, épousent les filles des cheikhs rebelles, préviennent leurs beaux-pères des mouvements de l'armée ou du départ des grandes caravanes, et leur permettent ainsi d'échapper aux troupes dirigées contre eux et de piller sans danger les voyageurs. Telle est la source de la scandaleuse fortune des Khamavend. La tribu ne compte pas plus de deux cents familles et brave depuis plus de cinquante ans, grâce à la complicité intéressée des hauts fonctionnaires, toutes les forces du sultan.

L'officier qui a retenu de son passage dans nos écoles militaires la fière devise inscrite sur le drapeau de l'armée française, et ne laisse passer aucune occasion de se targuer de ses sentiments patriotiques et généreux, fomente chez les Chamars une révolte qui lui permettra de diriger contre les Arabes une expédition militaire où mourront par centaines les soldats confiés à ses soins, mais d'où il retira honneur et fortune.

Tels sont les Turcs de la nouvelle école : ils ont tous les défauts de leurs prédécesseurs et n'en ont pas la franchise : en revêtant l'habit et le pantalon de la réforme, ils sont devenus faux et hypocrites. Gardez-vous de vous fier à ces aimables convives qui partagent avec vous les meilleurs vins de France, et dégustent, en raillant Mahomet et le Koran, la viande de porc ou la cuisine impure des Francs : ils seraient les premiers à massacrer les Européens s'ils se croyaient sûrs de l'impunité, car, s'il est un sentiment vivace chez les musulmans, et chez les Turcs en particulier, c'est le fanatisme religieux, qui se réduit aujourd'hui à la haine du chrétien. Le Turc nous hait de toute la force de son âme : il nous hait parce que nous sommes les représentants de ces infidèles dont on lui apprend à redouter jusqu'au contact; il nous hait parce que nous reprenons possession des terres d'où ses ancêtres nous ont autrefois chassés; il nous hait parce que, malgré les préjugés et l'éducation, il reconnaît dans ce chrétien méprisable, dans ce chien fils de chien, son supérieur et son maître.

Les causes qui tendent à précipiter la désorganisation de l'empire Ottoman sont d'autant plus graves que la victime est atteinte aux sources de la vie sociale par la pratique de la polygamie et la croyance au dogme de la prédestination, causes de dégénérescence que tempère, jusqu'à un certain point, chez les Chiites, l'admission du libre arbitre.

A la polygamie les Turcs sont redevables de la perte de toute notion de morale publique.

Le Koran, par exemple, ordonne au mari de loger chacune de ses épouses légitimes dans une maison isolée et de les traiter toutes avec une égalité parfaite.

Ces installations multiples, les exigences chaque jour renouvelées de femmes naturellement jalouses et haineuses, amènent le chef de famille à entretenir un état de maison fort au-dessus de sa position sociale, et le forcent à gaspiller sa fortune en vaines dépenses. Quand les revenus ne suffisent plus, quand les Arméniens et les Juifs restent sourds à ses appels, le mari, se sentant ruiné et à bout de ressources, a recours aux « bénéfices ».

Comment résisterait-il à la tentation et à l'entraînement général?

Les ministres, les gouverneurs, les chefs de la religion lui donnent l'exemple et dépouillent sans pudeur les particuliers. Les collecteurs d'impôts, les officiers, les chefs de village tripotent à l'envi les fonds dont ils ont le maniement; les intendants et les domestiques trompent leurs maîtres; le négociant dupe le client, et le client à son tour est bien malaisé s'il ne se venge pas de ses exploiteurs. Cette situation est d'autant plus grave que, suivant une expression énergique de mon mari, les femmes dans le harem sont devenues, comme les chevaux à l'écurie, des objets de vaine ostentation, et que leur nombre n'est plus en rapport avec les fantaisies amoureuses du maître, mais avec son orgueil et le rang qu'il aspire à occuper.

Les conséquences de la croyance à la prédestination ne sont pas moins funestes que l'autorisation accordée à un seul homme de prendre plusieurs femmes.

Le fatalisme vient au secours de l'incurable paresse des Turcs sunnites et leur fournit un prétexte à tout laisser péricliter. Dans quel but combattrait-on un fléau, une épidémie? A quoi servirait de prendre corps à corps la mauvaise fortune? « L'homme n'a-t-il pas son oiseau (sa destinée) attaché autour du cou? »

L'esprit ne se soumet pas volontiers à ce dogme, et les musulmans les plus fervents protestent, sans en avoir conscience, contre cette loi terrible, en introduisant dans la fatalité une sorte de limite d'élasticité. De même qu'un morceau de fer, à la suite d'une traction trop énergique, perd tout ou partie de sa force, de même le dogme de la prédestination ne résiste pas à une trop dure épreuve et éclate en maints endroits. Ainsi, à Constantinople, il existe des pompes manœuvrées par des pompiers qui s'évertuent à éteindre les incendies et ne s'en remettent plus au ciel de ce soin. Les ulémas de Stamboul eux-mêmes ont décidé que lorsque, en temps d'épidémie, le nombre des décès dépassait le chiffre de cinq cents, un musulman ne commettait pas une faute en quittant la ville pour échapper au fléau. Néanmoins le principe subsiste, et avec le principe ses conséquences funestes : l'insouciance et l'incurie.

Cette tendance à ne voir dans l'histoire de l'humanité que la réalisation des prévisions inscrites de toute éternité sur le grand-livre divin, jointe à l'instinct commun à toutes les races guerrières, a fini par faire des Sunnites les plus funestes des sectaires.

Aussi, dans tous les pays où Turcs et Arabes ont posé les pieds, la fertilité de la terre semble s'être tarie à leur contact.

Que sont devenues entre les mains des sectateurs de l'Islam les riches alluvions du Tigre et de l'Euphrate? Elles sont recouvertes de marais immenses, foyers de peste et de fièvre, dont nous subissons tout les premiers les funestes influences. Les terres, riches en humus, ne peuvent être mises en culture faute d'eau bien distribuée, et restent stériles. Le sang des races primitives n'a pas été modifié, mais il s'est appauvri sous l'influence de la polygamie, tandis que le nombre des habitants a diminué en raison directe des superficies de terres laissées en jachère.

Je me prends à philosopher aujourd'hui plus que de raison. Il faut en accuser Mahomet et ses disciples : depuis mon entrée en Chaldée je vois si bien à chaque pas et à chaque heure combien la plaie est profonde, que mon esprit, obsédé de la même idée, rapproche sans cesse de la richesse et de la gloire évanouies des âges babyloniens la pauvreté et la décrépitude actuelles.

Comment oublier, en parcourant les environs de Bagdad transformés en déserts, les terres où le blé rendait trois cents pour un, où la feuille du froment et celle de l'orge avaient quatre doigts de large, ces champs où les récoltes de maïs et de sésame étaient si plantureuses qu'Hérodote se refuse à donner la hauteur de leur tige, tant il redoute d'être taxé d'exagération. Est-ce ma faute si je ne puis sortir du consulat sans qu'un incident vienne me rappeler la profonde incurie dans laquelle est plongée la Turquie d'Asie? En passant à Bassorah, j'ai visité une frégate qui, à la suite d'une détérioration survenue à son hélice, a été abandonnée et s'enfonce dans la vase avec les nombreux millions qu'elle représente sans que personne songe à apporter remède à un mal bien aisément curable. Aujourd'hui encore nous avons pris sur la rive droite un tramway qui, sur la foi des traités, devrait nous conduire à Kâzhemeine en un quart d'heure ou vingt minutes : à moitié chemin le cocher, un flegmatique Oriental, est venu nous prier de mettre pied à terre.

La voie, qui décrit en ce point une courbe fort brusque, s'est tellement affaissée que la voiture serait projetée sur la route si elle continuait à avancer. Cet état de choses dure depuis dix-huit mois. Croirait-on que pendant un an et demi les prétendus ingénieurs turcs ont eu le courage de contempler impassibles la ruine du matériel confié à leurs soins? La compagnie a installé auprès de la courbe un poste de *hamals* (portefaix); quand on a atteint l'endroit fatal, les voyageurs descendent, et les ouvriers traînent péniblement le véhicule sur les rails. Comme la distance totale entre Kâzhemeine et Bagdad n'excède pas une lieue, et que l'on emploie un quart d'heure à remettre la voiture en état de continuer la route, les voyageurs désertent le tramway et reprennent l'habitude d'effectuer le voyage à pied. En deux heures de travail on riperait la voie et on relèverait les rails.

La répulsion instinctive des Turcs pour toutes les manifestations du génie occidental n'empêche pas les Bagdadiens de tirer beaucoup plus de vanité de leur tramway que ne se sont jamais enorgueillis les Français du percement de l'isthme de Suez, ou les Américains de l'exécution du chemin de fer de New-York à San-Francisco. Cette voie, à peine longue de six kilomètres, a été établie pendant le court passage de Midhat pacha au gouvernement de la Mésopotamie. Jamais gouverneur ne projeta d'aussi brillantes réformes, jamais envoyé de la cour de Stamboul ne laissa en Asie un nom plus populaire. Midhat pacha, doué d'une intelligence très vive, avait l'intuition de la bonne administration sans en avoir le sens pratique. En décrétant la construction d'un tramway entre Bagdad et Kâzhemeine, son unique souci était de doter la capitale du vilayet d'une voie absolument droite.

L'ingénieur chargé d'étudier le projet eut toutes les peines du monde à lui faire entendre que, le Tigre décrivant entre les deux villes des courbes très brusques, la ligne devait suivre les grandes sinuosités de la rive, sous peine de passer au milieu du fleuve. Il se rendit enfin; mais la crainte d'entreprendre un travail que n'auraient pu solder tous les revenus de la province l'empêcha seule de persister dans son désir et de faire jeter, comme il l'avait ordonné tout d'abord, un pont en long sur le Tigre. Allah lui avait-il fait pressentir les inconvénients des courbes mal entretenues et montré en songe les voitures remorquées à bras par les hamals?

Le tramway est donc établi sur la rive gauche, tout auprès d'un sentier poudreux, où circulent une multitude de marchands et de femmes. Les voyageurs vont et viennent entre les deux villes, chevauchant de petits ânes qui foulent de leurs pieds indifférents les lisières de champs de blé, mal défendus par des bordures de palmiers et d'orangers en pleine floraison. L'éclat de la verdure, les parfums capiteux répandus dans l'atmosphère me grisaient déjà. A quel malencontreux sentiment ai-je donc obéi en changeant de banquette? Le charme a été aussitôt rompu. Au delà d'une mince zone cultivée j'ai aperçu une terre indéfiniment stérile, dont les rares ondulations sont dues aux berges ruinées de canaux antiques. L'aspect du pays est d'autant plus attristant qu'il contraste d'une façon brutale avec la beauté des cultures irriguées.

Dès la sortie de Bagdad j'avais vu au-dessus des palmiers de Kâzhemeine les flèches étincelantes des quatre minarets élevés autour du tombeau de l'imam Mouça; en me rapprochant, je distingue entre les découpures du feuillage deux belles coupoles rappelant par leur forme et leur revêtement d'or martelé le dôme de Koum élevé à la mémoire de Fatma, mais en vain je me huche auprès du conducteur : les murs d'enceinte bâtis autour de la ville dissimulent à mes regards le corps de l'édifice.

Nous débarquons devant la porte de Kâzhemeine. Le cawas notre guide nous invite, en criant d'autant plus fort que nous comprenons moins son mauvais turc, à nous installer sur les bancs d'un *gaoua khanè* situé tout auprès de la station, et nous engage d'un air fort aimable à attendre en ce lieu le départ du tramway, qui ne reviendra pas à Bagdad avant deux heures. Le brave homme s'imagine, sans doute, que la satisfaction de faire cinq ou six kilomètres dans une voiture cahotante et, pour varier nos plaisirs, de nous percher au retour sur l'impériale du même véhicule, est l'unique but de notre promenade? Le cawas se moquerait-il des hôtes de son maître? Il ferait beau voir! En route et visitons tout d'abord la mosquée.

Des gestes expressifs expliquent mes intentions à notre guide; il riposte en entremêlant sa pantomime d'interjections effarées, et se décide enfin à abandonner son banc et à emboîter le pas.

Des rues relativement propres, si on les compare à celles de Bagdad, des bazars tous aux mains de Persans, Chiites comme la population de Kâzhemeine, nous mènent à une place encombrée de montagnes de légumes. Sur trois faces sont disposés des étalages de comestibles; la quatrième est occupée par la porte de la mosquée. Cette baie donne passage, au moment où nous arrivons, à une nombreuse escouade d'ouvriers. Je franchis les tas de choux, de raves, de pastèques amoncelés sur le sol, et je marche fièrement vers l'édifice, persuadée que je vais y pénétrer sans plus de difficulté que dans tous les autres sanctuaires de Bagdad.

Ali, Houssein, Hassan! quelle erreur était la mienne! A peine les maraîchers ont-ils compris mon intention, qu'avec une touchante unanimité ils abandonnent leurs légumes et me barrent le passage à l'instant où je vais franchir le seuil de la porte. « L'entrée du tombeau de l'imam Mouça est interdite aux chrétiens : éloignez-vous! » hurlent à l'envi les marchands de choux et de pastèques sur un ton impératif, mais encore à peu près poli. Cependant la foule grossit à vue d'œil, elle se rue sur le cawas, lui reproche en termes amers de nous avoir amenés, le presse, le bouscule, le bombarde d'injures dont je démêle plus facilement l'esprit que le sens.

Furieux, notre homme cherche à se dégager et à tirer son sabre du fourreau. L'affaire devient grave; s'il y a une goutte de sang répandu, nous allons être assommés tous les trois. Marcel se précipite dans la mêlée, saisit le cawas par le bras et, malgré sa résistance, l'oblige à nous suivre, tout en lui permettant de lancer des ruades savantes et de riposter aux horions que cherchent encore à lui appliquer ses chers coreligionnaires.

À quelques coups de poing près, cette aventure me rappelle notre première expédition contre l'imamzaddè Djaffari d'Ispahan.

« Qu'allons-nous faire? me dit Marcel : tentons-nous un nouvel assaut?

— Gardons-nous-en bien et rentrons tranquillement au logis. Les Turcs, fort malveillants à l'égard des Européens, refuseraient de nous donner une escorte suffisante pour nous conduire sans danger au cœur d'une mosquée chiite; quant aux Persans, ils sont si jaloux de leurs privilèges religieux, les seuls qu'ils aient conservés dans ce pays soumis autrefois à leur domination, qu'ils se retrancheraient derrière des remparts théologiques dont il faut renoncer à faire le siège. »

Nous serions peut-être arrivés à un meilleur résultat si nous nous étions présentés seuls devant le tombeau de l'imam Mouça, ou si nous avions eu la prudence de réclamer aux chefs religieux la permission de visiter l'édifice, en basant notre demande sur les sourates du Koran commentées en Perse à notre intention; mais, en l'état actuel, la partie est perdue sans espoir de revanche.

La situation des Européens, à quelque nationalité qu'ils appartiennent, est en ce moment-ci très précaire dans la Turquie d'Asie. Un chrétien est-il molesté, maltraité, assassiné : les plaintes de son consul restent sans effet, et l'on n'arrête jamais le coupable; si le prévenu est livré à la justice par la victime ou par sa famille, les juges l'acquittent, le code Napoléon à la main. Les Anglais eux-mêmes, toujours si fiers et si respectés en Orient, sont insultés tous les jours et ne peuvent avoir raison de l'inertie de l'administration ottomane.

Dernièrement encore, un mécanicien qui arrivait de Newhaven a été poignardé en plein jour. Le consul anglais a fait connaître le nom de l'assassin et a désigné les témoins du crime. Peine perdue : le coupable, un Turc naturellement, vaque à ses affaires; il n'a jamais été question de l'arrêter, moins encore de le mettre en accusation.

Le sage doit tirer de semblables aventures de prudents enseignements : aussi bien, sans faire parade d'un héroïsme hors de saison, moi en tête, Marcel au centre, tirant le cawas qui forme une arrière-garde bien récalcitrante, nous avons battu en retraite et gagné une ruelle étroite, non sans recevoir à travers les jambes quelques raves heureusement pourries. Pendant la mêlée je n'ai pas perdu mon temps et, laissant à mon mari le soin de parlementer à coups de poing avec la foule, j'ai jeté à travers la porte restée ouverte un rapide coup d'œil sur l'édifice. Au fond d'une vaste cour se présente la façade principale. Elle est revêtue de briques émaillées et précédée d'un porche soutenu par de grêles colonnes ornées de miroirs à facettes. Cet ensemble rappellerait assez exactement à mon souvenir le pavillon des Tchehel-Soutoun, si le monument n'était surmonté des deux coupoles d'or qui recouvrent les tombeaux du septième et du douzième imam. Des angles de la construction s'élancent, insigne distinction réservée aux sanctuaires les plus en honneur, quatre grands minarets de faïence, dorés à leur partie supérieure et pourvus de ces balustrades ajourées derrière lesquelles les mollahs appellent à la prière les fidèles croyants. Tout auprès des dômes sont placées des tourelles en forme d'échauguette. En continuant notre promenade devenue désormais très paisible, nous avons fait le tour des murs de clôture et, à travers les ais mal joints des portes de dégagement, nous avons constaté que l'édifice comprenait, outre le sanctuaire et la masdjed proprement dite, une médressé, des caravansérails et des bains appropriés aux besoins des fidèles et des voyageurs fatigués.

TOMBEAU DE L'IMAM MOUÇA A KÂZHEMEINE.

LA MOSQUÉE D'IMAM MOUÇA.

La mosquée primitive de Kâzhemeine remontait aux premiers temps de l'Islam; celle que la piété des Chiites vient de lui substituer est à peine achevée et fait plus d'honneur au goût architectural des Persans qu'à l'énergie des mortiers iraniens. Les plâtres ne sont pas encore séchés, le gros œuvre des parties secondaires de l'édifice n'est pas terminé, et déjà quelques-unes des briques bronzées formant le merveilleux revêtement des coupoles se sont détachées en laissant apparaître sur l'un des dômes ces taches de lèpre qui signalent les monuments menacés d'une ruine prochaine.

Bon gré mal gré, il a bien fallu, après avoir fait le tour de l'enceinte, attendre au café le départ du tramway et supporter gaiement les lazzi d'une troupe de gamins attirés par notre piteux retour. Deux tasses de moka, quelques cherbets, trois ou quatre narguilés, ont fait oublier au cawas les contusions que lui ont values son tarbouch rouge, sa qualité de Sunnite et le plaisir de nous escorter.

Enfin la voiture est prête. Le conducteur exécute le dernier voyage de la journée, et il a une telle hâte de retourner auprès de ses femmes, que, sans souci du lourd véhicule qui bondit au risque de ne point retomber sur les rails, il lance ses chevaux au triple galop. Les vitres des fenêtres ne se casseront pas, car il reste à peine les traces du mastic qui les maintenait jadis; mais chrétiens, juifs et musulmans sautent comme des poissons vivants jetés dans une poêle à frire. Le déraillement nous donne l'occasion de reprendre haleine; le mauvais passage franchi, l'allure devient encore plus rapide; les femmes poussent des cris d'effroi, le conducteur fouette à tour de bras les chevaux confiés à ses soins paternels, franchit, pareil à une trombe, les murs de Bagdad *gadim* et continue à galoper à travers les rues. L'une des plus étroites est encombrée par une caravane de petits ânes chargés chacun d'un poisson énorme posé sur leur dos tête de ci, queue de là.

Ces gigantesques habitants du Tigre, connus en Mésopotamie sous le nom de « poissons de Tobie », n'ont point hérité de leur ancêtre biblique le privilège de guérir la cécité, les nombreux aveugles de Bagdad en témoignent; ils sont néanmoins une précieuse ressource pour les pauvres gens, heureux, faute d'un fiel médicinal, de trouver dans les flancs de leur poisson favori une chair très abondante et par conséquent à très bon marché. Je laisse à penser si notre impétueuse arrivée trouble la caravane. Les ânes, épouvantés, prennent la fuite; les poissons, fort empêchés d'avoir une opinion, se traînent dans la poussière; les pêcheurs vomissent des malédictions, le cocher riposte : la petite fête est complète.

Combien je regrette de n'avoir pu cueillir au vol la fusillade d'injures qu'ont échangée les belligérants! Désormais j'eusse été à même d'entretenir avec les Turcs une conversation suivie.

Le dernier voyage entre Kâzhemeine et Bagdad s'exécute tous les jours, paraît-il, dans les mêmes conditions et alimente de jambes et de bras à raccommoder les officines des rebouteurs de l'endroit. Mais qui songerait à se plaindre des conducteurs? Ils ne sauraient être responsables de la casse : s'il y a dommage, c'est que telle était la volonté d'Allah.

En résumé, nous sommes revenus au consulat plus riches qu'au départ : le cawas, tatoué de meurtrissures aux couleurs variées, rapporte un œil en marmelade; quant à moi, j'ai hérité pendant la voltige du tramway le contenu d'un pot de mélasse qu'un de mes voisins tenait pieusement embrassé et qu'il est venu, à son grand regret, déverser dans mon gilet.

Ma mésaventure ne sera pas aussi complète que je l'avais redouté. M. Mougel, l'ingénieur du vilayet, auquel je l'ai narrée tout au long, doit m'envoyer une superbe photographie de la mosquée de l'imam Mouça. En sa qualité de chrétien, il n'aurait jamais pu, assure-t-il, fouler les dalles du sanctuaire si les Chiites n'avaient eu besoin de son concours, il y a quelques mois, pour faire placer une horloge à l'intérieur de l'édifice. Grâce à cette circonstance, il a pu installer son appareil sur la terrasse d'une maison voisine de la mosquée et prendre sans difficulté quelques vues extérieures du sanctuaire.

Assis autour d'un bon feu, nous avons, comme de coutume, passé en famille la fin de la journée.

Fille de consul, femme de consul, Mᵐᵉ Peretié a déjà vu bien des voyageurs, et nous a tracé, d'une main aussi délicate que légère, les amusants portraits de tous les Juifs errants qu'elle a connus.

« Avez-vous jamais rencontré M...? Je ne vous dirai pas son nom, je préfère vous laisser le plaisir de le deviner. Qu'il vous suffise de savoir que mon héros a exploré l'Abyssinie et les Indes. Y êtes-vous? Quel homme d'esprit! Quel érudit original et charmant! Il avait quinze cents francs de rente et ne savait comment gaspiller ses revenus royaux.

« Dès son arrivée à Bagdad, l'ami du négus Théodoros avait témoigné le désir d'aller visiter les ruines de Babylone. Une expédition fut rapidement organisée, et, au bout de huit jours, les voyageurs rentraient au consulat suants, haletants, couverts de poussière, ainsi qu'il convient à des cavaliers qui ont fait trois étapes à cheval dans les plaines de la Chaldée. Chacun à l'envi se précipitait vers sa chambre, désireux de changer de linge et de revêtir des habits frais. Seul M..., assis dans un fauteuil du salon, s'occupait à me narrer tous les incidents de l'excursion.

« Supposant que mon hôte restait auprès de moi par politesse, je m'évertuais à lui faire comprendre qu'il était libre de se retirer, et cela avec d'autant plus d'insistance qu'il paraissait avoir recueilli double ration de poussière et de sueur sur les chemins de la Mésopotamie.

« — Je crains, lui dis-je enfin, pour couper court à la conversation, qu'on n'ait oublié de « mettre à votre disposition les objets de toilette qui vous sont nécessaires. Je vais m'assurer « que vous avez du savon....

« — Merci mille fois, je ne me raserai pas aujourd'hui, et d'ailleurs, à l'exemple du sage, « j'ai l'habitude de porter sur moi tous les outils et ingrédients que nécessite cette opé- « ration », interrompit mon Abyssin en sortant de sa poche un canif ébréché et un morceau de savon rouge. « J'ai fait mes approvisionnements avant de quitter Marseille.

« — Ah!... Et y a-t-il longtemps que vous avez quitté Marseille?

« — Non, trois ans tout au plus; mais, comme j'usais trop vite mon savon, je me suis « décidé à laisser croître une partie de ma barbe. »

« Il ouvrit alors sa veste et me présenta respectueusement l'extrémité d'une barbiche toute nattée, longue de plus de trente centimètres, qu'il tenait habituellement dissimulée entre son gilet et sa chemise, pour ne pas en être gêné et s'épargner ainsi la peine de la peigner de temps en temps.

« — C'est vraiment merveilleux! Vous avez eu là une idée des plus pratiques.

« — Oui, oui, j'entends assez bien les préparatifs de voyage : ainsi j'ai traversé en tous « sens l'Abyssinie sans autre malle que mon carton à chapeau.

« — Où mettiez-vous donc vos habits, votre linge?

« — En partie dans mes poches : c'est un excellent système lorsqu'on veut toujours avoir « sous la main les objets de première nécessité. Quant à mes chemises, j'en ai enfilé cinq en « quittant Marseille. Lorsque je m'aperçois que la chemise supérieure est un peu défraîchie, « je la sors, je la jette, et c'est la seconde qui apparaît. J'en porte encore deux : elles me « mèneront facilement en France. »

« A cet instant critique entra la femme de chambre, qui venait demander au voyageur s'il désirait de l'eau froide ou de l'eau chaude.

UNE RUE DE BAGDAD. (Voyez p. 591.)

« — Ni chaude ni froide : il y a longtemps que je suis déshabitué de ces conforts vrai-
« ment superflus. »

« Il se rassit sans être autrement troublé par cette proposition intempestive, et reprit la conversation au point où elle avait été interrompue. Croiriez-vous, a ajouté en riant Mᵐᵉ Peretié, que mon hôte, après ces aveux dénués d'artifices, s'empressa de m'offrir son bras pour passer à la salle à manger et que je n'osai le refuser? Et pourtant, au cours de notre entretien, j'avais vu se promener sur l'extrémité de la tresse laissée à découvert toute une petite population de parasites que l'excellent homme rapportait d'Abyssinie en France avec sa dernière chemise. »

« Madame est servie, vient annoncer le valet de chambre.

— Vous allez me servir de cavalier, et tâchez de vous montrer galant », me dit d'un ton joyeux Mᵐᵉ Peretié.

Je rougis, je verdis encore à cette invitation, moi qui n'ai pu me défaire des petits hadjis recueillis sur la route de Darab, bien que je n'éprouve pas à l'égard de l'eau chaude et de l'eau froide la répulsion de l'X*** qui nous a précédés au consulat! J'avais cru, lors de mon séjour à Bouchyr, me débarrasser à tout jamais de mes ennemis en les noyant dans les eaux salées du golfe Persique : illusion! Les bains de mer leur ont été salutaires !

Dans mon désir de rompre avec des voisins aussi désagréables que compromettants, j'ai même fait le sacrifice de me raser la tête et de porter sur les épaules un crâne semblable au chef dénudé de cet assassin auquel un représentant de la vindicte publique reprochait, dans un dernier élan d'indignation, la rareté de ses cheveux et son *calvinisme* précoce, indices certains des mauvaises passions qui dévoraient son âme. Tous les remèdes ont échoué. Si je pouvais au moins sauver les apparences !

FEMME PERSANE.

CIMETIÈRE A BAGDAD.

CHAPITRE XXXIV

Visite aux cimetières de la rive gauche. — Tombeau de Josué. — La colonie juive de Bagdad. — Le tombeau de la sultane Zobeïde. — Incendie dans le bazar. — Le Khan Orthma. — Le minaret de Souk el-Gazel. — Les bazars et les marchands de Bagdad.

19 décembre. — J'ai passé la journée à parcourir les cimetières et les tombeaux de la rive gauche situés sur le sol abandonné de la vieille Bagdad. Une ville morte habitée par des cadavres n'a rien en soi de bien attrayant. En Europe peut-être, mais sous le ciel de la Chaldée les figurants de la danse macabre revêtiraient eux-mêmes un aspect enchanteur. Quel magicien que le soleil, et comme je comprends le culte des vieux peuples de l'Orient pour ce dieu de la vie et de la lumière !

Les champs de repos en ce pays ont un caractère moins lugubre encore qu'à Stamboul ou à Scutari. Nulle barrière morale ou matérielle ne s'interpose entre les morts et les vivants; les ombres n'effrayent personne.

Le plus grand de tous ces cimetières s'étend autour de la mosquée funéraire du frère de Haroun al-Rachid. La chapelle est précédée d'une superbe allée de palmiers. Leurs verts panaches sont le rendez-vous de chanteurs emplumés, qui nous régalent de leurs gazouillements, tout en volant de branche en branche jusque sur les fils d'un télégraphe chargé de porter la pensée bien loin de ce ciel enchanteur. Les tombes, plates ou bombées, suivant le sexe de l'habitant, sont toutes recouvertes d'une construction exécutée en matériaux des plus grossiers et maçonnés avec du mortier de terre.

Pendant que j'examinais la tour d'Akerkouf, dont la grande masse se dessine en gris bleuté sur le fond uniformément jaune de la plaine, et que j'invectivais à bonne distance les minarets d'or de Kâzhemeine, de lugubres lamentations sont arrivées jusqu'à moi : un convoi s'avançait à pas précipités. Le cadavre est porté sur une civière et recouvert d'un cachemire surmonté, du côté de la tête, d'une sorte de couronne. Allah a rappelé à lui une des houris promises à ses élus. Le cortège s'arrête auprès d'une fosse fraîchement creusée; je veux me rapprocher afin d'assister aux cérémonies : peine perdue, le cawas accourt et me donne une deuxième représentation de la pantomime de Kâzhemeine. J'essaye de rester sourde à ses supplications, mais le pauvre homme me montre sa figure d'un geste si pitoyable que je me rassieds à l'instant ; il serait peu charitable de hasarder le dernier œil de mon Turc. Je n'ai pas eu à regretter ce sacrifice ; la civière a été déposée tout près de la fosse, les plus proches parents se sont serrés autour de la morte, et, prenant dans leurs mains une haute draperie, l'ont soutenue tout autour du tombeau, afin de dissimuler, au moment de confier le cadavre à notre commune mère, jusqu'à l'idée des formes féminines. La terre a bientôt remplacé pour l'éternité ce voile à l'abri duquel la femme musulmane traverse la vie ; la foule s'est dispersée ; les oiseaux, effarouchés par le cortège, ont repris leur concert interrompu et ont donné à la nouvelle arrivée une aubade de bienvenue.

JEUNES FILLES JUIVES DE BAGDAD.

À notre tour nous avons quitté le cimetière et nous sommes dirigés vers un monument dont les coupoles dépassent à peine les murs qui l'entourent. Nous frappons à une porte bardée de fer ; le guichet s'ouvre, un gardien passe la main à travers le judas et exige avant de tirer les verrous un kran de bakchich par personne. Marcel s'exécute : on ne saurait payer trop cher l'honneur de contempler le tombeau d'un homme qui a arrêté le soleil, et nous pénétrons... dans la cour placée au-devant du cénotaphe de Josué. De longues sentences écrites en caractères hébraïques de couleur vert pomme et bleue courent sur l'archivolte d'une seconde baie, qui donne accès à l'intérieur de l'édifice. Deuxième guichet, deuxième main tendue.

Nous prendrait-on pour des Rothschild en déplacement ? Les sacristains et les portiers des galeries flamandes sont des écoliers bien modestes auprès des concierges de Josué. Enfin ! nous voici dans la place. La vue d'une salle blanchie à la chaux et d'un bloc de maçonnerie grossièrement exécuté n'est jamais fort intéressante ; mais, quand on a acheté ce spectacle au prix de huit francs et d'une demi-heure de pourparlers, on a le droit de se déclarer volé. Le sanctuaire, malgré son extrême simplicité, est tenu en grande vénération. Les Israélites, à certaines époques de l'année, y affluent en nombreux pèlerinages, non seulement de Bagdad, mais encore de la Chaldée tout entière. La main mise sur le cénotaphe d'Esdras et de Josué indique combien sont puissants et nombreux les juifs du vilayet. Descendent-ils de ces Babyloniens qui quittèrent les rives du Tigre vers 1030 après Jésus-Christ, ou bien vinrent-ils en Mésopotamie au temps des califes se mettre à l'abri des tempêtes que déchaînait contre eux l'intolérance des nations européennes ?

Quoi qu'il en soit, la colonie constitue une force commerciale très importante, détient les affaires financières de la province, et fait preuve en toute circonstance d'une intelligence et d'une activité extraordinaires.

COLONIE ISRAÉLITE DE BAGDAD.

Les maisons du quartier israélite se distinguent des habitations musulmanes à leur aspect moins rébarbatif et moins claustral. Des fenêtres percées dans les murs extérieurs, des moucharabiehs jetés en encorbellement sur les rues permettent aux dames juives de suivre, sans être vues, les allées et venues des passants. Toutes mènent une existence très retirée et en apparence fort simple, mais exhibent, si l'occasion s'en présente, une profusion

TOMBEAU DE ZOBEÏDE. (Voyez p. 600.)

de pierreries et de perles qui constituent à elles seules des fortunes faciles à emporter ou à dissimuler.

Combien de fois ai-je entendu vanter la splendeur des colliers à six rangs de perles portés par les enfants d'un riche banquier, sans préjudice des bracelets, broches, bagues, boucles d'oreilles en brillants et calottes semées de roses dont se parent, aux jours de grandes fêtes, ces filles d'Israël?

Si l'on n'ouvre point sans parlementer et sans clef d'argent la porte du monument funéraire de Josué, on ne pénètre pas — à moins d'avoir des ailes à sa disposition et de se présenter devant les ouvertures ménagées au sommet des alvéoles de la pyramide — dans le charmant tombeau de Zobeïde, la sultane favorite de Haroun al-Rachid, ce calife qui envoya à Charlemagne une ambassade et des présents. La porte du monument est murée.

Cette mesure témoigne d'un profond respect pour une femme qui fut mariée à l'un des plus puissants souverains de l'Orient, et d'une tendre sollicitude à l'égard des voleurs.

Des malfaiteurs, paraît-il, avaient établi dans ce pieux édifice, situé auprès de la route de Bagdad à Hillah et Kerbéla, leur résidence de prédilection. L'administration turque, toujours secourable aux bandits et aux coupe-jarrets, pensa qu'il serait peu délicat de déloger les hôtes de Zobeïde. Dans la bagarre les zaptiés eussent été forcés de saisir quelque voleur maladroit, un bavard peut-être ; une première indiscrétion en eût amené une seconde, et d'indiscrétion en indiscrétion on en fût arrivé à compromettre... Allah lui-même. Procéder ainsi, quelle mauvaise politique ! Foin des sbires et des gendarmes ! Un matin que l'on savait les voleurs en promenade, le valy se contenta d'envoyer une escouade de pacifiques maçons avec ordre de fermer sur-le-champ l'unique baie qui donnait accès dans le tombeau. Les expulsés apprécièrent les bons procédés de l'administration à leur endroit, dédaignèrent de renverser une muraille à peine terminée et allèrent porter ailleurs leurs culottes et leur quartier général.

Je dois ajouter cependant que, sur la demande des gens dévots, le gouvernement a fait ménager un trou carré au milieu de la maçonnerie : en y introduisant la tête comme un rat dans une souricière, on peut parcourir du regard l'intérieur de l'édicule.

La salle est octogonale et surmontée d'une voûte ornée d'alvéoles reproduits en relief sur l'enveloppe extérieure de la pyramide. Les murs, sans ornements, sont blanchis à la chaux et dépourvus de lambris ou de revêtements. Zobeïde ne repose pas seule au milieu de l'édifice : la femme d'un très puissant chef arabe a sollicité et obtenu la faveur de dormir son dernier sommeil à côté de la sultane. Les tombes sont couvertes de blocs exécutés en grossière maçonnerie.

La paix soit sur les deux belles !

L'extérieur du monument de Zobeïde rachète par sa grâce et son élégance la pauvreté des dispositions intérieures. L'édifice est d'ailleurs très postérieur à la sultane, puisque le mode de construction et le style des ornements permettent de le classer au nombre des œuvres architecturales du commencement du treizième siècle. Les jolies mosaïques monochromes des tympans, les terres cuites estampées avec une grande délicatesse et placées au-dessus des ogives, rappellent d'une manière frappante les monuments de la période seljoucide.

20 décembre. — Tout Bagdad est en émoi : un incendie s'est déclaré cette nuit au bazar. Le feu a été vivement attaqué par les marchands, qui en pareil cas emploient un procédé fort ingénieux pour mettre leurs boutiques à l'abri des flammes, des pompiers et des voleurs. Dès qu'un sinistre est signalé, tous les intéressés courent sur les terrasses de bois et de terre jetées au-dessus des rues ménagées entre les boutiques, et coupent à la hache les pièces maîtresses de cette épaisse toiture : en tombant, elle étouffe le feu sous les décombres et obstrue en même temps toutes les ouvertures des magasins. Aujourd'hui le bazar incendié offre l'aspect d'une ruine, mais, dans deux ou trois jours, les négociants, n'ayant plus à redouter les tisons mal éteints, déblayeront les terres, remettront les bois à leur place, et ouvriront sans inquiétude leurs échoppes demeurées intactes.

Le feu s'est déclaré à peu de distance de la plus ancienne partie du quartier commerçant, non loin du magnifique Khan Orthma (Caravansérail Couvert). Si le foyer de l'incendie

LE KHAN ORTHMA.

n'eût été circonscrit avec décision, les flammes se fussent propagées jusqu'à cet entrepôt, et eussent privé Bagdad d'un des plus beaux spécimens de l'architecture persane du douzième siècle.

Le Khan Orthma est un vaisseau rectangulaire recouvert de voûtes élégamment appareillées. Des contreforts extérieurs, distants de trois mètres environ, reçoivent la retombée d'arcs-doubleaux jetés en travers de la nef et réunis entre eux par des voûtains. Ces voûtains sont surmontés de coupoles ajourées portant en partie sur le tympan des grands arcs. Le mur qui vient clore latéralement la salle est percé d'un double étage d'ouvertures; les deux murs pignons sont eux-mêmes terminés par des maçonneries évidées laissant

VUE DE BAGDAD DU HAUT DU KHAN ORTHMA.

filtrer quelques rayons de soleil dont l'éclat vient s'ajouter à la lumière fournie par les fenêtres et par les coupoles. Les mosaïques monochromes qui décorent l'ensemble de ces voûtes sont d'une légèreté et d'une grâce incomparables. Pourtant l'architecte s'est surpassé le jour où il a conçu la galerie de circulation placée tout autour de la nef.

Il est bien difficile à un constructeur, quand il ne dispose que de briques, c'est-à-dire de matériaux de petites dimensions, de créer des encorbellements résistants; les Persans sont passés maîtres dans cet art, et c'est au désir de ménager à l'intérieur des pièces des saillies considérables que l'on doit ces élégants pendentifs et ces ruches d'abeilles considérés, à tort, comme des ornements caractéristiques de l'architecture arabe, alors qu'ils représentent les parements des petites voûtes de briques destinées à raidir et à porter les maçonneries en surplomb.

Les alvéoles en ruches d'abeilles eussent juré avec la disposition générale du Khan Orthma : l'architecte s'arrêta à un parti sévère et, procédant par saillies successives, jeta des arceaux sur des corbeaux implantés dans le mur ; les tympans de ces arceaux servent d'appui à des consoles réunies au moyen d'une architrave courbe. Il prépara ainsi un encorbellement d'un mètre trente environ, et le couronna d'un fort cavet que surmonte une légère balustrade en bois. Les bandeaux et les tympans sont couverts de briques estampées analogues à celles que nous avons vues au tombeau de Zobéide et que l'on retrouve si fréquemment dans les édifices de la période seljoucide.

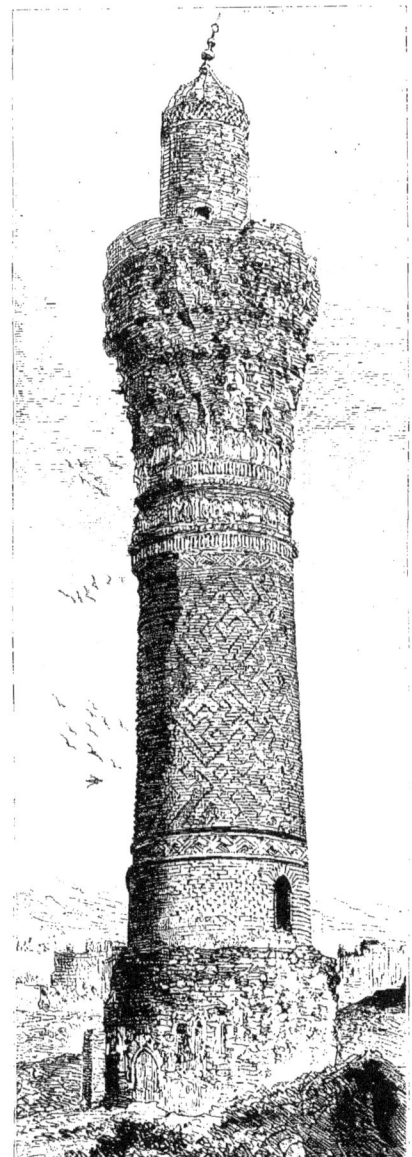

MINARET DU SOUK EL-GAZEL.

Un escalier large et bien compris, phénomène rare en pays musulman, conduit à une terrasse qui domine de toute sa hauteur l'ensemble des constructions particulières de la ville. Les minarets, les palmiers, les coupoles brillantes sont ici, comme dans toutes les cités d'Orient, les traits caractéristiques du paysage.

La présence à Bagdad d'un monument franchement iranien n'est pas un fait isolé : non loin des murailles du caravansérail s'élève encore le magnifique minaret de Souk el-Gazel, qui présente, avec son couronnement d'alvéoles à petites imbrications, tous les caractères de l'art persan du douzième siècle. Plus loin se dressent les bâtiments d'une école transformée aujourd'hui en entrepôt des douanes, bâtiments qui doivent leur renom à leurs beautés architecturales et à de superbes inscriptions devant lesquelles se pâment les artistes calligraphes.

Une remarque et je clos cette longue parenthèse archéologique. Les nombreux édifices que renferme Bagdad n'ont pas seulement une valeur intrinsèque ; ils forment une sorte de musée où l'on peut suivre plus aisément qu'en Perse l'histoire des différentes manifestations de l'art iranien depuis l'avènement des Seljoucides jusqu'à nos jours. Le style de chaque époque a laissé ici son empreinte, tandis que dans leur pays originel les monuments sont dispersés suivant la position de la capitale choisie par la dynastie qui les a élevés.

En descendant de la terrasse du Khan Orthma, je deviens la proie des marchands de tapis persans ou turcs. J'ai vainement cherché au milieu d'un prodigieux amoncellement de tissus quelques pièces remarquables. On ne m'a montré que les laines grossières et mal teintes des fabriques de Farahan ou les épaisses carpettes de Smyrne.

Outre les tapis on trouve au bazar les soies de Damas en pièce, les mousselines blanches brodées de soie jaune, les abbas lamés d'or que les hommes jettent sur leurs épaules, les izzas réservés aux femmes, les babouches colorées et, dans les galeries voisines, des harnachements couverts de mosaïques de cuir ou de drap : c'est-à-dire tout l'arsenal du luxe banal de l'Orient. Mais il ne faut point chercher ici ces armes précieuses, ces émaux ou ces brocarts que l'on rencontre à Kachan, à Ispahan et surtout à Stamboul. D'ailleurs y fussent-ils qu'on ne les y découvrirait point : l'abondance des marchandises vulgaires, jointe à la maussaderie des négociants si on les oblige à déplier leurs marchandises, ne facilite guère les recherches.

Quant aux produits de l'industrie locale, on doit, à Bagdad comme en Perse, les com-

INSCRIPTION DANS L'ENTREPÔT DE LA DOUANE.

mander et les solder en même temps; ce singulier système de transaction empêche les étrangers, souvent condamnés à partir à jour fixe, d'emporter des souvenirs qu'on serait forcé de payer plusieurs mois à l'avance et dont il faudrait attendre indéfiniment la livraison. Les gens expérimentés, les habitants du pays sont souvent victimes de l'âpreté des négociants; je laisse à penser de quelle manière sont traités les voyageurs.

Mme Peretié me montrait ces jours-ci quatre belles portières lamées d'or qu'elle venait de faire tisser, et me faisait remarquer qu'à moitié hauteur la couleur incarnat de la soie se transformait subitement en une teinte rouge framboise. Dès son arrivée à Bagdad elle commanda ses portières au hadji Baba, l'un des meilleurs tisserands de la ville, et, suivant l'usage, elle remit d'avance la moitié du prix convenu, en promettant de donner le solde au moment où le travail serait à demi exécuté. Deux mois se passent, le marchand se présente et prie sa cliente de venir constater que les portières sont à demi tissées. Mme Peretié se rend à la fabrique, se déclare très satisfaite et remet en partant le prix intégral de la commande. Six mois s'écoulent encore; un beau matin on annonce hadji Baba : aidé de ses apprentis, il apporte l'ouvrage terminé. On déplie les pièces de soie; elles sont chacune de deux couleurs différentes. Mme Peretié, stupéfaite, adresse de violents reproches au marchand, mais celui-ci, sans se troubler, se contente de lui répondre en se retirant :

« Vous m'avez donné l'argent en deux fois : j'ai préparé la teinture à deux reprises. Si les couleurs ne sont pas exactement les mêmes, c'est votre faute, et non la mienne. »

Il a bien fallu garder les portières : elles étaient payées.

Et c'est ainsi que se traitent les affaires à Bagdad !

Attribuer à la pénurie de capitaux les singulières exigences des marchands serait une erreur. Les banquiers, fort nombreux, sont toujours disposés à ouvrir des crédits aux petits négociants, et l'argent, quoique prêté à gros intérêt, ne fait jamais défaut aux industriels honnêtes et laborieux. En outre ils jouissent de privilèges qui facilitent singulièrement leurs affaires ; l'État, en vue de favoriser les transactions, ne les charge ni d'impôts ni de patentes, et les oblige seulement à acquitter des droits d'entrée d'autant moins onéreux qu'il est toujours aisé de se mettre d'accord avec les préposés de la douane. En réalité, les marchands bagdadiens exigent le payement des commandes avant la livraison, d'abord parce qu'ils bénéficient des intérêts autant qu'il leur plait de faire durer le travail, et, en second lieu, parce que les ruses de leurs clients ordinaires les ont mis depuis longtemps à une dure école.

Les bazars les plus riches ne sont pas les plus fréquentés, les objets de valeur étant apportés d'habitude au domicile des clients ; mais, en revanche, on ne saurait concevoir une animation pareille à celle des quartiers où l'on vend les cotonnades anglaises, la quincaillerie russe et les merveilleux anneaux de verre devant lesquels s'arrêtent, haletantes et l'œil allumé de convoitise, les femmes nomades qui viennent apporter des poules, des œufs ou des légumes au marché. Toutes arrivent le visage découvert, mais dès leur entrée au bazar elles cherchent à ramener sur leur figure un pan du voile de laine qui enserre leur tête, afin de copier autant que possible les modes de Bagdad. Quand on y tient, il est pourtant facile de voir de très près les femmes arabes : c'est encore meilleur marché que d'entrer dans le tombeau de Josué. Le type est assez vulgaire et semble avoir perdu cette élégance de formes que j'ai tant admirée chez les nomades de la tribu de Filieh.

Pour être juste, je dois ajouter que les paysannes appartiennent à la classe la plus pauvre et portent les traces des durs labeurs auxquels elles sont assujetties pendant que leurs maris courent à la chasse ou au pillage.

J'ai terminé mes promenades à travers la cité des califes en allant visiter les marchés aux vivres. Est-il spectacle plus réjouissant et plus coloré que la vue des étalages où s'amoncellent les produits qu'il faut servir tous les jours aux mille bouches d'une ville ? Seuls le vernis des légumes, leur chaude coloration, le pelage et la fourrure du gibier sont capables de briller dans les atmosphères grises du Nord, et d'égayer les parois utilitaires de nos halles de fer ; mais, quand on sort de l'usine où s'écoule la vie européenne, lorsque le soleil pénètre en souverain au milieu des pyramides de fruits qu'il a fait mûrir, le tableau devient d'autant plus enchanteur que la nature dispose d'ors et d'émaux assez variés pour composer des symphonies toujours nouvelles. A Bagdad en particulier, les bazars, dès la pointe du jour, sont abondamment approvisionnés de vivres et encombrés de marchands et d'acheteurs, parfois contraints de s'ouvrir un passage à l'aide du bâton, tant la foule est compacte. La vie matérielle, quand on s'accommode des mets du pays, ne doit pas être ruineuse. La volaille et le gibier sont livrés à très bas prix ; un mouton coûte six francs ; le poisson est abondant. Les légumes, surtout les cucurbitacées, apportés en couffes de la Mésopotamie supérieure, ont une valeur dérisoire et s'entassent dans un débarcadère spécial, tant leur masse est considérable et encombrante. Je ne puis comparer le volume des barques qui les contiennent à la faible capacité des estomacs européens, sans me sentir prise d'un certain respect pour des gens qui auront digéré avant ce soir les montagnes de melons et de pastèques approvisionnés sous mes yeux.

Pourtant, si jamais je m'égare, que l'on ne vienne pas me chercher dans ce pays de cocagne. Je ne me déciderai à y planter ma tente que le jour où on l'aura purgé des fonctionnaires turcs, de la peste et du bouton de Bagdad. De ces trois fléaux, les deux derniers me paraissent encore les moindres.

LE DÉBARCADÈRE DES COUFFES A BAGDAD.

TRANSPORT DES CADAVRES A KERBÉLA. (Voyez p., 611.)

CHAPITRE XXXV

Départ pour Babylone. — La traversée du pont de bateaux. — Les zaptiés d'escorte. — Le caravansérail de Birounous. — Convoi mortuaire sur la route de Kerbéla. — Iskandéryeh-Khan. — Apparition du tumulus de Babylone. — Un orage en Chaldée. — La plaine de Hillah. — Les rives de l'Euphrate. — La tour de Babel identifiée avec le Birs Nimroud et le temple de Jupiter Bélus. — Le kasr ou château de Nabuchodonosor. — Les jardins suspendus. — Le tombeau de Bel-Mérodach.

21 décembre 1881. — Il faut renoncer à rendre visite aux palais des Sargon et des Sennachérib, trop éloignés de Bagdad. Nous ne pouvons, en revanche, passer indifférents dans le voisinage de la tour de Babel, des murs de Babylone et des célèbres jardins suspendus, ces merveilles du monde ancien dont les descriptions ont excité nos premières curiosités d'enfant.

Malgré mon antipathie pour les Turcs de la Turquie officielle, je me suis placée ce matin sous la protection de quatre zaptiés mis à nos ordres par le valy de Bagdad et, chevauchant un squelette de cheval jaune serin, que son propriétaire, de peur des mauvais esprits, a décoré sur l'épaule d'une main peinte au henné, j'ai franchi le pont de bateaux et rejoint le frayé de Babylone.

Si les lazzi des gamins attroupés devant mon bucéphale canari ne m'avaient assourdie à mon passage dans la ville, j'aurais trouvé grande allure à notre petite troupe. Des zaptiés vêtus, contrairement à l'usage, d'abbas, de coiffures fort propres et armés de fusils Snider, qu'ils déchargent en accentuant une bizarre fantasia, un cuisinier d'occasion, des muletiers, des bêtes ployant sous le poids des provisions, suivent nos pas. Seul un colonel de l'armée des Indes, qui avait demandé à Marcel la permission de se joindre à nous, a manqué à l'appel : nous l'avons vainement attendu au pied du tombeau de Zobeïde. Anne, ma sœur Anne, je n'ai rien vu venir. L'air qui passe sur Borsippa rendrait-il oublieux, comme l'assure le Talmud.

Le frayé traverse d'abord une plaine verdoyante semée en blé et coupée de rigoles d'irrigation, puis il rejoint les bords du Tigre, franchit un canal sur un pont de bateaux digne de rivaliser en solidité avec un praticable de théâtre, et nous conduit auprès d'une machine routière hors d'usage. On taxerait volontiers de folle l'idée d'envoyer dans un pays dépourvu de routes, de ponts, de charbon et de trafic un engin d'une utilité bien contestable même en Europe ; mais comme on change de manière de voir quand on suppute le nombre de livres que le gouvernement ottoman a dépensées avant d'amener sur les berges boueuses du canal une semblable machine, et le nombre de familles honorables qui ont vécu durant des années de cette exploitation du trésor public !

Dès lors nous entrons dans le désert. De nombreux canaux fertilisaient autrefois la contrée ; il ne reste de ces cours d'eau que les ruines de digues assez élevées pour arrêter encore le regard.

L'abandon de cette plaine jadis si fertile ne date pas, semble-t-il, d'une époque bien reculée : sans remonter à Hérodote, qui signale le territoire de Babylone comme l'un des plus riches de l'empire Perse, on peut prendre à témoin de la fertilité de la Chaldée les géographes du douzième siècle. « Le chemin de Hillah à Babylone, disait Ibn Djobaïr, est un des plus beaux et des plus agréables de la terre ; les plaines fertiles sont semées d'édifices qui se touchent et de villes qui se pressent à droite et à gauche de la route. » Il n'a pas fallu longtemps aux fils de Mahomet pour réduire à néant l'inépuisable richesse du pays.

Tout en devisant du sort des empires et en évoquant la Bible et les prophètes, nous gagnons de pauvres maisons groupées autour du caravansérail d'Azad-Khan. Quelques paniers de dattes étalés sous un auvent, une boutique où l'on distribue du café bouillant, sont des attractions trop vives pour des philosophes de notre trempe. Une tasse de café me met en appétit ; je me laisse tenter par la vue des sacoches rebondies, et, comme rien ne nous oblige à hâter notre marche, nous mettons pied à terre et déchirons à belles dents un poulet tendre quoique musulman. Autant de pris sur l'ennemi.

Mais quels sont les cavaliers que j'aperçois à l'horizon ? Ils s'avancent aussi rapidement que le permet le train des mulets d'escorte chargés de cantines et de tentes. La troupe se rapproche et je distingue bientôt le compagnon de voyage vainement attendu ce matin. Il est vêtu du costume adopté aux Indes par les officiers anglais mis à la tête des troupes indigènes, et coiffé d'une calotte de feutre rouge autour de laquelle s'enroule une longue pièce d'étoffe bleue dont une extrémité retombe sur les épaules et sert de couvre-nuque.

Le colonel Gérard, un descendant de ces Français exilés lors de la révocation de l'édit de Nantes, n'a pas abandonné le projet de parcourir la Mésopotamie ; s'il nous eût faussé compagnie, ce n'eût point été de son plein gré. Campé sur un beau poulain acheté la veille aux environs de Ctésiphon, il se présentait ce matin à l'entrée du pont de bateaux jeté sur le Tigre. Le vent était frais et le tablier, cédant à l'influence de la brise, dansait une sarabande effrénée. Notre compagnon de route fit tous ses efforts pour encourager son cheval récalcitrant à avancer ; peine perdue : « il mangea la défaite », comme disent nos amis les Persans, et, à la grande joie des badauds, fut forcé de mettre pied à terre ; muletiers et serviteurs s'attelèrent à l'animal, et, en fin de compte, sous peine de s'exposer à un accident ou de voir le cheval affolé se précipiter dans le fleuve, le colonel dut reprendre le chemin du consulat et louer au plus vite une bête plus docile. Combien de fois n'ai-je pas vu de petits ânes se débattre rageusement

UNE NUIT DANS LE CARAVANSÉRAIL DE BIROUNOUS. 611

à l'entrée du pont et atteindre l'autre extrémité la queue la première, à la remorque de leurs conducteurs accrochés à cet appendice! Seuls des fatalistes peuvent s'engager sans frissonner sur les ouvrages d'art construits par messieurs les Turcs, et maître aliboron est trop intelligent pour avoir embrassé la foi islamique.

Le colonel achevait de nous conter sa mésaventure quand un nuage de poussière s'élève de nouveau dans la direction de Bagdad. Le tourbillon se rapproche, grossit, pirouette sur lui-même et s'ouvre enfin. Bien loin de dissimuler Jupiter en personne, il enfante deux cavaliers à figure patibulaire, mal vêtus, mal armés et sales à faire peur au diable lui-même.

Les nouveaux venus s'arrêtent devant les marchands de dattes et fraternisent avec nos zaptiés. Aurions-nous la malchance de faire route avec de pareils bandits? Nous ne sommes pas en possession de grandes richesses, mais il serait bien dur de donner le peu qui nous reste à des gens d'aussi mauvaise mine.

« Çaheb, permettez-moi de présenter à Votre Excellence les zaptiés qui vont désormais l'accompagner, dit en s'avançant le chef de notre escorte.

— Deux hommes ne suffisent donc pas à épouvanter les voleurs?

— Là n'est pas la question. A votre départ de la ville, vous avez été, sur la demande du consul, entouré des zaptiés les plus beaux et les mieux vêtus de Bagdad, de vrais zaptiés de luxe; nous vous avons fait faire une sortie digne de votre rang, il ne nous reste plus qu'à vous saluer et à reprendre le chemin de la caserne. Des gens bien montés et bien équipés ne sauraient courir les chemins de caravane. Donnez-nous le bakchich qui nous est dû pour avoir brûlé sans compter la poudre du gouvernement et usé nos habits en votre honneur, et qu'Allah vous accompagne! »

Cela dit, les zaptiés de parade reprennent aussitôt le chemin de la botte à coton où on les conserve à l'abri de la poussière et des mouches, et nous laissent en compagnie des deux forbans mis désormais à notre solde.

Nous voyageons toute la journée au milieu de terres incultes, de canaux éboulés et de briques jetées sur le sol comme de la jonchée devant la procession. On croirait fouler aux pieds les ruines d'immenses villages. A la tombée de la nuit, une grande construction de briques apparaît à l'horizon et se détache sur le fond orangé du ciel: c'est le magnifique caravansérail de Birounous, ainsi nommé d'un puits creusé à mi-chemin de Bagdad à Hillah. Bâti par des Persans, sur des dimensions proportionnées au nombre des Chiites qui viennent y chercher un refuge, cet édifice reproduit à grande échelle les caravansérails de l'Iran. La porte, surmontée d'un balakhanè (maison haute), donne accès dans une cour centrale entourée d'arcades. Le temps est-il beau, les voyageurs prennent possession de ces niches aériennes; les bises de l'hiver soufflent-elles, ils aiment mieux les galeries ménagées en arrière des arcades; chacun s'assied sur les hautes estrades construites entre les contreforts intérieurs portant les arcs-doubleaux des voûtes, et garde ses bagages tout en surveillant les bêtes de somme installées dans la niche opposée.

Il fait froid, nous nous réfugions à l'intérieur du caravansérail. Des colis longs d'environ deux mètres et jetés en tas irréguliers le long des murs remplissent les arcades voisines de celle où nous campons. Ils appartiennent, paraît-il, à des pèlerins chiites arrivés avant nous, et sont confiés à notre probité. Je serais très fière de cette preuve de confiance s'il ne se dégageait de ce dépôt une odeur infecte. Inquiète, je palpe les paquets. Je ne rêve pas, ce sont des cadavres!... les uns habillés de tapis et ficelés comme des saucissons de Lyon, les autres couchés dans des caisses, qui laissent apparaître à travers leurs ais mal joints les chairs noircies et desséchées de leurs horribles propriétaires. De la Perse entière et même des Indes, les Chiites transportent leurs morts sur les terres sanctifiées par le voisinage du tombeau d'Houssein, fils d'Ali ; j'ai pour voisins de nouveaux arrivants. Malgré tout mon respect pour ces momies vagabondes, je ne me suis pas senti le cœur de les tutoyer toute une nuit. Nous avons déménagé et porté nos pénates au dehors. Le colonel a suivi notre exemple, et la soirée s'est terminée tristement, sans qu'il ait été possible de se soustraire aux bouffées empestées apportées de l'intérieur du caravansérail par la brise du soir.

Le désir commun à tous les Chiites de se faire inhumer à Kerbéla quand ils peuvent se permettre ce luxe posthume, remonte sans doute aux premiers temps de l'Islam, car il se rattache de très près aux dissensions intestines nées au lendemain de la mort du Prophète entre les candidats à sa succession.

A en croire les Chiites, Mahomet, avant de rendre le dernier soupir, aurait désigné pour son héritier son neveu et disciple bien-aimé Ali, l'époux de sa fille Fatime. Ses volontés ne furent pas respectées : Abou-Bekr, Omar et Othman occupèrent successivement le califat. Après la mort d'Othman, survenue en 656, Ali, déjà vieux, devint enfin commandeur des croyants. Les sectaires qui avaient empêché Ali d'accéder au pouvoir ne désarmèrent pas après sa mort et s'acharnèrent sur ses fils Hassan et Houssein ; tous deux périrent assassinés, l'un à Médine, l'autre à Kerbéla, et consacrèrent par leur martyre les plaines arrosées de leur sang. De cette époque date la scission entre les Chiites et les Sunnites, ou des partisans d'Ali et des disciples d'Omar.

En me plaçant à un point de vue purement spéculatif, je me suis souvent demandé qui, des Alites ou des Sunnites, était en possession de la vraie foi musulmane. Sans entrer dans des discussions de théologie transcendantale, il me semble que la réponse est écrite en grosses lettres dans le Koran. Mahomet, après s'être soucié d'enrichir sa famille au point d'ordonner à tous les fidèles de consacrer à l'entretien de ses descendants une bonne part de tous leurs biens et du butin qu'ils conquerraient à la guerre, ne pouvait frustrer son neveu et gendre de l'héritage politique dont il avait seul la disposition, pour le transmettre à des disciples qui n'étaient supérieurs à Ali ni en dévouement, ni en courage, ni en intelligence. *Quod est absurdum*, c'est d'autant plus absurde qu'on ne saurait contester à Mahomet le talent d'avoir su intéresser Allah à ses petites affaires et de s'en être fait, quand son intérêt personnel ou celui des siens était en jeu, un auxiliaire logique et tenace. J'approuve donc les Persans d'avoir choisi Ali pour leur patron et d'entreprendre, si cette idée les charme pendant leur vie, un dernier voyage à Kerbéla peu de jours après leur mort.

S'il y a loin de la coupe aux lèvres, combien plus loin encore de la Perse ou des Indes au tombeau d'Houssein, distant parfois de plus de six mois de la maison mortuaire ! Aussi bien, à moins d'avoir été sur terre un grand personnage, tout autant dire un grand pécheur, et de voyager avec son ex-maison et même avec ses ex-femmes, autorisées, afin de se distraire des lenteurs du voyage, à prendre des maris de caravane, ne peut-on jamais se promettre d'arriver à destination. Quant aux pauvres diables confiés à la seule protection des anges Nekir et Monkir, ils font leur funèbre pèlerinage ficelés quatre par quatre sur un seul cheval, aussi gentiment empaquetés que les crocodiles de Siout, et n'atteignent pas toujours la dernière demeure de leurs rêves. Pas un brave homme de tcharvadar qui n'hésite, s'il vient à perdre un mulet, à se débarrasser d'un chargement impossible à transporter, au profit des aigles ou des chacals, habitués à une table moins bien servie que celle du roi des oiseaux.

22 décembre. — Un bruit de castagnettes produit par les étrilles des muletiers m'arracha dès l'aube à mes rêves macabres. Prendre les devants sur nos voisins de la nuit fut ma première préoccupation ; peine perdue : la route était sillonnée de cadavres en déplacement et villégiature. A midi nous passons devant le caravansérail d'Iskandéryeh, moins beau que celui de Birounous, mais tout aussi fréquenté, car il est bâti à la bifurcation des chemins qui

HILLAH.

se dirigent, l'un vers Kerbéla, l'autre vers Hillah. Nous ne sommes qu'à quatre heures de la capitale de la célèbre Nitocris et de la non moins légendaire Sémiramis.

23 décembre. — J'ai traversé Babylone sans m'en douter, et Dieu sait pourtant que ce ne sont point les maisons qui m'ont empêchée d'apercevoir la ville.

Le soleil avait déjà parcouru les deux tiers de sa course, en langue vulgaire il était près de deux heures, quand le ciel s'est obscurci soudain. Le vent soulevait des tourbillons de sable au milieu desquels nous disparaissions, le tonnerre grondait, les éclairs sillonnaient le ciel au-dessus de la vieille capitale de la Chaldée sans plus de respect que s'il se fût agi de bouleverser une simple butte à moulins ; enfin la pluie s'est mise à tomber lourde et serrée.

C'était la première fois depuis le mois de mars dernier que nous recevions une averse. Le ciel est un honnête payeur : il nous a rendu le capital et ne nous a pas marchandé les intérêts. Mouillés jusqu'aux os, nous longeons sans la distinguer la masse de terre que nous avions aperçue dès notre départ d'Iskandéryeh et pénétrons dans des champs ensemencés. Il fait un temps à ne pas mettre un Turc à la porte. Quelle belle occasion pour nos guides de choisir un raccourci : ils ne tardent pas à être complètement égarés !

Nos chevaux atteignent bientôt une éminence formée de tessons de poteries et coupée en tous sens de tranchées profondes ; ces indices nous permettent de reprendre la bonne piste et, peu d'instants après, d'arriver, ruisselants d'eau et de sueur, devant une maison habitée par l'agent indigène des fouilles de Babylone.

Depuis plusieurs années déjà, l'Angleterre bouleverse l'emplacement des palais de Nabuchodonosor. Un conservateur du British Museum vient tous les ans constater l'état des « excavations » et donner, si cela est nécessaire, une impulsion nouvelle aux travaux ; mais la surveillance journalière est confiée à un Arménien, chez lequel nos guides nous ont amenés. Le brave homme me montre le produit des fouilles. Depuis six mois on a trouvé des tablettes de terre cuite couvertes d'inscriptions en caractères cunéiformes, des fragments d'animaux domestiques ayant probablement appartenu à des arches de Noé données en étrennes aux gamins babyloniens, des vases en agate rubanée, et des figurines de terre cuite traitées dans le style grec le plus pur. L'orage s'étant calmé pendant la durée de cet intéressant examen, la caravane reprend bientôt le chemin de Hillah, où elle trouvera logement et provisions. A peine avons-nous abandonné les montagnes de décombres, que nous entrons dans une voie ménagée entre de belles plantations de palmiers. La pluie semble communiquer une vie nouvelle à toute la nature : la verdure des arbres est plus brillante ; les rayons du soleil, surpris d'avoir un moment disparu, se jouent à travers les gouttes de cristal suspendues à l'extrémité des feuilles ; les colombes, les tourterelles se poursuivent de branche en branche, tandis que sur le chemin, plaqué de larges flaques d'eau, sautillent d'impertinentes corneilles toutes prêtes à narguer les passants.

A trois heures de marche des tumulus, apparaissent de blancs minarets, puis les premières habitations des faubourgs de Hillah, l'Euphrate, un pont de bateaux moins mobile que celui de Bagdad, et enfin la ville elle-même.

Les zaptiés, partis en éclaireurs, ont déjà choisi les logements et nous attendent sur le meïdan afin de nous conduire dans la demeure déserte d'un riche personnage parti récemment pour la Mecque.

Hillah, l'une des *moutessarafiehs* (sous-préfecture) du vilayet de Bagdad, a été décimée par la peste en 1831 et compte à peine aujourd'hui une population d'environ quinze mille habitants, composée d'Arabes, de Chaldéens, de Juifs industrieux et puissants, de Persans chiites et de fonctionnaires de la Sublime-Porte, ces chancres rongeurs de toutes les villes turques. Il faut joindre à ce noyau les voyageurs et les nomades, si nombreux dans les villes d'Orient et surtout dans les centres voisins des pèlerinages célèbres.

RIVES DE L'EUPHRATE A HILLAH.

rang d'une sous-préfecture turque. La chute ne serait pas plus profonde si César ou Napoléon, ressuscités par une méchante fée, étaient réduits à s'affubler d'un faux nez et à servir comme caporaux dans l'armée d'un Cettivayo ou d'un Soulouque. « Que Babel atteigne le ciel et qu'elle ait rendu inaccessible la hauteur de sa force, c'est de moi que lui viendra sa destruction », dit le Seigneur. Il s'est cruellement vengé, le dieu d'Israël! Les prophètes n'avaient prédit que la ruine : ils n'avaient pas rêvé pour Babylone cette grotesque survivance.

Si l'on examine les environs de la ville, et si l'on suit du regard des murs éboulés qui semblent relier les deux tumulus placés aux extrémités de Babylone, on est amené à penser que Hillah devait occuper à peu près le centre des cinq cent treize kilomètres carrés compris dans l'enceinte aux cent portes d'airain. Il ne faut pas conclure de l'immense espace entouré de défenses à une innombrable quantité de maisons. Quinte-Curce affirme que les constructions groupées sur les rives de l'Euphrate couvraient seulement quatre-vingt-dix stades carrés[1]; le reste du terrain, mis en culture, suffisait, en temps de siège ou durant une période de famine, à nourrir les citoyens. Quoique la place réservée aux habitants ne fût pas très considérable, la population devait néanmoins être fort dense, car les maisons, contrairement aux usages des villes d'Orient, où le terrain à bâtir est le plus souvent sans valeur, s'élevaient sur trois ou quatre étages.

24 décembre. — Je reviens du Birs Nimroud ou tour de Babel. Si l'on admet avec la Bible que ce monument si célèbre dans l'histoire hébraïque est la cause première de la confusion des langues, je dois le maudire, car nous lui sommes redevables de déclinaisons cabalistiques, de conjugaisons infernales, de syntaxes sataniques qu'il faut apprendre en tous pays avec l'appréhension de ne les savoir jamais. Ce n'est pourtant pas d'une montagne de lexiques ou de grammaires comparées que se compose le tumulus du Birs, mais de blocs faits en briques de tout âge et de toute taille.

Après avoir franchi la porte de Mechhed Ali, et pris la route de Hillah, on traverse une plaine déserte; au milieu des ruines que les millinaires ont accumulées et les siècles aplanies se dresse, dans la direction du sud, une montagne créée de main d'homme, ainsi que l'indique la configuration du pays. A mesure que l'on se rapproche de cette masse, l'œil la juge plus énorme qu'il ne l'avait supposée tout d'abord, et il renonce bientôt à l'analyser en entier pour en étudier successivement les diverses parties. Nous avançons. Nos chevaux, fatigués par l'orage de la veille et par l'allure rapide que nous leur avons fait prendre depuis notre départ de Hillah, gravissent péniblement des montagnes de décombres, se lancent à l'assaut d'une colline artificielle, le Tell Ibrahim, et s'arrêtent essoufflés au pied d'un édifice arabe. La coupole blanche du monument recouvre les cendres fort hypothétiques d'Abraham. Le tombeau du patriarche, en aussi grande vénération en Chaldée que les cénotaphes d'Esdras ou d'Ézéchiel en Mésopotamie, sert d'abri aux villageois qui viennent cultiver les terres voisines du Birs Nimroud. Une jarre de terre remplie d'eau, mise à la disposition des passants, a mérité ou valu à ce petit sanctuaire les marques de reconnaissance des pèlerins. Je suis flattée de retrouver sur tous les murs de l'imamzaddè des empreintes de mains rouges semblables à celles qui décorent la croupe de mon cheval canari.

Une dépression peu profonde sépare le Tell Ibrahim du Birs Nimroud, identifiée depuis les travaux de l'illustre assyriologue M. Oppert avec le temple décrit par Hérodote sous le nom de Jupiter Bélus. Le Birs est surmonté d'un pan de mur plein, haut de onze mètres, qui affecte la forme d'une tour carrée déchirée à son sommet. Autour de ce massif sont

---

[1]. Le stade babylonien avait quatre mètres de plus que le stade olympique. Le stade olympique valait cent quatre-vingts mètres.

épars d'énormes blocs de briques qui forment, au-dessous d'une vitrification verte des plus étranges, un conglomérat dur comme du fer. De ce point toutes les ruines paraissent s'abîmer devant le Birs Nimroud. La vue s'étend indéfiniment, et, grâce à la transparence de l'air, on aperçoit, en évoluant sur soi-même : au sud les minarets de Mechhed Ali, au nord-ouest les murs de Hillah, au nord les palmiers de Kerbéla, enfin à nos pieds les lacs de Harkeh et de Hindiyeh, couverts de villages lacustres où se réfugient les tribus arabes, certaines d'échapper ainsi au contrôle soupçonneux de l'autorité turque. Heureuses tribus !

Ces points topographiques soigneusement reconnus, grâce aux nombreuses informations prises par le colonel Gérard, nous descendons au pied du tumulus. En le considérant de la plaine, il est aisé de retrouver dans les masses d'abord un peu confuses du Birs les grandes

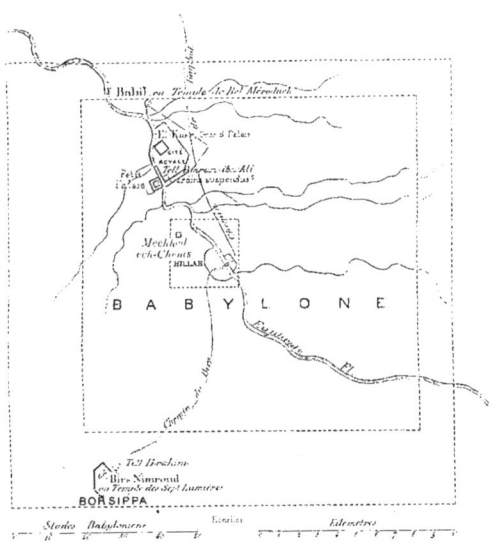

PLAN DE BABYLONE.

lignes d'un édifice formé d'étages successifs et superposés. Il serait plus difficile de déterminer la hauteur totale de la construction, les premiers étages étant profondément ensevelis sous les sables de la plaine et mêlés aux ruines détachées du sommet. En se référant aux cotes directement déterminées et aux analogies du *birs* avec le *zigourat* (tour à étages) compris dans le palais de Sargon, on peut néanmoins assigner à l'édifice une hauteur approximative de quatre-vingts mètres. Dans cette hypothèse les sept étages de la tour avaient chacun huit mètres et reposaient sur une terrasse de cent vingt-huit mètres de longueur et de vingt-cinq mètres de hauteur. Les gradins étaient reliés les uns aux autres par des rampes douces ménagées devant les façades nord-ouest. Tous étaient revêtus d'un parement de briques émaillées. Si l'on s'en rapporte à la description de la forteresse d'Ecbatane laissée par Hérodote et aux traces de couleurs découvertes sur le *zigourat* de Dour Saryoukin (Khorsabad), il semble même que ces gradins étaient consacrés aux dieux protecteurs de la semaine, portaient leurs couleurs caractéristiques et que leur ordre suivait la marche des jours. Au-dessus de la dernière et septième tour se trouvait la tente de Nébo, l'arbitre suprême du ciel et de la terre.

On rechercherait en vain la table et le grand lit richement paré sur lequel le dieu venait se reposer auprès d'une vierge indigène, et cette chapelle où les prêtres brûlaient tous les ans mille talents d'encens et sacrifiaient des victimes parfaites devant la statue sacrée : tout est ruines et décombres, du faîte au pied du Birs Nimroud.

J'ai déjà dit que l'identification du Birs avec le temple de Jupiter Bélus d'Hérodote, le temple des Sept Lumières de la tradition babylonienne, ne saurait faire de doute aujourd'hui; mais un fait bien plus singulier a été révélé par la lecture des cylindres chaldéens découverts

BIRS NIMROUD OU TOUR DE BABEL.

par sir Rawlinson dans les angles de l'édifice. Ces documents viennent au secours de la tradition hébraïque, tout en donnant au temple de Bélus une origine relativement moderne.

Nabuchodonosor nous dit lui-même : « Pour l'autre, qui est cet édifice-ci, le temple des Sept Lumières, et auquel remonte le plus ancien souvenir de Borsippa, un roi antique le bâtit (on compte de là quarante-deux vies humaines), mais il n'en éleva pas le faîte. Les hommes l'avaient abandonné depuis les jours du déluge, proférant leurs paroles en désordre. Le tremblement de terre et le tonnerre avaient ébranlé la brique crue, avaient fendu la brique cuite des revêtements; la brique crue des massifs s'était éboulée en formant des collines. Le grand dieu Mérodach a engagé mon cœur à le rebâtir : je n'en ai pas changé l'emplacement, je n'en ai pas altéré les fondations. Dans le mois du salut, au jour heureux, j'ai percé par des arcades la brique crue des massifs et la brique cuite des revêtements. J'ai ajouté les rampes circulaires; j'ai écrit la gloire de mon nom sur la frise des arcades.

« J'ai mis la main à construire la tour et à en élever le faîte; comme jadis elle dut être ainsi je l'ai refondue et rebâtie; comme elle dut être dans les temps éloignés, ainsi j'en ai élevé le sommet. »

Ce serait donc en ce lieu que se serait formée la tradition que les Hébreux apportèrent en Judée, et sous mes pieds se retrouverait la célèbre tour de Babel. A quel ordre de phénomènes historiques ou géologiques se rapportent l'érection de cette immense construction et la légende de la confusion des langues? je ne saurais le dire : de mystérieuses obscurités enveloppent encore les premiers âges de l'humanité.

Le temple des Sept Lumières, pour lui donner désormais son vrai nom, ne s'élevait pas au cœur même de Babylone, mais dominait le faubourg de Borsippa. Il ne faudrait pas conclure cependant de l'extrême éloignement des deux centres religieux et royaux représentés l'un par les palais, l'autre par le Birs, que Babylone et Borsippa aient toujours été deux villes distinctes. D'après Hérodote par exemple, l'enceinte extérieure enveloppait Borsippa. On ne me surprendrait pas toutefois en m'apprenant qu'il n'en fut pas toujours ainsi et que, tour à tour distante de la ville ou confondue avec les faubourgs, la cité religieuse fut comprise dans les fortifications ou reléguée hors des murailles élevées par les rois, murailles renversées et reconstruites sur des dimensions plus restreintes ou plus larges selon l'inclémence ou la prospérité des temps.

25 décembre. — Au retour de Borsippa nous sommes venus camper sur le tumulus d'Amran-ibn-Ali, que nous avions foulé aux pieds il y a trois jours, alors que nous étions en quête d'un abri.

Des collines de briques pulvérisées, des tranchées dont les déblais ont servi à combler d'autres tranchées plus anciennes, font de cette partie de Babylone un dédale au milieu duquel on circule sans trouver de point de repère. Quelques lourds massifs de maçonnerie reliés par des mortiers durs comme du fer, un lion de basalte, d'un travail très barbare, à demi enseveli dans les décombres, signalent seuls la demeure des rois chaldéens, le palais mortuaire d'Alexandre.

Moins de traces encore des jardins suspendus élevés par Nabuchodonosor, prince amoureux et galant, afin de satisfaire un caprice de sa femme Amytis, fille d'Astyage, roi de Médie, et de rappeler à la jeune reine qui ne pouvait s'accoutumer à l'aspect monotone des plaines de la Chaldée les hautes montagnes de sa patrie.

Les jardins suspendus n'eurent pas une longue durée : Quinte-Curce les dépeint comme une merveille de son temps, mais Diodore de Sicile en parle toujours au passé. Après la mort d'Alexandre et la fondation de Séleucie, Babylone fut peu à peu abandonnée, perdit son titre de capitale, et assista dès cette époque à la destruction progressive du chef-d'œuvre des architectes babyloniens. Un arrosage insuffisant amena la mort des arbres, le défaut d'entretien l'éboulement des murs, et le paradis d'Amytis mêla sa poussière aux cendres de son inspiratrice. Au temps des Arsacides la ruine était consommée et les jardins servaient de nécropole, comme le prouve la découverte de nombreux tombeaux parthes exhumés il y a quelques années.

Les recherches pratiquées autour du château royal ont toujours été heureuses. Aujourd'hui trois ou quatre cents Arabes sont occupés à extraire la terre amoncelée entre des murs en brique crue d'une épaisseur formidable, et à mettre à découvert des salles hautes, longues et étroites semblables à celles que j'ai déjà visitées autour du Birs Nimroud. Des objets sans grande valeur artistique, mais du plus grand intérêt historique, tels que des tablettes de terre cuite couvertes d'inscriptions cunéiformes si serrées les unes contre les autres qu'on ne sait

PÂTRE GARDANT SON TROUPEAU SUR LES RUINES DE BABYLONE. « ..... JE RÉDUIRAI LA TERRE DES CHALDÉENS A UNE ÉTERNELLE SOLITUDE. » (Voyez p. 624.)

pas même la direction des lignes, résument les trouvailles faites ces derniers jours; mais que de paniers de terre il a fallu remuer et que de patience on a dû déployer pour arriver quelquefois à rencontrer au fond d'un vase fêlé une omoplate de chacal ou une mâchoire de cheval!

A deux kilomètres environ au nord de la cité royale s'élève, en forme de pyramide tronquée, l'énorme tumulus que nous avions aperçu d'Iskandéryeh-Khan et qui semble, avec le Birs Nimroud, déterminer les limites extrêmes de Babylone. Ce colosse d'argile, haut de quarante mètres, long de plus de cent quatre-vingts et tout entier élevé de main d'homme, porte dans le pays le nom de Babil. Il répond comme position au tombeau de Bélus des auteurs grecs et doit être identifié au temple « des assises de la terre » bâti en l'honneur du dieu Bel-Mérodach sous le règne d'Assarhaddon (Assour-Akhé-iddin), roi d'Assyrie. Embelli et agrandi sous Nabuchodonosor et Nériglissor (Nirgal-sar-Oussour), détruit et pillé par Xerxès,

TOMBEAU DE BEL-MÉRODACH.

déblayé sur les ordres d'Alexandre, qui eut un moment la pensée de faire reconstruire un sanctuaire cher aux Babyloniens, finalement transformé en forteresse grecque, le temple de Bel-Mérodach n'est plus aujourd'hui qu'un informe monceau de détritus et de terre crue. En grimpant le long des parois éboulées, on atteint sans peine la plate-forme qui couronne la pyramide. A la place des statues d'or enlevées par Xerxès, je ne vois que des matériaux émiettés et un puits qui ne correspond à aucune galerie apparente. Il était peut-être destiné à faire le bonheur des astrologues chaldéens. Deci delà, répandus au milieu des décombres, se montrent quelques fragments d'inscriptions grecques ou araméennes. En portant mes pas jusqu'à l'extrémité méridionale de la pyramide et en me laissant glisser le long des éboulis qui couvrent ses flancs, j'arrive à des excavations revêtues de parois maçonnées. Les fouilles pratiquées sur ce point n'ont, paraît-il, amené aucun résultat intéressant et ont été abandonnées.

624   LA PERSE, LA CHALDÉE ET LA SUSIANE.

Vues du tombeau de Bélus, les ruines de la vieille cité m'apparaissent plus tristes et plus désolées que jamais ; tandis que le *kasr* (château) est encore animé par les manteaux colorés et les tarbouchs rouges des Arabes et des Turcs employés aux fouilles, et que les échos répètent les sonores chansons des terrassiers, le tumulus de Babil, entouré de buissons et d'herbes dures, n'est visité que par des chèvres et des pâtres aussi sauvages que le paysage.

« Et lorsque les soixante-dix ans seront accomplis, je visiterai dans ma colère les rois de Babylone et leur peuple, dit le Seigneur ; je jugerai leur iniquité et la terre des Chaldéens et je la réduirai à une éternelle solitude. »

LE LION DE BABYLONE. Voyez p. 620.

TENTE ARABE. (Voyez p. 626.)

CHAPITRE XXXVI

Pèlerinage à Kerbéla. — Le bazar aux pierres tombales. — Entrée en ville. — Visite au consul de Perse. — Insuccès de nos démarches. — Les cimetières de Kerbéla. — Retour à Bagdad.

26 décembre. — Je gémis tous les jours de ne pas avoir visité Babylone il y a quelque deux mille six cents ans, sous les règnes du glorieux Nabuchodonosor ou de ses très regrettés prédécesseurs. J'en aurais profité pour demander aux humbles sujets du protégé de Nébo l'une de ces consultations originales dont ils avaient le secret.

Lorsqu'un habitant de Babylone tombait malade, il se faisait porter sur la place du marché ou dans un carrefour fréquenté. Chacun au passage devait l'interroger et lui indiquer les remèdes qui, en semblable occurrence, avaient guéri ses maux ou ceux de ses amis. Il n'était permis à personne de passer indifférent auprès de ces singuliers clients de la bonne volonté publique.

Que les bonnes femmes et les amateurs de suffrage universel devaient être heureux à Babylone, et que de maux de dents devaient y être soignés comme des cors aux pieds!...

Il me faudrait sans doute verser bien des larmes et lever longtemps les bras vers le ciel avant d'obtenir des divinités chaldéennes la résurrection de Babylone et de ses pratiques institutions; aussi ai-je mieux aimé renoncer à prendre une attitude au demeurant fort humiliante et gagner au plus vite Kerbéla afin de hâter mon retour en France, où je trouverai, mieux que sur les rives du Tigre et de l'Euphrate, un remède à mes détestables fièvres.

Nous avons quitté le colonel Gérard. Notre compagnon de route remonte vers le Kurdistan, tandis que nous allons visiter le foyer rayonnant de la foi chiite et le séminaire célèbre où les élèves zélés mettent parfois plus de vingt ans à parfaire leurs études religieuses. En sortant de Babylone, les guides nous font longer un canal creusé entre Hillah et Kerbéla. Des embarcations à voiles sillonnent ses eaux tranquilles. Le pays, coupé de rigoles nombreuses, est en ce moment uniformément jaune et ne garde aucune trace des récoltes plantureuses qu'il a produites au printemps dernier. Aussi loin que les regards s'étendent, on n'aperçoit ni maison ni village, mais, à deux heures de marche de *Babil*, nous rencontrons les tentes brunes d'une tribu établie au milieu des ginériums et des hautes herbes qui poussent sur les berges toujours humides du canal. L'une d'elles, placée au milieu du campement, se distingue de ses voisines par son étendue, sa hauteur, l'espace ménagé autour de ses murailles et plus encore par le drapeau attaché à une longue lance plantée devant la principale ouverture.

Seul le chef de la tribu a le droit de signaler ainsi sa demeure : à la première alerte il faut que les soldats puissent se rallier autour de leur maître, et que le maître trouve à sa portée un guidon et une arme de combat. Nasr ed-din chah lui-même a conservé l'usage de cet insigne militaire, et dans son palais de Téhéran, tout comme dans ses campements de chasse, l'appartement ou la tente affecté chaque heure de nuit ou de jour à la demeure du souverain est reconnaissable à l'étendard kadjar dont les plis se déploient à l'extrémité d'une lance.

La caravane hâte vainement sa marche : le soleil, perdu derrière des nuages, s'incline vers l'horizon, la nuit nous poursuit à grands pas et nous sommes encore bien loin du bouquet de palmiers que les guides signalent depuis le départ comme le point de jonction du sentier de Hillah et de la route de Kerbéla. De minute en minute le ciel s'assombrit, de gros nuages noirs apportés par des rafales de vent courent sur nos têtes ; une pluie fine commence à tomber ; le chemin devient de plus en plus difficile à suivre et nous ne tardons pas à marcher à l'aventure au milieu des rigoles en partie remplies d'eau et des fondrières dissimulées sous de hautes herbes.

Nos gens ne sont même pas capables de nous donner l'exemple de la résignation : à peine un guide oriental a-t-il perdu sa route, qu'il perd également la tête et ne tarde pas, surtout en pleine nuit, à devenir un véritable embarras. « Les hommes armés doivent toujours marcher en tête d'un convoi égaré », ont assuré les muletiers en se rangeant derrière nos talons. Et, à dater de cette déclaration de principes, ils se sont déchargés de toute responsabilité et s'en sont rapportés à nous pour les amener à un gîte quelconque.

Eussions-nous eu des yeux de lynx que nous n'aurions pas réussi à retrouver la direction du bouquet de palmiers vers lequel nous marchions depuis plusieurs heures, si quatre fantômes coiffés de hautes pyramides noires n'étaient subitement apparus à nos côtés. Le fusil en main, nous nous apprêtions à les tenir à bonne distance tandis que nos gens épouvantés prenaient la fuite et se dissimulaient dans les broussailles ; mais notre heure dernière n'avait pas encore sonné. Belzébuth et ses acolytes se présentent à nous sous la figure de bûcherons chargés d'énormes paquets de broussailles. Après avoir hésité à envoyer quelques balles à ces pauvres diables, nous bénissons la Providence de les avoir placés sur notre chemin et leur demandons l'hospitalité en récompense de l'épouvante que nous leur avons causée. Les guides, revenus de leur frayeur, accourent et décident l'un des nomades à les conduire jusqu'au village, à peine distant de quelques kilomètres du marais où patauge la caravane. Enfin nous voici à couvert après avoir franchi une porte vermoulue devant laquelle il a fallu patienter un bon quart d'heure. Un caravansérail placé au milieu d'un bazar éclairé par des lampes fumeuses nous servira de gîte ce soir. Il était temps d'arriver au logis, car la pluie dégénère en déluge.

Kerbéla, 27 décembre. — Que faire dans un caravansérail, à moins que l'on ne dorme ? Au soleil levant, nous avons traversé un pont de bateaux jeté entre les deux rives de l'Euphrate

BAZAR AUX PIERRES TOMBALES.

et rejoint la route de Kerbéla. A partir de ce point, l'aspect du paysage se modifie complètement. A des plaines désertes succèdent de superbes jardins, défendus des déprédations des passants par des murs de clôture et des fossés profonds. Le chemin, tracé au milieu de bosquets de palmiers et d'orangers, va toujours descendant et serpente à travers des arbres si touffus et si verts qu'ils semblent avoir accaparé la chlorophylle de la création tout entière.

Si nous avons parcouru hier des pays abandonnés et sauvages, nous en sommes trop amplement dédommagés aujourd'hui. Une multitude de femmes, les unes à pied, les autres à cheval, circulent dans toutes les directions et ne manquent pas d'accabler les « chiens de chrétiens » des compliments les moins aimables. Leurs compagnons, plus timides et persuadés

CARAVANSÉRAIL A KERBÉLA.

que nous n'aurons pas à leur endroit le respect dont ils nous savent imbus envers le beau sexe, quelle que soit sa laideur, se tiennent à distance de nos fouets, mais nous pétrifieraient de leurs regards farouches s'ils pouvaient leur communiquer les vertus de la tête de Méduse. On respire déjà un capiteux parfum de fanatisme.

La splendeur de la végétation aide à faire oublier l'aménité des passants, et notre petite troupe arrive sans encombre devant la cité de Houssein.

Au-devant d'une porte à prétentions monumentales s'étend une vaste place encombrée de dalles tumulaires, les unes déjà achevées, les autres à l'état d'ébauche. Les tailleurs de pierre, assis sur leurs talons, guettent la venue des convois mortuaires et d'un air engageant proposent leur marchandise aux parents des défunts. Les prix longuement débattus et l'affaire terminée, ils prennent sur-le-champ les noms du mort, de ses ascendants et descendants, et gravent au plus vite l'inscription afin qu'arrivés en terre sanctifiée les cadavres n'aient point à attendre longtemps une sépulture qu'ils sont venus chercher de si loin.

Le bazar aux pierres tombales franchi, nos guides se dirigent vers la porte ; mais des gardiens les arrêtent et d'un ton bourru leur intiment l'ordre péremptoire de rebrousser chemin, de longer l'enceinte et de choisir, pour pénétrer dans la ville sainte, un quartier moins populeux, afin que les yeux délicats des pèlerins ne soient point blessés à la vue des infidèles.

Une confusion extraordinaire règne près des murs entourés de ces innombrables campements de dévots qui ne peuvent, faute d'argent, fréquenter les caravansérails. Chaque voyageur, campé auprès de bagages misérables et de chevaux étiques, chantonne quelque invocation pieuse tout en mangeant des dattes mieux pourvues de noyaux que de chair.

Une porte donnant accès sur un boulevard d'haussmannisation récente s'ouvre à l'extrémité des fortifications et conduit jusqu'à une vaste place. Les guides s'arrêtent à mi-chemin et entrent enfin dans une maison de très pauvre apparence dont les misérables chambres entourent une sorte de poulailler boueux. Kerbéla est un pèlerinage trop suivi pour qu'on n'y trouve point de meilleur caravansérail ; mais nos serviteurs ont fait preuve de prudence en ne nous mettant pas en contact avec des gens fanatisés par les exhortations des mollahs et énervés par les fatigues d'un long voyage. Après avoir pris possession de pièces étroites situées au premier étage, je monte jusqu'aux terrasses, mes observatoires habituels, et j'aperçois enfin l'ensemble de la ville. A gauche s'élèvent la coupole et les minarets d'or du tombeau de Houssein ; à droite, un dôme revêtu de faïence bleu turquoise, construit sans doute sous les derniers Sofis.

S'il a jamais été utile de faire œuvre de diplomate, c'est bien aujourd'hui, car il s'agit de fouler de nos pieds européens un sanctuaire plus vénéré en Perse que la Kaaba de la Mecque elle-même. Et, de fait, nous n'avions jamais été forcés de suivre les petits chemins et de nous loger dans un bouge infect. Instruit par l'aventure de Kazhemeine, Marcel s'est muni de lettres de recommandation destinées aux chefs civils, religieux ou militaires ; je soupçonne même d'en avoir demandé à feu Mahomet.

Tout d'abord nous allons rendre visite au consul de Perse, digne fonctionnaire dont les quatre-vingt-quatre ans sont gravés sur sa figure en rides profondes. Ce vieux débris diplomatique est entouré d'une bande de mollahs et d'une nombreuse clientèle. Il renvoie ceux-ci, congédie ceux-là, et, lorsqu'il ne reste plus autour de lui que les intimes de la maison, il écoute notre requête. « Jamais un chrétien n'a visité le tombeau de l'imam Houssein », répond le consul à mon mari, « je ne désespère pas cependant du succès de votre demande. Comptez en tout cas sur le représentant du plus puissant monarque de l'Islam. » Et le consul fait avertir le *cliddar* (celui qui a la clef du tombeau) de notre arrivée. Entre-temps nous sommes invités à admirer un superbe bambin qui s'ébat bruyamment sous les regards attendris du vieillard. Je félicite le bonhomme, certaine de prendre le chemin de son cœur en faisant l'éloge de sa postérité.

« Cet enfant, dit-il, est magnifique, en effet : je n'en ai jamais eu de plus fort et de plus vigoureux ; mes arrière-petits-fils sont des avortons si je les compare au dernier de mes héritiers né sous la protection de Houssein. »

L'assistance opine du bonnet, et la conversation se traîne jusqu'au moment où revient enfin l'ambassadeur envoyé chez le porte-clef. « Le *cliddar* est allé respirer l'air pur des champs et ne rentrera pas à Kerbéla avant la fin de la semaine. » Cette réponse est de mauvais augure, car chacun sait très bien de quelle manière il doit interpréter l'absence du gardien de la mosquée ; notre interlocuteur cesse de vanter l'omnipotence du représentant du roi des rois et, sans transition préparatoire, se prend à gémir sur la situation précaire des Persans, contraints dans

VUE DE KERBÉLA.

la Turquie d'Asie de se conformer aux volontés des fonctionnaires ottomans. Il termine ses lamentations en essayant de nous persuader que l'autorité turque est seule assez puissante pour nous faire pénétrer dans une mosquée chiite. Ce raisonnement sonne juste comme une épinette brouillée avec son accordeur, mais Marcel se donne l'air de le tenir pour juste, et, sous forme de conclusion, sort de sa poche une lettre du valy de Bagdad adressée à son subordonné le moutessaref de Kerbéla.

Le vieillard, interloqué, s'écrie que nul désormais ne peut marcher à l'encontre de notre désir et ordonne de seller son cheval afin qu'il puisse aller à la campagne du cliddar lui faire part de notre démarche. Il enverra la réponse dès son retour.

Vers le soir, une douzaine de mollahs envahissent notre chambre. Les porte-turban débitent à tour de rôle une interminable litanie de compliments et laissent enfin la parole au beau parleur de la troupe. Après un préambule savant, consacré à exalter les sentiments du consul à notre égard, le respect du cliddar pour nos lettres de recommandation, la sainteté de la mosquée de Kerbéla, où le chah lui-même n'est entré qu'après avoir traversé à pied la ville entière, l'orateur affirme que nous profiterions d'une faveur insigne refusée jusqu'ici à des étrangers, si nous étions autorisés à monter sur la terrasse d'une maison voisine de l'édifice et à examiner la cour centrale du haut de cet observatoire. Nous devrons toutefois nous coiffer du tarbouch sunnite, afin de ne point éveiller l'attention des fidèles.

« Cette condition est de tous points inacceptable, a répondu Marcel; je ne reconnais pas l'autorité du commandeur des croyants, et dans aucun cas je ne subirai l'humiliation que vous me proposez. »

Sur ces paroles, dont le sens injurieux pour les Sunnites a ravi nos interlocuteurs, les mollahs semblent s'amadouer : « ils comprennent notre répulsion » et se retirent en promettant de venir nous prendre le lendemain à la pointe du jour afin de nous introduire sur les terrasses de la mosquée avant l'ouverture des portes.

28 décembre. — L'aurore n'avait pas encore terni la clarté des étoiles et je guettais du balakhanè l'arrivée des turbans blancs. Peine perdue; le soleil s'est levé, les dômes d'or de la masdjed ont scintillé à ses premiers rayons, deux heures se sont passées : les mollahs ne sont point venus. Lassé par ces déceptions énervantes, Marcel a envoyé le cawas demander des explications au consul et, en attendant son retour, nous sommes allés visiter la ville.

Il faut parcourir cette immense nécropole pour se rendre compte de son étendue. Non seulement la mosquée chiite est entourée de tombes placées, suivant les moyens pécuniaires de leur propriétaire, dans les galeries voisines du sanctuaire et dans les cours intérieures, mais, de tous côtés, en dehors de l'enceinte, s'étendent, cachés sous des arbres magnifiques, d'immenses champs de repos destinés au commun des mortels. Ces bosquets ombreux disposent à une quiétude sereine, et j'en arrive à comprendre l'entraînement qui pousse les Persans à souhaiter quelques pieds de terre dans ces jardins où rien ne semble devoir troubler leur dernier sommeil.

Les turbans blancs peuvent seuls rivaliser en nombre avec les pierres des cimetières; en file, en bataille, partout on rencontre des mollahs : les uns vieux, tristes, sévères, les autres jeunes, roses, fringants, gras, coquets et aussi bruyants que peuvent l'être des étudiants quand ils peuplent une ville universitaire. Tous, petits et grands, vivent aux dépens des pèlerins et touchent une partie du prix des concessions vendues chaque année à leur profit. En somme, bien malin est le voyageur qui sort de Kerbéla sans y avoir engagé ses tapis et son argenterie s'il est riche, sa pipe et son aiguière s'il est pauvre.

Comme j'ai été bien inspirée de ne point perdre la matinée en démarches inutiles! A notre retour au logis nous avons trouvé une nouvelle ambassade, chargée de reprendre la question des tarbouchs. Marcel, impatienté par les éternelles tergiversations d'une diplomatie aux abois, n'a pas attendu la fin de l'explication pour mettre les mollahs à la porte et donner du haut en bas de la maison l'ordre de seller les chevaux, qui l'emporteront bien loin d'une cité où les Chiites ne savent pas mieux tenir leur parole que de vulgaires Sunnites.

Quelques instants plus tard nous sortions de Kerbéla, vouant aux mêmes divinités infernales le cliddar, le consul, la mosquée, Hassan et Houssein, Omar et Abou-Bekr, Persans et Turcs, Sunnites et Chiites.

29 décembre. — Nous voici de retour à Bagdad.

La ville, éclairée aux rayons du soleil couchant et noyée dans les légères brumes d'or qui s'élevaient du sol jusqu'aux verts panaches des palmiers, ne m'avait jamais paru plus radieuse et plus belle. Combien Babylone devait être majestueuse quand ses monuments gigantesques, ses jardins suspendus, ses palais merveilleux, ses murs et ses portes d'airain se présentaient aux yeux surpris des voyageurs!

La ville de Nabuchodonosor est redevenue poussière; quel sort l'avenir réserve-t-il à la cité des califes? Elle est bien déchue depuis les jours où ses premiers souverains s'élançaient à la conquête du monde et portaient leur étendard triomphant jusqu'à Grenade et à Cordoue!

Sa destruction et sa ruine définitives sont-elles prochaines? Je ne le souhaiterai pas, mais je m'arrêterai à un moyen terme : qu'Allah balaye les valys, les magistrats, les douaniers et toute la vermine administrative accumulée derrière ses murs, qu'il protège ses gracieux édifices et qu'il ne les confonde pas dans le néant avec tant d'autres merveilles que leur grandeur et leur solidité semblaient devoir préserver des atteintes du temps, le plus terrible et le plus inexorable des dieux!

VUE PRISE A BAGDAD AU BORD DU TIGRE.

LE TIGRE A AMARA. (Voyez p. 634.)

CHAPITRE XXXVII

Départ de Bagdad. — A bord du *Khalifé*. — Arrivée à Amara. — Les chevaux de pur sang. — La colonie chrétienne d'Amara. — Une nuit de janvier dans le *hor*. — Les tribus nomades. — Tag Eivan. — Imamzaddé Touil. — Le campement de Kérim khan.

Amara, 1ᵉʳ janvier 1882. — Par quel souhait remplacerai-je aujourd'hui les vœux qui n'arriveront point, hélas, jusqu'à moi? Si je pouvais bientôt revoir ma belle France ! Et cependant, avec une ténacité qui fait honneur au caractère de Marcel, nous avons formé le projet de pénétrer, coûte que coûte, en Susiane. Cette nouvelle tentative sera-t-elle plus heureuse que les précédentes? Le début de cette expédition est bien de nature à me décourager.

Désireux de passer quelques jours à Ctésiphon avant de dire adieu à la Mésopotamie, nous sommes sortis de Bagdad dans l'après-midi du 30 décembre. On semait les orges quand nous avons traversé la campagne. Aux terres cultivées succèdent un désert et une lande couverte de buissons noueux sous lesquels s'abritent des chèvres et des moutons ; aux laboureurs, des nomades à l'œil inquiet et farouche. Bientôt apparaît le palais de Ctésiphon, s'enlevant en noir sur le fond pur du ciel. Les ombres de la nuit nous enveloppent; au loin les chacals glapissent la lugubre retraite du désert.

Deux jours nous ont suffi pour revoir les ruines et l'emplacement de la ville sassanide, suivre les remparts de sa rivale Séleucie, faire nos dévotions au tombeau de Soleïman le Pur et nous embarquer à bord du *Khalifé*, superbe bateau de la compagnie Linch, affecté au service du Tigre.

Comme le *Mossoul*, le *Khalifé* a tout son avant surchargé de pèlerins. En circulant au milieu des bagages de ces pauvres hères, j'ai remarqué un tapis qui avait échappé aux griffes rapaces des prêtres de Kerbéla : une vraie merveille aux teintes délicieuses, aux dessins délicats. Je saisis le propriétaire après une de ses oraisons et lui demande le prix de son tapis. A ses prétentions il est aisé de voir que la probité commerciale du disciple de Mahomet n'est pas à la hauteur de sa fervente piété, et je le quitte. A peine rentrée dans ma cabine : toc, toc;

on frappe à la porte. C'est un autre pèlerin, il apporte sous son bras un objet soigneusement empaqueté.

« J'ai une affaire à vous proposer, me dit-il avec mystère, et il découvre une paire de bottes européennes, assez éculées pour avoir joué un rôle actif dans les voyages du Juif errant.

— Aurais-tu l'intention de me vendre cette chaussure?

— Pourquoi non? N'avez-vous pas proposé à Taghuy de lui acheter son tapis de prière? Mes bottes sont bien plus antiques. »

Le bonhomme s'est retiré fort surpris de me voir refuser une marchandise d'une vieillesse indiscutable et en somme difficile à se procurer en Mésopotamie.

Le lendemain de notre embarquement à Ctésiphon, le *Khalifé* a fait escale à Amara. La ville, de fondation récente, s'étend le long du fleuve, sur les bords d'un quai naturel si solide et si bien dressé qu'il suffit aux matelots de jeter un simple madrier pour mettre en communication avec la terre les cursives du paquebot. A peine ce léger pont est-il lancé que la foule se précipite à bord et envahit le *Khalifé*.

Nous nous étions réfugiés dans le salon et attendions, avant de débarquer, la fin de la tourmente, lorsqu'un Turc, vêtu de beaux habits et suivi de nombreux serviteurs, a demandé au capitaine la faveur d'un entretien particulier. Il ne s'agit pas de bottes ce coup-ci. L'œil brillant, l'extrémité de l'index dans la bouche, indice certain d'une ardente convoitise :

« Donne-moi, dit-il, deux bouteilles de ton excellent bordeaux.

— Qu'en veux-tu faire? Ne serais-tu pas un pieux musulman?

— L'eau de raisins ne m'est pas destinée : je possède une jument de pur sang : elle est malade, et le sorcier m'a conseillé de lui frictionner le ventre avec le meilleur vin du Faranguistan. »

Comment résister à une pareille demande? Le capitaine donne l'ordre d'apporter deux bouteilles de bordeaux, et le quémandeur, ne se fiant pas à la discrétion des domestiques, fait disparaître le trésor sous ses amples vêtements.

« Que le gouvernement anglais, dit-il plein de reconnaissance, soit grand après le gouvernement turc!

— Qu'est-ce à dire? s'écrie le commandant blessé dans son amour-propre national; oserais-tu mettre en parallèle ta patrie et la mienne?

— Non, reprend l'effendi d'un air contrit, j'ai souhaité seulement à l'Angleterre d'être aussi glorieuse et aussi puissante que la Turquie. »

Nous débarquons. La ville, créée, il y a à peine trente ans, au point où le Tigre dans ses nombreux méandres se rapproche le plus de la frontière persane, est dépourvue de ressources, et nous eussions été fort en peine, si le consul de Bagdad n'avait eu la prévoyance de nous recommander à un négociant chrétien. Notre hôte porte le nom de Jésus. Il a mis à notre disposition la plus belle pièce de sa maison, mais a vainement tenté de nous procurer des chevaux. Les rares habitants qui pourraient nous sortir d'embarras possèdent tous de superbes poulinières du Hedjaz, et ne consentiraient pas plus à déshonorer des bêtes de pur sang en posant sur leurs nobles reins un fardeau quelconque, qu'à les exposer à être prises par les Beni Laam, campés dans les déserts compris entre le Tigre et Dizfoul.

Si le *Stud-book* arabe n'est point imprimé sur vélin, il n'en est pas moins gravé au plus profond de la mémoire des nomades; tous savent par cœur l'arbre généalogique de chaque habitant de leur écurie et vouent à leurs juments surtout un attachement sans limite.

« Veux-tu ma fille? » disait dernièrement un chef de tribu au gouverneur d'Amara, qui lui avait rendu un service signalé, « elle est à toi; j'aime mieux te la donner et la doter de cent mille medjidiés que de me séparer de Samas, ma jument favorite. »

Un cheikh vient-il à perdre ses troupeaux dans une razzia et a-t-il besoin d'argent : il se refuse en général à vendre l'entière propriété de ses juments et cède le quart ou la moitié de la bête avec ou sans la bride, c'est-à-dire avec ou sans le droit de la monter. En même temps il se réserve la faculté de racheter la fraction aliénée. Si la jument met au monde un poulain, on le vend, et les copropriétaires se partagent le produit de l'affaire ; si, au contraire, il naît une pouliche, le maître de la bride doit l'élever pendant une année et offrir au copropriétaire le choix entre la moitié de la mère et la fille tout entière. Ces transactions sont réglées par un véritable code, que les cheikhs arabes connaissent et interprètent avec justice.

Les nomades n'exigent pas de leurs chevaux une grande vitesse ; ils ne sauraient utiliser cette qualité dans un pays sans routes, couvert de broussailles ou de marécages et dépourvu le plus souvent d'eau potable ; mais en revanche ils demandent à leur monture de résister aux privations et à la fatigue, et de les transporter à de grandes distances, parfois sans boire ni manger. Certaines juments bien connues ont marché durant trois jours et trois nuits sans débrider et n'ont pas été atteintes de fourbure après une pareille course. Somme toute, deux bons yabous et quelques forts mulets feraient en ce moment bien mieux notre affaire que de nobles coursiers, impossibles d'ailleurs à se procurer.

3 janvier. — Le ciel est gris et maussade, la saison des pluies s'annonce comme très prochaine, la fièvre nous guette, et les jours se passent sans être utilisés.

4 janvier. — Hier soir, notre hôte, Jésus, vint nous demander s'il nous serait agréable de l'accompagner à l'office, célébré par un prêtre chaldéen dans une église bâtie aux frais de la colonie chrétienne d'Amara.

A la pointe du jour nous franchissons le seuil d'une salle étroite à peine haute de trois mètres. Cette pauvre chapelle, bâtie en torchis et couverte d'une terrasse de pisé portée sur des chevrons noueux, ne possède d'autre ouverture que la porte. Je passe au milieu d'une soixantaine de fidèles pieusement recueillis, puis je viens prendre place devant le plus pauvre des autels : il est en terre ; la nappe, faite d'une indienne coloriée, le dissimule à peine ; une boîte peinte tient lieu de tabernacle. Dès notre arrivée les marguilliers se sont empressés d'allumer une vingtaine de bougies ; un brillant éclairage est le luxe suprême de toutes les cérémonies religieuses ou profanes de l'Orient, et la messe chaldéenne a commencé, tantôt chantée par le prêtre, tantôt nasillée par les enfants, qui viennent soutenir aux moments solennels les voix plus graves des hommes, réunis au fond de l'église. Je n'ai point éprouvé pendant cette longue cérémonie l'impression de lassitude que l'on ressent dans nos églises de village ; je me suis crue ramenée à bien des siècles en arrière, alors que la foi naïve était encore dans toute sa primitive ardeur, en ces temps de persécution où les néophytes se réunissaient pour prier derrière les murs épais d'une maison fidèle, ou invoquaient le Dieu tout-puissant sous les voûtes des catacombes. N'a-t-elle point, comme l'église naissante, surmonté des obstacles sans nombre, cette petite colonie chrétienne ? Il y a un an encore, elle n'avait pas même de desservant. Les enfants naissaient, les morts s'en allaient en terre sans prière et sans bénédiction. A Pâques seulement elle était visitée par un Père carme de Mossoul ou de Bagdad, chargé de mettre ordre en quelques heures aux affaires spirituelles de la communauté. Aujourd'hui, au contraire, les mourants reçoivent les dernières consolations, les nouveau-nés l'eau baptismale, et les fiancés peuvent s'unir en légitime mariage pendant toute l'année.

Après la messe les chefs de la colonie chrétienne nous ont invités à les suivre chez leur pasteur. Le prêtre habite une cabane de terre bâtie non loin de l'église. L'appartement se réduit à une seule pièce, servant à la fois de parloir et de chambre à coucher. Quelques couvertures jetées sur une estrade de roseaux, une malle utilisée tour à tour comme armoire ou comme fauteuil, des livres de prières respectueusement posés sur une table, composent toutes les richesses du desservant. Quelle pauvreté ! mais aussi quelle paix et quelle heureuse insouciance règnent ici ! Il est bien en harmonie avec la chapelle, le presbytère d'Amara.

5 janvier. — Dieu d'Isaac, d'Abraham et de Jacob, soyez béni ! Une caravane chargée d'indigo vient d'arriver de Dizfoul : nous partons demain. Ce n'a pas été petite affaire que de décider le tcharvadar bachy à détacher six bêtes de son convoi. Le brave homme a allégué la fatigue de ses animaux, le danger de traverser en si petite troupe le pays des Beni Laam ; bref, le consul de Perse s'en est mêlé, mon mari a promis d'indemniser les muletiers si on leur volait nos montures, et les arrhes ont été acceptées. Afin de donner confiance à nos gens, Marcel est allé trouver le *moutessaref* (sous-préfet turc) et lui a demandé une escorte de quatre zaptiés : « Je me garderais bien de m'occuper de vos affaires, s'est écrié ce nouveau Pilate. Et, s'il vous arrivait malheur, quelle situation serait la mienne ? Ma responsabilité serait engagée. En vous déconseillant au contraire le voyage de Dizfoul, je fais œuvre d'ami sincère et de fonctionnaire prudent. Vous n'aurez à vous en prendre qu'à vous-même des suites d'une pareille équipée. » Quelle leçon d'administration a reçu là mon mari !

7 janvier. — Nous sommes partis d'Amara vers midi avec l'intention d'aller coucher aux tentes de Douéridj.

Le convoi a côtoyé pendant plus de quatre heures un canal le long duquel s'étendent de belles prairies ; puis, arrivé en vue d'un bouquet de palmiers, il a fait halte. « Vous ne trouverez plus désormais que de l'eau amère », disent nos guides. Les chevaux, débridés, sont menés à l'abreuvoir, Marcel tire de ses fontes une vieille croûte de pâté, et nous dînons en considérant les gros nuages amoncelés au-dessus de nos têtes. Un vol de corneilles passe à notre gauche ; au même instant je reçois quelques gouttes de pluie. Si ces oiseaux de mauvais augure pouvaient nous prêter leurs ailes, nous irions nous installer, à leurs côtés, sous les larges feuilles des arbres ; hélas ! les vertes toitures ne sont pas le fait de mammifères de notre espèce ! En selle, et tâchons d'atteindre au plus vite les tentes de Douéridj. La caravane se lance dans un étang que l'on doit traverser avant d'y parvenir ; mal lui en prend : la pluie augmente, la nuit tombe, et, après avoir battu de droite à gauche roseaux et ginériums, les guides déclarent qu'ils ont perdu la route et que, privés de la vue des étoiles, ils ne peuvent sortir du marais avant le jour.

On décharge les mulets. Marcel fait empiler les bagages de façon à nous préparer un siège au-dessus des eaux, et nous nous asseyons au sommet d'une malle, avec la sombre perspective de passer toute la nuit exposés à l'orage. Encore si l'on pouvait chanter, causer, dîner, on ne perdrait pas tout courage, mais nos gens sont décidément des empêcheurs de danser en rond. Non seulement ils ont résisté à la tentation d'allumer leurs kalyans, mais ils nous ont même suppliés de garder le silence afin de ne point avertir de notre présence les nomades du *hor* (marais). « Ne payant pas de redevance à la tribu campée dans ces parages, elle est maîtresse de nous traiter fort mal », concluent-ils en hommes habitués à tenir compte du droit du plus fort. Eux-mêmes se couchent dans l'eau croupissante et, l'oreille tendue, l'œil au guet, ils surveillent les mulets, qui, la tête basse, tournent le dos à l'ouragan. Nous seuls et Séropa, le nouveau cuisinier, juché comme un singe sur la plus haute de ses marmites, dominons la situation. Il est à peine onze heures, la pluie redouble de violence, le vent fait rage. Quelle belle nuit, messeigneurs, pour une orgie à la tour de Nesle, mais quelle triste aventure pour des voyageurs installés entre deux eaux, sans autre abri que des casques défoncés et des imperméables perméables ! La lassitude a triomphé des éléments et j'ai fini par m'endormir.

Au jour je me suis aperçue que Marcel avait amoncelé sur moi toutes les couvertures et que, planté au centre de notre petit îlot en guise de piquet, il avait disposé son caoutchouc

UNE NUIT DE JANVIER DANS LE BOB.

autour de nous afin d'éloigner le plus gros de l'averse; à part les pieds et les jambes, déjà trempés la veille, j'étais fort peu mouillée. Au premier mouvement je me suis néanmoins trouvée si raide, si courbatue, envahie par un frisson si pénétrant, que j'ai désespéré de pouvoir remonter à cheval; il a bien fallu néanmoins se remettre en chemin. A huit heures le soleil ne s'était pas encore levé, la pluie recommençait à tomber de plus belle; les guides ont repris leur folle promenade à travers les roseaux et ont bien voulu reconnaître qu'ils avaient tout hier au soir marché à l'ouest au lieu de se diriger vers l'est.

J'ai conscience d'avoir souffert mort et passion pendant cette étape : un violent accès de fièvre s'était déclaré, mes artères battaient à se rompre, tout mon corps gémissait, et quand, trente et une heures après avoir quitté Amara, nous avons atteint le campement de Douéridj, j'aurais été obligée de me laisser choir à terre si Marcel et l'un des muletiers ne m'avaient déchargée comme l'on ferait d'un colis, portée sous une tente spacieuse et couchée au milieu d'un parc de petits agneaux. S'envelopper dans des couvertures, changer de vêtements, il n'y fallait pas songer : les unes étaient imprégnées de pluie, les autres avaient trempé à même le marécage et étaient encore plus humides que les habits abrités sous nos caoutchoucs. La douce chaleur de mes gentils voisins m'a rendu la vie ; ce matin je me suis trouvée mieux et en état de plaindre l'infortuné Séropa. Notre dix-septième cuisinier ne cesse de tousser ; il gît à l'autre extrémité de la tente, à peine couvert et la tête entourée d'un ignoble chiffon.

« Est-tu malade, Séropa? ai-je demandé.

— Malade? non,... mort : j'ai la fièvre, une fluxion de poitrine et me voilà perclus de rhumatismes. Je suis à moitié nu ! ne le voyez-vous pas?

— As-tu perdu ton abba et ton beau tarbouch rouge? T'en serais-tu débarrassé au profit du *hor*? Qu'as-tu fait de ta malle? elle était, il me semble, assez bien garnie.

— Hélas, je ne la verrai plus ! Ce n'est pas moi qui userai tous les beaux effets qu'elle contient. Faites préparer ma fosse.

— Dans un instant, si tu n'es pas trop pressé. Réponds d'abord à mes questions. Où est ta malle?

— Chez votre ami Jésus. La veille de notre départ, le moutessaref — que ses femmes et ses juments restent bréhaignes ! — m'envoya chercher en secret et me dit : « Tu es au ser-
« vice des Farangis et tu vas les suivre en Susiane? — Oui, Excellence. — Je les ai avertis
« des dangers qu'ils avaient à courir en route et je me suis efforcé de les retenir à Amara :
« ils n'ont rien voulu entendre. Tant pis pour eux; quoi qu'il arrive, je m'en lave les mains.
« Quant à toi, tu es sujet turc, c'est donc une autre affaire. Si tu m'en crois, tu abandonne-
« ras ces fous à leur triste sort et tu retourneras à Bagdad. » J'ai remercié de sa bienveil-
lance le moutessaref et lui ai promis de suivre ses bons conseils. Comme je ne suis pas un ingrat et que je mange votre pain, je n'ai pas voulu vous quitter. La peau du fils de ma mère n'était guère de nature à tenter les Arabes : j'ai donc confié ma malle à Jésus et, choisissant mes plus vieilles défroques, je me suis mis en route à la queue du convoi, un peu honteux de mon nouvel équipage. Depuis deux jours je suis transi, je tousse à m'étouffer et ne puis plus me tenir sur mes pauvres jambes. Combien je regrette de m'être laissé effrayer par les paroles du moutessaref !

— Prends de l'argent, fais tuer un mouton et habille-toi avec sa toison; pendant que le cuir se tannera sur ton dos, la laine, laissée à l'intérieur, te préservera du froid et de l'humidité. Depuis que tu es malade, qui donc s'occupe de préparer les repas de Çaheb?

— Oh! personne. Tous les vivres sont là, on n'y a même pas touché. Je crois que les Arabes ont donné à Çaheb du riz et du lait aigre.

Il est grand temps que je revienne à la santé et que je reprenne les rênes du gouvernement. Si je n'y prenais garde, mon pauvre Marcel se laisserait mourir de faim.

10 janvier. — Revenir à la vie! Encore quelques étapes comme la dernière, et l'on pourra me chercher un asile sous les beaux ombrages de Kerbéla. Hier matin, le temps s'étant éclairci, les muletiers nous ont conseillé de profiter de l'embellie, car on ne peut, en cette saison, compter sur une suite de beaux jours. J'avais eu la fièvre toute la nuit; cependant le soleil était si beau, l'air si doux et si pur, la plaine si verte que je n'ai pas hésité à me remettre en route. Nous avons d'abord franchi un cours d'eau étroit, mais fort torrentueux, et marché ensuite dans la direction de grands tumulus. De droite et de gauche paissaient des troupeaux de chameaux; à l'horizon se dressait une haute chaîne aux crêtes neigeuses. C'est au pied de ces montagnes qu'était bâtie Suse et que s'élève encore la moderne Dizfoul.

Arriverai-je au but? Je n'étais pas en route depuis une heure, que des frissons m'ont saisie de nouveau, des spasmes violents se sont déclarés; incapable de continuer plus longtemps à me tenir en selle, je me suis laissée glisser sur le sol humide. Les encouragements de mon mari, ses supplications sont restés sans résultat; on m'aurait tuée que je n'aurais pas fait un pas en avant. Nous ne pouvions cependant demeurer dans la gorge où j'étais tombée. Sans eau, sans vivres, sans bois, sans abri, sans défense, nous n'avions pas grand choix : périr de misère ou être dévalisés et tués par les Arabes. Il fallait à tout prix arriver aux tentes, ou tout au moins à un endroit découvert. Quelques gouttes d'eau de pluie découvertes dans les anfractuosités rocheuses atténuent les haut-le-cœur; des couvertures fortement fixées sur une charge constituent une sorte de lit, au-dessus duquel on m'a étendue et attachée; à droite se tenait un tcharvadar chargé de diriger le mulet; Marcel marchait à gauche afin de maintenir en équilibre son compagnon de misère. Sans avoir trop conscience de moi-même, j'ai pu, grâce à cette installation, supporter sept ou huit heures de cheval et atteindre vers le soir un campement de nomades établi au pied d'un tumulus élevé.

Malgré mon extrême fatigue, malgré l'insouciance et la paresse d'esprit, conséquences de la maladie, je n'ai pu assister indifférente au spectacle biblique des tentes, quand, au soleil couchant, les troupeaux de brebis, rentrant du pâturage, se sont élancés vers leurs agneaux bondissants, que les chèvres, les vaches et de colossales chamelles sont venues se grouper dans des parcs clôturés avec quelques broussailles.

A peine les troupeaux étaient-ils rassemblés autour du campement, que pâtres et pastoures ont envahi la tente où l'on nous avait donné asile et nous auraient certainement étouffés si notre hôte ne les avait contraints à réprimer leur curiosité et à s'éloigner. Les femmes, belles, de noble attitude, vêtues de longues chemises fendues dans le dos et sur la poitrine, coiffées de turbans de laine légère, parées de pendeloques de verroterie, de bracelets d'argent incrustés de turquoises, ont alors passé au second rang, tandis que les maris, peu galants, s'asseyaient autour d'un brasier destiné tout à la fois à nous réchauffer et à nous éclairer. Aux lueurs brutales du foyer je contemple le tableau placé sous mes yeux et admire sans me lasser ces Arabes aux traits fins et énergiques, aux longs cheveux tombant en nattes sur la poitrine, aux membres vigoureux et élégants.

Éloignés de tout centre de civilisation, livrés à leur propre initiative, sans prêtres, à peu près sans religion, les nomades vivent sous l'empire de la loi naturelle. Un seul groupe social est solidement constitué : la famille. Elle doit pourvoir à la reproduction de la race et donner des défenseurs à la tribu. Une guerre vient-elle à éclater entre deux cheikhs rivaux : les femmes sont les premières à exciter les guerriers au combat et suivent d'assez près les péripéties de la lutte pour que leurs époux et leurs fils entendent auprès d'eux les hou! hou! hou! gutturaux dont elles accompagnent les grandes cérémonies civiles et religieuses. C'est à elles également qu'échoit la douce part de tourmenter le vaincu devenu leur prisonnier, d'inventer en son honneur des tortures nouvelles, d'exagérer ses souffrances en ralentissant son martyre, de le brûler ou de le couper tout vivant en menus morceaux. Leur enthousiasme arrive même à un tel paroxysme, que celles dont les maris périssent dans la mêlée se glorifient de la mort de leur époux et se remarient dès le lendemain si elles trouvent à lui donner un remplaçant : le vif prime le mort.

On doit également ranger dans le code patriarcal des nomades les lois ayant trait au vol

FEMME ARABE DE LA TRIBU DES BENI LAAM.

des troupeaux et des récoltes, à l'enlèvement des jeunes filles. En ce cas, et chez les Beni Laam, nos hôtes actuels, les parents de la belle se présentent devant le conseil des anciens, vêtus de deuil, armés jusqu'aux dents, la figure lamentable, les yeux roulant dans leur orbite, et s'assoient sans mot dire. La famille du ravisseur montre plus de calme. Le président prend alors la parole, interroge les assistants et cherche à accommoder l'affaire en engageant les avocats du coupable à donner trente chameaux à la famille de l'ex-vierge. Sur cette proposition, des cris de colère s'élèvent de toutes parts; les parties se querellent, discutent pendant plusieurs heures, s'accordent enfin sur le chiffre de vingt chameaux, et il ne reste plus aux plaideurs qu'à abandonner leur mine lugubre et à célébrer la fin des hostilités en se gorgeant de riz, de mouton et de lait aigre.

Il paraît difficile de s'enivrer avec du riz et du lait : le fait se produit pourtant tous les jours. A la suite de ces agapes judiciaires, les convives, sous l'influence de la légère alcoolisation du *maçt* ou lait fermenté, tombent ivres morts. Le même phénomène s'observe quand les Arabes mangent en quantité des raisins ou des dattes. Mahomet eut peut-être raison d'interdire le vin à des têtes si fragiles.

Le tribunal arbitral porte le nom de *aarfa*; ses jugements sont sans appel, au moins chez les Beni Laam. La paix ne se signerait point aussi aisément dans les tribus des Anizeh et des Chammar, bien autrement aristocratiques : seule la mort du coupable ou de l'un de ses proches parents peut réparer l'honneur d'une famille outragée.

Le gouvernement turc n'a pas réussi à soumettre les nomades à son autorité et se déclare trop heureux quand les impôts rentrent sans combat. Si les tribus se refusent à acquitter leurs redevances, le valy envoie, en guise de collecteur, un colonel suivi de son régiment. Les Arabes, toujours prévenus du départ des troupes, se jettent au cœur des marais, dont ils connaissent seuls les détours; le colonel, suivi de son régiment, hésite à se hasarder dans le *hor*, fait demi-tour et rentre bredouille à Bagdad. Sont-ils pris à l'improviste, les nomades lèvent leur campement, cachent sous les eaux stagnantes les caisses contenant leur argent et leurs bijoux, et fuient vers la montagne; les troupes parties, ils reviendront chercher leurs richesses et planteront leurs tentes sur le lieu même qu'ils ont dû abandonner. Les tribus riches, nombreuses et par conséquent moins mobiles, usent d'un autre stratagème : elles prennent à gages, au prix annuel de douze à quinze cents francs, un seïd (descendant du Prophète) et déposent sous sa tente, asile inviolable, toutes les marchandises ou les objets de valeur. Ce sont également les seïds qui sont chargés de venir chez le moutessaref régler les affaires de la tribu et transiger avec les collecteurs. L'illustre origine de ces avocats en turbans bleus ou verts, les mettant à l'abri de toute violence, oblige les chefs administratifs à les écouter avec attention et leur donne une autorité dont ils usent et mésusent en vue de conquérir une existence douce et facile. Ah! Mahomet, la crème des aïeux, avec quelle sollicitude tu as préparé le bonheur de ta postérité!

Les nomades chez lesquels nous venons de recevoir l'hospitalité n'ont pas, comme leurs frères de Douéridj, à se préoccuper des collecteurs et des soldats : à cheval sur les frontières de Turquie et de Perse, ils passent tour à tour dans l'un de ces deux pays quand ils se sentent poursuivis dans l'autre, et jouissent ainsi d'une parfaite indépendance. Heureux les peuples libres, malheureux les voyageurs forcés de les visiter ! A proprement parler, nos hôtes sont les voleurs les plus audacieux et les plus adroits de la contrée. Ils vivent de rapines et sont aussi redoutables à leurs compatriotes qu'aux Persans. Quand on s'entend avec eux, on paye à leur cheikh une prime d'assurance de dix francs par bête de charge et l'on voyage tranquille entre Dizfoul et Amara; mais, si l'on veut circuler sans acquitter cette odieuse rançon, on risque fort d'être dévalisé et massacré.

11 janvier. — J'ai passé la moitié de la dernière étape allongée comme hier et attachée sur mon cheval. Surprise de voyager sans souffrance, je me serais dorlotée toute la journée si, vers midi, nous n'avions aperçu deux monuments imposants. Le premier, surmonté d'une coupole allongée, de forme très élégante, rappelle à mon souvenir le tombeau de Zobeïde. Point de gardien ni de porte à l'imamzaddé Touïl. Liberté complète au passant de chercher un gîte dans ce tombeau abandonné et d'admirer tout à l'aise les charmantes imbrications de style arabe qui tapissent l'intérieur de la voûte.

Même liberté et même solitude au Tag Eïvan, que nous atteignons une demi-heure après avoir abandonné l'imamzaddé Touïl. Sur l'un des côtés d'une immense enceinte rectangulaire

THE PEAK.

bâtie en terre crue, s'élève un édifice ayant tout l'aspect d'une cathédrale gothique. La voûte, supportée autrefois par de nombreux arcs-doubleaux, encombre de ses débris une salle longue d'une vingtaine de mètres et large de près de neuf. De hautes fenêtres prises entre deux arcs consécutifs éclairent la nef. Marcel se pâme devant cette construction, dont l'origine sassanide est indiscutable. Et, de fait, l'antiquité du Tag Eïvan est un argument bien puissant en faveur de la filiation perse de l'architecture gothique. Ce n'est pas seulement l'ogive que l'on retrouve en Orient, mais le principe essentiel des vaisseaux du Moyen Age.

Si l'on examine la plate forme qui se prolonge dans l'axe de la salle encore debout, on se convainc facilement que la construction devait s'étendre sur une longueur à peu près double

IMAMZADDÈ TOUÏL. (Voyez p. 642.)

de celle des ruines actuelles, et qu'au centre s'élevait une coupole jetée au-dessus d'un vestibule carré. Du haut des ruines on aperçoit en tous sens une multitude de tumulus : les uns très élevés au-dessus de la plaine, les autres formant de simples vallonnements.

En quittant Eïvan, je me suis huchée de nouveau sur mon trône de couvertures, mais bientôt nous avons atteint les bords de la Kerkha, large rivière qu'il a fallu franchir à gué. L'instinct de la conservation a vaincu la paresse, j'ai réclamé la liberté de mes mouvements et, avant de lancer mon cheval à l'eau, je me suis remise en selle : prudence est mère de sûreté. A peine sommes-nous engagés dans le courant, que les bêtes commencent à dériver, l'eau monte jusqu'à l'épaule de mon cheval; de crainte de me mouiller, je croise les jambes sur la selle : « Hu! hi! *peder soukhta, peder cag*, vas-tu avancer? » — « Je n'en puis plus et voudrais vous voir à ma place », semble me répondre ma monture. Sains et saufs cependant les cavaliers atteignent la terre ferme; mais l'un des mulets, chargé de provisions, est roulé, entraîné, noyé, perd en se débattant tous ses colis et ne peut être repêché qu'à quelque dix-huit cents mètres en aval du point de départ. Je pleurais déjà quatre pains de sucre fondus au profit des poissons de la Kerkha, quand les guides m'ont engagée à modérer mes lamentations; le fleuve se divise au-dessus du gué; nous sommes en ce moment dans une île et je serai autorisée à gémir si nous perdons le second mulet de charge en franchissant le dernier bras, au moins aussi rapide que le premier. *Macte animo puer*, et remettons-nous en route. Un quart d'heure de marche, et nous voici de nouveau sur la rive. Les chevaux, encore émus au souvenir du dernier bain, refusent d'avancer et montrent leur croupe à la rivière au moment où l'on croit les avoir lancés dans les flots; coups de fouet, coups de talon, cris des tcharvadars, invocations à Allah restent sans effet : nos vaillants bucéphales s'entêtent à ne pas abandonner le plancher des vaches. L'homme est parfois supérieur au mulet, je le constate non sans une certaine fierté. La natation est un art dont je n'ai jamais approfondi les mystères ; j'ai eu tout à l'heure une peur fort raisonnable quand le courant entraînait mon cheval; la tête me tournait au milieu du brouhaha général, mes yeux troublés voyaient avec anxiété fuir la rive, mon esprit se refusait à admettre que je me rapprochais de terre, et cependant je n'hésite pas à tenter le passage du deuxième bras du fleuve : car je serais forcée, pour l'éviter, d'effectuer une seconde fois la traversée du premier. J'ai beau expliquer cette situation à mon rossard, il s'obstine à serrer les oreilles, à trembler sur ses jambes et se montre sourd aux plus simples raisonnements.

Nous aurions peut-être été forcés de faire une installation durable dans l'île, si quatre ou cinq cavaliers montant de belles juments n'étaient apparus de l'autre côté de la rivière. Attirés par les cris des muletiers et voyant notre embarras, ils n'ont pas hésité à se jeter à l'eau et à prendre la tête du convoi. Sauvés ! merci, mon Dieu ! Un dernier coup de rein, et nous voici sur la berge. La Kerkha a fait bien des façons avant de se laisser traverser; elle a eu tort, c'est indiscutable, mais il est permis à un noble fleuve de se souvenir de sa grandeur passée et de ne point se livrer au premier venu. N'est-ce pas la Kerkha qui arrosait Suse, l'une des plus anciennes villes du monde? n'est-ce point la Kerkha dont les eaux cristallines conservées dans des vases d'argent étaient servies en tous lieux sur la table du roi des rois? Quels vins fameux pourraient invoquer des titres équivalents? Lorsque les chaleurs torrides de l'été, ces chaleurs légendaires de la Susiane, ont brûlé et desséché le sol, on peut encore franchir en quelques rares passages le fleuve épuisé, mais pendant neuf mois de l'année on doit avoir recours aux embarcations semblables aux keleks de l'Euphrate.

L'un de nos guides est le fils d'un chef louri nommé Kérim khan, dont les campements, suivant la saison, sont établis tout auprès de la Kerkha ou au pied des montagnes voisines de Dizfoul. Sur l'invitation du jeune homme, nous sommes entrés dans la tente de son père. On a apporté des pipes, du thé, du lait aigre, du pain chaud, que les hommes fabriquaient en couvrant d'une mince couche de pâte des plaques de cuivre rougies au feu; puis nous nous sommes remis en route après avoir échangé avec nos hôtes d'innombrables souhaits de bonheur. « Je suis votre frère », nous disait notre nouvel ami, et, pour rendre ses sentiments d'une façon expressive, il accrochait l'un à l'autre ses deux index. « Bien obligée, mon cher Mohammed, à la vie, à la mort; c'est chose conclue. »

Autour du campement s'étendent de verts pâturages et de grands champs semés en blé : au delà, longeant la route, maintenant frayée grâce au passage des caravanes, se présentent des multitudes de villages entourés de jardins qui témoignent de la fertilité du sol, quand elle est sollicitée par le travail et les arrosages. Nous marchons d'oasis en oasis, et bientôt Dizfoul s'offre à notre vue.

La ville, bâtie sur les bords de l'Ab-Dizfoul, torrent descendu des montagnes du Loristan.

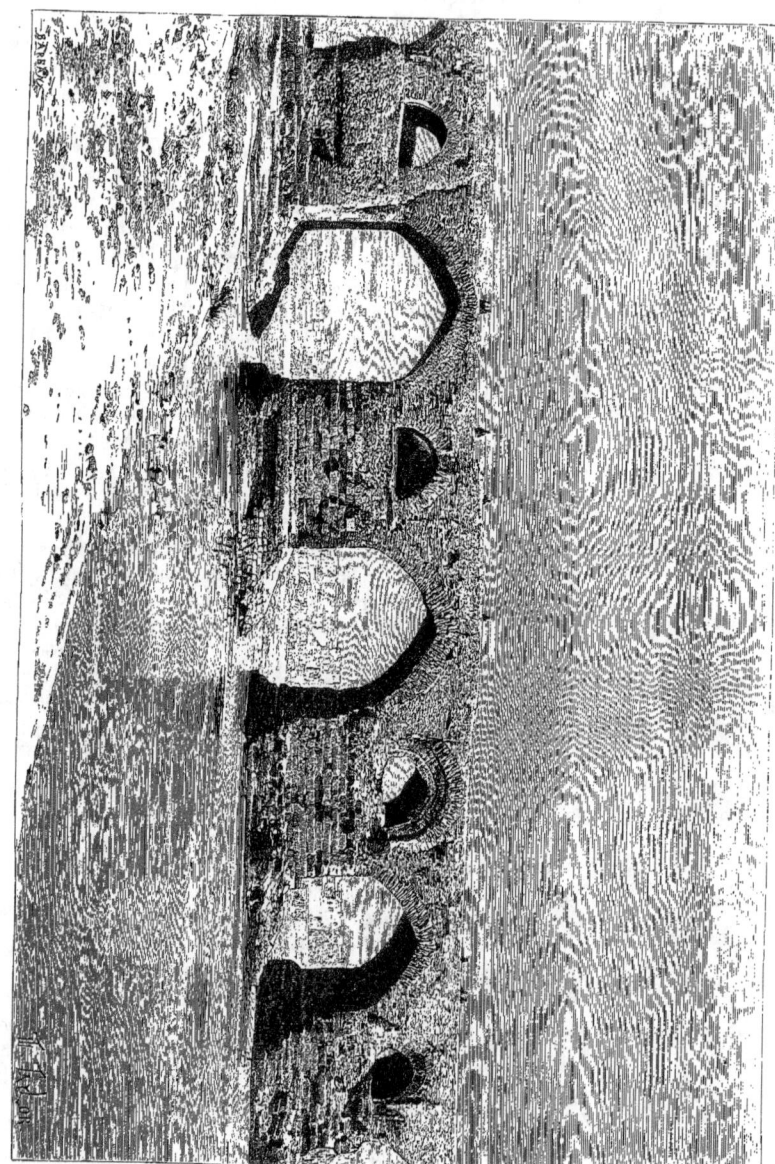

VUE DU PONT ET DE LA VILLE DE DIZFOUL. (Voyez p. 649.)

s'étend en amphithéâtre le long d'une rive très escarpée. Elle se présente sous l'aspect le plus gai; longtemps avant de l'atteindre, j'ai aperçu aux rayons d'un beau soleil couchant ses jardins, ses maisons aux terrasses étagées et le pont grandiose auquel Dizfoul doit son nom, le « pont de la Forteresse ». Fondé, au dire des chroniqueurs iraniens, par Ardéchir Babégan, cet ouvrage est formé d'énormes piles construites, à la manière romaine, en béton revêtu d'une enveloppe de pierre de taille, tandis que ses plus vieilles arches, faites en briques et de style franchement persan, remontent à l'époque du sultan Saladin. A la nuit close nous laissons à notre gauche une lourde bâtisse, résidence d'été du gouverneur, et nous nous engageons sur le pont. La porte de la ville, située à son extrémité, est close depuis le coucher du soleil, et l'on refuse tout d'abord de l'ouvrir. Par bonheur on peut parlementer entre ses ais disjoints. Marcel met tout d'abord un bakchich dans la main du gardien; celui-ci trouve le présent insuffisant et, d'un geste plein de dignité, le restitue, avec l'espoir de le voir s'accroître.

FABRICATION DU PAIN CHEZ LES NOMADES.

« Je vous ouvrirai à l'aurore, laissez-moi dormir en paix.

— Tu trouves le cadeau insuffisant! s'écrie Marcel en heurtant de son fusil les battants de la porte; avant un quart d'heure tu me conduiras gratuitement chez le gouverneur. En attendant, cours au palais et remets au hakem cette lettre de Son Altesse Zellè sultan; les ferachs te diront si tu as agi en homme sage en me faisant attendre. »

Intimidé, le gardien saisit le pli, examine le sceau et, revenant subitement à de bons sentiments, s'empresse d'offrir à nos gens, toujours à travers les fentes des vantaux, un kalyan tout allumé.

« Excusez-moi, Excellence, le pays est infesté de bandits, j'ai cru avoir affaire à des Beni Laam, je vais chercher le porte-clefs. »

Et notre homme s'éloigne.

Arrive un compère :

« Excellence, donnez un petit bakchich à un malheureux concierge réveillé dans son premier sommeil.

— Ouvre d'abord, nous causerons ensuite de tes affaires. »

Et la vieille porte, grinçant sur ses gonds, s'entre-bâille pour donner passage à notre petite caravane et à des bûcherons, profonds philosophes, qui, arrivés trop tard à la ville, attendaient le jour couchés sur leurs fagots. Suivant les prédictions de Marcel, le gardien nous guide à travers le dédale boueux des rues de Dizfoul. Animaux et piétons, ceux-là barbotant dans le canal ménagé au centre de la voie, ceux-ci rasant les murs au pied desquels sont réservés des trottoirs étroits, arrivent néanmoins chez le gouverneur. Nous mettons pied à terre; le nazer reçoit nos lettres et, à la vue du cachet princier, s'empresse de mettre à notre disposition une chambre bien close : les portes et les fenêtres ont des volets, si ce n'est des carreaux. L'abri n'est point à dédaigner; qu'il pleuve, qu'il vente ou qu'il grêle, le dos rôti par un bon feu, je fais la nique aux éléments et classe dans le domaine des souvenirs les nuits terribles que depuis mon départ d'Amara j'ai passées au milieu du *hor* ou sous les tentes des Arabes Beni Laam.

ARABE BENI LAAM.

TEINTURERIE D'INDIGO AUX ENVIRONS DE DIZFOUL. (Voyez p. 652.)

CHAPITRE XXXVIII

Dizfoul. — Prospérité commerciale et agricole de la ville. — Visite aux trois andérouns du *naïeb loukoumet* (sous-gouverneur). — Heureuse prédiction.

13 janvier. — Nous sommes à Dizfoul depuis deux jours. Malgré tout notre désir, nous n'avons point encore visité l'emplacement de Suse, à peine distante de six à sept farsakh. S'il eût fait seulement une éclaircie, j'aurais trompé mon impatience en montant sur la terrasse, d'où l'on peut, m'assure-t-on, apercevoir le *tell* quand l'atmosphère est pure : mais depuis notre arrivée il n'a pas cessé un seul instant de pleuvoir.

Les heures, toujours trop longues lorsqu'elles ne reçoivent pas un emploi utile, se sont passées à échanger des politesses avec nos hôtes.

L'Arabistan, l'une des plus importantes provinces du sud-ouest de la Perse, est gouverné actuellement par un oncle du roi, Hechtamet Saltanè. Ce prince varie ses plaisirs et change de résidence à chaque saison ; il habite le plus souvent Chouster, toutefois il vient passer le printemps à Dizfoul, où la température est plus fraîche que dans sa capitale d'hiver. En son absence l'administration de la ville est confiée à un lieutenant ou *naïeb loukoumet*. Le sous-gouverneur, escorté de ses mirzas, est venu nous rendre ses devoirs et nous a fortement engagés à attendre à Dizfoul la fin de la saison des pluies. Entre-temps il nous a mis au courant des affaires de la province. A l'entendre, la ville, en pleine voie d'agrandissement et de prospérité, mériterait mieux que Chouster, aujourd'hui bien déchue, le titre de capitale de l'Arabistan. La population s'est doublée depuis quelques années, et le commerce a pris une extension et un développement auxquels ne pourra jamais prétendre sa rivale. Dans les plaines fertiles des environs on recueille sans travail de superbes récoltes de blé, les troupeaux donnent des laines renommées par leur finesse; la culture très fructueuse de l'indigo alimente de nombreuses teintureries. Toutes primitives qu'elles sont, ces officines préparent aux tisserands les fils colorés que nécessite la fabrication des tchaders bleus et blancs portés par les femmes pauvres ou de condition moyenne. Les mirzas m'ont aussi vanté l'eau *chirin* (sucrée, douce) de l'Ab-Dizfoul, la fraîcheur des *zirzamins* (caves) creusés dans le poudingue sur lequel la cité est assise, et, avant tout, l'incomparable voirie de la ville. « En vérité, leur répond Marcel, il y a bien un peu d'eau dans les rues, mais, en relevant vos pantalons jusqu'aux oreilles, vous pouvez encore faire quelques pas. »

LES MIRZAS DU GOUVERNEUR DE L'ARABISTAN. (Voyez p. 651.)

« De l'eau dans les rues! Mais voilà la merveille; pendant l'hiver la chaussée se transforme en torrent, et les pluies nous débarrassent ainsi de toutes les immondices accumulées l'été. » La rue-égout mérite d'être propagée. « Voir Dizfoul et puis mourir », chantent nos Persans. — « Voir Suse et puis partir », ai-je pensé. En réalité Dizfoul deviendra une cité florissante le jour où on la mettra en communication soit avec le golfe Persique par la Perse, soit avec le Tigre par la Turquie. Amara ne doit-elle pas déjà la vie et l'aisance aux caravanes assez audacieuses pour braver les Beni Laam, les déserts, l'eau amère et le *hor*?

Le naïeb, en se retirant, m'a demandé s'il me serait agréable d'aller visiter ses andérouns, et, sur ma réponse affirmative, il a prié son fils de m'accompagner. Jamais je n'eus plus gentil introducteur : c'était merveille de voir ce petit maître des cérémonies me guider avec mille précautions sur les terrasses plus ou moins insolites qui mettent en communication toutes les maisons de la ville et, après m'avoir introduite, n'oublier aucun des détails si compliqués de l'étiquette : imposant silence aux femmes si leur conversation devenait trop animée ou trop bruyante, les écartant d'un geste autoritaire quand elles me serraient de trop près.

La première visite a été pour la doyenne des femmes de mon hôte. A mon arrivée, Bibi Cham Sedjou s'est levée, m'a tendu la main et l'a portée à son front en signe de respect, tout en me souhaitant le *khoch amadid* (la bienvenue). Puis elle m'a désigné du geste un grand fauteuil de bois placé au milieu de la pièce. Ce meuble est historique. Il fut confectionné en l'honneur de sir Kennet Loftus, quand il vint, il y a une trentaine d'années, présider à la délimitation des frontières turco-perses. Depuis le départ de ce diplomate, le *takht* (trône), comme le désignent les Dizfouliennes, a été oublié sous une épaisse couche de poussière jusqu'au jour où l'arrivée de l'un de ces animaux à deux pattes qui perchent sur les sièges comme des perroquets est venue le rendre un instant à sa destination première.

Je me suis assise gravement. Cham Sedjou et ses nombreuses amies, assemblées en cette circonstance, se sont accroupies tout autour de moi, et par trois fois nous nous sommes mutuellement informées de l'état de nos précieuses santés. Bibi a déclaré qu'elle s'était réveillée le matin avec un violent mal de tête, mais que la joie de recevoir ma visite et enfin ma présence bénie avaient achevé de dissiper ses douleurs. Les approbations enthousiastes de l'assistance me prouvent combien la phrase est dans le goût persan ; je me contente de m'incliner, faute de savoir surenchérir sur pareilles amabilités.

Bibi Cham Sedjou est une Persane : les narines vierges de perforation témoignent de sa race. En femme intelligente, elle supplée aux charmes envolés par une conversation agréable et moins banale que celle dont sont régalés habituellement les murs des andérouns. Son instruction n'est pas à la hauteur de sa bonne volonté ; les notions les plus élémentaires de la géographie lui font défaut. Elle a bien entendu parler d'une terre connue sous le nom de Faranguistan, terre misérable dévolue aux Anglais et aux Russes infidèles, grands mangeurs de porc et grands buveurs d'eau-de-vie, mais elle ignore le nom même de la France. Elle croit aussi, à en juger à ma tête tondue, qu'aux Persanes seules Allah a octroyé des tresses longues et souples, pour la plus grande jouissance de ses fidèles serviteurs sur la terre et de ses élus au ciel, et que la couleur blonde de mes cheveux, n'ayant rien de naturel, doit être due à une sorcellerie particulière. J'ai essayé, sans la convaincre, d'expliquer à mon interlocutrice combien des nattes seraient gênantes pendant la durée d'un très long voyage, mais j'ai négligé de l'entretenir d'autres inconvénients graves dont il eût été aussi malséant de lui parler que de corde devant un pendu.

« Pourquoi se peigner tous les jours ? m'a-t-elle répondu avec surprise, il est bien suffisant de procéder à cette opération une fois par semaine, en allant au bain. »

Les servantes apportent le thé. La première tasse m'est présentée, on offre la seconde à mon guide. Il la prend en sa qualité de mâle, et ne manifeste même pas l'intention de la passer à la femme de son père ou aux khanoums ses voisines. Puis, toutes les amies de Bibi Cham Sedjou ayant essayé mon casque blanc, non sans rire à se tordre, et s'étant à tour de rôle mirées dans un fragment de glace entouré d'une superbe bordure en mosaïque de cèdre et d'ivoire, je reprends possession de ma coiffure et me retire afin de terminer en un seul jour, s'il est possible, la revue des andérouns où je suis attendue.

« Allons voir maman », a dit joyeusement mon jeune guide après avoir fait charger sur la tête d'un serviteur le fauteuil qui doit me précéder.

Matab khanoum est une fille de tribu. Il n'est pas besoin de la voir pour s'en convaincre. En véritable Arabe, elle a installé ses juments de pur sang dans la cour de la maison, afin de ne jamais les perdre de vue; l'escalier s'ouvre justement derrière les sabots d'une belle poulinière.

Le logis, semblable à celui de Bibi Cham Sedjou, est orné avec un luxe relatif. Des porcelaines de vieux chine contemporaines de chah Abbas encombrent les takhtchés et provoquent mon admiration, tandis qu'une horrible soupière de faïence anglaise fait vis-à-vis à une superbe coupe émaillée. On pose le fauteuil sur un tapis kurde fin et ras comme du velours et je m'assieds auprès d'un métier à tisser. Matab khanoum emploie ses loisirs à confectionner ces grands filets de soie rose ou jaune à pasquilles d'or qui couvrent sans les voiler la tête et la poitrine de toutes les femmes de la Susiane.

La maîtresse de la maison est petite, maigre, brune de peau, peu séduisante, mais, en sa qualité de mère de l'unique héritier de la maison, elle jouit d'une supériorité incontestée sur les autres femmes de son époux. Son humeur est d'autant plus jalouse en ce moment d'une rivale fort belle et pour laquelle elle craint d'être délaissée. Les regards de Matab khanoum s'adoucissent pourtant quand ils se dirigent vers son fils, « la fraîcheur de ses yeux ». L'amabilité et la bonne éducation de mon petit ami lui ont valu mes félicitations; alors, souriante, en vraie maman elle m'a appris que les mollahs étaient surpris de l'intelligence de Messaoud. « Cet enfant est appelé aux plus hautes destinées : il deviendra l'une des lumières de l'État. Agé de dix ans à peine, il sait déjà par cœur plusieurs chapitres du Koran et les plus beaux morceaux de nos poètes classiques. »

« Veux-tu, Messaoud, nous dire un de ces contes que tu apprenais hier à ta petite sœur?

— Brisez-moi la tête, coupez-moi les oreilles, arrachez-moi les yeux : je serai toujours prêt à vous obéir », a répondu l'enfant. Puis, sans témoigner ni timidité ni embarras, il a pris la parole.

« Un pauvre homme vivait du produit de sa pêche et de sa chasse, et, comme il était habile à lancer l'épervier et à appeler les oiseaux auprès de ses lacets, l'une et l'autre étaient souvent abondantes. Un jour, après avoir disposé ses pièges, il s'était caché dans les roseaux et guettait trois perdrix, quand il entendit à ses côtés de bruyants éclats de voix. C'étaient deux écoliers qui discutaient avec chaleur une question de jurisprudence.

« Le chasseur s'avança, les supplia de ne point faire de bruit et de ne point effaroucher le gibier. « Nous le voulons bien, répondirent les étudiants, mais à condition que tu donneras « un oiseau à chacun de nous.

« — O mes maîtres, ma famille vit du produit de ma chasse; que deviendrai-je lorsque « je rentrerai au logis avec une perdrix à partager entre dix personnes? »

« Le pauvre homme eut beau gémir et représenter aux étudiants que le filet n'était pas plus à eux que la graine semée comme appât, ils ne voulurent rien entendre. Alors le chasseur tira la corde, prit les trois bêtes et les partagea avec ses tyrans.

« Quand il les eut satisfaits, il leur dit : « Si vous me dédommagiez au moins du tort que « vous me causez, en m'apprenant le motif de votre discussion?

« — Volontiers : nous disputions sur l'héritage de l'hermaphrodite.

« — Que signifie le mot « hermaphrodite » ?

« — L'hermaphrodite est mâle et femelle », répliquèrent les jeunes gens en s'en allant.

« Sur ce, le chasseur, attristé, rentra chez lui, et sa famille, qui l'attendait, dut se contenter ce soir-là de l'unique perdreau qu'il avait apporté.

« Peu de jours après, lorsque les étoiles se furent cachées et qu'un beau soleil aux ailes d'or eut apparu à l'horizon, le pêcheur prit ses filets et se dirigea vers la rivière. Il jeta son épervier et ramena un poisson si beau, si grand et de couleur si éclatante que de sa vie il n'avait vu pareil animal.

« Plein de joie, il le prend et, sans plus tarder, le porte à son souverain.

« Le sultan était couché sur un lit de repos, auprès d'un bassin d'albâtre où voguaient des embarcations d'aloès semblables au croissant de la lune. Des carpes aux vives couleurs dont les seins étaient d'argent et les oreilles chargées d'anneaux d'or s'ébattaient dans les eaux cristallines. Tremblant et anxieux, notre homme s'approcha, étala le poisson qu'il avait pêché et pria le monarque de l'accepter.

« Je suis ravi de ton cadeau et vais donner l'ordre au grand vizir de te compter mille « dinars. » Mais le ministre, mécontent, souffla à voix basse : « Désormais il vaudrait mieux « proportionner la faveur au mérite. Si l'on paye un poisson mille dinars, tout l'or du trésor « passera en ruineuses folies. »

« — Tu as raison, reprit le sultan ; mais comment me dédire?

« — Demandez à cet homme : « Ce poisson est-il mâle ou femelle? » S'il répond : « C'est un mâle », vous lui direz : « Je te donnerai les mille dinars quand tu m'apporteras la femelle. « S'il réplique : « C'est une femelle », vous répondrez : « Apporte-moi le mâle et tu auras ton « bakchich. Enchanté de la sagesse de son vizir, le souverain se tourne vers le pêcheur : « Ton poisson est-il mâle ou femelle? »

« Le brave homme comprit le sens caché de cette demande et, après avoir prudemment fouillé dans son esprit la perle d'une réponse à présenter sur le plat de l'explication, il dit : « O roi, sagesse de lumière du monde, ce poisson est mâle et femelle : il est hermaphrodite ».

« La sagesse et la sagacité du pêcheur surprirent si agréablement le sultan, qu'il lui fit donner les mille dinars et le mit au nombre de ses conseillers. »

Je ne puis transcrire les changements de voix et la mimique intelligente du jeune conteur ; je le regrette, car le petit homme a joué son charmant récit en acteur consommé.

Courons vers un autre andéroun. Avant de me laisser franchir le seuil de la porte, Matab khanoum m'a arrêtée un instant : « Pourquoi avez-vous la tête nue? Vous devez avoir bien froid? et en outre... c'est très inconvenant!

— Vous moquez-vous de moi?

— Non certes : notre Prophète a défendu aux femmes de montrer leurs cheveux, et par conséquent d'avoir la tête découverte.

— Je tiendrai compte de sa recommandation quand je me ferai musulmane. En attendant cet heureux jour, venez dans le Faranguistan et vous verrez ce que l'on pensera de vos seins, de votre ventre et de vos jambes nus, toujours prêts à se montrer au moindre mouvement. »

Pour me rendre chez Bibi Dordoun, la favorite de mon hôte et la rivale de Matab khanoum, j'ai dû abandonner le chemin des terrasses et changer de quartier. Un mari, quand il se pique d'être bon musulman, doit joindre à mille autres vertus d'une essence rare l'astuce du renard et la prudence du serpent et ne pas exposer ses nombreuses épouses à laver leur linge sale devant toutes les terrasses du voisinage. En suivant des rues en partie barrées par les maisons qui se sont fondues sous l'influence des pluies de l'hiver, j'atteins enfin le troisième andéroun. Je n'ai point perdu ma peine. Depuis mon arrivée à Dizfoul je n'ai vu femme pareille à Bibi Dordoun. Bien que de race arabe, elle est blanche de peau ; ses yeux et ses cheveux d'un noir d'ébène se détachent sur une chair mate et font ressortir les tons de grenade d'une bouche trop épaisse, mais derrière laquelle se présentent des dents admirables. La toilette est d'une élégance raffinée : jupe de brocart à fond rose, calotte de cachemire de l'Inde retenant un filet semé de perles fines, foulard de soie de Bombay, anneau de narine couvert de pierres précieuses, talisman de nacre incrusté d'or, bracelets formés de grosses boules d'ambre et de corail rose ; aux deux chevilles, de véritables chaussettes de perles de couleurs montant jusqu'au mollet et laissant tomber sur le pied nu une frange de rubis.

Bibi Dordoun m'attendait au rez-de-chaussée de sa maison; dès mon arrivée elle m'a guidée vers le premier étage et a soigneusement fermé la porte derrière moi. Puis elle s'est mise à éplucher des limons doux avec l'air d'une personne convaincue de la gravité de cette occupation. Ce n'était pas le moyen de satisfaire la curiosité d'une vingtaine de voisines accourues à la nouvelle de mon arrivée.

BIBI DORDOUN.

Les filles d'Ève se sont d'abord annoncées en jetant leur nom à travers la porte, puis, ne recevant pas de réponse, elles ont gratté au battant : manière polie de demander à entrer,... et Bibi Dordoun épluchait toujours ses limons doux. Tout à coup, nerveuse et rouge de colère, elle se lève, court vers l'entrée de la chambre, met en fuite les visiteuses importunes en leur jetant ses deux babouches à la tête, et vient tout essoufflée se rasseoir à mes côtés. Dans quel but me ménager ce silencieux tête-à-tête? Je veux me lever, elle me retient et m'ouvre enfin les plus profonds replis de son cœur :

« Je possède toute la confiance et toute l'affection de l'aga, mais je suis par cela même en butte à la jalousie de Matab khanoum. En définitive, je récolte plus d'épines que de roses. Cinq fois le ciel m'a rendue mère : des filles! toujours des filles! Allah a béni mon union, et d'ici à peu de jours j'attends ma sixième délivrance. Vous, une femme instruite comme un *mollah*, vous, une Faranguie, ne pourrez-vous rien pour moi, ne me direz-vous pas si mon espoir doit toujours être déçu, ou si l'enfant qui va naître sera enfin ce fils tant désiré dont la venue me fera bénéficier de la haute situation réservée jusqu'ici à Matab khanoum et augmentera, s'il est possible, l'affection de mon époux? »

Cette femme est pâle d'émotion. Je n'hésite pas et lui promets gravement un garçon. A ces mots elle me saute au cou et m'embrasse à me débarbouiller, si besoin était.

En définitive, je suis sortie de chez Bibi Dordoun sacrée sorcière; si elle a un fils, elle demeurera toute sa vie persuadée que les Faranguis ont le don de double vue. Mais si elle a une fille! Bah! je lui aurai toujours donné quinze jours de bonheur.

Mon ami Messaoud aurait bien voulu s'acquitter jusqu'au bout de ses devoirs d'introducteur et me mener au quatrième andéroun paternel. Pendant mes diverses visites j'avais absorbé sans sourciller huit ou dix tasses de thé et de café, des confitures au miel, des bonbons en plâtre, des citrons doux; j'avais prêté mon casque, ma veste, mes souliers eux-mêmes, prédit à mon hôtesse la naissance d'un héritier : je méritais bien quelque repos. D'ailleurs les nuages s'étaient dissipés, un coin de ciel bleu m'était apparu, et je voulais avertir Marcel de cette bonne nouvelle. Je suis arrivée trop tard : les ordres sont donnés, et nous partons pour Suse dès le lever de l'aurore.

MATAB KHANOUM.

GABRE DANIAL (TOMBEAU DE DANIEL). (Voyez p. 660.)

CHAPITRE XXXIX

Visite au cheikh Thaer, administrateur des biens vakfs de Daniel. — Les tumulus. — Le tombeau de Daniel. — Le palais d'Artaxerxès Mnémon. — Chasse au sanglier. — Une nuit dans le tombeau de Daniel.

Suse, 14 janvier. — « En route ! » me suis-je joyeusement écriée ce matin en entendant résonner sur le dallage de la cour le pas des chevaux destinés à nous porter à Suse.

« Pas encore, a répondu Marcel : le naïeb est venu me voir pendant ton absence et m'a engagé à aller rendre visite au cheikh Thaer, l'administrateur des biens vakfs de Daniel. Sans son autorisation nous ne trouverions pas d'abri au tombeau du prophète, et en cette saison il est prudent de s'assurer une autre auberge que celle de la belle étoile. »

L'utilité de cette démarche était hors de discussion; toutes les valises bouclées, nous avons pris le chemin de l'habitation du cheikh Thaer.

Les abords de la maison, le vestibule disposé derrière la grande porte, les cours, étaient encombrés de mollahs coiffés d'énormes turbans blancs, de seïds et même de fonctionnaires placés sous la sujétion et la dépendance morale du chef religieux. Celui-ci, entouré de quelques intimes, était assis sur une terrasse d'où l'on domine le cours du fleuve, et attendait notre visite, annoncée depuis la veille. Il n'a pas encore enjambé le siècle, et pourtant il marcherait vers son deuxième centenaire que je n'en serais guère surprise, tant son corps est cassé, déformé, sa figure vieille et ridée : la fée Carabosse en turban. A peine peut-il se tenir debout, à peine y voit-il pour se conduire : mais dans cet être délabré la vie intellectuelle paraît, en dépit des ans, avoir conservé toute sa vigueur.

L'accueil du cheikh a été poli et cérémonieux. Néanmoins il nous a donné clairement à entendre que, si l'on voulait bien tolérer des chrétiens durant une nuit ou deux tout auprès du *gabre*, on ne saurait sous aucun prétexte les autoriser à visiter la salle close où se trouve le cénotaphe. Marcel a vainement insisté : « Daniel, a-t-il insinué, est un prophète aussi vénéré des chrétiens que des musulmans ». Le cheikh Thaer, en véritable égoïste, a réclamé l'entière propriété du saint, et il a fallu la lui abandonner afin d'obtenir le droit d'asile dans le tombeau très apocryphe du patron des dompteurs de lions.

La discussion close, le cheikh est allé faire sa prière, nous abandonnant aux mains de ses secrétaires, esprits forts qui n'ont consenti à nous laisser partir qu'après avoir obtenu leur photographie. Je me suis prêtée de bonne grâce à leur fantaisie : du haut de la terrasse se déroulait l'un des plus séduisants paysages de Dizfoul.

A midi nous avons conquis notre liberté. La caravane traverse la rivière sur le pont sassanide et atteint des champs de blé, puis un village entouré d'une enceinte de terre dissimulée sous une épaisse verdure, enfin, à quelques kilomètres de la ville, la lande déserte. Toute culture cesse et la terre ne produit plus que des arbustes malingres et des *konars* rachitiques redevables de la vie à l'humidité entretenue dans le sous-sol par un bras de la Kerkha. Les chevaux franchissent le fleuve avec de l'eau jusqu'au ventre, et nous continuons notre route. Plus de champs de blé, plus de jungle, mais une région sillonnée de digues ruinées et semée de collines artificielles habillées jusqu'à leur sommet d'herbes verdoyantes. De tous côtés s'étend la plaine, couverte de chardons desséchés. Je ne vois jusqu'à l'horizon ni villages, ni tentes, ni troupeaux : c'est le désert dans toute sa désolation, désolation bien attristante, car elle est due à l'abandon et à l'oubli des hommes. Nous avançons; le soleil perce les nuages et éclaire à une distance difficile à apprécier un énorme *tell* qui va se prolongeant sur une longue étendue. On se croirait en présence d'une montagne naturelle, n'était la crête unie du massif. Situé à l'extrême droite, un plateau plus élevé domine l'ensemble du tumulus : « Chous ! » s'écrient les tcharvadars.

Laissant à l'est un petit imamzaddè en ruine, les guides nous conduisent jusqu'au bas du tumulus; ses dimensions colossales me frappent d'autant plus que je puis les mesurer à notre échelle.

Le tombeau de Daniel se présente au pied et à droite de la haute terrasse désignée dans le pays sous le nom de *kalè Chous* (forteresse de Suse). Un cours d'eau marécageux, le Chaour, qui jaillit de terre à quelque dix farsakhs en amont et va se perdre dans l'Ab-Dizfoul, baigne les murs du saint édicule.

« Est-ce là le gabre?

— Oui, Çaheb. »

Il ne valait vraiment pas la peine de faire tant d'embarras pour nous laisser y pénétrer. Le monument n'est en harmonie ni avec sa réputation ni avec le zèle pieux des nombreux pèlerins qui viennent chaque printemps le visiter. En venant de Dizfoul, on aperçoit tout d'abord des murs de terre et une massive porte d'entrée. On se croirait devant un petit village enceint de murs bien entretenus, si un clocher en pain de sucre ne se dressait au centre des constructions et n'indiquait la destination de l'édifice. Les façades perpendiculaires à celle du sanctuaire sont bâties en arcades, formant chacune un réduit spécial réservé aux gardiens du tombeau et à quelques pâtres aussi sauvages que les chiens jaunes couchés sur les tas de fumier amoncelés au milieu de la cour.

Des rideaux formés de tiges de ginériums réunies par des cordes faites en fibres de palmier mettent les habitants des loges à l'abri des grandes pluies, qui viendraient les fouetter jusqu'au fond de leur tanière.

Le *motavelli* (gardien du tombeau) nous a d'abord offert un asile sous une arcade inhabitée et dépourvue de rideau de feuillage; puis, à la vue des nuages sombres, présage certain de la reprise des pluies, il s'est ravisé. Après avoir relu la lettre de son chef, il a donné l'ordre de débarrasser un cabinet noir dont la porte s'ouvre sous le péristyle du tombeau, et a permis à Séropa d'y transporter nos bagages.

L'AB-DIZFOUL ET LES SECRÉTAIRES DU CHEIKH THAER.

KALÈ CHOUS.

Assurés d'un logis sec, si ce n'est propre, nous sommes sortis d'un édifice peu intéressant, du moment que l'on nous interdisait l'entrée du tombeau et le plaisir de contempler dans sa gigantesque beauté le corps du *peïghambar* (prophète), *long de quarante mètres et large de dix à la hauteur des épaules*. Marcel a loué des ânes, et, suivis du motavelli, un brave homme décidément, nous avons gravi les tumulus, afin de jeter un premier coup d'œil sur la ville royale des Nakhounta et des Assuérus.

Sans s'arrêter aux nombreux vallonnements et aux mouvements de terrain qui s'étendent jusque sur la rive droite de la Kerkha, trois énormes masses de terre bien séparées et bien distinctes les unes des autres se dressent devant nous. La plus imposante, celle dont le sommet m'est apparu dominant tout le tell, la *kalè Chous*, s'élève à trente-six mètres au-dessus du niveau du Chaour. Les pluies ont raviné ses parois, aujourd'hui tapissées de ronces, mais on ne saurait cependant atteindre la plate-forme, à moins de suivre deux frayés de chèvres : l'un est l'œuvre personnelle de ces intéressants animaux ; l'autre, fort ancien, servait de chemin d'accès aux habitants de la citadelle. Nous suivons ce dernier ; à l'extrémité d'un sentier en lacet se présente une porte défendue par d'énormes blocs de maçonnerie en briques séchées au soleil, conservant encore l'apparence de tours. Au delà s'étend une plate-forme de peu d'étendue, à l'extrémité sud de laquelle commence une voie très étroite ménagée au-dessus d'une haute courtine. Cet isthme était sans doute le dernier obstacle à affronter quand les assaillants, après avoir gravi le sentier et enlevé la première porte, se présentaient devant le corps de place. A partir de l'étranglement le tumulus s'élargit en un vaste plateau, d'où l'on domine la plaine et les deux tumulus voisins. Je suis au cœur de cette inexpugnable forteresse, l'orgueil des rois de Suse, de ce château où s'entassaient leurs trésors, de cette citadelle qui devint après la conquête macédonienne la résidence d'une garnison chargée de maîtriser, en l'absence d'Alexandre, les derniers efforts des vaincus. Les historiens grecs nous ont laissé l'énumération des richesses trouvées à Suse : quarante mille talents d'or et d'argent monnayés, des meubles précieux, trois mille livres de pourpre d'Hermione que les rois avaient accumulées depuis deux cents ans dans le trésor, et dont la couleur était si fraîche et si claire qu'elle paraissait extraite de la veille ; et ces vases d'or où l'on conservait l'eau du Nil et du Danube en témoignage de l'immensité de l'empire. L'inventaire est coquet ; pourtant chacune des résidences des rois achéménides, Persépolis, Pasargades, Ecbatane, Babylone, possédait des trésors au moins équivalents à ceux de Suse.

Aujourd'hui des mauves arborescentes couvrent le sol, trop fidèle gardien des secrets du passé, et on chercherait vainement un témoin inanimé des tragiques événements dont la forteresse fut jadis le théâtre.

« Vous perdez votre temps, nous dit le motavelli : descendons et allons voir le palais avant la tombée de la nuit. »

Le conseil est sage ; j'enfourche maître aliboron et je me dirige vers l'angle nord du tumulus situé le long du chemin de Dizfoul. Là notre guide, écartant des ronces vigoureuses, nous montre les socles de plusieurs colonnes disposées en quinconce. Quatre d'entre elles sont ornées d'inscriptions trilingues gravées en caractères cunéiformes. Les socles, enfoncés à plus d'un mètre au-dessous du niveau du sol actuel, furent découverts, il y a quelque trente ans, par le colonel Williams et mis au jour par sir Loftus (le propriétaire du fauteuil de Dizfoul). Ils permirent à ce dernier de reconstituer le plan d'un édifice hypostyle entouré de portiques sur trois faces et ayant les plus étroites analogies avec l'apadâna de Xerxès à Persépolis. Les dispositions générales, une base de colonnes à peu près intacte, la patte repliée sous le ventre d'un animal de taille colossale, sont des indices indiscutables de l'origine achéménide du monument susien. A défaut de ces preuves, la lecture des inscriptions trilingues, dont on est parvenu à connaître le sens, nous apprendrait que ce palais, construit à l'époque d'Artaxerxès Mnémon, remplaçait la salle du trône de Darius incendiée sous le règne de l'un de ses successeurs. Ce serait donc à l'abri de ces colonnades qu'apparut aux yeux éblouis du roi des rois la rayonnante beauté d'Esther et que le souverain abaissa vers elle son sceptre d'or.

A part les bases de colonne, débris de sa grandeur évanouie, Suse ne s'enorgueillit plus que de l'admirable rideau de montagnes neigeuses placé comme une barrière infranchissable entre l'Élam et la Perse. Si les hommes pouvaient détruire les œuvres divines comme ils brisent les ouvrages sortis de leurs mains, ils auraient aussi anéanti ces brillantes cimes, tant il a passé ici de barbares guerriers et de conquérants redoutables.

D'après mon mari, la façade extérieure du palais n'aurait pas été orientée au nord vers la chaîne des Bakhtyaris, ainsi que semblent l'avoir cru les archéologues anglais ; la vue des montagnes était réservée au roi, mais l'entrée principale, les portes monumentales devaient se dresser au sud de l'apadâna. La position des inscriptions trilingues gravées sur les faces

BASE D'UNE COLONNE DU PALAIS D'ARTAXERXÈS MNÉMON.

est, sud et ouest des bases en est la preuve. Si le trône eût été orienté vers le nord, les visiteurs se fussent trouvés vis-à-vis de la partie des colonnes demeurée lisse et n'eussent pu lire à l'aise qu'une seule épigraphe. Tournons au contraire le siège royal de cent quatre-vingts degrés : les heureux mortels admis en présence du souverain arriveront par une route longeant la forteresse ; dès qu'ils auront franchi l'entrée du palais, ils apercevront au fond de la salle le monarque dans tout l'éclat de sa majesté, et, s'ils sont admis à s'approcher du trône, ils déchiffreront sans peine les trois textes cunéiformes.

Que de trésors ont été enfouis, que de ruines se sont amoncelées sous les flancs de ces énormes tumulus, que de générations ont regardé cette vaste plaine aujourd'hui stérilisée et cette chaîne aux crêtes blanches depuis le jour où Suse vit s'avancer sur la Kerkha la flotte de Sennachérib, au lieu d'une armée que les Élamites avaient été chercher vers le nord, et depuis l'heure néfaste où Assour-ban-habal emporta les redoutables défenses que les rois d'Élam avaient accumulées autour de leurs palais ! Mais aussi comme il est orgueilleux et sauvage, l'hymne triomphant du vainqueur !

SAC DE SUSE.

« Par la volonté d'Assour et d'Istar, je suis entré dans ces palais et je m'y suis reposé avec orgueil. J'ai ouvert leurs trésors, j'ai pris l'or et l'argent, leurs richesses, tous ces biens que les premiers rois d'Élam et les rois qui les ont suivis avaient réunis et sur lesquels encore aucun ennemi n'avait mis la main, je m'en suis emparé comme d'un butin.... J'ai enlevé Sousinak, le dieu qui habite les forêts, et dont personne n'avait encore vu la divine image, et les dieux Soumoudou, Lagamar, Partikira, Amman-Kasibar, Oudouran, Sapak, dont les rois du pays d'Élam adoraient la divinité. Ragiba, Soungoumsoura, Karsa, Kirsamas, Soudounou, Aipaksina, Biloul, Panimtimri, Silagara, Napsa, Narlitou et Kindakourbou, j'ai enlevé tous ces dieux et toutes ces déesses avec leurs richesses, leurs trésors, leurs pompeux appareils, leurs prêtres et leurs admirateurs, j'ai tout transporté au pays d'Assour. Trente-deux statues des rois, en argent, en or, en bronze et en marbre, provenant des villes de Sousan, de Madaktou, de Houradi, la statue d'Oummanigas, le fils d'Oumbadara, la statue d'Istar Nakhounta, celle d'Hallousi, la statue de Tammaritou, le dernier roi qui, d'après l'ordre d'Assour et d'Istar, m'avait fait sa soumission, j'ai tout envoyé au pays d'Assour. J'ai brisé les lions ailés et les taureaux qui veillaient à la garde des temples. J'ai renversé les taureaux ailés fixés aux portes des palais du pays d'Élam, et qui jusqu'alors n'avaient pas été touchés; je les ai jetés bas. J'ai envoyé en captivité les dieux et les déesses. Leurs forêts sacrées, dans lesquelles personne n'avait encore pénétré, dont les frontières n'avaient pas été franchies, mes soldats les envahirent, admirant leurs retraites, et les livrèrent aux flammes. Les hauts lieux de leurs rois, les anciens et les nouveaux, qui n'avaient pas craint Assour et Istar, mes seigneurs, et qui étaient opposés aux rois mes pères, je les ai renversés, je les ai détruits, je les ai brûlés au soleil; j'ai emmené leurs servi-

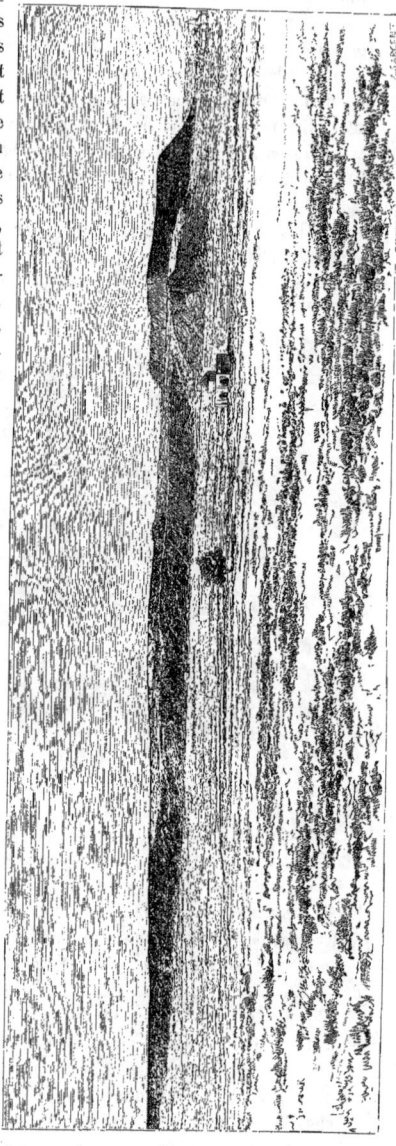

LES TUMULUS DE SUSE.

teurs au pays d'Assour, j'ai laissé leurs croyants sans refuge, j'ai desséché les citernes. »

Suse ne se releva pas de longtemps d'une ruine aussi complète et aussi méthodiquement exécutée. Après des siècles de tristesse et de deuil elle revit pourtant des jours de gloire. C'est de Suse, mise en communication avec Sardes par une route d'étape pourvue de caravansérails regorgeant d'approvisionnements et de vivres, que partit Darius à la tête d'une armée de sept cent mille hommes conduite contre la Thrace.

Puis l'horizon s'assombrit de nouveau. Atossa a pleuré sur la défaite de Xerxès. La Perse a pris le deuil de ses défenseurs immolés pour la plus grande gloire de la Grèce et des fils de Pallas-Athènè. Les chants du poète tragique nous redisent les sanglots du peuple de Suse :

« Hélas! hélas! inutilement, par myriades, de toutes sortes, les armées se sont levées à tous les points de l'Asie, se sont ruées à la terre des héros, au pays de la Hellade!

« Ils sont partout, les cadavres des misérables victimes; partout aux rivages de Salamine, partout au pays d'alentour.

« Hélas! hélas! pauvres Perses! Ainsi des flots submergés, noyés, leurs cadavres roulent pêle-mêle parmi les agrès fracassés, jouets des flots.

« Inutiles ont été les arcs. Tout entière elle a péri, l'armée abîmée au choc des vaisseaux.

« O douleur! effroyable malheur! Trop misérables Perses, perdus sans retour! Hélas! hélas! c'en est fait de l'armée.

« O, de tous les noms le plus abominable, lugubre Salamine! Athènes! Athènes! de sinistre souvenir!

« Terrible Athènes, de si amer souvenir à tes ennemis! Que de femmes perses par toi sans fils, par toi sans maris. »

Après les derniers Achéménides, Suse tomba dans l'oubli. De ses débris se formèrent Chouster, Dizfoul, Eïvan; des pierres arrachées à ses palais furent construits les ponts jetés au-devant des cités nouvelles. A chaque invasion s'ajoutait une strate au tumulus. L'étage arabe fut le dernier. Depuis le huitième siècle le tell est abandonné, et chaque hiver agrandit les crevasses au fond desquelles gîtent les guépards et pullulent les sangliers. Seule une tradition religieuse a surnagé; le tombeau de Daniel permet encore de donner un nom aux lieux où régnèrent ces dynasties qui, aux temps archaïques, balancèrent la puissance de Babylone.

La nuit nous chasse des tumulus sans nous laisser le temps de les parcourir en tous sens, et, l'esprit rempli des souvenirs du passé, nous regagnons l'hôtellerie du grand *peïghambar*. La cour paraît plus encombrée qu'elle ne l'était à notre arrivée. Des troupeaux de moutons et de chèvres, conduits le jour dans la plaine, sont venus à la tombée de la nuit se mettre à l'abri des maraudeurs. Avec les troupeaux sont rentrés les habitants du tombeau : les femmes chargées de broussailles, les hommes armés de la fronde ou du bâton. Çà et là courent des marmots vêtus d'une petite chemise de cotonnade descendant à peine jusqu'au creux de l'estomac, mais grotesquement coiffés de turbans énormes; aussi nous apporte-t-on en guise d'apéritif trois enfants rachitiques et perclus de rhumatismes. Comme Marcel reprochait aux mamans de ne point couvrir leur progéniture, toutes nous ont montré avec la satisfaction du devoir accompli les paquets d'étoffes amoncelées autour de la tête de leurs rejetons, et se sont bien promis, sans doute, de ne point faire de sacrifices inutiles pour vêtir les membres violacés de ces petits malheureux.

La consultation terminée, je m'apprêtais à donner la dernière main à notre installation, quand la porte de l'enceinte retentit sous des coups violents. On ouvre, et une nombreuse troupe de serviteurs précédant un seïd monté sur un âne blanc envahit la cour. Le fils de Mahomet, en homme habitué à voir ses moindres désirs satisfaits, ordonne de nettoyer la chambre noire voisine du tombeau et de la mettre à sa disposition dès qu'il aura terminé sa prière. « Cette pièce est occupée par des Faranguis », lui dit-on. Un accès de colère fait oublier au saint homme ses pieuses intentions. Quelques injures parviennent jusqu'à moi ; je les écoute d'une oreille distraite, je pourrais venir en aide au seïd si la mémoire venait à lui manquer : « Jamais des infidèles n'auraient dû approcher leur *impureté* du sanctuaire de Daniel ! Le motavelli a eu tort de tolérer une semblable profanation. Il faut chasser sur l'heure ces mécréants, ces fils de chiens ! » Le parc aux bestiaux est trop bon pour nous ; les vaches et les buffles protesteraient peut-être si on les forçait à vivre dans notre voisinage.

Le motavelli s'excuse de son mieux et déclare qu'il est prêt à obéir et à nous expulser, si le seïd persiste dans sa manière de voir après avoir pris connaissance de la lettre d'introduction que nous a donnée le cheikh Thaer.

A ce nom révéré, le turban bleu change subitement de ton. Il installera ses bagages sous le vestibule du tombeau ; la pièce est ouverte au vent et à la pluie, mais de cet observatoire il

INTÉRIEUR DE LA COUR QUI PRÉCÈDE LE TOMBEAU DE DANIEL.

pourra nous surveiller pendant toute la nuit et s'assurer que nous ne déroberons pas les reliques du saint prophète.

Ne nous plaignons pas : le seïd va se mouiller, et nous serons à l'abri des giboulées.

15 janvier. — Les sentinelles vigilantes qui ont monté la garde devant le tombeau de Daniel se sont montrées à la hauteur de leur mission : elles ont chanté, causé, prié, fumé, absorbé du thé et du café jusqu'à l'aurore et fait un tel vacarme qu'il ne nous a pas été possible de dormir une minute. Comme elles commençaient à se calmer et à s'assoupir, nous nous sommes levés et, franchissant leurs corps, avons pris le chemin du troisième tumulus.

Plus vaste encore que ses deux voisins, il était, lui aussi, enceint de murs de terre, complètement éboulés aujourd'hui. Vers l'ouest se présente un bas-fond de forme rectangulaire, au centre duquel les explorateurs anglais ont pratiqué des *excavations*, d'ailleurs peu fructueuses. A l'extrémité méridionale de la plate-forme, sur une sorte de presqu'île reliée au tell par un isthme étroit, surgissent deux pierres sculptées d'origine achéménide. Ici une base de colonne avec inscription cunéiforme gravée sur le tore, là un débris de volute très dégradé. Ces deux fragments doivent à leur poids et à leur volume de n'avoir pas pris le chemin du Musée Britannique quand sir Kennet Loftus, traqué par le clergé de Dizfoul, menacé par les fanatiques, fut obligé d'abandonner les fouilles et de quitter précipitamment la Susiane.

En redescendant les pentes abruptes des éboulis, nous nous sommes brusquement trouvés nez à nez avec une famille de sangliers : « Les étranges bipèdes! avait l'air de dire le papa en nous regardant de ses yeux vifs. — Décampons, soufflait la prudente maman. — Voulons pas partir, na! braillaient les moutards, voulons voir le grand Monsieur, et le petit Monsieur aussi. — Nous reviendrons demain, a répliqué la laie; en route! » Et de son groin elle a poussé époux et progéniture vers un marais fangeux situé auprès du tell. Le temps de glisser des cartouches à balles dans les fusils, et la poudre parlait. Au bruit de nos armes, un nombreux troupeau de sangliers que nous n'avions pas aperçu a détalé à toutes jambes. Lassée de tirer sans résultat, la distance étant devenue trop grande, je me suis amusée à compter les fugitifs. J'en ai signalé plus de soixante, éparpillés sur la plaine, puis je les ai perdus de vue. Depuis notre entrée en Susiane nous n'avons pas été tous les jours aussi malheureux : nous aurions chargé un mulet avec nos victimes si nous ne nous étions fatigués à poursuivre le gibier. Canards sauvages, obarès, francolins, outardes, perdrix à panache noir, pigeons et alouettes sont assez nombreux pour faire perdre la tête au moins zélé disciple de saint Hubert.

Laissant à Marcel le soin de parcourir de nouveau les tumulus, j'ai repris le chemin du tombeau. J'entre, et dès la porte un spectacle des plus étranges se présente à mes regards. La caravane du seïd occupe encore le milieu de la cour, les mulets sont bâtés, les chevaux sellés, mais les cavaliers ont mis pied à terre et entourent leur maître. Le saint homme, assis sur des coussins, les traits décomposés, la face verte, paraît en proie à une attaque de délire épileptique : les dents claquent, les mains tremblent, les yeux apparaissent blancs dans leur orbite.

Je m'approche afin de porter secours à mon ennemi d'hier, j'écarte les paysans assemblés : mais une main s'appesantit sur mon épaule, à cette main s'emmanche Séropa : « Qu'allez-vous faire, Khanoum? ne troublez pas le seïd : il est animé de l'esprit divin et guérit un des enfants que vous avez examinés hier au soir. »

Oh! oh! ne dérangeons pas mon confrère; volons-lui seulement sa recette. Je m'avance et vois enfin la pauvre victime. Le seïd la tient des deux mains et lui communique par moments ses frissons bénis. Le bébé pleure, crie à se rompre les cordes vocales; on le trémousse de plus belle. À ce moment décisif le convulsionnaire m'aperçoit au premier rang des curieux : va te promener, le charme est rompu. Mon impureté met en fuite l'esprit saint, au grand chagrin de l'assistance, et le docteur, ressaisi par les nécessités de la vie, réclame son kalyan.

« Ce n'est pas vous qui recevez le souffle d'Allah et guérissez les infirmes rien qu'en frissonnant », me dit un grand diable en haussant les épaules.

« Tes reproches ne me vont point au cœur, fils du désert; ma conscience médicale me défend de pactiser avec les charlatans et les empiriques. »

Quand je pense pourtant que ce descendant du Prophète vient de recevoir comme honoraires une poule et douze œufs, et que durant toute ma carrière médicale on ne m'a jamais offert que six noix véreuses, je suis saisie d'un profond découragement. Humaine nature, ton vrai nom est injustice!

Le seïd est parti, le motavelli parcourt les tumulus avec Marcel, les nomades ont suivi leurs troupeaux : j'ai tout le loisir d'examiner la salle funéraire.

Mon audace a été mal récompensée. La pièce, de dimensions restreintes, blanchie à la chaux, couverte d'une voûte, contient une construction rectangulaire en forme de sarcophage. Le tombeau est entouré d'un de ces grillages autour desquels se promènent pieusement les mains des fidèles. Aux quatre angles luisent des boules volumineuses, polies par l'attouchement des fronts respectueux.

Rien de plus, rien de moins dans la dernière demeure de Daniel. Un homme assez habile pour expliquer des songes à un potentat, alors que ledit potentat ne se les rappelait pas lui-même, méritait mieux. Tout passe, tout lasse, dit le proverbe. Depuis la mort du prophète l'édifice a dû être reconstruit bien des fois; pourquoi s'étonner si la piété des fidèles a été diminuant, au point de consacrer au *peïghambar* un tombeau si modeste?

ORNEMENT DE CHAPITEAU SASSANIDE.

VILLAGE DE KONAH. (Voyez p. 672.)

CHAPITRE XL

Le site de Djoundi-Chapour. — Le village de Konah. — Panorama de Chouster. — Aspect intérieur de la cité. Misère de la population. — Le gouverneur de l'Arabistan et son armée.

17 janvier. — De la pluie, toujours la pluie! D'incessants abats d'eau, à peine coupés de courtes éclaircies, nous ont contraints, il y a deux jours, de revenir de Suse à Dizfoul. La crainte de ne pouvoir, après le déluge hivernal, franchir la rivière de Konah qui arrose la plaine comprise entre Dizfoul et Chouster nous a décidés à repartir aussitôt après notre arrivée. Un coin de ciel s'est montré à travers les nuages plombés au moment où nous franchissions les portes de la ville, mais, hélas! il n'a point tenu ses trompeuses promesses et a bientôt disparu derrière une pluie fine et pénétrante.

La majesté de la chaîne au pied de laquelle s'allonge le chemin, la plaine verdoyante, les cimes blanches qui se découvrent entre chaque ondée, me font oublier les heures; mais il n'en est pas de même de nos gens, peu sensibles aux pleureuses beautés de la nature. Les muletiers pataugent tristement dans la boue liquide, les cavaliers d'escorte se montrent encore plus mélancoliques et proposent de camper à l'abri d'un buisson. Ces offres ne me tentent guère : le souvenir du *hor* est encore présent à mon esprit. Lassée cependant des éternelles lamentations de nos serviteurs, je les ai engagés à s'arrêter sous une touffe d'herbe à leur choix; la ligne du télégraphe nous servira de guide.

« Vous quitter! se sont écriés les soldats épouvantés, Allah ne le voudrait pas : nous perdrions nos seuls défenseurs! »

La singulière escorte! Tout aussi singulière est la ligne télégraphique. Accroché à des poteaux tordus, noueux, de hauteur inégale, le fil d'Ariane qui nous indique la direction de Chouster caresse le sol, ou se cache sous les buissons. Parfois les poteaux, renversés sur une longueur assez considérable, laissent des lacunes, préjudiciables, j'imagine, à la bonne transmission des dépêches.

Lorsque le gouvernement anglais obtint, il y a quelques années, l'autorisation d'établir la ligne télégraphique qui traverse le royaume, il s'engagea à placer sur ses poteaux un fil spécialement réservé au service du chah. Des bureaux indigènes furent créés auprès des bureaux anglais, et le télégraphe persan, réparé à chaque accident par les agents étrangers, fonctionna avec régularité. Charmé de cette innovation merveilleuse, ravi d'être en communication constante avec les gouverneurs de ses provinces, Nasr ed-din donna l'ordre de construire à ses frais une ligne particulière entre son palais et la province si lointaine de l'Arabistan. Le nommé *Madakhel* se mit de la partie. Aux solides colonnes de fonte on substitua de mauvais poteaux en bois; aux excellents appareils anglais, des machines de pacotille, et l'on ouvrit triomphalement la ligne nationale. L'installation faite, les agents persans se gardèrent de remédier aux avaries, si bien qu'au bout d'un an ou deux, les poteaux étant renversés, les fils brisés, les appareils détraqués, il devenait plus économique et surtout plus rapide de confier les dépêches à des courriers. De cette infructueuse tentative il ne reste plus aujourd'hui que les employés, véritables coqs en pâte, à peu près logés, à peu près payés, et dont l'unique crainte est de voir arriver un jour ou l'autre les ouvriers chargés de réparer la ligne. Les agents ne sont point les seuls à se féliciter d'un accident qui leur assure une vie douce et sans fatigue. Pendant les quelques mois utilisés par les pseudo-télégraphistes à détraquer leurs appareils, le gouverneur de l'Arabistan eut une existence vraiment trop dure. Sa Majesté, constamment suspendue à son fil, ne laissait aucun repos à ce digne fonctionnaire : tantôt c'étaient des demandes d'argent, tantôt des contingents à lever, et sur-le-champ il fallait répondre au souverain et satisfaire des exigences plus ou moins bizarres.

Aujourd'hui l'Arabistan est rentré dans le calme. Pendant la belle saison un messager met un gros mois pour parvenir de Téhéran à Chouster, et, quand après ce trajet il arrive à destination, le hakem conserve tout le loisir de préparer une réponse honnête. Et puis enfin le gouverneur a dans son jeu tous les imprévus de l'hiver. Le courrier, obligé de traverser à pied la plus haute partie des montagnes des Bakhtyaris, sera peut-être arrêté par les neiges et arrivera à Chouster quand Allah s'en occupera. Étant données l'expérience du passé et la quiétude du présent, je laisse à penser si les fils télégraphiques se cacheront longtemps sous la poussière de l'été ou la boue de l'hiver.

Cinq heures après avoir quitté Dizfoul, la caravane passe en vue d'un imamzaddè entouré d'arbres et de verdure. A quelque distance de ce sanctuaire s'étendent les murs d'enceinte d'une ville comme tant d'autres disparue, mais encore désignée sous le nom de Chahabad. Elle devrait, paraît-il, être identifiée avec Djoundi-Chapour, fondée par le fils d'Ardéchir Babégan après sa victoire sur Valérien, et agrandie à l'époque de son septième successeur, Chapour Dhou'l-Aktaf. En l'année 350 elle devint le siège d'une église nestorienne, et, quand plus tard elle s'éleva au rang des villes les plus importantes de la province, le métropolitain qui, au dire des écrivains syriaques, avait eu jusque-là sa résidence à Ahwaz, se transporta dans ses murs.

Sous Anouchirvan ses universités acquirent le plus grand renom; les écoliers et les théologiens accoururent en foule, et leur présence contribua à donner encore un nouvel essor à la cité. La décadence de Djoundi-Chapour date du treizième siècle, époque de la grande prospérité de Chouster. Peu après, son nom disparaissait de l'histoire du pays.

L'ancienne ville s'étendait probablement jusqu'au bord d'une rivière que nous devons traverser à gué avant d'atteindre le bourg de Konah. Avec ses mille bras séparés par des bancs de graviers très plats, ce cours d'eau me rappelle les torrents des Alpes. Le courant est rapide, mais le gué, plus aisément praticable que celui de la Kerkha au-devant d'Eïvan, peut encore être franchi sans encombre. Vers la nuit nous atteignons la rive droite et pénétrons dans un caravansérail veuf de ses toitures. Une soupente noire ménagée sous un escalier offre seule un abri contre la pluie. Maîtres et valets s'y empilent ; Séropa allume le feu nécessaire à la préparation du pilau quotidien, et, comme il n'y a ni cheminée ni trou de dégagement pour la fumée, il ne nous reste plus qu'à fermer les yeux et à nous étendre, la bouche au ras du sol, afin d'échapper à une asphyxie certaine.

18 janvier. — Dieu merci, les jours se suivent et ne se ressemblent pas ! Le tonnerre, les éclairs, le vent, ayant fait rage toute la nuit, ont eu la belle inspiration de céder la place ce matin à une aurore radieuse et aux rayons du plus puissant des magiciens. Le joli village de Konah m'est apparu environné de jardins, situé au milieu d'une plaine verdoyante, entouré d'innombrables troupeaux de moutons et de vaches.

Les séduisantes harmonies de la nature mettent nos gens en joie, et dès la sortie de Konah

PRÉPARATION DU PILAU.

les muletiers nous régalent de leurs pitoyables chansons. Nos guerriers ne veulent pas être en reste de bonne humeur. Perchés sur de hautes selles rembourrées, ils se poursuivent les uns les autres de toute la vitesse de leurs montures et prennent la fuite tout en déchargeant leurs fusils. Le coup de feu est lancé comme la flèche du Parthe. Quand les chevaux, fatigués de galoper sur la terre molle, perdent de leur ardeur, les cavaliers plantent en terre leur longue lance et, sans en abandonner la poignée, tentent d'en faire le tour. Bien que les chevaux persans soient très souples et habitués de bonne heure à cette passe brillante, il est très difficile de l'exécuter au galop, et à diverses reprises nous avons été juges du tournoi sans avoir eu de vainqueur à couronner.

A quatre heures, après avoir franchi la cime d'une crête rocheuse et dépassé une porte naturelle, nous apercevons à l'horizon la ville de Chouster, bâtie sur les bords d'un beau fleuve, le Karoun, et précédée d'un pont sassanide. Bientôt je distingue les coupoles d'émail, les toits pointus de blancs imamzaddès, le minaret décapité de la masdjed djouma et enfin, sur la gauche, dominant le cours du fleuve, l'antique château *Selasil*. Derrière ses murs, si l'on en croit une légende encore vivace, vécut pendant dix ans le prisonnier de Chapour, le malheureux empereur Valérien. Quand son vainqueur montait à cheval, il était forcé de prêter en guise de marchepied son épaule, couverte naguère de la pourpre romaine. Plus tard, cette humiliation ayant cessé de satisfaire Chapour, la peau du césar fut tannée, empaillée et portée comme un trophée au-devant des armées sassanides.

Le pont de Chouster sert aussi de barrage. Il n'est point bâti en ligne droite : les fondations, jetées de façon à profiter d'affleurements de rochers, décrivent des courbes fantaisistes. N'en déplaise à Marcel, j'aime assez cette façon de rompre en visière avec les vieilles coutumes.

Les plus petits ponts de l'Iran, attribués par les traditions autant au miracle qu'à l'invention humaine, ont tous leurs légendes. Un ouvrage long de plus de cinq cents mètres, jeté sur un fleuve impétueux, était bien de nature à surexciter l'imagination populaire. Firdouzi lui-même a chanté le pont de Chouster, et nos muletiers n'ont eu garde de le parcourir sans nous en signaler l'origine.

« Si tu es un habile constructeur, dit Chapour à Baranouch, captif roumi, tu jetteras
« à cette place un pont semblable à une corde; car nous retournerons à la terre, mais le pont
« restera par l'effet de la science donnée par Dieu à notre guide; quand tu feras ce pont long
« de mille coudées, tu demanderas dans mon trésor tout ce qu'il faut pour cela. Exécute dans
« ce pays par la science des savants roumis de grandes œuvres, et, quand le pont ouvrira un
« passage vers mon palais, passe-le et sois mon hôte tant que tu vivras, en joie et en sécurité,
« et loin du mal et du pouvoir d'Ahriman. »

« Le savant Baranouch se mit à l'œuvre et termina ce pont en trois ans. Lorsqu'il fut achevé, le roi sortit de Chouster et passa dans son palais en toute hâte. »

Comme sa rivale Djoundi-Chapour, Chouster fut fondée ou du moins agrandie et embellie par le grand Chapour. Le roi sassanide, grâce au concours des captifs romains, régularisa le cours du Karoun, suréleva les eaux derrière des digues savamment construites, creusa des canaux, des dérivations et, ces travaux terminés, défricha les terres environnantes.

Le sol du Khousistan (ancien nom de l'Arabistan persan) était extraordinairement fertile; il rendit au centuple les dépenses faites pour le mettre en culture. Le blé, le coton, la canne à sucre y prospérèrent à souhait; si l'on en croit le vieil auteur persan Hamed Allah Moustofi, la vie devint même à si bon marché que pendant les disettes elle y était moins dispendieuse qu'à Chiraz dans les années d'abondance.

Plus fertile que le Fars et l'Irak, la Susiane devait tenter la convoitise des Arabes. Les habitants de Chouster opposèrent aux envahisseurs la plus opiniâtre résistance. A la suite d'une bataille, les soldats de Bassorah et de Kouffa s'avancèrent jusqu'aux portes de la ville, et l'hormuzan, chef persan préposé à la défense, contraint de ramener ses troupes en arrière, perdit en un seul jour plus de onze cents des siens. Six cents prisonniers furent passés au fil de l'épée.

Malgré le courage des Arabes et leur barbarie, le siège menaçait de traîner en longueur, quand un Iranien se présenta au camp des assiégeants. Il promettait en échange de sa grâce de se convertir à l'islamisme et de guider les ennemis au cœur de la cité.

Abou Mouça, le chef arabe, fut trop heureux d'accepter ses offres. Le transfuge, accompagné d'un soldat de la tribu des Beni Cheïban, traversa le petit Tigre (Karoun), et parvint à une anfractuosité de rochers d'où l'on dominait la ville et le camp de l'hormuzan. Dès le

PONT DE CHOUSTER.

retour de l'éclaireur, Abou Mouça désigna quarante hommes, commandés par Mikhrah ben Thawr, les fit escorter à distance par un peloton de deux cents soldats, et leur ordonna de partir la nuit sous la conduite du renégat. Les Arabes escaladèrent les remparts, tuèrent les sentinelles et pénétrèrent dans la ville tandis que l'hormuzan, surpris, s'enfermait à l'intérieur de la citadelle, où étaient amoncelés tous ses trésors. Le lendemain, dès l'aube, Abou Mouça, ayant passé le fleuve à la tête de ses troupes, envahit Chouster. Devançant les habitants de Missolonghi, les Persans saisirent leurs femmes et leurs enfants, les égorgèrent et les précipitèrent dans le fleuve plutôt que de les exposer aux outrages de l'ennemi.

L'hormuzan demanda grâce, mais Abou Mouça refusa de la lui accorder avant d'avoir consulté le calife; entre-temps il fit massacrer tous les défenseurs de la citadelle qui refusèrent de déposer les armes.

La capitale de Chapour n'était pas au bout de ses vicissitudes : aux Arabes succédèrent les Mogols. Bagdad prise, Houlagou khan ordonna à Timour Beik de s'emparer de Chouster.

Les habitants de la ville vinrent au-devant du général avec des vivres, des présents, et firent leur soumission. Le chef tartare défendit à ses soldats de commettre la moindre violence; malgré les conseils d'un atabek du petit Lour qui l'accompagnait et lui reprochait sa faiblesse envers les vaincus, il traita les suppliants avec la plus grande humanité : Chouster ne devait pas subir deux fois les horreurs d'une prise d'assaut.

Délivrée des sièges et des guerres, la capitale du Khousistan tombait aux mains des théologiens. Au commencement du neuvième siècle de l'hégire, l'émir Nedjm ed-din Mahmoud el-Amali, de la famille d'Ali, était venu à Chouster et y avait épousé la fille d'Yzz ed-douleh, chef des chérifs de cette contrée. Fixé désormais auprès de son beau-père, il consacra tous ses soins à la propagation de la foi chiite; une partie des citoyens répondirent à son appel. Enfin, sous les premiers monarques sefevis, Seïd Nour Allah Mir'achi, chef de la noblesse des Alides, termina l'œuvre de prosélytisme commencée par Nedjm ed-din, et dès lors Chouster rivalisa de zèle et d'intolérance avec Koum et Kerbéla. C'est à cette fervente piété qu'il faut attribuer les nombreuses mosquées et les tombeaux construits dans tous les quartiers de la ville.

Moins pompeux en appareil que le roi sassanide inaugurant l'œuvre de son ingénieur, nous franchissons le Karoun et entrons à Chouster. Une grande rue bordée de boutiques où se vendent des limons et des dattes se présente d'abord. Le mouvement des allants et venants, mais surtout la foule qui se groupe autour des Faranguis, lui donne une animation factice. Échappés à la curiosité populaire, nous suivons un labyrinthe de ruelles bordées de maisons ruinées pour la plupart, et atteignons enfin le palais du gouverneur de la ville, le seïd Assadoullah khan. Lorsqu'on y pénètre, on suit d'abord un vestibule sous lequel sont paisiblement assis des brigands et des assassins, les pieds enchaînés, mais en relations aimables avec tous les serviteurs du khan. La prison franchie, je coupe en diagonale une cour réservée au corps de garde; je gravis quelques marches et traverse un jardin planté de palmiers, à l'extrémité duquel s'élève un vaste talar. Cette pièce, recouverte d'une voûte, s'ouvre sur une terrasse spacieuse.

Nul paysage mieux fait pour surprendre et charmer le regard ne pouvait s'offrir à ma vue. Vis-à-vis de moi, à quelque deux cents mètres, se dresse une haute muraille de rochers rougeâtres dont la tête semble supporter la plaine verdoyante, tandis que ses pieds, plongés au fond d'un gouffre, baignent dans les flots du Karoun. Je me penche afin de mieux suivre des yeux les méandres du fleuve et je constate que le palais d'Assadoullah khan est fondé sur des rochers à pic pareils à ceux qui me font face, et que le torrent s'écoule entre de gigantesques Portes de Fer. L'espace compris entre les deux murailles n'est point tout entier couvert par les eaux : à gauche s'étendent des alluvions plantées de palmiers magnifiques. Malgré leurs dimensions, les arbres disparaîtraient dans la profondeur de l'abîme, et leur feuillage vert se confondrait avec la teinte sombre des eaux, n'étaient des bouquets d'orangers chargés de fruits d'or.

19 janvier. — Si l'on en croit une tradition musulmane, celui qui durant sa vie se sera malhonnêtement enrichi aux dépens de son prochain paraîtra devant le juge suprême les épaules écrasées sous le poids de ses biens mal acquis : d'où je conclus que, le jour où le gouverneur de l'Arabistan sonnera à la porte du palais infernal, il sera contraint de prier les démons de l'aider à porter une charge en disproportion avec les forces humaines. Depuis hier nos oreilles sont rebattues de lamentations et de plaintes. Les exactions s'entassent sur les malversations comme Pélion sur Ossa; la province est misérable : négociants

PALAIS DU SEÏD ASSADOULLAH KHAN. (Voyez p. 677.)

et petits tenanciers sont réduits aux plus dures extrémités, les impôts ont doublé, les maisons tombent en ruine, et leurs propriétaires ne peuvent les relever; les paysans abandonnent la terre qui ne leur donne plus de pain noir à manger; les riches cultivateurs ne plantent plus ni palmiers ni cannes à sucre; les tribus émigrent vers la montagne avec leurs troupeaux; les canaux sont comblés, les villages désertés, et le chahzaddé augmente tous les jours les charges qui pèsent plus durement sur le peuple en raison de la disparition des nomades et de la ruine de la province. Comment remédier à cet état de choses? Les plus hardis n'ont même pas la ressource de faire monter leurs plaintes jusqu'aux pieds de Sa Majesté, les timides n'oseraient élever leurs yeux vers Hechtamet saltanè, un prince du sang, un oncle du roi, un seigneur puissant et cruel. Mais tous à l'envi, mollahs, seïds, mirzas, viennent nous prier d'être l'interprète de leurs doléances dès que nous serons éloignés de l'Arabistan.

Qui entend deux cloches entend deux sons. Je tremblais la fièvre lorsque Marcel est allé présenter ses devoirs au chahzaddé, et n'ai pu jouer mon rôle dans cette cérémonie; dès

ÉTAT MISÉRABLE DE L'ARABISTAN.

son retour, mon mari m'a conté sa visite. Le hakem de l'Arabistan lui a donné à entendre que ses administrés sont d'enragés fanatiques, très entichés de leur noblesse religieuse, avares, menteurs, inintelligents et d'une bonne foi des plus douteuses. A qui donner tort ou raison? Il faudrait habiter depuis longtemps le pays pour savoir qui ment le mieux, du gouverneur ou des gouvernés. Chouster, je dois en convenir, est loin d'être prospère. Partout des quartiers morts, des maisons en ruine acquises en toute propriété par Hadji Laïlag, le

GRANDE RUE A CHOUSTER.

« pèlerin aux longues jambes ». Deci delà quelques chambres s'ouvrent encore sur les rues boueuses et laissent voir dans un demi-jour attristé un métier primitif. L'outil sert aux tisserands à confectionner ces tapis ras spéciaux aux fabriques de Chouster, ou l'étoffe de coton à carreaux blancs et bleus qui signale les femmes de moyenne condition quand elles sortent de chez elles; mais en général le silence et l'inaction s'appesantissent sur la ville. Un seul quartier fait exception à la règle et conserve encore du mouvement et de l'activité. Il s'étend le long du fleuve même, à l'aval d'un ouvrage sassanide servant à la fois de pont et de barrage. Les eaux du Karoun, emmagasinées derrière la digue, alimentent une longue suite de moulins étagés où sont fabriquées, à très bas prix, toutes les farines de la région. A part l'industrie meunière, le commerce de la province de Chouster et son agriculture sont morts et bien morts. Et cependant, quelle devait être la richesse de ce pays, irrigué jadis avec une science dont témoignent encore aujourd'hui les ruines d'anciens ouvrages sassanides! Comme il serait facile de rendre à cette capitale de l'Arabistan sa prospérité évanouie! Il suffirait de mettre les terres en culture et d'ouvrir des voies de communication avec Ispahan et le golfe Persique ; mais un pareil effort ne saurait être demandé aux habitants et moins encore au gouverneur. La plupart des barrages sont détruits; les dérivations, sauf

RUELLE A CHOUSTER. (Voyez p. 679.)

le Chetet, que l'on traverse en entrant à Chouster quand on vient de Dizfoul, sont comblées; la province, traversée par l'un des plus beaux fleuves de l'Orient, n'a point d'eau à répandre sur les plaines desséchées et ne donne de récoltes que dans la zone comprise entre le Karoun et sa dérivation.

La peste de 1832, jointe à une administration défectueuse et trop indépendante du pouvoir central, a fait du pays le plus riche du monde l'un des plus pauvres et des plus malheureux.

20 janvier. — Les plaintes et les témoignages de mécontentement échappés hier à Hechtamet saltanè, la peine qu'il prétend éprouver à entretenir sur un pied convenable la maison d'un homme de son rang lorsqu'il a prélevé sur de maigres impôts les redevances à fournir au roi, ne l'ont pas privé du plaisir, gratuit j'en conviens, de se faire photographier à

LES MOULINS DE CHOESLER.

la tête de ses troupes et dans tout l'éclat de sa gloire militaire. Rendez-vous avait été pris, et ce matin je devais aller au palais; mais depuis deux jours la fièvre ne m'a pas laissé de répit: les accès violents ont fait place à un malaise ininterrompu; l'appétit, ce sauveur de toutes les misères, a disparu; avec la force physique est morte aussi la résistance morale. Bref, au moment de partir, je n'ai pas eu le courage de me mettre sur mon séant. Marcel a pris l'appareil et s'est dirigé vers la forteresse.

Il était accompagné de Mirza Bozorg, le secrétaire intime de Son Excellence, un Choustérien aux traits superbes. Le guide de mon mari est coiffé d'un turban de gaze bleue lamée d'or, spécial aux riches habitants de la ville qui ne peuvent revendiquer le droit de couvrir leur tête du turban de deuil conservé par les descendants chiites de Mahomet en souvenir du massacre de Hassan et de Houssein.

La kalè Selasil, demeure officielle du gouverneur de l'Arabistan, est bâtie sur un plateau rocheux au pied duquel s'écoule la dérivation du Karoun, désignée sous le nom de Chetet. Des constructions d'origine sassanide la défendent du côté de la ville. Seules les parties inférieures des murs sont bâties en pierres, tandis que les crêtes et les courtines élevées sur la place d'armes sont de réfection récente et construites en terre cuite. A en juger d'après la facilité avec laquelle on se fraye un chemin à travers les fortifications, ces murs seraient, en temps de guerre, d'un médiocre secours pour les défenseurs de la citadelle. Comme l'entrée du palais s'ouvrait sur un marécage boueux jauni par les ordures des chevaux campés autour de la porte, et qu'il était impossible à des piétons d'arriver sans se souiller jusqu'à la demeure du gouverneur, le mirza a ordonné à quatre soldats de pratiquer une brèche à la muraille, et c'est par cette ouverture que Marcel et l'homme au turban de soie ont fait leur entrée dans la forteresse des Chapour.

Le désordre de la première cour défie toute description. Elle est entourée de casernes appuyées contre les murs d'enceinte, et envahie par les soldats de la garnison. Au delà de cette singulière place d'armes se présente un canal de dérivation creusé à même le roc et mis en communication directe avec le Karoun. En cas de siège les défenseurs pouvaient ainsi s'approvisionner d'eau au cœur même de la citadelle. L'édifice qui couronne aujourd'hui le plateau ne rappelle en rien le château antique des princes sassanides : c'est un simple pavillon compris entre des emplacements de jardins. Arbres, fleurs, gazons, brillent également par leur absence. Les salles, les talars sont blanchis à la chaux; le sol, sans dallage, est dissimulé sous des nattes de paille et de tapis; les portes de bois blanc ont pour unique fermeture ces chaînes de fer que l'on enfile à un crochet planté dans la partie supérieure du chambranle. En revanche, du haut des balcons construits en surplomb au-dessus du fleuve, on jouit d'un admirable point de vue sur le Karoun, le Chetet, les montagnes des Bakhtyaris et trois ou quatre imamzaddès aux coupoles bleues, bâtis non loin de la célèbre Digue de l'Empereur (Bendè Kaïser), dont les ruines sont encore signalées par le remous des eaux.

Le hakem attendait avec impatience l'arrivée de mon mari. Afin de se donner une figure séduisante, il avait, la veille au soir, ordonné à son *hakim bachy* (médecin en chef) de lui cautériser les paupières; celui-ci avait largement profité de l'autorisation et mis les yeux de son maître en marmelade. Néanmoins on est toujours beau quand on est Kadjar et que l'on figure à la tête d'un régiment. Cinq ou six cents hommes, le plus grand nombre en guenilles, les plus élégants vêtus de ces uniformes en drap de rebut, vendus, dirait-on, à la Perse par tous les fripiers d'Europe, envahissent bientôt la cour et le jardin. Le kolah d'astrakan décoré d'une plaque de cuivre sur laquelle se détachent en relief le lion et le soleil, le ceinturon aux mêmes armes, donnent seuls quelque unité au costume de cette horde qui a la prétention d'être une armée.

Une heure se passe à faire mettre les hommes sur deux rangs et à reléguer au second les plus sales ou les plus fantaisistes. Puis les chefs commandent quelques mouvements difficiles : « Portez armes ! — Arme bras. — Reposez armes. — En place, repos. » Et entre ces divers ordres, donnés dans un langage mi-parti iranien, mi-parti français et exécutés d'ailleurs avec une lenteur et une indépendance de mouvements vraiment charmantes, chaque officier reçoit des mains d'une ordonnance placée derrière ses talons un kalyan tout allumé. Il met son épée entre les jambes, tire consciencieusement quelques bouffées de tabac, regarde s'envoler la fumée et rend enfin la précieuse pipe à son serviteur. Le brave garçon ne la laissera pas inactive.

Les grandes manœuvres ayant pris fin, le hakem se place en avant de ses troupes. Attention ! mon mari opère lui-même. Un défilé, véritable débandade, termine la fête. L'état-major, félicité par le chahzaddè sur la bonne tenue et l'instruction des hommes, vient, la figure rayonnante de fierté, s'asseoir sous le talar. Que la Russie veille à ses frontières quand il aura à sa disposition les canons commandés en Europe !

MIRZA BOZORG. (Voyez p. 683.)

IMAMZADDÈ ABDOULLA BANOU. (Voyez p. 686.)

CHAPITRE XLI

Masdjed djouma de Chouster. — Imamzaddè Abdoulla Banou. — Départ de Chouster. — Une nuit chez les nomades. Le village de Veïs. — Ahwas. — Sur le Karoun. — A bord de l'*Escombrera*.

Chouster, 21 janvier. — Hechtamet saltanè n'avait pas trompé Marcel en lui représentant ses administrés comme des gens intolérants et fanatiques. Les Chiraziotes et les Ispahaniens, intraitables pourtant, sont des anges de douceur et des esprits libéraux si on les compare aux Chousteriens.

Habitée par une noblesse redevable de ses titres et de son influence à son origine sainte, la capitale du Khousistan se fait gloire de ses sentiments de haine envers ceux qui ne professent point le credo musulman, et proteste contre le relâchement des cités où l'on accueille d'impurs chrétiens. N'ayant pas la prétention d'échapper aux témoignages de l'aversion générale, nous aurions peut-être renoncé à parcourir la ville et les bazars, si Assadoullah khan ne nous eût donné une escorte, placée sous les ordres du vieil intendant de sa maison. La présence de ce serviteur bien connu de toute la ville nous a permis de sortir sans être injuriés, mais nous avons dû néanmoins renoncer à pénétrer dans la masdjed djouma, antique édifice en grand renom de sainteté. Demande polie adressée à l'imam djouma, visite au jeune seïd Mirza Djafar, qui passe pour représenter l'esprit de progrès, interprétation des textes du Koran donnée en notre honneur par les théologiens d'Ispahan, sont restées sans résultat : nous ne sommes point venus à bout du mauvais vouloir des prêtres. Il a fallu se contenter de photographier au point du jour le minaret de la masdjed et de jeter un coup d'œil furtif à travers l'entre-bâillement des portes.

L'édifice est en pierre et, autant qu'il m'a semblé, bâti sur le plan de la vieille mosquée d'Amrou. Peu de décoration. Seuls les tympans des portes, des fenêtres ogivales et le minaret, séparé de la nef par un cimetière moussu, sont ornés de mosaïques de briques d'une élégante simplicité. L'ensemble des constructions, en parfait état de délabrement, s'harmonise avec l'aspect des quartiers voisins.

Nous n'avons pas été plus heureux dans notre visite à l'imamzaddè Abdoulla Banou. La construction, couverte d'une coupole bleue appuyée sur un fût revêtu de mosaïques colorées, serait assez gracieuse, mais elle est aussi bien chichement entretenue. Des lichens verdâtres remplacent en partie les briques émaillées, des cigognes fort occupées à réparer leur nid et à faire des projets d'avenir tiennent lieu de croissant terminal. En nous apercevant, M. et Mme Hadji Laïlag, de pieux musulmans j'imagine, témoignent leur indignation et prennent la fuite à tire-d'aile, sans oublier de faire entendre ce vilain bruit de battoir qu'ils produisent en frappant l'une contre l'autre les deux parties de leur long bec.

SEÏD MIRZA DJAFAR. (Voyez p. 685.)

Décidément nous sommes de trop ici, et il est grand temps de songer au retour. On nous a bien parlé d'importants tumulus voisins de Chouster, d'antiques forteresses situées à quelques jours de marche dans la montagne, d'anciennes villes abandonnées et même d'un second tombeau de Daniel, une concurrence sans doute, car je tiens pour authentique le monument de Suse : je verrai toutes ces merveilles dans mes rêves. La saison est si pluvieuse qu'on ne peut se lancer à l'aventure ; la fièvre nous dévore tous les deux, et, quant à moi, elle m'a épuisée au point que les jambes se refusent à me porter. Depuis longtemps déjà les objets fragiles ne sont plus en sûreté dans mes mains tremblantes ; enfin, est-ce l'espoir de toucher bientôt au terme de nos fatigues, ou bien, en arrivant au port, ma volonté faiblirait-elle, mais il est certain que je passe indifférente là où, il y a quelques mois, j'aurais volontiers planté ma tente. Aujourd'hui mes pensées constantes, mes préoccupations de jour et de nuit tendent vers un but : le retour. Comme une écolière paresseuse et impatiente de voir s'écouler les jours, je trace de gros traits noirs sur le calendrier et j'ai marqué d'un point rouge la date probable du départ d'un bateau français qui doit quitter Bassorah vers la fin de ce mois. Je me sens à bout de forces, mais avec quelle joie j'entreprendrai mon dernier voyage en caravane !

25 février. A bord de l'*Escombrera*, dans la mer Rouge.

As-tu été assez longtemps délaissé, mon pauvre cahier ! Et cependant te voilà revenu dans

MUR EXTÉRIEUR ET MINARET DE LA MASDJED DJOUMA DE CHOUSTER.

mes mains; trop débiles pour transcrire les pensées d'une tête plus faible encore, elles t'ont repoussé pendant bien des jours, mais elles te retrouvent avec plaisir, compagnon d'infortune, confident des misères passées. Gravir l'échelle de l'*Escombrera* a été mon dernier effort. Il n'eût pas fallu m'en demander davantage : j'étais exténuée et n'aurais pu, à mon arrivée sur le navire, aller d'une extrémité à l'autre de la dunette sans m'abattre comme un cheval fourbu. Un repos absolu, du sommeil à discrétion m'ont rendu quelques forces. Je pense, donc je vis. Cependant j'en suis encore à me demander comment j'ai pu, dans l'état où je me trouvais en quittant Chouster, faire quatre étapes à cheval, recevant tous les jours de la pluie, pataugeant au milieu des marais et n'ayant pas même le courage de manger. Peu de souvenirs de ce voyage,

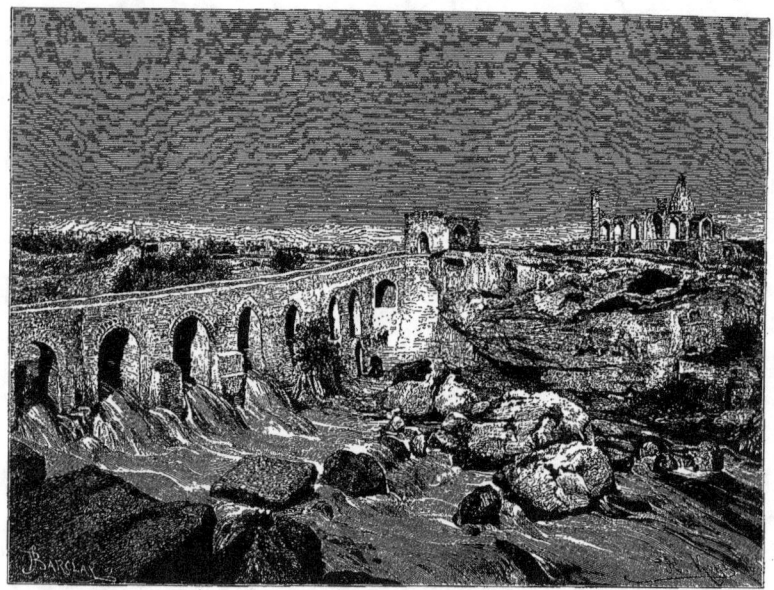

PONT LACHGIAR A CHOUSTER.

si ce n'est celui de mes souffrances, sont restés gravés dans ma mémoire. L'esprit inerte, j'ai traversé tout le sud-ouest de la Susiane sans regarder, sans voir, et c'est à la mémoire de mon mari que je dois la description du pays compris entre Chouster et Mohammérèh.

Le 22 janvier nous sortîmes de la ville par ce pont Lachgiar qui sert de barrage et complète le système d'irrigation des Sassanides. Après avoir voyagé toute la journée dans une plaine toute verdoyante, nous ne savions guère, à la nuit tombante, où trouver un gîte, quand des colonnes de fumée signalèrent la présence d'un campement. Des chiens farouches aboient à notre approche, et ils grondent encore que nous sommes déjà installés sous la tente du cheikh. L'abri est spacieux, mais, comme le temps est menaçant, il est encombré de vaches, de jeunes agneaux et de poulinières. Tout ce monde nous fait place au feu et à la chandelle, représentée par une lampe de terre remplie de graisse, et d'abord un colloque animé s'engage entre notre hôte et les deux soldats de l'escorte. Ceux-ci, charmés de faire à bon compte étalage de leur zèle et surtout de réconforter leur estomac, exigent le sacrifice d'un mouton. Le chef de la tribu allègue sa pauvreté et propose de tuer un bel agneau, suffisant en somme pour le repas de six personnes. Sur l'acquiescement des guerriers, il sort afin de donner des ordres, et revient une demi-heure après.

« Caheb, dit-il à Marcel, votre escorte veut me contraindre à tuer un agneau en votre honneur. Dispensez-moi d'un pareil impôt : ma tribu est si pauvre!

— Je te payerai ton agneau.

FABRICATION DU « DOUKH » (PETIT-LAIT). (Voyez p. 693.)

— C'est impossible : le chahzaddè saurait que je n'ai pas fait honneur à sa recommandation. Si vous vouliez une belle poule?

— Apporte ta poule. »

Sur le doux espoir de dîner bientôt, nous avons attendu l'arrivée de la volatile, mais on la cherchait encore à onze heures du soir. De concession en concession, nous avons dîné d'un peu de lait aigre, au grand mécontentement des soldats et des tcharvadars. Ce maigre régal terminé, Marcel organise nos couvertures et, par habitude, place derrière les oreillers une caisse de tôle où s'entassait jadis notre fortune. Quelle inspiration céleste! Comme je dormais à moitié, secouée par les frissons et la fièvre, un bruit épouvantable résonne à mon oreille et me fait brusquement sauter sur mon séant. A la lueur diffuse que projettent les charbons à demi éteints, nous pouvons alors juger du péril auquel nous venons d'échapper. Un poulain, après avoir rompu ses entraves, est venu faire la cour à une jeune pouliche modestement couchée

BILBARS. (Voyez p. 693.)

auprès de sa mère. La bonne dame, indignée de cette audace, a décoché à l'intrus une ruade vigoureuse, tandis que l'amoureux répondait aux avances de sa belle-mère en faisant voler ses pieds au-dessus de nos têtes. Le coffre seul a été blessé dans la bagarre. Quelques centimètres plus à gauche ou plus à droite, plus haut ou plus bas, et nos crânes eussent eu le sort de la boîte défoncée. Allah le veut, nous sortirons saufs, si ce n'est sains, de ce maudit pays.

Dès l'aurore tout est bruit autour de nous. Les troupeaux s'élancent au dehors, les *bildars* (possesseurs d'une bêche) s'apprêtent à aller creuser des rigoles d'égouttement au milieu des champs ensemencés en blé. Ici des femmes bronzées par le soleil, mais belles de formes et d'attitude, impriment un rapide mouvement à une outre suspendue à trois perches réunies en faisceaux et séparent ainsi la crème du *doukh* (petit-lait); là des cavaliers sautent sur le dos de leurs coursiers et partent pour la chasse ou la maraude, tandis que les vieillards allument leurs pipes, s'asseyent en cercle et, silencieux, gardent le campement. Comme à Douéridj, la race est vigoureuse et ne se ressent en rien du voisinage des rachitiques habitants de Dizfoul et de Chouster.

J'ai parcouru durant toute la seconde étape une plaine très basse transformée en un véritable marécage. Eau dessous, brume dessus. Vers les cinq heures la nuit est tombée; seul le clapotis monotone que produisaient les bêtes en marchant dans le marais troublait le silence. Pas de tentes à espérer. J'avais froid, j'étais lasse, très lasse; l'idée de passer une nouvelle nuit dehors, l'état de l'atmosphère me remplissaient le cœur d'angoisse et de terreur.

« J'entends des aboiements ! » s'écrie Marcel.

Les braves chiens, ils sont tous méchants, hargneux, galeux, mais néanmoins je les aurais embrassés si je les avais tenus à portée de mes bras. Vers dix heures nous avons atteint les *kapars* (maisons faites de branchages) d'une tribu arabe.

HABITANT DU VILLAGE DE VEIS.

De ce campement à Veïs on suit une route jalonnée par les substructions de monuments sassanides. Tous les édifices dont les débris jonchent le sol étaient bâtis en moellons, posés tantôt de champ, tantôt sur lit. Quelques ruines semblent être les derniers vestiges de petits palais ou de vastes maisons, les autres marquent la place des canots destinés à surélever les eaux du Karoun au-dessus du niveau de la plaine.

Veïs est le seul village important que nous ayons rencontré depuis Chouster. Il est placé à la limite des possessions de cheikh Meusel et profite du trafic qui se fait avec Mohammérèh. Des barques, utilisées au transport des blés, sillonnent le Karoun, bordé de maisons assez proprement bâties et surmontées de terrasses; de nombreux troupeaux de moutons et de vaches témoignent de l'aisance des villageois. Le bourg est d'ailleurs dans ses beaux jours : la population, en habits de fête, célèbre le mariage du fils aîné du ketkhoda.

Dès notre arrivée, l'heureux époux est venu nous prier de prendre part aux réjouissances de sa famille. J'ai dû, à regret, décliner l'invitation : ma figure décomposée était ma meilleure excuse. Nous n'en avons pas moins été considérés comme gens de la noce. J'ai eu droit aux *chirinis* (sucreries), apportées en grande pompe, et à la visite d'un jeune danseur, charmant enfant qu'à sa robe flottante, à ses longues manches, semblables, quand il tournoyait, aux ailes d'un papillon, à ses longs cheveux bouclés, aux bijoux répandus sur toute sa personne, à ses poses alanguies, on aurait plutôt pris pour une fille que pour un garçon. A peine le danseur avait-il cessé ses exercices chorégraphiques, exécutés au son grinçant d'une viole monocorde, qu'il a dû céder la place à des artistes conduits par un derviche du Fars. Deux énormes singes à poils gris se sont livrés à une débauche de cabrioles et ont fourni un prétexte honnête à la curiosité d'innombrables visiteurs. Des Européens sont des bipèdes bien autrement intéressants à examiner que les singes les mieux éduqués, et il serait mal à nous de ne pas jouer de bonne grâce le rôle de bête curieuse.

La quatrième et dernière étape en caravane nous a conduits au village d'Ahwas. Vingt ou trente masures délabrées indiquent seules la place d'une ville fort puissante au temps des Sassanides.

Les chevaux ne peuvent plus désormais s'avancer vers le sud; l'inondation couvre la plaine; il faut fréter un bateau et dire adieu à nos braves mulets et à nos excellents tcharvadars. Mes épaules rompues, mes jambes brisées, mes reins en marmelade ne vous regretteront pas, pauvres amis; je ne vous oublierai pas non plus : maîtres et bêtes constituez la meilleure race de l'Orient. Vous êtes bien un peu têtus et indisciplinés, mais vous avez le pied sûr, l'estomac accommodant, le cœur vaillant et le caractère profondément honnête.

Ahwas est bâti auprès d'un antique barrage. L'ouvrage, destiné à relever les eaux du Karoun et de l'Ab-Dizfoul, qui se réunissent à Bendè khil, est des plus intéressants. Construit en biais sur l'axe du fleuve, il n'a pas moins d'un kilomètre de longueur. A considérer les canaux majeurs creusés en amont de la digue et dont les dimensions transversales dépassent cent mètres, on peut se rendre compte de l'immense quantité d'eau charriée par eux et de la richesse du sud-ouest de la Susiane sous les règnes glorieux des fils de Sassan. Est-il besoin d'ajouter que les canaux sont obstrués et la digue fort compromise?

Le barrage n'est point la seule relique de l'antique cité sassanide. Si, après avoir dépassé les anciens remparts, changés en collines, on tourne brusquement vers l'est, on longe une crête calcaire qui va se relier aux montagnes des Bakhtyaris. Tout le rocher, à la surface et sur sa hauteur, est découpé en compartiments funéraires à une ou deux places. Des dalles de pierre recouvraient ces sépultures — les feuillures ménagées pour les recevoir en témoignent — mais elles ont été enlevées pour construire des maisons, ou bien transportées sur les tombes musulmanes qui s'étendent dans la plaine tout le long du cimetière antique. Pas un signe, pas une inscription ne permet d'assigner une date précise à ce champ de repos; il fut creusé, je pense, au temps de la prospérité de la ville, c'est-à-dire à l'époque des Sassanides. D'innombrables fragments des poteries enlevées des tombes au moment où elles ont été violées couvrent le sol, et les villageois assurent qu'en temps de pluie les eaux entraînent vers le fleuve des bijoux d'or, des pierres gravées et des monnaies à l'effigie des Chapour.

Aujourd'hui Ahwas compte à peine deux cents habitants, tous fort pauvres. Ils vivent opprimés par un cheikh, horrible vieillard à barbe rouge, le plus mauvais homme que j'aie encore rencontré. Ce monstre a compris dès notre venue le parti qu'il pouvait tirer de notre état de maladie, et, au lieu de nous aider à trouver un bateau pour descendre le Karoun jusqu'à Mohammèreh, il s'est adjugé à lui-même l'entreprise de notre transport et a défendu à tous les bateliers de nous louer aucune embarcation. Pendant trois jours il a bataillé avec Marcel

BATELIER D'AHWAS.

MONTREURS DE SINGES A VEÏS.

et n'a jamais voulu se contenter de nos derniers krans, trois ou quatre fois supérieurs à la valeur de son *belem* (embarcation en bois léger enduit de bitume).

De guerre lasse, et croyant, en nous prenant par la famine, forcer à son profit la serrure de la fameuse caisse de fer, il a interdit aux villageois de nous vendre des vivres sous peine du bâton, et nous a contraints à lui acheter ses poules maigres et ses œufs couvis.

Nous désespérions de satisfaire cet Harpagon en turban, quand il se présente dans l'écurie où nous sommes installés :

« Un bon belem est préparé par mes soins, les bateliers acceptent un prix minime, et vous êtes libres de partir sur-le-champ. »

C'était à n'en pas croire nos oreilles !

Une heure plus tard nous prenions possession d'un canot si étroit que des coudes on heurtait les bordages, si petit que le moindre mouvement l'eût fait chavirer.

Deux rameurs, munis d'avirons en forme de cuillers, se plaçaient l'un à l'avant, l'autre à

UN LION SUR LE BORD DU KAROUN. (Voyez p. 698.)

l'arrière, et le léger esquif, lancé en plein courant, laissait bientôt dans la brume Ahwas, son barrage et son cheikh maudit.

Non moins surpris que ses maîtres, Séropa interroge les matelots : Avant l'aube, répondent-ils, un courrier entrait à Ahwas et annonçait la prochaine arrivée du général Mirza Taghuy khan à bord du *Karoun*, le grand bateau à vapeur de cheikh Meusel. L'Excellence se rend à Chouster afin de négocier une importante affaire avec le gouverneur de la Susiane au nom de son maître le prince Zellè sultan. A cette malencontreuse nouvelle le cheikh a pris peur et il a voulu couper court aux justes plaintes et aux récriminations de ses prisonniers en se débarrassant d'eux au plus vite.

Les rives du Karoun ne m'avaient point paru belles à notre premier voyage ; ont-elles changé d'aspect ? je serais bien empêchée d'avoir une opinion à ce sujet. Couchée au fond du batelet, couverte d'un caoutchouc assez large pour déverser l'eau de pluie à droite et à gauche des bordages, j'ai passé deux jours et deux nuits insensible, immobile et en proie à un accès des plus violents.

Le lendemain de notre départ, le belem a stationné plusieurs heures auprès d'un campement, où Marcel a trouvé du pain et du lait aigre. Nos gens, un peu reposés, se sont remis en route. Vers minuit le vent se lève, sa violence est telle, que les matelots, redoutant de voir sombrer l'embarcation trop chargée, accostent de nouveau auprès d'une rive basse et attachent deux amarres à des touffes de buissons. Ils dormaient sans doute d'un seul œil, car tout à coup je les entends chuchoter et demander à mon mari si nos armes sont chargées. Pour la première fois depuis mon départ d'Ahwas je me soulève et, saisissant mon fusil, je regarde autour de moi. La pluie a cessé, le vent a dispersé les nuages noirs, la lune éclaire la rive et me permet d'apercevoir, se détachant comme une ombre chinoise sur un fond clair, un magnifique lion à la crinière fournie, aux membres énormes. L'animal se promène ; s'il nous a vus, il ne paraît éprouver aucune envie de nous goûter. Nous sommes si maigres ! Les matelots, redoutant que le lion, malgré des blessures mortelles, ne bondisse jusqu'à nous, tranchent les amarres sans nous laisser le temps d'ajuster le fauve, et lancent le belem en plein courant.

A minuit nous arrivions à Mohammerah. Le lendemain Marcel louait une nouvelle embarcation et nous prenions joyeusement la direction de Bassorah. Ce voyage n'a pas été de longue durée : le canot atteignait l'embouchure du Karoun quand j'aperçus sur le Tigre un joli navire paré à son arrière du drapeau tricolore : c'était l'*Escombrera*, le bateau sur lequel je comptais rentrer en France.

S'il ne s'arrête pas devant Mohammerah, où la compagnie dont il dépend a établi un comptoir, il nous faudra attendre pendant un grand mois un nouveau départ, ou bien aller chercher aux Indes des communications avec notre patrie. Cependant l'*Escombrera* siffle à pleins poumons d'airain et semble témoigner l'intention de stopper. Il mouille ses ancres ?
— Non ! Les dieux sont contre nous : les trois couleurs ont dépassé l'embouchure du Karoun ! Mon chagrin est extrême ; je n'ose prononcer une parole, et, malgré moi, un déluge de larmes déborde de mes yeux comme d'une coupe trop pleine ; il faut tenir mon cœur à deux mains si je veux éviter qu'il ne se brise.... Mais ! le croirai-je ?... le vapeur ralentit sa marche ! Nos matelots, excités par l'appât d'un gros pourboire, font voler le belem : nous approchons, nous touchons le flanc du navire, je saisis un câble, je gravis l'échelle, je suis à bord !

A la première tentative faite pour s'arrêter devant Mohammerah, où l'*Escombrera* devait prendre des marchandises, la chaîne de l'ancre s'est cassée, et le courant a entraîné le bateau. En quelques minutes l'équipage avait paré la deuxième ancre, et l'on mouillait à un demi-mille de l'embouchure du Karoun.

J'ai dû à cet accident la dernière angoisse que j'ai éprouvée en Perse.

FEMMES D'AHWAS. (Voyez p. 693.)

PASSAGE DU CANAL DE SUEZ.

CHAPITRE XLII

Résumé de l'histoire artistique et littéraire de l'Iran. — Achéménides, Parthes, Sassanides. — Conquête musulmane. Guiznévides, Seljoucides, Mogols, Sofis, Kadjars.

28 février. — Mes forces reviennent lentement, mais chaque jour je constate un progrès. Une promenade d'un bout à l'autre du bateau ne m'effraye plus, et mes esprits eux-mêmes semblent sortir de l'engourdissement où ils se complaisaient. Pendant ces soirées si calmes et si tièdes passées sur l'océan Indien et sur la mer Rouge à regarder jouer les dauphins qui paraissent, dans la phosphorescence des belles nuits, s'ébattre comme des bêtes de feu dans une mer de flammes, je reviens en arrière, je rassemble mes souvenirs, j'évoque les paysages, et je reconstitue les grandes époques de l'Iran.

Dégagée des préoccupations de la vie journalière, soulagée d'un contact fatigant avec les Persans, je juge sans passion les hommes et les choses. Pour moi, désormais, l'histoire commence à Cyrus et se termine à Nasr ed-din chah.

La genèse du peuple perse, ses progrès intellectuels et artistiques, sa décadence même, l'aspect du pays où se sont déroulées les pages de son épopée, les liens de famille qui le rattachent aux races latines et germaniques, ses dix siècles de luttes contre la Grèce et Rome, me semblent d'autant plus dignes d'étude et d'intérêt que seule la monarchie constituée il y a près de trente siècles par les ancêtres d'Astyage et de Cyaxare a échappé au naufrage des nations asiatiques et, quoique bien déchue de son ancienne splendeur, a conservé son caractère propre, ses arts et, jusque dans la religion musulmane importée à la suite des vainqueurs, un schisme distinct.

Les premières lueurs qui éclairent d'un jour certain l'histoire du plateau de l'Iran nous montrent ce pays occupé par les tribus aryennes. Au nord règnent les Madaï ou les Mèdes. Au contact des Assyriens ils conquièrent de bonne heure une civilisation relative et en profitent pour asservir les tribus sauvages du Fars. Maîtres et sujets, vainqueurs et vaincus parlent un idiome apparenté avec les vieilles langues des Indes et vivent sous l'empire de lois autoritaires. Leur religion, connue aujourd'hui, le mazdéisme, ainsi désigné en l'honneur de son dieu Aouramazda, avait été révélée aux Aryens par le légendaire Zoroastre.

En Médie, sous l'influence d'une caste sacerdotale très puissante et peut-être même autochtone, elle s'était modifiée et avait admis comme principe fondamental le dualisme défini par la lutte du bien et du mal, des dieux et des démons. En Perse elle semblait au contraire être demeurée plus attachée à la forme ancienne, au culte primitif des Aryens.

Les Mèdes entrent en scène pour la première fois à l'occasion de leur alliance avec les vassaux révoltés de l'empire ninivite. Sous les coups de Nabou-bal-Oussour, gouverneur de Babylone pour le roi d'Assyrie, et de Cyaxare, souverain de la Médie, le colosse assyrien s'écroule. Quel rôle les Perses jouèrent-ils dans cette tragédie? On l'ignore; mais il est à supposer qu'il fut considérable et leur valut tout ou partie de la Susiane, jointe dès cette époque à la Perse méridionale.

C'est probablement dans ce petit royaume, désigné par les inscriptions babyloniennes sous le nom de royaume d'Ansan, que naquit Cyrus d'un souverain de nationalité perse, originaire de cette grande famille achéménide dont la branche aînée habitait à Pasargade et gouvernait le Fars. À Suse comme à Pasargade on reconnaissait la suzeraineté du roi d'Ecbatane.

	Moi	Darius	roi
PERSE :	A — da — m	D - â - ra - ya - v — ou — ch	khchâyathiya
MÉDIQUE :	U	Da - ri - ya - va - os	unan
ASSYRIEN :	Anakou	Da - ri - ya - vus	sar

INSCRIPTIONS CUNÉIFORMES.

En 560 avant notre ère, Cyrus monte sur les trônes de Perse et de Médie après sa victoire sur Astyage. De ce jour la Perse est faite et prend rang parmi les grandes puissances de l'Orient. Une architecture nouvelle, due au caprice royal et enfantée à la suite de la conquête de l'Ionie et de la Lydie, apparaît sur les plateaux de Mechhed Mourgab. Aux palais de terre de ses ancêtres Cyrus substitue des édifices hypostyles construits en pierres et en briques; il sculpte son image sur les piliers de sa demeure et pour la première fois inscrit en langue perse, mais en lettres cunéiformes, d'aspect analogue aux caractères assyriens, la célèbre formule : « Moi Cyrus, roi achéménide ».

Cambyse agrandit l'œuvre de son père et soumet l'Égypte. Pendant son règne tourmenté, la caste des mages semble triompher de l'autorité royale, et l'un d'eux, Gaumata (le Pseudo Smerdis), en profite pour se faire couronner. Darius, fils d'Hystaspe, petit-fils du dernier roi du Fars, descendant d'Achémènes, renverse l'usurpateur, monte sur le trône de Cyrus et étend son autorité sur l'Asie, des rives de l'Indus jusqu'à Chypre, de Memphis en Bactriane, de Susiane en Arménie.

Les conquêtes du chef de la seconde dynastie achéménide apparaissent dans toutes leurs orgueilleuses conséquences sur les palais de Persépolis et sur les tombeaux de Nakhchè Roustem. Salles hypostyles, bas-reliefs sculptés sur la pierre dure, demeures funèbres, reflètent les influences des arts grec et égyptien.

La littérature de cette glorieuse période nous est mal connue ; cependant la grande inscription de Bisoutoun et les parties transcrites du testament de Darius gravé en caractères cunéiformes et écrit en trois langues au-dessus de son tombeau ont une noble allure et ne manquent pas de beauté, malgré la forme concise et pourtant monotone de la rédaction.

Sous Darius l'empire achéménide arrive à son apogée ; il touche même à son déclin le jour où les armées du grand roi échouent à Marathon. Xerxès couvre encore les terrasses persépolitaines de palais dignes des constructions édifiées sous le règne de son père, mais il procure aux Grecs leur plus glorieux triomphe. L'Orient se meurt ; le génie de l'Occident s'est révélé.

Dès lors la puissance des Achéménides va tous les jours s'amoindrissant. Avilis par la vie de harem et les intrigues de palais, les Artaxerxès sont les meilleurs auxiliaires d'Alexandre et de l'invasion des Macédoniens. Sous les derniers d'entre eux l'architecture, la langue même, sont en pleine décadence ; les écrivains royaux chargés de rédiger les inscriptions relatant les hauts faits du souverain commettent des solécismes et des fautes d'orthographe dont auraient rougi les plus humbles ou les moins lettrés des scribes de Darius.

Alexandre passe comme un météore vengeur ; il détruit, mais n'a point le temps de fonder. Les Séleucides lui succèdent, anéantissent l'esprit national et se réchauffent au rayon mourant des influences macédoniennes. Durant cette période la vieille religion de l'Iran subissait elle-même de graves modifications. Battu en brèche dès les derniers Achéménides par les croyances de l'Asie occidentale, le mazdéisme avait été pénétré plus tard par le polythéisme grec. Des symboles nouveaux, tels que les autels du feu, remplaçaient les emblèmes les plus caractérisés ; les livres de Zoroastre étaient perdus ou brûlés ; la vieille Perse, résignée, attendait les sacrificateurs. Cette lutte suprême, aucune nation ne fut capable de l'entreprendre. Les empires créés sur les frontières de l'Iran par les successeurs d'Alexandre s'étaient affaiblis au lieu de grandir en puissance, et l'Iran, revenu de la stupeur où l'avait plongé l'invasion macédonienne, secoua le joug étranger et reconquit son indépendance.

Alors commence la période parthe ou arsacide, la plus obscure de l'histoire de Perse. De petits princes confédérés, et formant une sorte de féodalité, prennent en main les nouvelles destinées du pays. Toute la vie de la Perse se concentre sur les frontières ; nous connaissons les victoires et les revers des Arsacides, mais à peine pourrions-nous dire les noms des souverains qui se partagent l'héritage de Cyrus.

Point d'architecture, point de littérature sous ces chefs de guerre qui firent trembler les vieux légionnaires et reculer des soldats redoutables devant la flèche du Parthe. La léthargie intellectuelle de l'Iran touche pourtant à sa fin. Des symptômes heureux se manifestent déjà sous le règne des derniers rois ; Vologèse essaye de réunir les fragments des textes sacrés du magisme et de codifier la vieille littérature religieuse. Vienne une dynastie répondant aux aspirations du pays, et nous assisterons à la renaissance de l'Iran.

Au centre du Fars, dans la patrie des Achéménides, régnaient des vice-rois qui commandaient au nom des Arsacides. L'éloignement de cette province du siège du gouvernement, reporté, sous le règne des Parthes, tout auprès des frontières occidentales, et le peu d'intérêt qu'inspirait la vieille Perse à des souverains originaires du nord-ouest, avaient rendu à peu près indépendants les feudataires du sud.

L'un d'eux, Ardéchyr Babégan, le premier des Sassanides, rêve de Cyrus, compose un arbre généalogique au sommet duquel se trouvait Achémènes, excite les passions des nomades du Fars, rappelle aux tribus leur glorieux passé, montre aux populations restées fidèles le magisme avili par les souverains commis à sa défense, et se déclare indépendant. Le nouveau roi éprouva moins de peine à vaincre son légitime souverain qu'à soumettre les membres de sa propre famille. Il battit ses parents dans la plaine de Firouzabad ; l'atechgâ de Djour paraît être le monument commémoratif de sa victoire et de l'avènement au trône de l'une des dynasties les plus brillantes qui aient régné sur la Perse. La renommée d'Ardéchyr s'étend bientôt de tous côtés. Les petits États voisins de son empire se soumettent à sa puissance ; sur le champ de bataille où il vient de défaire l'armée d'Arduan, il est salué du glorieux titre de *Chah in chah* ou Roi des rois, nom que porteront désormais tous les souverains de la Perse ; les princes de l'Orient recherchent son amitié et lui envoient des présents. Rassasié de succès et fatigué du pouvoir, il n'attend pas que la mort lui donne un successeur et abandonne la couronne de Djemchid à son fils Chapour.

Ardéchyr, pour monter sur le trône, s'était appuyé sur le magisme et s'était fait le champion des antiques croyances. Sa foi était peut-être sincère. Devançant Louis XIV de bien des siècles, il adresse, au moment d'abdiquer, ces grandes paroles à son héritier : « Sachez, ô mon fils, que la religion et la royauté sont deux sources qui ne peuvent exister l'une sans l'autre, car la religion est la base de la royauté, et la royauté la protectrice de la religion ».

Il est peu de pays qui aient été plus riches et plus puissants que la Perse au temps des Sassanides. Ctésiphon a succédé à Suse et à Babylone, le magisme à un polythéisme plus grossier ; une population compacte couvre des plaines bénies où l'eau semble disputer au soleil le droit de fertiliser la terre ; les villes touchent les villes ; les canaux s'étendent comme les mailles d'un gigantesque filet ; les guerres entreprises contre les Romains se terminent par des victoires et la prise de l'empereur Valérien.

Aussitôt naît une architecture nouvelle. La Perse nous a habitués à ces soudaines explosions. En moins de quarante ans ne l'a-t-on pas vue créer à l'usage de ses premiers rois les palais de Mechhed Mourgab et de Persépolis? Les rois achéménides dominaient le peuple de si haut qu'ils n'avaient pas consenti à habiter des palais faits à l'image des demeures de leurs sujets. De même qu'ils conservaient derrière des portes de bronze leur trésor et quelques urnes pleines d'eau du Danube, du Nil et du Choaspe, emblèmes de l'immensité de l'empire, ils avaient confondu dans les palais persépolitains les symboles artistiques de l'Égypte, de la Grèce et de la Chaldée. Avec les premiers Sassanides les conditions d'existence se modifient. Les temples bâtis à la grecque sous les dynasties parthes et séleucides sont désertés en faveur de l'atechgâ. L'architecture nationale, dont l'élément constitutif est la brique employée en arceaux et en coupoles, redevient en honneur. Le grand palais de Ctésiphon élève sur les bords du Tigre sa masse colossale dégagée de toute influence étrangère. La construction d'ouvrages d'utilité publique, ponts, routes, barrages, canaux, devient la préoccupation de souverains dont les prédécesseurs avaient eu l'égoïste et unique pensée de faire bâtir des palais. Des relations s'établissent entre Ctésiphon et Byzance ; d'une manière indirecte, Byzance emprunte à sa rivale la coupole de Sainte-Sophie et les procédés décoratifs recueillis par les Perses après le naufrage de la Susiane et de l'Assyrie. La sculpture est moins personnelle que l'architecture ; elle semble avoir emprunté, suprême injure faite aux vaincus, le ciseau des artistes romains pour graver sur les rochers de Nakhchè Roustem le triomphe de Chapour sur Valérien, des combats de cavaliers ou des alliances royales, tout comme celle-ci avait mis à contribution les ingénieurs d'Occident pour construire des ponts et des barrages.

Pendant ce temps l'Avesta est traduit en langue pehlvie. Nouchirvan récompense généreusement le médecin Barzouyeh lorsqu'il rapporte des Indes avec le jeu d'échecs les contes populaires qui seront traduits en langue perse et exploités dès lors par les fabulistes de l'Occident. A la même époque viennent également des Indes le roman géographique de Sindbad le Marin, les apologues des Sept Vizirs, tandis que la vie aventureuse de Baharam Gour, la gloire et les revers de Perviz, thèmes favoris des trouvères, se perpétuent dans les récits en vers des Dihkans. La Chine elle-même s'ouvre peut-être pour la première fois à l'Orient et échange les œuvres de ses artistes contre les objets fabriqués par les sujets du Chah in chah.

Les siècles passent; une seconde période s'ouvre dans l'histoire de la Perse. Le dernier des Sassanides, Yeuzdijird, bien que plus énergique que Darius Codoman, prend la fuite devant les armées victorieuses du commandeur des croyants, et les hordes musulmanes parcourent la Perse, depuis les rives de l'Euphrate jusqu'à celles de l'Oxus, détruisant dans leur fureur religieuse tous les obstacles qui semblaient devoir arrêter leur extension.

On vit alors ces « mangeurs de lézards », ces Arabes qui demandaient de l'argent en échange de l'or, dont ils ne soupçonnaient pas la valeur, et troquaient contre du maïs les perles arrachées à l'étendard de Kaveh, renverser les autels du feu et imposer, le fer en main, leurs croyances aux vaincus.

La lutte fut vive, mais de peu de durée : Allah remplaça Aouramazda, les Perses retrouvèrent dans le Koran les idées sur la vie future, la fin du monde, le paradis, l'enfer, empruntées par Mahomet aux traditions juives ou chrétiennes, et transportèrent en masse leur mythologie, dives, djinns et génies, dans la religion nouvelle.

Pendant plus de deux siècles l'Iran est administré comme une province du vaste empire des califes. Son histoire fait nécessairement partie de celle du vainqueur et y tient même une place insignifiante. Elle prend quelque intérêt quand les gouverneurs, sentant trembler le trône de leurs maîtres, se révoltent, se déclarent indépendants et héréditaires, quittes à s'humilier plus tard devant le pouvoir, si leurs tentatives ont été prématurées.

En Perse, le pouvoir des califes, tout comme celui des gouverneurs indigènes nommés par leur soin, n'eut jamais ni éclat ni solidité. Cependant deux grandes créations sont à signaler : l'une est toute littéraire, l'autre religieuse. Déjà, sous le règne de Nasr le Samanide, était né un genre de poésie légère, le ghazel et le qasida, empruntés à la littérature arabe. Vienne Mahmoud le Guiznévide, qui profite des désordres de l'Iran pour le conquérir, et le fier sauvage de l'Afghanistan, vite apprivoisé au contact de ses nouveaux sujets, présidera à l'âge d'or de l'épopée iranienne. Il chargera Firdouzi de continuer en langue persane les récits empruntés à des documents pehlvis réunis sous ses prédécesseurs, et le *Chah Nameh* ou Livre des Rois verra enfin le jour. C'est dans ce poème merveilleux, où la vérité côtoie trop souvent la fable, que les peuples asiatiques apprennent une histoire de la Perse embellie de fictions et de licences poétiques.

L'épopée était le produit d'une renaissance nationale, la tragédie devait naître de querelles religieuses. A la mort de Mahomet, Omar avait été déclaré commandeur des croyants au détriment d'Ali, considéré par les Persans comme légitime successeur du Prophète. Le neveu du fondateur de l'islamisme, contraint d'attendre successivement la fin d'Omar, d'Abou-Bekr et d'Otman, avant d'arriver au pouvoir suprême, n'avait pu assurer le trône à ses descendants.

Après lui ses fils, Hassan et Houssein, n'échappèrent pas à la vengeance des familles détrônées et périrent misérablement tous deux dans les plaines de Médine et de Kerbéla. De leur sang répandu naîtra le schisme chiite, de leurs querelles avec les califes un drame pieux, qui formera au dix-huitième siècle l'élément constitutif du théâtre dramatique. A partir de cette époque la scission est complète entre les Sunnites et les Chiites; la vénération de ces derniers pour Ali devient une sorte de culte; ses vertus, ses exploits, le massacre de ses fils sont les uniques objets de leur dévotion et de leur piété :

« Qui était plus empressé à la paix, plus riche en science, qui avait une famille, une postérité plus pure?

« Qui proclamait l'unité de Dieu, alors que le mensonge associait à Dieu des idoles et de vains simulacres?

« Qui tenait d'un pied ferme au combat quand la déroute était générale, et se prodiguait dans le danger quand chacun était avare de sa vie?

« Qui était plus juste dans ses arrêts, plus équitable dans sa mansuétude, plus sûr dans ses menaces et ses promesses?

« ... Pleurez, mes yeux; que vos larmes se mêlent à mes soupirs; pleurez la famille du Prophète! »

Ruiné, vaincu, asservi par les Arabes, l'Iran était demeuré mort pour les arts, depuis la conquête musulmane jusqu'à l'avènement des Guiznévides. Des peuples malheureux, des princes sans cesse occupés à guerroyer, devaient laisser tomber en ruine les palais de Sassan et se contenter de mesquines demeures de terre. Mahmoud le Guiznévide reprend les traditions royales, mais il élève ses grands monuments à Delhi, sa capitale. Seuls le minaret de Véramine et les tombeaux dispersés dans le Khorassan peuvent nous donner l'idée d'un art sobre, élégant et majestueux.

Ce ne sont plus ces constructions hybrides des puissants Achéménides, ce ne sont pas les massifs palais des rois sassanides, mais des monuments en briques, qui empruntent tout leur mérite au soin extrême avec lequel ils sont exécutés, à la beauté de leurs formes, à une solidité capable de défier le temps, si ce n'est les envahisseurs. C'est vraiment le type du bel art persan; l'architecture ira se modifiant à chaque siècle et selon les pays où le conquérant la transportera, mais elle affirmera ses anciennes traditions jusque dans les charmants tombeaux de la plaine du Mokattam.

Le onzième siècle amène au trône la famille des Seljoucides. Elle était déjà forte et nombreuse sous le premier Guiznévide, cette tribu tartare, et Mahmoud put avoir de son vivant comme une vision de l'avenir.

« Quelles forces pourriez-vous amener à mon secours? demanda-t-il, avant d'entreprendre une campagne, à l'ambassadeur de Michel, le chef seljoucide.

— Envoyez-moi ce trait, dit celui-ci en présentant au prince une des deux flèches qu'il tenait à la main, et il paraîtra cinquante mille chevaux.

— Est-ce tout? demanda Mahmoud.

— Envoyez encore celle-ci, et vous aurez encore cent mille guerriers, ajouta-t-il en offrant une seconde flèche.

— Mais, reprit le monarque, en supposant que je fusse dans un extrême embarras et que j'eusse besoin de toutes vos forces?

— Alors, répliqua l'ambassadeur, envoyez-moi cet arc, et deux cent mille cavaliers seront à vos ordres. »

Alp Arselan (le Lion Conquérant) met le sceau à la gloire de la dynastie en écrasant l'armée byzantine dans l'Azerbeïdjan et en s'emparant de Romain-Diogène, l'époux de l'impératrice Eudoxie. Son fils Malik chah étend les limites de l'empire, et chaque jour on prononce son nom de la Mecque à Samarkand, de Bagdad à Kachgar. Jamais empire plus vaste ne jouit d'une paix plus complète. Le sort des paysans est amélioré par la création de nombreux canaux; d'intéressantes observations astronomiques amènent des modifications dans le calendrier; des mosquées, des collèges embellissent toutes les villes importantes. Il faut faire honneur à cette époque brillante du charmant tombeau à toiture pyramidale de Narchivan, de l'imamzaddè Yaya, de la première mosquée de Véramine, de l'admirable médressè de Kazbin et, peut-être aussi, du Khan Orthma et de la médressè de Bagdad, aujourd'hui transformée en douane.

La littérature ne le cède pas à l'architecture. Dès le onzième siècle fleurit la poésie lyrique. Khakany fait sa cour à sultan Mahmoud et nous laisse une peinture, écrite en termes obscurs, de la cour des Seljoucides. Nizami compose le poème encore si célèbre *Kosro et Chirin* et un ouvrage didactique, *l'Iskender Nameh*. L'homme de cour écrit des panégyriques exagérés, l'homme pieux se lance dans le mysticisme et atteint aux plus étranges conceptions du soufisme, vieille doctrine qui enseigne à attendre la suprême béatitude de l'abnégation de soi-même, du mépris absolu des biens d'ici-bas et de la constante contemplation des choses célestes.

Par un étrange contraste, Omar Kheyyam, le précurseur de Gœthe et de Henri Heine, publie ses immortels quatrains, singulier mélange de dénégation amère et d'ironie sceptique, et célèbre en termes réalistes le plaisir et les charmes de l'ivresse.

L'Envari Soheïli dépeint sous les plus vives couleurs la misère du Khorassan après le passage de la tribu de Ghus.

« En ces lieux où la désolation a fixé son trône, y a-t-il quelqu'un à qui sourie la fortune ou que la joie accompagne? Oui, c'est ce cadavre qu'on descend dans la tombe. Y a-t-il une femme intacte là où se commettent chaque jour d'odieuses violences? Oui; c'est cette enfant qui vient de sortir du sein de sa mère. »

« La mosquée ne reçoit plus notre peuple fidèle; il nous a fallu céder aux plus vils animaux les lieux saints. Convertis en étables, ils n'ont plus ni toits ni portiques. Notre barbare ennemi ne peut lui-même faire proclamer son règne à la prière; tous les crieurs du Khorassan ont été tués, et les chaires sont renversées.

« Une mère tendre aperçoit-elle tout à coup parmi les victimes de cette foule d'assassins un fils chéri, la consolation de ses yeux : depuis qu'ici la douleur manifeste est devenue un crime, la crainte sèche la larme prête à couler; la terreur étouffe les gémissements, et la mère épouvantée n'ose demander comment est mort son enfant. »

Avec Toghal, second fils de Malik chah, finit la dynastie des Seljoucides de Perse (1193). Les Atabeks, petits seigneurs féodaux, profitant de la faiblesse de leurs maîtres, régentent les principales provinces de l'empire. L'un d'eux, un Atabek du Fars, bâtit la célèbre masdjed djouma de Chiraz sur l'emplacement d'un palais achéménide. Les vertus de son fils Abou Beker ben Sade ont pour chantre l'immortel Saadi, l'auteur du *Gulistan* (la Roseraie) et du *Bostan* (le Verger). Saadi est un soufi, mais un soufi dont la morale est pure et tolérante. Le douzième siècle s'enorgueillit encore de deux autres écrivains : l'un, Attar, compose un traité allégorique en cent mille vers, *le Colloque des Oiseaux*, et un traité de morale, le *Pend Nameh*, où il prêche l'humilité, la patience et la modération dans les désirs. Le second, Hafiz, le chantre enthousiaste du vin et de l'amour, confond volontiers la beauté plastique et la perfection idéale. Les luttes entre les Atabeks conduisent jusqu'à Djengis khan (1221). A en croire les auteurs persans, la horde conquérante laissa le pays en ruine. Des villes entières furent saccagées, les bibliothèques changées en écuries, les livres saints détruits et enfin, suprême sacrilège, les feuillets du Koran jetés en litière aux chevaux.

Djengis khan s'occupa néanmoins du bonheur de ses peuples. Il codifia les coutumes et les usages locaux et donna des institutions civiles et militaires, dont ne s'écartèrent guère ses successeurs.

Son petit-fils Houlagou (1258) prend Bagdad à l'instigation de son ministre Nasr ed-din. Ce parfait conseiller, doublé d'un astrologue accompli, avait lu dans les astres que la maison d'Abbas tomberait devant celle de Djengis.

Le règne du petit-fils d'Houlagou est brillant pour la Perse. Gazan khan est juste et sage, il fait revivre en les réformant les institutions de Djengis, rétablit un bon système de perception des revenus publics, impose des règlements aux auberges et aux caravansérails, réprime le vol et fixe la valeur des monnaies. Son influence s'étend même à l'extérieur de son royaume. Bien que, suivi de cent mille de ses soldats, il ait embrassé la religion musulmane, il lie des relations diplomatiques avec le pape Boniface VIII et, en haine des Turcs, engage le souverain pontife à lancer la chrétienté dans une nouvelle croisade.

Gazan khan était un constructeur habile ; il ne reste malheureusement plus que des ruines informes de la mosquée élevée par ses ordres à Tauris. Au milieu des décombres on retrouve quelques carreaux estampés, des mosaïques de briques mêlées à des émaux turquoise ou bleu ladj verdi, couleurs introduites sous les Mogols dans la décoration monochrome inaugurée à l'époque de Mahmoud le Guiznévide et conservée par les architectes des rois seljoucides. C'est vers la même époque, sans doute, que fut construite cette belle mosquée de Narchivan dont la splendide tour permet à peine de soupçonner toute la magnificence.

Le frère de Gazan khan (1303) lègue à sa patrie la plus belle création architecturale de la Perse mogole : le tombeau de chah Khoda Bendé, qui domine encore de sa masse et de sa splendeur l'emplacement de Sultanieh. Si l'on croit les traditions, cette mosquée funéraire n'eût été que l'un des nombreux monuments de cette ville éphémère.

Les Mogols sont emportés dans la tourmente tartare, et, pour tout édifice, Tamerlan (1393) (Timourlang, Timour le Boiteux) élève sur son passage des pyramides de têtes humaines. « Un jour de combat, répétait-il à ses soldats, est un jour de danse. Les guerriers ont pour salle de fête un champ de bataille. L'appel aux armes et le son des trompettes sont leurs chants et leur musique, et le vin qu'ils boivent est le sang de leurs ennemis. » Que devint la Perse écrasée sous le talon du vainqueur? Les habitants de Kandahar, de Kaboul et d'Hérat, réduits à la mendicité, émigrent au loin; Sultanieh est prise et ruinée ; les provinces soumises n'échappent pas au pillage et leurs habitants au massacre.

Les nombreux descendants de Tamerlan se disputent le pouvoir ; puis la Perse est déchirée par les querelles des princes turcomans, appartenant aux dynasties des Moutons Blancs et des Moutons Noirs, ainsi nommés des béliers blancs ou noirs représentés sur leurs étendards. Entre deux combats, l'un de ces princes, Djehan chah (1404), élève cette merveilleuse mosquée de Tauris, le chef-d'œuvre de la décoration persane arrivée à son apogée. Non seulement les émaux turquoise et ladj verdi s'adjoignent, comme dans les édifices des Mogols, à la mosaïque de brique, mais les faïences découpées forment une véritable polychromie où les blancs, les noirs, les bleus sont relevés par un très léger appoint de vert et de jaune. Enfin les mosaïstes, au lieu de s'en tenir aux formes géométriques, composent de gracieux dessins et forment de véritables tableaux sertis dans un cadre de briques rosées. C'est de ce parfait modèle que s'inspireront les rois sofis lorsqu'ils élèveront les palais et les mosquées d'Ispahan.

Les productions littéraires des treizième, quatorzième et quinzième siècles sont nombreuses. Katibi, disciple de Nizami, compose une charmante fantaisie, *le Narcisse et la Rose*; Rachid ed-din écrit une histoire des Mogols ; Moustofi de Kazbin établit une chronologie musulmane ; Djami, soufi convaincu, donne le roman de *Yousef et Zouleïka*; Absal nous fait connaître l'état des esprits à la fin du Moyen Age dans son ouvrage *les Effluves de l'intimité et de la sainteté*.

Les guerres intestines des dynasties turcomanes ont bientôt lassé la Perse et préparent les voies à des rois paisibles qui semblent avoir pour unique souci le rétablissement de la paix intérieure. Les Sofis tiraient leur nom de celui de leur ancêtre Sofi ed-din (Pureté de la foi), qui vivait à Ardébil sous le règne de Tamerlan et jouissait dans tout l'Islam d'un immense renom de vertu.

« Que désires-tu? lui dit un jour le maître de l'Asie.

— Que vous mettiez en liberté les prisonniers amenés de Turquie », lui fut-il répondu.

Les fils de ceux que cheikh Sofi avait ainsi sauvés élevèrent plus tard au trône les descendants du vertueux Ardébilain.

Chah Ismaël (1502) tenait de son ancêtre une fervente piété et, comme lui, il était persuadé de la légitimité des droits d'Ali et de ses fils. A son instigation le chiisme devient une religion d'État et une forme nouvelle du patriotisme. Sous son successeur chah Tamasp, Pir Bodak khan, un Kadjar, est nommé gouverneur de la province de Kandahar; pour la première fois apparaît dans l'histoire le nom de cette tribu dont les descendants occupent le trône de Perse depuis près d'un siècle.

Avec chah Abbas le Grand (1585) s'ouvre la période la plus glorieuse de la Perse moderne. L'empire du roi sofi n'a pas l'étendue de celui de Darius, mais des guerres victorieuses assurent l'unité et la tranquillité du pays. La richesse et la prospérité se manifestent par la construction d'innombrables monuments; palais, mosquées, médressès, ponts, routes et caravansérails couvrent le royaume. Malgré les ruines, funeste et unique héritage de l'invasion afghane, on ne peut encore aujourd'hui demander à un tcharvadar le nom du fondateur d'un monument, qu'il ne vous réponde avec la plus parfaite assurance : « *Malè chah Abbas* » (C'est l'œuvre de chah Abbas).

Beaucoup construire ne veut pas dire bien construire; néanmoins les édifices élevés par le grand Sofi et ses successeurs seraient encore debout si la rage des envahisseurs ne s'était assouvie sur eux. Les palais d'Ispahan, sauf les Tcheel Soutoun, sont renversés et ruinés; heureusement leur destination pieuse a sauvé les mosquées et la médressè Maderè Chah. Quoique grands et magnifiques, les monuments de chah Abbas témoignent de la décadence de l'art. Combien sont plus beaux et plus purs de style le tombeau de chah Khoda Bendè à Sultanieh et la mosquée de Djehan chah à Tauris! Non seulement les édifices sofis sont moins bien bâtis que leurs devanciers, mais ils sont aussi décorés avec moins de soin. Le maître émailleur a dû renoncer aux belles mosaïques ajustées avec une précision qui rappelle les œuvres des Vénitiens et couvrir des surfaces immenses de carreaux de faïence appliqués les uns au-dessus des autres de façon à vêtir sans délai les nombreux squelettes préparés par les maçons royaux.

La décadence se fait aussi sentir dans l'agencement des couleurs. Le jaune, employé jusque-là en très légers rehauts, prend une place importante sur la palette du peintre ; le rose et le vert font également leur apparition, et dès les successeurs de chah Abbas on sent la tendance qui mènera la polychromie persane aux mièvreries roses et jaunes caractéristiques des palais bâtis à Chiraz par Kérim khan, et enfin aux panneaux bariolés des grandes portes élevées de nos jours à Téhéran.

La littérature persane n'est pas florissante à la cour des Sofis. « Les poètes ne sont plus que des courtisans, de brillants perroquets mordillant du sucre du bout de leur bec. »

A la fin du dix-huitième siècle Mohammed-Aga, l'eunuque Kadjar, saisit de sa puissante main le trône chancelant. Son administration sévère, son énergie rendent à la Perse la prospérité que lui donnent tous les gouvernements forts. Pas de palais, pas de mosquées, pas de littérature sous le règne d'un prince avare par tempérament et, par principe, ménager à l'excès des deniers royaux et de l'encre des poètes.

Fattaly chah, son neveu, se montre aussi large et aussi généreux que son oncle l'était peu. Il peuple le harem, bien délaissé depuis l'avènement de son prédécesseur, de milliers de concubines, et, pour loger ces troupeaux de femmes indisciplinées, il construit à Téhéran, la capitale de la dynastie nouvelle, à Ispahan et dans les principales villes du royaume, des palais sans style et sans beauté, indignes d'abriter la majesté du roi des rois.

La sculpture des Kadjars n'est pas supérieure à l'architecture. Fier de son aspect viril, Fattaly chah veut lutter de réclame avec les souverains sassanides, et, sur tous les rochers où les Chapour ont gravé leurs exploits, il fait sculpter des bas-reliefs consacrés à la glorification éternelle de ses avantages physiques. Un hiératisme particulier préside à ces compositions. A part les figures princières que les artistes paraissent avoir étudiées en vue de les rendre ressemblantes, les personnages ne varient ni dans leur attitude, ni dans leur action. Telles j'ai vu les peintures du palais du Négaristan, tels je retrouve les bas-reliefs dispersés sur les rochers qui bordent la route de Téhéran à Chiraz.

Mohammed chah vit paisiblement, et sous son règne la Perse n'a guère à souffrir que des intrigues fomentées par ses innombrables frères.

Avec Nasr ed-din éclate un grand mouvement religieux, le babysme, qui tend à la rénovation morale du pays. Pour la première fois la Perse entre franchement en communication avec les nations civilisées. Des envoyés intelligents et sans fanatisme se plient aux coutumes de l'Occident et s'installent à poste fixe en pays chrétiens. Les étrangers établis dans l'Iran sont bien reçus et bien traités, les voyageurs eux-mêmes n'ont à accuser des difficultés qu'ils rencontrent à chaque pas que le climat et la nature d'un pays peu peuplé et dénué de tout moyen de transport pratique. L'empire est uni : les tribus du Fars, du Loristan, de l'Arabistan sont soumises, si ce n'est obéissantes ; ce pays, à peu près sans armée, tout à fait sans police, vit tranquille, grâce à la terreur qu'inspire une répression prompte et énergique.

Le roi lui-même ne craint pas d'affronter l'Occident ; s'il ne rapporte pas de son double voyage une idée bien nette de nos mœurs et de notre civilisation, il n'en éprouve pas moins, en regagnant sa capitale, le désir de faire entrer son peuple dans une voie nouvelle et de se rapprocher de ces Occidentaux dont il vient d'apprécier le talent et le savoir. Une première tentative ne pouvait avoir un plein succès. Le roi lutte contre un clergé puissant soumis à un chef étranger, et contre des préjugés plus puissants encore que les prêtres ; comment à lui seul imposerait-il des réformes qui doivent, pour être durables, devenir l'œuvre des siècles? Cette rénovation sera la gloire de ses successeurs ; mais qu'ils se gardent surtout, le jour où ils seront acculés au progrès, de suivre le procédé turc et d'adopter par lambeaux une civilisation incompatible avec les mœurs des peuples musulmans. Mieux vaut un Oriental avec tous ses préjugés, mais son honnêteté native, que ces métis qui vont perdre en Europe leurs vertus nationales et rapportent de leur voyage le manteau hypocrite dont ils couvrent leurs vices afin de se faire pardonner une excursion en pays infidèles.

Au moment de livrer mes notes à l'impression, je me sens prise du désir de donner une conclusion à ce long voyage. Malgré les réelles jouissances que j'ai éprouvées en parcourant les monuments si remarquables de la Perse, en me réchauffant aux rayons de son soleil, en rêvant sous un ciel étoilé et brillant comme un dôme d'argent, en admirant ses bosquets de platanes, ses forêts d'orangers, ses bois de palmiers et de grenadiers, ses déserts sauvages et ses plaines fertiles, je n'oserais pas souhaiter pareil bonheur à mon plus mortel ennemi (en supposant que j'aie mérité d'avoir de mortels ennemis). Que l'infortuné s'aventure tout le long de la ligne du télégraphe anglais de Téhéran à Chiraz, je le lui permettrai encore, mais que

RETOUR VERS LE PASSÉ.

sa mauvaise étoile ne l'amène jamais dans le Fars, dans le Khousistan ou sur les rives maudites du Karoun, ces terres d'élection des fièvres paludéennes.

J'ai payé par l'absorption de deux cents grammes de quinine le plaisir de conter mes aventures : si je fais volontiers mon deuil de la note du pharmacien, je regretterai longtemps mes forces perdues et mes yeux affaiblis.

Vale.

Jane DIEULAFOY.

FAUCONNIER, SUR UNE PLAQUE DE FAÏENCE PERSANE.

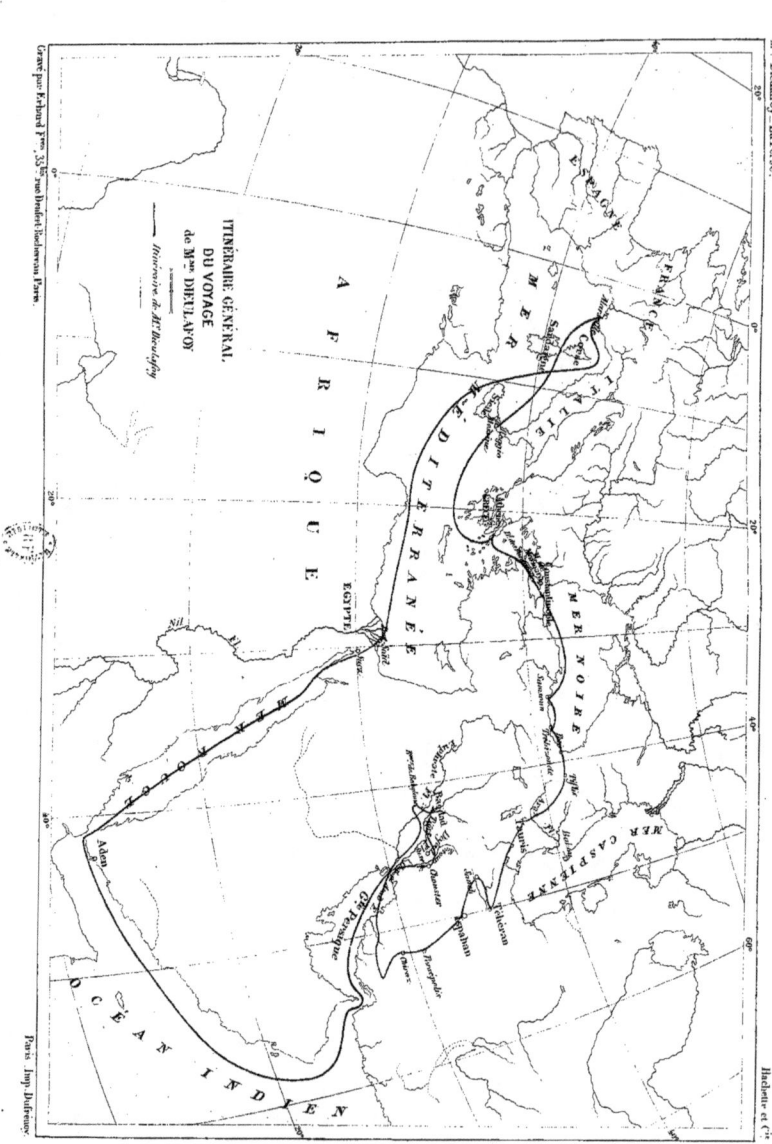

CARTE
pour servir à l'intelligence du voyage
DE M⁽ᵐᵉ⁾ DIEULAFOY
DE TIFLIS A BAGDAD, SUSE
ET MOHAMERÉ

—— Itinéraire de M⁽ᵐᵉ⁾ Dieulafoy

INDEX ALPHABÉTIQUE

A

AABFA, tribunal arbitral des nomades, p. 642.
ABADEM, petite ville située sur la route d'Ispahan à Chiraz, station télégraphique, p. 350.
ABAMBAR (magasin d'eau), réservoir dans lequel on conserve une provision d'eau toujours fraîche, p. 100.
ABBA, grand manteau porté par les Arabes, p. 519.
ABBAS Ier (CHAH), roi de Perse, de la dynastie des Sofis, monta sur le trône en 1585. Son règne est un des plus brillants de l'histoire de la Perse moderne. Les monuments construits sous ses ordres s'étagent sur toutes les routes du Caucase jusqu'à Bagdad. Voir les chapitres d'Ispahan à partir de la p. 214.
ABBAS II, p. 254.
ABBAS-ABAD, faubourg d'Ispahan, p. 241.
ABBASSIDES, dynastie de 37 califes qui tire son nom d'Abbas, oncle de Mahomet. Elle remplaça la dynastie des Ommiades et régna de 750 à 1258.
ABDAR (celui qui a l'eau), serviteur chargé de préparer les boissons, p. 169.
AB-DIZFOUL, rivière qui prend sa source dans les montagnes des Bakhtyaris et se jette dans le Karoun, p. 694.
ABDOUL-AZIM, tombeau situé dans le voisinage de Téhéran et bâti sur l'emplacement de l'ancienne Reï, p. 136.
ABOU HANNIFA, docteur de la loi musulmane, mort en 767, p. 372.
ACH-CHAFFI, docteur de la loi musulmane (820), p. 372.
ACHÉMÈNES, fondateur de la dynastie achéménide, p. 375.
ACHPAZ (celui qui cuit la soupe), cuisinier.
ACROPOLE, citadelle d'Athènes qui renfermait le Parthénon et la statue de Minerve, p. 5.
ADIL CHAH, neveu et successeur de Nadir chah, p. 124.
ADJÉMIS, nom donné aux Persans en pays arabes, p. 544.
ADJISOU, rivière qui arrose Tauris, p. 43.
AFGHANISTAN, région montagneuse comprise entre l'Inde et la Perse, p. 241.
AGA (maître, seigneur), titre donné aux chefs de famille et porté également dans les grandes maisons par les eunuques.
AGA MOHAMMET KHAN, fondateur de la dynastie kadjar, p. 123.
AHARAM, village situé dans la plaine de Bouchyr, p. 508.

AHRIMAN, principe divinisé du mal et des ténèbres, toujours en lutte contre Aouramazda, p. 413.
AHWAS, village bâti sur l'emplacement d'une antique ville sassanide, p. 694.
AÏNÉ KHANÉ (maison des Miroirs), palais situé sur la rive gauche du Zendèroud, p. 325.
AKERKOUF, tour ou observatoire construit dans le voisinage de Bagdad, p. 597.
AKKAZ BACHY (photographe en chef), p. 209.
AKKAZ BACHY DOOULET FARANÇA (photographe en chef du gouvernement français), p. 435.
ALEP, la plus importante des villes de la Syrie. Soie, damas, tapis. Maladie spéciale désignée sous le nom de « bouton d'Alep », p. 380.
ALEXANDRE (le Grand) (356-323 av. J.-C.), fils de Philippe de Macédoine et d'Olympias, vainqueur des Perses, p. 404.
ALHAM-DOUALLAH (grâces soient rendues à Dieu !).
ALI, neveu et gendre de Mahomet. Considéré par les Persans comme le successeur légitime du Prophète. Obtient le califat et meurt assassiné en 661. Son tombeau à Mechhed Ali est en grande vénération, p. 612.
ALI BOU SIAD, Atabeg du Fars, fondateur de la masdjed Nô de Chiraz (1300), p. 449.
ALLAH, nom particulier de Dieu : Allah seul est Dieu. Allah a tout créé ; il est incréé et maître du monde.
ALLAH VERDY KHAN, généralissime d'Abbas le Grand, p. 245.
ALTESSE SUBLIME, titre adopté par Ali Mohammed quand il abandonna à Mollah Houssein le titre de Bab (Porte par laquelle on arrive à la connaissance de Dieu), p. 78.
AMARAH, petite ville de fondation récente, bâtie sur les bords du Tigre, p. 551, 632.
AMER BEN LEIS, bâtit la mosquée djouma de Chiraz en 875, p. 445.
AMROU, construit au Caire la plus ancienne mosquée qui existe, p. 300.
AMYNTIS, femme de Nabuchodonosor, pour laquelle furent construits les jardins suspendus, p. 620.
AMYOT, évêque d'Auxerre (1513-1593), traducteur de Plutarque, p. 407.
ANAXYRIS, nom grec du pantalon porté par les guerriers parthes, p. 401.

ANDÉROUN, partie de la maison persane exclusivement réservée aux femmes. Voir l'andéroun de Fattaly chah, p. 126.
ANDROCÉPHALE, tête d'homme, p. 395.
ANQUETIL-DUPERRON (1731-1805), premier traducteur du Zend Avesta, p. 412.
ANTÉE, géant libyen, p. 368.
AOURAMAZDA, dieu suprême de la religion mazdéique, p. 413.
APADÂNA. Ce mot qui, en langue perse, désigne la salle du trône, a passé dans l'hébreu avec le sens de tabernacle, p. 396.
ARABISTAN, nom d'une province persane située entre les montagnes des Bakhtyaris, la Turquie d'Asie et le golfe Persique. Capitale Chouster. P. 672.
ARAK, eau-de-vie de dattes.
ARARAT, haute montagne de l'Arménie, au sommet de laquelle, d'après la Bible, s'arrêta l'arche de Noé, p. 22.
ARAXE, fleuve qui prend sa source dans les montagnes situées entre Kars et Erzéroum, traverse l'Arménie à la latitude de l'Ararat et se jette dans la mer Caspienne après s'être réuni au Kour, p. 28.
ARC-DOUBLEAU, arc lancé en travers d'une nef et réunissant deux contreforts symétriques.
ARCHITRAVE, poutre de pierre posée directement sur les chapiteaux des colonnes, p. 396.
ARDÉCHIR BABEGAN, roi sassanide, fils de Sassan, père de Chapour, qui lui succéda en 240 ap. J.-C., p. 408.
ARISTOBULE, fut chargé par Alexandre de réparer le tombeau de Cyrus, p. 379.
ARISTOPHANE, grand poète comique d'Athènes. Cinquième siècle av. J.-C., p. 372.
ARRHÉPHORES, nom donné aux statues qui supportent l'entablement du portique de Pandrose joignant l'Erechthéion, p. 387.
ARRIEN, historien grec du deuxième siècle après J.-C., Auteur de l'*Expédition d'Alexandre*, p. 379.
ARTAKUCHATHRA 1er. L'Ardéchir Deraz Dast des auteurs pehlvis, l'Artaxerxès Longue-Main des Grecs, p. 72.
ARTASYRAS, satrape d'Hyrcanie, p. 381.
ARTAXERXÈS MNÉMON, roi de Perse (405 à 362 av. J.-C.). Triomphe à Cunaxa de son frère, Cyrus le Jeune, et signe en 387 le traité avantageux d'Antalcidas. Sous son règne a lieu la retraite des Dix Mille, p. 664.
ARTÉMISE, reine de Carie, joignit sa flotte à celle de Xerxès lors de son expédition contre la Grèce et ne se sauva du désastre de Salamine qu'en coulant un navire perse. Elle aima un jeune homme d'Abydos, en fut dédaignée, dit la légende, lui fit crever les yeux et se précipita dans la mer du haut du rocher de Leucade.
ARYEN, peuple du nord de la presqu'île Indienne qui a couvert presque toute l'Europe, p. 372.
ASSASSINS, tribu guerrière et pillarde, p. 75.
ASSOUR-BAN-HAMAL, roi d'Assyrie (667 av. J.-C.), p. 396.
ASSYRIE, un des plus grands royaumes de l'ancienne Asie, aujourd'hui le Kurdistan. Capitale Ninive. P. 365.
ASTÉRABAD, ville située à l'extrémité E. du Mazendéran, non loin de la mer Caspienne. Pays occupé par la tribu kadjar. P. 124.
ASTYAGE, roi de Médie, p. 374.
ATABEG KOUMBAZ (coupole de l'Atabeg), p. 27.
ATECHGA (autel du feu), p. 286 et 389.
ATHÉNA, nom grec de la déesse que les Romains appellent Minerve.
ATOSSA, femme de Darius, mère de Xerxès, p. 666.
ATRIDES. Agamemnon et Ménélas, petits-fils d'Atrée, roi d'Argos et de Mycènes et arrière-petits-fils de Pélops. Atrée, pour se venger de son frère Thyeste, lui servit dans un repas ses deux enfants, p. 396.
ATTAR, auteur du *Colloque des Oiseaux*, p. 707.
AVAH, village situé dans la vallée qui s'étend de Saveh à Koum, p. 177.
AVESTA, p. 412. Je renverrai les personnes qui voudraient étudier le Zend Avesta et la religion mazdéique à la traduction et aux études magistrales de M. James Darmesteter, professeur au Collège de France.
AVICENNE, célèbre médecin arabe (980 à 1037), p. 438.
AX (contraire, c'est-à-dire photographie), ainsi nommé en persan parce que l'image apparaît renversée sur la glace dépolie.
AZAD KHAN, caravansérail sur la route de Bagdad à Hillah.
AZERBEIDJAN, province située au nord-ouest de la Perse, confinant à l'Arménie russe et à la province persane du Gilan. Ancienne Atropatène des Grecs. Capitale Tauris. P. 44.
AZRAEL. L'ange de la mort joue un grand rôle dans le Koran.

B

BAB (Porte par laquelle on arrive à la connaissance de Dieu). Titre porté par Mirza Ali Mohammed au début de ses prédications et adopté successivement, depuis qu'il l'avait abandonné à Mollah Houssein, par les chefs de la nouvelle religion. P. 77.
BABIL, tumulus babylonien identifié au temple des « Assises de la terre », p. 623.
BABYSME, secte religieuse, p. 77.
BACTRIANE, province puis royaume de l'Asie ancienne, aujourd'hui le Turkestan, p. 412.
BADGUIRD (prend-vent), cheminée d'aération, p. 165.
BAGDAD, chef-lieu du pachalik de Bagdad sur le Tigre. Capitale du califat d'Orient sous les Abbassides. P. 364.
BAHARAM, roi sassanide. L'histoire des exploits et de la vie de ce souverain a été racontée par Firdouzi dans un des plus beaux chapitres du *Chah Nameh*. P. 357.
BAKCHICH, pourboire, cadeau.
BAKHTYARIS, importante tribu nomade campée sur les montagnes qui séparent l'Irak de la Susiane, p. 355.
BAKOU, port russe sur la mer Caspienne, mis en communication avec la Perse par un service de bateaux qui fonctionne entre Bakou et Recht. Voir RECHT.
BALA KHANÉ (maison haute), pièce élevée au-dessus des terrasses et percée de nombreuses ouvertures pratiquées dans la direction des vents régnants.
BANDEAU. On désigne sous ce nom, en architecture, un large décor plat.
BARICALLAH! bravo!
BASSORAH, ville relativement moderne, bâtie sur les alluvions du Chat el-Arab, p. 543.
BATCHA (enfant). Ce mot s'emploie pour désigner un enfant et aussi pour appeler un serviteur.
BATMAN TABRISI, mesure de poids équivalant à peu près à 6 kilogrammes. Treize batmans tabrisi font une demi-charge de mulet.
BATOUM, port de mer turc sur la mer Noire où s'arrêtent

INDEX ALPHABÉTIQUE.

les navires qui ne peuvent franchir la barre de Poti.

BAZAR, ensemble de toutes les boutiques d'une ville réunies dans un même quartier clos et inhabité la nuit.

BÉNARÈS, capitale de la province anglaise de Bénarès (Résidence de Calcutta). Ville sainte des Hindous, bâtie sur le Gange. Fabriques d'étoffes de soie et de gaze de soie lamée d'or.

BEND AKHIL, jonction de l'Ab-Dizfoul, du Chetet et du Karoun, p. 694.

BENDER ABBAS, port de mer persan sur la mer d'Oman. Sa prospérité relative date de la prise d'Ormuz sous chah Abbas le Grand, p. 471.

BENI ABOU MOHAMMED, tribu nomade campée au sud d'Amarah. Élevage des buffles, p. 552.

BENI LAAM, tribu campée sur les bords du Tigre. Les tentes du chef actuel de cette tribu, Msban, sont en général plantées près d'Amarah, p. 552.

BEPA, prends garde.

BERNIN (1598-1680), peintre, architecte et sculpteur italien. Auteur de la colonnade de Saint-Pierre et d'un grand nombre d'édifices bâtis en France sous Louis XIV, p. 288.

BIABAN, campagne, ou, pour préciser : ce qui n'est pas compris dans l'enceinte des villes.

BILDAR, possesseur d'une pelle.

BIROUN (extérieur), partie de la maison persane réservée aux hommes et affectée aux réceptions, p. 43.

BIROUNOUS (en arabe puits du milieu), caravansérail à mi-chemin d'Hillah à Bagdad, p. 611.

BIRS NEMROUD ou Tour de Babel. Voir à ce sujet les remarquables travaux consacrés par M. Oppert à l'identification du Birs avec le temple de Jupiter Bélus décrit par Hérodote, p. 617.

BISOUTOUN, rochers situés près de Kirmanchâ, sur lesquels est gravée, en caractères cunéiformes, une longue inscription trilingue relatant la généalogie de Darius et ses exploits, p. 375.

BOKHARA, grande ville de la Bokhari, située au nord de la Perse. Tapis estimés, p. 426.

BOLAKHI (médressé), située à Kazbin, p. 117.

BOMBAY, capitale de la Résidence de Bombay (Inde anglaise), située dans une île de la mer d'Oman.

BONIFACE VIII, pape, p. 60.

BOROU, va-t'en.

BORSIPPA, ville tantôt comprise dans les remparts de Babylone, tantôt exclue de l'enceinte de la ville, p. 620.

BOUCHYR (BENDER), port persan sur le golfe Persique. Centralise tout le commerce d'exportation et d'importation du sud de la Perse, p. 514.

BOUROUDJERD, ville située sur les limites de l'Irak Adjémi et de l'Arabistan, connue pour la fraîcheur de son climat, p. 239.

BYZANCE, ville située sur le Bosphore de Thrace. Elle prit le nom de Constantinople en l'an 328 de J.-C., lorsque Constantin y transporta la capitale de l'empire.

C

CABS-ABAD (Lieu-Vert), résidence d'été du consul général de Sa Majesté Britannique à Bouchyr, p. 515.

CACHCOUL, coque de fruit indien, souvent sculptée avec art, portée au bras par les derviches; elle contient en général toute la fortune de ces pieux personnages, p. 171.

CAFÉ. Recette. — Prenez du café de couleur verte et à grains bien égaux, brûlez-le dans un poêle en fer posé sur un feu vif, et agitez les grains avec une spatule, de façon qu'ils cuisent régulièrement. Pulvérisez les grains dans un mortier de fer ou de marbre avec un pilon de fer jusqu'à ce que la poudre soit impalpable. Ayez une cafetière de cuivre à fond large et à col resserré. Remplissez-la d'eau bouillante, jetez-y le café. Mettez sur un feu doux, retirez quand le café en ébullition menace de s'échapper; remettez sur le feu et faites ainsi monter le café trois fois de suite. Puis laissez bouillir cinq ou six minutes. Faites reposer pendant trois minutes de manière que la poudre se dépose au fond du café. On peut à volonté sucrer le café dans la cafetière avant la dernière ébullition ou dans la tasse. Une cuillère à dessert de grains brûlés doit suffire pour une tasse de café. Il est très essentiel de ne brûler le café qu'au moment de s'en servir.

ÇAHEB (maître, propriétaire), titre donné aux Européens par les Persans.

CAIRE (LE), capitale moderne de la Basse-Égypte, bâtie non loin de Memphis, p. 300.

CALIFE (du mot arabe khalifat, « successeur »), titre donné aux successeurs de Mahomet.

CAMA, poignard, p. 101.

CAMBYSE Ier, père de Cyrus, enterré dans la plaine du Polvar, p. 368.

CARAVANSÉRAIL, vaste hôtellerie où s'arrêtent les caravanes, les voyageurs et les marchands. Le séjour en est gratuit si l'on n'occupe que la cour, les galeries ou les écuries publiques. On n'y trouve, en fait d'approvisionnement, que de l'eau, du bois, de la paille et quelques vivres très grossiers.

ÇAR-POUCHIDEH (Tête-Couverte), palais de Zellé sultan à Ispahan, p. 251.

CASPIENNE (MER), mer intérieure située entre la Russie à l'ouest et au nord, la Tartarie à l'est, la Perse au sud. Elle reçoit le Volga, le Kour, l'Oural, le Térek, etc. Les anciens la connaissaient sous le nom d'Hyrcanum.

CASSANDANE, femme de Cyrus, p. 382.

CATHOLICOS, chef suprême de la religion grégorienne. Il réside à Echmyazin, p. 63.

CAUCASE, chaîne de montagnes s'étendant entre la mer Noire et la mer Caspienne, de Derbend à l'embouchure du Kouban, p. 12.

CAWAS, domestique indigène mis au service des agents diplomatiques ou des consuls, p. 366.

CHAH. Le titre de chah est probablement l'un des plus anciens qui soient portés par les souverains régnants. Cyrus, Darius et ses successeurs achéménides se qualifient eux-mêmes de khchayathiyâ sur les inscriptions de Persépolis. Le pouvoir du chah est autocratique dans la plus large acception du mot.

CHAH NAMEH (Livre des Rois). Voir FIRDOUZI.

CHAH TAMASP rentre à Ispahan après l'expulsion des Afghans battus par son général Nadir. Il est détrôné par le vainqueur et meurt en 1736, p. 320.

CHAHZADEH (né de chah), prince du sang.

CHAÏ, sou de cuivre. Il y a en Perse des pièces de deux chaï, d'un chaï et d'un demi-chaï (le poul).

CHALDÉE, dénomination ancienne de la partie sud-ouest de la Babylonie.
CHALVAR, pantalon à pied qui s'attache à la ceinture et enferme toutes les jupes des femmes lorsqu'elles sortent, p. 110.
CHAMACH, divinité chaldéenne, p. 614.
CHAMARS, tribu campée près de Bagdad. Élevage des chevaux, p. 333.
CHAMBRANLE, encadrement d'une porte ou d'une fenêtre, p. 403.
CHAPOUR II, roi de la dynastie sassanide, fils d'Ardéchir. Guerre contre les Romains. Fait prisonnier l'empereur Valérien. Chouster devient sa capitale. Meurt en 274, p. 388.
CHARGAT, foulard de soie ou de mousseline que les femmes persanes jettent sur la tête lorsqu'elles sont à l'intérieur de leur maison.
CHAT EL-ARAB. Le Chat el-Arab commence à Kournah, au confluent du Tigre et de l'Euphrate. Son embouchure dans le golfe Persique est vaste comme une mer, p. 322.
CHECHIAH, ville de Géorgie, p. 124.
CHEIKH, titre arabe réservé aux chefs de tribu, p. 526.
CHEIKH YOUSEF BEN YACOUB, enterré à Sarvistan (1344), p. 468.
CHÉKIASTÉ, écriture brisée, p. 161.
CHÉRISTAN, quartier d'Ispahan, p. 329.
CHETET, dérivation du Karoun, p. 680.
CHIITE, secte musulmane qui refuse de reconnaître comme successeurs légitimes de Mahomet les trois premiers califes Omar, Othman et Abou Bekr. Elle considère les sultans de Constantinople et du Maroc comme les détenteurs illégitimes de la succession de Mahomet et les chefs d'une religion hérétique. La religion chiite est professée par les Persans, quelques Afghans, de rares Belouchs et par le plus grand nombre des tribus arabes campées dans le voisinage de Kerbéla.
CHIRAZ, capitale du Fars, occupe l'emplacement d'une ancienne ville achéménide. Tombeaux d'Hafiz et de Saadi. Berceau du babysme, p. 418.

CHIRINI. On désigne sous ce nom les bonbons, les gâteaux, les confitures : en général tout ce qui est sucré.
CHIT, plat russe, servi au Caucase, composé d'un mélange de choux et de lait fermenté, p. 21.
CHOUMA (vous), p. 435.
CHOUSTER, capitale de l'Arabistan persan, p. 677.
CLIDDAR (celui qui a la clef), p. 628.
COLADOUN, village et plaine très fertile situés aux environs d'Ispahan, p. 270.
CONSTANTINOPLE, capitale de l'empire Ottoman.
CONTREFORT, maçonnerie saillante à l'intérieur ou à l'extérieur des murs, destinée soit à contrebuter la poussée d'un arceau, soit à consolider une muraille, p. 472.
CORDEAU, grosse console moindre en hauteur qu'en saillie, p. 603.
COUFFE, embarcation ronde faite en côtes de palmiers; elle marche en pirouettant sur elle-même, p. 562.
CRAHÇALAR, général en chef des armées persanes, p. 270 et 317.
CRÉSUS, roi de Lydie, p. 382.
CTÉSIPHON, ville bâtie non loin de Bagdad sur les bords du Tigre, p. 554.
CTÉSIPHON, palais élevé par Kosroès, p. 554.
CULÉE, massif de maçonnerie engagé en tout ou partie dans la berge et contre lequel viennent s'appuyer les arches extrêmes d'un ouvrage d'art.
CUNÉIFORME (en forme de clous). On désigne sous le nom de « cunéiformes » des caractères dont chaque élément affecte la forme d'un clou. Ces écritures, dérivées d'hiéroglyphes plus anciens, furent surtout employées en Chaldée, en Susiane, en Assyrie et dans l'Iran. Sauf en Perse et dans le royaume de Van, elles ont toujours été syllabiques et idéographiques, p. 404.
CYRUS, fils de Cambyse et de Mandaue. Fondateur de l'empire perse. Conquiert la Médie en 559 av. J.-C. S'empare de la Lydie et de Babylone. Devient l'ami de Crésus qu'il avait vaincu, et meurt, dit-on, en 529, dans une expédition contre les Scythes, p. 372.

D

DAKHMA (Tour du silence), tour à ciel ouvert dans laquelle les Guèbres déposent leurs morts afin qu'ils soient dévorés par les oiseaux de proie, p. 121.
DALLAK, barbier. Un barbier saigne, purge et taille la barbe et les cheveux. Dans les campagnes il remplace le médecin.
DAMGHAN, ancienne ville du Khorassan, aujourd'hui presque entièrement ruinée, p. 133.
DANIEL, prophète hébreu, fut amené captif à Babylone. Il expliqua les songes de Nabuchodonosor et, pendant le festin de Balthasar, les trois caractères mystérieux. Jeté dans la fosse aux lions, il fut miraculeusement sauvé. Il obtint de Cyrus le retour des Juifs en Palestine. On connaît deux tombeaux de Daniel : c'est peu pour un prophète, p. 660.
DARAB, petite ville du Fars. Construite probablement sur l'emplacement d'une grande ville antique, p. 375.
DARDANELLES, autrefois l'Hellespont. Détroit qui joint la mer de Marmara à celle de l'Archipel, p. 6.
DARIUS, fils d'Hystaspe, conspire contre Smerdis le Mage et lui succède en 521 av. J.-C. Divise la Perse en satrapies. Après de nombreux succès remportés sur ses peuples révoltés, il est vaincu par les Thraces. Ses généraux Datis et Artapherne sont défaits à Marathon. Meurt en 485 av. J.-C., p. 401.
DARIUS CODOMAN (336-330 av. J.-C.), perd contre Alexandre les batailles du Granique, d'Issus, d'Arbelles et périt assassiné par Bessus, p. 404.
DARYATCHA (Petite-Mer), lac salé situé non loin de Chiraz, p. 464.
DEHBID, village situé à deux étapes d'Abadeh. Point culminant de la route d'Ispahan à Chiraz. Station télégraphique, p. 360.
DEHNÔ (Village-Neuf), bâti près des ruines de Madéré Soleïman, p. 367.
DÉLAL, courtier dont on est forcé de subir les bons ou les mauvais offices quand on veut acquérir des objets rares ou curieux.
DÉMAVEND, pic de la chaîne de l'Elbrouz qui s'élève dans le voisinage de Téhéran, p. 118.
DERVICHE, moine mendiant ayant fait vœu de pauvreté et de chasteté.
DIZFOUL, deuxième ville de la Susiane au point de vue officiel, mais la première au point de vue commercial, p. 649.

INDEX ALPHABÉTIQUE.

DJAMI, poète, p. 708.

DJEHAN CHAH, de la dynastie des Moutons Noirs, conquiert la Géorgie, une grande partie de l'Irak, le Fars tout entier et le Kirman (1464). Bâtit la mosquée Bleue de Tauris. Battu et tué en 1466 par le chef des Turcomans du Mouton Blanc, p. 48.

DJEÏ, ville antique sur le territoire de laquelle s'élève aujourd'hui Ispahan, p. 240.

DJELLAL DOOULET, fils du prince Zellè sultan, p. 439.

DJÉLOOUDAR (courrier). Précède toutes les caravanes afin d'annoncer l'arrivée d'un grand personnage ou d'un convoi et de faire préparer les provisions nécessaires aux hommes et aux bêtes, p. 166.

DJEMCHID, roi légendaire de la Perse. Paraît avoir accaparé la gloire de plusieurs générations de princes, p. 393.

DJOULFA, ville arménienne bâtie par chah Abbas sur les bords du Zendèroud, p. 221.

DJOULFA (sur l'Araxe), ville ruinée volontairement par chah Abbas. D'une cité riche et populeuse il ne reste aujourd'hui que quelques misérables maisons situées sur la frontière de la Russie et de la Perse, p. 29, 221.

DJOUMAOURI (la Réunion), nom donné par les Persans au gouvernement républicain, p. 505.

DJOUNDI-CHAPOUR, ville sassanide, disparue aujourd'hui, p. 672.

DJOUR ou Gour (tombeau), nom sassanide de Firouz-Abad, p. 483.

DOKTARÈ-POL (Pont de la Fille), p. 75.

DOOULETMAN, gentilhomme, p. 435.

DOURBIDI, vaste emplacement, long et large parfois de plus de 100 kilomètres et dans lequel se meut une tribu à mesure que ses troupeaux paissent les herbes, p. 636.

DOUKH, petit-lait, p. 690.

E

EBARE, général et conseiller de Cyrus, aide son jeune maître à vaincre Astyage, p. 380.

ECBATANE, aujourd'hui Hamadan. Ancienne capitale de la Médie. Fondée par Déjocès et entourée de sept murailles de hauteurs et de couleurs différentes. C'est dans cette ville que Parménion fut mis à mort par ordre d'Alexandre. Résidence d'été des rois achéménides et des rois parthes. Climat très froid, hautes montagnes. Altitude de la ville : près de 1800 mètres, p. 374.

ECHMYAZIN (les Trois-Églises), couvent grégorien situé près d'Érivan. Résidence du catholicos. P. 63.

ECLID, pays agricole situé au pied des montagnes des Bakhtyaris, p. 353.

EDFOU, village de la Haute-Égypte sous lequel on a retrouvé, il y a quelques années, un temple admirablement conservé, p. 402.

EFFENDI, titre donné en Turquie aux fonctionnaires.

EL-ACHER, canal qui met Bassorah en communication avec le Chat el-Arab, p. 540.

ELBROUZ, chaîne de montagnes qui limite la Perse au nord et s'étend le long de la mer Caspienne. Elle prolonge la grande arête transversale de l'Asie centrale, p. 118.

ELLIPTIQUE. L'ellipse est une courbe allongée résultant de la section d'un cône par un plan oblique à l'axe, p. 471.

EMIR NIZAM, général en chef des troupes régulières, p. 211.

ENTABLEMENT, partie de la construction des édifices hypostyles comprise entre le chapiteau et la toiture. L'entablement classique comprend l'architrave, la frise et la corniche, p. 387.

ENVARI SOLEÏLI, poète, p. 707.

ÉRIVAN, capitale de la province du même nom. Ancienne ville persane appartenant aujourd'hui à la Russie, p. 17.

ESCHYLE, né à Athènes. Servit dans les armées de la république avant de composer ses admirables tragédies. Le premier il introduisit plusieurs acteurs à la fois sur la scène, leur donna des costumes propres à leur rôle, des masques et le cothurne. Des quatre-vingt-dix tragédies en vers qu'il écrivit, il ne nous en reste que sept : Prométhée, les Sept-Chefs devant Thèbes, les Perses, Agamemnon, les Choéphores, les Euménides et les Suppliantes. Il mourut en 456 av. J.-C., p. 251 et 666.

ESDRAS, docteur de la loi juive (ve siècle av. J.-C.). Auteur des Paralipomènes, p. 552.

ESTHER, Juive de la tribu de Benjamin, née à Babylone pendant la captivité, p. 664.

EUDOXIE, femme de l'empereur Constantin XI, se fit proclamer impératrice après la mort de son époux (1067) et associa à l'empire ses trois fils, Michel VII, Andronic Ier et Constantin XII. Attaquée par les Turcs, elle voulut donner un appui à ses enfants et épousa Romain Diogène, qu'elle éleva au rang de tuteur des princes. Elle cultiva la littérature avec succès, p. 706.

EUPHRATE, fleuve de la Turquie d'Asie, prend sa source en Arménie, se joint au Tigre et se jette dans le golfe Persique sous le nom de Chat el-Arab, 2860 kil., p. 531.

EURIPIDE, poète tragique grec, né à Salamine (480 avant J.-C.). Étudia la rhétorique sous Prodicus et la philosophie sous Socrate et Anaxagore. Débuta dans la carrière dramatique la première année de la LXXXIe olympiade. Sa rivalité avec Sophocle fournit un fond inépuisable aux railleries d'Aristophane. Euripide, dégoûté de son pays, se retira chez Archélaüs, roi de Macédoine. Des soixante-quinze tragédies qu'il composa, il ne nous en reste que dix-neuf, p. 251.

EYOUB, village situé à l'extrémité de la Corne-d'Or.

F

FANOUS, grande lanterne de forme vénitienne que les Persans font porter devant eux pour éclairer la route.

FARAH-ABAD (Séjour de la Joie), palais bâti auprès d'Ispahan par chah Houssein, p. 320.

FARAHAN, ville de l'Irak dans laquelle on fabrique des tapis. Les produits des manufactures étaient tombés en discrédit parce qu'on y employait des couleurs à base d'aniline. Depuis que le roi a ordonné de reprendre les anciens procédés de teinture, les tapis de Faharan sont rentrés en faveur, p. 493.

FARANGUIS, nom donné par les Persans aux Européens, de quelque nationalité qu'ils soient.

FARCH, tapis, p. 274.

FARS, Vieille Perse. Patrie originelle des tribus perses. Il

INDEX ALPHABÉTIQUE.

est limité aujourd'hui par l'Irak Adjémi, l'Arabistan, le golfe Persique et le Kirman. Pays très montagneux, p. 421.

Farsakh doit être le *parasange* des auteurs grecs, dans lequel il est aisé de retrouver les mots de *pars sang* (pierre Perse). Hérodote estimait sa longueur à trente stades, soit environ 5 kilomètres et demi. C'est encore la mesure moyenne du farsakh. Sur les routes parcourues par les courriers royaux, le farsakh est d'autant plus court que la location du cheval se paye au nombre de farsakhs effectués. Dans le sud, où l'on rencontre les marcheurs les plus vigoureux de la Perse, il atteint parfois de 7 à 9 kilomètres. En fait, on peut estimer que le farsakh, comme la lieue ancienne, correspond au chemin parcouru en une heure par un bon piéton.

Fatime, petite-fille de chah Abbas le Grand, p. 251.
Fatma, fille de l'imam Rezza, enterrée à Koum, p. 186.
Fattaly chah, neveu et successeur d'Aga Mohammed khan, monte sur le trône en 1797, p. 123.
Fau, barre vaseuse située à l'embouchure du Chat el-Arab. Station télégraphique anglaise. Les navires calant de 18 à 19 pieds et arrivant sur la barre avec une vitesse de 10 à 11 nœuds la franchissent aisément pendant les marées de vive eau, p. 522.

Feleih, village groupé autour de la maison d'un cheikh très puissant : le cheikh Menzel khan, p. 522.
Ferach, serviteur chargé de l'entretien des tentes et de leur installation. En ville, et même dans les déplacements, les ferachs sont aussi chargés d'attributions policières.
Ferachbad, gros bourg situé entre Firouzabad et Bender Bouchyr, p. 501.
Fermouden, ordonner, p. 435.
Fin, village situé aux environs de Kachan, p. 211.
Firdouzi, né dans le Khorassan (950), fut attaché de bonne heure à la cour et s'y fit connaître par d'heureux essais poétiques. Sur l'ordre du sultan Mahmoud il entreprit son poème héroïque, le *Chah Nameh* ou Livre des Rois, qui lui coûta trente ans de travaux et renferme l'histoire légendaire des anciens rois de Perse. Firdouzi mourut pauvre vers l'an 1030.
Firman, mot qui signifie « ordre », de *fermouden*, « ordonner ».
Firouz-Abad, ville du Fars, bâtie non loin d'une cité et d'un palais antiques, p. 274.
Formeret, arc longitudinal réunissant deux contreforts successifs.

G

Gabre, tombeau.
Gabre Madere Soleiman (Tombeau de la Mère de Salomon), p. 376.
Gabriel, ange qui, au dire des musulmans, apporta le Koran à Mahomet, de la part de Dieu, p. 113.
Gadim, ancien.
Gaféla, caravane.
Galamdan, boîte allongée dans laquelle sont renfermés tous les objets nécessaires pour écrire. Les mirzas ou secrétaires le portent généralement passé en travers de leur ceinture. Il vaut mieux écrire ce substantif avec un *k* initial.
Galata, quartier de Constantinople placé sur la gauche de la Corne-d'Or et habité par les Européens, p. 6.
Gardanne, général français envoyé par Napoléon Ier à Fattaly chah, p. 123.
Gazan khan, roi mogol, fils d'Arghoun khan, descendant de Djengis khan. Ses institutions ont été traduites par le général Kirkpatric. Mort en 1303, p. 60.
Geizengebin, sécrétion d'un ver, p. 236.
Géorgie, région caucasienne de l'Asie, située entre la mer Noire et la mer Caspienne. Sa capitale, Tiflis, est la résidence officielle d'un gouverneur russe. Palais, musée, ponts et bazars très animés. Beauté des femmes géorgiennes, p. 8.
Gilan, province du nord de la Perse, comprise entre la mer Caspienne, l'Azerbeidjan et le Mazenderan.
Gilim, étoffe de poil de chèvre dans laquelle on enveloppe les colis, p. 493.
Golam, garde particulier d'un gouverneur de province.
Golnabad, village des environs d'Ispahan où fut livrée par les Afghans la bataille qui décida du sort de la Perse, p. 241.
Goulher, résidence de la légation de Russie, près de Téhéran, p. 157.
Gourek, village près de Bouchyr, p. 509.
Gourret el-Ayn, apôtre du babysme, née à Kazbin, morte à Téhéran, p. 79.
Guèbre, sectateur de la religion de Zoroastre, p. 136, 408.
Guez, caravansérail près d'Ispahan, sur la route de Kachan, p. 215.
Guivehs (litt. « chaussure de guenilles »). La semelle, très épaisse, se compose de chiffons comprimés ; l'empeigne, en étoffe de coton, est fabriquée à l'aiguille. Cette chaussure inusable, réservée généralement aux gens du peuple, est portée l'été par les grands personnages en guise de pantoufles. Le prix des guivehs varie de 2 à 20 francs, suivant la finesse du tissu de coton.
Guiznevides, dynastie qui régna à Guiznch de 976 à 1160. Le plus connu de ses rois, Mahmoud, envahit la Perse et l'Inde, monta sur le trône en 997 et mourut en 1028.
Gulistan. Voir Saadi.

H

Hacht-Bechet (Huit-Paradis), palais construit par Fattaly chah, p. 246.
Hadji, titre donné par les musulmans à ceux d'entre eux qui, obéissant aux prescriptions religieuses, ont accompli le pèlerinage de la Mecque.
Hadji-Laïlag (pèlerin aux longues jambes), nom donné à la cigogne. Cet oiseau est très respecté en Perse ; sa présence, comme celle des hirondelles dans nos pays, porte, dit-on, bonheur.
Hafiz, poète persan né à Chiraz au commencement du XIVe siècle de notre ère. Mort en 1394. Surnommé l'Anacréon persan, p. 437.
Haïk, pièce d'étoffe de laine, parfois rayée de soie, dans laquelle les hommes de certaines tribus arabes s'enve-

loppent la tête et le corps. Elle est retenue autour du crâne au moyen d'une corde appelée *khet*, et, sur les épaules, par le burnous, p. 110.

HAKEM, gouverneur de province.

HAKIM (médecin). Ce titre n'est jamais porté seul : il est toujours suivi du qualificatif supplémentaire *bachy*. Médecin en chef.

HALA, maintenant.

HAMAL, portefaix turc, p. 586.

HAMMAM, bain.

HARAM ZADDÉ, né d'impur.

HARKEH, lac situé auprès du Birs Nimroud, p. 618.

HAROUN AL-RACHID, cinquième calife abbasside. Monta sur le trône en 786. Expéditions contre les Grecs, présents envoyés à Charlemagne. Meurt en 809 à l'âge de quarante-sept ans. Protecteur des arts et des lettres, p. 600.

HARPAGES, ministre d'Astyages. Sauva la vie à Cyrus, p. 374.

HASSAN, fils d'Ali. Tué et enterré à Médine, p. 109.

HATASOU, reine d'Égypte de la XVIIIe dynastie. Un des plus grands souverains qui aient régné sur l'Égypte, p. 210.

HENNÉ, plante dont la feuille séchée et réduite en poudre sert à teindre les cheveux et la barbe des vieillards, les mains et les pieds de tous les gens aisés.

HÉRAT, principauté du Khorassan oriental, comprise dans le royaume de l'Afghanistan. Capitale du même nom.

HÉRODOTE, célèbre historien grec, né à Halicarnasse, en Carie, 484 av. J.-C. Traduction de Giguet.

HÉZAR-DJÉRIB (Mille-Arpents), pigeonnier aux environs d'Ispahan, p. 287.

HILLAH, moutessaratleh du vilayet de Bagdad, p. 613.

HINDYEH, lac situé auprès du Birs Nimroud, p. 618.

HOR, marais en langue arabe, p. 636.

HOUSSEIN (CHAH). Sous son règne ont lieu l'invasion afghane et le siège d'Ispahan, p. 244.

HOUSSEIN, fils d'Ali. Tué dans les plaines de Kerbéla. Cimetières immenses placés autour de la mosquée qui renferme son tombeau. Pèlerinage renommé, p. 109.

HOUSSEIN (MOLLAH), apôtre du babysme, p. 78.

HYPOGÉE, tombeau souterrain, p. 387.

HYPOSTYLE, se dit d'une pièce dont le plafond est supporté par des colonnes, p. 396.

I

IBN HAMBAL, docteur de Bagdad (855), p. 572.

ILKHANY, titre donné aux chefs de quelques tribus persanes. Je n'ai entendu parler en Perse que de l'ilkhany des Bakhtyaris et de l'ilkhany de Firouz-Abad, p. 486.

ILLIAT, tribus nomades à petit parcours, établies dans le Fars, l'Arabistan, le Kurdistan et le Fars, p. 489.

IMAM, titre donné aux premiers successeurs du Prophète. Les Persans comptent douze imams ; le treizième, l'imam Meddy ou Mahady, est caché. En pays arabes on croit que le Mahady reparaîtra escorté du Christ pour assurer le triomphe de l'Islam sur toutes les religions.

IMAMZADDÉ (litt. « né d'imam »). Titre donné aux descendants des imams et, par abréviation, à leurs tombeaux.

INCHA ALLAH ! s'il plaît à Dieu !

INDEVANKH, pastèque, p. 286.

INDU-KOUCH, chaîne de montagnes reliant les monts Zagros au massif de l'Himalaya.

IRAK ADJÉMI, Perse centrale. Ispahan, la capitale de la province, fut habité sous chah Abbas et ses successeurs par les monarques persans.

IRAN. Voir Perse.

ISDOUHAR, personnage légendaire de la vieille histoire de la Chaldée, p. 396.

ISKANDÉRIEH, caravansérail situé à la jonction des routes d'Hillah, Kerbéla et Bagdad, p. 612.

ISPAHAN, capitale de l'Irak Adjémi. Deuxième ville de Perse depuis que la dynastie kadjar a transporté le siège du gouvernement à Téhéran, p. 214.

ISPAHANEC, village aux environs d'Ispahan, p. 334.

ISRAFIL, ange qui, d'après Mahomet, sonnera la trompette du Jugement dernier, p. 113.

ISTAKHAR, nom arabe de Persépolis, p. 408.

ISTHAKHARI, voyageur persan du Xe siècle, p. 485.

IVAN LE TERRIBLE. Ivan III (1462-1505). A certains égards le Louis XI de la Russie. L'unification du pays et la soumission de la féodalité russe lui ont valu le surnom de Grand ; son despotisme cruel lui fit donner celui de Terrible, p. 12.

IZZA, grande pièce de soie, quelquefois lamée d'or ou d'argent, dans laquelle s'enveloppent les femmes de la Turquie d'Asie lorsqu'elles sortent de leur maison, p. 543.

J

JAFFARY (IMAM), tombeau à Ispahan, p. 313.

JOSUÉ, tombeau près de Bagdad, p. 598.

K

KAABA, maison carrée construite au milieu de la cour centrale de la mosquée de la Mecque, p. 445.

KACHAN, ville de l'Irak Adjémi, célèbre par ses soies et ses anciennes faïences à reflets métalliques, p. 194.

KACHTI, bateau à voile qui navigue sur le Tigre, p. 562.

KACHTI DARYA, bateau de mer, p. 526.

KACHY, faïence à reflets métalliques, p. 204.

KADJAR, tribu turcomane campée sur les bords de la mer Caspienne, dans le voisinage d'Asterabad. La dynastie régnante est kadjare, p. 124.

KADJAVEH, caisse en bois léger recouverte d'un capotage de lustrine dans laquelle voyagent les femmes persanes. Les kadjavehs se chargent toujours par paire et sont attachés de chaque côté de la bête qui les porte. P. 68.

KAFLANKOU, montagne du Tigre qui sépare l'Azerbeïdjan de l'Irak, p. 72.

INDEX ALPHABÉTIQUE.

KALAMKAR (litt. « travail à la plume »), perse peinte à la main. Les fabriques d'Ispahan sont les plus renommées.

KALÉ, forteresse.

KALÉ CHOUS, forteresse de Suse, p. 660.

KALÉ DOKHTAR, forteresse de la Fille, p. 72-478.

KALYAN, pipe persane ayant beaucoup d'analogie avec le narguilé turc.

KALYANDJI, serviteur spécialement chargé de l'entretien des kalyans, p. 169.

KANOT, galerie souterraine destinée à amener l'eau à la surface du sol, p. 42.

KAROUN, grand fleuve qui descend des montagnes des Bakhtyaris et se jette dans le Chat el-Arab, p. 525-536.

KASKROUN, ancienne ville sassanide située entre Chiraz et Bender Bouchyr. Bas-reliefs sassanides, p. 462.

KASR, château, p. 623.

KATIBI, poète, 708.

KAVAR, village placé à la jonction des chemins de Chiraz à Lar et de Chiraz à Firouzabad, p. 476.

KAVEH, forgeron d'Ispahan qui renversa Zoak, p. 240.

KAZBIN, ville située au pied des montagnes de l'Elbrouz, à quelque 120 kilomètres de Téhéran. Kazbin était la capitale du royaume avant que chah Abbas transférât à Ispahan le siège du gouvernement, p. 100.

KAZHEMEINE, ville persane et chiite construite près de Bagdad, autour du tombeau d'imam Mouça, p. 589.

KÉBAB, viande de mouton coupée en morceaux, marinée pendant plusieurs heures et cuite en brochettes sur des charbons ardents.

Recette. — Le kébab est difficile à préparer en France parce que le mouton de nos pays n'a pas la grosse queue graisseuse qui entre pour une bonne part dans la confection d'un kébab. A son défaut on peut employer le lard d'un porc fraîchement tué, mais les brochettes sont loin d'y gagner.

Prenez du filet de mouton ou la partie qui forme les côtelettes, c'est-à-dire de la viande très tendre et sans nerfs, coupez-la en morceaux de la grosseur d'une noix ; mettez-la à mariner dans un grand bol avec tranches d'oignon, sel, poivre, vinaigre, muscade et quelques herbes aromatiques. Laissez mariner 12 heures. Enfilez les morceaux sur une longue brochette de fer munie d'un manche de bois à l'une de ses extrémités ; intercalez entre chaque morceau de viande une tranche de lard. Allumez du charbon de bois et cuisez les brochettes en les faisant tourner à la main comme une broche. Le kébab doit être servi brûlant. Quand la bouche peut le tolérer, il est déjà trop froid.

KÉBABCHI, rôtisseur, p. 169.

KÉBLA, direction dans laquelle les musulmans doivent se placer pour prier, p. 304.

KELEKS, radeau soutenu par des outres remplies d'air, p. 562.

KÉNARÉ, village voisin de Persépolis, p. 382.

KERBÉLA, ville de l'Arabie où se trouve le tombeau d'Houssein, fils d'Ali. Pèlerinage, université, cimetières célèbres, p. 628.

KERDEN, faire, p. 435.

KÉRIM KHAN, régna à Chiraz sous le titre de Vakil ou régent, p. 124 et 425.

KERKHA, large rivière qui descend des montagnes des Bakhtyaris et se perd, sous forme de canal, dans le Karoun et le Chat el-Arab, p. 645.

KERMANCHA, grande ville située sur la route de Bagdad à Hamadan et auprès de la frontière turco-perse, p. 551.

KETKHODA, chef de village.

KHAN, titre nobiliaire donné par le roi aux gouverneurs de province et aux grands personnages.

KHABARDA, attention! dans le sens de « prenez garde », p. 169.

KHAKANY, poète, p. 706.

KHALAT, cadeau composé généralement d'une robe de cachemire. Tout gouverneur de province qui ne reçoit pas chaque année ses deux khalats royaux est certain de tomber en disgrâce. L'usage d'envoyer ces présents intéressés, car la réception d'un khalat oblige le destinataire à rendre dix fois la valeur de l'objet qu'il a reçu, remonte à une antiquité reculée.

KHALIFÉ, titre donné en Perse aux moines chrétiens, p. 305.

KHALVAR, mesure équivalant à un poids de trois cents kilogrammes, p. 354.

KHAMAVEND, tribu arabe peu nombreuse, mais très riche et très pillarde, p. 584.

KHANOUM, féminin de *khan*. Voir KHAN.

KHATERS, mulets.

KHCHAYATHYA, titre donné par les anciens Perses à leurs souverains, p. 371.

KHEÏLÉ OSTORAN, Adam, litt. « homme de beaucoup d'os », équivaut à l'expression française « homme de poids ».

KHOCH AMADID, bienvenue.

KHODA BENDEH (Esclave de Dieu), second fils de chah Abbas, p. 251.

KHODA BENDEH, frère de Gazan khan (1303). Premier roi de Perse qui fit profession de foi chiite. Construisit Sultanieh et y éleva un tombeau encore debout aujourd'hui, p. 88.

KHODA KHANÉ (Maison de Dieu), sanctuaire situé au milieu de la cour de la masdjed djouma de Chiraz, p. 449.

KHORASSAN, province persane qui confine avec la Russie et l'Afghanistan. Capitale Mechhed, p. 96.

KHORÉMDÈREH, village bâti sur la route de Tauris à Téhéran, p. 94.

KHORSABAD, tumulus découvert, fouillé par Botta et d'où sont sorties les premières sculptures ninivites venues en Europe. On sait aujourd'hui que Khorsabad, dont le nom antique était Dour-Sarioukin, fut fondée par Sargon vers la fin du VIIIᵉ siècle av. J.-C., p. 584.

KHOURDJINES, doubles poches en tapis dans lesquelles on enferme soit les effets mobiliers, soit les provisions de grains. On les charge sur les bêtes de somme, l'une de ci, l'autre de là.

KICHMICH, nom d'un raisin noir à très petits grains, aussi bon à manger qu'à écraser pour en faire du vin, p. 264.

KIRMAN, province comprise entre le Fars, l'océan Indien et le Béloutchistan. Capitale Yezd ; grand centre guèbre.

KOLAH, bonnet persan de forme pointue, fait autrefois en peau de mouton, en feutre ou en astrakan, suivant la fortune de son propriétaire. Aujourd'hui la cour et les grands personnages ne portent plus que le kolah de feutre noir semblable au tarbouch des Turcs.

KOLEDJA, redingote dont la basque est plissée tout autour de la taille.

KONAR, rivière de l'Arabistan, p. 672.

KONAR, buisson arborescent, p. 476.

KONGOROLAND (Pâturage des Aigles), plaine qui s'étend autour des ruines de Sultanieh, p. 88.

KOUIOUNDJIK, village situé sur un tumulus placé vis-à-vis de Mossoul. Des fouilles commencées par Botta et terminées par Layard ont amené la découverte en ce point des palais de Sennachérib et d'Assarhaddon, p. 581.

KOUSHKOUN, village situé sur la route de Sarvistan à Firouzabad, p. 474.

INDEX ALPHABÉTIQUE.

KORAN, livre sacré des musulmans, apporté du ciel, selon Mahomet, par l'ange Gabriel, et adopté comme code religieux et civil. Réunion de récits, de visions, de préceptes, de conseils dictés sous l'influence des idées orientales, mais empruntés aux livres saints des chrétiens et des Juifs. En 635 le calife Abou Bekr, successeur de Mahomet, fit rassembler les feuillets épars et en forma un livre.

KOROUD, village situé dans la montagne entre Kachan et Ispahan. Altitude, 2933 mètres, p. 212.

KOSROÈS, roi de Perse (603 ap. J.-C.). Monte sur le trône grâce à l'appui de l'empereur Maurice; après la mort de ce monarque il déclare la guerre aux Romains. La Syrie est dévastée, la Palestine ravagée, Jérusalem pris et saccagé. Ses généraux s'emparent de la Syrie, de la Nubie, de l'Égypte et de la Colchide; mais en 622 Héraclius envahit à son tour la Perse. Kosroès refuse une paix avantageuse. Il meurt assassiné la même année par son fils Siroui. L'amour de Kosroès pour la belle Chirin ne lassera jamais l'inspiration des poètes persans, p. 555.

KOUFA, ville située au nord de Bagdad. Célèbre sous les califes. Belle mosquée. C'est de Koufa que les caractères koufiques tirent leur nom, p. 76.

KOUM, ville située à quatre étapes de Téhéran, à l'extrémité ouest du grand désert, p. 183.

KOUMICHEH, petite ville située sur la route d'Ispahan à Chiraz. Station télégraphique, p. 342.

KOU SOFI, montagne qui domine Ispahan, p. 322.

KOUT EL-AMARAH, petite ville bâtie sur les bords du Tigre non loin de Bagdad, p. 560.

KURDES, peuple de l'Asie occidentale qui habite en Turquie et en Perse le pays montagneux situé à l'est des rives du Tigre appelé par les Persans « Kurdistan ». La race kurde est forte et d'humeur très belliqueuse. L'insurrection contre leurs maîtres turcs ou persans paraît être l'objet des constants efforts de ces tribus nomades.

L

LADJVERDI, couleur gros bleu.

LAHAF, couvre-pied ouaté utilisé tour à tour comme matelas ou comme couverture.

LALÉ (tulipe), chandelier dans lequel la bougie, supportée par un ressort, monte à mesure qu'elle brûle. Un globe de verre en forme de sphère permet de conserver les lalés allumés au grand air.

LE NÔTRE, architecte et dessinateur des jardins de Louis XIV. Anobli par le roi, et créateur des jardins de Marly, Trianon, Chantilly, Saint-Cloud, des Tuileries et de la terrasse du château de Saint-Germain (1613-1700).

LESGHIÈS, tribu nomade campée au nord de la Géorgie, p. 123.

LINTEAU, traverse de bois ou de pierre placée sur une baie, p. 399.

LISTEL, petite moulure carré et unie, p. 472.

LOFTUS, SIR KENNET, diplomate et naturaliste anglais, p. 664.

LOULE KÉBAB (kébab en tuyau), viande de mouton hachée en très menus morceaux, pressée autour d'une brochette de fer et grillée sur des charbons ardents, p. 24.

LOUTI (vaurien). Le louti inspire une si grande terreur, que personne n'ose porter plainte contre lui. Il règne par la frayeur qu'il inspire à tous ses voisins, p. 222.

LYCIE, pays de l'Asie Mineure qui confine avec la Méditerranée et la mer Égée, p. 308.

M

MACHALLAH! grand Dieu!

MAÇT, lait fermenté.

MADAKHEL. Les gens à conscience large traduiraient ce mot par « bénéfice »; les scrupuleux écriraient « vol ».

MADIAN, jument.

MADIMOUA, plateau circulaire dans lequel on apporte en même temps tous les plats d'un dîner.

MAFRECHS, sacoches taillées, en forme de malle, dans lesquelles on emporte en voyage les literies et les vêtements. Les mafrechs sont toujours vendues par paires et forment la charge d'un mulet.

MAHMOUD, général afghan, fils de Mir Veis. Envahit la Perse et se fit proclamer roi à Ispahan, p. 244.

MAHOMET, en arabe Mohammed, fondateur de la religion musulmane. Voir sa doctrine, p. 113.

MAHOMET II, prend Constantinople (1453), p. 300.

MAL, « bien » dans le sens de possession, p. 435.

MALCOLM, général anglais qui fut envoyé à Fattaly chah pour contre-balancer l'influence du général Gardanne, p. 426.

MALEK, docteur de Médine (795), p. 572.

MAMNOUN, nom d'un pont jeté sur le Zendéroud au devant d'Ispahan.

MAMOUNIEH, village sur la route de Téhéran à Saveh. État particulier du pays, p. 166.

MANDANE, mère de Cyrus, p. 382.

MANZEL, lieu où l'on s'arrête quand l'étape est terminée.

MARANDE, ville d'Arménie, ancienne Mandagarana de Ptolémée, p. 35.

MARGÉMOUCH (mort aux rats), arsenic, p. 437.

MAROC. Empire composé des provinces de Fez, de Maroc, de Sous, de Tafilet, de Sedjelmesse et de Darah. L'empereur est indépendant de la Turquie. La population est formée de Maures, d'Arabes et de Berbers. La religion est le mahométisme, mais les chrétiens et les juifs sont tolérés dans les provinces septentrionales.

MASDJED CHAH, mosquée du Chah.

MASDJED DJOUMA, mosquée où l'imam djouma dit, au nom du roi, la prière du vendredi.

MAYAN, village situé sur la route d'Ispahan à Chiraz, p. 341.

MAZENDÉRAN, province du nord de la Perse, limitée par la mer Caspienne, le Gilan, l'Irak Adjémi et le Khorassan. Pays montagneux, forêts de noyers, mines de cuivre, de manganèse, p. 102.

MECHHED, capitale du Khorassan. Tombeau de l'imam Rezza. Pèlerinage, université, p. 63 et passim.

MECHHED ECH-CHEMS (mosquée du Soleil), près d'Hillah, p. 614.

MECHHED MOURGAB, gros bourg situé à une forte étape de Persépolis. Fabrique de tapis, p. 367.

INDEX ALPHABÉTIQUE.

MECQUE (LA), ville sainte des musulmans, où se trouve la Kaabah. La Mecque et la Kaabah sont très antérieures à l'Islamisme et furent imposées au Prophète par les vieilles traditions locales, p. 293 et passim.

MÉDIE, royaume de l'ancienne Asie, compris entre l'Assyrie, la Perse et la mer Caspienne. Capitale Ecbatane, p. 375.

MÉDINE, deuxième ville sainte de l'Islam, au nord de la Mecque. Elle renferme le tombeau de Mahomet, p. 306.

MÉDRESSÉ, école presque toujours placée dans le voisinage d'une mosquée si ce n'est à l'intérieur.

MERMAN KHANÉ (maison d'hôte), située à Kazbin sur la route qui conduit de Recht à Téhéran. Réservée aux agents diplomatiques et aux rares personnes autorisées à y descendre, p. 103.

MÉIDAN, place.

MÉKITARISTES, ordre religieux. Ses principaux couvents sont à Venise et à Vienne, p. 218.

MENBER, chaire dans laquelle montent les mollahs pour prêcher, p. 299.

MERDACH, rivière qui coule dans la plaine située au-dessous des ruines de Persépolis, p. 387.

MERLON. Dans un crénelage on désigne sous le nom de merlon les parties de maçonnerie pleine derrière lesquelles s'abritent les défenseurs et, par créneau, les vides compris entre les merlons, p. 389.

MÉRODACH, divinité chaldéenne, p. 619.

MESCAL, environ 5 grammes, p. 496.

MÉSOPOTAMIE, région de l'ancienne Asie comprise entre le Tigre et l'Euphrate, p. 376.

MIANDJANGAL, village situé près de Sarvistan sur la route de Darab, p. 472.

MIANEH, village situé sur la route de Tauris à Téhéran. Punaises redoutables, p. 70.

MIHRAB, niche dont les revêtements sont plus ou moins ornés et qui, dans la mosquée, indique la direction de la Mecque.

MINARS DJOUBOUNS, minarets tremblants, p. 278.

MIR WEIS, chef afghan, p. 241.

MIRZA. Placé avant le nom propre ou seul, le titre de *mirza* signifie « secrétaire, lettré ». Après le nom propre il équivaut à Altesse royale et n'est porté que par les princes du sang.

MIRZA ALI MOHAMMED, fondateur de la religion baby. Voir BABYSME.

MIRZA YAYA. *Bab* actuel, qui vit hors de Perse, p. 83.

MITRE, turban et coiffure en feutre mou connue d'Hérodote, p. 400.

MOALLEM, savant, p. 210.

MOGOLS. Ils envahissent la Perse au treizième siècle sous la conduite de Djengis khan. Après la mort du conquérant, son empire, qui s'étendait depuis la mer de Chine et la mer des Indes jusqu'à la mer Glaciale et aux frontières de la Pologne, est démembré (1227). Timour Lang subjugue de nouveau l'Asie. Babour, un de ses descendants, fonde aux Indes, en 1519, l'empire du Grand Mogol.

MOHAMMED ALI, apôtre du babysme, successeur de Mollah Houssein, p. 80.

MOHAMMED CHAH, père de Nasr ed-din-Chah, p. 710.

MOHAMMÉRÉH, petite ville située à l'embouchure du Karoun sur le Chat el-Arab, p. 522.

MOHARREM, mois pendant lequel les Chiites donnent des représentations dramatiques en l'honneur des martyrs de leur foi, Hassan et Houssein, p. 273.

MOKATTAM, dernier contrefort de la chaîne libyque tout voisin du Caire, p. 1.

MOLLAH, membre du clergé subalterne.

MOSSOUL, ville musulmane construite sur la rive droite du Tigre vis-à-vis de l'emplacement de l'antique Ninive, p. 581.

MOTAVELLI, titre donné au gardien de tombeaux vénérés : notamment au gardien du tombeau de Daniel, p. 660.

MOUÇA (Imam), tombeau à Kàzhemeine, près Bagdad, p. 589.

MOUCHARABIEH, fenêtre en saillie et close au moyen de légères dentelles de bois derrière lesquelles se placent les femmes musulmanes afin de voir sans être vues, p. 325.

MOUCHTEID, chef religieux nommé par acclamation, p. 55.

MOUKIR. Voir NAKIR.

MOUSTOFI DE KAZBIN, auteur d'une chronologie musulmane, p. 708.

MOUTESSARREF, sous-préfet turc, p. 636.

MOUTESSARAFIEH, sous-préfecture.

MOUTONS, Turkomans de l'Asie Mineure partagés en deux tribus, celle du Mouton Noir et celle du Mouton Blanc, en raison des figures de ces animaux qui étaient peintes ou brodées sur leurs étendards respectifs, p. 708.

N

NABUCHODONOSOR, un des derniers rois de Babylone, p. 619.

NADIR CHAH, né en 1688, général de chah Tamasp, qu'il détrône en 1732. Après de nombreux succès militaires sur les Afghans, il est battu par les Arabes à Samara. Nadir revient à la charge l'année suivante, tue le général ottoman, investit Bagdad et signe une paix avantageuse qui, après une nouvelle prise d'armes, lui assure la Géorgie et l'Arménie. A la mort de chah Tamasp il prend le titre de chah (1736). Il conduit une expédition dans l'Inde et meurt assassiné en 1747, p. 320.

NAÏEB SALTANÉ (lieutenant du royaume), troisième fils de Nasr ed-din chah, p. 158.

NAKHCH, dessin.

NAKHCHÉ ROUSTEM (dessin de Roustem), bas-reliefs achéménides et sassanides sculptés sur des rochers voisins de Persépolis et au-dessous des tombes des princes achéménides, p. 388.

NAKIR, ange noir, qui interroge les morts sur l'unité de Dieu et la mission de Mahomet, p. 114.

NAMAT, tapis de feutre, p. 493.

NAPOLJOUN BEZERUG, Napoléon le Grand, p. 505.

NAKHCHIVAN, ancienne ville persane, aujourd'hui comprise dans les possessions russes. Ruines de mosquées et de tombeaux anciens, bazars animés, p. 24.

NASRABAD, caravansérail sur la route de Koum à Kachan, p. 493.

NASR ED-DIN (CHAH), fils de Mohammed chah, né en 1828, monte sur le trône en 1848. Souverain régnant, p. 132 et 710.

NATENS, mosquée renommée pour ses émaux à reflets métalliques, p. 211.

NAZER, intendant.

NÉBO, divinité chaldéenne, p. 619.

INDEX ALPHABÉTIQUE.

Nèchanè (signal), laissé par les muletiers sur les routes de caravane, p. 477.

Nedj, province de l'Arabie turque, p. 572.

Nedjef, ville de l'Arabie située au sud de Kerbéla. C'est à Nedjef que se trouve le tombeau d'Ali, neveu et gendre de Mahomet. Lieu de pèlerinage très célèbre chez les Chiites. Université, p. 55.

Négaristan, palais construit à Téhéran par Fattaly chah, p. 127.

Nemouden, paraître, 433.

Nestoriens. Ils séparent la nature divine et la nature humaine de Jésus-Christ. Nestorius, patriarche de Constantinople, mort en 439, est le chef de cette hérésie, p. 547.

Niavarand, palais royal aux environs de Téhéran.

Nicolas de Damas, historien grec, né en 64 avant J.-C., p. 380.

Niet, mot russe qui signifie « il n'y a rien ».

Nimrou, œufs au plat.

Nisibin, ville forte située entre le Tigre et l'Euphrate. Elle passa tour à tour aux mains des Perses et des Romains. Prise par Chapour après la conquête de l'Arménie, p. 408.

Nitocris. Il semble que Nitocris ait été la femme de Nabou-pal-Oussour, prédécesseur de Nabuchodonosor II, p. 613.

Nizamé, auteur de l'*Iskender Nameh* et du poème intitulé *Kosro et Chirin*, p. 706.

Noire (Mer), le Pont-Euxin des anciens ; située entre la Russie, la Turquie d'Europe, celle d'Asie et les régions caucasiennes. Elle reçoit de grands fleuves, entre autres le Danube, le Dniester, le Dnieper et le Kouban, p. 7.

Nooukar (domestique). Ce nom s'applique non seulement aux serviteurs, mais encore à tout individu placé sous les ordres d'un autre. Le premier ministre est le premier *nooukar* du roi.

Norouz (fête du nouvel an), dont l'origine paraît remonter à la plus haute antiquité perse. Elle donne lieu à de grandes réjouissances et se célèbre toujours avec solennité, p. 22.

Noubain, serviteur d'Isdoubar qui aida son maître à purger la terre de tous les monstres qu'elle nourrissait, p. 396.

O

Obaré, outarde que l'on chasse au faucon, p. 510.

Océan Indien, ou mer des Indes, compris entre l'Afrique, l'Asie et la Nouvelle-Hollande.

Okhtma, caravansérail bâti à Bagdad, p. 603.

Omar Khayyam, précurseur de Gœthe et de Henri Heine, suivant l'appréciation de M. Barbier de Meynard, p. 707.

Opium, p. 229.

Ormuzd. Voir Aouramazda.

Ourf, loi coutumière, p. 143.

Ourmiah, ville de l'Azerbeïdjan, bâtie sur les bords du lac du même nom. Siège d'un évêché, p. 52.

Ousta, titre donné à tous les chefs ouvriers.

Ovoïde, qui a la forme d'un œuf, p. 471.

P

Padarojna, passeport donnant droit de requérir des chevaux dans toutes les maisons de poste russes, p. 12.

Panka, éventail rectangulaire suspendu au plafond et mis en mouvement à bras d'homme au moyen d'un système de poulies très simple. Les serviteurs chinois le manœuvrent avec une habileté toute particulière. Le panka est indispensable dans les pays chauds. Les casernes anglaises, à Aden et aux Indes, en sont pourvues, p. 5.

Papach, coiffure tronconique formée d'une peau de mouton montée sur une carcasse d'osier, p. 17.

Parsis, nom donné aux Guèbres des Indes, p. 408.

Parthénon, temple consacré à Minerve, bâti sur le point le plus élevé du rocher de l'Acropole. Détruit par les Perses, il fut reconstruit par Périclès. La statue de la déesse, chef-d'œuvre de Phidias, était d'or et d'ivoire. Les Turcs, les Vénitiens et enfin les Anglais ont travaillé de leur mieux à la ruine de cet édifice, p. 5.

Parthes, tribu scythe établie dans la Parthie ou Parthiène, au sud de l'Hyrcanie. La Parthie forma sous Arsace (250 av. J.-C.) un royaume qui s'étendit de la mer Caspienne à l'Indus et à l'Euphrate, lutta contre Rome et ses empereurs et succomba devant les Sassanides (226 ap. J.-C.), p. 554.

Pasagade, montagne située entre Maderè Soleïman et Persépolis. Ville bâtie par Cyrus sur l'emplacement où il vainquit Astyage, p. 381.

Pasargade, vieille capitale achéménide dont on doit retrouver un jour les ruines à Darab ou à Fœsa, p. 381.

Passangan, caravansérail sur la route de Koum à Kachan, p. 198.

Paul, monnaie d'or russe, p. 36.

Peder Çag, litt. « père chien » (sous-entendu « fils de »). En réalité l'insulte doit s'entendre « fils de père chien ». C'est aux ascendants que les plus grossières injures sont adressées. *Passim.*

Peder Soukhta, litt. « père brûlé » (sous-entendu « fils de »), et doit s'entendre « fils de père qui brûle aux enfers ». *Passim.*

Pehlvi, langue perse parlée du temps des Sassanides, p. 212.

Peïghambar (prophète), p. 663.

Pendentif, surface courbe qui raccorde une portion de la base d'une coupole avec des arceaux jetés au-dessus des piliers placés aux angles d'une salle carrée.

Perse, nom donné par les Européens au royaume gouverné par le chah. Les Persans désignent leur patrie sous le nom d'Iran, et réservent les dérivés du mot Fars pour qualifier leur langue et une province du sud dont Chiraz est la capitale. Cette distinction est exacte : le nom d'Iran appartenait de l'antiquité au pays lui-même, tandis que les Persans sont des Aryens qui conquirent le sud de l'Iran avant de régner sur la totalité du pays. Les Arabes désignent les Persans sous le nom d'Adjémis. *Passim.*

Persépolis, nom donné par les Grecs à l'une des anciennes capitales des Perses située dans le nord du Fars. Le nom véritable paraît avoir été Parsa. Palais et tombeaux achéménides, bas-reliefs sassanides, p. 383.

Perside, vêtement fourré de peau de bête, connu d'Aristophane, p. 400.

Persique (Golfe), situé entre la Perse à l'est et l'Arabie à l'ouest, se terminant auprès de l'embouchure du Tigre et de l'Euphrate. Sa longueur est d'environ 250 lieues, sur une largeur variant de 90 à 22. Sa profondeur ne dépasse en aucun point 200 mètres. Tempêtes fréquentes; groupe des îles Baharin, p. 2, 507.

Petits-Russiens, habitants de la Russie méridionale, p. 17.

Phase, rivière qui prend sa source dans le Caucase et se jette dans la mer Noire. Les anciens prétendent que l'expédition des Argonautes s'arrêta à la ville d'Oca, construite près de son embouchure. Les rives du Phase sont peuplées d'oiseaux qui lui doivent son nom : les faisans, p. 8.

Philippe II de Macédoine (359 à 336 av. J.-C.), fils d'Amyntas III, soumit la Thrace, vainquit à Chéronée les Athéniens et les Thébains réunis contre lui à la voix de Démosthène, et périt assassiné par Pausanias. Père d'Alexandre le Grand, p. 408.

Pialeh, petite coupe en métal de la forme d'une sébile.

Pichkheomet, valet de chambre, p. 68.

Pichkiach, cadeau que l'on fait avec l'intention d'obtenir une faveur ou une étrenne supérieure à la valeur de l'objet offert, p. 487.

Pick, gros village situé sur la route de Téhéran à Saveh, p. 165.

Pilau. Recette. — Prenez deux livres de riz à grains très fins ; mettez à tremper dans de l'eau froide pendant trois heures; changez l'eau et faites crever le riz pendant vingt minutes; posez le riz sur une claie d'osier et lavez-le à l'eau froide, de façon à enlever toutes les parties amidonnées et à ne conserver que le gluten. Laissez sécher sur la claie pendant une demi-heure. Prenez une marmite ou une grande casserole de cuivre ; jetez-y le riz assaisonné de sel et de poivre, ajoutez-y une demi-livre de beurre très frais divisé en petits morceaux. Fermez le récipient, entretenez du charbon ardent dessus et dessous pendant une heure ou une heure et demie et n'ouvrez qu'au moment de servir. La croûte dorée qui s'attache au fond de la marmite doit être retournée et posée au sommet du plat de riz. C'est la partie préférée par les Persans. Si le pilau est bien réussi, le riz, après entière cuisson, doit se détacher grain par grain, comme s'il était cru. Le pilau se sert à part et se mêle dans l'assiette de chaque convive avec toutes sortes de plats de viande préparés en sauce, des crèmes, de la confiture ; en un mot avec des mets assez liquides pour humecter le riz.

Pir-Bodak khan, premier kadjar qui joue un rôle actif dans l'histoire de la Perse, p. 708.

Pisé, mortier de terre mêlé de paille, p. 390.

Pline l'Ancien, écrivain latin, auteur d'une *Histoire naturelle*. Périt en voulant voir de trop près une éruption du Vésuve (23-79 ap. J.-C.), p. 412.

Plutarque, historien et moraliste grec, né à Chéronée, en Béotie (50-120 ap. J.-C.). Précepteur d'Adrien. Créé consul par Trajan. Il nous reste de lui des œuvres morales et les *Vies des hommes illustres*, grecs et romains, p. 407.

Pochtkhoun, terrasse qui recouvre les maisons ou les édifices, p. 288.

Polvar-Roud, rivière torrentueuse qui prend sa source dans les montagnes des Bakhtyaris et court vers Persépolis, p. 365.

Polybe, historien grec, né à Mégalopolis (Arcadie) vers 204 av. J.-C. Son père était chef de la ligue Achéenne. Élève de Philopœmen. De ses ouvrages il ne reste plus que l'*Histoire universelle*, s'étendant depuis le commencement des guerres puniques jusqu'à la fin des guerres de Macédoine, p. 42.

Port-Saïd, ville de formation récente, construite à l'entrée du canal de Suez. Son accroissement est constant, p. 2.

Posada, mot espagnol qui signifie « hôtellerie ».

Poseidon, nom grec du dieu que les Romains appelèrent Neptune, p. 5.

Poti, petit port de mer russe, d'un accès très difficile durant la plus grande partie de l'année, situé à l'embouchure du Phase, sur la mer Noire. Une ligne de chemin de fer, construite actuellement jusqu'à Tiflis, réunira dans peu d'années la mer Noire à la mer Caspienne, p. 7.

Poul (argent), p. 435.

Ptolémée (306-285 av. J.-C), roi d'Égypte, après la mort d'Alexandre.

Pur sang, p. 633.

Pyrahan, courte chemise descendant à peine plus bas que la ceinture, p. 358.

Pyrée, autel du feu. Voir Atechga.

Q

Quinte-Curce, historien latin dont la vie et l'époque sont inconnues. Auteur d'une *Vie d'Alexandre*. Il est probable qu'il vivait sous Trajan, p. 407-614.

Quillage, mot dérivé de quille : se dit en architecture de tous les systèmes de supports verticaux, p. 472.

R

Radier, maçonnerie placée en travers d'une rivière et formant une fondation indiscontinue sur laquelle sont bâties les piles d'un pont ou tout autre ouvrage d'art, p. 326.

Ramazan ou Ramadan, suivant qu'on adopte la forme persane ou arabe, mois de jeûne ordonné aux musulmans en souvenir du saint temps où l'ange Gabriel apporta le Koran à Mahomet, p. 115.

Rachid ed din, historien, p. 708.

Rawlinson, général, diplomate et célèbre assyriologue anglais, p. 619.

Recht, port persan sur la mer Caspienne, mis en communication avec Téhéran par une route de caravane jusqu'à Kazbin et par un fossé rarement carrossable de Kazbin à Téhéran, p. 497.

Reï, l'antique Ragès, s'élevait non loin de l'emplacement actuel de Téhéran. Fortifications antiques. Deux tours de la période musulmane, p. 138.

Reïs, titre arabe donné au capitaine d'un bateau, p. 536.

Rezza (Imam), enterré à Mechhed, dans le Khorassan. Pèlerinage en grande vénération, p. 65.

Rokhch (Cham), p. 273.

INDEX ALPHABÉTIQUE.

ROMAIN DIOGÈNE, époux de l'impératrice Eudoxie et tuteur de ses fils, p. 706.
ROOUGAN, mélange de beurre et de graisse de queue de mouton avec lequel on fait la cuisine.
ROUBANDI (lien de figure), voile de toile blanche porté par les femmes persanes dès qu'elles franchissent le seuil de leur maison, p. 110.
ROUGE (MER), grand golfe de la mer des Indes connu des anciens sous le nom de mer Erythrée. Cette mer est peu profonde, semée d'îlots et de rochers et sujette à des coups de vent violent; ses chaleurs suffocantes sont redoutables. Le canal de Suez la met aujourd'hui en communication avec la mer Méditerranée.
ROUSTEM, personnage légendaire sur lequel l'épopée persane s'est plu à accumuler la gloire de plusieurs générations de guerriers redoutables. Lire dans le *Chah Námeh* de Firdouzi l'admirable passage où le héros vainqueur reconnaît son propre fils Sohrab dans l'ennemi étendu à ses pieds, ainsi que le navrant tableau du désespoir et de la folie de la mère de Sohrab. *Passim.*

S

SAADI, poëte et philosophe persan né à Chiraz au XIIᵉ siècle. Auteur du *Gulistan* (Roseraie), du *Bostan* (Verger) et du *Pend Nameh* (Livre des conseils). On doit à l'éminent professeur au Collège de France, M. Barbier de Meynard, une traduction du *Bostan* aussi élégante qu'exacte.
SABÉENS OU SOUBAS, désignés dans la Turquie d'Asie sous le nom de chrétiens de saint Jean; ils considèrent saint Jean comme le véritable Messie, p. 547.
SABLIÈRE, pièce de bois longitudinale sur laquelle reposent les chevrons de la charpente, p. 506.
SALAMINE, île de l'Archipel située vis-à-vis d'Eleusis, en Attique, dont elle n'est séparée que par un canal. La baie de Salamine est surtout célèbre par la grande victoire que Thémistocle y remporta sur la flotte de Xerxès (480 av. J.-C.), p. 666.
SAMOVAR, récipient chauffé par un réchaud à charbon et dans lequel on conserve de l'eau en ébullition destinée à faire le thé.
SARDES, capitale de la Lydie, p. 193.
SARGON OU SARIOUKIN II (721-704 av. J.-C.), roi d'Assyrie, successeur de Salmanazar. Il construisit le palais retrouvé par M. Place dans le village de Khorsabad, p. 393-581.
SARTIP (général), p. 246.
SARVISTAN (Terre des Cyprès), bourg de la province du Fars au sud de Chiraz, p. 465.
SASSANIDES, dynastie perse qui succéda aux Arsacides. Sassan, son fondateur, monta sur le trône vers l'an 200 de J.-C. Chapour Ardéchir, Kosroès Anouchirvan sont au nombre des principaux rois sassanides, p. 388-703.
SAUX, village entre Koroud et Ispahan. Station télégraphique, p. 213.
SAVEH, ville située au sud-ouest de Téhéran, p. 171.
SÉFÉVIE, dynastie persane connue aussi sous le nom de Sofi. Son fondateur, chah Ismaïl, prétendait descendre du septième imam (1478). Le dernier roi sofi, chah Houssein, est renversé par l'invasion afghane. Voir Chah Abbas.
SEÏD (en persan prononcez Seïed), descendant de Mahomet. Se distingue du commun des mortels par le turban ou la ceinture de couleur verte s'il est sunnite, de couleur bleu noir s'il est chiite, p. 145.
SÉLEUCIE, ville de l'ancienne Babylonie, bâtie sur le Tigre. Capitale des Séleucides, p. 539.
SELDOUCIDES, dynastie turque qui régna sur l'Asie au XIIᵉ siècle et disparut devant Djengis khan, p. 707.
SÉMIRAMIS, reine, peut-être légendaire, au compte de laquelle les historiens grecs ont mis tous les hauts faits des princes de la Babylonie et de l'Assyrie. Son nom ne se trouve dans aucun texte, mais une des femmes de Binmirari, qui régnait sur l'Assyrie au commencement du VIIIᵉ siècle, se nommait Sammourramit. Comme ce nom est le type original du nom de Sémiramis, on a proposé de reconnaître dans la femme de Binmirari la Sémiramis d'Hérodote. Cette reine, fait anormal chez les Assyriens, fut associée au trône par son royal époux, p. 613.
SENNACHÉRIB, en assyrien Sin-akhè-irib (704-681 av. J.-C.), un des plus puissants rois qui aient régné sur l'Assyrie, p. 393-581.
SERDAB, appartement creusé dans le sol, où se réfugient pendant l'été les habitants de Bagdad, p. 567.
SERDAR (celui qui tient la tête), titre porté autrefois par les gouverneurs persans de la province d'Érivan, p. 22.
SERKANDJEBIN, vinaigre sucré et aromatisé avec de l'eau de roses, p. 148.
SEWANGA (LAC), situé dans les montagnes du Caucase, p. 13.
SIMSIM, caravansérail sur la route de Koum à Kachan, p. 193.
SIOUT, capitale de la Haute-Égypte, p. 216 et 612.
SITCHAS, mot russe qui signifie « tout de suite », p. 12.
SLOUGUI (TAZI en persan), lévrier très agile utilisé par les Arabes pour chasser le lièvre ou la gazelle.
SMYRNE, grande ville de la Turquie d'Asie sur le golfe de Smyrne. Commerce de tapis, p. 605.
SOFIA, village de l'Arménie, p. 39.
SOLÉÏMAN (CHAH), p. 321.
SOUK-EL-GAZEL, minaret à Bagdad, p. 604.
SOURMEK, village situé à une étape d'Abadeh, vieille forteresse sassanide, p. 582.
STADE, mesure de longueur, environ 182 mètres, p. 614.
STAMBOUL, nom turc de Constantinople, p. 7.
STILLICIDE, saillie de la toiture portée sur les chevrons, p. 399.
STRABON, célèbre géographe grec né vers l'an 60 av. J.-C., mort dans les premières années de Tibère. Auteur d'une géographie comprenant la description de tous les pays connus de son temps, p. 42 et *passim.*
SUFFI MIRZA, fils aîné de chah Abbas le Grand, p. 251.
SULTANIEH, ville bâtie sur le plateau du Kongoroland par le sultan mogol chah Khoda Bendeh. Prise d'assaut et saccagée par Timourlang en 1381, p. 88.
SUNNITES. Composent l'immense majorité des musulmans. A l'encontre des Chiites, ils considèrent les trois premiers califes comme les successeurs légitimes de Mahomet et acceptent une seule loi religieuse la Sunna, d'où leur nom de Sunnite, p. 745 et 547.
SUSE, ancienne capitale de l'Élam. Ruinée par Assour-ban-Habal, p. 660.
SUSIANE, pays situé au sud-ouest de la Perse, à l'est de la Mésopotamie. Il fut habité aux époques qui confinent avec les époques préhistoriques par une race distincte des Sémites et des Aryens. Le pays est souvent désigné sous le nom d'Élam et d'Ansan.

T

Tab (fièvre), p. 433.
Tachmir, formule de politesse qui signifie « Votre Honneur ».
Tadjer bachy, marchand en chef.
Tadjrich, village situé dans une vallée formée par deux contreforts de l'Elbrouz. Résidence ordinaire des légations de France et de Turquie, qui y louent des villas, p. 157.
Tag, voûte en berceau, p. 354.
Tag Eïvan (Voûte d'Eïvan), monument sassanide bâti sur la rive droite de la Kerkha, p. 645.
Tag Kesra (voûte de Kosroès), immense palais dont les ruines signalent seules la position de Ctésiphon.
Takht (plate-forme élevée), par analogie « trône, lit, terrasse. »
Takhtché, niche creusée dans la muraille et sur la tablette de laquelle on dépose les objets d'un usage journalier; cette sorte de décoration se répète tout autour des pièces et constitue de véritables armoires non fermées.
Takhté Djemchid (Trône de Djemchid), nom donné par les Persans au grand soubassement qui supporte les ruines des palais de Darius et de ses successeurs, p. 393.
Takhté Maderè Soleïman (Trône de la Mère de Salomon), p. 367.
Takhté Poulad, village situé aux portes d'Ispahan, p. 336.
Takhté Soleïman (Trône de Soleïman), palais aux environs d'Ispahan, p. 324.
Talar, salon dont une des faces peut s'ouvrir ou se fermer à volonté au moyen de châssis ornés de vitraux de couleur. C'est la pièce principale d'une habitation; elle fait en général partie du biroun.
Tamasp II, chah de Perse, p. 320.
Tamerlan (Timour Lang, Timour le Boiteux) [1336-1405], fait de Samarcande sa capitale, ravage la Perse, la Russie méridionale, s'avance dans l'Inde jusqu'à Delhi, bat et prend le sultan Bajazet 1er à Ancyre. Laisse des mémoires écrits en langue mogole, p. 88 et *passim*.
Tang, défilé, p. 478.
Tarbouch, coiffure de feutre rouge portée par les musulmans turcs; ils ne l'abandonnent jamais, même lorsqu'ils revêtent le costume européen, p. 634.
Tasa, neuf, p. 194.
Tauris, capitale de l'Azerbeïdjan; mosquée Bleue, pont, bazar, commerce important avec la Russie, p. 43.
Tazi, lévrier très agile, p. 513.
Tchaar-Bag (Quatre-Jardins), promenade plantée de platanes, p. 246.
Tchader (tente), grand voile de coton gros bleu dans lequel s'enveloppent les femmes persanes quand elles sortent. Quelques dames de la cour ont adopté depuis peu le tchader de soie noire, p. 110.
Tchanaré Tadjrich (platane de Tadjrich), p. 159.
Tchaparchy, gardien d'une maison de poste.
Tchapar khané, maison de poste où l'on entretient des chevaux réservés aux courriers royaux. L'administration autorise les voyageurs à louer ces bêtes lorsqu'elles sont inutilisées. La grande voie de Téhéran à Chiraz est seule bien pourvue de chevaux.
Tcharvadar, litt. « propriétaire de bêtes à quatre pattes »; en réalité, « muletier ».
Tcheel-Minar (Quarante-Minarets). Voir Takhté Djemchid, p. 394.
Tcheel-Soutoun (Quarante-Colonnes), palais bâti à Ispahan par chah Abbas, reconstruit après un incendie par chah Houssein, p. 244.
Tchérag, lampe, p. 433.
Témersy (Camp de). Voir l'insurrection baby, p. 79.
Téhéran, capitale de la Perse depuis l'avènement au trône de la dynastie kadjar, p. 121.
Tell, surélévation artificielle du sol, p. 651.
Thaïs, courtisane venue en Perse avec l'armée d'Alexandre et qui, suivant Plutarque, proposa de mettre le feu à Persépolis, p. 407.
Thé. Recette. Voulez-vous substituer une boisson aromatique à la décoction de sainfoin que vous prenez tristement sous le nom de thé, au lendemain d'un malaise d'estomac? procurez-vous tout d'abord un thé fin, brisé, concassé même et mettez à l'écart ces belles et larges feuilles devant lesquelles se pâment d'aise tous les Français. Puis achetez un samovar, car, s'il faut un lièvre pour faire un civet, axiome tout au moins contestable, il faut à plus forte raison un samovar pour confectionner du thé. Quand on a acquis cet instrument, on met dans une très petite théière, rincée à trois eaux bouillantes, la feuille, additionnée d'une faible quantité d'eau en pleine ébullition. Puis on pose le récipient sur la cheminée du samovar et l'on recouvre le tout d'un tapis ouaté. Veut-on prendre du thé: on rincera à l'eau chaude de petits verres, bien supérieurs aux vulgaires tasses de porcelaine, on versera de l'essence puisée dans la théière et l'on étendra cette essence d'une quantité d'eau bouillante empruntée au samovar, quantité variable suivant le goût du dégustateur. On ajoutera du sucre, une mince tranche de citron et l'on verra merveille, suivant l'heureuse expression de Brillat-Savarin.
Thèbes, ancienne capitale de la Haute-Égypte, p. 404.
Théodoros, négus d'Abyssinie, p. 592.
Tiflis, capitale de la Géorgie située sur le Kour, annexée aujourd'hui à la Russie, p. 8.
Tigre, fleuve de la Turquie d'Asie qui prend sa source dans les montagnes d'Erzeroum, passe à Diarbekir, Mossoul, Bagdad et se joint à l'Euphrate à Kournah. 1800 kilomètres de longueur, p. 551.
Tomb (Poisson du). On le pêche dans le Tigre; il est le principal élément de l'alimentation des Bagdadiens pauvres, p. 594.
Toman, monnaie d'or d'un usage effectif peu commun, équivalent à dix krans. La valeur du kran est variable suivant que les rois sous lesquels ils ont été frappés ont plus ou moins altéré les monnaies. On peut néanmoins considérer que le toman ne vaut pas moins de 9 francs et pas plus de 10 fr. 50.
Torcu, fruit ou légume confit dans du vinaigre, p. 516.
Toufangtchi, garde armé d'un fusil.
Toul, imamzaddé situé sur les bords de la Kerkha, p. 645.
Touloun, mosquée du Caire, p. 485.
Travée, espace compris entre deux poutres et rempli par un certain nombre de solives. Par extension: espace d'une salle compris entre deux groupes successifs de contreforts symétriques, p. 472.
Trébizonde, chef-lieu d'un pachalik; bâtie sur la mer Noire. Consulats français et anglais. Commerce de toiles, cotonnades, chanvre, cuivre, argent, lin, tabac et citrons, p. 7.

TROIE, ville célèbre de l'antiquité dont le site et les ruines ont été découverts par M. Schlieman, p. 408.
TROMPE, voûte conique jetée sur un angle rentrant, p. 471.
TURKMENTCHAÏ, village situé dans la province de l'Azerbeïdjan. En 1828 la Russie et la Perse y signèrent un traité tout à l'avantage de la première de ces puissances, p. 70.
TYMPAN, partie pleine des murs posée en prolongement des têtes des arceaux et au-dessus de ceux-ci.

U

USBEGS, tribu campée sur les frontières de l'Afghanistan, p. 123.

V

VAKIL (régent), titre sous lequel régna Kérim khan, p. 347.
VAKF. Voir p. 172.
VALÉRIUS, empereur romain fait prisonnier par Chapour à la bataille d'Édesse. Mort en captivité, p. 259.
VALYAT, titre donné à l'héritier présomptif du trône de Perse.
VENTANA, auberge espagnole de dernière catégorie.

VÉRAMINE, grande plaine cultivée qui s'étend à l'est de Téhéran. Village du même nom bâti sur l'emplacement d'une ville ancienne abandonnée, p. 140.
VICTOIRE APTÈRE (Victoire sans ailes). Les Grecs lui avaient coupé ces gracieux appendices pour s'assurer qu'elle leur resterait toujours fidèle, p. 5.
VOHOU MANO, p. 412.

W

WAHAB, fondateur d'une secte musulmane dissidente. A commencé ses prédications en 1740, p. 592.

WEÏS, village près d'Ahwas, p. 673.

X

XANTHE DE LYDIE, un des plus anciens historiens de la Grèce, né à Sardes en Lydie, vers 503 av. J.-C., p. 412.
XÉNOPHON, né à Athènes (445-355 av. J.-C.), fit partie de l'expédition des Dix Mille, dont il a raconté l'histoire dans l'*Anabase*, p. 373.
XERXÈS Ier (Khchayârchâ), fils de Darius, succéda à son père en 486 av. J.-C. Il réduisit l'Égypte et résolut ensuite de conquérir la Grèce. Son armée, forte de 5 millions d'hommes au dire d'Hérodote, passa l'Hellespont, pénétra dans l'Attique en 480, franchit les Thermopyles et s'avança jusqu'à Athènes, qu'elle détruisit. A l'approche de l'ennemi les Athéniens s'étaient sauvés sur leurs vaisseaux. La sanglante bataille de Salamine vit périr toute la flotte perse et obligea Xerxès à regagner au plus vite l'Iran. Il mourut assassiné en 472 av. J.-C.

Y

YABOU, cheval de peu de valeur, p. 435.
YAKHTCHAL, cave recouverte d'une coupole maçonnée, et dans laquelle on conserve la glace fabriquée en hiver.
YAKOUT, géographe du XIIIe siècle, issu d'une famille grecque. C'est à Merv en 1218 qu'il commença à écrire son *Dictionnaire des pays*. Voir la traduction de M. Barbier de Meynard, professeur au Collège de France.
YAVACH (doucement).
YEZD, capitale du Kirman, p. 241.

YEZD-KHAST, petite ville située sur la route de Koumicheh à Abadeh, p. 343.
YÉZIDIS. Ils ont une vénération particulière pour le mauvais principe, Satan, mais paraissent aussi adorer le soleil. Leur religion, dont ils n'ont pas eux-mêmes une idée très nette, semble une dégénérescence des religions dualistes de la Médie, dans laquelle le mauvais principe, Ahriman, a pris le pas sur Aouramazda. L'auteur qui a le mieux étudié cette singulière croyance est encore M. Layard : *Niniveh discoveries*.

Z

ZAGROS, grande chaîne de montagnes qui sépare les plaines de l'Arabistan et de la Mésopotamie, de la Perse proprement dite, p. 42.
ZAKOUSKI, petit repas composé de hors-d'œuvre salés, et arrosé d'eau-de-vie, que les Russes prennent une demi-heure avant de se mettre à table.
ZAPTIÉ, cavalier turc enrégimenté, utilisé comme gendarme et comme soldat, p. 611.

ZAR, mesure équivalant à peu près au mètre.
ZARGOUN, village situé à proximité d'un marais, entre Persépolis et Chiraz, p. 416.
ZELLÉ SULTAN (l'ombre du roi), fils aîné de Nasr ed-din chah, p. 251-253.
ZENDÉROUD, cours d'eau qui prend sa source dans les monts Zagros, arrose Ispahan et se perd dans les sables du désert, p. 217.

ZENDJAN, capitale de la province de Khamseh, p. 77.
ZERGENDEH, village situé auprès de Téhéran, au pied des montagnes de l'Elbrouz. Habitation d'été de la légation d'Angleterre, qui possède ce village en toute propriété, p. 157.
ZIGOURAT, temple à étages de la Babylonie et de la Chaldée, p. 485 et 618.
ZIRZAMIN (sous terre), appartements souterrains dans lesquels les Persans passent les heures les plus chaudes des jours d'été.
ZOAK, prince syrien, dont l'histoire plus ou moins légendaire a été racontée par Firdouzi, p. 394.
ZOBEÏDE, femme du calife Haroun Al-Rachid. Prétendue fondatrice de Tauris (794); tombeau à Bagdad, p. 44 et 600.
ZOROASTRE, fondateur de la religion mazdéique, p. 389 et 412.

FIN DE L'INDEX ALPHABÉTIQUE.

TABLE DES GRAVURES

Nota. — Toutes les gravures contenues dans ce volume ont été faites d'après les photographies et les dessins de M. et de Mme Dieulafoy, sauf celles dont le nom est précédé d'un astérisque.

Mme Dieulafoy. — Gravure de Thiriat, d'après une photographie. . . . . Frontispice.

Introduction. — ATHÈNES, CONSTANTINOPLE et TIFLIS

Gravures.   Pages.
1. * Vue de Marseille. — Dessin de Th. Weber, d'après une photographie. 1
2. * Le Parthénon. — Dessin de Thérond, d'après une photographie. 3
3. * Temple de la Victoire Aptère. — Dessin de Thérond, d'après une photographie. 6
4. * Constantinople. — La fontaine du Sérail. — Dessin de Thérond, d'après une photographie. . . . 7
5. * Constantinople. — La Corne d'Or, vue prise des hauteurs d'Eyoub. — Dessin de F. Sorrieu, d'après un croquis de J. Laurens. 9
6. * Poti et l'embouchure du Phase. — Dessin de Th. Weber, d'après une photographie. 10
7. * Tunnel sur le chemin de fer de Poti à Tiflis. — Dessin de Taylor, d'après une photographie. . 11
8. * Prince géorgien. — Dessin de A. Sirouy, d'après une photographie. 12
9. * Vue de Tiflis. — Dessin de Thérond, d'après une photographie. 13
10. * Jeune fille géorgienne. — Dessin de Th. Deyrolle, d'après nature. 16

CHAP. Ier. — ÉRIVAN et NARCHIVAN

11. Paysans russes et tartares. — Dessin de Pranishnikoff, d'après une photographie. 17
12. Enfant arménien. — Dessin de Pranishnikoff, d'après une photographie. 18
13. Ancienne mosquée à Érivan. — Dessin de Barclay, d'après une photographie. 19
14. Pont d'Érivan. — Dessin de Taylor, d'après une photographie. 23
15. Ruines de la masdjed djouma et minaret à Narchivan. — Dessin de D. Lancelot, d'après une photographie. 25
16. Atabeg Koumbaz à Narchivan. — Dessin de H. Clerget, d'après une photographie. 27
17. Mosquée ruinée à Narchivan. — Dessin de H. Clerget, d'après une photographie. 28

CHAP. II. — MARANDE

18. * Cavaliers kurdes. — Dessin de E. Burnand, d'après une photographie. 29
19. Derviche et vieux mendiant à Marande. — Dessin de Pranishnikoff, d'après une photographie. . . 33
20. Femmes persanes à Marande. — Dessin de Pranishnikoff, d'après une photographie. 36
21. Caravansérail ruiné sur la route de Marande à Tauris. — Dessin de D. Lancelot, d'après une photographie. 37
22. Derviche. — Dessin de P. Fritel, d'après une photographie. 39

CHAP. III. — TAURIS

23. Derviche récitant des poésies héroïques. — Dessin de Tofani, d'après une photographie. 41
24. M. Bernay. — Dessin de E. Ronjat, d'après une photographie. 44
25. * Tasse à café persane. — Dessin de Catenacci, d'après une photographie. 46

TABLE DES GRAVURES.

CHAP. IV. — TAURIS (suite), ECHMYAZIN et MIANEH

Gravures. Pages.
26. Les jardins près de Tauris. — Dessin de Taylor, d'après une photographie. 47
27. Vue intérieure de la mosquée Bleue de Tauris. — Dessin de Barclay, d'après une photographie. 49
28. Porte extérieure de la mosquée Bleue de Tauris. — Dessin de Barclay, d'après une photographie. 51
29. Forteresse de Tauris. — Dessin de Taylor, d'après une photographie. 53
30. Le mouchteïd de Tauris et ses vicaires. — Dessin de Tofani, d'après un croquis de M. Dieulafoy. 55
31. Archevêque arménien. — Dessin de Pranishnikoff, d'après une photographie. 62
32. Couvent d'Echmyazin. — Dessin de Taylor, d'après une photographie. 63
33. Femme chaldéenne. — Dessin de Mlle Lancelot, d'après un croquis de M. Dieulafoy 65
34. La fille du gardien du tchaparkhané. — Dessin de Pranishnikoff, d'après une photographie. 67
35. Le pichkhedmet de l'aga. — Dessin de Pranishnikoff, d'après une photographie. 69
36. Le ketkhoda de Mianeh et ses serviteurs. — Dessin de Pranishnikoff, d'après une photographie. 71
37. Le pont de la Pucelle (Dokhtarè-pol). — Dessin de Taylor, d'après une photographie. 73
38. Trône du catholicos d'Echmyazin. — Dessin de Barclay, d'après une photographie. 76

CHAP. V. — ZENDJAN, SULTANIEH et KHOREMDEREH

39. Panorama de Sultanieh. — Dessin de Taylor, d'après une photographie. 77
40. Jeune fille baby. — Dessin de A. Marie, d'après une photographie. 81
41. Jeune fille baby de Zendjan. — Dessin de Pranishnikoff, d'après une photographie. 85
42. Tombeau de chah Khoda Bendeh à Sultanieh. — Dessin de Barclay, d'après une photographie. 89
43. Les tcharvadars lavant les mosaïques. — Dessin de Pranishnikoff, d'après une photographie. 93
44. Paysage à Khoremdereh. — Dessin de Taylor, d'après une photographie. 94
45. Tombeau près de Sultanieh. — Dessin de Barclay, d'après une photographie. 97

CHAP. VI. — AZIMABAD et KAZBIN

46. Maison persane à Azimabad. — Dessin de M. Dieulafoy, d'après nature. 99
47. Ahambar (réservoir) de Kazbin. — Dessin de Barclay, d'après une photographie. 101
48. Place du marché à Kazbin. — Dessin de G. Vuillier, d'après une photographie. 103
49. Le chahzadè, gouverneur de Kazbin. — Gravure de Thiriat, d'après une photographie. 105
50. Masdjed Chah de Kazbin. — Dessin de Barclay, d'après une photographie. 107
51. Mystères d'Houssein. — Dessin de Tofani, d'après une photographie. 111
52. Imamzadèh Houssein. — Dessin de Taylor, d'après une photographie. 113
53. Ruines de la médressé Bolakhi. — Dessin de Barclay, d'après une photographie. 117
54. * Le Démavend. — Dessin de J. Laurens, d'après nature. 118
55. Femme persane en costume de promenade. — Dessin de E. Ronjat, d'après une photographie. 119

CHAP. VII. — TÉHÉRAN

56. Fattaly chah et ses fils. — Dessin de H. Chapuis, d'après une photographie. 121
57. Le docteur Tholozan. — Gravure de Thiriat, d'après une photographie. 123
58. Mendiante persane. — Dessin de Pranishnikoff, d'après une photographie. 125
59. Andèroun de Fattaly chah. — Dessin de Taylor, d'après une photographie. 127
60. * Palais du chah. — Dessin de Barclay, d'après une gravure persane. 130
61. * Nasr ed-din chah. — Gravure de Thiriat, d'après une photographie. 131
62. Poterie persane. — Dessin de M. Dieulafoy. 132

CHAP. VIII. — TÉHÉRAN (suite) et VÉRAMINE

63. * Tour de Reï sur l'emplacement de l'ancienne Ragès. — Dessin de Thérond, d'après une photographie. . . 133
64. Neveu et nièce du chah. — Dessin de E. Ronjat, d'après une photographie. 135
65. * Une case du cimetière guèbre. — Dessin d'Émile Bayard, d'après une photographie. 136
66. * Cimetière guèbre près de Téhéran. — Dessin de Thérond, d'après une photographie. 137
67. Panorama de Véramine. — Dessin de G. Vuillier, d'après une photographie. 140
68. La masdjed djouma de Véramine (vue extérieure). — Dessin de Taylor, d'après une photographie. 141
69. La masdjed djouma de Véramine (vue intérieure). — Dessin de H. Clerget, d'après une photographie. . . . 142
70. La citadelle de Véramine. — Dessin de Taylor, d'après une photographie. 143
71. Imamzadèh Yaya. — Dessin de Taylor, d'après une photographie. 147
72. Tour décapitée à Véramine. — Dessin de H. Clerget, d'après une photographie. 148
73. Mihrab à Véramine. — Dessin de H. Clerget, d'après une photographie. 149

TABLE DES GRAVURES.

	Pages
74. Bergers d'Astérabad. — Dessin de E. Ronjat, d'après une photographie.	154
75. Imamzaddè Jaffary. — Dessin de H. Clerget, d'après une photographie.	157
76. Mirza Nizam de Gaffary. — Dessin de E. Ronjat, d'après une photographie.	158
77. Le platane de Tadjrich. — Dessin de G. Vuillier, d'après une photographie.	159
78. * Palais du prince royal. — Dessin de Barclay, d'après une gravure persane.	162
79. Maison du docteur Tholozan à Téhéran. — Dessin de Taylor, d'après une photographie.	163
80. Mollahs et paysans de Véramine. — Dessin de Tofani, d'après une photographie.	164

CHAP. IX. — MAMOUNIEH ET SAVEH

81. Barrage de Saveh. — Dessin de Taylor, d'après une photographie.	165
82. Abdar. — Dessin de Tofani, d'après une photographie.	167
83. Dôme de la masdjed djouma de Saveh. — Dessin de Barclay, d'après une photographie.	170
84. Derviche du Khorassan. — Dessin de M. Dieulafoy, d'après nature.	171
85. Minaret guiznévide de Saveh. — Dessin de Barclay, d'après une photographie.	173

CHAP. X. — SAVEH (suite), AVAH ET KOUM

86. Tombeaux des Cheikhs à Koum. — Dessin de G. Vuillier, d'après une photographie.	175
87. Fatma. — Dessin de M. Dieulafoy, d'après nature.	178
88. Double minaret. — Dessin de D. Lancelot, d'après une photographie.	181
89. Le gouverneur de Koum. — Dessin de E. Ronjat, d'après une photographie.	182
90. Panorama de Koum. — Dessin de Taylor, d'après une photographie.	183
91. Plan de l'andéroun du gouverneur de Koum.	185
92. Tombeau de Fatma à Koum. — Dessin de Taylor, d'après une photographie.	187
93. Pas plus de péché dans une bouteille que dans un verre. — Dessin de M. Dieulafoy.	189

CHAP. XI. — NASRABAD, KACHAN ET KOROUT

94. Caravansérail de Passangan. — Dessin de D. Lancelot, d'après une photographie.	191
95. Le caravansérail Tasa de Kachan. — Dessin de Barclay, d'après une photographie.	193
96. Minaret penché à Kachan. — Dessin de D. Lancelot, d'après une photographie.	198
97. Une rue de Kachan. — Masdjed djouma. — Dessin de M. Dieulafoy, d'après nature.	199
98. Le gouverneur de Kachan et sa suite. — Dessin de Tofani, d'après une photographie.	201
99. Mirza et officiers. — Dessin de Tofani, d'après une photographie.	204
100. Entrée de la mosquée Meïdan de Kachan. — Dessin de Barclay, d'après une photographie.	205
101. Mosquée Meïdan de Kachan. — Mihrab à reflets métalliques. — Dessin de Barclay, d'après une photographie.	206
102. Marchand de pêches à Kachan. — Dessin de Tofani, d'après une photographie.	207
103. Montagnards de Korout et moutons à grosse queue. — Dessin de Tofani, d'après une photographie.	213
104. Dame persane. — Gravure de Thiriat, d'après une photographie.	214

CHAP. XII. — DJOULFA

105. Sœurs de Sainte-Catherine à Djoulfa. — Dessin de P. Dufour, d'après une photographie.	215
106. Le Tchaar-Bag. — Dessin de Dosso, d'après une photographie.	217
107. Rue de Djoulfa. — Dessin de Ferdinandus, d'après une photographie.	219
108. Le P. Pascal Arakélian. — Dessin de M. Dieulafoy, d'après nature.	223
109. Évêque arménien de Djoulfa. — Dessin de E. Ronjat, d'après une photographie.	225
110. Église arménienne de Djoulfa. — Dessin de Taylor, d'après une photographie.	227
111. Préparation de l'opium à fumer. — Dessin de A. Sirouy, d'après une photographie.	230
112. Préparation de l'opium pharmaceutique. — Dessin de A. Sirouy, d'après une photographie.	231
113. Arméniennes de Djoulfa. — Dessin de Tofani, d'après une photographie.	233
114. Arménienne des environs d'Ispahan. — Dessin de Tofani, d'après une photographie.	235
115. Famille arménienne. — Dessin de A. Sirouy, d'après une photographie.	238

CHAP. XIII. — ISPAHAN

116. Panneau de faïence persane. — Dessin de Matthis, d'après une photographie.	239
117. Salle du trône du palais des Tcheel-Soutoun. — Dessin de Barclay, d'après une photographie.	245
118. Pavillon des Tcheel-Soutoun. — Dessin de Barclay, d'après une photographie.	247
119. Pavillon des Hacht-Bechet. — Dessin de Barclay, d'après une photographie.	249
120. Palais du Çar-Pouchidèh. — Dessin de Barclay, d'après une photographie.	252

730 TABLE DES GRAVURES.

Gravures. Pages.
121. Sultan Maçoud Mirza, Zellé sultan (l'ombre du roi), fils aîné de Nasr ed-din chah, gouverneur général de l'Irak, du Farsistan, du Loristan, du Khousistan, etc. — Gravure de Thiriat, d'après une photographie. 253
122. Porte de la médressé de la Mère du Roi. — Dessin de Barclay, d'après une photographie. 255
123. La médressé de la Mère du Roi. — Dessin de A. de Bar, d'après une photographie. 257
124. Derviche et étudiants. — Dessin de E. Ronjat, d'après une photographie. 259
125. Caravansérail arménien. — Dessin de Ferdinandus, d'après une photographie. 261

CHAP. XIV. — DJOULFA ET ISPAHAN

126. Panorama de Djoulfa. — Dessin de Taylor, d'après une photographie. 263
127. Un bœuf de l'évêché. — Dessin de A. Clément, d'après une photographie. 265
128. Sacristain arménien. — Dessin de M. Dieulafoy, d'après nature. 267
129. Mme Youssouf. — Dessin de M. Dieulafoy, d'après nature. 269
130. Ziba khanoum. — Dessin d'Émile Bayard, d'après une photographie. 271
131. Tour à signaux à Ispahan. — Dessin de D. Lancelot, d'après une photographie. 273
132. Une rue d'Ispahan. — Dessin de M. Dieulafoy, d'après nature. 275

CHAP. XV. — ENVIRONS D'ISPAHAN

133. Un colombier dans les environs d'Ispahan. — Dessin de Ferdinandus, d'après une photographie. 277
134. Minarets tremblants. — Dessin de Thuillier, d'après M. Dieulafoy. 278
135. Bazar à Djoulfa. — Dessin de E. Ronjat, d'après une photographie. 279
136. Puits d'arrosage à la montée. — Dessin de E. Burnand, d'après une photographie. 283
137. Un pigeonnier du Hézar Djérib. — Dessin de J. Laurens, d'après nature. 287
138. Puits d'arrosage à la descente. — Dessin de Taylor, d'après une photographie. 288

CHAP. XVI. — ISPAHAN (suite)

139. Musiciens saluant le lever du soleil. — Dessin de Taylor, d'après un croquis de M. Dieulafoy. 289
140. Meïdan Chah d'Ispahan. — Dessin de Barclay, d'après une photographie. 291
141. Vestibule de la masdjed Chah d'Ispahan. — Dessin de Barclay, d'après une photographie. 294
142. Notre escorte à la masdjed Chah d'Ispahan. — Dessin de Tofani, d'après une photographie. 295
143. La masdjed Chah d'Ispahan. — Dessin de Barclay, d'après une photographie. 297
144. Plan de la mosquée d'Amrou, au Caire. 300
145. Plan de la masdjed Chah d'Ispahan. 301
146. Mollah Houssein. — Dessin de E. Ronjat, d'après une photographie. 304
147. Le mihrab restauré de l'ancienne mosquée d'Almansour à Ispahan. — Dessin de Barclay, d'après une photographie. 305
148. La masdjed djouma d'Ispahan. — Dessin de Barclay, d'après une photographie. 307
149. Chirin khanoum. — Dessin de E. Ronjat, d'après une photographie. 309
150. Seïd Mohammed Houssein. — Dessin de E. Ronjat, d'après une photographie. 311

CHAP. XVII. — ABBAS-ABAD, FORAH-ABAD ET CHÉRISTAN

151. Une rue d'Abbas-Abad. — Dessin de G. Vuillier, d'après une photographie. 313
152. Revêtement extérieur d'une mosquée mogole. — Dessin de H. Chapuis, d'après une photographie. 314
153. Imamzaddé Jaffary. — Dessin de H. Chapuis, d'après une photographie. 315
154. Minaret mogol à Ispahan. — Dessin de D. Lancelot, d'après une photographie. 317
155. Aïné Khane (Maison des Miroirs). — Dessin de G. Vuillier, d'après une photographie. 325
156. Pont Hassan Beg. — Dessin de Taylor, d'après une photographie. 326
157. Dessous du pont Hassan Beg. — Dessin de H. Clerget, d'après une photographie. 327
158. Mosquée à Abbas-Abad. — Dessin de D. Lancelot, d'après une photographie. 329
159. Pont du Chéristan. — Dessin de Taylor, d'après une photographie. 330
160. Pesée des bagages. — Dessin de Tofani, d'après une photographie. 331
161. Jeunes Arméniennes. — Dessin de Ferdinandus, d'après une photographie. 334

CHAP. XVIII. — ISPAHANEC, KALÉ CHOUR, MAYAN, KOUMICHEH, YEZD-KHAST

162. Arméniens se rendant à Bombay. — Dessin de Ferdinandus, d'après une photographie. 335
163. La caravane à Ispahanec. — Dessin de Taylor, d'après une photographie. 339
164. Vue de Koumicheh. — Dessin de Barclay, d'après une photographie. 342
165. Mosquée de Koumicheh. — Dessin de Barclay, d'après une photographie. 343

TABLE DES GRAVURES.

Gravures.	Pages.
166. Vue de Yezd-Khast. — Dessin de Barclay, d'après une photographie.	345
167. Sabre et poignards persans. — Dessin de P. Sellier.	348

CHAP. XIX. — ÉCLID, SOURMEK, DEHBID

168. Les chats angoras. — Dessin de P. Renouard, d'après un croquis de M. Dieulafoy. 349
169. Le musicien de la caravane. — Dessin d'Émile Bayard, d'après une photographie. 351
170. Le fils du gouverneur d'Abadeh. — Dessin de Ferdinandus, d'après une photographie. 355
171. Rencontre de Baharam et de son ancienne favorite. — Dessin de E. Ronjat, d'après une peinture persane. 357
172. Femmes bakhtyaris. — Dessin de E. Ronjat, d'après une photographie. 359
173. Porte de Sourmek. — Dessin de Mlle Lancelot, d'après une photographie. 361
174. Le derviche à la peau de tigre. — Dessin de Ferdinandus, d'après une photographie. 363

CHAP. XX. — MADERÈ SOLEÏMAN, DEH NO, LE POLVAR, NAKHCHÈ ROUSTEM

175. Gabre Maderè Soleïman. — Dessin de D. Lancelot, d'après une photographie. 365
176. Takhtè Maderè Soleïman. — Dessin de Taylor, d'après une photographie. 369
177. Façade du tombeau de Cambyse Ier. — Dessin de D. Lancelot, d'après une photographie. 371
178. Pilier du palais de Cyrus. — Dessin de Taylor, d'après une photographie. 372
179. Portrait de Cyrus. — Dessin de M. Dieulafoy. 373
180. Gabre Maderè Soleïman. — Dessin de H. Toussaint, d'après la restitution de M. Dieulafoy. 377
181. Tombeau provisoire de Nakhchè Roustem. — Dessin de D. Lancelot, d'après une photographie. . . . 384
182. Les hypogées de Nakhchè Roustem. — Dessin de Taylor, d'après une photographie. 385
183. Chapour triomphant. — Gravure de Thiriat, d'après une photographie. 388
184. Les atechgas (autels du feu) de Nakhchè Roustem. — Dessin de Taylor, d'après une photographie. . 389
185. Rois sassanides. — Dessin de H. Chapuis, d'après une photographie. 390

CHAP. XXI. — KENARÉ, TAKHTÈ DJEMCHID, PERSÉPOLIS

186. Persépolis. — Palais de Darius. — Dessin de Deroy, d'après une photographie. 391
187. Taureaux androcéphales. — Dessin de Taylor, d'après une photographie. 395
188. Portique sud de l'apadâna de Xerxès. — Dessin de Taylor, d'après une photographie. 397
189. Porte du palais de Darius. — Dessin de Taylor, d'après une photographie. 400
190. Darius combattant un monstre. — Héliogravure de Dujardin, d'après une photographie. 401
191. Escalier du palais de Darius. — Dessin de Taylor, d'après une photographie. 402
192. Serviteur, soldat de la garde royale et cavalier perse. — Dessin de Tofani, d'après la restitution de M. Dieulafoy. 403
193. La rentrée des impôts sous les rois achéménides. — Dessin de Tofani, d'après la restitution de M. Dieulafoy. 405
194. Vue d'ensemble des ruines de Persépolis. — Dessin de Taylor, d'après une photographie. 409
195. Famille guèbre. — Dessin de Tofani, d'après une photographie. 411
196. Combat d'un lion et d'un taureau. — Dessin de H. Chapuis, d'après une photographie. 414

CHAP. XXII. — CHIRAZ

197. Entrée du bazar de Chiraz. — Dessin de Taylor, d'après une photographie. 415
198. Panorama de Chiraz. — Dessin de Taylor, d'après une photographie. 417
199. Entrée de la mosquée du Vakil. — Dessin de Barclay, d'après une photographie. 422
200. Mosquée du Vakil. — Dessin de Barclay, d'après une photographie. 423
201. Médressè du Vakil. — Dessin de Barclay, d'après une photographie. 425
202. Un de nos chevaux. — Dessin de A. Marie, d'après une photographie. 428

CHAP. XXIII. — CHIRAZ (suite)

203. Tombeau du poète Saadi à Chiraz. — Dessin de M. Dieulafoy, d'après nature. 429
204. Bas-relief sassanide. — Dessin de P. Sellier, d'après une photographie. 430
205. Nourrice musulmane. — Dessin de A. Marie, d'après une photographie. 433
206. Femmes de Chiraz. — Dessin de A. Marie, d'après une photographie. 438
207. Djellal-Dooulet, gouverneur de Chiraz, fils du prince Zellè sultan. — Dessin de A. Marie, d'après une photographie. 439

CHAP. XXIV. — CHIRAZ (suite)

208. La masdjed djouma de Chiraz. — Dessin de Barclay d'après une photographie. 441
209. La Khoda Khanè de la masdjed djouma de Chiraz. — Dessin de Barclay, d'après une photographie. . . 443

	Pages.
Gravures.	
210. Cuve à ablutions de la masdjed djouma. — Dessin de M. Dieulafoy, d'après nature	446
211. Tombeau du seïd Mir Akhmed. — Dessin de Barclay, d'après une photographie	447
212. Masdjed Nô à Chiraz. — Dessin de Barclay, d'après une photographie	450
213. Le bazar du Vakil à Chiraz. — Dessin de Barclay, d'après une photographie	451
214. Saadouk khan. — Dessin de E. Ronjat, d'après une photographie	454
215. Corps de garde à l'entrée du palais du gouverneur du Fars. — Dessin de Tofani, d'après un croquis de M. Dieulafoy	455
216. Çababi Divan, sous-gouverneur de Chiraz. — Dessin de M. Dieulafoy, d'après nature	458

CHAP. XXV. — CHIRAZ ET SARVISTAN

217. La Dariatcha (petite mer), près de Chiraz. — Dessin de Taylor, d'après un croquis de M. Dieulafoy	459
218. Le Bagê-Takht. — Dessin de Taylor, d'après une photographie	461
219. Golam de la maison du gouverneur de Chiraz. — Dessin de E. Ronjat, d'après une photographie	466

CHAP. XXVI. — SARVISTAN, RETOUR A CHIRAZ, LA PLAINE DE KAVAR ET FIROUZ-ABAD

220. Palais de Firouz-Abad. — Dessin de D. Lancelot, d'après une photographie	467
221. Tombeau du cheikh Yousef ben Yakoub. — Dessin de Barclay, d'après une photographie	468
222. Plan du palais de Sarvistan, dressé par M. Dieulafoy	469
223. Palais de Sarvistan. — Dessin de D. Lancelot, d'après une photographie	471
224. Galeries latérales de Sarvistan. — Dessin de Barclay, d'après une photographie	473
225. La femme d'un marchand d'eau de roses. — Dessin de A. Marie, d'après un croquis de M. Dieulafoy	477
226. Firouz-Abad. — Intérieur de la salle centrale. — Dessin de Barclay, d'après une photographie	479
227. Ruines de Firouz-Abad. — Vue longitudinale. — Dessin de D. Lancelot, d'après une photographie	481
228. Bas-relief de Firouz-Abad. — Dessin de M. Dieulafoy, d'après nature	483

CHAP. XXVII. — FIROUZ-ABAD, DEH NO, FERACHBAD, AHARAM

229. Édicule à coupole de Ferachbad. — Dessin de Taylor, d'après une photographie	485
230. Atechga de Firouz-Abad. — Dessin de Taylor, d'après une photographie	486
231. Atechga de Firouz-Abad. — Dessin de Taylor, d'après la restitution de M. Dieulafoy	487
232. La fabrication des tapis chez les Iliates. — Dessin de Tofani, d'après un croquis de M. Dieulafoy	494
233. Conteur persan. — Dessin de M. Dieulafoy, d'après nature	495
234. Le frère du naïeb de Ferachbad. — Dessin de Pranishnikoff, d'après une photographie	499
235. Préparation de la farine. — Dessin de Tofani, d'après une photographie	503
236. Village d'Aharam. — Dessin de Taylor, d'après une photographie	504
237. Les palmiers d'Aharam. — Dessin de Taylor, d'après une photographie	505
238. Le ketkhoda d'Aharam. — Dessin de A. Sirouy, d'après une photographie	507
239. Le balakhané du ketkhoda d'Aharam. — Dessin de Taylor, d'après une photographie	508

CHAP. XXVIII. — GOURECK ET BOUCHYR

240. Village de Gourek. — Dessin de Taylor, d'après une photographie	509
241. Le cheikh de Gourek. — Dessin de Pranishnikoff, d'après une photographie	510
242. La flotte royale à Bouchyr. — Dessin de M. Dieulafoy, d'après nature	512
243. Fauconnier du cheikh de Gourek. — Dessin de A. Sirouy, d'après une photographie	513

CHAP. XXIX. — LE CHAT EL-ARAB, MOHAMMÉREH ET FELIEH

244. Torkan khanoum et sa panthère. — Dessin de Tofani, d'après une photographie	521
245. Entrée de la maison du cheikh de Felieh. — Dessin de E. Ronjat, d'après une photographie	523
246. Chefs arabes dans la maison du cheikh de Felieh. — Dessin de E. Ronjat, d'après une photographie	525
247. Cheikh Meuzel khan. — Dessin de E. Ronjat, d'après une photographie	527
248. Le supérieur du couvent des Aleakhs de Téhéran. — Dessin de A. Sirouy, d'après une photographie	529
249. Porte-kalyan de cheikh Meuzel. — Dessin de M. Dieulafoy, d'après nature	532
250. Cheikh Rezzal, frère de cheikh Meuzel. — Dessin de E. Ronjat, d'après une photographie	533

CHAP. XXX. — MOHAMMÉREH, LE KAROUN ET BASSORAH

251. Canal intérieur à Bassorah. — Dessin de A. de Bar, d'après une photographie	535
252. Tombeau sur les bords du Karoun. — Dessin de Taylor, d'après une photographie	539

TABLE DES GRAVURES. 733

Gravures. Pages.
253. Canal el-Acher à Bassorah. — Dessin de A. de Bar, d'après une photographie. 541
254. Grande place du marché au blé. — Dessin de Barclay, d'après une photographie. 545
255. Dame chrétienne de Bassorah. — Dessin de E. Ronjat, d'après une photographie 548

CHAP. XXXI. — SUR LE TIGRE, TOMBEAU D'ESDRAS, CTÉSIPHON et SÉLEUCIE

256. Tombeau d'Esdras. — Dessin de A. de Bar, d'après une photographie. 549
257. Kournah. — Dessin de M. Dieulafoy, d'après nature. 551
258. Village au bord du Tigre. — Dessin de M. Dieulafoy, d'après nature. 553
259. L'arc de Ctésiphon (façade postérieure). — Dessin de Barclay, d'après une photographie. 555
260. L'arc de Ctésiphon (façade antérieure). — Dessin de Barclay, d'après une photographie. 557
261. Cheikh de la tribu des Chamars. — Gravure de Thiriat, d'après une photographie. 560

CHAP. XXXII. — BAGDAD

262. Couffe antique, d'après un bas-relief ninivite. — Dessin de P. Sellier, d'après une photographie. 561
263. Panorama de Bagdad. — Dessin de Barclay, d'après une photographie. 563
264. Couffe de Bagdad. — Dessin de Pranishnikoff, d'après une photographie. 565
265. Porte du Talism à Bagdad. — Dessin de Barclay, d'après une photographie. 569
266. Tour du Talism. — Dessin de D. Lancelot, d'après une photographie 570
267. Tombeau de cheikh Omar. — Dessin de D. Lancelot, d'après une photographie. 571
268. Tombeau d'Abd el-Kader. — Dessin de Barclay, d'après une photographie. 573
269. Mosquée et rue à Bagdad. — Dessin de D. Lancelot, d'après une photographie. 575
270. Le Meïdan à Bagdad. — Dessin de Pranishnikoff, d'après une photographie. 577
271. Mosquée d'Akhmet Khiata sur le Meïdan. — Dessin de Barclay, d'après une photographie. 579
272. Dame juive de Bagdad. — Gravure de Thiriat, d'après une photographie. 580
273. Dame chaldéenne de Bagdad. — Gravure de Thiriat, d'après une photographie. 581

CHAP. XXXIII. — KAZHEMEINE

274. Caravane chargée de poissons de Tobie. — Dessin de M. Dieulafoy, d'après nature 583
275. Tombeau de l'imam Mouça à Kâzhemeine. — Dessin de Barclay, d'après une photographie. 589
276. Une rue de Bagdad. — Dessin de D. Lancelot, d'après une photographie. 593
277. Femme persane. — Dessin de A. Marie, d'après une photographie. 595

CHAP. XXXIV. — BAGDAD (suite)

278. Cimetière à Bagdad. — Dessin de A. de Bar, d'après une photographie. 597
279. Jeunes filles juives de Bagdad. — Dessin de E. Ronjat, d'après une photographie. 598
280. Tombeau de Zobeïde. — Dessin de D. Lancelot, d'après une photographie. 599
281. Le Khan Orthma. — Dessin de Barclay, d'après une photographie. 601
282. Vue de Bagdad du haut du Khan Orthma. — Dessin de Barclay, d'après une photographie. 603
283. Minaret de Souk el-Gazel. — Dessin de D. Lancelot, d'après une photographie. 604
284. Inscription dans l'entrepôt de la douane. — Dessin de Barclay, d'après une photographie. 605
285. Le débarcadère des couffes à Bagdad. — Dessin de Pranishnikoff, d'après une photographie. 607

CHAP. XXXV. — L'EUPHRATE, LA PLAINE DE HILLAH, LA TOUR DE BABEL et BABYLONE

286. Transport des cadavres à Kerbéla. — Dessin de Tofani, d'après un croquis de M. Dieulafoy. 609
287. Passage de l'Euphrate à la nage : bas-relief antique. — Héliogravure de Dujardin, d'après une photographie. 614
288. Rives de l'Euphrate à Hillah. — Dessin de Dosso, d'après une photographie. 615
289. Plan de Babylone. 618
290. Birs Nimroud ou tour de Babel. — Dessin de Slom, d'après une photographie. 619
291. Pâtre gardant son troupeau sur les ruines de Babylone. « ... Et je réduirai la terre des Chaldéens à une éternelle solitude. » — Dessin de Tofani, d'après une photographie. 621
292. Tombeau de Bel-Mérodach. — Dessin de Slom, d'après une photographie. 623
293. Le lion de Babylone. — Dessin de Slom, d'après une photographie 624

CHAP. XXXVI. — KERBÉLA

294. Tente arabe. — Dessin de Tofani, d'après une photographie. 625
295. Caravansérail à Kerbéla. — Dessin de Tofani, d'après une photographie. 627

TABLE DES GRAVURES.

Gravures. Pages.
296. Vue de Kerbéla. — Dessin de Barclay, d'après une photographie. 629
297. Vue prise à Bagdad au bord du Tigre. — Dessin de G. Vuillier, d'après un croquis de lady Anna Blunt. . . 632

CHAP. XXXVII. — AMARA, TAG EIVAN ET DIZFOUL

298. Le Tigre à Amara. — Dessin de Barclay, d'après une photographie. 633
299. Une nuit de janvier dans le *hor*. — Dessin de Tofani, d'après un croquis de M. Dieulafoy. 637
300. Femme arabe de la tribu des Beni Laam. — Dessin de M. Dieulafoy, d'après nature. 641
301. Tag Eivan. — Dessin de Taylor, d'après une photographie. 643
302. Imamzaddè Touil. — Gravure de Hildibrand, d'après une photographie. 645
303. Vue du pont et de la ville de Dizfoul. — Dessin de Taylor, d'après une photographie. 647
304. Fabrication du pain chez les nomades. — Dessin de Tofani, d'après une photographie. 649
305. Arabe Beni Laam. — Gravure de Thiriat, d'après une photographie. 650

CHAP. XXXVIII. — DIZFOUL (*suite*)

306. Teinturerie d'indigo aux environs de Dizfoul. — Dessin de Tofani, d'après une photographie. 651
307. Les mirzas (secrétaires) du gouverneur de l'Arabistan. — Dessin de Tofani, d'après une photographie. . . 652
308. Bibi Dordoun. — Dessin de E. Zier, d'après une photographie. 656
309. Matab khanoum. — Dessin de E. Zier, d'après une photographie. 657

CHAP. XXXIX. — LE TOMBEAU DE DANIEL ET LE PALAIS D'ARTAXERXÈS MNÉMON

310. Tombeau de Daniel. — Dessin de Taylor, d'après une photographie. 659
311. L'Ab-Dizfoul et les secrétaires du cheikh Thaer. — Dessin de Tofani, d'après une photographie 661
312. Base d'une colonne du palais d'Artaxerxès Mnémon. — Dessin de Barclay, d'après une photographie. . . . 664
313. Les tumulus de Suse. — Dessin de Taylor, d'après une photographie. 665
314. Intérieur de la cour qui précède le tombeau de Daniel. — Dessin de Taylor, d'après une photographie. . . 667
315. * Ornement de chapiteau sassanide. — Dessin de J. Jacquemart. 669

CHAP. XL. — DJOUNDI-CHAPOUR, KONAH ET CHOUSTER

316. Village de Konah. — Dessin de Taylor, d'après une photographie. 671
317. Préparation du pilau. — Dessin de M. Dieulafoy, d'après nature. 673
318. Pont de Chouster. — Dessin de Barclay, d'après une photographie. 675
319. Palais du seïd Assadoullah khan. — Dessin de Barclay, d'après une photographie. 678
320. Grande rue à Chouster. — Dessin de Mlle Lancelot, d'après une photographie. 679
321. Ruelle à Chouster. — Dessin de D. Lancelot, d'après une photographie. 680
322. Les moulins de Chouster. — Dessin de Taylor, d'après une photographie. 681
323. Mirza Bozorg. — Gravure de Thiriat, d'après une photographie. 684

CHAP. XLI. — CHOUSTER (*suite*), VEIS, AHWAS, LE KAROUN

324. Imamzaddè Abdoulla Banou. — Dessin de D. Lancelot, d'après une photographie. 685
325. Seïd Mirza Djafar. — Gravure de Thiriat, d'après une photographie. 686
326. Mur extérieur et minaret de la masdjed djouma de Chouster. — Dessin de D. Lancelot, d'après une photographie. 687
327. Pont Lachgiar à Chouster. — Dessin de Barclay, d'après une photographie. 689
328. Fabrication du *doukh* (petit-lait). — Dessin de M. Dieulafoy, d'après nature. 690
329. Bildars. — Gravure de Hildibrand, d'après une photographie. 691
330. Habitant du village de Veis. — Croquis de M. Dieulafoy, d'après nature. 693
331. Batelier d'Ahwas. — Croquis de M. Dieulafoy, d'après nature 694
332. Montreurs de singes à Veis. — Dessin de E. Zier, d'après une photographie. 695
333. Un lion sur le bord du Karoun. — Dessin de M. Dieulafoy, d'après nature. 697
334. Femmes d'Ahwas. — Croquis de M. Dieulafoy, d'après nature 698

CHAP. XLII. — RÉSUMÉ HISTORIQUE

335. Passage du canal de Suez. — Dessin de Th. Weber, d'après une photographie. 699
336. Fauconnier, sur une plaque de faïence persane ancienne. — Dessin de Saint-Elme Gautier, d'après l'original. 700

FIN DE LA TABLE DES GRAVURES.

TABLE DES CHAPITRES

Dédicace v

Introduction. — ATHÈNES, CONSTANTINOPLE et TIFLIS

Introduction 1

CHAP. Ier. — ÉRIVAN et NARCHIVAN

Érivan. — Groupe de paysans. — Enfant arménien. — Ancienne mosquée d'Érivan. — Menu d'un dîner au Caucase. — Palais des Serdars. — Vue de l'Ararat. — Cultures aux environs d'Érivan. — Narchivan. — Masdjed djouma. — Atabeg Koumbaz 17

CHAP. II. — MARANDE

L'Azerbeïdjan. — La douane de Djoulfa. — Le télégraphe anglais. — Les Kurdes. — Les bagages d'un voyageur persan. — Marande. — Un vieux mendiant kurde. — Intérieur persan. — Un des neuf cent quatre-vingt-dix-neuf caravansérails de chah Abbas. — Le préfet de police de Tauris. — Les souhaits d'un derviche. — Arrivée à Sofla 29

CHAP. III. — TAURIS

Les premières étapes. — Abaissement de la température. — Les *kanots*. — Constitution géologique de la Perse. — Un derviche récitant des poésies héroïques. — Le pont de Tauris. — Misère dans les faubourgs. — Arrivée au consulat de France. — Visite au gouverneur. — Le *biroun* persan 41

CHAP. IV. — TAURIS (*suite*), ECHMYAZIN et MIANEH

Visite aux consuls. — Histoire d'un consul turc. — La mosquée Bleue. — La citadelle. — Déplacement constant des villes d'Orient. — Les glacières. — La mort du mouchteïd de Tauris. — Les mollahs. — Excursion à la mosquée de Gazan Khan. — Visite du gouverneur de Tauris. — Visite à l'archevêque arménien. — Couvent d'Echmyazin. — Orfèvreries précieuses et manuscrits. — Notions de dessin d'une femme chaldéenne. — Le calendrier persan. — Départ de Tauris. — Une caravane de pèlerins se rendant à Mechhed. — Un page féminin. — Mianeh. — Légende du château de la Pucelle. — Dokhtarè-pol 47

CHAP. V. — ZENDJAN, SULTANIEH et KHOREMDEREH

Arrivée à Zendjan. — Les Babys. — Le camp de Tébersy. — Révolte religieuse. — Siège de Zendjan. — Supplice des révoltés. — Une famille baby. — L'armée persane. — Sultanieh. — Tombeau de chah Khoda Bendeh. — Les tcharvadars. — Exercice illégal de la médecine 77

CHAP. VI. — AZIMABAD et KAZBIN

Une maison à Azimabad. — Effets de mirage. — Arrivée à Kazbin. — Abambar (réservoir). — Le chahzaddé de Kazbin. — Superstitions. — Masdjed djouma de Kazbin. — Mystères de Houssein. — Imamzaddè Houssein. — Départ de Kazbin. — Arrivée à Téhéran 99

CHAP. VII. — TÉHÉRAN

Le docteur Tholozan. — Les Sœurs de Saint-Vincent de Paul. — Palais du Négaristan. — Andéroun royal. — Portraits de Fattaly chah et de ses fils. — Audience royale. — Nasr ed-din chah. 121

CHAP. VIII. — TÉHÉRAN (suite) ET VÉRAMINE

Audience royale. — Les neveux du chah. — Départ pour Véramine. — Campagne de Véramine. — La masdjed djouma de Véramine. — Une kalè (forteresse) sassanide. — Citadelle de Véramine. — Le ketkhoda rendant la justice. — Imamzaddé Yaya. — Les reflets métalliques. — La décoration en faïence. — Facéties royales. — Tour et mihrab mogols. — Imamzaddé Jaffary. — Retour à Téhéran. — Le platane de Tadjrich. — Mirza Nizam de Gaffary. 133

CHAP. IX. — MAMOUNIEH ET SAVEH

Départ de Téhéran. — Écarts de température entre le jour et la nuit. — Mamounieh. — La maison civile d'un gouverneur de province. — Arrivée à Saveh. — La mosquée. — Le minaret guiznévide. — Les biens vakfs. . 165

CHAP. X. — SAVEH (suite) AVAH ET KOUM

La digue de Saveh. — Les tarentules. — Les fonctionnaires persans. — Entrée à Avah. — Visite à une dame persane. — Voyage dans le désert. — Arrivée à Koum. — Panorama de la ville. — Plan d'un andéroun. — Le gouverneur de la ville. — Tombeau de Fatma. — Tombeaux des cheikhs. — Concert de rossignols. 175

CHAP. XI. — NASRABAD, KACHAN ET KOROUT

Phénomène électrique dans le désert de Koum. — Arrivée à Nasrabad. — Les caravansérails. — Kachan. — Le caravansérail Neuf. — Le bazar. — Minaret penché. — Aspect de la ville. — L'entrée de la masdjed djouma. — Visite du gouverneur. — Les mariages temporaires. — La mosquée Meïdan. — Le mihrab à reflets. — Les dames persanes. — Le palais de Bag-i-Fin. — Mirza Taguy khan. — Sa mort. — Départ de Kachan. — La montagne de Korout. 191

CHAP. XII. — DJOULFA

Arrivée à Ispahan. — Tchaar-Bag. — Djoulfa. — Le couvent des Mékitaristes. — Le P. Pascal Arakélian. — Origine de la colonie arménienne. — Destruction de Djoulfa sur l'Araxe. — Établissement des Arméniens dans l'Irak. — Un dimanche à Djoulfa. — L'évêque schismatique et son clergé. — Les Sœurs de Sainte-Catherine. — La préparation de l'opium. — Une noce arménienne. 215

CHAP. XIII. — ISPAHAN

La fondation d'Ispahan. — L'histoire de la ville. — Ses monuments. — Le palais des Tcheel-Soutoun (Quarante-Colonnes). — Le général-docteur Mirza Taghuy khan. — Le pavillon des Hacht-Bechet (Huit-Paradis). — Audience du sous-gouverneur. — La vieillesse de chah Abbas. — Salle du Çar-Pouchideh. — Le prince Zellé sultan. — Les faïences persanes. — La médressé de la Mère du Roi. — Un caravansérail. 239

CHAP. XIV. — DJOULFA ET ISPAHAN

Les jardins de l'évêché. — Le clergé grégorien. — L'andéroun de hadji Houssein. — Souvenirs de voyage d'une Persane à Moscou. — La tour à signaux. — Lettre du chahzaddé Zellé sultan. 263

CHAP. XV. — ENVIRONS D'ISPAHAN

Partie de campagne à Coladoun. — Les minarets tremblants. — Puits d'arrosage. — Culture autour d'Ispahan : tabac, coton. — Amendements donnés aux terres. — Les voitures en Perse. 277

CHAP. XVI. — ISPAHAN (suite)

Interprétation des livres sacrés. — Le Meïdan Chah. — Comparaison entre le Meïdan Chah et la place Saint-Marc à Venise. — Le pavillon Ali Kapou. — La masdjed Chah. — Les divers types de mosquées. — Les ablutions. — La prière. — Nécessité d'orienter les mosquées dans la kébla (direction de la maison d'Abraham).

TABLE DES CHAPITRES.

— La masdjed djouma. — Le mihrab de la mosquée d'Almansour. — Visite chez un seïd. — Histoire d'un missionnaire laïque à Djoulfa. — Les descendants de Mahomet. — Les impôts exigés en vertu des sourates du Koran. 289

CHAP. XVII. — ABBAS-ABAD, FORAH-ABAD et CHÉRISTAN

Imamzaddè Jaffary. — Minaret mogol. — Le protecteur des étrangers. — Le palais de Farah-Abad. — Le takhtè Soleïman. — Le champ de bataille de Golnabad. — Le cimetière arménien. — Circoncision des tombes chrétiennes. — Accueil fait à une robe de Paris par l'aristocratie de Djoulfa. — Jardin du Hezar Djerib. — Palais du Aïné Khanè. — Pont Hassan Beg. — Minaret et imamzaddè du Chéristan. — Pont du Chéristan. — Contrat passé avec les tcharvadars. — Le dîner au couvent. — Départ pour Chiraz. 313

CHAP. XVIII. — ISPAHANEC, KALÈ CHOUR, MAYAN, KOUMICHEH, YEZD-KHAST

Départ d'Ispahan. — Grande caravane d'octobre. — Le caravansérail de Kalè Chour. — Village de Mayan. — Koumicheh. — Arrivée à Yezd-Khast. 335

CHAP. XIX. — ÉCLID, SOURMEK, DEHBID

Un convoi de chats angoras. — Les promesses d'un tcharvadar. — La célèbre mosquée d'Éclid. — Les sources. — Chasses de Baharam. — Femmes de la tribu des Bakhtyaris. — Sourmek. — Village de Dehbid. — Un enterrement en caravane. 349

CHAP. XX. — MADERÈ SOLEÏMAN, DEH NO, LE POLVAR, NAKHCHÈ ROUSTEM

Les défilés de Maderè Soleïman. — Le village de Deh Nô. — Takhtè Maderè Soleïman. — Tombeau de Cambyse Ier. — Palais de Cyrus. — Portrait de Cyrus. — Itinéraire d'Alexandre. — Topographie de la plaine du Polvar. — Gabre Maderè Soleïman. — Description du tombeau de Cyrus laissée par Aristobule. — Les défilés du Polvar. — Les hypogées et le tombeau provisoire de Nakhchè Roustem. — Les sculptures sassanides. — Les atechgas de Nakhchè Roustem. 365

CHAP. XXI. — KENARÈ, TAKHTÈ DJEMCHID, PERSÉPOLIS

Le village de Kenarè. — Les emplâtrés. — Takhtè Djemchid. — Les taureaux androcéphales. — L'*apadâna* de Xerxès. — Palais de Darius. — La sculpture persépolitaine. — Costumes des Mèdes et des Perses. — Ruines de l'apadâna à cent colonnes. — La rentrée des impôts. — Les tombes achéménides. — L'incendie de Persépolis. — La ruine d'Istakhar. — Une famille guèbre en pèlerinage à Nakhchè Roustem. — La religion des Perses au temps de Zoroastre. — Le Zend-Avesta. — Départ de Kenarè pour Chiraz. 391

CHAP. XXII. — CHIRAZ

Départ de Kenarè. — Le Tang Allah Akbar. — Entrée du bazar. — Arrivée à la station du télégraphe anglais. — La vie des femmes européennes à Chiraz. — La capitale de Kérim khan. — Le protecteur des étrangers. . . 415

CHAP. XXIII. — CHIRAZ (*suite*)

Un palais achéménide près de Chiraz. — Bas-reliefs sassanides. — Antiquité de la ville prouvée par ses divers monuments. — Une nourrice musulmane. — Les tombeaux d'Hafiz et de Saadi. — Les médecins indigènes. 429

CHAP. XXIV. — CHIRAZ (*suite*)

La masdjed djouma de Chiraz. — Sa fondation. — La Khoda Khanè. — Antiquité de la ville de Chiraz. — Cuve à ablutions. — Masdjed Nô. — La médressé Khan. — Le bazar du Vakil. — La fièvre à Chiraz. — Consultation médicale chez le gouverneur Çahabi divan. 441

CHAP. XXV. — CHIRAZ et SARVISTAN

Visite de Mme Fagregrine. — La morale s'accroît-elle en Perse en raison de la longueur des jupes ? — Départ de Chiraz. — Le lac salé. — Arrivée à Sarvistan. 459

93

TABLE DES CHAPITRES.

CHAP. XXVI. — SARVISTAN, RETOUR A CHIRAZ, LA PLAINE DE KAVAR et FIROUZ-ABAD

Séjour à Sarvistan. — Le palais de Sarvistan. — Départ pour Darab. — Retraite sur Chiraz. — La plaine de Kavar. — Modification du caractère des montagnes. — La forteresse de la Fille. — Bas-relief sassanide. — Le palais de Firouz-Abad. 467

CHAP. XXVII. — FIROUZ-ABAD, DEH NO, FERACHBAD, AHARAM

Atechga de Firouz-Abad. — L'ilkhany de Firouz-Abad. — Deh Nô. — Une tribu en voyage. — La fabrication des tapis. — Mœurs des nomades. — Ferachbad. — Les plantations de palmiers. — Contes du bazar. — Édicule à coupole de Ferachbad. — Village d'Aharam. — Première apparition du golfe Persique. 485

CHAP. XXVIII. — GOUREK et BOUCHYR

Le village de Gourek. — Chasse au faucon. — Arrivée à Bouchyr. — Aspect de la ville. — Le port. — Le ver de Bouchyr. — La mort du *epdheddr*. — Départ de Bouchyr. 509

CHAP. XXIX. — LE CHAT EL-ARAB, MOHAMMÉREH et FELIEH

A bord du *Pendjab*. — Les côtes persanes. — Le Chat el-Arab. — La barre de Fau. — Rives du Chat el-Arab. — Mohammèreh. — Le cheikh de Felieh. — Torkan khanoum. — Qualités de cœur d'une panthère. — Office en l'honneur de Hassan et de Houssein. 521

CHAP. XXX. — MOHAMMÉREH, LE KAROUN et BASSORAH

Départ de Felieh. — Mohammèreh. — Huit jours sur le Karoun. — A la dérive. — Retour à Mohammèreh. — La quarantaine et la douane turque. — Bassorah au clair de lune, à marée haute. — Bassorah à marée basse. — Insalubrité de la ville. — La multiplicité des religions au confluent du Tigre et de l'Euphrate. — Les chrétiens de saint Jean. 535

CHAP. XXXI. — SUR LE TIGRE, TOMBEAU D'ESDRAS, CTÉSIPHON et SÉLEUCIE

La navigation sur le Tigre. — Nos compagnons de route. — L'arbre de la science du bien et du mal. — Tombeau du prophète Esdras. — Bois sacré. — Échouage du *Mossoul*. — Tribus arabes. — Arrivée à Ctésiphon. — Le palais des rois sassanides. — Séleucie. — Sa ruine. — Son état actuel. — La nuit sur les bords du Tigre. — Retour à bord du *Mossoul*. 549

CHAP. XXXII. — BAGDAD

Arrivée à Bagdad. — L'aspect de la ville. — Kachtis, keleks et couffes. — Les barques babyloniennes d'après Hérodote et les bas-reliefs ninivites. — Le consulat de France. — La vie en Chaldée. — Fondation de Bagdad. — La porte et la tour du Talism. — Tombeaux de cheikh Omar et d'Abd el-Kader. — Les quatre sectes orthodoxes sunnites. — Les Wahabites. — Un jour de fête à Bagdad. — Le bouton de Bagdad. 561

CHAP. XXXIII. — KAZHEMEINE

Les Turcs. — Les causes de leur dégénérescence physique et morale. — Procédés administratifs des fonctionnaires turcs. — Le tramway de Kâzhemeine. — Le tombeau de l'imam Mouça. — Un voyageur que son bagage n'embarrasse guère. 583

CHAP. XXXIV. — BAGDAD (*suite*)

Visite aux cimetières de la rive gauche. — Tombeau de Josué. — La colonie juive de Bagdad. — Le tombeau de la sultane Zobeïde. — Incendie dans le bazar. — Le Khan Orthma. — Le minaret de Souk el-Gazel. — Les bazars et les marchands de Bagdad. 597

CHAP. XXXV. — L'EUPHRATE, LA PLAINE DE HILLAH LA TOUR DE BABEL et BABYLONE

Départ pour Babylone. — La traversée du pont de bateaux. — Les zaptiés d'escorte. — Le caravansérail de Birounous. — Convoi mortuaire sur la route de Kerbéla. — Iskandéryeh-Khan. — Apparition du tumulus de

TABLE DES CHAPITRES.

Babylone. — Un orage en Chaldée. — La plaine de Hillah. — Les rives de l'Euphrate. — La tour de Babel identifiée avec le Birs Nimroud et le temple de Jupiter Bélus. — Le kasr ou château de Nabuchodonosor. — Les jardins suspendus. — Le tombeau de Bel-Mérodach. 609

CHAP. XXXVI. — KERBÉLA

Pèlerinage à Kerbéla. — Le bazar aux pierres tombales. — Entrée en ville. — Visite au consul de Perse. — Insuccès de nos démarches. — Les cimetières de Kerbéla. — Retour à Bagdad. 625

CHAP. XXXVII. — AMARA, TAG EIVAN ET DIZFOUL

Départ de Bagdad. — A bord du *Khalife*. — Arrivée à Amara. — Les chevaux de pur sang. — La colonie chrétienne d'Amara. — Une nuit de janvier dans le *hor*. — Les tribus nomades. — Tag Eivan. — Imamzaddé Touïl. — Le campement de Kérim khan. 633

CHAP. XXXVIII. — DIZFOUL (suite)

Dizfoul. — Prospérité commerciale et agricole de la ville. — Visite aux trois andérouns du *naïeb loukoumet* (sous-gouverneur). — Heureuse prédiction. 651

CHAP. XXXIX. — LE TOMBEAU DE DANIEL ET LE PALAIS D'ARTAXERXÈS MNÉMON

Visite au cheikh Thaer, administrateur des biens vakfs de Daniel. — Les tumulus. — Le tombeau de Daniel. — Le palais d'Artaxerxès Mnémon. — Chasse au sanglier. — Une nuit dans le tombeau de Daniel. 659

CHAP. XL. — DJOUNDI-CHAPOUR, KONAH ET CHOUSTER.

Le site de Djoundi-Chapour. — Le village de Konah. — Panorama de Chouster. — Aspect intérieur de la cité. Misère de la population. — Le gouverneur de l'Arabistan et son armée. 671

CHAP. XLI. — CHOUSTER (suite), VEÏS, AHWAS, LE KAROUN

Masdjed djouma de Chouster. — Imamzaddé Abdoulla Banou. — Départ de Chouster. — Une nuit chez les nomades. — Le village de Veïs. — Ahwas. — Sur le Karoun. — A bord de l'*Escombrera*. 685

CHAP. XLII. — RÉSUMÉ HISTORIQUE

Résumé de l'histoire artistique et littéraire de l'Iran. — Achéménides, Parthes, Sassanides. — Conquête musulmane. — Guiznévides, Seljoucides, Mogols, Sofis, Kadjars. 701

INDEX ALPHABÉTIQUE. 711
TABLE DES GRAVURES. 727
TABLE DES CHAPITRES. 735

FIN DE LA TABLE DES CHAPITRES.

6185-36. CORBEIL. — TYP. ET STÉR. CRÉTÉ.

ERRATA

Dans la Carte pour servir à l'intelligence du voyage de Mme Dieulafoy, *au lieu de :* Avas, dans la Susiane, *lire :* Ahwas.
Et *au lieu de :* Koornah, sur l'Euphrate, *lire :* Kournah.
Dans la carte de l'Itinéraire général, *au lieu de :* Kakoum, près de Dizfoul, *lire :* Karoun.

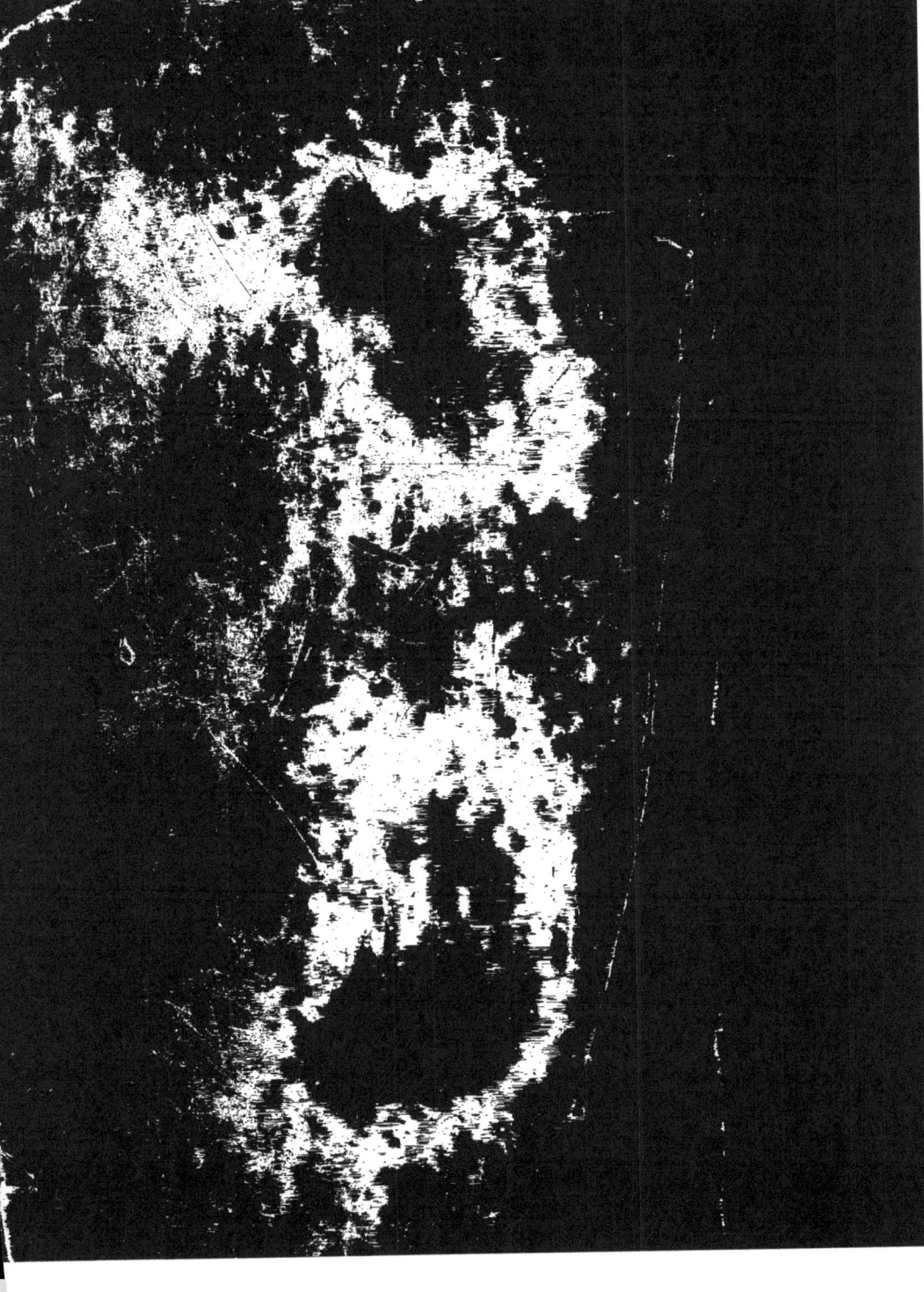

www.ingramcontent.com/pod-product-compliance
Lightning Source LLC
Chambersburg PA
CBHW060901300426
44112CB00011B/1289